Dear Sam,
I am very sorry. I hope better.
As it happens, I am obliged to miss the play myself: a son of mine is being operated on for appendicitis this evening.
Such is parental life.
Yours ever
J.R.R. Tolkien
PROFESSOR J. R. R. TOLKIEN
76 SANDFIELD ROAD
HEADINGTON
OXFORD
Jan. 25th.
Oxford 61639
19 Lakeside Road
Poole.
25 Sep. 1968
Messrs Maple & Co.
Bournemouth.
Dear Sirs,
I enclose acceptance of your estimate, dated Sept. 7th, 14 and 20.
I regret the delay, but I was detained a further week in hospital in Oxford

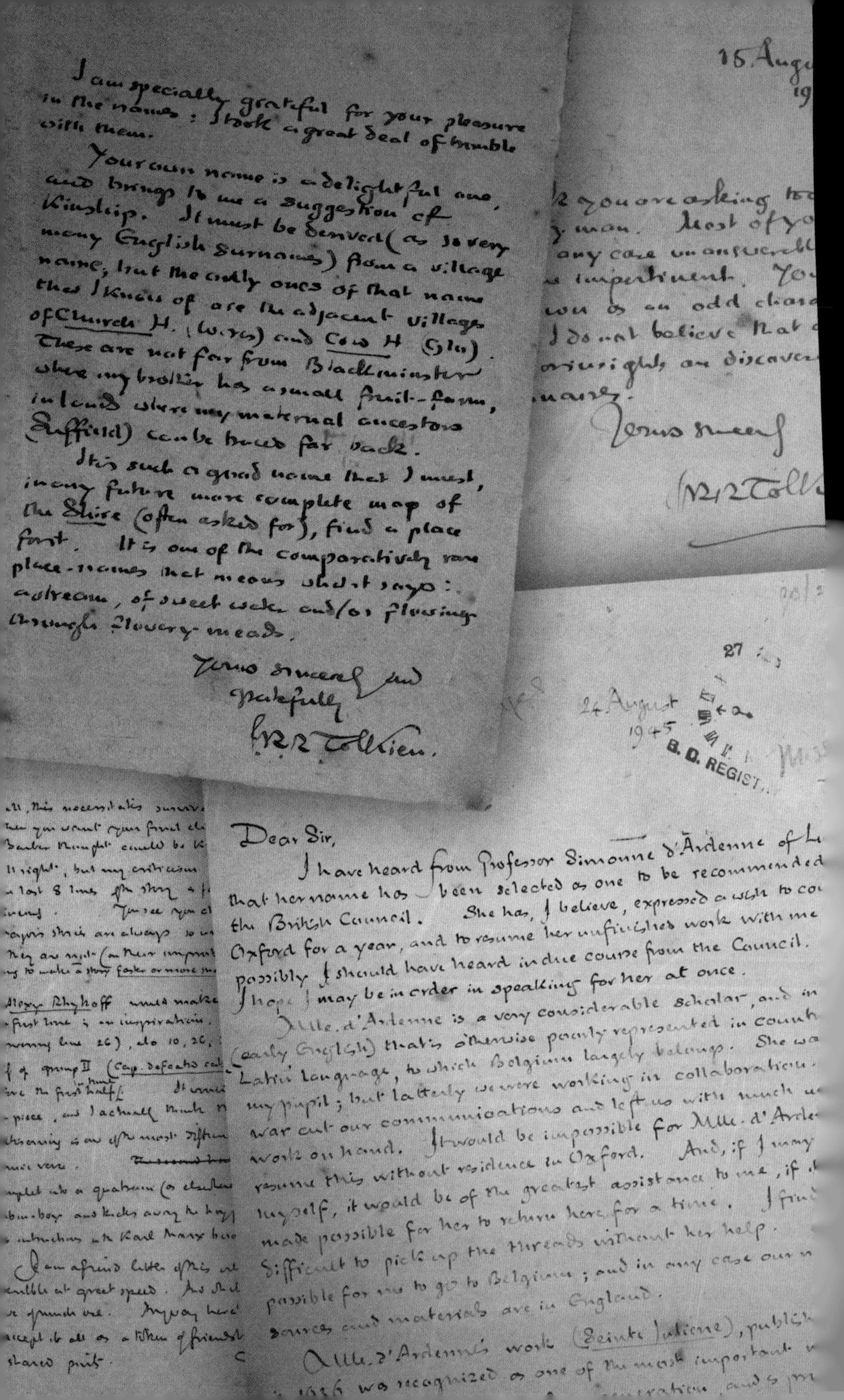

15 August
19

I am specially grateful for your pleasure in the names: I took a great deal of trouble with them.

Your own name is a delightful one, and brings to me a suggestion of kinship. It must be derived (as so very many English surnames) from a village name; but the only ones of that name that I know of are the adjacent villages of Church H. (Worcs) and Cow H. (Glos). These are not far from Blackminster where my brother has a small fruit-farm, in lands where my maternal ancestors (Suffield) can be traced far back.

It is such a good name that I must, in any future more complete map of the Shire (often asked for), find a place for it. It is one of the comparatively rare place-names that means what it says: a stream, of sweet water and/or flowing through flowery meads.

Yours sincerely and gratefully

J.R.R. Tolkien.

27

24 August 1945

B.O. REGIST...

Dear Sir,

I have heard from Professor Simonne d'Ardenne of L... that her name has been selected as one to be recommended ... the British Council. She has, I believe, expressed a wish to co... Oxford for a year, and to resume her unfinished work with me ... possibly I should have heard in due course from the Council. I hope I may be in order in speaking for her at once.

Mlle. d'Ardenne is a very considerable scholar, and in ... (early English) that is otherwise poorly represented in count... Latin language, to which Belgium largely belongs. She wa... my pupil; but latterly we were working in collaboration ... war cut our communications and left us with much ... work on hand. It would be impossible for Mlle. d'Arde... resume this without residence in Oxford. And, if I may ... myself, it would be of the greatest assistance to me, if ... made possible for her to return here for a time. I find ... difficult to pick up the threads without her help. ... possible for me to go to Belgium; and in any case our ... sources and materials are in England.

Mlle. d'Ardenne's work (Seinte Iuliene), publish... 1936 was recognized as one of the most important ...

AS CARTAS DE J.R.R. Tolkien

EDIÇÃO REVISADA E AMPLIADA

AS CARTAS DE J.R.R. Tolkien

Selecionadas e editadas por

Humphrey Carpenter

com a assistência de

Christopher Tolkien

Tradução de

Gabriel Oliva Brum

HarperCollins

Rio de Janeiro, 2023

Publisher	*Samuel Coto*
Editora	*Brunna Prado*
Assistente editorial	*Camila Reis*
Preparação de texto	*Leonardo Dantas do Carmo*
Revisão	*Wladimir Oliveira* e *Eduardo Boheme*
Índice remissivo	*Tathy Viana*
Diagramação	*Sonia Peticov*
Capa	*Alexandre Azevedo*

Catalogação na Publicação (CIP)
(BENITEZ Catalogação Ass. Editorial, MS, Brasil)

T589c Tolkien, J.R.R (John Ronald Reuel), 1892-1973
1. ed. Cartas de J.R.R. Tolkien / J.R.R. Tolkien; Gabriel Oliva Brum; coordenadores Humphrey Carpenter, Christopher Tolkien. – 1. ed. – Rio de Janeiro: Harper Collins Brasil, 2023.
720 p.; 13,5 x 20,8 cm.

Título original: *The Letters of J.R.R. Tolkien*
ISBN: 978-85-9508-519-0

1. Ficção inglesa. I. Brum, Gabriel Oliva. II. Carpenter, Humphrey. III. Tolkien, Christopher. IV. Título.

09-2023/153 CDD: 823

Índice para catálogo sistemático:
1. Ficção: Literatura inglesa 823

Bibliotecária: Aline Graziele Benitez CRB-1/3129

HarperCollins Brasil é uma marca licenciada à Casa dos Livros Editora LTDA.
Todos os direitos reservados à Casa dos Livros Editora LTDA.
Rua da Quitanda, 86, sala 601A — Centro
Rio de Janeiro — RJ — CEP 20091-005
Tel.: (21) 3175-1030
www.harpercollins.com.br

Sumário

Introdução

Ao final de sua vida, J.R.R. Tolkien foi privado por algumas semanas do uso de seu braço direito. Ele disse ao seu editor: "Percebi que não ser capaz de usar uma caneta ou um lápis é para mim tão frustrante quanto seria a perda do bico para uma galinha."

Boa parte do tempo de Tolkien era dedicada à escrita: não apenas de suas obras acadêmicas ou de suas histórias da "Terra-média", mas também de cartas. Muitas delas tiveram de ser escritas a respeito de negócios, mas, de qualquer forma, na maioria das vezes a escrita de cartas era uma de suas atividades favoritas. A consequência é que um grande número de cartas de Tolkien foi preservado; e quando, com o auxílio de Christopher Tolkien, comecei a trabalhar nesta seleção, tornou-se óbvio que uma enorme quantidade de material teria de ser omitida, e que apenas passagens de particular interesse poderiam ser incluídas. A prioridade, naturalmente, foi dada àquelas cartas nas quais Tolkien discute seus próprios livros; mas a seleção também foi feita com o objetivo de demonstrar a grande abrangência da mente e dos interesses de Tolkien, e sua idiossincrática, mas sempre clara visão do mundo.

Entre as omissões está a grande quantidade de cartas que ele escreveu entre 1913 e 1918 a Edith Bratt, que foi sua noiva e posteriormente esposa; essas cartas são de caráter altamente pessoal, e dentre elas escolhi apenas algumas passagens que se referem a obras com as quais Tolkien estava ocupado na época. Do período entre 1918 e 1937 restam poucas cartas, e as que foram preservadas nada registram (infelizmente) sobre o trabalho de Tolkien em *O Silmarillion* e *O Hobbit*, que ele estava escrevendo nessa época. Mas, de 1937 em diante, há uma série contínua de cartas até o final de sua vida que fornecem, frequentemente com muitos detalhes, um relato da composição de *O Senhor dos Anéis* e do trabalho posterior em *O Silmarillion*, e que com frequência incluem longas discussões sobre o significado de suas obras.

Nas cartas escolhidas para publicação, todas as passagens omitidas foram indicadas por uma fileira de *quatro* pontos, assim: . . . .

Nos casos em que aparecem *três* pontos, esse é o uso empregado pelo próprio Tolkien na carta. Em quase todos os casos foram feitas omissões simplesmente por questões de espaço, e apenas muito raramente foi necessário excluir uma passagem de uma carta por questões de discrição.

O texto original de Tolkien foi deixado inalterado, exceto no caso dos endereços e das datas, que foram dados de acordo com o mesmo sistema em todo o livro, e na questão dos títulos dos livros de Tolkien. Ele mesmo empregava vários sistemas diferentes para determinados títulos: por exemplo, *o Hobbit*, o "Hobbit", *O Hobbit*, *"o Hobbit"*, *"O Hobbit"*; o mesmo se dá com *O Senhor dos Anéis*. Em geral, a prática editorial foi a de regularizar esses títulos de acordo com o sistema usual, embora a forma original seja deixada onde ela for de interesse.

Algumas cartas foram impressas a partir de cópias em papel carbono mantidas por Tolkien; ele começou a fazer cópias em carbono de suas cartas apenas no final da vida, e isso explica por que não há qualquer vestígio de cartas mais antigas, a menos que os próprios originais possam ser descobertos. Outras cartas no livro foram impressas a partir de um rascunho ou rascunhos que diferem do texto que ele de fato enviou (caso realmente o tenha enviado), e em certas ocasiões um texto contínuo foi organizado a partir de vários fragmentos de rascunhos: nos casos em que isso foi feito, a carta é intitulada "Rascunhos". A frequência de tais rascunhos entre sua correspondência, e a grande extensão de muitos deles, foi parcialmente explicada por Tolkien em uma carta ao seu filho Michael:

> Palavras geram palavras, e pensamentos deslizam para desvios. . . . O "lacônico" é por mim apenas ocasionalmente alcançado como uma "forma de arte" ao suprimir ¾ ou mais do que eu tiver escrito e é, certamente, na verdade mais demorado e trabalhoso do que o "comprimento livre".

Onde apenas uma parte de uma carta foi impressa, o endereço e a saudação inicial foram omitidos, junto com a final e a assinatura; em tais casos, a carta é intitulada "De uma carta para ——". Todas as notas de rodapé nas cartas são do próprio Tolkien, exceto quando indicadas por [N.T.], "Nota do Tradutor".

Onde julguei necessário, as cartas são precedidas por uma nota introdutória que fornece o contexto da correspondência. Todas as outras notas serão encontradas no final do livro; a existência de tal nota é indicada por um numeral sobrescrito no texto. As notas são numeradas consecutivamente no decorrer de cada carta e são identificadas carta por carta (em vez de página por página) no final do livro. As notas foram compiladas de acordo com o princípio de fornecer determinada informação na medida em que for necessária para a compreensão, mas o objetivo também foi o da brevidade, e presume-se que o leitor possua um conhecimento razoavelmente detalhado de *O Hobbit* e *O Senhor dos Anéis*. Tendo em vista a grande quantidade de edições do último livro, com suas diferentes paginações, as referências de páginas a ele feitas por Tolkien em suas cartas são explicadas nas notas, com uma citação da passagem a qual ele estiver se referindo.

Nas notas editoriais, quatro livros são citados por meio de títulos curtos: *Pictures*, *Contos Inacabados*, *Biografia* e *Inklings*. Esses são, na íntegra: *Pictures by J.R.R. Tolkien*, com prefácio e notas de Christopher Tolkien (1979); J.R.R. Tolkien, *Contos Inacabados*, editado por Christopher Tolkien (1980); Humphrey Carpenter, *J.R.R. Tolkien: uma biografia* (1977); e Humphrey Carpenter, *The Inklings* (1978). Todos os quatro foram publicados na Grã-Bretanha por George Allen & Unwin Ltd. e nos Estados Unidos por Houghton Mifflin Company.

A divisão do trabalho entre mim e Christopher Tolkien se deu da seguinte forma. Coletei e transcrevi todas as cartas, e a seleção inicial foi minha; ele comentou a respeito da seleção e da transcrição, e fez várias sugestões de mudanças, as quais discutimos posteriormente e adotamos com várias correções. Achamos então necessário reduzir o texto drasticamente, por considerações de espaço; mais uma vez, propus os cortes iniciais, ele fez comentários sobre minhas sugestões, e concordamos sobre o procedimento final. Com as notas também escrevi o texto original e ele novamente comentou a respeito do que eu havia feito e forneceu certas informações adicionais. O livro tal como publicado, portanto, reflete muito mais meu próprio gosto e julgamento do que os dele, mas ele também é o produto de nosso trabalho conjunto; sou muito grato a ele por dispensar tantas horas, e por me guiar e encorajar.

Por fim, sou também muito grato, é claro, às muitas pessoas que emprestaram cartas. A maioria delas é reconhecida no livro, uma vez que seus nomes aparecem como as destinatárias das cartas; naqueles poucos casos em que cartas foram emprestadas, mas não foram incluídas, devo tanto agradecer àqueles envolvidos como me desculpar com eles pelo fato de que sua carta ou cartas foram omitidas por razões de espaço. Também devo agradecer às várias organizações e indivíduos que me ajudaram: membros da Tolkien Society da Grã-Bretanha, a American Tolkien Society e a Mythopoeic Society, que divulgaram o nosso desejo de rastrear cartas e, em alguns casos, colocaram-nos em contato com proprietários de cartas; os BBC Written Archives, a

Biblioteca Bodleiana, a Oxford University Press e seu Departamento de Dicionários, o Centro de Pesquisas Humanas da Universidade do Texas em Austin e a Coleção Wade no Wheaton College, Illinois, todos os quais nos disponibilizaram cartas; os vários executores testamentários (especialmente o Rev. Walter Hooper) e outras pessoas que nos ajudaram a rastrear cartas de pessoas já falecidas; e, por fim, Douglas Anderson, que auxiliou enorme e generosamente de vários modos na preparação do livro. Charles Noad e ele gentilmente leram provas do livro para nós.

Apesar do tamanho deste volume, e do grande número de cartas que coletamos, não pode haver dúvida de que boa parte da correspondência de Tolkien ainda permanece sem vestígio. Encorajamos qualquer leitor que tenha conhecimento de outras cartas que talvez mereçam ser publicadas a contatar os editores deste livro, na esperança de que seja possível adicioná-las a uma segunda edição.

HUMPHREY CARPENTER, 1981

Prefácio à Edição Revisada e Ampliada

Quando Humphrey Carpenter escreveu a introdução de *As Cartas de J.R.R. Tolkien*, ele o fez apenas com uma referência passageira ao fato de que aquele não era o livro que originalmente imaginara. Humphrey vinha trabalhando em um texto datilografado junto com Christopher Tolkien por quase dois anos, mas foi somente após o enviar ao editor Rayner Unwin que surgiu a questão de qual poderia ser um "tamanho publicável" para o livro.

A opinião de Rayner na ocasião foi de que, se quisessem atrair o interesse do maior número possível de leitores, o livro precisaria ser acessível. Apesar do esforço prodigioso de Humphrey em condensar muitas centenas de cartas em uma compilação que parecesse adequada, a contagem final ainda chegava a mais de 250.000 palavras; as limitações práticas da composição tipográfica determinavam que o texto só poderia ser publicado como um volume único pesado e caro ou como um conjunto de dois volumes ainda mais caro.

Portanto, e com grande pesar, Humphrey e Christopher dedicaram os primeiros meses de 1980 à redução do texto datilografado. A correspondência entre eles nessa época reflete os desafios que enfrentaram e as longas discussões que tiveram para chegar a uma versão final que mantivesse a essência da seleção original de Humphrey. Surpreendentemente, as divergências foram poucas, embora a decisão sobre a inclusão (ou não) de uma única vírgula em uma frase tenha sido discutida cordialmente no decorrer de várias cartas! Por fim, conseguiram reduzir o volume em aproximadamente 50.000 palavras; com o auxílio e conselhos de Christopher, Humphrey então escreveu suas notas, e esse foi o texto publicado.

Desde então, *As cartas de J.R.R Tolkien* tornou-se o mais próximo do que jamais teremos de uma autobiografia do autor, de modo que quando Christopher revelou aos seus editores que ele ainda possuía uma cópia do material original, foram feitos planos para restaurar os cortes em uma edição revisada e ampliada. Com base no texto datilografado e na correspondência e notas de Christopher e Humphrey — que se tornaram acessíveis com o auxílio de Baillie Tolkien, executora testamentária do irmão —, esta edição finalmente oferece aos leitores a seleção originalmente concebida por Humphrey Carpenter e Christopher Tolkien. As novas notas editoriais foram acrescentadas com a assistência do Tolkien Estate, do espólio de Christopher Tolkien e de Catherine McIlwaine, arquivista do patrimônio documental de Tolkien na Biblioteca Bodleiana, em Oxford. Os proeminentes estudiosos tolkienianos Wayne G. Hammond e Christina Scull compilaram uma versão revisada e atualizada de seu índice remissivo. Com 45 cartas expandidas e mais de 150 incluídas pela primeira vez, essa edição fornece uma perspectiva ainda maior da vida de uma das grandes mentes da literatura moderna.

Os leitores verão que o sistema de numeração original de Humphrey foi mantido, e as correspondências recém-incluídas estão indicadas por uma letra minúscula junto ao número; por exemplo, "15a" para a carta de 17 de setembro de 1937 para Stanley Unwin que vem após a de 31 de agosto para a Allen & Unwin. Desde a primeira publicação, em 1981, *As Cartas de J.R.R. Tolkien* tornou-se uma obra de referência inestimável, com o seu conteúdo sendo frequentemente citado e referenciado de acordo com o número da carta mencionada. Assim, ao preservar esse sistema, a obra original continuará a ter o seu valor.

Chris Smith, 2023

As cartas

1 Para Edith Bratt

[Tolkien tornou-se noivo de Edith Bratt, a quem havia conhecido durante sua adolescência em Birmingham, em janeiro de 1913, quando ele tinha vinte e um anos. A carta a seguir foi escrita durante seu último ano como estudante de graduação em Oxford, quando estava estudando Língua e Literatura Inglesas e ao mesmo tempo estava treinando no Corpo de Treinamento de Oficiais da Universidade como uma preparação para se alistar no exército.]

[Não datada; outubro de 1914] Exeter College, Oxford

Minha Edith querida:

Sim, fiquei bastante surpreso com seu cartão da manhã de sáb. e bastante pesaroso porque eu sabia que minha carta teria de vagar atrás de você. Você escreve cartas esplêndidas para mim, pequenina; porém, sou desalmado com você. Parece que faz uma eternidade desde que escrevi. Tive um fim de semana atarefado (e muito molhado!).

A sexta-feira foi completamente monótona e o sábado também, apesar de termos um treino a tarde toda e ficarmos ensopados várias vezes, e nossos rifles ficarem totalmente imundos e levarem séculos para serem limpos depois.

Passei a maior parte do resto desses dias dentro de casa lendo: eu tinha um ensaio, como lhe contei, mas não o terminei, visto que Shakespeare apareceu e depois (o Tenente) Thompson[1] (muito saudável e bem em seu novo uniforme) e impediram-me de trabalhar no sábado, como eu tinha intenção de fazer. . . . . Fui a S. Aloysius para a Missa Solene — e gostei bastante dela; faz muito tempo desde que assisti a uma, pois o Pe. F.[2] não me deixou ir quando estive no Oratório semana passada.

Eu *tive* de fazer uma visita obrigatória ao Reitor[3] à tarde que foi muito entediante. Sua esposa realmente é pavorosa! Fui embora assim que possível e fugi na chuva de volta para meus livros. Então saí e encontrei o Sr. Sisam[4] e disse-lhe que não poderia terminar meu ensaio até qua.: e fiquei e conversei com ele por algum tempo, depois saí e tive uma conversa interessante com aquele homem singular chamado Earp[5] do qual lhe falei a respeito e apresentei a ele (para seu grande prazer) a "Kālevalā", as baladas finlandesas.

Entre outros trabalhos, estou tentando transformar uma das histórias — que é realmente uma história muito grande e muitíssimo trágica — em um conto um pouco na linha dos romances de Morris com pedaços de poesia no meio. . . . .[6]

Tenho de ir à biblioteca da faculdade agora e me sujar entre livros empoeirados — e depois fazer hora e ver o Tesoureiro. . . . .

R.[7]

2 De uma carta para Edith Bratt 27 de novembro de 1914

Tive cerca de 4h [de trabalho], das 9:20–1 mais ou menos, na manhã: treinei toda a tarde, fui a uma aula das 5–6 e após o jantar (com um homem chamado Earp) tive de ir a uma reunião do Clube de Ensaios — um tipo informal de último suspiro [?]. Houve um ensaio ruim, mas uma discussão interessante. Essa foi também uma reunião de composições e li "Earendel", que recebeu boas críticas.[1]

3 De uma carta para Edith Bratt 26 de novembro de 1915

[Após se formar em Oxford com uma Primeira Classe em Inglês, Tolkien obteve um posto nos Fuzileiros de Lancashire. Esta carta foi escrita no Campo Rugeley, em Staffordshire, onde ele estava treinando. Nesse ínterim ele estava trabalhando em um poema, "Kortirion entre as Árvores", inspirado por Warwick, onde Edith Bratt estava morando. O poema descreve uma "urbe morta sobre uma colina", onde "ainda se avistam Sós Companhias . . . . Imortais Elfos e benditas Fadas". Quanto ao "T.C.B.S.", ver a carta nº 5.]

O tipo usual de manhã para se ficar em pé congelando e depois trotar para se aquecer simplesmente para se congelar mais uma vez. Terminamos com um lançamento de bombas falsas de uma hora. Almoço e tarde enregelante. Marchamos a toda velocidade e transpiração todos os dias quentes de verão, e agora ficamos de pé em grupos gelados ao ar livre ouvindo sermões! Chá e outra disputa renhida — lutei por um lugar perto do fogão e fiz um pedaço de torrada na ponta de uma faca: que dias! Escrevi uma versão a lápis de "Kortirion". Espero que você não se importe que eu a envie ao T.C.B.S. Quero lhes enviar algo: devo longas cartas a todos. Começarei agora uma cuidadosa cópia à tinta para você, pequenina, e a enviarei amanhã à noite, já que não creio que eu possa conseguir mais do que uma cópia datilografada (o poema é tão longo). Não, pensando melhor, estou lhe mandando a cópia a lápis (que está muito caprichada) e deixarei o T.C.B.S. esperando até que eu possa fazer outra.

4 De uma carta para Edith Bratt 2 de março de 1916

Nessa tarde miserável e garoenta estive lendo mais uma vez antigas notas das palestras militares — e me entediando com elas após uma hora e meia. Dei alguns retoques na minha absurda língua das fadas — que a melhoraram.[1]

Com frequência anseio por trabalhar nela e não me permito pois, embora muito a adore, ela parece ser um passatempo tão louco!

5 Para G.B. Smith

[Enquanto estavam na King Edward's School, Birmingham, em 1911, Tolkien e três amigos, Rob Gilson, Geoffrey Smith e Christopher Wiseman, formaram uma sociedade não oficial e semissecreta que chamaram de "T.C.B.S.", iniciais de "Tea Club and Barrovian Society" (Clube do Chá e Sociedade Barroviana), uma alusão ao gosto deles de tomarem chá na biblioteca do colégio, ilicitamente, e na Barrow's Stores próxima ao colégio. Desde que deixaram a King Edward's, o T.C.B.S. manteve contato constante e, em dezembro de 1914, realizou um "Conselho" na casa de Londres de Wiseman, após o qual Tolkien começou a dedicar muita energia à composição de poemas — o resultado, acreditava ele, dos ideais em comum e do encorajamento mútuo do T.C.B.S. Wiseman estava agora servindo na Marinha, Gilson e Smith foram enviados para o Somme, e Tolkien chegou naquele campo de batalha, como oficial sinalizador do 11º Batalhão dos Fuzileiros de Lancashire, no momento em que a ofensiva Aliada de 1º de julho estava começando. Naquele dia, Rob Gilson foi morto em combate, mas a notícia de sua morte não chegou aos outros membros do T.C.B.S. até algumas semanas depois. Geoffrey Smith escreveu a Tolkien sobre o fato, e mais tarde lhe passou uma carta de Christopher Wiseman.]

12 de agosto de 1916
11º Batalhão dos Fuzileiros de Lancashire, F.E.B., França
Meu caro e velho Geoffrey,

Realmente obrigado pela carta de Christopher. Tenho refletido sobre muitas coisas desde então — a maioria das quais pensamentos incomunicáveis até que Deus nos una novamente, mesmo que seja por pouco tempo.

Não concordo com Chris — apesar de obviamente ele não dizer muito. Concordo de todo coração, é claro, com a parte que você salientou — mas, por mais estranho que pareça, agora nem um pouco com a parte que marquei e comentei. Fui para o bosque — estamos novamente em acampamento saídos de nosso segundo combate de trincheiras ainda na mesma velha área em que encontrei você — noite passada e também na noite anterior, e me sentei e pensei.

Não posso evitar a conclusão de que é errado confundir a grandeza que Rob adquiriu com a grandeza da qual ele mesmo duvidava. Ele mesmo saberá que apenas estou sendo perfeitamente sincero e que não sou de modo algum infiel ao meu amor por ele — o qual apenas percebo agora, cada vez mais dia a dia, que ele deixou os quatro — quando digo que agora acredito que se a grandeza que nós três certamente tencionávamos (e tencionávamos como mais do que somente santidade ou nobreza) for realmente o quinhão do TCBS, então a morte de qualquer um de seus membros é apenas um joeirar amargo daqueles que não estavam destinados a serem grandes — pelo menos diretamente. Permita Deus que isso não soe de modo arrogante — na verdade, sinto-me suficientemente mais humilde e imensuravelmente mais fraco e mais medíocre agora. A grandeza que eu tencionava era a de um grande instrumento nas mãos de Deus — um comovedor, um agente, até mesmo um realizador de grandes coisas, iniciante na menor das grandes ações.

A grandeza que Rob encontrou de modo algum é menor — pois a grandeza que eu tencionava e tremulamente esperava como nossa é sem valor a menos que seja impregnada com a mesma santidade de coragem, sofrimento e sacrifício —, mas é de um tipo diferente. Sua grandeza, em outras palavras, é agora uma questão pessoal nossa — de um tipo que fará com que transformemos o 1º de julho num dia especial por todos os anos que Deus possa conceder a qualquer um de nós —, mas apenas toca o TCBS naquela faceta precisa que talvez, é possível, fosse a única que Rob sentia: "Amizade à enésima potência". O que eu quis dizer, e penso que Chris quis dizer, e estou quase certo de que você quis dizer, foi que ao TCBS havia sido concedida alguma centelha de fogo — certamente como um conjunto se não individualmente — que estava destinada a acender uma nova luz ou, o que é a mesma coisa, reacender uma antiga luz no mundo; que o TCBS estava destinado a testemunhar por Deus e pela Verdade de um modo ainda mais direto do que pela entrega de suas várias vidas nesta guerra (que é, apesar de todo o mal do nosso próprio lado, em uma visão mais ampla o bem contra o mal).

Até agora minha principal impressão é de que alguma coisa se quebrou. Sinto-me exatamente o mesmo com relação a vocês dois: mais próximo, na verdade, e com muita necessidade de vocês. Estou faminto e sozinho, é claro, mas não me sinto um membro de um pequeno corpo completo agora. Sinto honestamente que o TCBS acabou — mas não estou totalmente certo de que este não seja um sentimento não confiável que talvez desapareça como mágica quando nos reunirmos novamente. Ainda me sinto um mero indivíduo neste momento — com mais sentimentos intensos do que com ideias, mas muito impotente.

É claro que o TCBS pode ter sido tudo o que sonhamos — e seu trabalho ao final ser feito por três, dois ou um sobrevivente, e a parte dos outros ser confiada por Deus àquela inspiração que sabemos que todos nós demos e damos uns aos outros. A isso agora prendo minhas esperanças e peço a Deus que as pessoas escolhidas para darem continuidade ao TCBS não sejam menos do que nós três.....

Entretanto, temo e lamento por isso — sem considerar minhas próprias ânsias pessoais — porque ainda não posso abandonar a esperança e as ambições (incipientes e nebulosas, eu sei) que pela primeira vez tornaram-se conscientes no Conselho de Londres. Aquele Conselho, como você sabe, foi acompanhado, no meu próprio caso, pela descoberta de uma voz a toda uma série de coisas reprimidas e por uma tremenda abertura para mim a todas as coisas: sempre creditei isso à inspiração que nos proporcionavam mesmo algumas poucas horas a quatro.

Aí está — sentei solenemente e tentei lhe contar secamente o que penso exatamente. Fiz com que esta carta soasse muito fria e distante e, se ela for incoerente, deve-se ao fato de estar sendo escrita em diferentes ocasiões em meio ao barulho de um refeitório de Companhia muito entediante.

Envie-a a Chris se você achar que vale à pena. Não sei qual será nossa manobra a seguir ou o que nos espera. Os rumores estão a toda tanto quanto o cansaço universal de toda esta guerra permite que estejam. Gostaria de saber onde você está. Tenho um palpite, é claro.

Eu poderia escrever uma carta enorme, mas tenho vários trabalhos para fazer. O Of. Sin. de Bda. está atrás de mim para uma conversa, e tenho dois assuntos para resolver com o OI e uma revista detestável às 6:30 - 6:30 da tarde de um sábado ensolarado.

Escreva-me quando tiver a sombra de uma chance.

Sinceramente,
John Ronald.

6 Para a Sra. E.M. Wright

[Em 1920, Tolkien foi nomeado Professor Associado de Língua Inglesa na Universidade de Leeds, um cargo que posteriormente converteu-se em uma Cátedra; ver a carta nº 46 para um relato da entrevista que levou à sua nomeação. Tolkien estava agora casado com Edith Bratt; em 1923 ele já tinha dois filhos, John e Michael. Em 1922 ele publicou um glossário para uma seleta de inglês médio editada pelo seu antigo tutor, Kenneth Sisam. Ele também começou a trabalhar com E.V. Gordon em uma edição de *Sir Gawain e o Cavaleiro Verde*. A carta a seguir, que confirma o recebimento de um artigo sobre esse poema, é endereçada à esposa de Joseph Wright, editor do *English Dialect Dictionary* ("E.D.D."). Tolkien estudou filologia com Wright em Oxford.]

13 de fevereiro de 1923 A Universidade, Leeds

Cara Sra. Wright,

Sou-lhe muito grato pela separata — e também pelos seus comentários gentis sobre o glossário. Certamente gastei uma quantidade de tempo nele que é terrível de se recordar, e atrasei a seleta por muito tempo, o que me trouxe dores de cabeça; mas foi instrutivo.

Não preciso dizer que fiquei bastante convencido pelo seu artigo e que estou encantado por me sentir confiante de que outro remendo grosseiro em "Sir G." foi agora finalmente suavizado pela senhora.

Acabamos de passar por um Natal um tanto desastroso, já que as crianças escolheram essa época para pegar sarampo — no início de janeiro eu era o único da casa que restara incólume, os pacientes incluindo a esposa e a ama-seca. O trabalho das férias está arruinado; mas eles (não o trabalho) estão todos melhores agora e sem sequelas. Eu escapei. Espero que a senhora esteja bem e que o Professor Wright esteja bem — não tive nenhuma notícia dele ultimamente, o que interpretei de modo favorável.

O inglês médio é um campo excitante — quase inexplorado, começo a pensar, porque, assim que o estudioso volta uma detalhada atenção pessoal a qualquer pequeno recanto do idioma, as ideias e noções adquiridas parecem vacilar e desmoronar — no que diz respeito ao idioma, de qualquer maneira. O E.D.D. é certamente indispensável, ou "unentbehrlich", conforme vem com mais naturalidade à mente filológica, e encorajo as pessoas a folheá-lo.

Minha esposa pede que eu mande lembranças a ambos e une seus cumprimentos aos meus.

Sinceramente,
J.R.R. Tolkien.

A Filologia está progredindo aqui. A proporção de estudantes de "línguas" é muito alta, e não há sinal do grupo de recrutamento militar! JRRT.

7 Para os Eleitores da Cátedra Rawlinson e Bosworth de Anglo-Saxão, Universidade de Oxford

[No verão de 1925, a Cátedra de Anglo-Saxão em Oxford foi anunciada, após a renúncia de W.A. Craigie. Tolkien decidiu candidatar-se, embora tivesse apenas trinta e três anos. Esta é a carta formal de candidatura, datada de 27 de junho de 1925.]

Senhores,

Desejo oferecer-me como candidato à Cátedra Rawlinson e Bosworth de Anglo-Saxão.

Uma Cátedra que proporciona tal oportunidade de expressar e comunicar um entusiasmo instruído pelos estudos anglo-saxões e pelo estudo das outras línguas germânicas antigas naturalmente me é atraente, nem poderia eu desejar algo melhor do que ser reassociado desta maneira à Escola de Inglês de Oxford. Fui membro dessa Escola como estudante de graduação e como tutor e, durante minha ausência de cinco anos em Leeds, fiquei feliz por ter mantido contato com ela, mais especificamente nos dois últimos anos, como Revisor das Provas Finais.

Entrei no Exeter College como Bolsista Stapledon em 1911. Após estudar Letras Clássicas em 1913 (em que me especializei em filologia grega), formei-me com honras de primeira classe em Inglês em 1915, sendo islandês antigo a minha matéria especial. Até o final de 1918, estive de serviço nos Fuzileiros de Lancashire, e naquela data entrei a serviço do Oxford English Dictionary. Fui um dos assistentes do Dr. Bradley[1] até a primavera de 1920, quando meu próprio trabalho e as crescentes tarefas de um tutor fizeram com que fosse impossível continuar.

Em outubro de 1920, fui para Leeds como Professor Associado de Língua Inglesa, com uma livre incumbência de desenvolver o lado linguístico de uma grande e crescente Escola de Estudos Ingleses, na qual ainda não haviam sido tomadas as providências usuais para o especialista linguístico. Comecei com cinco hesitantes pioneiros de uma Escola (exclusivamente do primeiro ano) de cerca de sessenta membros. A proporção atualmente é de 43 estudantes literários para cada 20 estudantes linguísticos. Os linguistas não estão de modo algum isolados ou desligados da vida e trabalho gerais do departamento, e participam de muitos dos cursos e atividades literárias da Escola; mas, desde 1922, seu trabalho puramente linguístico tem-se realizado em aulas especiais, e é examinado em ensaios distintos de padrão e atitude especiais. O ensino oferecido tem sido gradualmente estendido, e agora abrange uma grande parte do campo das filologias inglesa e germânica. Estão sendo oferecidos cursos sobre o verso heroico do inglês antigo, a história do inglês*, vários textos em inglês antigo e médio*, filologia do inglês antigo e médio*, filologia germânica introdutória*, gótico, islandês antigo (um curso de segundo* e terceiro anos) e galês medieval*. Todos esses cursos eu mesmo ocasionalmente ministrei; aqueles que ministrei pessoalmente no ano passado estão marcados com um *. Durante este último período letivo, um curso de leitura voluntária de textos não especialmente considerados no atual currículo atraiu mais de quinze alunos, nem todos eles do lado linguístico do departamento.

A Filologia, de fato, parece ter perdido para esses estudantes suas conotações de terror, se não de mistério. Uma ativa aula de discussão foi ministrada, em linhas mais familiares a escolas de literatura do que de idiomas, que rendeu frutos em uma rivalidade amistosa e um debate aberto com a assembleia literária correspondente. Um Clube Viking até foi formado, por antigos e atuais estudantes de islandês antigo, que prometem continuar o mesmo tipo de atividade independentemente do corpo docente. O islandês antigo tem sido um caso de desenvolvimento especial, e geralmente alcança um padrão mais alto do que as outras matérias especiais, sendo estudado por dois anos e tão detalhadamente quanto o anglo-saxão. . . . .

Considerados de maneira absoluta, nossos resultados em produção acadêmica, nesses cinco anos, naturalmente são pequenos. Dos doze candidatos linguísticos examinados desde 1922, cinco obtiveram honras de primeira classe; um desses encontra-se agora na equipe do Oxford English Dictionary, e outro parece ser um promissor e hábil recruta para o Levantamento de Topônimos Ingleses. Embora uma matéria especial seja encorajada no lugar de uma dissertação ao nível do bacharelado, algumas dissertações interessantes foram recentemente apresentadas: particularmente um estudo dos topônimos de Richmondshire e uma tradução da Saga de Hrolfr Kraki, ambas as quais provavelmente serão publicadas.

A grande quantidade de ensino e direção que até agora envolveu o meu cargo, suplementada por uma parte na administração geral de um departamento em crescimento, e ultimamente pelas obrigações de membro do Corpo Legislativo em uma época de especial dificuldade na política da Universidade, tem interferido seriamente nos meus projetos de trabalhos publicáveis; mas anexo uma nota do que tenho encontrado tempo para fazer. Se eleito para a Cátedra Rawlinson e Bosworth, deverei esforçar-me para fazer uso produtivo das oportunidades que ela oferece para pesquisas; para promover, o melhor possível, a crescente aproximação de estudos linguísticos e literários, que jamais podem ser inimigos exceto por mal-entendidos ou sem perda para ambos; e para continuar, em um campo mais fértil e amplo, o encorajamento do entusiasmo filológico entre os jovens.

Permaneço, senhores, seu obediente servo,
J.R.R. Tolkien.

8 Para James Black Baillie, Vice-Reitor da Universidade de Leeds

22 de julho de 1925 — A Universidade, Leeds

Caro Dr. Baillie,

Minha escolha para a Cátedra Rawlinson & Bosworth em Oxford recém me foi anunciada, e aceitei-a — ela entra em vigor a partir do próximo 1º de outubro — unicamente com sentimentos de grande pesar por esse desligamento repentino, apesar dessa inesperada virada de sorte a meu favor.

Apenas a repentina renúncia de meu predecessor a impôs sobre mim tão cedo — eu a ambicionava vagamente como algo talvez para os anos mais distantes, mas agora, após essa gentileza da Universidade e a grande felicidade do meu breve período de trabalho aqui, sinto-me mal-agradecido ao pedir para ser liberado de meu cargo tão cedo. Espero seu perdão.

Caso o senhor esteja — como espero — ausente neste verão perfeito, também estou informando oficialmente o Agente de Registro, embora eu imagine que não seja necessário, uma vez que Abercrombie[1] está ciente e acredito que tenha estado ocupado....

Até agora estive tão atormentado, como muitos de nós ficamos anualmente no início do verão, com exames de Leeds, Oxford e das escolas que fui completamente incapaz de ajudar, apesar da boa vontade, na atual campanha da Universidade. Receio que esse evento me impedirá de vez de assumir um papel mais ativo nesse serviço em particular, uma vez que posso ver agora que os próximos meses serão realmente muito laboriosos.

Sinceramente,
J.R.R. Tolkien

8a Para John Tolkien

[O filho mais velho de Tolkien, John, tinha dezesseis anos e estava estudando no Oratory School, em Berkshire, um internato católico.]

21 de janeiro de 1934 — 20 Northmoor Road, Oxford

Meu querido,

Estou desapontado com o seu "crédito" de latim, mas anime-se: imagino que você tenha dado o melhor de si. Deus o abençoe. Espero que tudo vá bem para você neste período letivo. Mantenha-me informado.

Irá tentar *dois* créditos no verão? Receio que a vida vá se tornar um pouco rígida para você agora — você está à beira de anos sérios em que há uma boa quantidade de trabalho e não tanto de divertimento. (Notei que os seus livros de alemão voltaram depois de umas férias sossegadas no seu baú, não?)

Você falaria com o Sr. Hope a respeito de "desenho"? Esqueci de escrever a tempo. Mas não me parece que você esteja tirando £9/9/0 de proveito das aulas escolares — o suficiente para vesti-lo por um ano. Na verdade, eu gostaria de cancelar completamente os extras para você — a não ser que seja considerado indecente ou impossível sem um aviso prévio mais longo, e a não ser que você mesmo se importe *muito* com isso (não foi possível fazer você se expressar vigorosamente a respeito disso em casa; mas não vejo você mexendo muito com desenho ou pintura atualmente como um prazer particular — e lições ou aulas são bastante inúteis, exceto como um guia para um gosto pessoal real que se expressa na prática).

Espero que agora você esteja livre dos últimos vestígios do seu resfriado e se sentindo mais saudável com ares melhores. Suponho que você agora tenha muito o que fazer de um jeito ou de outro, meu querido. Mesmo assim, não negligencie os cartões ou cartas para mamãe: ela conta com eles mais do que você pode imaginar. Estou disposto a dividir (apesar de nós dois sentirmos sua falta constantemente e da mesma maneira!) — a não ser que haja algo que você realmente deseje conversar com seu pai. Desculpe esses garranchos terríveis. Fomos a Iffley Road: uma manhã extremamente branca e a igreja estava mortalmente gélida. Minhas mãos estão inúteis.

Lamento que os números tenham caído. Mas tenho certeza de que todos vocês continuarão animados, e espero e acredito que a escola triunfará sobre as dificuldades no final. Deus o abençoe de novo, meu querido.

Com muito amor,
do seu Pai.

8b Para Christopher Tolkien

[O filho mais novo de Tolkien, Christopher, na época com onze anos, havia sido acompanhado por seu pai até Londres, antes de viajar para passar as férias em Exeter, Devon, com os amigos da família Dorothy e Charlie Moore.]

10 de agosto de 1936 — 20 Northmoor Road, Oxford

Meu querido,

Sinto muito a sua falta; mas estou muito feliz que o seu pequeno feriado tenha começado com tempo bom. Não parecia como em Londres, não? Estava frio e deplorável, quando você partiu, e garoou à tarde. Fiquei sabendo quando cheguei em casa que tiveram um dia muito bom e razoavelmente quente em Oxford — ficou mais quente de novo assim que passamos Reading. Fui para casa no das 6:50, depois de passar todo o tempo no apartamento de J.B.[1] Ele me ofereceu um almoço maravilhoso, feito por ele mesmo.

Ontem foi agradável, e passei (quase) o dia inteiro no jardim. Acendemos quatro fogueiras e uma delas ainda está acesa. Parece que vai ser outro belo dia quente, e espero que você faça uma boa viagem até Mortehoe. A pobrezinha da Prisca pegou o resfriado de John e está de cama hoje, mas não acho que ela esteja muito mal, e deve estar melhor amanhã. Mamãe e eu fomos até os Wrenns[2] noite passada e voltamos tarde — uma agradável noite enluarada com um pouco de neblina. Phoebe[3] voltou esta manhã. O "Pérola" foi muito mal declamado (achei) na noite de sexta[4]. Mas "o Hobbit" está agora quase terminado e os editores clamam por ele. Meu querido, espero que você volte muitíssimo melhor e se divirta bastante. Deus o abençoe. Eu te amo muito.

Do seu pai.

8c Para Michael Tolkien

[O segundo filho de Tolkien, Michael, estava prestes a comemorar seu décimo sexto aniversário. Ele agora estava em regime de internato na Oratory School, em Berkshire, a mesma escola que seu irmão mais velho, John, havia frequentado anteriormente.]

21 de outubro de 1936 — 20 Northmoor Road, Oxford

Querido Mick,

Muitas felicidades pelo dia de amanhã. Deus o abençoe. Lamento saber por John que você está sem dinheiro. Paguei a sua pequena dívida com ele. Dadas as circunstâncias, acho que um pouquinho do necessário seria uma forma de presente de aniversário muito bem-vinda. Estou mandando 10/- num v[ale].p[ostal]. Essa é uma gorjeta de aniversário. Posso providenciar um dinheiro para despesas de maneira um pouco mais regular mais tarde (na próxima quarta-feira, se você me lembrar), mas não muito. Desculpe aludir a isso numa carta de aniversário: mas estou apertado. Não se esqueça que sou o sujeito que (como o porco irlandês[1]) paga o aluguel — do seu "apartamentozinho", e a mobília precisa vir da renda atual (assim como de algum dinheiro imprevisto que apareça, é claro, apesar de nesse momento não haver maçãs na árvore paterna).

Espero que você acabe entrando numa peça. Acho que você se divertiria. É claro, ficamos felizes ao saber que a mão vai bem[2]. Vou para Londres hoje para uma reunião de diretoria, no trem das

10:48, e pensarei em você ao vislumbrar a E.O. de longe. Muito amor por você, querido menino. Espero poder conversar e ter mais notícias (apesar de você colocar várias em suas cartas) semana que vem. Devo aparecer pela manhã, pois teremos que sair da E.O. por volta do meio-dia, no máximo, já que você terá de almoçar aqui, para podermos visitar Growler[3] logo depois.

Do seu pai.

9 Para Susan Dagnall, George Allen & Unwin Ltd.

[Tolkien escreveu a maior parte de *O Hobbit* durante seus primeiros sete anos como Professor de Anglo-Saxão em Oxford. Já havia um texto no inverno de 1932, quando foi lido por C.S. Lewis, embora nesse estágio aparentemente faltassem ao texto datilografado os capítulos finais, e era interrompido pouco antes da morte do dragão Smaug. Esse texto datilografado acabou sendo visto por Susan Dagnall, que havia se formado em Oxford e trabalhava para a editora londrina Allen & Unwin, e ela encorajou Tolkien a terminar a história e oferecê-la para publicação. Ver as cartas nº 163, 257 e 294 para o relato de Tolkien sobre o envolvimento dela com o livro, embora duas dessas cartas posteriores errem ao sugerir que Susan Dagnall ainda era uma estudante de Oxford quando leu o manuscrito. Ver mais em *Biografia*, p. 246. Foi em 3 de outubro de 1936 que Tolkien enviou o texto datilografado completo para Allen & Unwin. Stanley Unwin, fundador e presidente da firma, respondeu em 5 de outubro que eles submeteriam o livro a "imediata e cuidadosa consideração". Não resta nenhuma outra correspondência até a carta a seguir. Quando Tolkien a escreveu, o livro havia sido aceito para publicação, e ele já estava preparando mapas e ilustrações.]

4 de janeiro de 1937 — 20 Northmoor Road, Oxford

Cara Srta. Dagnall,

Mapas e cia. para "*O Hobbit*".

Desculpe-me pelo longo atraso. Estive indisposto por algum tempo e depois tive de lidar com o fato de, um por um, minha família ser afetada por uma gripe trazida do colégio para a ruína completa do Natal. Eu mesmo sucumbi na véspera de Ano-Novo. Tem sido difícil fazer qualquer coisa, e o que fiz, temo, é bastante medíocre. Redesenhei dois itens: o mapa com as runas, que tem de ser inserido (no Capítulo I) e o mapa geral. Só posso esperar — uma vez que possuo pouca habilidade e nenhuma experiência na preparação de tais coisas para reprodução — que eles talvez venham a servir. Decidi que os outros mapas não são necessários.

Redesenhei (na medida em que sou capaz) uma ou duas das ilustrações amadoras do "manuscrito caseiro", tendo em mente que elas talvez sirvam como guardas, frontispício ou seja o que for. Acredito que, no geral, tais coisas, caso fossem melhores, poderiam ser um aprimoramento. Mas isso pode ser impossível a essa altura e, de qualquer forma, elas não são muito boas e podem ser tecnicamente inadequadas. Seria gentil de sua parte se pudesse devolver as rejeitadas.

Sinceramente,
J.R.R. Tolkien.

10 Para C.A. Furth, Allen & Unwin

[Em algum momento entre 1932 e 1937, Tolkien escreveu e ilustrou um pequeno livro para crianças intitulado *Sr. Boaventura*. Para uma descrição do livro, ver *Biografia*, p. 223. O livro foi mostrado a Allen & Unwin na mesma época em que *O Hobbit* foi submetido à apreciação. Os editores disseram que ficariam felizes em aceitá-lo, desde que Tolkien pudesse reduzir o número de cores nos desenhos.]

17 de janeiro de 1937 — 20 Northmoor Road, Oxford

Caro Senhor,

"Sr. Boaventura" retornou a salvo. Só posso dizer que fiquei surpreso ao receber sua carta gentil na manhã seguinte. Não imaginava que o livro fosse merecedor de tantos incômodos. As gravuras parecem principalmente provar para mim apenas que o autor não sabe desenhar. Mas se sua firma realmente acha que o livro é digno de publicação, tentarei tornar as ilustrações mais fáceis de se reproduzir. Certamente seria uma grande ajuda se o senhor pudesse fazer a gentileza de telefonar, como sugere, e dar-me algum conselho. Atualmente estou me empenhando para conseguir um subsídio para "pesquisas",[1] além das minhas obrigações de praxe, mas posso conseguir alguns momentos livres em um futuro próximo, ainda mais porque estou livre do fardo da correção de provas por dois anos.

Também estou grato e agradavelmente surpreso pelo fato de que os desenhos para "o Hobbit" podem ser usados. Deixo em suas mãos quanto ao melhor modo de reproduzi-los e usá-los. Na verdade, o mapa com as runas foi planejado para ser inserido (dobrado) no Capítulo I, do lado oposto à primeira menção dele: "um pedaço de pergaminho que lembrava um mapa", perto do final do capítulo. O *outro mapa* no "ms. caseiro" vinha ao final, e o desenho longo e estreito de *Trevamata*[2] estava no início. O *Portão do Rei-élfico* vinha ao final do Cap. VIII, *A Cidade do Lago* no Cap. X, *O Portão da Frente* no Cap. XI após a descrição da primeira vista dele pelos aventureiros: "conseguiram espiar e ver a abertura escura e cavernosa na grande muralha da encosta". Ao considerar a questão com mais cuidado, percebo que isso concentra todos os mapas e gravuras, em posição ou referência, perto do fim. Tal fato não se deve a plano algum, mas ocorre simplesmente porque não consegui reduzir as outras ilustrações para um formato aceitável. Também fui informado que aquelas com um conteúdo geográfico ou paisagístico eram as mais adequadas — apesar de minha incapacidade de desenhar qualquer outra coisa.

Anexo agora mais 6.[3] Todas são obviamente defeituosas, e fora isso podem, cada uma ou algumas delas, apresentar dificuldades de reprodução. Além disso, o senhor pode estar pouco propenso a considerar tão tardiamente mais complicações e uma mudança de planos. De maneira que não ficarei triste ou surpreso caso o senhor as devolva, todas ou algumas delas.....

Atenciosamente,
J.R.R. Tolkien.

11 Para Susan Dagnall, Allen & Unwin

[A respeito da reprodução de ilustrações em *O Hobbit*.]

5 de fevereiro de 1937 — 20 Northmoor Road, Oxford

Cara Srta. Dagnall,

Deixe o Dep. de Produção fazer o que achar melhor com mapa. Sou muito grato a ele. Na verdade, a última carta que recebi do Dep. anunciou uma seleção diferente de quatro (das seis gravuras atrasadas) e o projeto de usar uma outra numa sobrecapa; mas estou bastante satisfeito com essa seleção e deixo as outras em suas mãos. Aprovo as impressões preliminares. A redução causou uma melhora a todas, com exceção de "os Trols". Nesta há uma ou duas falhas, provavelmente devido apenas à impressão. Assinalei-as: o contorno branco e fino de uma das árvores do fundo está levemente interrompido; alguns dos pequenos pontos que delineiam uma chama não apareceram; o ponto depois de "Trols." idem.

Na "Salão em Bolsão", coloquei por engano uma sombra fraca que chega precisamente à viga lateral. Ela obviamente apareceu preta (com o desaparecimento da chave), embora não até a viga. Mas creio que a impressão seja tão boa quanto o original permite. Por favor, notem que essas não são críticas sérias! Ainda estou surpreso pelo fato de essas gravuras medíocres serem realmente aceitas e que os vocês tenham tido tantos problemas com elas — especialmente econômicos (um fator que não esqueci, e a razão para minhas ilustrações originalmente dispensáveis).

Estarei disponível no sábado, 13 de fevereiro, às 3 da tarde; e aguardo a senhorita.

Eu deveria ter respondido à sua carta antes, mas tive três dias desesperadoramente lotados.

Sinceramente,
J.R.R. Tolkien.

11a Para Michael Tolkien

12 de fevereiro de 1937 — 20 Northmoor Road, Oxford

Meu querido Mick,

Foi muito bom receber uma carta sua. O ponto principal é a respeito da sua mudança de trabalho. Acho que eu gostaria de ter uma conversa com Welch e Bostock antes de decidir de vez. É bastante sério: assim que você começa a perder o grego de vista, ele tende a ficar afastado. Não faz muito tempo que você vem estudando grego! São necessários pelo menos 15 anos para fazer de alguém um bom estudioso de grego. Jamais o abandonei antes de prestar as Honour Mods (isto é, abandonei como uma matéria oficial principal) e, ainda assim, consegui estudar minhas línguas bárbaras e um bom tanto de história. Mas concordo, meu caro, que os seus verdadeiros gostos devam prevalecer no fim. Se você real e honestamente deseja se transformar num *historiador* (medieval e moderno), então é claro que pode começar a se voltar para esse caminho. Não tenho certeza se isso é sensato na sua idade. Você se arrependerá permanentemente mais tarde se não insistir com o seu grego até que se torne um bem real. *Mas* — você fará como quiser. Eu só aguardaria um momento antes de decidir. Não é apenas o C.H.[1] — significa uma mudança de objetivo final nos estudos e na Escola em Oxford.

Em resumo — não tenho certeza: mais a respeito depois. 2º ponto. O que você está lendo pós-410 d.C.? Leem Hodgkin[2] na escola? Posso emprestar ou recomendar vários livros, se estiver interessado. *Squash* — *backhand*. A impressão é que você não estava colocando o polegar no cabo da raquete ao fazer um movimento de *backhand*. Tente — dá bastante força a uma mão fraca ... Deus o abençoe. Quero vê-lo novamente. Sinto sua falta todos os dias. Espero que você aprove o seu novo apartamento, quando o vir. Reze por mim.

Do seu pai.

11b Para C.A. Furth, Allen & Unwin

[Tolkien havia recebido as provas de *O Hobbit* no final de fevereiro, com o pedido de que ele substituísse quaisquer alterações e exclusões inevitáveis por palavras que ocupassem a mesma quantidade de espaço.]

[Não datada; fevereiro ou março de 1937][1] 20 Northmoor Road, Oxford
Caro Sr. Furth,

Obrigado pelas duas gravuras, recebidas em segurança. Coloquei as impressões preliminares na posição correta entre as folhas das provas.

Estou enviando hoje em um envelope separado: as provas corrigidas, junto com as impressões preliminares das duas guardas, com o original da guarda 1 (Mapa de Thror). Fiz algumas sugestões no verso das duas guardas.

A composição tipográfica como um todo foi culpada de pouquíssimas divergências do original e, no geral, não há muitas correções nas provas. Mas eu devia ter feito uma revisão no ms. — em certos pontos havia confusões consideráveis de narrativa e geografia! Cerca de 16 páginas sofreram severamente. Calculei o espaço linha a linha com o maior cuidado possível, e espero ter tornado todas as correções claras e inteligíveis. Seria aconselhável uma revisão das principais alterações (segue uma lista no lado de fora das provas devolvidas)?

Vocês tomaram alguma decisão acerca da época de publicação?*

Agradou-me muito encontrá-lo naquele sábado, embora receie que eu tenha sido um mau anfitrião e que estivesse preocupado demais com os meus próprios problemas. Agora estou reanimado. As provas seguem uma semana depois do que eu esperava principalmente porque outros assuntos subitamente se tornaram urgentes.

Muito sinceramente,
J.R.R. Tolkien.

11c Para Priscilla Tolkien

[Um cartão-postal enviado de Dunster, em Somerset, onde Tolkien fazia um passeio a pé com C.S. Lewis.]

[Carimbado como abril de 1937]
Querida P (e meninos),

Espero ver todos vocês de novo amanhã. Acabei de chegar aqui e vi a igreja (mas não o castelo). Estou escrevendo este cartão-postal no chamado Mercado da Lã — que fica bem onde marquei um X. Provavelmente passarei a noite em Minehead (a mais ou menos 2 milhas daqui) e pegarei o trem para casa de lá.

Com m. amor. P.

* Se estiverem vislumbrando uma data mais cedo, irei me empenhar para fazer algo a respeito da sobrecapa imediatamente — embora eu duvide de minha capacidade de produzir alguma coisa passável. JRRT.

12 Para Allen & Unwin

[Em meados de março, Tolkien devolveu as provas de *O Hobbit* para a Allen & Unwin, após marcá-las com um grande número de alterações no texto original. Disseram-lhe que, como resultado, ele poderia ter que pagar parte do custo da correção, embora os editores tenham salientado que ele havia feito revisões que ocupariam exatamente o mesmo espaço do texto original. Junto com a carta a seguir, ele enviou um desenho para a sobrecapa, que incluía uma inscrição rúnica.]

13 de abril de 1937 — 20 Northmoor Road, Oxford

Caros Senhores,

Devolvo em um envelope separado as *Revisões* corrigidas de *o Hobbit*, completadas..... Compreendo o que os senhores tão gentilmente estão dizendo a respeito do custo das correções. Devo pagar o que for justo, se solicitado; apesar de que, naturalmente, serei grato pela clemência. Obrigado pelo seu incômodo e consideração.....

Os senhores encontrarão com as provas revisadas um *rascunho da sobrecapa* para sua apreciação. Descobri (conforme antecipava) que ela estava muito além de minha habilidade e experiência. Mas talvez a ideia geral sirva.

Prevejo as principais objeções.

Há cores demais: azul, verde, vermelho e preto. (Os 2 vermelhos são um acidente; os 2 verdes não são essenciais.) O desenho poderia ficar adequado, com possíveis melhoras, ao se substituir o *vermelho* por *branco*, e pela omissão do sol, ou pelo desenho de uma linha ao redor dele. A presença do sol e da lua juntos no céu refere-se à magia associada à porta.

O desenho é muito complicado e precisa de uma simplificação: por exemplo, reduzindo-se as montanhas a uma única cor, e pela simplificação dos irregulares "abetos".....

Ao ser redesenhada, a coisa toda poderia ser reduzida — caso os senhores achem que as runas são atraentes. Embora mágicas na aparência, elas meramente significam: *O Hobbit ou Lá e de Volta Outra Vez, que é o registro de um ano de viagem feita por Bilbo Bolseiro; compilado de suas memórias por J.R.R. Tolkien e publicado por George Allen & Unwin.....*

Atenciosamente,
J.R.R. Tolkien.

13 Para C.A. Furth, Allen & Unwin

[Em 11 de maio, a Allen & Unwin contou a Tolkien sobre o interesse de "uma das ilustres firmas de editoras norte-americanas" em *O Hobbit*, e disse que essa firma "gostaria de algumas outras ilustrações em cores e sugerira fazer uso de bons artistas estadunidenses". A Allen & Unwin, no entanto, achava que "seria melhor se todas as ilustrações fossem de sua mão".]

13 de maio de 1937 — 20 Northmoor Road, Oxford

Caro Sr. Furth,

Obrigado pela informação a respeito de uma possível publicação norte-americana. O senhor poderia me dizer o nome da firma e quais provavelmente serão os arranjos financeiros?

Quanto às ilustrações: estou dividido entre o conhecimento de minha própria inabilidade e o medo do que artistas estadunidenses (sem dúvida de admirável habilidade) possam produzir. De qualquer modo, concordo que todas as ilustrações devam ser feitas pela mesma mão: quatro gravuras profissionais fariam minhas próprias produções amadoras parecerem muito tolas. Tenho algumas "gravuras" na minha gaveta, mas, apesar de representarem cenas da mitologia às margens da qual o Hobbit teve suas aventuras, elas não ilustram realmente a história. A única gravura possível é a versão original colorida de *Trevamata*[1] (redesenhada em preto e branco para "o Hobbit"). Eu teria de tentar desenhar umas cinco ou seis outras gravuras apropriadas. Tentarei fazer isso, na medida em que o tempo o permitir no meio do período letivo, no caso de o senhor achar conveniente. Mas eu não poderia prometer qualquer coisa por algum tempo. Talvez a questão não permita muito atraso. Pode ser conveniente, para que não se perca o interesse estadunidense, deixar que os estadunidenses façam o que lhes parece bom — contanto que fosse possível (gostaria de acrescentar) vetar qualquer coisa dos estúdios Disney ou influenciada por eles (por cujas todas as obras possuo uma sincera aversão). Vi ilustrações norte-americanas que sugerem que coisas excelentes podem ser produzidas — excelentes demais para suas companheiras. Mas talvez o senhor possa me dizer quanto tempo há antes que eu deva produzir amostras do que espero que satisfaça o gosto juvenil transatlântico (ou seus conhecedores especialistas). . . . .

Sinceramente,
J.R.R. Tolkien

14 Para Allen & Unwin

[Os editores sugeriram a Tolkien que *O Hobbit* deveria ser publicado em outubro de 1937, logo após o início do período letivo Michaelmas em Oxford. Eles também lhe disseram que haviam encaminhado sua carta sobre ilustrações (nº 13) à Houghton Mifflin Company de Boston, Massachusetts, que publicaria o livro nos Estados Unidos.]

28 de maio de 1937 — 20 Northmoor Road, Oxford

Caros Senhores,

.... *Data de publicação.* Isso, é claro, é assunto dos senhores, e exige muitas considerações além do meu conhecimento. Seja como for, suponho que a decisão final esteja agora tomada; e os Estados Unidos também têm de ser levados em consideração. Mas no que diz respeito à G.B., não posso deixar de pensar que os senhores possivelmente estão enganados ao levar a Universidade de Oxford e seus períodos letivos em conta; e alternativamente, caso o façam, ao considerar o início de outubro melhor do que junho. A maior parte da U.O. não se interessará por tal história; a parte dela que se interessará já está clamando e, de fato, começando a adicionar O Hobbit à minha longa lista de intermináveis procrastinações. No que diz respeito ao "interesse local", ele provavelmente está no seu auge (não que no seu melhor ele vá acrescentar muito aos cálculos das vendas diretas, imagino). De qualquer maneira, o fim de junho entre as últimas preparações para os exames e a batalha com as provas (que afeta apenas uma minoria dos alunos de último ano) é um interlúdio quiescente, quando leituras mais leves são procuradas, para uso imediato e para as férias. Outubro, com o influxo de um novo ano acadêmico, é bastante distrativo.

O Sr. Lewis de Magdalen,[1] que faz resenhas para o Times Literary Supplement, contou-me que já escreveu pedindo encarecidamente uma resenha e reivindicando o livro, já que é um especialista em estórias de fadas; e ele agora está descontente porque irá receber "coisas juvenis" que não deseja, enquanto o Hobbit não chegará até ele antes que as férias acabem, e terá que esperar até dezembro para ser lido e descrito apropriadamente. Além disso, se o livro estivesse disponível antes de a universidade desintegrar-se, eu poderia ter feito com que meu amigo, o editor da O.U. Magazine,[2] que recentemente andou colocando ali uma boa dose de meus conhecimentos sobre dragões, alocasse-o e conseguisse uma resenha no início do período letivo de outono. Entretanto, suponho que digo essas coisas tarde demais. De qualquer modo, não creio que faça muita diferença, no final das contas. Tenho apenas um motivo pessoal para lamentar esse atraso: o fato de que eu estava ansioso que ele pudesse aparecer assim que possível, pois estou sob um contrato de pesquisas desde outubro passado, e não deveria entregar-me a exames ou a "frivolidades". Quanto mais avançarmos no meu tempo de contrato, mais dificuldade terei (e já tive alguma) em alegar que o trabalho pertence totalmente ao período anterior a outubro de 1936. Agora acharei muito difícil fazer as pessoas acreditarem que esse não é o maior fruto da "pesquisa" de 1936-7!

Houghton Mifflin Co. Fiquei perturbado ao saber que minha carta foi enviada para o outro lado do oceano. Ela não estava destinada ao consumo estadunidense sem uma edição: eu teria me expressado de um modo muito diferente. Sinto agora uma hesitação ainda maior em continuar posando de ilustrador. . . . . Contudo, anexo três "gravuras" coloridas.[3] Não posso fazer muito melhor, e se o padrão delas for baixo demais, a H.M.Co o pode dizer imediatamente e sem ofensas, contanto que as envie de volta. Elas são produtos casuais e descuidados de um passatempo, que ilustram outras histórias. Tendo a publicação em vista, eu possivelmente poderia aumentar um pouco o padrão, fazer desenhos mais arrojados nas cores e menos confusos e exagerados nos detalhes (e também maiores). A gravura de Trevamata é praticamente a mesma tal como em *o Hobbit*, mas ilustra uma aventura diferente. Creio que, se a H.M.Co desejar que eu prossiga, devo deixar de lado aquela imagem em preto e verde e fazer quatro outras cenas. Colocarei minhas habilidades à prova assim que possível, o que não é provável que aconteça antes que o veredicto deles chegue, caso seja telegrafado...

Sinceramente,
J.R.R. Tolkien.

15 Para C. A. Furth, Allen & Unwin

[Estava incluída nesta carta uma versão colorida do desenho "A Colina: Vila-dos-Hobbits-defronte-ao-Água". Tolkien já havia enviado quatro novos desenhos coloridos: "Valfenda", "Bilbo acordou com o sol do começo da manhã em seus olhos", "Bilbo chega às cabanas dos Elfos-balseiros" e "Conversa com Smaug". Todas essas, com exceção de "Cabanas dos Elfos-balseiros", foram usadas na primeira edição norte-americana, e todas, exceto "Bilbo acordou com o sol do começo da manhã em seus olhos", foram incluídas na segunda impressão britânica.]

31 de agosto de 1937 — 20 Northmoor Road, Oxford

Caro Sr. Furth,

Envio em anexo a versão colorida do frontispício. Se achar que é boa o suficiente, o senhor pode enviá-la à Houghton Mifflin Co. O senhor poderia ao mesmo tempo finalmente deixar claro para eles (o que não parece fácil) que os *três* primeiros desenhos *não* eram ilustrações para "o Hobbit", mas apenas amostras? Eles não podem ser usados para esse livro, e agora podem ser devolvidos. E que os *cinco* desenhos seguintes (*quatro* e agora *um*) foram especialmente feitos para a H.M.Co e para "o Hobbit". Eles, é claro, possuem a liberdade de rejeitar ou usar todos ou algum desses *cinco*. Mas eu salientaria que tais desenhos foram especialmente selecionados de forma que a distribuição de ilustrações no decorrer do livro seja feita de modo bastante igualitário (especialmente quando consideradas em conjunto com os desenhos em preto e branco).

Creio que ainda não surgiram questões sobre a remuneração. Não tenho consciência de mérito (embora o trabalho tenha sido considerável), e imagino que a qualidade "grátis" de meus esforços compense outros defeitos. Mas deduzo que os termos originais da H.M.Co abrangiam simplesmente "O Hobbit", tal como o senhor o produziu, e que depois eles propuseram preenchê-lo com gravuras coloridas, como uma atração própria deles tendo em vista as vendas, empregando bons artistas estadunidenses. Eles teriam de pagá-los de maneira independente. No momento estou em tamanhas dificuldades (devido principalmente a despesas médicas) que mesmo uma remuneração muito pequena seria uma bênção. Seria possível sugerir (*quando* eles tiverem decidido se desejam alguma dessas coisas) que uma pequena consideração financeira seria agradável?

Talvez o senhor possa aconselhar-me ou dizer-me quando sair de cena. Não preciso dizer que tal ideia ocorre-me apenas com relação aos estadunidenses — que causaram muitos incômodos desnecessários. Ainda que eu não soubesse que seus custos de produção tinham sido excessivos (e que fui severo a respeito das provas), esteja o senhor completamente à vontade para sugerir algo que creia que eu possa fazer, seja em desenhar ou redesenhar, que seja apropriado para se usar em O Hobbit.

Espero que o Sr. Bolseiro venha por fim em meu auxílio — de uma maneira moderada (não espero potes de ouro de trol). Começo a ter esperanças de que os editores (*vide* sobrecapa) possam ser justificados.[1] Tive recentemente duas recomendações, o que promete algo moderadamente bom. Em primeiro lugar, o Professor Gordon[2] realmente leu o livro (supostamente um evento raro) e assegura-me que irá recomendá-lo de modo geral e à Sociedade dos Livros. Devo avisá-lo que suas promessas são geralmente generosas — mas seu discernimento, de qualquer forma, é muito bom. O Professor Chambers[3] escreveu com muito entusiasmo, mas ele é um velho amigo de bom coração. O mais valioso é o documento que anexo, no caso de interessar ao senhor: uma carta de R. Meiggs (atualmente editor da Oxford Magazine). Ele não tem razão para poupar meus sentimentos, e geralmente fala sem rodeios. É claro, ele não possui ligações com os círculos de resenhas, e na prática é um mero membro do público amigável.

Sinceramente,
J.R.R. Tolkien.

P.S. Anexo também um comentário sobre as palavras na orelha da sobrecapa para sua leitura cuidadosa e sem pressa — caso o senhor possa lê-lo.

[Quando *O Hobbit* foi publicado em 21 de setembro de 1937, a Allen & Unwin imprimiu as seguintes afirmações na orelha da sobrecapa: "J.R.R. Tolkien . . . . tem quatro filhos e *O Hobbit* . . . . foi lido em voz alta para eles no quarto de brincar. . . . . O manuscrito . . . . foi emprestado a amigos em Oxford e lido para os filhos destes. . . . . O nascimento de *O Hobbit* evoca fortemente o de *Alice no País das Maravilhas*. Aqui novamente um professor de uma matéria obscura está a brincar." Tolkien agora enviava o comentário a seguir a respeito dessas afirmações.]

A propósito: eu pretendia há algum tempo comentar sobre o material adicional que aparece na sobrecapa. Não creio que este seja um item muito importante no lançamento de *O Hobbit* (na medida em que o livro é apenas um pequeno incidente nas suas preocupações), de modo que espero que o senhor não interprete mal o seguinte ensaio e permita-me o prazer de explicar determinadas coisas (o professor virá à tona), mesmo que isso não pareça útil. Estou em suas mãos, caso o senhor ache que seja de bom tom. A verdade exata, suponho, não é necessária (ou mesmo desejada). Mas tenho uma certa preocupação de que a H.M.Co pegue as palavras e exagere a inexatidão a ponto de se tornar falsidade. E os críticos são propensos a fiarem-se em insinuações. Pelo menos eu o sou quando realizo essa função.

Quarto de brincar: nunca possuí um, e o gabinete sempre foi o lugar para tais divertimentos. De qualquer forma, a implicação de idade está correta? Eu devia ter dito que as "leituras" terminaram por volta dos 8 anos, quando as crianças vão para a escola. É uma idade muito baixa. Meu filho mais velho tinha treze anos quando ouviu o folhetim. Este não tinha um apelo junto aos mais novos, que tiveram de crescer sucessivamente a ele.

Emprestado: devemos deixar essa passar (apesar de que, estritamente falando, ele tenha sido empurrado a amigos por mim). O ms. certamente deu algumas voltas, mas, até onde sei, jamais foi lido *para* crianças, e foi lido apenas *por* uma criança (uma menina de 12–13 anos) antes que o Sr. Unwin desse uma olhada.

Obscura: Não leciono uma matéria "obscura" — não para um "anglo-saxão". Algumas pessoas podem pensar que sim, mas não gosto de encorajá-las. O inglês antigo e a literatura islandesa não estão mais distantes dos interesses humanos, nem são mais difíceis de se aprender a um bom preço, do que (digamos) o espanhol comercial. Experimentei ambos. De qualquer modo — exceto pelas runas (anglo-saxãs) e os nomes dos anãos (islandeses), nenhum dos quais usado com a precisão de um antiquário e ambos lamentavelmente substituídos para evitar uma estranheza pelos alfabetos e nomes genuínos da mitologia na qual o Sr. Bolseiro é introduzido —, temo que meu conhecimento profissional não seja diretamente usado. A magia, a mitologia, a "história" presumida e a maioria dos nomes (como, por exemplo, o épico da Queda de Gondolin) foram infelizmente retirados de invenções não publicadas, de conhecimento apenas de minha família, da Srta. Griffiths[1] e do Sr. Lewis. Acredito que deem à narrativa um ar de "realidade" e possuam uma atmosfera setentrional. Mas me pergunto se tal fato levaria o leitor insuspeito a imaginar que tudo isso provém de "livros antigos", ou a tentar o leitor astuto a observar que não provém.

A "Filologia" — minha verdadeira sacola de truques — pode ser obscura, e talvez mais comparável à matemática de Dodgson. Assim, o verdadeiro paralelo (caso exista um: tenho a nítida sensação de que ele se desfaz se examinado)* encontra-se no fato de que essas duas matérias técnicas estão ausentes em qualquer forma observável. A única observação filológica (creio) em *O Hobbit* está na p. 221 (linhas 6–7 a partir do fim):[2] uma maneira mitológica estranha de referir-se à filosofia linguística, e um pormenor que (felizmente) não será percebido por qualquer um que não tenha lido Barfield[3] (poucos o fizeram), e provavelmente nem por aqueles que leram. Temo que essa coisa minha é realmente mais comparável à fotografia amadora de Dodgson e à sua canção sobre o fracasso de Hiawatha do que à *Alice*.

Professor: brinca um professor sugere mais exatamente um elefante em seu banho — conforme Sir Walter Raleigh[4] disse a respeito do Professor Jo Wright com um humor jovial em um *viva*.[5] Estritamente falando (acredito), Dodgson não era um "catedrático", mas um professor assistente — embora ele tenha sido gentil com a minha classe ao fazer do "catedrático" o melhor personagem (a não ser que prefiram o jardineiro louco) em *Sylvie & Bruno*. Por que não "aluno"? A palavra possui a vantagem adicional de a posição oficial de Dodgson ser a de Aluno do Christ Church. Se o senhor acha que é bom e justo (o elogio a *O Hobbit* é muito grande) manter a comparação, *No País do Espelho* deve ser mencionado. Ele é muito mais próximo em todos os sentidos.

Visto que o trabalho de um crítico é fácil, mas o de um concorrente, difícil, anexo, a título de experiência, o que eu revisaria nas suas palavras. Incluo, até onde é possível no espaço, minhas críticas. Essa versão poderia concebivelmente ter algum uso futuro (se não presente).

J.R.R. Tolkien.

* A presença de "charadas" em *Alice* é um paralelo aos ecos de mitos do norte em *O Hobbit*?

15a Para Stanley Unwin, Presidente da Allen & Unwin

[Unwin havia escrito a Tolkien em 6 de junho, oferecendo-lhe um cheque de £25 como adiantamento de seus royalties.]

17 de setembro de 1937 — 20 Northmoor Road, Oxford

Caro Sr. Unwin,

Não era minha intenção que sua gentileza ficasse sem reposta, apesar da última frase de sua carta. Muito obrigado. O cheque foi uma surpresa e chegou num momento deveras conveniente. Só posso esperar que o Hobbit o pague, e logo não me deixe em dívida com o senhor, mas não sem gratidão. Fui atormentado por várias preocupações, domésticas e outras (agora resolvidas), ou teria escrito antes.

Sinceramente,
J.R.R. Tolkien.

15b Para Christopher Tolkien

[Agora com doze anos, o filho mais novo de Tolkien havia se juntado ao seu irmão Michael como interno na Oratory School.]

2 de outubro de 1937 — 20 Northmoor Road, Oxford

Meu querido Chris,

Fiquei muito contente em receber a sua carta — mas não as espero com frequência. Você tem muito com o que se acostumar ainda, e vai achar um tanto estranho por algum tempo, e difícil encaixar coisas como cartas... Para começar, fez um tempo muito bom aí. Fico pensando todos os dias, especialmente à tarde e na hora de dormir, o que você estava fazendo. Esta tarde não estávamos tão longe, pois Mamãe e Prisca queriam passear de carro e passamos por Abingdon, Culham, Appleford, Wallingford, Shillingford (que é quase meio-caminho até a E.O.) e de lá para casa por Dorchester e Nuneham...

Outras notícias nossas você provavelmente já teve. Me encontrei com o Sr. Lewis na quarta-feira e ele disse que seu gordo irmão lera *O Hobbit* e queria mais... Bem, meu querido, talvez eu acrescente um pouco mais a esta carta amanhã. Enquanto isso, boa noite, e que Deus o abençoe. Rezo por você. Lembre-se de mamãe e de mim na Missa. Tem feito Comunhão? Vou lhe fazer uma visita daqui doze dias (ou melhor, 11 ½). Com todo o amor

Do seu pai.

16 Para Michael Tolkien

[O segundo filho de Tolkien, Michael, agora com dezesseis anos, era aluno da Escola do Oratório em Berkshire, junto com seu irmão mais novo, Christopher. Ele esperava entrar no time de rúgbi da escola.]

3 de outubro de 1937 — 20 Northmoor Road, Oxford

Querido Mick,

Foi bom receber uma carta sua. Espero que esteja tudo indo bem. Parece-me que os novos apartamentos[1] ficarão apresentáveis quando estiverem mobiliados. É bondade de sua parte ficar de olho em Chris, na medida do possível. Suponho que no início ele vá fazer alguma bagunça, mas logo deve encontrar o rumo e não será mais problema para você ou para si mesmo.

Estou triste e surpreso que você (ainda) não esteja no time. Mas muitos homens que são rejeitados inicialmente terminam no time, inclusive com insígnias. Foi assim comigo, e pela mesma razão: leve demais. Mas um dia decidi compensar o peso com ferocidade (legítima), e terminei como capitão no fim daquela temporada, e consegui minhas insígnias na temporada seguinte. Mas fiquei bastante machucado — entre outras coisas, quase tive minha língua arrancada — e como no geral sou muito mais sortudo do que você, ficarei realmente feliz se você permanecer incólume, mesmo que não esteja no time! Mas, de qualquer modo, que Deus o abençoe e o guarde. Não há novidades muito especiais. Mamãe parece estar começando a se acostumar com passeios de carro. Tivemos dois desde que vocês partiram, e agora tenho de levá-la, P. e J.B.[2] para passear esta tarde em vez de escrever. Então isso deve ser tudo no momento. Com m. amor.

Do seu Pai

17 Para Stanley Unwin

[Unwin enviou a Tolkien uma carta do autor Richard Hughes, que recebera um exemplar de *O Hobbit* da Allen & Unwin. Hughes escreveu a Unwin: "Concordo com o senhor que esta é uma das melhores histórias para crianças com a qual me deparo em muito tempo. . . . . O único empecilho que posso ver é que muitos pais . . . . possam temer que certas partes sejam assustadoras demais para serem lidas ao pé da cama." Unwin também mencionou que seu próprio filho de onze anos, Rayner, que havia escrito o relatório sobre o manuscrito de *O Hobbit* que levou à publicação do livro (ver *Biografia*, pp. 246–7), esteve relendo o livro agora que estava impresso. Unwin concluiu avisando Tolkien que "um grande público" estaria "clamando no ano seguinte para terem novidades sobre os Hobbits vindas de você!"]

15 de outubro de 1937 20 Northmoor Road, Oxford

Caro Sr. Unwin,

Muito obrigado pela carta gentil de 11 de outubro e agora pela cópia da carta de Richard Hughes. Fiquei particularmente interessado nela, visto que somos bastante desconhecidos um do outro. As resenhas no The Times e seu Literary Supplement foram boas — o que é (excessivamente) lisonjeiro, embora eu acredite, a partir de evidências internas, que foram escritas pelo mesmo homem,[1] e um cuja aprovação estava assegurada: começamos com gostos e leituras em comum e somos amigos íntimos há anos. Ainda assim, isso de modo algum diminui o efeito das resenhas sobre o público. Além disso, devo respeitar a opinião dele, visto que acreditava que ele fosse o melhor crítico vivo até voltar sua atenção para mim, e nenhum grau de amizade o faria dizer o que não pretendesse: ele é o homem mais escrupulosamente honesto que já conheci!

Curiosamente, também tive problemas com cômodas[2]. Ainda as considero um tanto ominosas. Minha filha, de 8 anos, há muito distingue horrores literários de reais. Ela aguenta qualquer dose de dragões, e uma dose razoável de gobelins; mas recentemente tivemos de trocar todos os puxadores da cômoda que fica em seu quarto, pois os puxadores antigos "sorriam com malícia para ela", mesmo no escuro. O verdadeiro erro não é o tema, mas a hora. A "hora de dormir" costuma ser uma tola indulgência parental, popular, é claro, porque tantos da gente jovem fazem de tudo para adiar o momento fatal. Mas, pelo que vejo, a aritmética tem tanta probabilidade de levar a um sono desordenado quanto dragões, caso seja administrada (ou autoadministrada) tarde demais.

Nenhum resenhista (que eu tenha visto), embora todos tenham usado cuidadosamente a forma correta *dwarfs* [anões], comentou a respeito do fato (do qual me tornei consciente apenas através das resenhas) de eu usar no decorrer do livro o plural "incorreto" *dwarves* [anãos]. Temo que esse seja apenas um exemplo particular de gramática ruim, um tanto chocante em um filólogo; mas terei de continuar com ele. Talvez seja permitido ao meu *dwarf* [anão] — uma vez que ele e o *Gnomo*[3] são apenas traduções em equivalentes aproximados de criaturas com diferentes nomes e funções muito diferentes em seu próprio mundo — um plural peculiar. O verdadeiro plural "histórico" de *dwarf* (como *teeth* [dentes] de *tooth* [dente]) é *dwarrows* [ananos], de qualquer modo: sem dúvida uma bela palavra, mas um tanto arcaica demais. No entanto, gostaria que eu tivesse usado a palavra *dwarrow*.

Sou extremamente grato ao seu filho. Ler o texto datilografado com letras fracas e apertadas foi nobre: ler tudo novamente tão cedo foi um elogio magnífico.

Recebi um cartão-postal que faz alusão, suponho, à resenha do Times; e contém somente as palavras:

sic hobbitur ad astra.[4]

Mesmo assim, estou um pouco perturbado. Não consigo pensar em mais nada para se dizer sobre *hobbits*. O Sr. Bolseiro parece ter exibido de modo tão completo tanto o lado Tûk como o Bolseiro de sua natureza. Mas tenho muito a dizer, e muito já escrito, apenas sobre o mundo no qual o hobbit se intrometeu. O senhor pode, é claro, ver alguma parte dele e dizer o que gosta nele, se e quando o senhor o desejar. Gostaria muito de uma opinião além daquelas do Sr. C.S. Lewis e de meus filhos, para saber se ele possui algum valor por si mesmo ou como um produto comercializável, à parte dos hobbits. Mas se for verdade que *O Hobbit* veio para ficar e mais será desejado, começarei o processo de consideração, e tentarei ter alguma ideia de um tema tirado desse material para um tratamento em um estilo similar e para um público similar — possivelmente incluindo hobbits de fato. Minha filha gostaria de algo sobre a família Tûk. Um leitor deseja detalhes mais completos sobre Gandalf e o Necromante. Mas isso é sombrio demais — demasiado sombrio para o empecilho de Richard Hughes. Temo que aquele empecilho apareça em tudo; embora, na verdade, a presença (mesmo que às margens) do terrível é, acredito, o que confere a este mundo imaginário sua verossimilhança. Uma terra feérica segura é inverídica a todos os mundos. No momento estou sofrendo, como o Sr. Bolseiro, de uma pitada de "hesitação", e espero não estar me levando a sério demais. Porém, devo confessar que sua carta despertou em mim uma leve esperança. Quero dizer, começo a me perguntar se a obrigação e o desejo não possam (talvez) no futuro andar mais juntos. Tenho passado quase todos os períodos de férias dos últimos dezessete anos corrigindo provas e fazendo coisas do gênero, compelido por uma necessidade financeira imediata (principalmente médica e educacional). O ato de escrever histórias em prosa ou verso, frequentemente de um modo culposo, tem sido furtado de um tempo já hipotecado, e tem sido intermitente e ineficaz. Talvez agora eu possa fazer o que muito desejo fazer, e não fracassar com as obrigações financeiras. Talvez!*

*Não que a "correção de provas" seja muito lucrativa. Vendas bem pequenas a superariam. £100 exigem quase tanto trabalho quanto um romance completo.

Creio que o interesse de "Oxford" tenha despertado levemente. Sou constantemente questionado sobre como é o meu hobbit. A atitude não é (como eu previa) livre de surpresas e de um pouco de pena. Na minha própria faculdade, acredito, há lugar para uns seis exemplares, mesmo que seja apenas para que se encontre material para me provocar. A aparição no Times convenceu um ou dois de meus colegas mais ponderados de que eles podem admitir ter conhecimento de minha "fantasia" (isto é, leviandade) sem perda de dignidade acadêmica. O professor de Grego Bizantino[5] comprou um exemplar, "porque exemplares da primeira edição de 'Alice' são agora muito valiosos". Ouvi dizer que o Professor Régio de História Moderna[6] foi recentemente visto lendo "O Hobbit". Ele está exposto na Parkers,[7] mas em nenhum outro lugar (creio).

Provavelmente irei à cidade para ouvir o Professor Joseph Vendryes na Academia na quarta-feira, 27 de out.[8] Seria esse um dia apropriado para o almoço para o qual o senhor gentilmente me convidou no verão passado? E, de qualquer modo, eu poderia levar *Sr. Boaventura* ao escritório de maneira a conseguir o conselho definitivo sobre o que é necessário para torná-lo reproduzível tal como prometido pelo Sr. Furth?

Sinceramente,
J.R.R. Tolkien.

PS. Confirmo o recebimento em segurança das amostras das "gravuras" enviadas aos Estados Unidos.

18 Para Stanley Unwin

[Em 19 de outubro, Unwin escreveu a Tolkien: "Creio que haja motivo para a sua leve esperança. . . . . É raro que um escritor de histórias infantis consiga estabelecer-se firmemente com um livro, mas que o senhor o fará rapidamente não tenho a menor dúvida. . . . O senhor é uma daquelas raras pessoas com gênio e, ao contrário de alguns editores, essa é uma palavra que não usei nem meia dúzia de vezes em treze anos no ramo editorial."]

23 de outubro de 1937 — 20 Northmoor Road, Oxford

Caro Sr. Unwin,

Obrigado por sua carta encorajadora. Começarei algo logo e enviarei ao seu menino na primeira oportunidade.

12:45 na próxima quarta-feira (27 de out.) é um horário muito bom para mim. Meu trem chega em Paddington às 12:05.[1]

Sinceramente,
J.R.R. Tolkien.

Foi muita bondade da parte do senhor me escrever estando acamado. Espero que seu resfriado tenha passado agora; embora o meu sempre se demore. JRRT.

18a Para E.V. Gordon

[Em setembro, tendo desistido de qualquer esperança de uma contribuição de Tolkien, Gordon havia enviado a ele o manuscrito de uma edição de *Pearl* que ele mesmo havia completado. Sisam posteriormente expressou a opinião de que o texto precisava ser reduzido, uma visão compartilhada por Tolkien.]

22 de novembro de 1937 Northmoor Road, Oxford

Meu caro E.V.,

Parece que você tem sido tratado mal de todos os lados: Sisam, Wilmart[1] e também o seu velho *eaxlgestealla*.[2] Quanto a este último, cheguei à conclusão nos últimos dias que eu estava repetindo a velha situação ruim e que não devia desapontá-lo nesta ocasião. Minha decisão foi de que *Katharine*, *Ancrene Riwle* e outros materiais, incluindo *Wanderer* [O Errante] e *Seafarer* [O Navegante] (!), já haviam me sobrecarregado. Portanto, preciso escrever o seguinte: não sou capaz de fazer o suficiente em *Pearl* [Pérola] para merecer um título de parceria; parece-me um livro praticamente terminado — especialmente nos pontos sobre os quais sei algo em primeira mão. Siga em frente sozinho. Lerei as provas, enviarei uma lista de comentários (antes do estágio das provas) e em geral serei um amigo; mas não espere por mim.

A sua carta, no entanto, altera em muito a situação. Antes de comentar detalhadamente a carta de Sisam, direi isto: reduzirei outros prejuízos primeiro e me juntarei a você no *Pérola*, se realmente me quiser, e se isso irá fortalecê-lo ou animá-lo. E me comprometerei solenemente em não deixar que se acumule poeira sobre ele, como acontece em tantas das minhas coisas. Não estou preparado para fazer uma divisão rigorosa de compartimentos, pelo menos não ainda: mas lidarei com as partes teológicas primeiro. Pois são as que menos me interessam. Porque se vou ser um parceiro, terei de ser especialmente responsável por qualquer "teologia ruim". Pois posso conseguir conselhos com certa facilidade, dominicanos, beneditinos e jesuítas. Posso dizer de imediato que, pessoalmente, não sei o suficiente para criticar o que você escreveu, e não verifiquei quaisquer referências. Porém, também irei vagar como um estranho por essa região. Ainda assim, não imagino que acabará tendo algo seriamente errado que eu possa corrigir.

Eu não me preocuparia muito com *Dom W*. Ele não alega ser teólogo (nem Sisam). Ele é uma espécie de obsessão para Sisam — que sempre o apresenta como "o mais erudito dos beneditinos". Não estou a par de nenhuma evidência para o título; e não creio que tenha sido dado pelos próprios eruditos da Ordem! Seja como for — visto que não é a primeira vez que o enfrento —, parece que ele pertence àquela classe erudita, que não compreende com muita facilidade. S. o lançou sobre a obra de Lewis: e me lembro bem do nosso "pequeno Lewis" clamando: "Quem é esse Wilmart erudito, cuja erudição não lhe ensinou a atentar para o significado daquilo que ele critica?"* É claro, eu pessoalmente também nunca achei Sisam muito bom nessa linha — embora ele seja muito erudito e, dentro dos limites, incisivo (apesar de não muito perspicaz) Por outro lado, jamais superei a palestra sobre *Cynewulf*, que achei deplorável.

Além disso, detesto essa política de imprensa (em grande parte sisâmica). Nem sequer acho que seja um bom negócio. De qualquer forma, realmente precisamos de umas boas edições que sejam voltadas para bons estudantes, que não querem tudo entregue de bandeja, e sim algumas oportunidades de julgarem por si mesmos. E que maravilha nesses dias improdutivos é um livro que possui o material concernente entre as 2 capas. É muito fácil dizer continuamente: "coloque num periódico e faça menção a ele". São poucos os periódicos, têm dificuldades financeiras e estão abarrotados. Tampouco algum deles na Inglaterra é mantido por Editoras ou suas equipes! São mantidos pelos miseráveis acadêmicos que estão tentando publicar. O próprio Sisam se recusa a assinar o *Medium Ævum* "visto que ele jamais compra qualquer periódico". Mas, seja como for, a Clarendon Press está se tornando uma livraria infanto-juvenil. Eu não me importaria se eles deixassem "*Baa-baa-black sheep*" (que parece sinceramente caracterizar os principais produtos deles exibidos na atual Feira do Livro em Londres) pagar por trabalhos de Universidade de projeção acadêmica. Mas não deixam: ou se deita cama de Procusto[3], ou se paga.

Sugiro revermos a coisa juntos — e arranjar outra pessoa para a teologia no lugar de Wilmart (que não é teólogo) —, e quando nós (ou você) estivermos convencidos de que é um bom livro, apropriado para *acadêmicos* e alunos de último ano, tornar a oferecê-lo por lealdade à Clarendon Press. Podem ficar com ele do jeito que estiver ou abrir mão dele. 300 páginas [de notas] para 50 [de texto] me parece uma margem bastante justa: e, de qualquer modo, pura matemática é um tanto inútil. Uns 10 versos podem ser dignos de 1.000 páginas de comentários em certos casos; outros 1.000 versos podem não ser

* *Dom Wilmart* deixa Lewis possesso — é possível que agora não o incomode tanto; mas, antigamente, era uma ferida aberta.

dignos de 10. E depende de com quem você estiver falando. Estou farto de pessoas que querem concisão e clareza (especialmente concisão): porque elas não estão interessadas, e não conseguem acompanhar um argumento, e estão o tempo todo com um olho num exame de graduação (e com o outro fechado). Naturalmente é verdade que, dentro dos limites restritos definidos, você fez um bom trabalho com *Maldon*.[4] As notas estavam concisas e claras. Mas, individualmente, ficaram concisas demais; e havia muito poucas delas. Não é uma edição "completa" de *Maldon*, e deixa bastante trabalho para o professor. Realmente não estamos na mesma página que a Editora; eles querem um livro barato de 5/- a 7/6, *in usum scholarum*, para ser comprado por todos que se vejam diante do *Pérola* como um "texto obrigatório". Nós queremos uma *editio major*. O acordo resultante (como de costume com os livros da Oxford) será ruim. A coisa apropriada é mesmo fazer uma *editio major*, e a partir dela fazer um *manual universitário* barato. Vamos em frente com a *major*.

29 de nov. Aqui fiz uma pausa, pois tinha algum ponto que eu queria pesquisar. Não consigo sequer me lembrar o que era! Sinto muitíssimo. O tempo voa, e você deve estar se indagando a respeito do meu silêncio mortal. Houve muito a se fazer semana passada, e no meio dela minha tia[5] — a última da gente de meu pai — adoeceu. Isso me diz especialmente respeito como testamenteiro dela, e estou envolvido em seus assuntos complicados. A pobre senhora morreu no sábado, e agora estou de partida para Birmingham de novo, deixando para trás um amontoado de aulas (e um artigo para uma Sociedade em apuros). Voltarei logo e me sentarei para trabalhar. Ficarei por ora com a carta de Sisam. Mais dentro em breve.

Sinceramente, JRRT.

PS. Posso soar um pouco irritadiço com o pobre e velho Kenneth, mas, honestamente, acho a crítica dele um tanto condescendente e por demais forçosa, e realmente acho que a responsável é a sua atitude de editor racionalizando-se (como dizem) como uma atitude crítica.

19 Para Stanley Unwin

[Tolkien almoçou com Unwin em Londres em 15 de novembro e lhe contou sobre algumas de suas obras que já existiam em manuscritos: a série de *Cartas do Papai Noel*, que ele enviara a seus filhos a cada Natal desde 1920; vários contos e poemas; e *O Silmarillion*. Após esse encontro, ele entregou à Allen & Unwin o "Quenta Silmarillion", uma formulação em prosa do último livro, junto com o longo poema inacabado "A Gesta de Beren e Lúthien". Essas obras foram mostradas a um dos leitores externos da firma, Edward Crankshaw, que se manifestou desfavoravelmente sobre o poema, mas louvou a narrativa em prosa por sua “brevidade e dignidade”, embora dissesse que não tivesse gostado de seus “nomes celtas de embaralhar a vista”. Seu relato continuava: “A obra possui algo daquela beleza louca de olhos brilhantes que deixa perplexos todos os anglo-saxões diante da arte celta.” Esses comentários foram repassados a Tolkien.]

16 de dezembro de 1937 20 Northmoor Road, Oxford

Caro Sr. Unwin,

Estive doente e ainda estou muito debilitado, e tive outras das preocupações humanas comuns, de maneira que o tempo escorregou por entre meus dedos: realizei quase nada de qualquer espécie desde que vi o senhor. A carta do Papai Noel de 1937 ainda não foi escrita.

Muito obrigado por me escrever: isso me animou deveras. O Sr. Arthur Ransome fez a gentileza de me escrever há um ou dois dias de sua casa de repouso — mormente para indagar acerca de certos usos da palavra “homem” em *O Hobbit*. É realmente necessário fazer uso de *O Silmarillion* para respondê-lo. Outros correspondentes também parecem ter examinado de perto o texto de modo lisonjeiro. Como resultado, envio em anexo a lista de emendas, incluindo também certas correções de erros de impressão. Sinto muito chegarem tarde demais para uso imediato, ao que parece.

Creio que meu serviço de recortes me enviou todos os comentários e resenhas: pelo menos parece haver um grande número deles. Fui triturado por Richard Hughes pelas ilustrações; ainda mais porque concordo completamente com ele.[1] A resenhista na Oxford Magazine também concordou — mas essa foi a única resenha ruim daqueles que realmente pretendiam dizer algo, e evidentemente feita por uma pessoa sem muito conhecimento ou interesse no gênero, além de condescendente. Sei quem era a senhora, e não acho que o editor me ajudou.

Minha principal alegria é por saber que o Silmarillion não foi rejeitado com desdém. Tenho sofrido de um sentimento de medo e privação, bastante ridículo, desde que liberei essa tolice amada e particular; e creio que se ela tivesse parecido uma tolice ao senhor eu me sentiria realmente arrasado. Não me importo com a forma em versos que, apesar de certas passagens virtuosas, possui defeitos graves, pois ela é para mim apenas o material bruto. Mas agora certamente terei esperanças de um dia ser capaz, ou de ter os meios, de publicar o Silmarillion! O comentário de seu leitor me deleita. Sinto muito que os nomes embaralhem sua vista — pessoalmente, acredito (e aqui creio que sou um bom juiz) que eles são bons e são boa parte do efeito. São coerentes e consistentes, e criados a partir de duas fórmulas linguísticas relacionadas, de maneira que eles alcançam uma realidade não totalmente alcançada ao meu gosto por outros inventores de nomes (digamos, Swift ou Dunsany!). Desnecessário dizer que eles não são celtas! Nem o são os contos. Conheço coisas celtas (muitas delas em seus idiomas originais, irlandês e galês) e sinto por elas certa aversão: em grande parte por sua irracionalidade fundamental. Elas possuem cores vivas, mas são como uma janela de vitrais quebrada cujos pedaços são reunidos mais uma vez sem um propósito. Elas de fato são "loucas" como seu leitor disse — porém, não creio que eu o seja. Ainda assim sou muito grato pelas palavras dele, e sinto-me particularmente encorajado pelo fato de o estilo ser bom para o objetivo e até mesmo sobressair-se à nomenclatura.

Não achava que algo do que entreguei ao senhor seria satisfatório. Mas eu desejava saber se alguma parte do material possuía algum valor exterior não pessoal. Acredito estar claro que, fora isso, uma continuação ou sucessor para O Hobbit seja necessário. Prometo dar atenção a essa questão. Mas tenho certeza de o senhor entenderá quando digo que a construção de uma mitologia (e dois idiomas) elaborada e consistente ocupa por demais a mente, e as Silmarils estão no meu coração. De modo que só Deus sabe o que acontecerá. O Sr. Bolseiro começou como um conto cômico entre convencionais e inconsistentes anãos de contos de fadas dos Grimm, e acabou atraído para a borda disso — de maneira que até mesmo Sauron, o terrível, espiou por cima da borda. E o que mais hobbits podem fazer? Eles podem ser cômicos, mas sua comédia é suburbana, a menos que seja colocada junto de coisas mais elementares. Mas a verdadeira diversão a respeito dos orques e dragões (na minha opinião) ocorreu antes da época dos hobbits. Quem sabe uma nova linha (mesmo que similar)? O senhor acha que Tom Bombadil, o espírito da (minguante) zona rural de Oxford e Berkshire, poderia ser transformado no herói de uma história? Ou ele está, como suspeito, totalmente encapsulado nos versos em anexo?[2] Ainda assim, eu poderia expandir o retrato.

Quais são as quatro ilustrações coloridas que o senhor está usando?[3] As cinco originais já retornaram? Há uma ilustração sobressalente disponível do dragão sobre seu tesouro? Tenho de dar uma palestra sobre *dragões*, (no Museu de História Natural!!!) e eles querem uma imagem para fazer uma lâmina dela.[4]

Eu poderia obter mais quatro exemplares de *o Hobbit* pelo preço de autor para usar como presentes de Natal?

Desejo-lhe uma boa viagem — e um retorno seguro.[5] Espera-se que eu fale no rádio pela BBC em 14 de janeiro, mas creio que isso acontecerá após o seu retorno.[6] Aguardarei ansiosamente a oportunidade de vê-lo mais uma vez.

Sinceramente,
J.R.R. Tolkien

P.S. Recebi várias perguntas, da parte de crianças e adultos, a respeito das *runas* e se elas são reais e podem ser lidas. Algumas crianças tentaram desvendá-las. Seria bom fornecer um alfabeto rúnico? Tive de escrever um para várias pessoas. Por favor, perdoe a natureza garatujada e divagadora desta carta. Sinto-me apenas meio vivo. JRRT.

Recebi em segurança por uma entrega posterior do correio a *Gesta* (em verso), o *Silmarillion* e fragmentos relacionados.

20 Para C.A. Furth, Allen & Unwin

[Em 17 de dezembro, Furth escreveu a Tolkien: "A demanda por *O Hobbit* tornou-se tão intensa com o início dos pedidos de Natal que tivemos de apressar a reimpressão. . . . . No último minuto, a crise ficou tão grave que mandamos trazer parte das reimpressões de nossas gráficas em Woking em um carro particular."]

19 de dezembro de 1937 — 20 Northmoor Road, Oxford

Caro Sr. Furth,

Obrigado pelo relato dos eventos recentes envolvendo "o Hobbit". Parece muito emocionante.

Recebi *quatro* exemplares da nova impressão debitados em meu nome, conforme pedido na minha carta ao Sr. Unwin. Acredito que as gravuras coloridas saíram bem... Sinto pela gravura da Águia (defronte à p. 118) não ter sido incluída — simplesmente porque eu teria gostado de vê-la reproduzida. Admira-me que quatro puderam ser incluídas sem aumentar o preço. Quem sabe os estadunidenses a usem? Gente estranha...

Escrevi o primeiro capítulo de uma nova história sobre Hobbits — "Uma festa muito esperada".[1] Um feliz Natal.

Sinceramente,
J.R.R. Tolkien.

[P.S.] . . . . O Sr. Arthur Ransome[2] faz objeção a *man* [homem] na p. 27 (linha 7 a partir do fim). Leia-se *fellow* [camarada] como na primeira revisão? Ele também faz objeção a *more men* [mais homens] na p. 294, l. 11. Leia-se *more of us* [mais de nós]? *Men*, em maiúscula, é usada no texto, creio, quando quero dizer especificamente "raça humana"; e *man, men*, em minúscula, são ocasional e livremente usadas para "varão adulto" e "pessoas". Mas talvez, embora isso possa ser mitologicamente defendido (e esteja em conformidade com o uso anglo-saxão!), também possa servir para evitar que surjam questões mitológicas fora da história. O Sr. Ransome também parece não gostar do uso que Gandalf faz de *boys* [menininhos] na p. 112 (linhas 11, 13). Porém, embora eu concorde que o insulto dele tenha sido um tanto ridículo e pouco adequado, não creio que se possa fazer algo a respeito agora. A não ser que *oaves* [parvos] sirva. JRRT.

21 Para C. A. Furth, Allen & Unwin

1º de fevereiro de 1938 — 20 Northmoor Road, Oxford

Caro Sr. Furth,

Eu poderia obter mais 4 (quatro) exemplares de *O Hobbit*?...

Seria possível perguntar ao Sr. Unwin se seu filho, um crítico muito confiável, se importaria de ler o primeiro capítulo da continuação de *O Hobbit*? Datilografei-o. Não tenho confiança no texto, mas se ele achar que é um começo promissor, eu poderia acrescentar a ele a história que está se formando.

Passei a maior parte das férias acamado, infelizmente.

Sinceramente,
J.R.R. Tolkien.

22 Para C.A. Furth, Allen & Unwin

4 de fevereiro de 1938 — 20 Northmoor Road, Oxford

Caro Sr. Furth,

Anexo uma cópia do Capítulo I "Uma festa muito esperada" de uma possível continuação de *O Hobbit*.

Recebi em segurança 4 exemplares adicionais de *O Hobbit*.

Recebi uma carta de um jovem leitor de Boston (Lincs) que inclui uma lista de *errata* [em *O Hobbit*]. Coloquei então meu filho mais novo, de cama doente do coração,[1] para encontrar outros a dois pence por erro. Ele encontrou. Envio em anexo os resultados que, adicionados àqueles já enviados, devem (espero) formar uma lista minuciosa. Espero também que algum dia eles possam ser necessários.

Sinceramente,
J.R.R. Tolkien.

23 Para C.A. Furth, Allen & Unwin

[A editora estava mais uma vez considerando a possibilidade de publicar *Sr. Boaventura*, sobre o qual ver a nota introdutória da carta nº 10.]

17 de fevereiro de 1938 20 Northmoor Road, Oxford

Caro Sr. Furth,

"Sr. Boaventura" retornou sem problemas. Sinto muito que o senhor tenha tido tantos problemas com ele. Gostaria que o senhor encontrasse alguém para redesenhar as gravuras de maneira adequada. Não acredito que eu seja capaz de tal coisa. De qualquer forma, não tenho tempo atualmente — é mais fácil escrever uma história em momentos ociosos do que desenhar (embora nenhum dos dois seja fácil). . . . .

Dizem que o primeiro passo é o mais difícil. Não o considero difícil. Tenho certeza de que eu poderia escrever infinitos "primeiros capítulos". Escrevi muitos, na verdade. A continuação de O Hobbit continua onde estava, e tenho apenas as noções mais vagas de como prosseguir. Sem jamais pretender uma continuação, temo que eu tenha gastado todos os meus "temas" e personagens favoritos no "Hobbit" original.

Escreverei e aceitarei seu conselho sobre "Sr. Boaventura" antes de fazer qualquer coisa. Dificilmente será antes do Longo Recesso, ou do fim da minha "bolsa de pesquisas".[1]

Sinceramente,
J.R.R. Tolkien.

24 Para Stanley Unwin

[Em de 11 de fevereiro, Unwin relatou que seu filho Rayner ficara "maravilhado com o primeiro capítulo" da nova história.]

18 de fevereiro de 1938 20 Northmoor Road, Oxford

Caro Sr. Unwin,

Fico muito grato a seu filho Rayner; e sinto-me encorajado. Ao mesmo tempo, acho muito fácil escrever capítulos iniciais — e por enquanto a história não está se desenrolando. Infelizmente tenho pouquíssimo tempo, encurtado ainda mais por um recesso natalino bastante desastroso. Desperdicei tanto no "Hobbit" original (o qual não pretendia que tivesse uma continuação) que é difícil encontrar alguma coisa nova naquele mundo.

O Sr. C.S. Lewis contou-me que o senhor permitiu que ele lhe enviasse "Além do Planeta Silencioso". Eu o li, é claro; e desde então o tenho ouvido passar por um teste bem diferente: o de ser lido em voz alta para o nosso clube local (que se dedica à leitura de coisas curtas e longas em voz alta). Mostrou-se um folhetim empolgante, e foi amplamente aprovado. Mas, é claro, todos nós temos gostos similares.

É apenas por um estranho acidente que o herói é um filólogo (um ponto no qual ele se assemelha a mim) e possui o nome do senhor.[1]

Estou certo de que o último detalhe poderia ser alterado: não creio que tenha algum significado especial.

Originalmente tínhamos a intenção de que cada um escrevesse um "thriller" excursionista: uma viagem espacial e uma viagem no tempo (minha), cada uma descobrindo o Mito.[2] No entanto, a viagem espacial foi terminada, e a viagem no tempo, devido à minha lentidão e incerteza, permanece apenas um fragmento, como o senhor o sabe.[3]

Sinceramente,
J.R.R. Tolkien.

25 Para o editor do "Observer"

[Em 16 de janeiro de 1938, o *Observer* publicou uma carta, assinada "Habit" (Hábito), perguntando se os hobbits poderiam ter sido sugeridos a Tolkien pelo relato de Julian Huxley sobre "os 'homenzinhos peludos' vistos na África por nativos e.... por pelo menos um cientista". O autor da carta também mencionou que uma amiga havia "dito que se lembrava de um antigo conto de fadas chamado 'O Hobbit' em uma coletânea lida por volta de 1904", no qual a criatura com esse nome "era definitivamente assustadora". O autor perguntou se Tolkien "nos contaria algo mais a respeito do nome e dos primórdios do intrigante herói de seu livro..... Pouparia vários pesquisadores de muitos problemas por gerações. E, a propósito, o roubo da taça do dragão efetuado pelo hobbit é baseado no episódio do roubo da taça em *Beowulf*? Espero que sim, já que um dos encantos do livro parece ser sua harmonia spenseriana dos brilhantes encadeamentos de tantos ramos da literatura épica, mitológica e de contos de fada vitorianos." A resposta de Tolkien, ainda que não fosse destinada para publicação (ver a conclusão da carta nº 26), foi impressa no *Observer* em 20 de fevereiro de 1938.]

Senhor, não preciso de persuasão: sou tão suscetível à lisonja quanto um dragão, e de bom grado exibiria meu colete de diamantes, e até mesmo discutiria suas fontes, visto que o Hábito (mais curioso do que o Hobbit) não apenas declarou admirá-lo, mas também perguntou de onde eu o tirei. Mas isso não seria um tanto injusto para com os pesquisadores? Poupá-los dos problemas é lhes tirar qualquer desculpa para existirem.

No entanto, não há perigo no que diz respeito à principal pergunta do Hábito: não me lembro de coisa alguma sobre o nome e os primórdios do herói. Eu poderia supor, é claro, mas as suposições não teriam mais autoridade do que aquelas de futuros pesquisadores, e deixo o jogo para eles.

Nasci na África e li vários livros sobre exploração africana. Desde cerca de 1896, li ainda mais livros de contos de fadas do tipo genuíno. Ambos os fatos citados pelo Hábito parecem, portanto, ser significativos.

Mas são mesmo? Não tenho qualquer recordação consciente de pigmeus peludos (em livros ou ao luar); nem de qualquer bicho-papão Hobbit publicado por volta de 1904. Suspeito que os dois hobbits sejam homófonos acidentais, e fico contente* que eles não sejam (ao que parece) sinônimos. E afirmo que meu hobbit não vivia na África e não era peludo, com exceção de seus pés. Tampouco era parecido com um coelho. Ele era um próspero e bem alimentado solteiro de recursos independentes. Chamá-lo de "cueínho nojento" foi um exemplo de vulgaridade trol, assim como "descendente de ratos" foi um exemplo de malícia anânica — insultos deliberados à sua altura e aos seus pés, dos quais ele se ressentiu profundamente. Seus pés, ainda que convenientemente cobertos e calçados pela natureza, eram tão elegantes quanto seus longos e hábeis dedos das mãos.

Quanto ao resto da história, ela é, como o Hábito sugere, derivada de épicos, mitologias e estórias de fada (previamente digeridos) — contudo, não é vitoriana em autoria, a qual via de regra George Macdonald é a principal exceção. *Beowulf* está entre minhas fontes mais valiosas, embora não estivesse conscientemente presente na minha mente no processo de composição, no qual o episódio do roubo surgiu naturalmente (e quase inevitavelmente) devido às circunstâncias. É difícil pensar em qualquer outro modo de conduzir a história a partir daquele ponto. Imagino que o autor de *Beowulf* diria praticamente a mesma coisa.

Minha história não é baseada conscientemente em qualquer outro livro — com exceção de um, e ele não foi publicado: o "Silmarillion", uma história dos Elfos, ao qual frequentes alusões são feitas. Não pensei nos futuros pesquisadores; e, como há apenas um manuscrito, no momento parece haver poucas chances de essa referência se mostrar útil.

Mas essas questões são meras preliminares. Agora que me fizeram ver as aventuras do Sr. Bolseiro como objeto de futuras pesquisas, percebo que será necessário muito trabalho. Há a questão da nomenclatura. Os nomes dos anãos, e do mago, são da Edda Antiga. Os nomes dos hobbits vêm de Fontes Óbvias à sua raça. A lista completa de suas famílias mais abastadas é: Bolseiro, Boffin, Bolger, Justa-Correia,

---

* Bem, não exatamente: Gostaria, se possível, de saber mais sobre a coletânea de contos de fada, c. 1904.

Brandebuque, Covas, Roliço, Fossador, Corneteiro, Pé-Soberbo, Sacola e Tûk. O dragão tem como nome — um pseudônimo — o pretérito do verbo germânico primitivo *Smugan*, espremer através de um buraco: um gracejo filológico menor. O restante dos nomes é do Mundo Antigo e Élfico, e não foram modernizados.

E por que *dwarves* [anãos]? A gramática aconselha *dwarfs*; a filologia sugere que *dwarrows* seria a forma histórica. A verdadeira resposta é que eu não tinha conhecimento de palavra melhor. Mas *dwarves* fica bem com *elves* [elfos]; e, de qualquer forma, *elfo*, *gnomo*, *gobelim* e *anão* são apenas traduções aproximadas dos nomes em élfico antigo para seres de raças e funções não exatamente iguais.

Esses anãos não são exatamente os anões da tradição mais conhecida. Foram-lhes conferidos nomes escandinavos, é verdade, mas essa é uma concessão editorial. Usar muitos nomes nas línguas apropriadas ao período poderia ter sido algo alarmante. A língua anânica era tanto complicada como cacofônica. Mesmo antigos filólogos élficos a evitavam, e os anãos eram obrigados a usar outros idiomas, exceto em conversas inteiramente particulares. O idioma dos hobbits era notavelmente similar ao inglês, como se poderia supor: eles viviam somente nas fronteiras do Ermo, e geralmente não estavam cientes disso. Seus nomes de família eram, em sua maioria, tão conhecidos e devidamente respeitados nessa ilha quanto o eram na Vila-dos-Hobbits e em Beirágua.

Há a questão das Runas. Aquelas usadas por Thorin e cia., para propósitos especiais, faziam parte de um alfabeto de trinta e duas letras (lista completa sob solicitação), similares, mas não idênticas, às runas de inscrições anglo-saxãs. Sem dúvida há uma ligação histórica entre as duas. O alfabeto feanoriano, usado de maneira geral naquela época, era de origem élfica. Ele aparece na maldição gravada no pote de ouro na gravura do covil de Smaug, mas foi transcrito em outras partes (um fac-símile da carta original deixada sobre o consolo da lareira pode ser providenciado).

*

E quanto às Adivinhas? Há trabalho para ser feito aqui a respeito das fontes e analogias. Eu não ficaria de todo surpreso em descobrir que tanto o hobbit quanto Gollum verão sua afirmação de terem inventado qualquer uma delas invalidada.

Por fim, ofereço ao futuro pesquisador um pequeno problema. A história deteve-se na narração por cerca de um ano em dois pontos separados: onde eles se encontram? Mas isso provavelmente já terá sido descoberto. E subitamente me lembro que o hobbit pensou

"Velho tolo" quando o dragão sucumbiu à lisonja. Temo que o comentário do Hábito (e do senhor) já será o mesmo. Mas o senhor deve admitir que a tentação foi forte. —

Atenciosamente, etc.,

J.R.R. Tolkien.

26 Para Stanley Unwin

[Em 2 de março, Unwin enviou a Tolkien um trecho do relatório de um leitor sobre *Além do Planeta Silencioso*, de C.S. Lewis. O leitor comentou: "Ouso dizer que o Sr. Lewis muito provavelmente escreverá um romance de mérito um dia. Este não é bom o suficiente — mesmo." O leitor considerou as criaturas do planeta Malacandra uma "balela". Unwin pediu a opinião de Tolkien sobre o livro.]

4 de março de 1938 — 20 Northmoor Road, Oxford

Caro Sr. Unwin,

Escrevi-lhe a carta em anexo[1] algum tempo atrás; mas hesitei em enviá-la, por saber que o senhor desejaria enviar a obra do Sr. Lewis ao seu leitor e por não querer interferir além de fazer com que o senhor a leve em consideração. Lewis é um grande amigo meu, e concordamos em muitas coisas (veja suas duas resenhas sobre meu Hobbit): isso pode contribuir para um entendimento, mas também pode causar uma impressão indevidamente otimista. Visto que o senhor pediu a minha opinião, ei-la.

Li a história no ms. original e fiquei tão envolvido que não pude fazer qualquer outra coisa até que a tivesse terminado. Minha primeira crítica foi de que simplesmente a história era curta demais. Ainda acredito que essa crítica se mantém, tanto por razões práticas como artísticas. Outras críticas, a respeito do estilo narrativo (Lewis é sempre capaz de criar ruidosas passagens truncadas), dos detalhes inconsistentes na trama e da filologia, foram satisfatoriamente corrigidas. O autor se detém em itens de invenção linguística que não me atraem (Malacandra, Maleldil — eldila, de qualquer modo, suspeito que se deva à influência dos *Eldar* no Silmarillion — e Pfifltriggi); mas essa é uma questão de gosto. Afinal de contas, o seu leitor achou meus nomes inventados, criados com carinho, de embaralhar a vista. Mas, no geral, as invenções linguísticas e a filologia são mais do que suficientemente boas. Toda a parte sobre idiomas e poesia — os vislumbres de sua natureza e forma malacandrianas — é muito bem-feita e extremamente interessante, muito superior àquilo que geralmente se consegue de viajantes em regiões para onde nunca se viajou antes. A barreira linguística é geralmente evitada ou apresentada de maneira vaga. Aqui ela não apenas possui verossimilhança, mas também uma razão subjacente.

Fiquei perturbado pelo relato de seu leitor. Temo que, à primeira vista, eu me sinta inclinado a replicar que qualquer pessoa capaz de usar a palavra "balela" inevitavelmente achará assuntos desse tipo — uma balela. Mas é preciso ser razoável. Percebo, é claro, que para ser ao menos moderadamente comercializável tal história deve ser satisfatória em seu valor superficial, como uma *vera historia* de uma viagem a uma terra estranha. Aprecio muito o gênero, tendo inclusive lido *Land under England*[2] com algum prazer (embora este seja um exemplo fraco e para mim desagradável em muitos pontos). Acredito que *Além do Planeta Silencioso* tenha passado nesse teste de maneira muito bem-sucedida. Os inícios e modo de transporte efetivo no tempo ou espaço são sempre os pontos mais fracos de tais histórias. Eles são muito bem trabalhados aqui, mas deveria ser dada mais narrativa à aventura em Malacandra para equilibrá-los e justificá-los. O tema de três espécies racionais distintas (*hnau*) requer mais atenção à terceira espécie, os *Pfifltriggi*. Além disso, o episódio central da visita a Eldilorn é alcançado cedo demais, artisticamente. Ademais, o livro não seria na verdade praticamente curto demais para uma narrativa desse tipo?

Mas eu deveria ter dito que a história possuía para o leitor mais inteligente um grande número de implicações filosóficas e míticas que a aprimoram sem depreciar a "aventura" em primeiro plano. Achei a combinação de *vera historia* com *mythos* irresistível. Existem, é claro, certos elementos satíricos, inevitáveis em qualquer história de viajantes desse tipo, e também uma pitada de sátira sobre outras obras de ficção "científica" superficialmente similares — tal como a referência à noção de que uma inteligência superior estará inevitavelmente combinada com crueldade. O mito subjacente é obviamente o da Queda dos Anjos (e da queda do homem neste nosso planeta silencioso); e o ponto central é a escultura dos planetas, que revela o apagamento do sinal do Anjo deste mundo. Não consigo compreender como alguém pode dizer que essa história o incomoda, a menos que (a) considere esse mito em particular uma "balela", que não é digno de uma atenção adulta (mesmo em um plano mítico); ou (b) veja uma aplicação injustificada ou talvez malsucedida desse mito.

Talvez se possa argumentar em favor da segunda opção — embora eu discorde — mas, de qualquer modo, a crítica deveria ter apontado a existência do mito. Oyarsa sem dúvida não é um "Deus científico bom e gentil",[3] mas algo tão profundamente diferente que a diferença parece não ter sido percebida, isto é, o fato de que ele é um Anjo.

Porém, mesmo como um Deus científico bom e gentil, acho que ele se compara favoravelmente aos potentados governantes de outras histórias do gênero. Seu nome não é inventado, mas vem da obra de Bernardus Silvestris, como acredito que seja explicado no final do livro (não que eu ache que esse tipo de detalhe erudito tenha importância, mas é tão legítimo quanto um conhecimento pseudocientífico). Em resumo, posso dizer que ao designar os *Pfifltriggi* como os "trabalhadores", seu leitor também não compreende o sentido exato e é induzido ao erro por noções atuais que não são aplicáveis. Mas provavelmente eu já disse mais do que o suficiente. De qualquer forma, eu teria comprado essa história quase a qualquer preço se a tivesse encontrado impressa, e a teria recomendado enfaticamente como um "thriller" de (não obstante e surpreendentemente) um homem inteligente. Mas sei, de modo muito triste pelos meus esforços em encontrar algo para ler mesmo com uma assinatura de "a pedido" em uma biblioteca, que meu gosto não é normal. Li "Voyage to Arcturus"[4] com avidez — a obra mais comparável à do Sr. Lewis, embora seja tanto mais poderosa como mais mítica (e menos racional, e também menos uma história — ninguém pode lê-la meramente como um thriller e sem interesse em filosofia, religião e moral). Fico pensando o que o seu leitor acha dela. Mesmo assim, ficarei aliviado, por mim mesmo, se o segundo leitor apoiar um pouco mais o meu gosto!

*

A continuação de *O Hobbit* progrediu agora até o final do terceiro capítulo. Mas histórias tendem a sair de controle, e essa tomou uma direção não premeditada. O Sr. Lewis e meu filho mais novo a estão lendo em partes como um folhetim. Hesito em incomodar seu filho, embora eu aprecie as críticas dele. De qualquer modo, se quiser lê-la em forma de folhetim, ele pode fazê-lo. Meu Christopher e o Sr. Lewis aprovam-na o suficiente para dizer que acham que ela é melhor do que o *Hobbit*; mas Rayner não precisa concordar!

Recebi um exemplar da edição norte-americana. Não está tão ruim. Fico feliz que eles tenham incluído a gravura da águia, mas não consigo imaginar por que estragaram a gravura de Valfenda, cortando o topo e suprimindo o ornamento na parte de baixo. Todos os numerosos erros textuais estão incluídos, é claro. Espero que algum dia seja possível se livrar deles.

Não sei se o senhor viu a carta longa e ridícula no *The Observer* de 20 de fev. e pensou que eu havia enlouquecido de súbito. Creio que o editor foi injusto. Havia uma carta assinada "Hábito" no jornal em janeiro (perguntando se o hobbit fora influenciado pelas palestras de Julian Huxley sobre pigmeus africanos peludos, além de outras perguntas).

Enviei essa resposta galhofeira em um envelope selado destinado ao Hábito, além de uma resposta curta e suficientemente sã para publicação. Nada aconteceu por um mês, e então acordo e me deparo com minha piada inadequada ocupando quase uma coluna.

Com os melhores votos. Sinceramente,
J.R.R. Tolkien.

27 Para Houghton Mifflin Company

[Um trecho de uma carta aparentemente endereçada aos editores estadunidenses de Tolkien e possivelmente escrita em março ou abril de 1938. A Houghton Mifflin parece ter lhe pedido que fornecesse desenhos de hobbits para serem usados em alguma edição futura de *O Hobbit*.]

Receio que, caso os senhores necessitem de desenhos de hobbits em várias atitudes, eu deva deixar isso nas mãos de alguém que saiba desenhar. Minhas próprias gravuras são um guia arriscado — ex: a gravura do Sr. Bolseiro nos Capítulos VI e XII. A gravura muito mal desenhada no Capítulo XIX é um guia melhor do que essas em impressões gerais.

Visualizo uma figura razoavelmente humana, não um tipo de coelho "mágico" como alguns de meus críticos britânicos parecem imaginar: gorducho no abdome e de pernas curtas. Um rosto redondo e jovial; orelhas apenas levemente pontudas e "élficas"; cabelo (castanho) curto e encaracolado. Os pés, dos tornozelos para baixo, cobertos com pelo castanho e espesso. Roupas: calças curtas de veludo verde; colete vermelho ou amarelo; paletó marrom ou verde; botões de ouro (ou latão); um capuz e um manto verde-escuros (pertencentes a um anão).

Tamanho real — importante apenas se outros objetos estiverem na gravura — de, digamos, cerca de três pés ou três pés e seis polegadas. O hobbit na gravura do tesouro de ouro, Capítulo XII, sem dúvida (fora estar gordo nos lugares errados) está demasiadamente grande. Mas (como meus filhos pelo menos compreendem) ele na verdade está em uma imagem ou "plano" separado, estando invisível ao dragão.

Não há menção no texto sobre a obtenção de botas de sua parte. Deveria haver! Tal parte foi omitida de alguma forma nas várias revisões — o evento ocorreu em Valfenda; e ele estava novamente sem botas após partir de Valfenda a caminho de casa. Mas, uma vez que as solas semelhantes ao couro e os pelos dos pés bem escovados são uma característica de hobbiticidade essencial, convém que ele realmente apareça sem botas, salvo em ilustrações especiais de episódios.

Tenho de agradecê-lo pelo recebimento de seis exemplares adicionais e o envio dos outros. Também pela cópia da propaganda.

28 Para Stanley Unwin

[Em 1º de junho, Unwin contou a Tolkien que a Houghton Mifflin havia vendido até o momento três mil exemplares da edição norte-americana de *O Hobbit*. Em abril, o livro recebeu um prêmio de US$250 do *New York Herald Tribune* como a melhor história juvenil da estação. Enquanto isso, Rayner Unwin havia criticado o segundo e terceiro capítulos da nova história por conterem "conversa hobbit" em demasia.]

4 de junho de 1938 — 20 Northmoor Road, Oxford

Caro Sr. Unwin,

Agradeço a notícia reconfortante. Ela é realmente reconfortante pois, apesar de inesperados golpes de sorte, tais como o prêmio norte--americano, encontro-me em dificuldades consideráveis; e as coisas não irão melhorar em setembro, quando deixarei minha bolsa de pesquisas. Isso significará, é claro, que a pressão sobre meu tempo para escrever será menor, exceto pelo fato de que, pelo que eu vejo, terei de retornar à monotonia da correção de provas[1] para manter o barco flutuando.

Temo que suas cartas anteriores de 29 de abril e 3 de maio ficaram muito tempo sem resposta. Eu pretendia ter agradecido Rayner há muito tempo por se incomodar em ler os capítulos experimentais e por sua excelente crítica. Ela concorda de maneira surpreendente com a do Sr. Lewis que, portanto, é confirmada. Devo simplesmente me curvar aos meus dois principais (e mais bem dispostos) críticos. O problema é que "conversa hobbit" particularmente me diverte (e, em certo grau, ao meu filho Christopher) mais do que aventuras; mas devo refreá-la severamente. Embora deseje muito, não tive uma só oportunidade de tocar em qualquer história em andamento desde o recesso natalino. Com três obras em inglês médio e antigo indo para ou já estando no prelo, outra em nórdico antigo em uma série da qual sou o editor responsável em nome do autor que está no exterior[2] e com alunos chegando em julho vindos da Bélgica e do Canadá para trabalharem sob minha direção, não consigo ver qualquer brecha durante meses! . . . .

Sinceramente,

J.R.R. Tolkien.

P.S. Minha resposta foi atrasada porque sua carta chegou no meio de nossa pequena disputa local. O senhor pode não ter notado que, em 2 de junho, o Rev. Adam Fox[3] foi eleito Professor de Poesia, derrotando um Cavaleiro e um Lorde nobre. Ele foi indicado por Lewis e por mim, e milagrosamente se elegeu: nossa primeira vitória pública sobre o privilégio estabelecido. Pois Fox é um membro de nosso clube literário de *poetas praticantes* — diante do qual o *Hobbit* e outras obras (tais como *o Planeta Silencioso*) foram lidos. Lentamente estamos até mesmo sendo publicados. Uma das obras de Fox é *Old King Coel*, um conto rimado em quatro livros (Oxford).

29 De uma carta para Stanley Unwin 25 de julho de 1938

[A Allen & Unwin negociara a publicação de uma tradução alemã de *O Hobbit* com a Rütten & Loening de Potsdam. Essa firma escreveu a Tolkien perguntando se ele era de origem "arisch" (ariana).]

Devo dizer que a carta em anexo da Rütten e Loening é um tanto rígida. Sofro essa impertinência por possuir um nome alemão ou as leis lunáticas deles exigem um certificado de origem "arisch" de todas as pessoas de todos os países?

Pessoalmente, eu estaria inclinado a recusar o fornecimento de qualquer *Bestätigung*[1] (embora por acaso eu possa fazê-lo) e deixar que uma tradução alemã fosse suspensa. Seja como for, devo opor-me fortemente à aparição impressa de qualquer declaração semelhante. Não considero a (provável) ausência total de sangue judeu como necessariamente meritória; tenho muitos amigos judeus, e lamentaria asseverar a noção de que aprovo a totalmente perniciosa e não científica doutrina racial.

O senhor é o principal envolvido, e não posso colocar em risco a chance de uma publicação alemã sem a sua aprovação. Assim, apresento dois rascunhos de possíveis respostas.

30 Para Rütten & Loening Verlag

[Um dos "dois rascunhos" mencionados por Tolkien na carta anterior. Este é o único preservado nos arquivos da Allen & Unwin e, portanto, parece muito provável que os editores ingleses tenham enviado o outro à Alemanha. Está claro que naquela carta Tolkien recusou-se a fazer qualquer declaração de origem "arisch".]

25 de julho de 1938 20 Northmoor Road, Oxford

Caros Senhores,

Obrigado por sua carta. . . . . Lamento informar que não me ficou claro o que os senhores querem dizer com *arisch*. Não sou de origem *ariana*: tal palavra implica indo-iraniana; que eu saiba, nenhum dos meus antepassados falava hindustani, persa, romani ou qualquer dialeto relacionado. Mas se devo deduzir que os senhores estão me perguntando se eu sou de origem *judaica*, só posso responder que lamento o fato de que aparentemente *não* possuo antepassados deste povo talentoso. Meu trisavô chegou na Inglaterra no século XVIII vindo da Alemanha: a maior parte da minha ascendência, portanto, é puramente inglesa, e sou um cidadão inglês — o que deveria ser suficiente. Fui acostumado, no entanto, a estimar meu nome alemão com orgulho, e continuei a fazê-lo no decorrer do período da lamentável última guerra, na qual servi no exército inglês. Não posso, entretanto, abster-me de comentar que, se indagações impertinentes e irrelevantes desse tipo se tornarem a regra em matéria de literatura, então não está longe o momento em que um nome alemão não mais será um motivo de orgulho.

O questionamento dos senhores sem dúvida é feito para estar de acordo com as leis de seu próprio país, mas seria inapropriado pensar que isso deveria aplicar-se a indivíduos de outro Estado, mesmo que isso tivesse (se bem que não tem) qualquer relação com os méritos da minha obra ou sua adequação à publicação, com a qual os senhores aparentemente ficaram satisfeitos sem referência a minha *Abstammung*.[1]

Tenho fé de que os senhores acharão essa resposta satisfatória, e permaneço fielmente seu.

J.R.R. Tolkien.

31 Para C.A. Furth, Allen & Unwin

[Entre as histórias que Tolkien mostrou a seus editores em 1937, como um possível sucessor de *O Hobbit*, estava uma versão curta de *Mestre Giles d'Aldeia*. A Allen & Unwin gostou da história, mas achava que ela precisaria da companhia de outras histórias para ser colocada em um livro de tamanho suficiente. Eles também, é claro, encorajaram Tolkien a escrever a continuação de *O Hobbit*.]

24 de julho de 1938 — 20 Northmoor Road, Oxford

Caro Sr. Furth,

O Hobbit deveria ter sido lançado este ano, não no ano passado. No ano que vem eu provavelmente teria tempo e ânimo para um sucessor. Mas a pressão do trabalho como "bolsista de pesquisas", que tinha de ser completado se possível em setembro, tomou todo o meu tempo, e também esgotou minha imaginação. A continuação para *o Hobbit* permaneceu onde havia parado. Ela perdeu minha estima, e não tenho ideia do que fazer com ela. Em primeiro lugar, o Hobbit original não estava destinado a ter uma continuação — Bilbo "permaneceu muito feliz até o fim de seus dias, e esses foram extraordinariamente longos": uma frase que considero um obstáculo quase insuperável para um vínculo satisfatório. Em segundo lugar, praticamente todos os "temas" que posso usar foram comprimidos no livro original, de maneira que uma continuação ou parecerá "mais diluída", ou meramente repetitiva. Terceiro: Divirto-me pessoal e imensamente com os hobbits tal como o são, e posso contemplá-los comendo e fazendo suas piadas tolas indefinidamente; mas acho que esse não é o caso mesmo com meus "fãs" mais fiéis (tais como o Sr. Lewis e ? Rayner Unwin). O Sr. Lewis diz que os hobbits só são divertidos quando em situações não hobbitescas. E por último: minha mente, no lado da "estória", está realmente preocupada com as estórias de fadas ou mitologias "puras" do *Silmarillion*, para o qual até mesmo o Sr. Bolseiro acabou sendo arrastado contra minha vontade original, e não creio que serei capaz de movimentar-me em demasia fora dele, a menos que ele seja terminado (e talvez publicado) — fato este que possui um efeito libertador. O único material que possuo, totalmente fora daquele escopo, é "Mestre Giles" e o Reino Pequeno (com sua capital em Domes). Reescrevi a história aumentando-a cerca de 50% em janeiro passado e a li para a Lovelace Society[1] no lugar de um ensaio "sobre" estórias de fadas. Fiquei muito surpreso com o resultado. Levou cerca de duas vezes o tempo de se ler um "ensaio" propriamente dito em voz alta; e o público aparentemente não se entediou — na verdade, em geral teve convulsões de riso. Mas temo que isso signifique que a história tenha adquirido um tom mais satírico e adulto. De qualquer modo, não escrevi as outras duas ou três histórias necessárias do Reino para acompanhá-la!

Ela se parece com *Sr. Boaventura*. Caso o senhor ache que é digno de publicação. Posso trazê-lo de volta para o senhor, se desejar. Não creio que, pessoalmente, eu possa fazer algo para melhorá-lo.

Realmente sinto muito: em consideração a mim assim como ao senhor, gostaria de produzir alguma coisa. Mas setembro parece absolutamente fora de questão este ano. Espero que a inspiração e o ânimo retornem. Não é por falta de insistência que eles se mantêm distantes. Mas minha insistência ultimamente tem sido forçosamente intermitente. As Musas não gostam de semelhante desânimo.

Sinceramente,
J.R.R. Tolkien.

32 Para John Masefield

[Masefield, então Poeta Laureado, organizou junto com Nevill Coghill[1] um entretenimento em Oxford durante os verões de 1938 e 1939, intitulado *Diversões de Verão*. Em 1938, ele convidou Tolkien para representar o papel de Chaucer e recitar de memória o *Nun's Priest's Tale* (Conto do

Padre da Freira). Ele escreveu a Tolkien anexando alguns versos com os quais sugeriu apresentá-lo.]

27 de julho de 1938 — 20 Northmoor Road, Oxford

Caro Sr. Masefield,

Não tenho um prelúdio próprio para enviar imediatamente, e nenhuma objeção como intérprete a ser precedido pelos versos que o senhor enviou. De qualquer modo, o senhor é o Mestre das Diversões, e estou sob sua boa autoridade.

Particularmente, de um estudante de Chaucer para outro, talvez eu possa dizer que esses versos parecem-me aludir à ideia errônea de que Chaucer foi o primeiro poeta inglês, e que antes dele e exceto por ele tudo era tolo e bárbaro. Isso não é verdade, é claro, e é talvez, mesmo como uma maneira de enfatizar o fato de que ele possuía um gênio peculiar, o que em qualquer período teria produzido obras com um gosto de novidade, bastante enganoso. Pessoalmente não associo o Norte com noite ou escuridão, especialmente não na Inglaterra, em cujos 1.200 longos anos de tradição literária Chaucer situa-se muito mais no meio do que no início. Também não o considero primaveril, mas outonal (mesmo que do início do outono), e não régio, mas de classe média. No entanto, como digo, essas são questões profissionais, e a presente ocasião dificilmente justificaria travar uma batalha sobre elas.

Não estou de modo algum feliz com o efeito de Chaucer em geral, ou do Nonnes Prestes Tale em particular, em uma suposta pronúncia do séc. XIV. Darei o melhor de mim, mas espero que seja suficientemente inteligível para que alguma parte do sentido seja transmitida. Pessoalmente, acredito que uma pronúncia moderna modificada (restaurando as rimas, mas evitando arcaísmos) seja a melhor — tal como certa vez ouvi o senhor usar no Conto do Monge muitos anos atrás.

Sinceramente,
J.R.R. Tolkien.

33 Para C.A. Furth, Allen & Unwin

31 de agosto de 1938 — 20 Northmoor Road, Oxford

Caro Sr. Furth,

Não estou tão pressionado quanto oprimido (ou deprimido). Ocorreram outros problemas, que não preciso detalhar, e desabei (ou curvei-me) com o peso deles. Ando indisposto desde que vi o senhor — na verdade, cheguei à beira de um colapso, e o médico mandou-me interromper minhas atividades de imediato. Não fiz nada por uma ou duas semanas, estando de fato bastante incapacitado. Mas começo a sentir-me muito melhor. Estou saindo agora (amanhã) para umas férias de duas semanas, que não planejei e não posso me dar ao luxo, embora pareçam ser necessárias para minha própria saúde e a do meu filho mais novo. . . . .

Não esqueci de todo de "Mestre Giles": eu o datilografei. Envio-o agora, para sua apreciação com seu tom e escopo um tanto alterados. Várias pessoas acharam-no muito divertido (creio que essa é a palavra certa): mas é possível que realmente o seja! Compreendo que ele provavelmente *não* é longo o suficiente por si só — pelo menos não como uma proposta comercial (se de fato ele puder ser tal coisa). A história provavelmente necessita de outras do seu gênero. Planejei uma continuação[1] (embora ela não precise de uma), e tenho uma estória de fadas pseudocelta inacabada, de natureza levemente satírica, que também é divertida até onde já chegou, chamada *O Rei da Verde Dúzia*.[2] Posso terminá-los caso o senhor considere *Giles* digno de publicação e da companhia de outras histórias.

Nos últimos dois ou três dias, após o benefício da inatividade e da permanência ao ar livre, e da permitida negligência do cumprimento de meus deveres, comecei a trabalhar novamente na continuação do "Hobbit" — O Senhor do Anel. A história agora está fluindo, e saindo muito de controle. Chegou até por volta do Capítulo VII e avança na direção de metas deveras inesperadas. Devo dizer que acredito que em certas partes e de algumas maneiras ela seja muito melhor que o predecessor; mas isso não quer dizer que eu acredite que ela seja mais apropriada ou mais adaptada ao público da história anterior. Em primeiro lugar, o público, como meus próprios filhos (que possuem os direitos imediatos de lerem o folhetim), está "mais velho". Só posso dizer que o Sr. Lewis (meu corajoso apoiador do Times e do T.L.S.) declarou estar mais do que satisfeito. Se o tempo ficar úmido na próxima quinzena, podemos chegar ainda mais longe. Mas ela não é uma história de ninar. . . . .

Sinceramente,
J.R.R. Tolkien.

34 Para Stanley Unwin

13 de outubro de 1938 — 20 Northmoor Road, Oxford

Caro Sr. Unwin,

. . . . Trabalhei arduamente por um mês (no período que meus médicos disseram que deveria ser dedicado a alguma distração!) em uma continuação de *O Hobbit*. Ela alcançou o Capítulo XI (mas em um estado bastante ilegível); estou agora completamente absorto nela, e tenho todos os encadeamentos em mãos — e tenho de colocá-la completamente de lado, não sei até quando. Até mesmo o recesso natalino será obscurecido por exames da Nova Zelândia, visto que meu amigo

Gordon[1] morreu no meio das Provas de Bacharelado deles, e tive que terminar de preparar os documentos. Mas ainda tenho esperanças de conseguir enviar a continuação para apreciação no início do ano que vem.

Quando falei, em uma carta anterior ao Sr. Furth, que essa continuação estava "saindo de controle", não o fiz gratuitamente. O que eu realmente quis dizer é que a história está seguindo seu curso e esquecendo-se das "crianças", tornando-se mais assustadora do que o Hobbit. Ela talvez se mostre bastante inadequada. É mais "adulta" — mas meus próprios filhos, que fazem críticas a ela tal como se encontra, estão agora mais velhos. Espero, no entanto, que o senhor julgue isso por si mesmo algum dia! A escuridão dos dias atuais teve algum efeito sobre ela. Embora não seja uma "alegoria". (Já recebi uma carta dos Estados Unidos pedindo uma explicação oficial da alegoria de O Hobbit.)

Sinceramente,
J.R.R. Tolkien.

35 Para C.A. Furth, Allen & Unwin

2 de fevereiro de 1939 — 20 Northmoor Road, Oxford

Caro Sr. Furth,

Ao final do último período letivo, a nova história — *O Senhor dos Anéis* — alcançou o Capítulo 12 (e foi reescrita várias vezes), ultrapassando 300 páginas ms. do tamanho deste papel e geralmente escritas de modo que ocupam quase todo o espaço disponível. Serão necessárias pelo menos 200 páginas para terminar a história que se surgiu. O senhor poderia dar-me alguma ideia da data *mais tardia* na qual os mss. completados podem lhe ser enviados? Tenho trabalhado sob dificuldades de todos os tipos, incluindo problemas de saúde. Não pude tocar na história desde o início de dezembro. Entre muitos outros trabalhos e problemas que a morte súbita do meu amigo, o Professor Eric Gordon, legou-me, tive de colocar em ordem as provas da Nova Zelândia, que ocuparam quase todas as últimas férias. Peguei então uma gripe, da qual recém me recuperei. Mas tenho outras tarefas pesadas à frente. Estou no "pico" do meu estresse financeiro-educacional, com um segundo filho clamando por uma universidade e o mais novo querendo ir para o colégio (após um ano sob os cuidados de especialistas cardíacos), e sou obrigado a dar provas e aulas e não sei o que mais. Talvez o senhor esteja pensando em *Sr. Boaventura*. E quanto a *Mestre Giles*? O senhor recebeu os mss. da forma ampliada em setembro ou outubro.

Acho que *O Senhor dos Anéis* por si só é bem melhor do que *O Hobbit*, mas ele pode acabar não se mostrando uma continuação muito apropriada. Ele é mais adulto — mas o público para o qual *O Hobbit* foi escrito também é. Os leitores jovens e velhos que pediram "mais sobre o Necromante" são os culpados, pois o N. não é brincadeira de criança.* Meu filho mais velho está entusiasmado, mas seria um alívio para mim saber que meus editores ficaram satisfeitos. Se a parte até agora escrita satisfizer o senhor, não será necessário temer pelo todo. Fico pensando se não seria sensato datilografar o que eu já fiz e deixar que o senhor o veja. Certamente hei de em algum momento terminar a história independentemente do que o senhor achar dela; mas, caso ela não pareça ser o que o senhor deseja para suceder a *O Hobbit*, não haverá uma pressão desesperadora. A composição de *O Senhor dos Anéis* é trabalhosa, pois a tenho feito tão bem quanto meu conhecimento permite, e levando em consideração cada palavra. A história também possui (afetuosamente imagino) alguma significância. Em algum tempo livre seria muito mais fácil e rápido escrever as tramas já compostas das histórias mais serenas do Reino Pequeno para acompanharem *Mestre Giles*. Porém, prefiro terminar a longa história e não a deixar esfriar.

Diga-me o que o senhor acha. Talvez eu consiga um período livre nas Férias de Páscoa. Mas não todas as férias: terei alguns documentos para organizar e algum trabalho na preparação para uma possível "Emergência Nacional" (que levará uma semana).[1] Tenho de ir à Escócia em março ou abril. É concebível que eu possa terminar lá por junho. E os mss. seriam finais (sem necessidade de se ficar discutindo provas das páginas). Mas não terei tempo ou energia para fazer ilustrações. Eu nunca soube desenhar, e os indícios imaturos de arte parecem ter me deixado por completo. Um mapa (muito necessário) seria tudo o que eu poderia fazer.

Sinceramente,
J.R.R. Tolkien.

36 Para C.A. Furth, Allen & Unwin

[Em 8 de fevereiro, Furth enviou um cheque de direitos autorais por *O Hobbit* e disse a Tolkien que o meio do mês de junho seria a última data na qual a Allen & Unwin poderia receber a nova história se quisesse publicá-la por volta do Natal.]

*Ainda assim, há mais hobbits, muito mais deles e sobre eles na nova história. Gollum reaparece, e Gandalf está em primeiro plano; "anãos" são introduzidos; e, embora não haja um dragão (até agora), haverá um Gigante; e os novos (e muito alarmantes) Espectros-do-Anel são um dos destaques. Deve haver coisas que as pessoas que gostaram da antiga mistura sintam possuir um gosto similar.

10 de fevereiro de 1939 — 20 Northmoor Road, Oxford

Caro Sr. Furth,

Muito obrigado por sua carta — e pelo cheque em anexo, que foi um tônico muito bem-vindo. A gripe não me causou muitos danos, embora tenha me pegado em um estado de exaustão em decorrência das provas; mas minha garganta parece estar ficando pior, e não me sinto muito animado. . . . .

Datilografarei meu material e entregarei ao senhor; e (se for aprovado e não exigir uma reescrita extensiva) creio que devo fazer um esforço especial, à custa de outras obrigações, para terminá-lo antes de 15 de junho. . . . .

Mestre Giles, em sua forma ampliada, recebeu algum tipo de aprovação? (Recebi o texto datilografado em segurança.) Ele vale alguma coisa? Duas outras histórias, ou quaisquer outras histórias do Reino Pequeno, são dignas de consideração? Por exemplo, a conclusão, na mesma forma, das aventuras do Príncipe George (o filho do fazendeiro) e do garoto gordo Sebossuinovitourus (vulgarmente chamado de Sebo), e a Batalha dos Pântanos-de-Otta. Apenas me pergunto se esse jogo familiar local disputado no campo ao nosso redor não é ridículo demais.

Sinceramente,
J.R.R. Tolkien.

36a Para Michael Tolkien

1º de março de 1939 — 20 Northmoor Road, Oxford

Querido Mike,

Lamento saber que você pegou um resfriado ruim o suficiente para ficar de cama; mas a cama é o melhor lugar para resfriados. Eu o negligenciei este período letivo, no que diz respeito às cartas, por estar terrivelmente ocupado; mas jamais deixei de pensar em você e espero que você (e todos os seus amigos) continue bem, e que continue, no geral, a aproveitar o que puder do último ano na escola: uma época boa para a maioria das pessoas, mesmo que não tenham se livrado da sombra dos exames em julho...

Vou para a Escócia na noite de segunda ou na manhã de terça, e ainda não escrevi a palestra infernal.[1] Receio que não ficarei muito na cama nesse meio-tempo... não tenho uma piada ou algo divertido para dizer para lhe animar o coração; mas espero que logo você esteja recuperado com um nariz normal. Deus o abençoe.

Do seu pai,
R

36b Para Stanley Unwin

[Unwin havia sugerido a Tolkien que, com o início da guerra e a provável escassez de papel, seria sensato adiar seu trabalho em *Beowulf*, de Clark Hall, a menos que achasse que ainda haveria demanda por ele.]

15 de setembro de 1939 — 20 Northmoor Road, Oxford

Caro Sr. Unwin,

Até onde posso ver, as universidades continuarão a funcionar (por algum tempo, de qualquer forma); e, assim, "Escolas" de Inglês que usam "Beowulf" continuarão a existir no momento, até e a não ser que as coisas piorem. Durante algum tempo deve haver uma demanda, embora reduzida, pela tradução revisada pelo Professor Wrenn...

No momento, qualquer obra extensa de minha autoria está fora de questão. Posso ser chamado a qualquer momento para um trabalho realizado na primavera passada, e não faço ideia de que tempo terei fora dele, se é terei algum.[1]

Devo-lhe humildes desculpas pelo meu silêncio acerca do estado da continuação proposta para o Hobbit, sobre a qual o senhor indagou há muito, em 21 de junho. Não creio que ela ainda o interesse muito — apesar de que eu ainda espero terminá-la algum dia. Apenas cerca de ¾ dela estão escritos.

Não tive muito tempo, independentemente da sombra do desastre que se avizinha, e estive doente a maior parte deste ano; e há algum tempo tive um acidente — que resultou numa concussão e em alguns pontos (não foi dirigindo, mas sim trabalhando na "terra"!) —, o que não melhorou as coisas.

Sinceramente,
J.R.R. Tolkien.

37 Para Stanley Unwin

[A Allen & Unwin estava publicando uma revisão feita por C.L. Wrenn da tradução de *Beowulf* de Clark Hall. Tolkien concordou em escrever um prefácio e, durante o segundo semestre de 1939, foi questionado várias vezes pelos seus editores a respeito do progresso do texto. Ele deixou essas perguntas sem resposta até dezembro, quando o próprio Stanley Unwin escreveu para saber o que estava acontecendo.]

19 de dezembro de 1939 — 20 Northmoor Road, Oxford

Caro Sr. Unwin,

Fiquei muito reconfortado ao receber sua carta gentil esta manhã, ainda que tenha deixado meu rosto em brasas. Apesar de meus problemas, não tenho realmente uma desculpa suficiente para não ter nem ao menos escrito ou respondido a avisos e perguntas. Meu acidente logo após a eclosão da guerra[1] deixou-me muito indisposto por um longo tempo, e isso, combinado com as ansiedades e problemas que todos compartilham, a ausência de qualquer feriado e a potencial chefia de um departamento nesta universidade desnorteada, tornou-me imperdoavelmente negligente. Eu mal soube como lidar com o golpe adicional da enfermidade de minha esposa, que ameaçou chegar a um clímax durante todo o verão e o outono.

Parece que o pior já passou. Tenho-a de volta agora, inválida, mas aparentemente enfim se restabelecendo, e com o medo de câncer, que inicialmente fora alimentado, aparentemente dissipado. Ainda não fui convocado, e agora provavelmente permanecerei assim, já que há (por enquanto) muito a se fazer por aqui e perdi tanto meu principal assistente como seu substituto.

Tentarei reunir minhas exaustas faculdades mentais e escrever um prefácio suficiente para a tradução de "Beowulf", *imediatamente*. . . . .

Que eu possa agora me voltar para *O Hobbit* e assuntos afins. Nunca parei de trabalhar de fato na continuação. Ela chegou ao Capítulo XVI. Receio que esteja ficando grande demais. Não estou completamente certo de que ela vá agradar ao mesmo público (exceto na medida em que tal público também tenha crescido). Haverá alguma chance de publicação se eu conseguir terminá-la antes da primavera? Se o senhor quiser que alguma outra pessoa leia como um folhetim, estou disposto a enviar a história em capítulos. Mas possuo apenas uma cópia passada a limpo. Tive de voltar e revisar os capítulos iniciais conforme a trama e os planos assumiam uma forma mais estável e, desse modo, nada se tornou ainda suficientemente definitivo para ser datilografado.

Suponho que agora a edição alemã de *O Hobbit* provavelmente jamais aparecerá, não? Foi um grande desapontamento para meu filho e para mim. Tínhamos feito uma aposta a respeito da versão da frase de abertura. Meu filho agora está na Itália,[2] para onde levou *O Hobbit*, e ocasionalmente pede notícias de mais partes da continuação, da qual ele tinha conhecimento e aprovava até onde ela tinha chegado. Mas não há tempo, ou muito pouco, mesmo esquivando-se de outras tarefas mais prementes.

Gostaria que o senhor publicasse o pobre "Mestre Giles" nesse ínterim. Ele pelo menos está terminado, apesar de ser muito fino em volume. No entanto, ele diverte as mesmas pessoas, embora o Sr. Furth parecesse achar que ele não possui um público óbvio. Ele tem mofado em uma gaveta desde que divertiu os filhos de H.S. Bennett[3] quando estive em Cambridge março passado. Mas, realmente, elas são crianças brilhantes.....

Sinceramente,
J.R.R. Tolkien.

38 Para Stanley Unwin

[Tolkien ainda não havia entregado o prefácio para a tradução de *Beowulf* feita por Clark Hall em 27 de março, quando a Allen & Unwin escreveu uma carta desesperada perguntando o que havia acontecido com o texto, e dizendo-lhe que "uma ou duas palavras" seriam suficientes. O texto enviado por Tolkien com a carta a seguir, apesar de seu tamanho, foi usado na íntegra quando o livro foi publicado.]

30 de março de 1940 — 20 Northmoor Road, Oxford

Caro Sr. Unwin,

Desculpas seriam inúteis diante de meu comportamento irritante e descortês. Percebi então há muito tempo que a única resposta possível ao seu repetido questionamento de 5 de março era dizer "entendido". Tive mais problemas do que precisava — apesar dos muitos desastres que têm me ocorrido* — já que desperdicei tolamente muito tempo e trabalho devido a um mal-entendido, que um exame mais cuidadoso da paginação das provas das páginas poderia ter desfeito.

Eu sabia que "uma ou duas palavras" bastariam (embora não pudesse acreditar que quaisquer palavras em meu nome teriam algum valor em particular sem que dissessem algo digno de ser dito — o que ocupa espaço). Mas eu acreditava que mais fosse esperado. Não consigo encontrar a carta referente e, de qualquer modo, percebo agora que um estágio inicial, antes das provas das páginas, fora contemplado. Só posso lamentar por não ter concluído algo em um estágio anterior. Pois um "prefácio" razoavelmente considerável é realmente necessário. A chamada "Introdução" não existe, sendo esta meramente um argumento:[2] não há qualquer referência aos problemas de um tradutor ou de um crítico. Adverti originalmente contra qualquer tentativa de atualizar o aparato crítico do livro antigo — ele pode ser obtido pelos estudantes em outro lugar. Mas eu não esperava

*Talvez mitigue sua justa ira se eu disser que, desde que escrevi em dezembro, a saúde de minha esposa piorou muito. Passei a maior parte do último período letivo no sótão de um hotel, com minha casa abandonada e danificada.[1] Eu mesmo estive doente e com muita dificuldade de lidar com o trabalho da universidade, que para mim triplicou.

uma redução para 10 linhas, enquanto o "argumento" (a parte menos útil) foi reescrito por extenso.

Sendo assim, trabalhei longa e arduamente para comprimir (e ainda assim avivar) tais observações sobre *tradução* de modo a serem tanto úteis a estudantes como de interesse àqueles que usam o livro sem referência ao texto original. Porém, o resultado ocupou 17 de minhas páginas mss. (de cerca de 300 palavras cada) — sem contar o apêndice métrico,[3] a parte mais original, que ocupou outras 17!

Eu estava nesse estágio no início de março, tentando decidir o que descartar, quando sua carta de 27 de março me foi entregue (ontem). Uma tolice muito grande, pois a paginação indica claramente minha parte como muito pequena.

Tudo o que posso fazer agora é enviar o que fiz. O senhor pode querer levar o material em consideração (enviando-o a Wrenn) para uma inclusão posterior; por exemplo, se uma outra edição for necessária. (Retocado, ele pode tornar-se um livreto apropriado para estudantes. A explicação métrica, sendo apresentada em um plano original e considerando as relações de estilo e metrificação, pode ser atrativa, já que os estudantes geralmente ficam muito desorientados nesse assunto.)

Para satisfazer a emergência imediata, sugiro (com pesar, relutância e penitência) que as passagens marcadas em *vermelho* (? 1.400 palavras) ou aquelas em *azul* (750-800?) possam servir, caso não sejam longas demais.

Sinceramente,
J.R.R. Tolkien.

38a Para Michael Tolkien

[Michael estava agora estacionado com seu Regimento perto de Thame e escreveu para se desculpar por Tolkien e Edith terem descoberto seu paradeiro por meio de outras pessoas antes que ele próprio tivesse escrito.]

12 de julho de 1940 — 20 Northmoor Road, Oxford

Meu amado menino,

Estou muito contente de você ter me escrito de coração: você (e os outros) não se abrem o suficiente comigo. É provável que vocês conseguissem um pingo de consolo, se o fizessem. Suponho que com meus gracejos eu seja um pouco desconvidativo e dê a impressão de ser crítico e achar ridículas as coisas; mas na verdade não é assim. Não se preocupe, meu caro: a aceitação disposta de suas atuais dificuldades é penitência mais que suficiente para quaisquer pequenas negligências.

Mas eu não estava bravo nem triste com você; e espero que o cartão que escrevi noite passada chegue hoje e lhe mostre isso. Vamos deixar claro: não acho e nunca achei que o seu amor por A. seja ridículo. Nada poderia ser menos ridículo do que os sentimentos desse tipo de um rapaz, mesmo que não amadureça para um amor final ou termine em casamento. Meu único conselho foi de não fazer quaisquer promessas permanentes ou dar sua palavra de honra no momento. Isso é apenas a sabedoria da idade, que sabe que a vida é incerta e que o homem muda. Exceto por eventos muitos raros de amor, um homem bom é capaz de amar mais de uma mulher: quero dizer que os acasos da vida (ou Deus) determinam em grande medida por quem ele se apaixonará, e com quem, no fim, se mostrará possível que ele se case. Embora você provavelmente sinta (e deva sentir) que nada fará você mudar, pode acabar não sendo assim, e A. é jovem e ela mesma pode mudar. Mas não acho que seja ridículo. Eu era mais novo que você quando conheci sua mãe, e tenho permanecido fiel desde então. Mas aquela não foi a primeira vez que me senti "apaixonado". Porém, de modo algum foi ridículo, e sempre funcionou como um auxílio para resistir às tentações da juventude. Deus o abençoe. Certamente nunca vou lhe proibir de escrever para A. e de vê-la. Quanto à sua querida mãe: você precisa entender que agora você enfrentará uma dificuldade fundamental da vida, que necessita de *cuidado* e *tato*. As mulheres com frequência são bem menos introspectivas que os homens, e capazes de compreender muito pouco os seus próprios motivos. Filhos são peculiarmente caros às mães, embora isso costume assumir a forma transformada de crítica e censuradora. Além disso, quando outra mulher entra em cena, elas sentem um certo ciúme (o ciúme da idade pela juventude e de uma mulher por outra competidora pelo amor do amante ou do filho) do qual poucas delas têm consciência, e somente as mais santas são capazes de controlar. Elas sentem isso quase em proporção ao amor pelo filho. Na verdade, Mamãe gosta muitíssimo de você, e pensa em você constantemente, e sente muito pela sua vida difícil atual. Não sei o que ela lhe disse, mas imagino que ela tenha escrito sob excessiva pressão dos sentimentos. No caso dela, há várias outras coisas a serem levadas em consideração. Antes de mais nada, não praticar a religião dela, o que no fundo de seu coração (agora um tanto oculto pelos anos tristes) cria um desacordo que a deixa não muito feliz e tão irritável. Além disso, já faz um longo tempo que ela tem passado pelo processo conhecido como a "mudança de vida" — às vezes é lenta e difícil, como no caso dela, às vezes mais rápida e mais fácil —, quando uma mulher deixa de ser fisicamente apta a engravidar, e toda a sua economia física precisa ser reajustada. Essa mudança as torna nervosamente instáveis, e pouco responsáveis pelos seus sentimentos repentinos.

E agora, justamente quando isso estava passando, ela foi atacada por uma nevrite. Todos os nervos dela estão formigando, e com frequência tem estado com dor e fisicamente irritável. Voltou a piorar nessa última semana. Tente perdoar e esquecer tudo o que passou. Reze por ela. Tente sentir verdadeira afeição por sua mãe (e minha amada), e tente demonstrá-la. Pessoalmente, querido menino, reconheço como a coisa mais natural do mundo que aquilo que você mais quer é dizer a A. onde estava. Não fiquei nem um pouco aflito; embora tenha ficado ansioso por você. Mas vendo como estamos localizados, com a família de A. por perto, teria sido um pouco de *tato* — não há "pecado" envolvido — se você tivesse se certificado que recebêssemos as primeiras notícias. Teríamos contado a A. por você. Mamãe está bastante conformada com sua afeição por A. (tanto quanto geralmente se pode esperar de mães, que praticamente nunca consideram mulher alguma boa o suficiente para seus filhos): nenhum de nós acha que essa afeição é ridícula. Não há necessidade de esconder (ou ter vergonha disso) de nenhum de nós. O seu senso de vergonha e ridículo realmente é natural: é natural no amor guardar as coisas para si mesmo. Deus o abençoe. Não há nada que você possa fazer, exceto ser franco, e manter um estoque de selos à mão!

Quanto à sua gratidão para comigo e o seu senso de desmerecimento: Deus o abençoe. Você me deve (do *seu* ponto de vista) muito. Possuo muitos talentos que, de um ponto de vista experimentado, poderiam ter sido mais bem usados do que na "correção de provas". Você pode me pagar, tanto quanto eu poderia pedir, devotando-se à sua fé, e mantendo-se puro e sóbrio, e confidenciando-se comigo. Todo bom pai merece a amizade *fraternal* de seus filhos quando eles crescem. Mas é claro que, do *meu* ponto de vista, não fiz nada além do meu dever, e não muito bem. Conversei pouco com você, e não facilitei como deveria para que você encontrasse a minha amizade. Quanto à sua criação: é meu simples dever tentar criá-lo na minha própria posição e classe; e ao trabalhar por meu filho e apoiá-lo, eu meramente pago o que devo a Deus e aos meus pais e benfeitores. A vida é assim. Não podemos pagar nossas dívidas àqueles que devemos: precisamos seguir adiante. Se você tiver filhos, terá de suar por eles. Enquanto isso, você está fazendo tudo o que se poderia pedir de um rapaz. Você poderia olhar qualquer pessoa nos olhos e dizer: "Sou um homem, e estou cumprindo meu dever". E se conseguir cumpri-lo alegremente, perdoando as tolices e ineficiências, também está fazendo penitência...

É difícil ver sua vida universitária ser interrompida de repente... Essa é uma guerra *desesperadoramente* séria. Na guerra passada, era frequente eu não ver minha amada (e futura esposa) por semanas e meses. Vi meu irmão somente duas vezes em 3 ou 4 anos. Não fui nem sequer capaz de encontrar a sua mãe durante dias quando John nasceu e ela estava às portas da morte — justamente por volta da época da Batalha de Cambrai. A guerra é um negócio horrendo, sombrio e difícil. Mas é uma professora tão boa quanto Oxford, ou melhor. Suponho que esteja certo sobre Oxford para você. Mas ela ainda me deixou um tolo, de certa forma. Tive bastante sucesso desde então na minha carreira ao lidar com todos os tipos, de estudantes a funcionários carrancudos; mas devo isso ao exército. Não que eu fosse um oficial bem-sucedido. Vocês três, meninos, parecem ter todos uma dose decente de coragem e nervos. Vocês devem isso à sua *mãe*. Tenho um coração bondoso e minha fé (adquirida pelo martírio de minha mãe); do contrário, eu não seria lá essas coisas como pater. Bem. Deus o abençoe, meu querido menino. Oferecerei minha comunhão amanhã a você. Faça as orações que puder, e espero que Deus logo lhe dê a oportunidade de tornar a fazer a comunhão. Enquanto isso, ofereça até mesmo essa privação a Ele. Eu te amo muito. Seja bom de coração.

Do seu Pai.

39 De uma carta para Michael Tolkien 29 de setembro de 1940

[No final do verão de 1940, duas mulheres evacuadas ficaram alojadas por um curto período na casa dos Tolkiens.]

Nossas evacuadas foram embora novamente esta manhã, de volta para a casa em Ashford (eram pessoas da estrada de ferro), após cenas de comédia e compaixão. Nunca encontrei almas (sogra e nora) mais simples, desamparadas, gentis e infelizes. Elas ficaram longe de seus maridos pela primeira vez em suas vidas conjugais, e descobriram que teriam preferido ir pelos ares.

40 De uma carta para Michael Tolkien 6 de outubro de 1940

[Em setembro de 1939, o segundo filho de Tolkien, então com quase dezenove anos, apresentou-se voluntariamente ao serviço militar, mas foi instruído a passar um ano na universidade e então se alistar. Ele entrou para o Trinity College, Oxford, e partiu mais uma vez no verão seguinte para treinar como artilheiro antiaéreo.]

Realmente sinto muito, meu querido menino, que sua vida universitária tenha sido dividida em duas. Teria sido melhor se você fosse o mais velho e pudesse ter terminado antes que o exército o pegasse. Mas ainda tenho esperança de que você será capaz de voltar. E certamente aprenderá muito primeiro! Embora em tempos de paz fiquemos, talvez (naturalmente e, pela necessidade, com toda razão), ocupados demais pensando em tudo como uma preparação, ou treinamento, ou uma adequação — para o quê? A qualquer minuto, é o que somos e o que estamos fazendo que conta, e não o que planejamos ser ou fazer. Contudo, não posso fingir que eu mesmo ache essa ideia reconfortante frente à perda de tempo e militarismo do exército. Não é o trabalho duro que incomoda muito. Fui jogado no meio de tudo isso bem quando eu tinha muita coisa para escrever e coisas a aprender; e jamais retomei tudo de novo.

40a Para Christopher Tolkien

20 de outubro de 1940 — 20 Northmoor Road, Oxford

Meu querido menino,

Tem sido bom ter notícias frequentes e saber que você está bem. Espero que não tenha tido ataques aéreos nos últimos dias! Apesar de estar muito tranquilo em casa agora (devo admitir), parece-me muito solitário sem você... Não há notícias específicas: naturalmente estive muito ocupado com assuntos do período letivo. Mas não ocorreu nada de divertido ou interessante durante a semana. Houve várias bombas na noite de sexta, uma grande e bastante perto (mas é tudo o que sabemos a respeito — ela acordou P. e Mamãe: eu não estava na cama, foi pouco antes das 11 da noite). Fora isso, as coisas continuam bastante pacíficas por aqui... Acho bastante incômodo, agora que os "blecautes"[1] acontecem tão cedo, ficar perpetuamente "confinado à caserna" depois do chá, já que não posso deixar P. e M. sozinhas. Nunca me encontro com ninguém, nem faço nada, e a vida parece um pouco enfadonha. Mas não quero que ela seja animada de qualquer maneira bélica! Tomei uma cerveja rápida com Lewis durante "negócios" ontem de manhã, e essa foi a soma total do entretenimento da semana passada! Aguardo ansiosamente para vê-lo, tanto quanto você anseia por voltar para casa. P. está bem e M. ainda m. melhor, no geral. Com muito amor.

Do seu pai.

41 De uma carta para Michael Tolkien — 2 de janeiro de 1941

Estive colocando em dia as correspondências atrasadas e por fim cheguei ao ponto de mais uma vez retomar minha história; mas, assim que eu realmente começar, o período letivo estará lançando sua sombra à frente, e terei de pensar em aulas e comitês.

42 Para Michael Tolkien

[Após tomar parte com sua bateria na defesa de aeródromos durante a Batalha da Grã-Bretanha, Michael feriu-se em um acidente com um veículo do exército durante um treino noturno e foi mandado para um hospital em Worcester. Esta é uma de várias cartas que seu pai lhe enviou enquanto estava internado.]

12 de janeiro de 1941 — 20 Northmoor Road, Oxford

Meu querido Mick,

Parece que faz muito tempo desde que escrevi, e tem sido uma época bastante lúgubre e atarefada, com um odioso vento leste soprando constantemente, dia após dia, e com o clima variando de um frio de enregelar os ossos a uma friagem úmida e cinzenta. . . . . Tive um divertimento recentemente: o Dr. Havard[1] levou os irmãos Lewis[2] e a mim a um pub em Appleton em uma escorregadia noite com neve na última terça-feira. J.B. me dera um potinho de rapé de presente de aniversário. Tirei-o então do meu bolso e li o antigo rótulo: "CONFORME FORNECIDO às SUAS MAJESTADES, os REIS de HANOVER & da BÉLGICA etc. o DUQUE de CUMBERLAND e a DUQUESA de KENT". "Alguém vai querer um pouco?", perguntei. Muitas mãos calejadas de camponeses foram estendidas, seguidas por várias explosões de arrancar chapéus! Seria melhor você não contar a J.B. o que eu fiz com (uma pequena porção) do precioso rapé Fribourg and Treyer. O Major Lewis — sem saber que Blackwell[3] vive em Appleton e que os moradores locais estavam escutando tudo — fez um divertido relato de sua visita à livraria Blackwell com Hugo Dyson.[4] Quando ele chegou no ponto em que o ajudante se voltou para Hugo e disse: *Desculpe, senhor, não temos um exemplar usado, mas temos um exemplar novo* (e H. respondeu *Bem, esfregue-o no chão e o deixe usado: para mim dá no mesmo*), houve um estrondoso aplauso. Com exceção desse pequeno interlúdio, a vida tem sido bastante enfadonha e muito cheia de comitês e assuntos legislativos, o que tem me mantido acordado até tarde por várias noites. . . . .

Os avisos de ataques aéreos têm sido frequentes aqui, mas (até agora) permanecem apenas Avisos... Imagino que as coisas irão "explodir" este ano mais cedo do que no ano passado — caso as condições climáticas permitam — e que teremos um período bem agitado em cada canto desta ilha! Também está claro que nossos caros velhos amigos, a URSS, estão tramando alguma diabrura.[5] É uma corrida bem acirrada contra o tempo. . . . . Não creio que simples "cidadãos" realmente tenham algum conhecimento do que está acontecendo. Mas o raciocínio lógico parece mostrar que Hitler deve atacar este país direta e m. pesadamente em breve, e antes do verão. Enquanto isso, o "Daily Worker"[6] é anunciado nas ruas sem ser importunado. Teremos alguns vívidos momentos após a Guerra, mesmo se a ganharmos no que diz respeito à Alemanha.

Deus o abençoe, meu querido filho. Rezo por você constantemente. Lembre-se de mim. Deseja algo em especial? Muito amor de seu

Pai.

42a Para Christopher Tolkien

26 de janeiro de 1941 — 20 Northmoor Road, Oxford

Meu querido Chris,

Fiquei muito contente em receber sua carta, que parecia muito animada... Eu lhe dei muito pouco dinheiro. A sua "renda", que é de 5/- por datilografar,[1] não pode ser considerada como um dinheiro para despesas normal; e na verdade não exijo que esse dinheiro habitual deva cobrir assinaturas compulsórias. Então vou lhe enviar outra libra. Veremos quanto tempo irá durar...

Estou atolado de trabalho — muito aumentado devido ao Sr. Lewis ter perdido o longo e laborioso relatório sobre um trabalho do Comitê que fiz semana passada —, então tenho que confiar que a Mamãe lhe deu as principais notícias... Deus o abençoe, querido menino. Espero que esteja sendo possível para você ir à Comunhão com maior frequência de novo agora. Rezo por você constantemente, e com muito amor.

Do seu pai.

P.S. Uma pena você ter esquecido o aniversário de Mamãe (terça-feira passada). *Pouquíssimos* homens, mas praticamente *todas* as mulheres, importam-se muito com datas e aniversários. Isso não significa que os homens estão completamente certos a esse respeito! Seja como for, como uma lição prática sobre o modo de viver e conduzir as obrigações sociais sem problemas, vale a pena lembrar-se dessa diferença entre os sexos. Um homem pode evitar muitos problemas para si mesmo, e evitar causar muita dor a outros, ao perceber isso — especialmente no caso de *esposas, mães, namoradas* e *irmãs*. Verb. sap.! Sem grandes prejuízos dessa vez. Mas eu não tive um pai para enfatizar isso, e só aprendi a lição, que agora passo adiante, através de experiências incômodas. Deus o abençoe. Pai.

42b Para Christopher Tolkien

1º de fevereiro de 1941 — 20 Northmoor Road, Oxford

Meu querido menino,

Gostamos muito da sua última carta... P. já saiu da quarentena em segurança. Ela tem datilografado o "Hobbit". Ela e M. foram à

Pantomima na sexta-feira e acharam boa. (Fiquei ocupado o dia inteiro até a noite). Ainda estou, então me desculpe mais do "escreverei de novo mais tarde". Com muito amor de fato do seu

Pater.

42c Para Christopher Tolkien

[O filho de Tolkien, Michael, havia retornado do hospital Worcester Royal Infirmary e estava convalecendo em casa, após seu acidente com um veículo do Exército durante um treinamento noturno.]

23 de fevereiro de 1941 — 20 Northmoor Road, Oxford

Meu querido Chris,

Tenho negligenciado muito você ultimamente! ... Suponho que você tenha se mantido a par das notícias de casa, ainda que poucas. A última vez que saí foi na quinta-feira da semana passada: isto é, há 10 dias. Foi um fracasso considerável, já que Warnie Lewis[1] (o galante major) depende de Havard (Honesto Humphrey, ou o nobre doutor) para levá-lo para casa; mas Havard não apareceu. Quando o major ficou sabendo por telefone que ele não iria e que teria de ir embora para pegar o último ônibus às 9:30, ou caminhar, ele mudou o título e falou de H. Humphrey como um "charlatão inútil". Charlatão Inútil certamente será adotado! ...

Mick e eu fomos à igreja de S. Gregório esta manhã. Que essencialmente está perdendo o vigor na ausência de Pe. C.[2] Ouvimos alguns gemidos roucos (prov. a tampa de uma fornalha[3] com um resfriado) de alguma alma perdida na galeria, que pareciam servir de resposta ao Asperges. Depois disso, silêncio (na galeria), enquanto um padre estranho, que soava como um irlando-americano, bradou pela Missa com uma voz de touro incapaz de articular qualquer palavra em latim de forma reconhecível. . . .

Muito amor, meu querido, do seu

Pater.

43 De uma carta para Michael Tolkien — 6–8 de março de 1941

[Sobre o tema do casamento e das relações entre os sexos. Michael revelou seu afeto por Joan Griffiths, uma enfermeira do Worcester Royal Infirmary, com quem ele viria a se casar.]

Os relacionamentos de um homem com as mulheres podem ser puramente físicos (na verdade eles não podem, é claro, mas quero dizer que ele pode recusar-se a levar outras coisas em consideração, para o grande dano de sua alma (e corpo) e das delas); ou "amigáveis"; ou ele pode ser um "amante" (empenhando e combinando todos os seus afetos e poderes de mente e corpo em uma emoção complexa poderosamente influenciada e energizada pelo "sexo"). Este é um mundo caído. A desarticulação do instinto sexual é um dos principais sintomas da Queda. O mundo tem "ido de mal a pior" com o passar das eras. As várias formas sociais mudam, e cada novo modo tem seus perigos especiais: mas o "duro espírito da concupiscência" vem caminhando por todas as ruas, e se instalou em todas as casas, desde que Adão caiu. Deixaremos de lado os resultados "imorais". Para esses você não deseja ser arrastado. À renúncia você não tem nenhuma vocação. "Amizade", então? Neste mundo caído, a "amizade" que deveria ser possível entre todos os seres humanos é praticamente impossível entre um homem e uma mulher. O diabo é incessantemente engenhoso, e o sexo é seu assunto favorito. Ele é bom em cativá-lo tanto por meio de generosos motivos românticos ou ternos quanto por meio daqueles mais vis ou mais animais. Essa "amizade" tem sido tentada com frequência: um dos dois lados quase sempre fracassa. Mais tarde na vida, quando o sexo esfria, tal amizade pode ser possível. Ela pode ocorrer entre santos. Para as pessoas comuns ela só pode ocorrer raramente: duas mentes que de fato possuam uma afinidade essencialmente espiritual e mental podem acidentalmente residir em um corpo masculino e em um feminino e ainda assim podem desejar e alcançar uma "amizade" totalmente independente de sexo. Porém, ninguém pode contar com isso. Um parceiro irá desapontar o outro, é quase certo, ao se "apaixonar". Mas um rapaz realmente não quer (via de regra) "amizade", mesmo que ele diga que queira. Existem muitos rapazes (via de regra). Ele quer *amor*: inocente, e talvez ainda irresponsável. *Ai! Ai! que sempre o amor foi pecado!*, como diz Chaucer. Então, se ele for cristão e estiver ciente de que há tal coisa como o pecado, ele desejará saber o que fazer a respeito.

Na nossa cultura ocidental, há a romântica tradição cavalheiresca ainda forte, apesar de que, como um produto da cristandade (porém de modo algum o mesmo que a ética cristã), os tempos são hostis a ela. Tal tradição idealiza o "amor" — e, no que lhe diz respeito, ele pode ser muito bom, uma vez que abrange muito mais do que prazer físico e desfruta, se não de pureza, pelo menos de fidelidade, e abnegação, "serviço", cortesia, honra e coragem. Sua fraqueza, sem dúvida, é que ele começou como um jogo artificial de cortejo, uma maneira de desfrutar o amor por si só sem referência (e, de fato, contrário) ao matrimônio. Seu centro não era Deus, mas Divindades imaginárias, o Amor e a Dama. Ele tende ainda a tornar a Dama uma espécie de divindade ou estrela guia — do antiquado "sua divindade" = a mulher que ele ama — o objeto ou a razão de uma conduta nobre. Isso é falso, é claro, e na melhor das hipóteses faz-de-conta. A mulher é outro ser humano caído com uma alma em perigo. Mas, combinado e harmonizado com a religião (como o era há muito tempo, quando produziu boa parte daquela bela devoção à Nossa Senhora, que foi o modo de Deus de refinar em muito nossas naturezas e emoções masculinas grosseiras e também de aquecer e colorir nossa dura e amarga religião), tal amor pode ser muito nobre. Ele produz então o que suponho que ainda seja sentido, entre aqueles que mantêm ainda que um vestígio de cristianismo, como o ideal mais alto de amor entre um homem e uma mulher. Porém, eu ainda acho que possui perigos. Ele não é completamente verdadeiro e não é perfeitamente "teocêntrico". Leva (ou, de qualquer forma, levou no passado) o rapaz a não ver as mulheres como elas realmente são, como companheiras em um naufrágio, não estrelas guias. (Um resultado observado é que na verdade ele faz com que o rapaz se torne cínico.) Leva-o a esquecer os desejos, necessidades e tentações *delas*. Impõe noções exageradas de "amor verdadeiro", como um fogo vindo de fora, uma exaltação permanente, não relacionado à idade, à gestação e à vida simples, e não relacionado à vontade e ao propósito. (Um resultado disso é fazer com que os jovens — homens e mulheres — procurem por um "amor" que os manterá sempre bem e aquecidos em um mundo frio, sem qualquer esforço da parte deles; e o romântico incurável continua procurando até mesmo na sordidez das cortes de divórcio).

As mulheres realmente não têm muita parte em tudo isso, embora possam usar a linguagem do amor romântico, visto que ela está tão entrelaçada em todas as nossas expressões idiomáticas. O impulso sexual torna as mulheres (naturalmente, quando não mimadas, mais altruístas) muito solidárias e compreensivas, ou especialmente desejosas de assim o serem (ou de assim parecerem), e muito predispostas a ingressarem em todos os interesses, na medida do possível, de gravatas à religião, do jovem pelo qual estejam atraídas. Nenhuma intenção necessariamente de ludibriar — puro instinto: o instinto serviente de esposa, generosamente aquecido pelo desejo e um sangue jovem. Sob esse impulso, elas de fato podem alcançar com frequência um discernimento e compreensão extraordinários, até mesmo de coisas que em outras circunstâncias estariam fora de seu âmbito natural: pois é o dom delas serem receptivas, estimuladas, fertilizadas (em muitos outros aspectos que não o físico) pelo homem. Todo professor sabe disso. O quão rápido uma mulher inteligente pode ser ensinada, captar as ideias dele, entender o que ele quer dizer — e como (com raras exceções) elas não conseguem ir além quando deixam a tutela dele, ou quando param de ter um interesse *pessoal nele*. Mas esse é o caminho natural delas para o amor. Antes que a jovem perceba onde está (e enquanto o jovem romântico, quando ele existe, ainda está suspirando), ela pode de fato "se apaixonar". O que para ela, uma jovem ainda pura, significa querer se tornar a mãe dos filhos do jovem, mesmo que esse desejo não esteja de modo algum claro ou explícito para ela. E então acontecerão coisas, e elas podem ser muito dolorosas e prejudiciais caso deem errado, especialmente se o jovem quisesse apenas uma estrela guia ou divindade temporária (até ir atrás de uma mais brilhante), e estivesse simplesmente desfrutando da lisonja da simpatia belamente temperada com um estímulo de sexo — tudo *bastante* inocente, é claro, e muito distante da "sedução".

Você pode encontrar na vida (como na literatura*) mulheres que são volúveis, ou mesmo puramente libertinas — não me refiro a um simples flerte, o treino para o combate real, mas às mulheres que são tolas demais até mesmo para levar o amor a sério, ou que são de fato tão depravadas ao ponto de desfrutar as "conquistas", ou mesmo que apreciem causar dor —, mas essas são anormalidades, embora falsos ensinamentos, uma má criação e costumes deturpados possam encorajá-las. Muito embora as condições modernas tenham modificado as circunstâncias femininas, e o detalhe do que é considerado decoro, elas não modificaram o instinto natural. Um homem tem um trabalho de toda uma vida, uma carreira (e amigos homens), todos os quais podem (e o fazem, quando ele possui alguma coragem) sobreviver ao naufrágio do "amor". Uma mulher jovem, mesmo uma "economicamente independente", como dizem agora (o que na verdade geralmente significa subserviência econômica a empregadores masculinos em vez de subserviência a um pai ou a uma família), começa a pensar no "enxoval" e a sonhar com um lar quase que imediatamente. Se ela realmente se apaixonar, o naufrágio pode de fato acabar nas rochas. De qualquer forma, as mulheres são em geral muito menos românticas e mais práticas. Não se iluda com o fato de que elas são mais "sentimentais" no uso das palavras — mais espontâneas com "querido" e coisas do gênero. Elas não querem uma estrela guia. Elas podem idealizar um jovem simples como um herói, mas elas não precisam realmente de tal deslumbramento tanto para se apaixonarem como para permanecerem assim. Se elas possuem alguma ilusão, é a de

* A literatura tem sido (até o romance moderno) um assunto principalmente masculino, e nela há muito sobre o "belo e falso". Isso, em geral, é uma calúnia. As mulheres são humanas e, portanto, capazes de perfídia. Mas dentro da família humana, comparadas com os homens, elas geral ou naturalmente não são as mais pérfidas. Muito pelo contrário. Exceto pelo fato de que as mulheres são capazes de sucumbir se lhes for pedido para "esperarem" por um homem por tempo demais e enquanto a juventude (tão preciosa e necessária para uma futura mãe) passa rapidamente. Na verdade, não deveria se pedir que esperassem.

que podem "remodelar" os homens. Elas aceitarão conscientemente um canalha e, mesmo quando a ilusão de reformá-lo mostrar-se vã, continuarão a amá-lo. Elas são, é claro, muito mais realistas sobre a relação sexual. A não ser que sejam corrompidas por péssimos costumes contemporâneos, elas via de regra não falam de modo "obsceno"; não porque sejam mais puras do que os homens (elas não são), mas porque não acham isso engraçado. Conheci aquelas que aparentavam achar isso engraçado, mas é fingimento. Tais coisas podem lhes ser intrigantes, interessantes, atraentes (em boa parte atraentes demais): mas é um interesse natural honesto, sério e óbvio; onde está a graça?

Elas precisam, é claro, ser ainda mais cuidadosas nas relações sexuais, apesar de todos os contraceptivos. Erros lhes causam danos física e socialmente (e matrimonialmente). Porém, elas são instintivamente monogâmicas, quando não corrompidas. Os *homens não são*. . . . . Não há por que fingir. Os homens simplesmente não o são, não por sua natureza animal. A monogamia (ainda que há muito venha sendo fundamental às nossas *ideias* herdadas) é para nós, homens, uma porção de ética "revelada", em concordância com a fé e não com a carne. Cada um de nós poderia gerar de forma saudável, por volta dos nossos 30 anos, algumas centenas de filhos e apreciar o processo. Brigham Young (acredito) era um homem feliz e saudável. Este é um mundo caído, e não há consonância entre nossos corpos, mentes e almas.

Entretanto, a essência de um mundo *caído* é que o *melhor* não pode ser alcançado através do divertimento livre, ou pelo que é chamado "autorrealização" (em geral um belo nome para autoindulgência, completamente hostil à realização de outros aspectos da personalidade), mas pela negação, pelo sofrimento. A fidelidade no casamento cristão acarreta isto: grande mortificação. Para um homem cristão *não há saída*. O casamento pode ajudar a santificar e direcionar os desejos sexuais dele ao seu objeto apropriado; a graça de tal casamento pode ajudá-lo na luta, mas a luta permanece. A graça não irá satisfazê-lo — tal como a fome pode ser mantida à distância com refeições regulares. Ela oferecerá tantas dificuldades à pureza própria desse estado quanto fornece facilidades. Homem algum, por mais que amasse verdadeiramente sua noiva quando jovem, viveu fiel a ela como uma esposa em mente e corpo sem um exercício consciente e deliberado da *vontade*, sem abnegação. Isso é dito a poucos — mesmo àqueles educados "na Igreja". Aqueles de fora parecem que raramente ouviram tal coisa. Quando o deslumbramento desaparece, ou simplesmente diminui, eles acham que cometeram um erro, e que a verdadeira alma gêmea ainda está para ser encontrada. A verdadeira alma gêmea com muita frequência mostra-se como sendo a próxima pessoa sexualmente atrativa que aparecer. Alguém com quem poderiam de fato ter casado de uma maneira muito proveitosa, se ao menos... Por isso o divórcio, para fornecer o "se ao menos". E, é claro, via de regra eles estão bastante certos: eles cometeram um erro. Apenas um homem *muito* sábio no *fim* de sua vida poderia fazer um julgamento seguro a respeito de com quem, entre todas as oportunidades possíveis, ele deveria ter se casado da maneira mais proveitosa! Quase todos os casamentos, mesmo os felizes, são erros: no sentido de que quase certamente (em um mundo mais perfeito, ou mesmo com um pouco mais de cuidado neste mundo muito imperfeito) ambos os parceiros poderiam ter encontrado companheiros mais adequados. Mas a "verdadeira alma gêmea" é aquela com a qual você realmente está casado. Na verdade, você escolhe muito pouco: a vida e as circunstâncias encarregam-se da maior parte (apesar de que, se há um Deus, esses devem ser Seus instrumentos ou Suas aparições). É notório que, na realidade, os casamentos felizes são mais comuns quando a "escolha" feita pelos jovens é ainda mais limitada, pela autoridade dos pais ou da família, contanto que haja uma ética social de pura responsabilidade não romântica e de fidelidade conjugal. Mas, mesmo em países onde a tradição romântica até agora afetou os arranjos sociais a ponto de fazer as pessoas acreditarem que a escolha de um parceiro diz respeito unicamente aos jovens, apenas a mais rara das sortes junta o homem e a mulher que, de certo modo, são realmente "destinados" um ao outro e capazes de um enorme e esplêndido amor. A ideia ainda nos fascina, agarra-nos pelo pescoço: um grande número de poemas e histórias foi escrito sobre o tema, provavelmente mais do que o total de tais amores na vida real (mesmo assim, a maior dessas histórias não fala do casamento feliz de tais grandes amantes, mas de sua trágica separação, como se mesmo nessa esfera o verdadeiramente grande e esplêndido neste mundo caído esteja mais propenso a ser alcançado pelo "fracasso" e pelo sofrimento). Em tal inevitável grande amor, frequentemente um amor à primeira vista, temos uma visão, suponho, do casamento como este deveria ser em um mundo não caído. Neste mundo caído, temos como nossos únicos guias a prudência, a sabedoria (rara na juventude, tardia com a idade), um coração puro e fidelidade de *vontade*.

Eu te amo muitíssimo, e não menos porque o fardo de nosso tempo, de todos os meus filhos, caiu mais pesadamente sobre você. Quanto ao seu medo de que você possa não sobreviver a esta guerra (um pensamento, como você observou, muito pertinente nesse contexto): não é infundado. (É possível que nenhum de nós sobreviva: nem mesmo Priscilla. Tenho com frequência um súbito medo horrível de que pereceremos todos.) Dos seis de nós, você, pela estimativa humana, encontra-se na posição mais perigosa. Mas não são necessariamente aqueles em postos perigosos que não voltam para casa. E, de qualquer modo, o medo súbito* *não* possui valor comprobatório. Ele nada lhe diz dos desígnios de Deus para você.

Coisas como "previdências" ocorrem de fato. São infortúnios, via de regra, não bênçãos; e não sei como se encaixam no esquema do Tempo e da Moral. Porém, exceto nos casos mais raros (e mesmo com um olho aberto para os engodos do Adversário), para todos os homens as decisões precisam ser tomadas com o uso da razão e simples prudência.... Em *tempo de guerra*, o fato de que você pode não sobreviver (quando a maioria dos rapazes com boa saúde se encontra na mesma posição) não é a primeira coisa a se levar em consideração. As mulheres têm a coragem delas, e o dever delas de coragem. (Maridos morrem jovens mesmos em tempos de paz.) Elas são de muitas formas mais corajosas do que os homens — ainda que apenas porque se importam tão pouco, fundamentalmente, com as coisas pelas quais você e eu poderíamos morrer (ou poderíamos nos imaginar morrendo): a Cruz de São Jorge (minha escolha); a Inglaterra; o Rei; liberdade; glória; honra (mesmo a democracia). Elas só têm de sorrir e aguentar os golpes de um mundo duro, tornado ainda mais louco para elas pelos caprichos tresloucados, como a cruz vermelho-sangue sobre o campo branco, através dos quais os amados lunáticos, Homens, vislumbram o Não Caído, o Eterno, o Desejo de todos os corações. Elas têm a coragem e o dever delas — embora possam levá-las à viuvez (com um filho).....

Minha própria história é tão excepcional, tão errada e imprudente em quase todos os aspectos que fica difícil aconselhar prudência. Ainda assim, casos difíceis dão maus exemplos; e casos excepcionais nem sempre são bons guias para outros. Caso sirva de alguma coisa, eis aqui um pouco de autobiografia — nesta ocasião direcionada principalmente às questões da *idade* e das *finanças*.

Apaixonei-me por sua mãe por volta dos 18 anos. De maneira muito genuína, como se mostrou — embora, é claro, falhas de caráter e

* E como me lembro dele! Jamais esperei sobreviver; e o intenso arrependimento emocional, a percepção vívida (quase pura) do jovem que se sente fadado a morrer antes de ter "dito o que tinha para dizer", ainda está comigo: uma nuvem, um raio de sol, uma estrela com frequência eram mais do que eu podia suportar. É claro, eu era um poeta (e poderia ter sido um poeta reconhecido, se não fosse por exames e por vocês, rapazes: J. M. e C. e os grilhões do matrimônio cristão!); mas cada homem possui os seus próprios modos. Do lado de fora da Catedral de Lichfield, eu disse a um amigo da minha juventude — morto há muito de gangrena gasosa (Deus conforte sua alma: ainda sofro por ele) —, "Por que aquela nuvem é tão bela?" Ele respondeu: "Porque você começou a escrever poesia, John Ronald." Ele estava errado. Foi porque a Morte estava próxima, e tudo era intoleravelmente belo, perdido antes que pudesse ser compreendido. Foi por isso que comecei a escrever poesia.

temperamento tenham feito com que eu com frequência caísse abaixo do ideal com o qual eu havia começado. Sua mãe era mais velha do que eu e não era católica. Completamente lamentável, do ponto de vista de um guardião.[1] E isso *foi* de certa forma muito lamentável; e de certo modo muito ruim para mim. Essas coisas são cativantes e nervosamente exaustivas. Eu era um garoto inteligente lutando contra as dificuldades de se conseguir uma bolsa de estudos (muito necessária) em Oxford. As tensões combinadas quase causaram um colapso nervoso. Fracassei nos meus exames e (como anos mais tarde meu diretor me contou) embora eu devesse ter conseguido uma boa bolsa, acabei conseguindo por um fio apenas uma bolsa parcial de £60 em Exeter: apenas o suficiente para começar (ajudado por meu querido e velho guardião), junto com uma bolsa de saída do colégio da mesma quantia. É claro, havia um lado de crédito, não visto tão facilmente pelo guardião. Eu era inteligente, mas não diligente ou concentrado em apenas uma única coisa; grande parte do meu fracasso se deveu simplesmente ao fato de não me esforçar (pelo menos não em literatura clássica) não porque eu estava apaixonado, mas porque estava estudando outra coisa: gótico e não sei mais o quê.[2] Por ter uma criação romântica, levei a sério a aventura de menino e menina e a tornei a fonte do empenho. Fisicamente covarde por natureza, passei de um coelhinho desprezado do segundo time da casa para capitão do time principal em duas temporadas. Todo esse tipo de coisa. Porém, surgiram problemas: tive de escolher entre desobedecer e magoar (ou enganar) um guardião que havia sido um pai para mim, mais do que a maioria dos pais verdadeiros, mas sem qualquer obrigação, e "desistir" do caso de amor até que eu fizesse 21. Não me arrependo da minha decisão, embora ela tenha sido muito difícil para minha amada. Mas não foi minha culpa. Ela estava perfeitamente livre e sob nenhum voto a mim, e eu não teria reclamação justa alguma (exceto de acordo com o código romântico irreal) se ela tivesse se casado com outra pessoa. Por quase *três* anos eu não vi ou escrevi à minha amada. Foi extremamente difícil, doloroso e amargo, especialmente no início. Os efeitos não foram completamente bons: voltei à leviandade e à negligência, e desperdicei boa parte do meu primeiro ano na Faculdade. Mas não acredito que qualquer outra coisa teria justificado um casamento com base em um romance de garoto; e provavelmente nada mais teria fortalecido suficientemente a vontade de conferir permanência a tal romance (por mais genuíno que fosse um caso de amor verdadeiro). Na noite do meu aniversário de 21 anos, escrevi novamente à sua mãe — 3 de janeiro de 1913. Em 8 de janeiro voltei para ela, e noivamos, informando o fato a uma atônita família. Esforcei-me e estudei mais (tarde demais para salvar as Hon. Mods.[3] do desastre) — e então a guerra começou no ano seguinte, enquanto eu ainda tinha um ano para cursar na faculdade. Naqueles dias os garotos se alistavam ou eram desprezados publicamente. Era um buraco desagradável para se estar, especialmente para um jovem com imaginação demais e pouca coragem física. Sem diploma; sem dinheiro; com uma noiva. Suportei o opróbrio e as insinuações cada vez mais diretas dos parentes, fiquei acordado até mais tarde e consegui uma Primeira Classe no Exame Final em 1915. Entrei às pressas para o exército: julho de 1915. Considerei a situação intolerável e me casei em 22 de março de 1916. O mês de maio me viu atravessando o Canal (eu ainda tenho os versos que escrevi na ocasião!)[4] para a carnificina do Somme.

Pense na sua mãe! No entanto, não creio agora por um momento sequer que ela estivesse fazendo algo além do que deveriam lhe pedir que fizesse — não que isso diminua o valor do que foi feito. Eu era um rapaz jovem, com um bacharelado regular e capaz de escrever poesia, algumas libras minguadas por ano (£20 - 40)[5] e sem perspectivas, um Segundo Ten. que recebia 7/6 por dia na infantaria, onde as chances de sobrevivência estavam severamente contra você (como um subalterno). Ela se casou comigo em 1916 e John nasceu em 1917 (concebido e gestado durante o ano da fome de 1917 e da grande campanha de U-boat), por volta da batalha de Cambrai, quando o fim da guerra parecia tão distante quanto agora. Vendi, e gastei para pagar a clínica de repouso, a última de minhas poucas ações sul-africanas, "meu patrimônio". Tudo isso você pode levar em consideração, na medida em que seja aplicável ao seu caso. O lado financeiro é de importância prática. Eu tinha o meu soldo — 7/6 per diem (no fim de 1917–18, 10/6): não valia muito mais na época do que agora. Sua mãe tinha a sua própria rendinha, que na época valia por volta de £100 p.a. Não tínhamos mais nada, *e tínhamos de ficar com Auntie I-ee*[6] (geralmente em quartos separados). Eu tinha parentes, mas nunca pedi ajuda para eles ou para Pe. Francis depois que atingi a maioridade, até que Pe. F. ajudou por cerca de um ano com as mensalidades da Escola do Oratório para John. Tínhamos cuidado e, algumas vezes, dificuldades. Contas de refeitório importavam. Não sei bem qual seria a sua posição se você conseguisse uma patente...

Só consegui um emprego permanente real por volta da época em que você nasceu, em 1920. E fui afortunado (ou abençoado por Deus pelos sofrimentos da infância, quem sabe?) além de qualquer esperança razoável. Nem todo o mérito do mundo que não fosse acompanhado por acasos extraordinários e sorte teria me colocado aqui como o professor mais jovem de Oxford em 1925...

Adentrei duas noites para escrever (embora tocando apenas de leve em vários pontos) o melhor que pude para o seu benefício a respeito de questões sobre as quais algumas experiências boas e ruins me conferiram um pouco de entendimento. Mas não sou, *per me*, um homem bom ou sábio. Minha desculpa para falar de tudo isso com você é que um pai é a fonte designada divinamente de sabedoria e conselhos de um rapaz. Se um rapaz não conseguir absorver um pouco de sabedoria de seu pai, então ele é um tolo, ou o pai é (o que não é incomum), ou ambos o são. . . . .

Da escuridão da minha vida, tão frustrada, coloco diante de você a única grande coisa para se amar sobre a terra: o Sagrado Sacramento. . . . . Nele você encontrará romance, glória, honra, fidelidade e o verdadeiro caminho de todos os seus amores sobre a terra; e, mais do que isso, a Morte: pelo paradoxo divino, o que encerra a vida e exige a renúncia de tudo, e, ainda assim, a única coisa por cujo gosto (ou antegosto) é possível manter o que você procura em seus relacionamentos terrenos (amor, fidelidade, alegria), ou aceitar aquele aspecto de realidade, de resistência eterna, que o coração de todo homem deseja.

43a De uma carta para Michael Tolkien — 12 de março de 1941

Um bom conselho (que mesmo assim não é mais fácil de aceitar só por ser bom): seja franco e continue sendo com sua amada, noiva, esposa. Mesmo sem levar o amor em consideração, há muitas coisas que um homem sente serem legítimas, ainda que causem transtornos. Que ele não minta sobre essas coisas para sua esposa ou amada! Abandone essas coisas — ou, se valerem a pena, lute: apenas insista. Um pouco de transtorno no início poupa muitos[1] incômodos mais tarde. Questões como essas geralmente não surgem até que haja pelo menos um "compromisso formal". E cada lado tem certas reivindicações a fazer. Então elas podem surgir frequentemente: o copo de cerveja, o cachimbo, as cartas que não são escritas, o outro amigo etc. etc. Se as reivindicações do outro lado realmente não são razoáveis (como o são por vezes entre os amantes afetuosos e as pessoas casadas mais amorosas), é muito melhor respondê-las com franca recusa e "transtorno" do que com subterfúgio.

44 De uma carta para Michael Tolkien — 18 de março de 1941

[Os antepassados maternos de Tolkien, os Suffields, vieram das West Midlands, e estavam particularmente associados com Worcestershire.]

De toda a minha família, foi aos Incledons que sua mãe foi apresentada primeiro. E também foi em Worcestershire! Pois embora um Tolkien de nome, sou um Suffield pelos gostos, pelos talentos e pela educação, e qualquer canto daquele condado [Worcestershire] (por mais belo ou esquálido que seja) é para mim, de um modo indefinível, um "lar" como nenhuma outra parte do mundo. Sua avó, a quem você deve muito — pois ela era uma senhora talentosa de grande beleza e inteligência, muito atingida por Deus com pesar e sofrimento, que morreu jovem (aos 34) de uma doença acelerada pela perseguição de sua fé[1] —, morreu no chalé do carteiro em Rednal,[2] e está enterrada em Bromsgrove.

45 Para Michael Tolkien

[Michael era agora um Oficial Cadete no Royal Military College, Sandhurst.]

9 de junho de 1941 — 20 Northmoor Road, Oxford

Meu querido Michael,

Fiquei muito feliz de ter notícias suas. Eu teria escrito mais cedo hoje, mas Mamãe levou sua carta para Birmingham antes que eu tivesse tempo de fazer algo mais do que dar uma olhada nela. Temo que eu tenha me mostrado um péssimo escritor de cartas: mas realmente fico enjoado da caneta. As aulas terminaram na quinta-feira e espero arranjar um tempinho (a) para descansar e (b) para arrumar um pouco o jardim antes que as "Schools"[1] comecem na quinta-feira (Corpus Christi). Mas a chuva sem fim tem impedido meu trabalho ao ar livre, e vários outros assuntos impedem qualquer descanso. Condoo-me com os oficiais do Gov.! Tenho passado a maior parte do meu tempo delineando regras e regulamentos,[2] apenas para encontrar toda espécie de brechas assim que são impressos, e apenas para ser atormentado e criticado por aqueles que não realizaram o trabalho e não tentarão compreender as metas e as finalidades! . . . .

Uma Guerra é suficiente para qualquer homem. Espero que você seja poupado de uma segunda. A amargura da juventude ou a da meia-idade é suficiente por uma vida: ambas são demais. Sofri certa vez do que você está passando, ainda que de um modo um tanto diferente, pois eu era muito ineficiente e não militar (e somos parecidos apenas por compartilharmos uma profunda simpatia e compaixão pelo "tommy", especialmente pelo soldado simples dos condados agrícolas). Na época eu não acreditava que os "idosos" sofressem muito. Agora eu sei. Digo-lhe que me sinto como um canário manco em uma gaiola. Continuar com o antigo trabalho pré-guerra — é simplesmente um veneno. Se ao menos eu pudesse fazer algo ativo! Mas aí está: estou "permanentemente de reserva" e, como tal, ocupado demais até mesmo para ser um membro da Guarda Nacional. E não posso nem sequer sair à noite para me divertir com um amigo.

Ainda assim, você é minha carne e sangue e leva adiante o nome. É algo de especial ser o pai de um bom jovem soldado. Não vê por que eu me preocupo tanto com você e por que tudo o que você faz me diz respeito tão intimamente? Mas vamos reforçar nossa esperança e fé. A ligação entre pai e filho não é apenas a da carne mortal: deve haver algo de *aeternitas* nela. Há um lugar chamado "céu" onde o bem inacabado aqui é terminado, e onde as histórias não escritas e as esperanças não concretizadas são continuadas. Ainda poderemos rir juntos...

Você viu o relato de Maxwell (o "fiscal do tabaco")[3] sobre o que os atacadistas estão fazendo? Eles deveriam estar no xadrez. Mas, nos extremos da balança social, o Gov. ainda usa luvas de pelica. São as pobres e velhas Classes Médias (como sempre) que são obrigadas a aguentar as privações! . . . . No fundo, o comercialismo é um porco. Porém, suponho que o principal vício inglês seja a *preguiça*. E é à preguiça, tanto quanto ou mais que a virtude natural, que devemos nossa fuga das violências públicas de outros países. No cruel mundo moderno, a preguiça, de fato, quase começa a parecer como uma virtude. No entanto, é bastante assustador ver tanto dela por aí quando estamos nos atracando com o Furor Teutonicus.

As pessoas nesta terra parecem ainda não ter percebido que temos nos alemães inimigos cujas virtudes (e elas são virtudes) de obediência e patriotismo são coletivamente maiores do que as nossas. Cujos homens corajosos são quase tão corajosos quanto os nossos. Cuja indústria é cerca de 10 vezes maior. E que são — sob a praga de Deus — agora liderados por um homem inspirado por um demônio louco e turbilhonante: um tufão, uma paixão que faz o pobre e velho Kaiser parecer uma velha tricotando.

Passei a maior parte da minha vida, desde que eu tinha sua idade, estudando assuntos germânicos (no sentido geral que inclui a Inglaterra e a Escandinávia). Há muito mais força (e verdade) do que as pessoas ignorantes podem imaginar no ideal "germânico". Fiquei muito atraído por ele quando era um estudante universitário (quando Hitler estava, creio eu, dedicando-se diletantemente à pintura e não tinha ouvido falar de tal coisa), em reação contra os "clássicos". Você tem de compreender o bem nas coisas para detectar o verdadeiro mal. Mas ninguém nunca me chama para uma "transmissão" de rádio ou para fazer um pós-escrito! Mesmo assim, suponho que sei melhor do que a maioria das pessoas qual é a verdade sobre esse absurdo "nórdico". De qualquer modo, tenho nesta Guerra um ardente ressentimento particular — que provavelmente faria de mim um soldado melhor aos 49 do que eu fui aos 22 — contra aquele maldito tampinha ignorante chamado Adolf Hitler (pois a coisa estranha sobre inspiração e ímpeto demoníacos é que eles de modo algum aumentam a estatura puramente intelectual: afetam mormente a simples vontade), que está arruinando, pervertendo, fazendo mau uso e tornando para sempre amaldiçoado aquele nobre espírito setentrional, uma contribuição suprema para a Europa, que eu sempre amei e tentei apresentar sob sua verdadeira luz. A propósito, em nenhum outro lugar ele foi mais nobre do que na Inglaterra, nem inicialmente mais santificado e cristianizado.....

Reze por mim. Preciso urgentemente disso. Eu te amo.

Do seu Pai.

46 De um rascunho para R.W. Chapman 26 de novembro de 1941

[George S. Gordon, que morreu no início de 1942, foi o chefe de departamento de Tolkien na Universidade de Leeds no início da década de 1920, antes de se tornar Professor de Literatura Inglesa em Oxford e depois Presidente do Magdalen College. Este rascunho parece ter sido escrito em resposta a um pedido de Chapman, o Secretário dos Representantes da Oxford University Press, sobre reminiscências de Gordon, talvez para serem incluídas em um obituário; já se sabia que Gordon era um doente terminal na época em que a carta foi escrita.]

Não me lembro de datas. Talvez o senhor tenha conhecimento delas. Escrevi algumas impressões, das quais sua habilidade pode selecionar algumas notas ou expressões que possam parecer apropriadas. Associo Leeds com Gordon, apesar de que, para dizer a verdade, dos meus seis anos lá (1920–1925 e um ano como um pluralista),[1] a maior parte foi passada na companhia de Abercrombie.

Lembro que (antes da última guerra) a partida de Gordon de Oxford[2] foi vista com certa consternação entre os estudantes de graduação da Escola de Inglês em Oxford; mas, como um jovem filólogo arrogante, não considerei o evento importante. Encontrei Gordon pela primeira vez na entrevista em Leeds (junho de 1920) para o cargo de "Professor Associado" em Língua Inglesa, estabelecido após a morte de Moorman[3] por afogamento. Suponho que o título (novo em Leeds) e o alto salário (para os padrões)[4] foram obras de Gordon e de sua política previdente. Acredito que eu era apenas um substituto para Sisam[5] (cuja gentileza não foi menor ao me apontar a oportunidade). Porém, a gentileza e o encorajamento de Gordon começaram no nosso primeiro encontro. Ele me salvou da árida sala de espera e me levou à sua casa. Lembro que falamos de Raleigh[6] no bonde. Como eu (ainda) era um jovem filólogo arrogante, de fato não achava Raleigh grande coisa — ele não era, é claro, um bom professor; mas algum espírito bondoso levou-me a dizer que ele era "olímpico". Funcionou bem, embora eu, na verdade, quisesse dizer apenas que ele repousava graciosamente em um pináculo elevado acima das minhas críticas.

Fui extraordinariamente afortunado. E se assim falo de mim mesmo, em vez de direta e impessoalmente de Gordon, é porque meu principal sentimento e meus primeiros pensamentos sobre ele são sempre de gratidão pessoal, de um amigo em vez de uma figura acadêmica. Não é sempre nas "universidades" que um Professor se importa com as dificuldades domésticas de um novato nos seus vinte anos; mas G. o fez. Ele mesmo arranjou-me acomodações e deixou-me dividir sua sala particular na Universidade. Não creio que minha experiência fosse peculiar. *Ele era um verdadeiro mestre de homens.* Qualquer um que trabalhou para ele podia ver (ou ao menos suspeitar) que ele negligenciava algumas facetas de seu próprio trabalho: achando um cansaço excessivo especialmente o tipo de "pesquisa" mal-acabada e escrita enfadonha de teses pelos sérios, mas semieducados caçadores de Mestrados, coisa que havia em demasia; e desse cansaço ele às vezes fugia. No entanto, ele não criou um "departamentinho" miserável, mas uma equipe. Uma equipe motivada não apenas com um espírito de equipe departamental, determinada a colocar o "Inglês" no topo dos departamentos de Artes, mas também inspirada por um zelo missionário.....

Uma contribuição pessoal dele foi sua doutrina de despreocupação: perigosa, talvez, em Oxford, necessária em Yorkshire. Nenhum homem ou mulher de Yorkshire já correu o risco de pensar em sua distinção nas provas finais com indiferença (mesmo que ela não tivesse um efeito vitalício em seu salário como professor): o poeta poderia "sentar na terceira fileira e rir", mas o estudante de Yorkshire não o faria. Contudo, ele podia ser, e era, encorajado a jogar um pouco, a olhar para fora do "currículo", a considerar seus estudos como algo maior e mais divertido do que uma matéria para uma prova. Gordon fazia essa nota soar e insistia nela, e inclusive a expressava de forma impressa na pequena brochura que criara para seus alunos. Havia muito pouca falsa solenidade, salvo em raras ocasiões, e ainda assim somente entre os alunos.

Quanto ao meu lado: as fundações já estavam seguramente estabelecidas para mim e as linhas de desenvolvimento assinaladas. Porém, sujeito sempre ao seu discreto controle, eu tinha "liberdade de ação". Todo encorajamento era dado para o desenvolvimento do lado medieval e do linguístico; e uma rivalidade amistosa surgiu entre duas divisões quase iguais. Cada uma tinha seus próprios "seminários", e às vezes havia reuniões em conjunto. Certamente a "Escola" mais feliz e mais equilibrada que já vi. Acho que ela pode ser chamada de "Escola". Gordon encontrou o "Inglês" em Leeds como uma matéria departamental (imagino que não se poderia ser diplomado apenas nela) e o deixou como uma escola de estudos (a desabrochar). Quando ele chegou, dividiu uma caixa de tijolos esmaltados, mobiliada principalmente com canos de água quente, com o Professor de Francês, e esse era o gabinete pessoal deles. Simples assistentes possivelmente tinham um cabide de chapéus em algum lugar. Quando ele partiu, tínhamos a "Casa de Inglês", onde cada membro possuía uma sala separada (sem falar em um banheiro!) e havia uma sala comunal para os estudantes; e com esse centro, o crescente corpo estudantil tornou-se uma unidade coesa, e colhia alguns dos benefícios (ou reflexos distantes deles) que associamos a uma universidade e não a uma faculdade municipal. Não teria sido difícil ampliar essa fundação. Mas acredito que, depois que ele partiu, a coisa simplesmente "continuou", e não passou para mãos da mesma qualidade. De qualquer modo, os números caíram e as finanças mudaram. Assim como os Reitores. Sir Michael Sadler, imagino, foi um superior prestimoso; e ele partiu por volta da mesma época.

47 Para Stanley Unwin

[Unwin escreveu em 4 de dezembro para dizer que a livraria Foyle's em Londres iria lançar *O Hobbit* sob o selo de seu Children's Book Club (Clube do Livro Infantil), e que isso havia possibilitado à Allen & Unwin imprimir novamente o livro. Isso era ainda mais desejável pelo fato de o estoque anterior ter sido queimado durante um ataque aéreo a Londres.]

7 de dezembro de 1942 — 20 Northmoor Road, Oxford

Caro Sr. Unwin,

Obrigado pela sua carta, que contém dois itens de esperança. Já há algum tempo eu pretendia escrever para perguntar se na atual situação era de alguma serventia, além de divertimento particular e familiar, empenhar-me para terminar a continuação de *O Hobbit*. Tenho trabalhado nela de tempos em tempos desde 1938, em todos os intervalos, na verdade, que o trabalho oficial triplicado, o trabalho doméstico quadruplicado e a "Defesa Civil"[1] têm deixado. A história aproxima-se agora do término. Espero conseguir um pouco de tempo livre nessas férias e posso ter esperanças de terminá-la no início do ano que vem. Mesmo assim, meu coração deixa-me receoso. Devo avisá-lo que ela é muito longa, em alguns lugares mais alarmante do que "O Hobbit" e, de fato, nem um pouco "juvenil". Ela alcançou o Capítulo XXXI[2] e serão necessários pelo menos mais seis para terminá-la (esses já estão esboçados); e, via de regra, os capítulos são mais longos do que os capítulos de *O Hobbit*. É possível se considerar tal "épico" nas atuais circunstâncias? O senhor gostaria de esperar até que esteja realmente terminado, ou gostaria de ver uma parte considerável dele agora? Está datilografado (por meio de várias mãos amadoras) mais ou menos até o Cap. xxiii. Não creio que o senhor ficará desapontado com a qualidade dele. Recebeu a aprovação do público original do Hobbit (meus filhos e o Sr. C.S. Lewis), que o leu ou o ouviu muitas vezes. Mas é uma questão de papel, volume e mercado! Seriam necessários dois mapas.

A queima de *O Hobbit* foi um golpe. Culpo-me por não escrever (como eu pretendia) e expressar minha solidariedade ao senhor pelo lamentável prejuízo que vocês devem ter sofrido, do qual compartilho apenas uma parte muito pequena. Será possível que haja alguma "compensação"? . . . .

O senhor também cogitaria um volume contendo três ou quatro estórias de "Fadas" mais curtas e alguns poemas? "Mestre Giles", que certa vez enviei ao senhor, agradou um grande número de crianças e adultos. Caso ele seja muito curto, eu poderia adicionar um ou dois contos similares, e incluir alguns poemas sobre tópicos similares, incluindo "Tom Bombadil" . . . .

Sinceramente,
J.R.R. Tolkien.

48 Para C.S. Lewis

[Lewis guardava pouquíssimas cartas, e restaram apenas duas que Tolkien realmente lhe enviou. (Para a segunda, ver a carta nº 113.) "O C.I." é uma abreviatura de "Charlatão Inútil", o apelido dado por seus companheiros Inklings a R.E. Havard, médico de Tolkien e Lewis. "Ridley" era M.R. Ridley do Balliol College que, com Tolkien e Lewis, estava envolvido no ensino de cadetes das forças armadas na universidade, nos "minicursos" do período de guerra. Enquanto isso, Lewis também estava viajando pela Inglaterra dando palestras sobre a religião cristã em estações da RAF.]

20 de abril de 1943 [20 Northmoor Road, Oxford]

Meu caro Jack,[1]

Sinto m. por saber que você está de cama — e sem qualquer C.I. para sugerir que essa pode ser sua última doença! Você deve estar m. inconsolável. Começo a achar que nos encontrarmos nas quartas é um dever: parece haver tantos obstáculos e artifícios diabólicos para impedir isso.

Espero ter boas notícias suas em breve. Mas não se preocupe. Ridley ficou tão espantado com a ignorância de todos os 22 cadetes, revelada em sua primeira aula, que agarrou a oportunidade de outra hora, esp. porque, do contrário, não haveria aula de "Uso de I[nglês]" na semana que vem. Você pode (se quiser) empurrar "Arthur"[1] para alguma outra data, quando estiver completamente recuperado. As aulas particulares não têm importância.

Receio que você esteja se esforçando demais. Pois mesmo que esteja com uma simples "gripe", você prov. está se cansando a ponto de se tornar uma vítima fácil. Como um simples "diretor", espero poder realmente persuadi-lo a descansar durante a viagem (se poss.) e a ponderar essa questão dos cadetes. Estou um pouco assustado com ela. Minha metralhadora solitária parece ter errado o alvo desde que começou a atirar, e é preciso pelo menos mais uma — da qual depender — além da do valioso Ridley.

Almocei no Esquadrão Aéreo hoje e respirei um pouco daquela atmosfera que agora, suponho, seja-lhe muito familiar.

Carinhosamente,

T[3]

PS. A primeira questão de Ridley no teste era um grupo de palavras a serem definidas — apósito, venerável, venal, córico, secular e algumas outras. *Nenhum* cadete acertou *qualquer uma* das palavras.

49 Para C.S. Lewis (rascunho)

[Um comentário sobre a sugestão de Lewis, em *Christian Behaviour* (Conduta cristã) (1943), de que "deve haver dois tipos diferentes de casamento": o casamento cristão, vinculativo e para a vida toda, e contratos matrimoniais celebrados apenas pelo Estado, que não faz tais exigências. O rascunho, aparentemente escrito em 1943, foi encontrado dentro do exemplar de Tolkien do livreto de Lewis.]

Meu caro L.,

Estive lendo seu livreto "Conduta Cristã".[1] Nunca me senti feliz com sua visão sobre a "política" cristã em relação ao *divórcio*. Não pude dizer antes o porquê — pois superficialmente sua política parece ser razoável; e, de qualquer maneira, este é o sistema sob o qual já vivem os católicos romanos. No momento não discutirei se sua política é de fato correta (para hoje), ou mesmo uma situação inevitável.

Mas gostaria de salientar que sua opinião no seu livreto é baseada em um argumento que mostra uma confusão de pensamento que pode ser averiguada a partir do próprio livreto.

p. 34. "Ficaria muito bravo se os mulçumanos tentassem impedir o restante do mundo de tomar vinho." Com razão. Vamos considerar esse ponto, primeiramente. Por quê? Bem, se tentarmos passar imediatamente para um plano racional, e deixar para trás a simples irritação com qualquer um que interfira com nossos hábitos (bons ou ruins), a resposta é: porque os muçulmanos seriam culpados de injustiça. Eles estariam nos prejudicando ao nos privar de nosso quinhão em um *direito humano universal*, o uso moderado de vinho, contra nossa vontade. Você deixou isso bastante claro nas suas observações sobre *Temperança*, p. 13

Mas olhe agora nas pp. 26, 30 e 31. Nelas você observará que está realmente comprometido (com a Igreja cristã como um todo) com a visão de que o *casamento cristão* — monogâmico, permanente,[2] rigidamente "fiel" — é, de fato, a verdade sobre o comportamento sexual para *toda a humanidade*: esse é o único caminho para a saúde total[3] (incluindo[4] o sexo em seu lugar apropriado) para todos[5] os homens e mulheres. Que essa visão esteja em dissonância com a atual psicologia sexual dos homens não a invalida, como vê: "Tenho de supor que foi o instinto que se corrompeu", você diz. De fato, se não fosse assim, seria uma injustiça intolerável impor uma monogamia permanente[6] mesmo aos cristãos. Se o casamento cristão, em última análise, fosse "não natural" (do mesmo tipo, digamos, da proibição da ingestão de carne em certas regras monásticas), ele só poderia ser imposto a uma "ordem de castidade" especial da Igreja, e não à Igreja universal. Nenhum item de moral cristã compulsória é válido apenas para os cristãos. (Veja no início de II Moralidade Social.)[7] Não estou certo, então, ao dizer que a sua menção aos mulçumanos na p. 34 é um lamentável diversionismo? Não creio que você possa sustentar sua "política" com esse argumento, pois com ele você abre mão do próprio fundamento do casamento cristão. O fundamento é que esse é o modo correto de "uso da máquina humana". Seu argumento o reduz meramente a um modo de (talvez?) conseguir uma milhagem extra com algumas máquinas selecionadas.*

* O casamento cristão não é uma proibição de relação sexual, mas a maneira correta de temperança sexual — de fato, provavelmente a melhor maneira de se obter o mais satisfatório *prazer sexual*, assim como a temperança alcoólica é a melhor maneira de se aproveitar a cerveja e o vinho.

O horror dos cristãos, dos quais você discorda (a grande maioria dos cristãos praticantes), em relação ao divórcio legal é, em última análise, precisamente isso: horror de ver boas máquinas arruinadas pelo mau uso. Posso esperar que, caso tenha a chance de fazer alterações, você torne clara essa questão. A tolerância ao divórcio — caso um cristão o tolere — é a tolerância a um abuso humano, que necessita de circunstâncias locais e temporárias especiais para ser justificado (tal como se dá com a tolerância à usura) — caso tanto o divórcio como a usura genuína realmente devessem ser tolerados, como meramente uma questão de política conveniente.

Dadas as limitações de espaço você, é claro, não teve oportunidade de elaborar[8] sua "política" — a tolerância ao abuso. Mas devo supor que você a considerou como uma política prática no mundo atual. Você não fala de seu sistema de dois casamentos como uma política simplesmente conveniente, mas como se ele de algum modo estivesse relacionado com a virtude cristã da caridade. Ainda assim, acredito que você só pode defendê-lo como uma conveniência; como um cirurgião que, sabendo que uma operação é necessária para a saúde de um paciente, não opera porque não pode (o paciente e os tolos conselheiros do paciente não permitem que ele o faça); ou que nem sequer recomenda a operação, pois a Liga Anticirúrgica é tão poderosa e clamorosa que ele teme ser massacrado. Um cristão com a sua visão, como vimos, está comprometido com a crença de que todas as pessoas que praticam o "divórcio" — certamente o divórcio como agora está legalizado — estão fazendo mau uso da máquina humana (qualquer que seja a defesa filosófica que proponham), tão certamente quanto os homens que se embebedam (sem dúvida também com uma defesa filosófica). Elas estão ferindo a si mesmas, outras pessoas e a sociedade com seu comportamento. E um comportamento errado (se for realmente errado em princípios universais) é progressivo, sempre: ele nunca deixa de ser "não muito bom", a "segunda melhor opção" — ou ele se reforma, ou cai ainda mais de qualidade, tornando-se péssimo, abominável. Em área alguma isso é mais verdadeiro do que no sexo — como você mesmo demonstra vividamente, na comparação entre um prato de bacon e um strip-tease.[9] Você também demonstra que suspeita que o esgotamento da reticência sexual na nossa época não tornou as coisas melhores, mas piores. Seja como for, qualquer um pode ver que a enorme extensão e facilitação do "divórcio" em nossa época, desde (digamos) a época da sociedade trollopeana, causou um grande prejuízo social. É um caminho perigoso — que leva diretamente a Reno[10] e além: na verdade, já leva a uma promiscuidade que mal é contida por legalidades, pois um casal pode agora se divorciar um do outro, ter um interlúdio com novos parceiros e então "recasar". Uma situação está sendo, tem sido, criada na qual simples pessoas irreligiosas e não filosóficas não apenas *não* são impedidas de inconsistência pela lei, mas que, na verdade, são pela lei e pelos costumes sociais encorajadas à inconsistência. Não preciso acrescentar que uma situação está dessa forma sendo criada na qual é intoleravelmente difícil educar a juventude cristã na moral sexual cristã (que, ex hypothesi, é a moral correta para todos e que será perdida, mas a qual depende da juventude cristã para sua manutenção).

Por que motivo, então, você se separa daqueles cristãos que resistem, passo a passo, às tentativas de estender e tornar o divórcio mais fácil? (Apenas em um ponto eu concordaria. Eu *não* vejo a extensão das cláusulas da lei a todas as classes (independente de posição e dinheiro) como uma extensão do divórcio — isso sem dúvida é justiça, caso seja possível se ter justiça verdadeira no mal. Acredito que, em uma batalha tão desesperada (sobre uma questão tão fundamental e vital), mesmo a resistência ao "barateamento" do divórcio possa ser defendida — por que não salvar os pobres pela sua pobreza? Mas admito que, como uma política conveniente, ela pode ser deturpada pelo inimigo.)

Eu gostaria de saber em que evidências você baseia o seu sistema de "dois casamentos"! Do ponto de vista biológico-sociológico, concluo (a partir de Huxley e outros) que a monogamia provavelmente é muito benéfica para uma comunidade. Nesse plano, a permanência e a fidelidade rígida não pareceriam ser à primeira vista essenciais. Tudo o que o "diretor social" exigiria seria um alto grau de continência sexual. Mas isso já foi e pode de fato vir a ser alcançado sem "sanções" ou práticas religiosas-legais que invistam de "reverência" o contrato matrimonial? Parece que não. A batalha pode ser uma batalha perdida, mas não consigo deixar de suspeitar que aqueles que lutam contra o *divórcio* neste caso de lei e religião têm razão. Sentire cum ecclesia:[11] quão frequentemente se percebe que esse é um verdadeiro guia. Digo isso ainda mais alegremente, pois nesse ponto eu mesmo *discordava* em sentimento (não expressamente porque estou sob uma obediência redentora). Mas na época eu ainda estava sob a ilusão de que o casamento cristão era apenas uma parte do comportamento especial de minha "seita ou ordem".

O último casamento cristão ao qual compareci foi realizado pelo seu sistema: o casal se "casou" duas vezes. Desposaram um ao outro diante da testemunha da Igreja (um padre), usando um conjunto de fórmulas e fazendo um voto de fidelidade para toda a vida (e a mulher, um voto de obediência); eles então se casaram novamente diante da testemunha do Estado (um escrivão, e neste caso — contribuindo, na minha opinião, para a impropriedade — uma mulher, uma escrivã) usando outro conjunto de fórmulas e não fazendo qualquer voto de fidelidade ou de obediência. Achei que esse foi um procedimento abominável — e também ridículo, já que o primeiro conjunto de fórmulas e votos tornava o segundo inferior. De fato, ele só não seria ridículo se fosse admitido que o Estado estava realmente dizendo de modo implícito: não reconheço a existência de sua igreja; vocês podem ter feito certos votos em seu lugar de reunião, mas eles são apenas tolices, tabus particulares, um fardo que vocês impõem sobre si mesmos; um contrato limitado e impermanente é tudo o que realmente é necessário para os cidadãos. Em outras palavras, essa "rígida divisão" é propaganda, um contrassermão proferido a jovens cristãos recém-saídos do pronunciamento das palavras solenes do sacerdote cristão.

[O rascunho termina aqui.]

49a Para Christopher Tolkien

[No verão de 1943, Christopher, então com dezoito anos, foi recrutado pela Força Aérea Real. Quando esta carta foi escrita, ele estava no Centro de Recebimento de Tripulações Aéreas em St. John's Wood, Londres.]

28 de julho de 1943 — 20 Northmoor Road, Oxford

Meu querido menino,

Fiquei contente em ter notícias suas; e eu vinha querendo lhe escrever, então fiquei feliz ao receber o seu endereço completo numerado esta manhã. Tenho sentido muitas saudades suas; e acho que é um truque baixo do destino providenciar uma amostra de verão verdadeiro assim que você vestiu o uniforme. Eu me alistei a três semanas de um julho escaldante em 1915, então compreendo profundamente. Assim como todos em casa, e jamais deixamos de pensar em (ou falar de) você. Se servir de ajuda saber: você está fazendo isso por *nós*. Há muitas palavras abstratas e *ismos* no mundo hoje; e pode-se acabar descobrindo que o patriotismo e mesmo o "dever" fraquejam, enquanto o amor de alguém pela própria família perdura.

Já estava ensolarado e quente antes de eu chegar em casa no domingo. (Espero que você não tenha precisado ficar de pé o caminho inteiro até Londres.) Acabei indo a Magdalen e terminei de ler o meu ensaio, e entreguei ¾ a C. Williams. Todos nós, até mesmo John, dormimos tarde no domingo, e fomos todos à igreja de S. Gregório. Pe. Carter foi excelente: fez uma fala admiravelmente contida a respeito de Roma nos "avisos"; e depois um sermão admirável sobre o

Evangelho, e ainda assim saímos dentro de uma hora. Suponho que podemos agora voltar lá ocasionalmente...

Estamos tendo mais de 2 kg e meio de amoras por dia, e as ameixas começaram a aparecer. Vamos lhe enviar algumas ameixas, assim que você disser se será útil ou possível. Muito me pergunto sobre o que você tem feito. Pobre rapaz — a inoculação pode ser brutal. Eu (assim como você) nunca havia sido vacinado, e efeitos colaterais foram massacrantes. Por segurança, espero que vacinem você. Se e quando o fizerem, tome todo o cuidado possível. Não arrisque se resfriar, e não faça nada além do que precise fazer. Eu, como um tolo, saí de "licença", e, consequentemente, fiquei muito doente com uma temperatura astronômica...

Está um dia escaldante — e me pergunto como você está. Você não está a mais do que umas 60 milhas aqui, não? Você recebeu um "alerta" e teve de se levantar na segunda-feira à noite? Eu recém tinha ido para cama, depois de muito excepcionalmente[1] ter acendido a luz do gabinete. Então tive me vestir[2] no escuro, caí e praguejei. E tudo (graças a Deus) por nada. O céu ao S.E. ficou iluminado por clarões distantes como relâmpagos por uma hora depois de eu voltar para cama.

Deus o abençoe, meu caro.

Com muito amor e muitas orações para você do seu
Pai.

49b De uma carta para Christopher Tolkien

1º de setembro de 1943

[Tolkien, Edith e Priscilla haviam viajado para Stratford-upon-Avon no fim de semana para visitar Christopher, que havia sido transferido para lá.]

Nós dois fomos à Colegiada. A visita realmente valeu a pena. Uma lição prática sobre a "reforma". A antiga capela mariana repleta dos túmulos tudor-jacobinos vulgares da família rica local: e, num parapeito, uma minúscula estatueta de cornija católica moderna de Nossa Senhora (devido ao encarregado moderno)! A pintura da igreja em 1340 também é instrutiva. O registro paroquial exposto também é digno de uma olhada: ainda em latim e numa letra praticamente medieval quando Shakespeare nasceu.

49c Para Christopher Tolkien

[Em março, Tolkien havia sido nomeado diretor de um curso de inglês para cadetes da Marinha e da Força Aérea. Com o primeiro curso prestes a terminar, o segundo grupo de cadetes estava programado para chegar no final do mês.]

8 de setembro de 1943 — 20 Northmoor Road, Oxford

Meu querido,

Lamento que você tenha passado por um momento ruim semana passada. Imaginei que fosse algo do tipo. (Quando você estiver passando por um momento ruim, não gaste o que tiver do precioso tempo livre escrevendo cartas longas: se você tivesse enviado um cartão escrito às pressas num momento complicado dizendo "O.K., mas sendo perseguido", isso teria me dito tudo, ou quase tudo.) Fiquei muito feliz de ter notícias na terça-feira! Há pouco mais o que contar daqui. Adorável tempo bom. Estou ocupado organizando o próximo Curso da RN. Chances de escrever "Hobbit": zero! Maçãs em abundância. Peras em breve. Gostaria de algumas, da próxima vez que for desaquartelado? ... Muito amor do

seu Pai.

49d De uma carta para Christopher Tolkien

13 de setembro de 1943

Já tenho bastante trabalho, organizando o próximo curso da R.N.-R.A.F., e parece que vou ter cerca de 40 Cadetes... Preciso comparecer ao Desfile de Formatura da R.N. amanhã; e fui convidado para o *Smoking Concert** da Esquadra às 8:15 da noite. Este imagino que não será muito apropriado aos meus ouvidos! Em vez disso, talvez eu vá ver os Inklings, incl. Hugo D.

49e De uma carta para Christopher Tolkien

19 de setembro de 1943

Fico me perguntando como você está se saindo no ar. Tenho estado m. ocupado no solo, afazeres domésticos e cartas. Nenhum pub ultimamente. Mas consegui encontrar tempo para ouvir parte da — veja só — nova tradução em alexandrinos rimados da Eneida do prolífico C.S.L![1]

50 De uma carta para Christopher Tolkien

25 de outubro de 1943

Os choupos estão agora sem folhas, com exceção de um ramo alto; mas ainda é um fim de outubro verde e folhoso por aqui. Em nenhuma

* Performance ao ar livre onde era permitido fumar. [N.T.]

outra época as bétulas parecem tão belas: a casca branca como a neve ao pálido sol amarelo e as folhas restantes brilhando como ouro fulvo. Tenho de dormir no Q.G. da Área[1] na sexta. Amanhã à noite vou beber, na casa de Lewis, com — Joad de Joad Hall!

51 De uma carta para Christopher Tolkien

27 de outubro de 1943

[C.E.M. Joad, famoso pelo seu programa de rádio *Brains Trust* na BBC, acabara de publicar *The Recovery of Belief* (A recuperação da crença), uma indicação de que ele havia retornado do agnosticismo para o cristianismo. Ele fora convidado para jantar com C.S. Lewis no Magdalen College.]

Às 9 fui ao Magdalen e encontrei o Joad. Ele não apenas é muito parecido com um sapo (exceto no rosto), como também em personalidade é m. parecido com o Sr. Sapo de Salão do Sapo,* e percebo agora que o autor do gracejo foi mais sutil do que eu imaginava. Porém, ele é inteligente, gentil e concordamos em muitos pontos fundamentais. Ele tem a vantagem de ter estado na Rússia — e odiado. Ele disse que as "novas cidades" não se elevam acima do nível de Willesden, e que o interior não se eleva de modo algum. Disse que se você entrar em um trem e olhar pela janela, depois ler um livro por algumas horas e olhar para fora de novo, não haverá nada no lado de fora que indique que o trem tenha realmente se movido!

51a Para Christopher Tolkien

3 de novembro de 1943 — 20 Northmoor Road, Oxford

Querido,

Não enviei o seu cachimbo ontem. Aqui está. Recebemos a sua longa carta esta manhã. De qualquer forma, ficamos aliviados em saber que você tem porções de vida decente. Sempre ouvi dizer que a R.A.F. "no solo" possuía parcelas de ineficiência vergonhosa. Facilmente corrigível e complemente desnecessária e sem propósito, é claro. Mas a Guerra sempre e em toda a parte (à parte dos poetas heroicos) é realmente assim! Sursum Corda[1] — e embora esse possa se um "conselho de perfeição", tente fazer uso da mortificação, que

---

* *No* original, *Mr. Toad of Toad Hall*, personagem de *O Vento nos Salgueiros* de Kenneth Grahame. Ver carta nº 77. [N.T]

no seu caso surge da forma mais intensa, dos colegas aparentemente degradados. Suspenda o julgamento, ou pelo menos o sentimento de desprezo, do parvo de cabeça vazia e sem firmeza de caráter: acabamos descobrindo (muitas vezes, não sempre) que a falta de firmeza deles não vai necessariamente do rosto ao coração, ou que o vazio se estenda pelos seus âmagos. Mas Deus o abençoe em todas as horas. Com meu mais estimado amor por você.

Seu Pai.

51b De uma carta para Christopher Tolkien

10 de novembro de 1943

Sinto-me cansado (é claro), mas consegui lidar com meu programa usual, até agora; e estou preparando Formulários de Seção.[1] Ouvi dois capítulos de um novo romance[2] de Charles Williams, lidos por ele, esta manhã. Ontem passei meia hora com ele no White Horse.

52 De uma carta para Christopher Tolkien

29 de novembro de 1943

[Christopher estava agora em um acampamento de treinamento em Manchester.]

... Não há muito mais o que relatar daqui, além da "gripe". Eu mesmo sucumbi na noite de quinta... Ouvi ontem que mais de 900 homens se ausentaram do trabalho na Pressed Steel. Bom para a "produção". Imagino que seja geral e que Oxford não está especialmente mal. Os especialistas em dietas podem falar o que quiserem, mas o fato é que a nossa comunidade wooltonizada não possui a energia de tempos normais sem dieta. E o puro tédio — e o tédio à mesa afeta o animal humano no âmago — é boa parte da causa. Ninguém pode comer o que "gosta", por mais simples que seja — somente o que especialistas acham que devem comer. E, se dependesse de certas pessoas, esse é o maravilhoso sistema sob o qual viveríamos permanentemente: primeiro sob o pretexto da necessidade pela Guerra (provavelmente verdade), depois para racionar e alimentar a Europa, e, por fim, porque o Ministério da Alimentação e seus conselheiros dietéticos terão se tornado um poder estabelecido, que precisa de algo para fazer. Minhas opiniões políticas tendem cada vez mais para a anarquia (filosoficamente compreendida como significando a abolição do controle, não homens barbados com bombas) — ou para a monarquia "inconstitucional". Eu prenderia qualquer um que use a palavra Estado (em qualquer outro sentido que não o do reino inanimado da Inglaterra e seus habitantes, uma coisa que não tem poder, direitos, nem uma mente); e, após uma chance de retratação, executaria todos se permanecessem obstinados! Seria muito melhor se pudéssemos voltar aos nomes pessoais. Governo é um substantivo abstrato que significa a arte e o processo de governar, e deveria ser uma ofensa escrevê-lo com um G maiúsculo ou usá-lo para se referir a pessoas. Se as pessoas estivessem acostumadas a se referirem ao "conselho do Rei George, Winston e sua turma", isso ajudaria a desanuviar certas concepções e a reduzir a assustadora vitória esmagadora da *Eles-cracia*. Em todo caso, o estudo apropriado do Homem é tudo, menos o Homem; e o trabalho mais impróprio a qualquer homem, mesmo os santos (os quais, de qualquer maneira, ao menos relutavam em realizá-lo), é mandar em outros homens. Nem mesmo um homem em um milhão é adequado para tal, e menos ainda aqueles que buscam a oportunidade. E pelo menos isso é feito apenas a um pequeno grupo de homens que sabem *quem* é seu mestre. Os medievais estavam certíssimos ao considerar *nolo episcopari*[1] como a melhor razão que um homem poderia dar aos outros para que dele fizessem um bispo. Dê-me um rei cujo principal interesse na vida seja selos, estradas de ferro ou corridas de cavalos; e que possui o poder de mandar embora seu Vizir (ou seja lá do que for que você queira chamá-lo) se não gostar do corte de sua calça. E assim por diante, de posto em posto. Mas, é claro, o ponto fraco de tudo isso — afinal de contas, apenas o ponto fraco de todas as coisas naturais boas em um mundo mau, corrupto e não natural — é que só tem como funcionar e tem funcionado quando o mundo inteiro está bagunçado da mesma boa, velha e ineficiente maneira humana. Os briguentos e presunçosos gregos conseguiram derrotar Xerxes; mas os abomináveis químicos e engenheiros colocaram um poder tal nas mãos de Xerxes e em todas as colônias de formigas, que as pessoas decentes parecem não ter qualquer chance. Estamos todos tentando fazer uso do toque alexandrino — e que, como a história ensina, orientalizou Alexandre e todos os seus generais. O pobre tolo imaginava-se (ou gostava que as pessoas o imaginassem) como o filho de Dionísio, e morreu por causa da bebida. A Grécia que valia a pena salvar da Pérsia pereceu, de qualquer forma, e tornou-se um tipo de Hellas-Vichy, ou Hellas-Lutadora (que não lutou), falando sobre honra e cultura helênicas e prosperando com a venda dos equivalentes mais antigos dos cartões postais obscenos. Mas o horror particular do mundo atual é que toda a maldita coisa está num mesmo saco. Não há para onde fugir. Até mesmo os desafortunados pequenos samoiedas, desconfio, têm comida enlatada e um autofalante na aldeia contando histórias de ninar de Stalin sobre a democracia e sobre os malvados fascistas que comem bebês e roubam cães de trenós. Há apenas um único ponto brilhante, e esse é o crescente hábito de homens descontentes de dinamitar fábricas e estações de energia; espero que isso, agora encorajado como "patriotismo", possa permanecer um hábito! Mas não causará bem algum se não for universal.

Bem, até logo e tudo o mais para você, filho querido. Nascemos em uma era sombria fora do tempo devido (para nós). Porém, há este consolo: de outro modo não *conheceríamos*, nem amaríamos tanto, o que amamos. Imagino que o peixe fora d'água é o único peixe a ter uma noção do que é água. Também temos ainda palavras pequenas para usar. "Eu não me curvo à Coroa de Ferro, nem meu cetrozinho dourado enterro."[2] Enfrente os Orques, com palavras aladas, hildenǣddran (víboras-de-guerra), dardos mordentes — mas tenha certeza do alvo antes de atirar.

53 Para Christopher Tolkien

9 de dezembro de 1943 — 20 Northmoor Road, Oxford

Meu querido,

Acredito que já faz uma semana ou mais desde que lhe escrevi, não? Realmente não consigo me lembrar, pois a vida tem sido tão corrida. . . . . Não vejo C.S.L. ou Williams[1] há semanas. . . . . A(s) rotina(s) diária(s) e o serviço comum ++ que suprem muito mais do que se pede. Sem grandes diversões, sem entretenimentos; nenhuma nova ideia brilhante; nem mesmo uma piadinha fraca. Nada para ler — nem mesmo os jornais, com nada além do Alarde de Teerã.[2] Embora eu deva admitir que dei um sorriso meio doentio e "quase rolei no chão e já não mais me interessavam as boas maneiras" quando ouvi sobre aquele velho assassino sedento de sangue do Josef Stalin convidando todas as nações a se juntarem a uma família feliz de pessoas dedicadas à abolição da tirania e da intolerância! Mas também devo admitir que, na foto, nosso pequeno querubim W.S.C.[3] de fato *parecia* o maior dos rufiões presentes. Hunf, bem! Fico pensando (se sobrevivermos a essa guerra) se restará algum lugar adequado, mesmo de tolerância, para reacionários antiquados como eu (e você). Quanto maiores ficam as coisas, menor e mais estúpido ou insípido o mundo se torna. Ele se tornará um maldito suburbiozinho provinciano. Quando tiverem introduzido o saneamento estadunidense, a exortação da moral, o feminismo e a produção em massa em todo o Oriente Próximo, Oriente Médio, Extremo Oriente, URSS, os Pampas, el Gran

Chaco, a Bacia do Danúbio, a África Equatorial, Sei-lá-o-que-lândia de Cá, de Lá e Interior, Gondwana, Lassa e as vilas do sombrio Berkshire, quão felizes seremos. De qualquer forma, as viagens deverão ser reduzidas. Não haverá lugar para se ir. Logo, as pessoas (penso eu) irão ainda mais rápido. O Col. Knox[4] diz que ⅛ da população do mundo fala "inglês" e que esse é o maior grupo de línguas. Se for verdade, que pena — digo eu. Que a maldição de Babel atinja todas as línguas deles até que possam dizer apenas "béé, béé". Significaria praticamente a mesma coisa. Acho que terei de me recusar a falar qualquer coisa que não seja mércio antigo.

Mas falando sério: considero esse cosmopolitismo estadunidense bastante assustador. Em mente e espírito, e negligenciando os temores insignificantes da tímida carne que não deseja ser alvejada ou retalhada pela soldadesca brutal e licenciosa (alemã ou outra), não tenho realmente certeza de que a vitória desse cosmopolitismo será tão melhor para o mundo como um todo com o passar do tempo do que a vitória de ——.[5] Não acredito que as cartas que *entram* sejam censuradas. Mas caso sejam, ou não, não preciso dizer que os sentimentos nelas são os de muitas pessoas — e nenhuma indicação de falta de patriotismo. Pois amo a Inglaterra (não a Grã-Bretanha e certamente não a Commonwealth britânica (grr!)) e, se estivesse em idade militar, eu estaria, imagino, resmungando em um serviço de combate e disposto a ir até o fim — sempre com a esperança de que as coisas possam acabar de um modo melhor para a Inglaterra do que parece estar acontecendo.

De alguma forma não consigo acreditar que a fantástica sorte (ou bênção, como poderia ser chamada caso alguém pudesse ver vagamente por que deveríamos ser abençoados — subentendendo-se Deus) que tem acompanhado a Inglaterra já esteja acabando. Chi vincerà? diziam os italianos (antes que se envolvessem, pobres coitados), e Stalin respondeu. Talvez não totalmente certo. Nosso Querubim mencionado acima pode fazer uma jogada astuta — supõe-se, espera-se, não se sabe.

(Tarde de sexta-feira.) Sem tempo, querido menino, para acrescentar muito. Eu estava m. cansado noite passada. Levantei-me tarde e passei a maior parte de uma manhã cansativa (a) numa circular sobre o trabalho dos Cadetes; (b) tentando colocar um pouco de juízo num Oficial Aéreo polonês que me foi encaminhado pelo comitê local, pois ele queria consultar um "filólogo". Ele aparentemente não conhecia nenhum; mas era um camarada encantador e nos despedimos como amigos. Porém, ele não bebia nem fumava, então minhas expectativas de conduzi-lo a um pub e esquecer a filologia foram frustradas e passamos 2 horas lúgubres numa sala lúgubre em Balliol. Com muito amor, meu querido.

Do seu Pai.

53a Para Christopher Tolkien

15 de dezembro de 1943 — 20 Northmoor Road, Oxford

Meu querido,

Fico imaginando como você está. Tive algumas notícias suas por Mick, e fiquei sabendo que sua tosse voltou: espero que não tão ruim dessa vez. Estamos tendo uns dias gelados aqui, com um vento N.E. (que agora mostra sinais de estar mudando de direção). A geada não derreteu durante o dia inteiro ontem, e estava muito bonita. O tempo passa tão rápido quando há montes de coisas para se fazer que já faz quase uma semana desde que escrevi. Quando escrevi pela última vez, eu estava indo encontrar, ou acabara de encontrar, o 1º Ten Poptawski.[1] Desde então as coisas têm estado agitadas. Mamãe está longe de se sentir bem, e tive que lidar com as "Seções".* Acabei ficando acordado até as 2 a.m. segunda-feira à noite. Porém, Ridley é um maravilhoso presidente dos examinadores. Ele providenciou um dedo de uísque, um almoço de carne de veado e bolinhos de maçã com um quartilho de cerveja e duas taças de porto, que fez com que "divulgar a lista" parecesse um trabalho simples. Isso foi na manhã de terça. Ontem à noite, depois das 8, aventurei-me na noite mais fria que tivemos em dois anos e visitei o Magdalen Coll. Fazia um mês que eu não via C.S.L. e Charles W. Encontrei os dois Lewis, Charles e Hugo sentados servindo-se de vinho do porto e sobremesa e já bastante barulhentos, ou pelos menos C.S.L. (não menos que Hugo): ele estava ficando resfriado e já o havia afogado em parte. O efeito, como sempre, é que faz com que ele recite com voz muito alta. Uma pausa curta, porém agradável, no Serviço Comum. Terminou às 11 da noite; e continuou no Mitre às 11:30 desta manhã (quarta-feira). Receio que tenha encurtado as Compras de Natal que fui fazer na cidade...

Sinto sua falta constantemente; e estou aguardando ansiosamente por notícias, especialmente sobre Licença. Deus o abençoe, meu querido menino. Com todo o amor do seu Pai.

53b Para Christopher Tolkien

[Christopher esteve de licença em casa durante o período de férias de Natal, mas teve que retornar no Ano Novo.]

---

* Ver nota 1 da carta nº 51b. [N.T.]

6 de janeiro de 1944 20 Northmoor Road, Oxford

Meu amado,

Fiquei feliz de ter notícias suas esta manhã. Tomei nota de suas instruções sobre o tabaco e cumprimentos. Deus o abençoe. Tenho sentido muito a sua falta, é claro, desde aquela manhã escura de 1º de jan., e me arrependo amargamente da minha preguiça por não sair cedo com você. Tenho rezado muito por você desde então... Vi Lewis e Ch. Williams e "Warnie" na quarta-feira, e visitei o Mitre após ouvir um capítulo do terceiro romance de C.S.L.[1] (receio que um tanto absurdo, na minha opinião). Uma carta melhor mais tarde: tenho muito o que fazer... Reze por mim. Do seu Pai.

54 Para Christopher Tolkien

8 de janeiro de 1944 20 Northmoor Road, Oxford

Meu querido,

Estou começando uma carta para você, que enviarei no domingo... Espero que as condições e a vida estejam suportáveis. Receio que agora não haja mais nada que o pater possa fazer por você, além de rezar por você. Deus o abençoe. Ainda assim, não esqueça que estou sempre à disposição para qualquer conselho, ou consolo, que possa ser enviado por carta; e para qualquer assunto no qual meus esforços ou pequena influência possa ajudá-lo de alguma forma. No momento, não tenho nenhum conselho a dar, exceto o de praticar a sua religião o melhor que puder: aproveitando cada oportunidade para os sacramentos (esp. a Confissão) e para rezar. Reze de pé, em carros, em momentos vazios de tédio. Não apenas orações de pedidos. Mas lembre-se de mim: tenho muitas dificuldades para enfrentar.

Lembre-se de seu anjo da guarda. Não uma senhora gorducha com asas de cisne! Mas — pelo menos esta é minha noção e meu sentimento — como almas com livre-arbítrio que somos, de certa forma, assim estabelecidas para contemplarmos (ou sermos capazes de contemplar) Deus. No entanto, Deus também está (por assim dizer) atrás de nós, apoiando-nos, acalentando-nos (enquanto criaturas). O ponto brilhante de poder onde aquela linha vital, aquele cordão umbilical espiritual toca: lá está nosso Anjo, com o rosto voltado para duas direções ao mesmo tempo, a Deus atrás de nós, em uma direção que não podemos ver, e a nós. Mas, é claro, sem se cansar de contemplar Deus, em seu direito e força livres (ambos provindos "de trás", como digo). Se você não puder alcançar a paz interior, e a poucos isso é conferido (muito menos a mim) quando se encontram em dificuldades, não se esqueça que a aspiração a tal não é uma vaidade, mas um ato concreto.

Sinto muito por falar desse modo e com tanta hesitação. Mas não posso fazer mais por você, querido.....

Se você já não o tiver, crie o hábito dos "louvores". Faço muito uso deles (em latim): o Gloria Patri, o Gloria in Excelsis, o Laudate Dominum; o Laudate Pueri Dominum (do qual gosto especialmente), um dos salmos dominicais; e o Magnificat; também a Litania de Loretto (com a prece Sub tuum praesidium). Se você os souber de cor, nunca precisará de palavras de júbilo. Também é uma coisa boa e admirável saber de cor o Cânone da Missa, pois você pode proferi-lo em seu coração sempre que circunstâncias contrárias o impedirem de assistir à Missa. Assim termina Fæder lár his suna.[1] Com muito amor.

> Longað þonne þy læs þe him con léoþa worn,
> oþþe mid hondum con hearpan grétan;
> hafaþ him his glíwes giefe, þe him God sealde.

Do Livro de Exeter. Pouco a saudade inquieta aquele que conhece muitas canções ou com suas mãos toca a harpa: seu bem é seu dom de "júbilo" (= música e/ou verso) que Deus lhe deu.

O quanto essas palavras atingem em cheio, saídas da antiguidade sombria! "Longað"! Com o passar do tempo, os homens (de nossa espécie, conscientemente) a têm sentido: não necessariamente causada pelo pesar, ou pelo árduo mundo, mas aguçada por ele.

> Laudate Dominum omnes gentes:
> laudate eum omnes populi.
> Quoniam confirmata est super nos misericordia eius:
> et veritas Domini manet in aeternum.
> Gloria.[2]

Pater.

55 Para Christopher Tolkien

[Christopher havia agora partido para a África do Sul, onde treinaria como piloto. Esta é a primeira de uma longa série de cartas para ele, que foram numeradas, por razões que Tolkien apresenta aqui.]

18 de janeiro de 1944 — 20 Northmoor Road, Oxford

Fæder his þriddan suna (1)[1]

Meu querido,

Receio que faça muito tempo (ou assim parece: na verdade, faz cerca de 8 dias) desde que escrevi; mas eu não sabia ao certo o que fazer, até que recebemos sua carta ontem. . . . . Fico feliz que minha última longa carta tenha chegado a você antes que partisse! Ainda não sabemos, é claro, quando isso ocorreu, ou onde. . . . .

Dei 2 aulas ontem e depois conversei com Gabriel Turville-Petre[2] sobre Cardiff. . . . . Consegui pôr no correio na última hora meu relatório de Cardiff. Então tive de ir dormir (???) no Quartel-G. C.[3] Não dormi — não muito. Fiquei no quartinho C33: muito frio e úmido. Porém, ocorreu um incidente que me comoveu e tornou a ocasião memorável. Meu companheiro de infortúnio era Cecil Roth (o erudito historiador judeu).[4] Achei-o encantador, cheio de gentileza (em todos os sentidos); e ficamos conversando até depois da meia-noite. Ele me emprestou seu relógio, pois não havia relógios funcionando no local — e, no entanto, ele mesmo me acordou às 10 para 7, para que eu pudesse ir à Comunhão! Pareceu um vislumbre fugaz de um mundo não caído. Na verdade, eu estava acordado e precisamente encontrando (como de hábito) várias razões (além do cansaço e de não ter a oportunidade de me barbear ou mesmo de me lavar), tais como o desejo de chegar em casa em boa hora para abrir as cortinas, ligar as luzes e coisas do tipo, pelas quais eu não deveria ir. Mas a entrada desse gentil judeu e seu olhar sombrio para meu rosário ao lado da minha cama resolveram a questão. Eu estava em S. Aloysius às 7:15 bem a tempo para ir ao confessionário antes da Missa; e cheguei em casa pouco antes do final da Missa. . . . . Dei aula às 11 da manhã (depois de pegar alguns peixes)[5] e consegui trocar uma palavra com os irmãos Lewis e com C. Williams (no White Horse).[6] E essas são praticamente todas as notícias, no que me diz respeito! Exceto pelo fato de que as *sujas*[7] não estão pondo, mas eu ainda tenho de limpar o antro delas. . . . .

Começo hoje a *numerar* cada carta e *cada página*, de modo que você saberá se alguma se extraviar — e as notícias de importância poderão ser organizadas. Esta é a (Nº 1) de Pater ad Filium Natu (sed haud alioquin) minimum:[8] Fæder suna his ágnum, þám gingstan nalles unléofestan.[9] (Suponho que seja permitido a um professor de inglês antigo usar esse idioma com um ex-aluno? — pergunta de ref. ao censor, caso haja algum). Não sei escrever em russo e ainda acho o polonês muito complicado. Creio que o pobre e velho Poptawski logo estará se perguntando o quanto estou progredindo. Levará um bom tempo até que eu seja de alguma ajuda a ele na elaboração de um novo vocabulário técnico!!! De qualquer modo, o vocab. aparecerá casualmente (se ainda restarem poloneses ou a Polônia) . . . .

55a Para Christopher Tolkien

25 de janeiro de 1944 20 Northmoor Road, Oxford
Fæder his suna (2)
Meu querido,

Estou envergonhado de ter deixado uma semana inteira passar desde a minha última carta — e eu andei com aquela por dois dias sem postá-la: o que lhe mostra como a vida é corrida no início de um período letivo. Nunca deixo de pensar em você e de rezar por você; e anseio pelo momento em que pelo menos saberei (mais ou menos) onde você está. Parece difícil escrever unilateralmente, de certa forma. Não há muitas notícias, é claro...

Estou tendo bastante dificuldade para organizar os Exames dos Cadetes no momento. Mas consegui passar cerca de 40 min no White Horse com Charles W. e os dois Lewis esta manhã após minha aula das 11 a.m. C.S.L. esteve entretendo Joad de novo ontem à noite, e voltou com uma boa. Um pregador ao ar livre estava sendo importunado por um sujeitinho desagradável e um tanto sujo, um pouco afastado dele. Ele gritava, sempre que o pregador fazia uma pausa para tomar fôlego: "Gah! O cristianismo está no mundo há 2.000 anos, e o que fez de bom?", gesticulando para o cortiço fétido ao redor. O pregador enfim perdeu a paciência e gritou em resposta: "A água está no mundo há mais de 2.000 anos, e olhe só para o seu pescoço!"... Enviarei um aerógrafo da próxima vez. Suponho que o endereço que você forneceu seja um para o qual podemos fazer isso e, de qualquer modo, ele será encaminhado. Nele darei apenas as notícias gerais desde que você partiu, na esperança de que você o receba antes desta carta e da minha última (uma carta longa escrita na ter. e na qua., 18 e 19 de jan. — e numerada fæder his suna (1). Com meu mais estimado amor, amado, e preces constantes.

Seu Pai.

56 Para Christopher Tolkien

[Sobre "O Charlatão Inútil", ver a nota introdutória da carta nº 48.]

1º de março de 1944 (FS 6) 20 Northmoor Road, Oxford
Querido,

Este é um dia de festa! No café da manhã recebemos o seu código de telegrama de MFE[1], sem nenhum endereço (é claro), mas que nos permitiu supor que você desembarcou em algum lugar seguro por volta de 22 de fev.... Então o seu telegrama chegou no almoço — sem data, mas com o seu endereço; e também removendo uma mácula do nosso primeiro deleite (de que você não tinha recebido nenhuma carta). Me pergunto quais dos aerógrafos você recebeu. . . É um alívio maravilhoso saber onde você está, e ficar sabendo que a não mais (ou menos?) de uma semana você estava "prosperando". Eu estava ansioso para saber para onde você tinha ido... Nunca tive nenhum contato no Transvaal, exceto por Raikes[2] na Universidade de Jo'burgo. Fico pensando se você terá Segundo Humphrey Carpenter, *The Inklings*, p. 177, o "fio" que Tolkien puxou (e que acabou dando resultado) foi colocar Havard em contato com a junta de pesquisas em Oxford, o que possibilitou a ele voltar para casa da guerra. [N.T.] alguma oportunidade de ver Bloemfontein ao longe no antigo "Estado Livre", onde nasci...

Como mal consegui me encontrar com alguém nas últimas semanas, não há piadas espirituosas, gracejos ou outro item de divertimento para ser registrado. O Charlatão Inútil voltou para Oxford! Praticamente o único fio que eu puxei que acabou fazendo soar um sino.* Mas lá está ele, de uniforme, barba ruiva, sorriso bobo e tudo mais, ainda na Marinha, mas morando em casa e trabalhando na sua Junta de pesquisas (da malária). Ele parece satisfeito, assim como a Junta. Tudo realizado no Mitre — onde descobri uma investigação urgente sobre seu paradeiro, sendo ele o homem do qual necessitavam. Ele estava no outro lado do mundo naquele momento. Lewis está enérgico e alegre como sempre, mas recebendo publicidade demais para o seu gosto ou de qualquer um de nós. "Peterborough", geralmente bastante razoável, fez-lhe as duvidosas honras ao escrever um peculiar parágrafo distorcido e asinino no Daily Telegraph da última terça. Começava com "O ascético Sr. Lewis..."!!! Ora essa! Ele entornou três quartilhos de cerveja em uma sessão muito curta que tivemos essa manhã, e ele disse que "estava se contendo por causa da Quaresma". Suponho que tudo que se vê impresso é quase tão preciso sobre fulano e sicrano. É uma pena que os jornais não possam deixar as *pessoas* em paz e não façam um esforço para compreender o que elas *dizem* (caso valha a pena); de qualquer maneira, eles podiam ter alguns padrões que os prevenissem de dizer coisas sobre as pessoas que são bastante falsas, mesmo que na verdade (muitas vezes) não sejam dolorosas, irritantes ou de fato injuriosas. . . .

Ainda está muito frio. Neve noite passada. Mas o poder crescente de um sol de março é inconfundível. Moitas de açafrões-da-primavera amarelos estão em flor e as de malvas-brancas desabrochando; botões

---

* Segundo Humphrey Carpenter, *The Inklings*, p. 177, o "fio" que Tolkien puxou (e que acabou dando resultado) foi colocar Havard em contato com a junta de pesquisas em Oxford, o que possibilitou a ele voltar para casa da guerra. [N.T.]

verdes estão aparecendo. Fico pensando o que você está achando da estação oposta ao sul da Linha. Mais ou menos o equivalente ao início de setembro onde você está, suponho. Minha recordação mais antiga de Natal é a de um dia de calor escaldante.[3].... Deus o abençoe.

Do seu Pai.

56a Para Christopher Tolkien

27 de março de 1944 (FS 11) 20 Northmoor Road, Oxford

Meu querido menino,

Vivemos por um tempo em uma verdadeira torrente de suas cartas muitíssimo bem-vindas. Creio que a última (por aerógrafo) chegou em 24 de mar. (sexta-feira) — postado por você em 8 de março. Ficarei mais feliz quando souber que você recebeu mais algumas das nossas... Não aconteceu nada de mais aqui desde que lhe escrevi pela última vez (aerógrafo FS 10, postado em 24 de março). Aquele foi um dia cansativo! Levantei-me às 6:30. Missa às 7:30. Terminei as "Seções".* Reunião dos Examinadores das 5 até quase 11. Mal chegara em casa quando as sirenes soaram. Acabei indo para a cama depois das 2 da manhã. Tempo de "dia de casamento" com gana. 90° [32 °C] no Estreito[1] no domingo. Sol glorioso; árvores vicejando — estamos debaixo de caramanchões de ameixeiras, amendoeiras, forsítias etc., todas desabrochando juntas; galinhas pondo; fogueiras ao ar livre e ainda capazes de nos sentarmos confortavelmente (como estou agora) às 10 da noite, com um termômetro em 60 [15 °C]. Uma lua nova como uma fatia de laranja amarelada cortada para fazer geleia. A comparação é sugerida pelo fato de que temos tido muitas laranjas ultimamente, e fizemos muitas libras de geleia — e a comemos.

Não me levantei cedo no sáb. ou no dom. (apesar das boas intenções): muita preguiça. Mas espero sair de novo, por sua causa, na qua. e na sexta-feira. Se tudo correr bem, vou para Brum no próximo sáb. para um almoço oferecido pelo novo Dir. da King Edward's School. Fora isso, nada digno de nota assoma-se no futuro — além de uma tentativa de pôr em dia a correspondência atrasada etc. Parece não haver mais esperança de que faça algo mais do Hobbit. Não pareço ter qualquer energia mental ou inventiva...

No sáb. entramos naquele infernal, abominável e que jamais será execrado o suficiente Horário Duplo de V[erão][2] (que tem contribuído tanto quanto qualquer outro fator isolado para o meu cansaço).

* Ver nota 1 da carta nº 51b. [N.T.]

Que Deus nos livre dele logo. Gostaria de colocar "Liberdade de Relógio" e "Tirem as Mãos do Ponteiro das Horas" na Carta do Atlântico. (Não que fosse adiantar de muita coisa.) ...

Parece não haver muito mais notícias. Vou para o centro esta manhã; e esperando ver um ou dois amigos: Sidney[3] e talvez Charles Williams, e mesmo C.S.L. Sinto uma grande falta de conversar sobre alguma coisa — converso quase tão pouco quanto você! Você ficará surpreso ao saber que comprei um chapéu novo: não é diferente do antigo, que acabou com um buraco grande demais para ser ignorado — pela família, de qualquer forma. Deus o abençoe.

Seu Pai.

57 De um aerógrafo para Christopher Tolkien

30 de março de 1944 (FS 12)

Encontrei os dois irmãos Lewis ontem e almocei com C.S.L.: um belo programa para mim. O infatigável homem leu para mim parte de uma nova história! Mas ele está me pressionando para que eu termine a minha. Eu precisava de um pouco pressão e provavelmente reagirei; mas as "férias" estão quase no fim e a mata de provas recém foi deixada para trás.

58 Para Christopher Tolkien

[Uma descrição de uma visita a Birmingham, onde Tolkien compareceu a um almoço dado pelo novo diretor de seu colégio, King Edward's, que desde seus dias de aluno havia mudado para novos prédios em outra parte da cidade.]

3 de abril de 1944 (FS 13) 20 Northmoor Road, Oxford

Meu querido,

Escrevi um aerógrafo[1] para você na última quinta à noite; mas infelizmente ele não foi enviado na sexta, e no sábado saí cedo e apressado para Brum. Assim, ele só partiu hoje. Não chegou mais nada seu desde sua carta de 13 de março (chegou no dia 28). Não me lembro muito sobre sexta, exceto que a manhã foi arruinada por compras e filas: o resultado foi uma fatia de torta de carne de porco; e que tive um jantar terrivelmente ruim e lugubremente tedioso na faculdade, e fiquei feliz por chegar em casa antes das 9. Mas comecei a mexer no Hobbit novamente. Comecei a trabalhar um pouco (dolorosamente) no capítulo em que se volta para as aventuras de Frodo e Sam mais uma vez; e, para me manter afiado, tenho copiado e polido o último capítulo escrito (a Pedra-de-Orthanc). Sábado foi um dia memorável. Cinzento, úmido e desagradável. Mas saí por volta das 9 da manhã. Pedalei até Pembroke e guardei a bicicleta e as lanternas. Peguei o trem das 9:30, que (apenas porque eu tinha tempo de sobra, suponho) partiu de Oxford no horário (!!!), pela primeira vez na História, e chegou em Brum apenas uns minutos atrasado. Acabei em um vagão ocupado por um oficial da R.A.F (de uma esquadra desta guerra, que havia estado na África do Sul, embora ele parecesse um pouco idoso) e um oficial estadunidense muito gentil, da Nova Inglaterra. Aguentei a fanfarronice que disparavam o máximo que pude; mas quando ouvi o ianque murmurar a respeito do "Feudalismo" e seus resultados nas distinções de classes e no comportamento social ingleses, abri a boca. O pobre tolo, é claro, não possuía de modo algum as mais mínimas noções sobre "Feudalismo" ou história — sendo ele um engenheiro químico. Porém, não se consegue tirar o "Feudalismo" de uma cabeça norte-americana mais do que se consegue tirar o "Sotaque de Oxford". Ele ficou impressionado, creio, quando eu disse que as relações de um inglês com porteiros, mordomos e comerciantes tinham tanta ligação com o "Feudalismo" quanto arranha-céus tinham com tendas de indígenas peles-vermelhas, ou que o ato de se tirar o chapéu para uma senhora tem com os métodos modernos de recolher o Imposto de Renda; mas tenho certeza de que ele não ficou convencido. No entanto, consegui colocar em sua cabeça uma leve noção de que o "Sotaque de Oxford" (ao qual, educadamente me disse, ele se referia ao meu) não era "forçado" e "fingido", mas um sotaque natural que se aprende de berço — e que, além disso, não era feudal ou aristocrático, mas uma invenção muito burguesa de classe média. Após eu lhe dizer que seu "sotaque" soava para mim como inglês após ter sido limpo com uma esponja suja, e geralmente sugeria (falsamente) a um observador inglês que, junto com a postura norte-americana de ombros caídos, indicava um povo relaxado e mal disciplinado — bem, ficamos muito amigáveis. Tomamos um pouco de café ruim na lanchonete em Snow Hill e nos separamos.

Então caminhei um pouco pela minha "cidade natal". Com exceção de um canteiro de escombros medonhos (diante do terreno do meu antigo colégio), ela não parece muito danificada: não pelo inimigo. O principal dano tem sido o crescimento de grandes edifícios modernos lisos e descaracterizados. O pior de tudo é a pavorosa edificação de múltiplos andares no antigo terreno. Não pude suportar muito aquilo ou os fantasmas que se erguiam das calçadas, então peguei um bonde na mesma antiga esquina onde eu costumava pegá-lo para ir aos campos de esportes. Descendo a maltratada (muito marcada pelas bombas) Bristol Road até Edgbaston Park Road às 12:15

(adiantado em meia hora). Não vou aborrecê-lo com impressões dos medonhos prédios escolares novos de baixíssima qualidade. Mas se puder imaginar uma construção melhor do que a maioria das faculdades de Oxford sendo substituída pelo que parece ser uma escola pública para moças, você terá uma ideia da imagem e dos meus sentimentos. E aparentemente dos sentimentos do novo Diretor. Em um discurso depois do almoço, ele deu a entender (ou mais que isso) que os prédios eram odiosos e que o colégio nunca se recuperaria do golpe caso algo não fosse feito a respeito. Havia cerca de 120 Old Boys (de 220 convidados): muitos da minha safra. Vi rostos que eu não via desde que eu tinha sua idade — e a muitos eu só podia dar *iniciais*, não nomes. Todos os Antigos Eduardianos se lembram das iniciais. Para a minha completa surpresa, descobri que eu era lembrado principalmente pelas minhas proezas no rúgbi (!!) e pelo meu gosto por meias coloridas. Um homem de aparência idosa me apertou a mão como o homem que lhe dera suas insígnias. Descobri que o homem que me dera as minhas era um conhecido cirurgião que ganha £5.000 por ano. E assim por diante. Ainda há três professores que estavam lá na minha época. Voltei para a cidade no carro "a serviço diocesano" de um rapaz que eu não via desde que costumávamos passar nossas "horas livres" juntos num canto ensolarado do Colégio — agora um Cônego da I. da I.* Depois fui ao Old Boy's Club na New Street, já que tinha perdido o trem das 4 e tinha de fazer hora até 7:55. Sentei-me num canto ouvindo as notícias de Old Boys da minha época — e descobri que um era Chefe na ICI e outro comandava o Décimo Quarto Exército, e esse tipo de coisa. Às 6:30 fui despejado nas desoladas ruas de Brum de uma noite úmida de sábado. Fiz um lanche e acabei conseguindo um lugar (por um milagre) num trem abarrotado até o teto. 45 minutos atrasado em Oxford. Chovendo a cântaros. Fui para casa com meu novo chapéu enrolado num jornal! Perdi uma hora de sono graças a esse abominável Horário Duplo de Verão, mas consegui chegar à Trex[2] às 10:30 (= 9:30). Li a Paixão de Mateus de novo, e (apesar de uma pastilha expectorante) a achei um esforço imenso. Continua garoando (com um vento S.O. quente e úmido), mas sem chover o suficiente para fazer bem à séria escassez de água. Prisca vai embora amanhã, e a Sra. Connaughton[3] parte para Gales na quinta-feira. Mas nós permanecemos. Gwyn Jones[4] me convidou para ficar com ele em Aberystwyth na Semana da Páscoa — poderia ter sido agradável. Não posso abandonar o forte. Nenhuma notícia de John, nem qualquer

* Igreja da Inglaterra. [N.T.]

ruído de Mick. Estou pensando em você e rezando por você o tempo todo. Ansiando por ver sua letra outra vez. Fico pensando como você vai lidar com a igreja nessa Semana Santa. Deus o abençoe, meu querido. Desculpe essa carta ser toda sobre mim mesmo. Mas conto com Mamãe para lhe enviar todas as notícias locais. Com muito, muito amor do

Seu Pai.

59 De um aerógrafo para Christopher Tolkien

5 de abril de 1944 (FS 14)

Iniciei seriamente um esforço para terminar meu livro e tenho ficado acordado até muito tarde: muita releitura e pesquisas são necessárias. E é um negócio dolorosamente difícil entrar novamente no ritmo. Voltei para Sam e Frodo e estou tentando desenvolver as aventuras deles. Poucas páginas para muito suor: mas, no momento, eles acabaram de encontrar Gollum em um precipício. Quanto esforço você coloca na datilografia, e os capítulos passados a limpo tão belamente! Quem me dera eu ainda tivesse à mão meu copista e crítico.

59a Para Christopher Tolkien (aerógrafo)

8 de abril de 1944 (FS 15) 20 Northmoor Road, Oxford

Querido, apenas começando uma carta com desejos de feliz Páscoa. Nenhum evento desde a minha FS 14 escrita na qua. e nada mais de você.* A Sra. C[1] partiu para Gales na quinta-feira. P. e eu saímos às 8 (para ir ao S. G[2]) aquela manhã. Mamãe levou um tombo em Cornmarket e voltou muito abalada, então tive que abandonar a escrita e terminar as compras. Ela está muito melhor agora e parece ter se recuperado bem, exc. pelos hematomas. Encontrei por acaso Nicholas de Trin., que lhe mandou calorosos votos de sucesso. Jardinagem, uma visita rápida à igreja e a luta com um capítulo recalcitrante do livro[3] (agora, enfim, começando a tomar forma) ocuparam o resto do dia. Ontem, 10 da manhã Tive de ler a Paixão de novo. Cinzento e frio. Verdadeiro tempo de Páscoa hoje. Não consegui, em parte devido às tarefas, ir à igreja antes das 11 para uma visita breve. Trex parecia ter sido bem-sucedido demais acendendo fogo! Deparei-me com um suporte de madeira chamuscado no pórtico e um cheiro de queimado geral que ainda pairava no ar. Recebemos um cartão de John ontem. Ele parece

* Ver a carta anterior [N.T.]

muito melhor, mas não teve permissão para retornar ao Ven.[4] para as cerimônias, e ainda está em Grange.[5] Mais amanhã. Estaremos pensando em você, especialmente, e rezando por você. Enquanto isso, com muito, muito amor. Segunda-feira, 10/4/44. Grandes notícias enquanto eu estava me demorando na cama até as 9 da manhã: quatro (GHIJ[6]) da sua série de 20 de março chegaram juntos! Assim é melhor! E agora sei que você recebeu meus "resumos fotografados" desde o FS 5. Tempo misto de abril: nuvens, um pouco de chuva, trechos com sol, quente; tudo vicejando, flores de ameixeira, narcisos, flores do jardim de pedras; olmeiros verdejantes. Corta de grama a todo vapor (ou pazada). P. e eu fomos a S. G às 8 ontem: lotada até o teto da galeria. P. foi de novo às 11. Fiquei com M., que não podia caminhar para muito longe depois da queda; mas ela e eu fomos para a Bênção em Carmel. Passei parte do dia (e da noite, por estar de serviço) lutando com o capítulo. Gollum está aprontando bem no seu retorno. Uma bela noite com lua alta. Por volta das 2 da manhã, eu estava no cálido jardim iluminado pela luz prateada, desejando que nós dois pudéssemos fazer uma caminhada. Então fui para a cama. Não estou surpreso com as memórias pictóricas: a falta deu-se em grande parte por passar tanto tempo sem uma mudança de cenário. Você teve muitas agora! Espero que minha letra não esteja apertada demais e que seja legível. Vou me ater aos aerógrafos no futuro: pelo menos eles chegam. Este leva todo o meu amor. Segunda-feira de Páscoa, então não poderei despachar até amanhã. Pergunto-me onde você está e o que está fazendo neste momento. Ter. 11. O seu K, completando a série, chegou esta manhã. Fico feliz que você esteja vendo flora: receio não ter feito nada a respeito. Queria saber se você já está "de licença". Vou enviar este daqui a pouco: que chegue depressa a você, com todo o amor do Pai.

60 Para Christopher Tolkien (aerógrafo)

[Christopher havia chegado agora na África do Sul e estava em um acampamento no Transvaal.]

13 de abril de 1944 (FS 15) — 20 Northmoor Road, Oxford

Querido: sua carta aérea de 25 de março (?) chegou esta manhã, dat. no correio como do dia 28: muito bem-vinda. A essa altura você deve estar recebendo notícias minhas: tenho escrito cerca de duas vezes por semana. Não comento sobre sua carta, embora eu sinta m. Sei como você se sente! Especialmente sobre a licença cancelada. A propósito, sua carta foi "deur Sensor oopgemak".[1] Você não parece ter feito algo muito útil desde setembro! Também sinto constantemente sua falta e estou solitário sem você. Tenho amigos, é claro, mas raramente posso encontrá-los. Porém, agora as coisas estão um pouco mais fáceis para mim. Ajudei na admissão de cadetes hoje (um grande bando como sempre) mas, pelo que posso ver, eles não mais me dirão respeito neste período letivo — alegria! Encontrei-me com C.S.L. e Charles Williams ontem por quase 2 horas (encurtadas por ter de encontrar M. e P.[2] para almoçar às 12:20, o que se mostrou irrealizável, de modo que tivemos de voltar para casa). Li meu capítulo recente: ele recebeu aprovação. Comecei outro. Se possível, irei datilografar algumas cópias e enviá-las a você. Não pense que há mais novidades no momento. . . . . Na verdade, sairei hoje à noite para ir à Magdalen — C.S.L., Warnie (que está escrevendo um livro: é arrebatador), C.W.,[3] David Cecil[4] e prov. o Charlatão Inútil (ainda barbudo e de uniforme): um verdadeiro evento para mim. . . . . Agora voltarei a Frodo e Gollum por um breve período. Mais amanhã, quando este for enviado. . . . . Sábado, dia 15. Receio que este aerógrafo não tenha sido enviado. Passei um tempo muito agradável na quin. Todos apareceram, exceto Cecil, e ficamos até depois da meia-noite. O melhor entretenimento acabou sendo o capítulo do livro planejado do Major Lewis — sobre um assunto que não me interessa: a corte de Luís XIV; mas ele foi escrito de modo muito espirituoso (e erudito). Não tive uma impressão muito boa do capítulo de conclusão da nova alegoria moral ou "visão" de C.S.L., baseada na fantasia medieval do Refrigerium, através do qual as almas perdidas têm um ocasional período de descanso no Paraíso. Ontem de manhã consegui escrever por uma ou duas horas, e levei Frodo quase aos portões de Mordor. Passei a tarde cortando a grama. A Sra. C. chegou em segurança de Carmarthen na quin. trazendo presentes comestíveis. . . . . Tive momentos muito desgastantes com "exercícios" até as 10 da noite & depois jantei com a família, indo "dormir" então no Q.G. da área. Isso eu não consegui fazer: mal pestanejei. O posto fica bem na rua principal: muito barulhento a noite toda. . . . . M. e eu vamos tomar chá com os Nichol Smiths[5] hoje e vou jantar com Elaine[6] e outros em uma pequena festa de dons. Uma bela semana para mim. Mas o período letivo começa semana que vem e as provas tipográficas dos exames de Gales[7] chegaram. Apesar disso, vou continuar o "Anel" em cada momento disponível. . . . .

61 De uma carta para Christopher Tolkien

18 de abril de 1944 (FS 17)

Foi um grande acontecimento hoje, toda sua pilha de cartas chegando e atrasando em muito o café da manhã. . . . . Seus relatos, que não foram censurados, deixam-me angustiado, mas não me surpreendem. Como isso me lembra de minha própria experiência! Apenas em um sentido eu estava em melhores condições: o rádio não havia sido inventado. É provável que ele possuísse algum potencial para o bem, mas na verdade se tornou essencialmente uma arma para os tolos, os selvagens e os patifes afligirem a minoria com ela e para destruir o pensamento. Escutar o rádio assassinou o ato de ouvir. Só posso esperar que você não tenha mais Altmarks![1] Sempre fui contra a sua escolha de serviço (porque parece estar uma guerra atrasado); mas, pelo menos, mais tarde ele não deverá colocá-lo com frequência no horror animal da vida do serviço ativo na terra — tal como a vida nas trincheiras como a conheci. Mesmo o HP[2] era um Paraíso se comparado àquilo, e o Altmark (prov.) não é muito pior. Pelo menos atualmente você está tendo uma chance ocasional de ler. Fico feliz. Deus lhe abençoe. Ðys dógor þu geþyld hafa wéana gehwylces, swá ic þé wéne to.[3] Se o censor (e você) me permitir citar um antigo poeta *inglês* — e não posso deixar de pensar que ele se aplica melhor de pai para filho do que do jovem Beowulf, por volta da sua idade, ao velho Hrothgar de barbas grisalhas! Úre æghwylc sceal ende gebidan worolde lífes: wyrce se þe móte dómes ǽr déaþe.[4] Um conselho frio e severo; e muito depende de "aquele que pode" e o que você considera ser *dóm*.

Estou surpreso que, provando e tendo aversão ao próprio oposto, você também tenha aversão aos "modos" da vida de 150 anos atrás (quase) tal como retratados por Jane [Austen]. Pouco resta deles, salvo alguns remanescentes dos modos à mesa (entre uma minoria minguante). Mas, na verdade, eles tornavam a vida muito mais fácil, mais suave e menos atritante e dúbia; e disfarçavam ou mantinham sob controle (como o fazem os modos à mesa) os eternos gatos, lobos e cães que espreitam à pouca profundidade sob nossa pele social.....

Espero encontrar C.S.L. e Charles W. amanhã de manhã e ler meu próximo capítulo — sobre a passagem dos Pântanos Mortos e a aproximação dos Portões de Mordor, que agora praticamente terminei. Passei algum tempo no domingo respondendo a uma carta do Oitavo Exército (!). Recebo muitas do tipo, mas essa foi escrita de forma muito engraçada. Foi pedido ao "Professor Régio de Inglês" que julgasse uma disputa que estava transformando o Refeitório de um certo Reg. A.R. de A.A. Rápida em uma guerra de facções: como pronunciar o nome do poeta *Cowper*. Uma aposta envolvia a questão. A carta era do ajudante de ordens (que parece ter lido o poeta, até mesmo *The Task* [A tarefa], "em sua indócil juventude"). Não posso deixar de pensar que o Exército mostra sinais de mais perspicácia e inteligência — um dia você talvez encontre alguns em seu serviço (mais je le doute). Considerando estar abaixo da dignidade de um "Prof. Régio" julgar uma aposta, enviei a resposta oracular mais délfica que pude, fornecendo ao ajte. muito mais fatos, espero, do que ele queria. Não que haja, é claro, qualquer dúvida de que o poeta chamava a si mesmo de *Cooper* (do qual seu nome é meramente a grafia mais antiga) — *oup*, *owp* são escritos *oop* em inglês: não há *aups* (em valor latino); assim, *stoup* [pia de água benta], *group* [grupo], *soup* [sopa] e antigamente também *droup* [inclinação], *stoup* [abaixar-se], *troup* [tropa], *coup(er)* [tanoeiro], *whouping*-cough [coqueluche], *loup* [laço], etc. (sem mencionar *roum* [sala] e *toumb* [tumba]). Ontem recebi uma visita de F. Pakenham,[5] que está organizando um Conselho Cristão de todas as denominações para esta cidade, assim como agora em 50 outras. Associei-me, mas recusei o secretariado oferecido (lógico!). O período letivo está quase começando: orientei a Srta. Salu[6] durante uma hora. A tarde foi desperdiçada trabalhando no encanamento (consertando um vazamento) e limpando galinhas — com menos má vontade, já que elas estão botando ovos generosamente (9 de novo ontem). Uma agradável aurora despontou sobre nós esta manhã. Uma neblina como de início de set. com um sol perolado (8 horas sendo na verdade 6) que logo mudou para um azul sereno, com a luz prateada da primavera nas flores e nas folhas. As folhas apareceram: o cinza-esbranquiçado do marmeleiro, o verde-acinzentado da maçã por amadurecer, o verde intenso do espinheiro, os pendões de flores até mesmo nos choupos preguiçosos. Os narcisos estão um espetáculo maravilhoso, mas a grama cresce tão rápido que me sinto como um barbeiro diante de uma trança interminável (e também não como a de um chinês, para ser aparada com uma tesourada).

Você não imagina o quanto tenho saudades de você, meu caro. Eu não me importaria, caso você estivesse mais feliz ou empregado de um modo mais útil. Como tudo é estúpido! e a guerra multiplica a estupidez por 3 e sua potência por si mesma: assim, os dias preciosos de uma pessoa são regidos por $(3x)^2$, onde x = crassidão humana normal (e isso é ruim o suficiente). Contudo, espero que em dias vindouros a experiência de homens e coisas, ainda que dolorosa, mostre-se proveitosa. Ela foi para mim. Quanto ao que você diz ou dá a entender das condições "locais": eu sabia delas. Não creio que elas tenham mudado muito (mesmo para pior). Eu costumava ouvi-las sendo discutidas pela minha mãe e, desde então, sempre tive um interesse especial nessa parte do mundo. O tratamento de cor quase sempre horroriza qualquer um saído da Grã-Bretanha, e não apenas na África do Sul. Infel. não são muitos que mantêm esse sentimento generoso por muito tempo. Não digo coisa alguma sobre condições domésticas. Você ouvirá no rádio (suponho) tanto quanto eu poderia dizer. Estamos todos bem no momento. Estamos esperando. Pergunto-me agora por quanto tempo. Não muito, acho. Vi no jornal que o treinamento da Tripulação Aérea no Canadá está sendo cortado: menos T.A. serão agora geralmente treinadas. Acho que adivinhei pela sua carta que você agora não espera voltar à G.B. para terminar o serviço. Espero que não seja assim. Mas quem sabe? Estamos nas mãos de Deus. Nossa sina caiu em dias malignos: mas isso não deve ser por mero infortúnio. Cuide-se das maneiras apropriadas (aequam serva mentem, comprime linguam[7]) . . . .

62 De um aerógrafo para Christopher Tolkien

23 de abril de 1944 (FS 18)

Li meu segundo capítulo, A Passagem dos Pântanos Mortos, para Lewis e Williams na manhã de qua. Ele foi aprovado. Quase terminei um terceiro agora: Os Portões da Terra da Sombra. Mas essa história me absorve, e já levei três capítulos no que era para ser apenas um! E tenho negligenciado coisas demais para fazê-lo. Estou simplesmente enredado nela agora e tenho de afastá-la de minha mente para cuidar das provas tipográficas dos exames e das aulas (que começam na terça).

63 Para Christopher Tolkien

24 de abril de 1944 (FS 19) — 20 Northmoor Road, Oxford

Meu querido Chris,

Sua carta aérea . . . . chegou na hora do café esta manhã. Tive o luxo incomum de me recostar na cama com torradas e geleia de laranja caseira (muitas laranjas *e* limões bons ultimamente) e sua carta. O dia de São Jorge passou sem acontecimentos especiais; fiquei acordado "a trabalho" até 1:30 esta manhã e então decidi ir dormir: está tão quente que é possível dormir com as janelas abertas e ouvir os alertas. Eu estava fechando minhas cortinas quando notei uma luz m. branca a SO, e eu mal havia colocado os pés nos muito desejados lençóis quando o Perigo de Ulisses[1] soltou seu lamento. Não consegui realmente ir para cama até depois das 3:30, ou dormir até as 4, ou acordar até as 8:45, ou levantar até as 9:45. . . . . Passei o resto desta manhã na cidade realizando algumas tarefas, entre elas fazer a minha poda capilar: uma bela colheita, evidentemente um solo ainda fértil. O Mitre[2] estava fechado! Não sinto o gosto de cerveja desde a última quinta, quando nosso barril secou, e ainda não foi substituído. Tenho de dar aula amanhã, então devo parar por agora. . . .

Qua. 26 de abril. Senti ontem os efeitos da noite de domingo. Fui cedo para a cidade e realizei alguns serviços de executor para a Sra. Wright,[3] dei uma aula sofrível, encontrei os Lewis e C.W. (White Horse) por ½ hora; cortei três gramados, escrevi uma carta para John e lutei com uma passagem recalcitrante no "Anel". A essa altura preciso saber o quão tarde a lua surge cada noite quando está quase cheia e como ensopar um coelho! Sem Lewis esta manhã, uma vez que ele foi nomeado Professor Assistente Clarke em Cambridge e sai cedo para dar aulas lá às 5 da tarde nas quartas.....

3:45 qua. Uma reunião de faculdade recorde (12 min. e ½)! Voltei e descobri que Biddy quebrara outro ovo (por volta do 7º), então, temendo que a "chocadeira" percebesse isso, passei um momento agradável capturando-a, limpando-a, aparando as penas e desinfetando-a — e depois desinfetando a mim mesmo. Grr! O quarto gramado terá de esperar. Fiquei contente que você tenha conseguido ir à igreja no final da Semana Santa, embora não muito contente com seus pares cristãos (como os chamavam em ing. ant. e méd.).[4] Porém, não há o que se fazer. O único lenitivo é a súbita reflexão de que um deles prov. está fazendo um juízo adverso sobre si mesmo, não despropositado como o baseado na aparência e comportamento da pessoa, mas tão longe da verdade de seu íntimo quanto está o nosso próprio juízo! *God âna wât*.[5] Mas quanto aos sermões! Eles são ruins, não? A maioria deles a partir de qualquer ponto de vista. A resposta ao mistério prov. não é simples, mas parte dela é que a "retórica" (da qual pregar é um dep.) é uma arte, que exige (a) um certo talento natural e (b) aprendizado e prática. O instrumento usado é m. mais complexo do que um piano, mas ainda assim a maioria dos artistas está na posição de um homem que se senta diante de um piano e espera emocionar seu público sem qualquer conhecimento das notas. A arte pode ser aprendida (dada uma certa quantidade de aptidão) e pode então ser efetiva de uma certa maneira, quando completamente não relacionada com sinceridade, santidade etc. Mas pregar é complicado pelo fato de esperarmos do ato não apenas uma representação, mas verdade e sinceridade, e pelo menos também nenhuma palavra, tom ou nota que sugira a posse de vícios (tais como hipocrisia e vaidade) ou defeitos (tais como insensatez e ignorância) no pregador.

Bons sermões exigem certa arte, certa virtude, certo conhecimento. Sermões verdadeiros exigem uma certa graça especial que não transcenda a arte, mas que chegue até ela por instinto ou "inspiração"; o Espírito Santo de fato às vezes parece falar através de uma boca humana fornecendo arte, virtude e percepção que a pessoa por si só não possui: mas as ocasiões são raras. Em outros momentos, não creio ser necessário que uma pessoa educada suprima a faculdade crítica, mas ela deveria ser mantida em ordem por um esforço constante de se aplicar a verdade (caso exista), mesmo de forma clichê, exclusivamente para si mesma! Um difícil exercício.....

Fiquei muito entretido pelo seu relato de sua viagem a Jo'burgo na Quinta-feira Santa..... Se você for a Bloemfontein, vou querer saber se a velha casinha bancária de pedra (Banco da África do Sul) onde nasci ainda está de pé. E me pergunto se o túmulo de meu Pai ainda está lá. Nunca fiz nada a respeito, mas acredito que minha mãe tenha mandado colocar uma cruz de pedra ou enviado uma.[6] (A.R. Tolkien morreu em 1896). Se não houver uma cruz, o túmulo prov. estará perdido agora, a menos que haja algum registro.....

64 Para Christopher Tolkien

30 de abril de 1944 (FS 20) 20 Northmoor Road, Oxford

Meu querido,

Decidi enviar-lhe outra carta aérea, e não um aerógrafo, na esperança de que assim eu possa animá-lo um pouco mais..... Sinto tanto sua falta e acho tudo isso muito difícil de suportar por conta própria e por você. O absoluto desgaste estúpido da guerra, não apenas material, mas moral e espiritual, é tremendo para aqueles que têm de suportá-lo. E sempre foi (apesar dos poetas) e sempre será (apesar dos propagandistas) — não que, é claro, não tenha sido, seja e será necessário enfrentá-lo em um mundo maligno. Mas tão curta é a memória humana e tão evanescentes são suas gerações que em cerca de apenas 30 anos haverá poucas ou nenhuma pessoa com aquela experiência direta que é a única a tocar de fato o coração. A mão queimada é a que mais ensina a respeito do fogo.

Às vezes fico estarrecido ao pensar na soma total da desgraça humana em todo o mundo no atual momento: os milhões separados, irritados, consumindo-se em dias não proveitosos — sem contar a tortura, a dor, a morte, a privação e a injustiça. Se a angústia fosse visível, quase todo este planeta ignorante estaria envolto em um denso vapor escuro, oculto da assombrosa visão dos céus! E os produtos de tudo isso serão principalmente malignos — considerados historicamente. Mas a versão histórica não é a única, é claro. Todas as coisas e atos possuem um valor em si mesmos, à parte de suas "causas" e "efeitos". Homem algum pode estimar o que realmente está acontecendo na atual sub specie aeternitatis. Tudo o que sabemos, e isso em grande parte por experiência direta, é que o mal trabalha com um vasto poder e sucesso perpétuo — em vão, apenas preparando sempre o terreno para que o bem inesperado brote. Assim o é em geral e assim o é em nossas próprias vidas..... No entanto ainda há alguma esperança de que as coisas possam ser melhores para nós, mesmo no plano temporal, na misericórdia de Deus. E embora precisemos de toda nossa coragem e atrevimento humanos (a vasta soma da coragem e resistência humanas é estupenda, não?) e de toda nossa fé religiosa para enfrentar o mal que pode se abater sobre nós (como se abate sobre outros, caso Deus assim o queira), ainda podemos orar e ter esperança. Assim o faço. E você foi uma dádiva tão especial para mim, em uma época de pesar e sofrimento mental, e seu amor, desabrochando quase que imediatamente no momento em que você nasceu, predisse-me, em palavras como que proferidas, que sou sempre confortado pela certeza de que não há fim para isso. Provavelmente por Deus nos encontraremos de novo, "sãos e salvos", muito em breve, querido, e por certo temos alguma ligação especial para durar além desta vida — sempre sujeita, é claro, ao mistério do livre-arbítrio, por meio do qual qualquer um de nós poderia jogar fora a "salvação", e nesse caso Deus disporia as questões de um modo diferente!....

Na quinta dei 2 aulas e tratei de alguns assuntos maçantes na cidade e fiquei cansado demais para comparecer à sessão de Lewis. Espero vê-lo amanhã e ler mais um pouco do "Anel". Ele está crescendo e florescendo novamente (passei o dia inteiro em cima dele ontem negligenciando muitos assuntos) e desdobrando-se em caminhos inesperados. Até agora nos novos capítulos Frodo e Sam atravessaram Sarn Gebir, desceram o penhasco, encontraram e temporariamente domaram Gollum. Com a orientação dele, cruzaram os Pântanos Mortos e os morros de escória de Mordor, deitaram-se escondidos do lado de fora dos portões principais e descobriram que eram intransponíveis e partiram para uma entrada mais secreta próxima a Minas Morghul (anteriormente M. Ithil). Tal entrada acabará sendo a mortal Kirith Ungol e Gollum cometerá traição. Mas no momento eles estão em Ithilien (que está se revelando uma terra adorável); lá houve muito incômodo por causa de coelho cozido; e eles foram capturados por Gondorianos e testemunharam tais homens emboscarem um exército dos Tisnados (homens escuros do Sul) que marchava indo em auxílio a Mordor. Um grande elefante de tamanho pré-histórico, um elefante de guerra dos Tisnados, está à solta, e Sam realizou um desejo de longa data de ver um Olifante, um animal sobre o qual havia uma cantiga infantil hobbit (embora comumente se acreditasse que fosse mítico). No próximo capítulo a ser escrito, eles chegarão a Kirith Ungol e Frodo será capturado. Aqui está a cantiga citada por Sam: Cinzento qual rato,/Sou grande de fato,/Como cobra o focinho,/

Tremor do caminho/Se ando na relva;/Parto troncos na selva./Minha boca tem corno,/No Sul ando em torno,/Minha orelha é enorme./Há quem não se conforme/De me ver caminhar/Sem nunca deitar,/Nem agonizante./Eu sou Olifante,/O maior animal,/Velho e descomunal./ Quem me conhece/Jamais me esquece./Quem nunca me vira/Pensa que sou mentira;/Mas sou velho Olifante,/Não há quem não espante. Espero que ela possua algo do sabor das "cantigas infantis". No geral, Sam está se comportando bem e vivendo de acordo com a reputação. Ele trata Gollum bem como Ariel trata Caliban.....

Vamos a pleno maio agora, a julgar pelas árvores e pela grama. Mas os céus estão cheios de ruídos e tumulto. Agora não é possível sequer manter uma conversa aos gritos no jardim, exceto por volta da 1 da manhã e das 7 da noite — a não ser que o dia esteja feio demais para se sair. Como eu gostaria que o motor de "combustão inferna" nunca tivesse sido inventado. Ou (ainda mais difícil, uma vez que a humanidade — e os engenheiros em especial — é, via de regra, tanto estúpida quanto maliciosa) que ele pudesse ter sido empregado para usos racionais — caso haja algum.....

Agora só podemos nos unir com esse frágil pedaço de papel! Mas que ele se apresse e chegue até você a salvo. Gostaria que ele pudesse ser escrito em Runas além da habilidade de Celebrimbor de Azevim, brilhando como prata, preenchido com as visões e horizontes que surgem em minha mente. Embora sem você eu não tenha alguém com quem falar sobre meus pensamentos. Comecei a escrever a "H. dos Gnomos"[1] em barracas do exército, lotadas, cheias de barulho de gramofones — e aí está você, na mesma prisão. Que você também escape — fortalecido. Cuide-se, de corpo e alma, de todas as maneiras apropriadas e possíveis, pelo amor que você tem pelo seu próprio Pai.

65 De um aerógrafo para Christopher Tolkien

4 de maio de 1944 (FS 21)

Encontrei Lewis (sozinho) na segunda e li outro capítulo: estou ocupado agora com o próximo; logo estaremos, por fim, nas sombras de Mordor. Enviarei a você algumas cópias assim que eu puder fazê-las.

66 De uma carta para Christopher Tolkien

6 de maio de 1944 (FS 22)

Enviei para você ontem um aerógrafo, FS 21 (escrito quinta-feira), e não havia espaço para lhe dizer que naquela manhã (sexta-feira) sua carta aérea (Z) chegara; agora, sua carta aérea (Y) chegou e tenho 2 para responder. De modo algum nos incomodamos com suas queixas — você não tem mais ninguém e espero que isso alivie a tensão. Lembro que eu costumava escrever do mesmo modo ou pior para o pobre e velho Pe. Vincent Reade.[1] A vida no acampamento parece não ter mudado em nada e o que a torna tão exasperante é o fato de que todas as suas piores características são desnecessárias e devem-se à estupidez humana que (como os "planejadores" se recusam a ver) é sempre aumentada indefinidamente pela "organização". Mas a Inglaterra em 1917, 1918 estava em um caminho ruim, e é injusto que em uma terra de relativa abundância você deva ter tais condições. E os contribuintes gostariam de saber para onde estão indo todos os milhões se a seleção de seus filhos é tratada desse modo. Seja como for, os humanos são o que são, inevitavelmente, e a única cura (fora a Conversão universal) é não ter guerras — nem planejamento, nem organização, nem regimento. Seu serviço, claro, como qualquer um com um pouco de inteligência e ouvidos sabe, é um serviço muito ruim, vivendo da reputação de uns poucos homens garbosos, e você provavelmente está em um canto particularmente ruim dele. Mas todas as Grandes Coisas planejadas de uma grande maneira dão essa sensação para quem está comendo o pão que o diabo amassou, embora vistas de modo geral elas de fato funcionem e cumpram seu serviço. Um serviço fundamentalmente maligno. Pois estamos tentando conquistar Sauron com o Anel. E seremos bem-sucedidos (ao que parece). Contudo, a punição, como você sabe, é criar novos Saurons e lentamente transformar Homens e Elfos em Orques. Não que na vida real as coisas sejam tão claras como em uma história, e começamos com muitos Orques no nosso lado. . . . . Bem, aí está você: um hobbit entre os Urukhai. Mantenha sua hobbitez no coração e pense que todas as *histórias* assim se parecem quando se está *nelas*. Você está dentro de uma história muito grande! Também acho que você está sofrendo de "escrita" suprimida. Isso pode ser culpa minha. Você tem tido muito de mim e do meu modo peculiar de pensamento e de reação. E, como somos tão parecidos, isso tem se mostrado bastante poderoso. Possivelmente o inibiu. Creio que se pudesse começar a *escrever* e encontrar seu próprio modo, ou mesmo (para começar) imitar o meu, você acharia isso um grande conforto. Sinto entre todas as suas dores (algumas simplesmente físicas) o desejo de expressar seu *sentimento* sobre o bem, o mal, o belo e o feio de algum modo: de racionalizá-lo e impedi-lo de simplesmente supurar. No meu caso, ele gerou Morgoth e a História dos Gnomos. Muitas das partes antigas dela (e dos idiomas) — descartadas ou absorvidas — foram criadas em cantinas enfarruscadas, em preleções em frios nevoeiros, em barracas cheias de blasfêmia e obscenidade ou à luz de vela em tendas de alarme, algumas até mesmo em abrigos de trincheira debaixo de balas. Isso não contribuiu para a eficiência e a presença de espírito, é claro, e eu não era um bom oficial. Mas, via de regra, eu não tinha muito o que fazer. Não aconselho, enquanto você estiver "empenhado" para um exame. Eu também me "empenhei" para exames (tentando entrar para Senhas, que me atraía), e fiquei perplexo com a completa falta de experiência naquela difícil arte de aplicar exames nas pessoas encarregadas disso. Mas no seu tempo as coisas se tornaram ainda mais absurdas com a intrusão de alguma bobagem "psicológica" de meia-tigela, menos do que parcialmente compreendida e mais do que parcialmente falsa, de qualquer forma. Ainda não ouvi falar de um teste de "inteligência" que não fosse especialmente adequado para selecionar patetas (possivelmente patetinhas brilhantes e vivazes, mas nem sempre mesmo assim). Mas o que seria de se esperar? Eles são inventados por patetas (ou alguns por impostores). Consegue imaginar um homem inteligente elaborando um teste de "inteligência" ou "aptidão" e pensando que poderia funcionar nas mãos de um grupo médio de oficiais de qualquer Serviço? Entretanto, aí está. Quanto mais os homens pensarem em seres humanos como máquinas que funcionam em ponto morto quando certas manivelas são giradas, mais eles irão se fiar nesse tipo de asneira. E mais os humanos menos mecânicos sofrerão. Pessoas do seu (e do meu) tipo: não são ligeiras, brilhantes e vivazes. Em parte, porque digerimos comida, ou a excretamos, e não apenas enfiamos na boca e vomitamos. Em parte, porque desconfiamos de processos mentais ligeiros, brilhantes e padronizados, de qualquer forma. Mas *somos* um pouco lentos. E a velocidade no seu serviço, em que — mais do que em qualquer outro — homens são quase reduzidos a servos do maquinário, precisa ser transformada em escravos de prontidão ligeiros e brilhantes. Que infelicidade que logo você tenha ido parar nos Urukhai. Como uma criança que, devido ao seu interesse juvenil em trens, é condenada a se tornar um assentador de trilhos para sempre ou um cabineiro. Mas como você quis! E suponho que você teria encontrado Orques em qualquer lugar. Isso é Guerra. E é a tarefa de pessoas como você tentar manter isso na consciência humana. No momento, eles parecem determinados a perpetuar a miséria e servidão da Guerra na Paz, de modo que a Paz há de se tornar como a Guerra, desprovida até mesmo dos últimos farrapos de glória. Bem — comece a escrever uma história!

Não aconteceu nada de mais aqui desde que lhe escrevi na quinta. Tempo horrível. Frio, ventoso; ruas cobertas de folhas arrancadas e flores partidas. Tem ventado de SO > O > NO > NE. Buchan está aí (como de costume).[2] Escrevi de manhã, desperdicei uma tarde em irritantes Reuniões de Diretoria e escrevi novamente. P. e Mamãe foram ao Playhouse às 6. Tive uma breve paz; um jantar tardio com elas (por volta das 9). Um novo personagem entrou em cena (tenho certeza de que não o inventei, eu nem mesmo o queria, embora goste dele, mas ele veio caminhando para os bosques de Ithilien): Faramir, o irmão de Boromir — e ele está retardando a "catástrofe" com muitas coisas sobre a história de Gondor e de Rohan (com algumas reflexões muito válidas, sem dúvida, sobre glória marcial e glória verdadeira): mas, se ele continuar falando muito mais, boa parte dele terá de ser removida para os apêndices — para onde alguns fascinantes materiais sobre a indústria do Tabaco hobbit e os Idiomas do Oeste já foram. Houve uma batalha — com um monstruoso Olifante (o Mâmuk de Harad) incluído — e depois de um curto período em uma caverna atrás de uma cachoeira, creio que devo levar Sam e Frodo, por fim, a *Kirith Ungol* e às teias das Aranhas. Então a Grande Ofensiva terá início. E assim, com a morte de Theoden (por um Nazgûl) e a chegada das hostes do Cavaleiro Branco diante dos Portões de Mordor, alcançaremos o desfecho e a rápida resolução. Assim que eu puder deixar o novo material escrito de forma legível, irei batê-lo à máquina e enviá-lo a você.

67 De um aerógrafo para Christopher Tolkien

11 de maio de 1944 (FS 23)

Acordei cedo no domingo... Passei a maior parte do dia escrevendo, exceto pela exped. solo a Carmel às 5 (M. e P. foram a Trex às 11 e às 6:30). Completei meu quarto novo capítulo ("Faramir"), que recebeu total aprovação de C.S.L. e C.W. na manhã de segunda. Fui à igreja por você. Almocei com Mamãe na cidade. Encontrei C.S.L. na manhã de terça. Jantei em Pembroke (Rice-Oxley[1] como convidado): entediante. McCallum parece ter uma boa impressão sobre o trabalho de Mick.[2] O resto do tempo ocupado com aulas, casa, jardim (muito exigente agora: gramados, sebes, canteiros de abóboras, arrancar ervas daninhas) e o que pode ser poupado para o "Anel". Outro capítulo progredindo, levando ao desastre em Kirith Ungol onde Frodo é capturado. História então volta para Gondor e se dirige muito rapidamente (espero) para o desfecho. Ithilien (você talvez se lembre da situação dela no mapa que você fez) é revelada como uma terra muito agradável. Gostaria de ter você aqui, fazendo algo útil e agradável, completando os mapas e datilografando.

68 De um aerógrafo para Christopher Tolkien

12 de maio de 1944 (FS 24)

Passei a manhã escrevendo e agora estamos à vista de Minas Morghul. Jardinagem em um calor abafado (e adequado ao meio-dia) nesta tarde..... Nada fiz a respeito de datilografar novas cópias dos capítulos novos para enviar a você, uma vez que estou prosseguindo enquanto há uma chance e não posso esperar para passar a cópia a limpo.... Muito amor para você e todos meus pensamentos e orações. Quanto eu desejo saber! "Quando voltares à terra dos vivos e nós recontarmos nossas histórias, sentados ao sol junto de um muro, rindo dos velhos pesares, então me contarás" (Faramir a Frodo).

69 Para Christopher Tolkien

14 de maio de 1944 (FS 25) 20 Northmoor Road, Oxford

Bem, meu querido, aqui começa novamente uma carta apropriada... Escrevi um tanto ontem, mas fui atrapalhado por duas coisas: a necessidade de limpar o gabinete (que se tornou o caos que sempre indica uma preocupação literária ou filológica) e de comparecer no trabalho; e problemas com a lua. Com isso quero dizer que descobri que minhas luas nos dias cruciais entre a fuga de Frodo e a situação atual (chegada em Minas Morghul) estavam fazendo coisas impossíveis, nascendo em uma parte da região e pondo-se simultaneamente em outra. Reescrever pedaços de capítulos anteriores levou a tarde toda! .... Pe. C. fez um pequeno sermão muito arrebatador, baseado nos Dias de Rogações (próximas seg – qua), no qual ele sugeriu que éramos todos um bando de robôs sem instrução por não darmos Graças; e não sugeriu, mas afirmou categoricamente, que Oxford merecia ser devastada com fogo e sangue na ira de Deus pelas abominações e depravações nela perpetradas. Acordamos todos. Temo que tudo isso seja terrivelmente verdadeiro. Mas fico pensando se é *especialmente* verdadeiro agora. Um pequeno conhecimento de história deprime a pessoa com a sensação da massa e do peso eternos da iniquidade humana: antiquíssima, lúgubre, sem fim, repetitiva depravação incurável e imutável. Todas as cidades, todas as vilas, todas as habitações dos homens — antros! E ao mesmo tempo sabe-se que sempre há o bem: muito mais oculto, muito menos claramente discernido, raramente aparecendo em reconhecíveis belezas visíveis de palavras, feitos ou rostos — nem mesmo quando de fato a santidade, muito maior do que a visível depravação anunciada, realmente está lá. Porém, temo que nas vidas individuais de todos, com exceção de uns poucos, o equilíbrio é débito — fazemos tão pouco o que é positivamente bom, mesmo se negativamente evitamos o que é efetivamente mau. Deve ser terrível ser um padre! . . . .

Segunda-feira, 4 da tarde . . . . Encontrei-me com C.S.L. das 10:45 às 12:30 esta manhã: escutei 2 capítulos de seu "Who Goes Home?"[1] — uma nova alegoria sobre o Céu e o Inferno; e li meu 6º capítulo novo, "Jornada para a Encruzilhada", com completa aprovação. Até o momento a história tem ido bem: mas agora estou chegando no ponto crucial, onde os fios devem ser reunidos, os períodos de tempo, sincronizados e a narrativa, entrelaçada; enquanto a coisa toda cresceu tanto em importância que os esboços dos capítulos finais (escritos há muito tempo) são por demais inadequados, sendo de um nível mais "juvenil". . . . .

Tive subitamente uma ideia para uma nova história (mais ou menos do tamanho de Cisco[2]) — ontem na igreja, receio. Um homem sentado em uma alta janela e contemplando não os destinos de um homem ou de pessoas, mas de um pedacinho de *terra* (mais ou menos do tamanho de um jardim) no decorrer das eras. Ele apenas o vê iluminado, em bordas de brumas, e coisas, animais e homens simplesmente andam para lá e para cá, e as plantas e árvores crescem e morrem e mudam. Um dos pontos seria o de que plantas e animais mudam de uma forma fantástica para outra, mas os homens (apesar de diferentes indumentárias) não mudam de forma alguma. De tempos em tempos, no decorrer das eras, do Paleolítico até Hoje, duas mulheres (ou homens) perambulariam pela cena dizendo exatamente a mesma coisa (ex: Isso não deveria ser permitido. Eles devem parar com isso. Ou, eu disse a ela, não sou de criar caso, eu disse, mas...) . . . .

Do seu Pai que o ama.

70 Para Christopher Tolkien

21 de maio de 1944 (FS 26) 20 Northmoor Road, Oxford

Meu querido,

Receio não ter escrito por algum tempo. . . . . Aproveitei uma semana enfadonha de frio cortante (na qual os gramados não cresceram, apesar de um pouco de chuva) para escrever: mas topei com um trecho complicado. Tudo o que eu havia esboçado ou escrito antes se mostrou de pouca serventia, visto que cronologias, motivos etc., foram todos modificados. Finalmente, porém, com um trabalho m. grande e certas negligências de outras obrigações, escrevi ou quase escrevi agora toda a coisa até a captura de Frodo no passo elevado nos próprios limites de Mordor. Agora devo voltar ao outro pessoal e tentar levar as coisas ao desastre final com certa rapidez. Você acha que *Shelob* [Laracna] é um bom nome para uma monstruosa criatura aracnídea? Ele é apenas, é claro, "she+lob" (= aranha) mas, escrito como uma palavra só, parece bastante nauseante.....

Segunda-feira, 22 de maio..... Ontem (domingo) foi um dia miseravelmente frio. Trabalhei com afinco no meu capítulo — é um trabalho muito extenuante, especialmente à medida que o clímax se aproxima e é necessário manter o ritmo elevado: nível moderado algum servirá; e há todos os tipos de pequenos problemas de enredo e de mecanismos. Escrevi, rasguei e reescrevi a maior parte do capítulo muitas vezes, mas fui recompensado esta manhã, uma vez que tanto C.S.L como C.W. o consideraram um espetáculo admirável e os últimos capítulos os melhores até agora. Gollum continua a se desenvolver em um personagem muito intrigante. Eu estava de "serviço" noite passada e não deveria ir dormir, mas o fiz às 3:30 da madrugada. Um pouco cansado esta manhã. E tenho de ficar acordado a noite toda no Posto do QG hoje à noite.....

Do seu Pai.

71 Para Christopher Tolkien (aerógrafo)

25 de maio de 1944 (FS 27) 20 Northmoor Road, Oxford

Querido Chris, as Cartas, imensamente bem-vindas, chegaram aos borbotões..... Eu estava disposto, finalmente, a invejá-lo um pouco, ou melhor, a desejar poder estar com você "nas colinas". Há algo sobre a natividade e, embora eu tenha poucas lembranças pictóricas, há sempre uma sensação curiosa de reminiscência sobre quaisquer histórias da África que sempre me comove profundamente. Estranho que você, meu querido, tivesse de voltar para aí..... Não há muito a relatar sobre mim mesmo desde segunda. Naquela noite não dormi nem um pouco (bem literalmente), em parte devido ao tráfego ensurdecedor (on moldan 7 on úprodore[1]); e desisti de tentar às 6 da manhã. Como resultado, não fui particularmente brilhante na aula de terça-feira. A principal razão, contudo, é estar absorto em Frodo, que agora possui uma grande influência e exige muito de mim: o capítulo sobre Laracna e o desastre em Kirith Ungol foi escrito várias vezes. A coisa toda se desenvolve de um modo bem diferente de qualquer rascunho preliminar! Além de construir um galinheiro e um cercado (sucumbi, por fim: não pude aguentar a caixa suja e a rede emaranhada que acabavam com o gramado), dediquei a maior parte das minhas energias a essa tarefa. Duas aulas esta manhã; e esta noite vou tirar "folga" para ir até Magdalen, onde deverá ocorrer uma assembleia completa, incluindo Dyson..... Espero que você saia mais uma vez de licença para a África genuína muito em breve. Longe dos "servos menores de Mordor". Sim, penso nos orques como uma criação tão real quanto qualquer coisa na ficção "realista": suas palavras vigorosas descrevem bem a tribo; a diferença é que na vida real eles estão em ambos os lados, é claro. Pois o "romance" se originou da "alegoria" e suas guerras ainda são produzidas a partir da "guerra interior" da alegoria na qual o bem está de um lado e várias formas de maldade estão do outro. Na vida real (exterior), os homens estão dos dois lados: o que significa uma aliança diversificada de orques, feras, demônios, homens simples naturalmente honestos e anjos. Mas faz alguma diferença quem seus capitães são e se eles são órquicos per se! E do que trata tudo isso (ou se pensa tratar). É até possível neste mundo se estar (mais ou menos) errado ou com razão. Não pude suportar Gaudy Night.[2] Até agora acompanhei P. Wimsey desde seus princípios atraentes, tempo no qual concebi uma aversão por ele (e por sua criadora) não superada por qualquer outro personagem conhecido por mim na literatura, a não ser por sua Harriet. A lua-de-mel (Busman's H.?) foi pior. Fiquei nauseado..... Deus o abençoe. Do seu Pai. Concluída às 3:45 da tarde: 25 de maio de 1944.

72 Para Christopher Tolkien

31 de maio de 1944 (FS 28) 20 Northmoor Road, Oxford

Querido Chris,

Já estava na hora de eu escrever novamente... Na quinta jantei na faculdade, eu e os três velhos cavalheiros (Drake, Ramsden e o Tesoureiro[1]), que foram muito afáveis. O encontro dos Inklings .... foi muito agradável. Hugo[2] estava lá, parecendo muito cansado, mas razoavelmente barulhento. O principal entretenimento foi fornecido por um capítulo do livro de Warnie Lewis sobre os tempos de Luís XIV (achei-o muito bom) e alguns trechos de "Who Goes Home?" de C.S.L. — um livro sobre o Inferno, que sugeri que deveria ter sido chamado de "Hugo's Home". Só voltei depois da meia-noite. O resto do meu tempo, exceto por afazeres domésticos dentro e fora de casa, foi ocupado pela tentativa desesperada de levar "O Anel" a uma pausa apropriada, a captura de Frodo pelos Orques nas passagens de Mordor, antes que eu seja obrigado a interrompê-lo por causa da correção de provas. Por ter ficado acordado a noite toda, consegui fazê-lo e li os 2 últimos capítulos (*A Toca de Laracna* e *As Escolhas do Mestre Samwise*) para C.S.L. na manhã de segunda. Ele aprovou com fervor incomum e de fato foi levado às lágrimas pelo último capítulo, de maneira que parece que o nível da história está sendo mantido. A propósito, Sam é uma abreviatura não de *Samuel*, mas de Samwise (a palavra em ing. antigo para Meio-sábio, Simplório), como o nome de seu pai o Feitor (Ham) é da palavra em ing. ant. Hamfast ou Fica-em-casa. Hobbits dessa classe possuem, via de regra, nomes muito saxões — e não estou realmente satisfeito com o sobrenome Gamgi e o modificaria para Bonfilho se achasse que você me permitiria fazê-lo. Irei datilografar quase que imediatamente estes 8 novos capítulos, XXXIII-XL, que você não leu para lhe enviar, um por um em breves intervalos. . . . . Não escrevo a sério desde segunda-feira. Até o meio-dia de hoje eu estava suando com os Formulários de Seção e levei meus mss. para a Gráfica às 2 da tarde hoje — o último dia possível. . . . . Ontem: aula — pneu furado depois de ir buscar peixe, então tive de ir e voltar a pé da cidade, e como os consertos de bicicleta são imposs. com Denis[3] doente e trabalhando devagar, tive de desperdiçar a tarde em um esforço encardido, que terminou comigo removendo o pneu, remendando 1 furo na câmara de ar interna, um rasgo na parte externa e colocando a coisa de novo no lugar. Io! triumphum.[4] Mas é um trabalho duro de se fazer de supetão! . . . .

Domingo: 3 de junho. . . . . Uma das razões para esse segundo intervalo desde quarta-feira é que, desde que terminei de organizar as provas e antes que os manuscritos com as respostas chegassem, estive tentando datilografar alguns capítulos para que pudessem ser duplicados e enviados para você. Datilografei dois. Um trabalho duro no início, já que eu não datilografava há muito tempo. Há poucas outras novidades sobre mim além disso. . . . . Prisca e Mamãe foram ver Anna Neagle em *Emma* na peça baseada em Jane Austen e gostaram. Caminhei para casa com elas depois de jantar em Pembroke. Não foi lá essas coisas. Mas é cada vez mais doloroso, conforme os exércitos se aproximam de Roma, escutar os comentários grosseiros de senhores idosos e estúpidos. A situação atual das coisas me parece cada vez mais angustiante. Pergunto-me se você conseguiu ouvir quaisquer das palavras do Papa. Relacionado a elas, mas a respeito de outra ocasião: para que você possa fazer juízo da atmosfera de tato e cortesia na minha bela faculdade. Levei Rice-Oxley para jantar na segunda terça-feira do período letivo. A eleição para a Reitoria de Lincoln foi recém anunciada: a faculdade elegeu K. Murray, o jovem Tesoureiro escocês responsável pela atrocidade de Turl.[5] A pessoa óbvia (e acredito que apropriada) era V.J. Brooke (Censor[6] de S. Cat); mas Hanbury[7] também era um candidato. . . . Sentado ao meu lado, o Mestre disse em voz alta: "Ainda bem que eles não elegeram um católico romano para a Reitoria: desastroso, desastroso para a faculdade." "Sim, de fato", ecoou o Dr. Ramsden, "desastroso." Meu convidado olhou para mim, sorriu e sussurrou: "Modelos de tato e cortesia!" . . . .

Do seu Pai.

73 De uma carta para Christopher Tolkien

10 de junho de 1944 (FS 30)

[Escrita quatro dias após o início da invasão Aliada da Normandia.]

Recebi sua carta aérea na hora do chá ontem. . . . . Muita coisa está acontecendo nesta parte do mundo. Mas não vou me prolongar nisso, já que sem dúvida você recebe as mesmas notícias que nós e tão rápido quanto; e se alguém soubesse algo fora desse âmbito, seria "indiscreto" mencioná-lo. Na verdade, eu não sei. Mas, graças a Deus, parece que o tempo realmente está se abrindo nesse início de noite. Ela está mais calma, mais quente e há resquícios do sol e do céu azul. Imagino que o clima seja de suprema importância. . . . .

Escrevi pela última vez no Dia D, 6 de junho. Na quarta me esforcei especialmente com a datilografia. Do resto, só consigo me lembrar que na quinta jantei lugubremente em Pembroke e depois fui ao Magdalen, onde os Lewis, C. Williams e Edison (autor de Ouroboros)[1] estavam reunidos. Das 9 até depois da 12:30 o tempo foi ocupado pela leitura. Um longo capítulo do Capitão,[2] em grande parte sobre o sistema de governo no ancien régime da França, que ele conseguiu tornar muito divertido (embora fosse muito longo), seguido por Edison com um novo capítulo de um romance incompleto[3] — de poder e felicidade de expressão não reduzidos —, eu mesmo e C.S.L. Agradável, mas, em meio a exames e guerras, não mais para ser encarado tão alegremente quanto antes — especialmente porque acordei às 5 da manhã (ou 7 da manhã BDST)* para ir à Missa de Corpus Christi. . . . .

Esta manhã . . . . foi ocupada com exames, a tarde com uma reunião geral na Rhodes House em favor de um Conselho Cristão local. . . . . Havia um homem . . . . que se levantou e disse que aprovava um Conselho C. porque ele havia sido Lord Nelson em sua vida anterior e apreciara muito estar em Oxford durante parte de sua vida atual; mas ninguém riu — embora ele fosse do tipo afável que teria gostado disso. Ele mesmo o disse. Mas aparentemente ele tem feito esse discurso com tanta frequência que foi considerado como algo esperado. Isso apenas

* British Double Summer Time [Horário Duplo de Verão Britânico]; ver nota 2, da carta nº 56a. [N.T.]

mostra o quão pouco uma pessoa pode saber sobre sua própria cidade, uma vez que eu nunca o tinha visto ou ouvido falar dele antes. . . . .

[11 de junho] Fiquei muito interessado em todas as descrições: tanto as de sua residência como as do país. Imagino que sua memória aguçada se deva a 2 coisas: (1) desejo agudo (2) novas imagens que não correspondem às antigas e, desse modo, não se sobrepõem a elas e não as turvam. Poucos habitantes de uma cidade que nunca a deixaram podem se recordar mesmo das maiores mudanças em uma rua durante o ano passado. Minha própria memória bem aguçada provavelmente se deve ao deslocamento de todos os meus "quadros" de infância entre 3 e 4 anos ao deixar a África: eu estava empenhado em uma atenção e ajuste constantes. Reconheço agora algumas de minhas memórias visuais como belas misturas de detalhes africanos e ingleses. . . . . Quanto ao que tentar escrever: não sei. Tentei um diário com descrições (algumas mordazes, umas cômicas, outras louváveis) de pessoas e eventos vistos, mas achei que não era do meu feitio. Parti então para o "escapismo", ou transformar de fato experiências em outras formas e símbolos com Morgoth, Orques, os Eldalie (que representam beleza e graça de vida e artefato) e assim por diante; e isso me tem sido proveitoso em muitos anos difíceis desde então, e eu ainda me beneficio das concepções então elaboradas com esforço. Mas, é claro, não havia tempo, exceto de licença ou no hospital. . . . .

Eu certamente vivo de suas cartas, embora minhas circunstâncias sejam muitíssimo mais fáceis. No meu caso, a fadiga, o tédio cabal da mesmice é o inimigo. Se eu fosse mais jovem, eu iria querer trocar de lugar com você, simplesmente para mudar! Espero que você possa ler algo disso. Certamente custará seis pence pela quantidade (não pela qualidade, receio). Mais dentro em breve.

73a De uma carta para Christopher Tolkien

27 de junho de 1944 (FS 33)

[Ver carta nº. 74 a seguir.]

Fui para cama cedo (10 para as 11) e permaneci lá por quase 10 h, apenas para perceber a verdade da máxima de Warnie Lewis: "não há nada tão exaustivo quanto o sono; deixa-o completamente esgotado". Certamente me sinto exausto hoje: quarta-feira. Os eventos desde quinta-feira são que, na sexta-feira, recebi um cheque de quase £140 por "O Hobbit", que reviveu subitamente de novo! Também recebi uma carta de Stanley Unwin, pela qual descobri que o Cadete R. Unwin no meu curso é ninguém menos que o Rayner U. original que leu o ms. quando pequeno e fez seu pai publicá-lo.

74 De uma carta para Stanley Unwin 29 de junho de 1944

[Unwin escrevera em 22 de junho, enviando em anexo "mais um cheque substancial" pelos royalties obtidos com *O Hobbit* e contando a Tolkien que seu filho Rayner estava agora estudando Inglês em Oxford como cadete naval: "Ele estará ausente semana que vem de licença, mas, após sua volta, eu gostaria muito que ele o encontrasse alguma hora."]

Primeiro sobre Rayner. Fiquei tanto encantado como pesaroso com sua notícia. Encantado porque terei uma chance de vê-lo. Espero que ele me trate da maneira menos professoral e, assim que voltar, diga-me como podemos nos encontrar: se eu posso pedalar até suas acomodações e se ele se importaria de alguma hora passar aqui em casa para tomar um chá (simples) no meu jardim (desarrumado). Pesaroso porque é abominável pensar que a passagem do tempo e o prolongamento desse tormento o tenham arrebatado. Meu menino mais novo, também de Trinity, foi levado em julho último — no meio da datilografia e da revisão da continuação do Hobbit e da confecção de um mapa adorável — e agora está muito longe e muito infeliz, no Estado Livre de Orange:[1] o fato de que essa era minha terra natal não parece fazer com que lhe seja atraente. No momento tenho outro filho, um soldado muito prejudicado, em Trinity tentando fazer algum trabalho e recuperar um vestígio de sua antiga saúde.[2] Pesaroso também porque eu deveria estar ciente da presença de Rayner desde abril. Comecei e organizei o Curso Naval de Inglês em jan. de 1943, e fui o diretor até o final de março passado. Tive de abrir mão, pois eu não tinha tido um dia ou uma noite de folga ou longe dessa cidade por dois anos; e o entreguei, por enquanto, aos cuidados de Ridley de Balliol. Como resultado, embora o nome Unwin tenha chamado a minha atenção entre os candidatos, eu não entrevistei pessoalmente os cadetes, ou teria descoberto Rayner. Fico feliz em ver que ele foi muito bem no exame de meio de curso. Foi ideia do novo diretor fazer os cadetes passarem não por um exame especial próprio, mas por uma genuína preliminar universitária. Mostrou-se muito difícil para a maioria deles; mas Rayner foi um dos poucos cujo trabalho comparava-se favoravelmente mesmo aos estudantes universitários normais. Digo isso de modo confidencial — eu fui um dos examinadores.

Receio que tenho tratado mal o senhor. A sorte tem me tratado de modo muito duro desde que escrevi pela última vez — apesar de não mais duro do que muitos outros, que lástima! — e mal tive a energia ou o tempo para suportar o dia de trabalhos domésticos. Mas eu deveria ter agradecido ao senhor pela sua carta a respeito da Foyles[3] e pelos dois exemplares da edição. Além disso, poderia ter deixado o senhor a par do que está acontecendo com a continuação do Hobbit. Não foi possível escrever uma linha sequer dela durante um ano. Um dos resultados (até eu me afogar em um abismo de exames) da liberação do trabalho para a R.N. e a R.A.F. foi o de que eu consegui levar essa (grande) obra à beira da conclusão e agora estou prestes a concluí-la, desconsiderando todas as outras incumbências, na medida do possível.

Espero que o senhor ainda tenha um leve interesse na história apesar da falta de papel — ao menos como um futuro possível. É terrivelmente difícil e/ou caro mandar datilografar qualquer coisa nesta cidade, e quando minha máquina de escrever quebrou, não havia alguém que pudesse consertá-la. Tenho ainda uma única cópia e ela precisa de revisão à medida que a coisa se aproxima de seu final. Mas espero, por fim, ser capaz de enviar-lhe uma parte em breve. É uma pena que Rayner esteja envolvido agora com outras questões mais sérias. De qualquer modo, receio que a história tenha ficado muito longa e não juvenil.

Muito obrigado pelo cheque. Mesmo que fosse a metade, ele teria sido muito útil. Ainda trabalho debaixo de dívidas, em grande parte por tentar completar a educação de uma família, após a guerra ter tirado a maioria dos meios do endividado: uma experiência que não é incomum.

74a De um aerógrafo para Christopher Tolkien

7 de julho de 1944 (FS 35)

O pobre e velho C.S.L. foi para o Acland[1] ontem para que fizessem algo com a sua garganta, e também para remover um estilhaço. Parece que ele o carregou desde 1917, mas enfim desceu por entre os ossos de seu antebraço. Ele está bem, mas não poderei vê-lo até sábado... Após prolongada busca, deparei-me com um quartilho, e mandei-o goela abaixo, ontem, na companhia de Charles Williams, que me entregou dois capítulos do Anel que ele mandou datilografar para mim.

75 Para Christopher Tolkien

7 de julho de 1944 (FS 36) 20 Northmoor Road, Oxford

Meu querido: pensei em tentar a experiência de uma carta aérea no meu tipo minúsculo.[1] Ele certamente é tão pequeno assim e muito mais claro do que eu poderia escrever. Faz apenas dois dias desde que escrevi pela última vez, mas tenho um grande desejo de falar com você. Não que haja alguma coisa além das menores novidades para contar.

Ainda não tive uma chance de escrever mais. Esta manhã ocupei-me de compras e cadetes; e, na volta para a cidade, pela segunda vez meu pneu traseiro estourou com uma explosão barulhenta e a câmara de ar vazou por um corte na camada externa. Felizmente não estava longe de Denis, e pude me consolar no The Gardeners' Arms, ainda não descoberto por Estrelas ou Listras,[2] e onde eles servem uma mistura de "College Ale" com cerveja amarga. Mas tive de fazer uma terceira viagem após o almoço, e das 5 às 8 estava ocupado aumentando o galinheiro, com pedaços de madeira velha e pregos reaproveitados, para os novos galináceos, malditos sejam. Acabei de ouvir as notícias e assim vai o dia. Há uma família de pisco-chilreiros que deve ter feito um ninho no nosso jardim ou próximo a ele; são muito mansos e ultimamente têm nos entretido com suas estripulias ao alimentarem seus filhotes, em geral do lado de fora da janela da sala de jantar. Insetos das árvores e sementes de serralha parecem ser o principal deleite deles. Eu não fazia ideia de que eles se comportavam de um modo muito parecido com os pintassilgos. O velho e gordo pai, de colete rosa e tudo, fica completamente de cabeça para baixo em um ramo de cardo, trinando ao mesmo tempo. Há também algumas carriças nos arredores. Fora isso, nada digno de nota, embora todos os pássaros tenham aumentado muito em número após os invernos amenos e nestes dias relativamente sem gatos. O jardim está em seu costumeiro estado selvagem, novamente todo de um verde intenso e ainda com rosas abundantes. O claro dia de verão se transformou em chuva mais uma vez à noite e temos tido muito mais, embora não sem pausas.....

[9 de julho] Falando em pisco-chilreiros, você sabia que eles possuem uma ligação com a nobre arte da fermentação da cerveja? Estava dando uma olhada na Kalevala um dia desses — um dos livros que, creio, você ainda não leu. Ou leu? — e me deparei com o Runo XX, do qual eu costumava gostar: ele trata em grande parte da origem da cerveja. Quando a fermentação foi obtida pela primeira vez, a cerveja ficava apenas em tinas de bétula e espumava por toda parte e, é claro, os heróis vinham e a bebiam sofregamente e ficavam muito bêbados. *Embriagado ficou Ahti, embriagado ficou Kauko, embriagado ficou o patife corado com a cerveja da filha de Osmo* — a tradução de Kirby[3] é mais engraçada do que o original. Foi o pisco-chilreiro quem então deu à filha de Osmo a ideia de colocar a coisa em barris de carvalho com aros de cobre e armazená-la em uma adega. *Assim foi a cerveja criada . . . a melhor das bebidas para os prudentes; as mulheres ela logo leva ao riso. Os homens ela aquece para o bom humor, mas leva os tolos ao delírio.* Sentimentos razoáveis. Pobres e velhos finlandeses e seu idioma extravagante: parece que eles estão sendo sobrepujados.

Gostaria de ter visitado a Terra dos Dez Mil Lagos antes desta guerra. O finlandês quase arruinou minhas Hon. Mods.[4] e foi o germe original do Silmarillion.....

Fico pensando como você está se saindo com seu voo desde que saiu sozinho pela primeira vez — as últimas notícias que tivemos a esse respeito. Notei especialmente suas observações sobre as andorinhas planadoras. Isso toca o âmago das coisas, não? Lá a tragédia e o desespero de todo maquinário são revelados. Ao contrário da arte, que se contenta em criar um novo mundo secundário na mente, ele tenta tornar real o desejo e, desse modo, criar poder neste Mundo; e isso não pode ser realizado com satisfação real alguma. O maquinário para poupar trabalho cria apenas um trabalho pior e interminável. E, além dessa incapacidade fundamental de uma criatura, é acrescentada a Queda, o que faz com que nossos aparelhos não apenas falhem em seu desejo, mas se tornem um mal novo e horrível. Assim, inevitavelmente vamos de Dédalo e Ícaro para o Bombardeiro Gigante. Não é um avanço em sabedoria! Essa terrível verdade, vislumbrada muito tempo atrás por Sam Butler, destaca-se tão claramente e é tão horrorosamente exibida na nossa época, com sua ameaça ainda pior para o futuro, que parece quase uma doença mental mundial que apenas uma ínfima minoria percebe. Mesmo que as pessoas tenham ouvido as lendas (o que está se tornando mais raro), elas não têm noção do que significam. Como um fabricante de motocicletas pôde chamar seu produto de motos Íxion?! Íxion, que foi preso para sempre no inferno a uma roda que gira eternamente! Bem, já passei das 2 mil palavras nesta frágil cartinha aérea; e perdoarei alguns dos pecados das engenhocas de Mordor se elas puderem levá-la rapidamente a você.....

76 De uma carta para Christopher Tolkien

28 de julho de 1944 (FS 39)

Quanto a Sam Gamgi. Concordo completamente com o que você disse, e eu não sonharia em alterar o nome dele sem a sua aprovação; mas o objetivo da alteração era precisamente o de ressaltar a comicidade, rusticidade e, se me permite, a inglesidade desta joia entre os hobbits. Se eu tivesse pensado bem a respeito disso no início, teria dado a todos os hobbits nomes bem ingleses para combinarem com o condado. O Feitor veio primeiro; e Gamgi veio a seguir como um eco de antigas piadas de Lamorna.[1] Duvido que esse nome seja inglês. Tomei conhecimento dele apenas através do (Tecido) Gamgee, como a fibra de algodão era chamada, inventado por um homem com esse nome no século passado. No entanto, é provável que toda a ideia que você faz do personagem esteja agora ligada ao nome. As notícias banais estão no aerógrafo; mas o único evento que vale a pena contar foi a apresentação de Hamlet,[2] à qual assisti pouco antes de escrever pela última vez. Fiquei satisfeito com a peça na ocasião, mas as preocupações do mundo logo desfizeram a impressão. Contudo, a peça enfatizou mais firmemente do que qualquer coisa que eu já vira a tolice de se ler Shakespeare (e anotá-lo no gabinete), exceto como algo concomitante a assistir à atuação de suas peças. Foi uma apresentação muito boa, com um jovem, porém arrebatado Hamlet; foi encenada de modo rápido e sem cortes, e acabou sendo uma peça muito empolgante. Se alguém pudesse ter assistido sem jamais tê-la lido ou sem conhecer o enredo, teria sido espetacular. Foi bem produzida, exceto pela morte de Polônio ter sido um pouco mal trabalhada. Mas, para minha surpresa, a parte que se mostrou a mais comovente, quase que de maneira insuportável, foi aquela que na leitura eu sempre achei um tédio: a cena de Ofélia enlouquecida cantando seus breves trechos.

77 De uma carta para Christopher Tolkien

31 de julho de 1944 (FS 41)

A sua longa carta aérea (nº 24 de 11 de julho) chegou esta manhã... Tive um dia sombrio na sexta-feira, lecionando para cadetes sonolentos (cujos pensamentos pareciam estar principalmente no fim de semana — ha! alguma vez você já pensou no outro lado?)... PORÉM, consegui pôr as mãos num garrafão de cidra e numa garrafa de vinho argelino m. b., e tudo isso ajuda. Além disso, um barril de cerveja mediana foi deixado na soleira da minha porta no sáb. para que eu desarrolhasse, o que fiz com a perda de não mais que um quartilho. Receio que a mente ande a álcool ultimamente... Negligenciando outras obrigações, passei muitas horas datilografando e agora estou quase no fim do novo material no Anel; assim, logo poderei continuar e terminar; e espero lhe enviar mais um lote em breve. . . . . Binney esteve aqui no sáb. para tomar chá, com um humor m. agradável; isso animou P., uma vez que ela também está m. só com apenas um casal de velhos resmungões e nada para fazer além de ler. Ela acabou de ler *Além do Planeta S.* e *Perelandra* e, com bom gosto, preferiu o segundo. Mas ela acha difícil perceber que Ransom não é para ser um retrato meu (apesar de que, como filólogo, posso ter alguma parte nele, e reconheço algumas de minhas opiniões e ideias lewisificadas nele). . . . . As notícias são boas hoje. As coisas parecem estar começando a andar rápido agora, se bem que não tão rápido quanto alguns pensam. Fico pensando quanto tempo von Papen conseguirá se manter acima da terra.[1] Mas quando o rompante chegar à França, então será a hora de ficar empolgado. Quanto tempo levará? E quanto ao Crisântemo vermelho no Leste? E, quando estiver tudo terminado, terá restado às pessoas comuns alguma liberdade (ou direito), ou elas terão de lutar por ela, ou estarão cansadas demais para resistir? A última parece ser a ideia de alguns do Povo Grande que, na maioria das vezes, viram esta guerra de dentro de grandes automóveis. Muitos não têm filhos. Mas suponho que o único resultado certo de tudo isso seja um crescimento adicional nos grandes amálgamas padronizados com suas noções e emoções produzidas em massa. A música dará lugar ao jazz que, pelo que consigo compreender, significa fazer uma "improvisação" em volta de um piano (um instrumento apropriadamente destinado a produzir os sons elaborados por, digamos, Chopin) e golpeá-lo tão fortemente até que quebre. Dizem que esse entretenimento delicadamente culto é uma "febre" nos EUA. Ó Deus! Ó Montreal! Ó Minnesota! Ó Michigan! Ainda está para ser visto na paz, na prosperidade e na remoção do hipnotismo da guerra que tipo de manias de massa os soviéticos podem produzir. Talvez não tão desoladoras quanto as ocidentais (espero). Mas não há como se surpreender com uns poucos estados menores que ainda desejam ser "neutros": eles com certeza estão entre a cruz e a caldeirinha (e você pode colocar cada "C" no lado que bem entender). Porém, isso sempre tem ocorrido em termos diferentes, e você e eu pertencemos ao lado sempre derrotado, mas nunca completamente subjugado. Eu teria odiado o Império Romano em sua época (como odeio), e teria permanecido um cidadão romano patriótico, mas ao mesmo tempo preferindo uma Gália livre e vendo o bem nos cartagineses. *Delenda est Carthago.*[2] Ouvimos muito disso hoje em dia. Na verdade, ensinaram-me no colégio que esse era um belo ditado, e eu "reagi" (como dizem, neste caso com menos do que o costumeiro mau uso) imediatamente. Ainda há alguma esperança de que, ao menos em nossa amada terra da Inglaterra, a propaganda derrote a si mesma e produza, inclusive, o efeito contrário. Dizem que é assim na Rússia; e aposto que assim o é na Alemanha.....

[1º de agosto] Ouvi que está sendo lançado *First Whispers of the Wind in the Willows* [Primeiros sussurros do Vento nos Salgueiros], e as críticas parecem favoráveis. Ele está sendo publicado pela viúva de Kenneth Grahame, mas não são, deduzo, notas para o livro, mas histórias (sobre o Sapo e a Toupeira etc.) que ele escreveu em cartas para seu filho. Devo conseguir um exemplar, se poss. Receio ter cometido um grande erro ao fazer minha continuação complicada e longa demais e demasiado lenta na publicação. É uma maldição ter o temperamento épico em uma época superlotada dedicada a pedacinhos ligeiros!....

Tome o cuidado que puder e que seja possível e legítimo de si mesmo em corpo e alma, pois... você não pertence completamente a si mesmo. Falo de algo humano, pois é claro que, teologicamente, isso é verdade para o mais desamparado e pária. Mas fala-se e pensa-se humanamente em Deus em termos de paternidade por uma boa razão: não como é falsamente imaginado, por Deus ser uma apoteose humana do Homem Velho e ter origem em pais, mas o oposto; porque a paternidade tem origem em Deus e é delegada por Ele e possui um reflexo diminuto Dele e uma gotícula de seu Amor infinito com sua qualidade peculiar. Deus o abençoe! Deus unde omnis paternitas et omnis caritas custodiat te pro me cui te dedit et quem tibi praestavit.[3] Boa noite! Agora preciso correr para postá-la, incluindo esta philemata polla.[4] Que por ser real, mas invisível, não fará com que seja enviada pelo mar!

78 De uma carta para Christopher Tolkien

12 de agosto de 1944 (FS 43)

A carta está mais longa do que eu pretendia deixar desde meu aerógr. de 8 de agosto... Leio suas cartas cuidadosamente, e é claro que é muito correto você abrir conosco seu coração muito preocupado; mas não pense que qualquer detalhe de sua vida exterior, seus amigos, seus conhecidos ou os menores eventos não são dignos de serem escritos ou de interesse. Fico feliz que você esteja achando (de vez em quando) mais fácil ir levando as coisas. Eu não ficaria muito preocupado caso o processo às vezes pareça ser um declínio dos padrões mais elevados (intelectuais e estéticos, de qualquer modo, não morais). Pelo menos não acho provável que você decaia permanentemente para o pior; e devo dizer que você precisa engrossar um pouco a camada exterior, mesmo que apenas como uma proteção para o interior mais sensível; e se você conseguir isso, será de permanente valia em qualquer situação mais tarde na vida neste duro mundo (que não mostra sinais de suavização). E, é claro, como você já descobriu, uma das descobertas do processo é a compreensão dos valores que com frequência espreitam sob aparências terríveis. Urukhai é apenas uma figura de linguagem. Não há Uruks genuínos, isto é, pessoas tornadas más pela intenção de seu criador; e não há muitas que estão tão corrompidas a ponto de serem irredimíveis (embora eu tema que se deva admitir que há criaturas humanas que parecem irredimíveis, exceto por um milagre especial, e que provavelmente há de forma anormal muitas de tais criaturas em Deutschland e Nippon — mas certamente esses países infelizes não possuem o monopólio: encontrei tais criaturas, ou assim pensei, na verde e agradável terra da Inglaterra). Tudo o que você diz da aridez, da poeira e do cheiro da terra diabolicamente arrasada me lembra de minha mãe; ela a odiava (como uma terra) e estava alarmada em ver no meu pai sintomas de que ele estava gostando cada vez mais de lá. Costumava-se dizer que nenhuma inglesa de nascimento jamais podia superar essa aversão ou ser mais do que uma exilada, mas que os homens ingleses (sob as condições mais livres da paz) podiam e geralmente acabavam por amá-la (como uma terra; não estou dizendo coisa alguma de seus habitantes). Por incrível que pareça, tudo o que você diz, mesmo para o detrimento dela, apenas aumenta o desejo que sempre senti de vê-la novamente. Muito embora eu ame e admire pequenas vielas e sebes, as árvores farfalhantes e os suaves contornos ondulados de uma rica campina, a coisa que mais me instiga e muito se aproxima da satisfação do coração para mim é espaço, e eu estaria disposto a trocar a aridez por isso; de fato, creio que gosto da própria aridez onde quer que eu a tenha visto. Meu coração ainda se demora entre as altas vastidões pedregosas no meio de morainas e escombros de montanhas, silenciosas apesar do som da fria água tênue. Intelectual e esteticamente, é claro; o homem não pode viver de pedra e de areia mas, de qualquer maneira, não posso viver apenas de pão; e se não houvesse a rocha nua, a areia não trilhada e o mar não explorado, passaria a odiar todas as coisas verdes como uma protuberância fungiforme.....

Estou absolutamente sem qualquer inspiração para o Anel e voltei aonde estava na primavera, com toda a inércia para superar mais uma vez. Que alívio seria terminá-lo. Como sinto sua falta nesse aspecto! Esqueci de anotar quando foi que enviei os mss., mas suponho que tenha sido cerca de um mês atrás e você deve recebê-los em breve. Não devo enviar mais até que eu saiba seu próximo endereço, embora os capítulos subsequentes sejam melhores. Ficarei ansioso por saber o que você acha deles. Esse livro veio a ser cada vez mais direcionado a você, de modo que sua opinião importa mais do que a de qualquer outro.

79 De uma carta para Christopher Tolkien

22 de agosto de 1944 (FS 45)

[Uma resposta aos comentários de Christopher sobre Kroonstad, onde ele se encontrava, e sobre Johanesburgo.]

Kroonstad é o verdadeiro produto de nossa cultura, como ela existe e é agora; Jo'burgo (em suas melhores localidades) é o que ela gostaria de ser, mas pode ser apenas em circunstâncias econômicas especiais que são muito instáveis e impermanentes. Na Inglaterra, e lá menos do que na maioria dos outros países europeus, essa cultura até agora tem sido suavizada e encoberta pelas relíquias de uma época anterior (não confinadas a construções arruinadas). Haverá muitas Kroonstads, arquitetônica, moral e mentalmente, nesta terra em dez ou vinte anos, quando as Casas de Portal, "temporárias", estiverem empoladas e vergadas como cogumelos de lata podres e nada mais estiver por vir. Como na época de trevas anterior, a Igreja cristã dará sozinha continuidade a qualquer tradição considerável (não inalterada nem, é possível, imaculada) de uma civilização intelectualmente mais elevada, isto é, se ela não for empurrada para novas catacumbas. Pensamentos sombrios acerca de coisas sobre as quais não é possível realmente se saber algo; o futuro é impenetrável, especialmente para os sábios; pois o que é realmente importante está sempre oculto dos contemporâneos, e as sementes do que virá a ser estão germinando silenciosamente na escuridão de algum canto esquecido enquanto todos estão olhando para Stalin ou Hitler ou lendo artigos ilustrados sobre Beveridge ("O Mestre do University College em Casa") no *Picture Post*.....

Esta manhã dei aula, e encontrei o Bird and Baby[1] fechado; mas fui saudado por uma voz que foi carregada através da torrente de veículos que certa vez fora St Giles e descobri os dois Lewis e C. Williams a seco no outro lado. Por fim tomamos 4 quartilhos de cerveja passável no King's Arms — ao custo de 5/8..... Espero ver os rapazes amanhã; fora isso, a vida está tão clara quanto água em uma valeta.....

Aqui estou mais uma vez no melhor fim de dia. O mais maravilhoso pôr do sol que vejo em anos: um distante mar azul-claro esverdeado logo acima do horizonte, e acima dele uma costa elevada, com banco sobre banco de querubins flamejantes de ouro e fogo, atravessada aqui e ali por manchas nevoentas como chuva púrpura. Ela pode anunciar algum regozijo celestial pela manhã, uma vez que o barômetro está aumentando.

80 De um aerógrafo para Christopher Tolkien

3 de setembro de 1944 (FS 46)

[Sobre G.K. Chesterton.]

P[riscilla].... tem penado com A Balada do Cavalo Branco nas últimas muitas noites; e meus esforços de explicar as partes mais obscuras a ela me convencem de que a história não é tão boa quanto eu pensava. O final é absurdo. O brilhante impacto e o fulgor das palavras e das expressões (quando se destacam e não são apenas meras cores berrantes) não podem encobrir o fato de que G.K.C. nada sabia sobre o "Norte", pagão ou cristão.

80a De uma carta para G.E. Selby

19 de setembro de 1944

[Geoffrey Selby era um amigo e ex-colega da Faculdade de Inglês em Oxford. Na época, Priscilla estava digitando os primeiros capítulos de *O Senhor dos Anéis*.]

Fiquei feliz de ter notícias suas, e de poder, ainda que atrasado, congratulá-lo pelo casamento e pela filha. Há algo peculiarmente gracioso e orgulhante (para se cunhar uma palavra) em ser pai de uma filha. Tive de esperar um bom tempo pela minha, a quarta a nascer depois de três filhos. No momento ela está datilografando cópias de um vasto romance que acredito que a A. & Unwin aceitará (se conseguirem encontrar papel suficiente!).

80b Para Stanley Unwin

[Rayner havia visitado Tolkien e sua família depois de se formar como cadete naval.]

20 de setembro de 1944 — 20 Northmoor Road, Oxford

Caro Unwin,

Como Rayner parte amanhã, achei que gostaria de saber que finalmente nos encontramos, duas vezes. Encontrei-o uma vez em seus aposentos, e ontem à tarde ele fez uma visita aqui e me concedeu uma boa parte de seu tempo precioso após a fadiga de se "formar". Pela qual só pude pagá-lo com um chá dos mais frugais. Só posso esperar que ele não tenha ficado entediado, pois estou muito esgotado; mas, de minha parte, fiquei encantado e satisfeito. Ele de fato é extremamente gentil. Lamento que, por não ser mais diretor, e só lecionar uma classe especializada, eu não tenha sido capaz de ajudá-lo; não que ele precisasse muito de ajuda. Mas espero que ele não tenha de desperdiçar muito tempo na Marinha!...

Espero que o senhor não esteja sofrendo terrivelmente com V1s aéreas ou com foguetes,[1] e que seja poupado de todos os horrores desta época abominável.

Sinceramente,
J.R.R. Tolkien.

81 Para Christopher Tolkien

[Christopher havia se mudado para um acampamento em Standerton, no Transvaal.]

23-25 de setembro de 1944 (FS 51) 20 Northmoor Road, Oxford

Meu querido,

Recebemos outro aerógrafo seu esta manhã, justamente na véspera de sua partida para Standerton..... Fico feliz que os Capítulos tenham recebido a sua aprovação. Assim que eu os receber de volta vou lhe enviar o próximo lote, que acredito serem melhores (*De ervas e Coelho Ensopado*; *Faramir*; *A Lagoa Proibida*; *Jornada para a Encruzilhada*; *As Escadarias de Kirith Ungol*; *A Toca de Laracna* e *As Escolhas do Mestre Samwise*)..... Não há muito mais novidades caseiras. As luzes estão aumentando constantemente em Oxford. Cada vez mais janelas estão sendo descobertas; e a Banbury Road possui agora uma fileira dupla de lâmpadas, enquanto algumas das ruas laterais possuem lâmpadas comuns. Saí para um encontro dos "Inklings" na noite de quinta e andei de bicicleta sob a luz de tempos quase pacíficos até Magdalen pela primeira vez em 5 anos. Os dois Lewis e C. Williams estavam lá; e além de uma conversa agradável, tal como eu não desfrutava há tempos, ouvimos o último capítulo do livro de Warnie, um artigo de CSL e uma longa amostra de sua tradução de Virgílio.[1] Não voltei para casa até meia-noite, e caminhei com C.W. parte do caminho, quando nossa conversa se voltou para as dificuldades de se descobrir que fatores comuns, caso houvesse algum, existiam nas noções associadas com a *liberdade*, tal como usadas atualmente. Não creio que haja algum, pois a palavra tem sido usada de forma tão abusiva pela propaganda que ela deixou de ter qualquer valor para a razão e se tornou uma mera dose emocional para gerar calor. No máximo, ela parece implicar que aqueles que o oprimem devem falar (nativamente) o mesmo idioma — o que, em último caso, é a tudo que as ideias confusas de raça ou nação se resumem; ou de classe na Inglaterra, por falar nisso. .... As notícias da guerra ocidental, é claro, ocupam boa parte de nossas mentes, mas você sabe sobre elas tanto quanto nós. Tempos ansiosos, apesar da gritaria um tanto prematura. Os camaradas blindados estão bem no meio dela e acham (deduzo) que ainda haverá uma boa parte do meio. Não consigo compreender a linha adotada pela BBC (e pelos jornais, e desse modo, suponho, emanando do M[inistério] D[a] I[nformação]) de que as tropas alemãs são um grupo variado de vivandeiros e homens arrasados, ao mesmo tempo em que registram a defesa mais amarga contra os melhores e mais bem equipados exércitos (o que eles realmente são) que já entraram em batalha. Os ingleses se orgulham, ou costumavam se orgulhar, do "espírito esportivo" (que incluía "dar o braço a torcer"), não que o comparecimento a um jogo da liga de futebol não fosse suficiente para desfazer a noção de que o "espírito esportivo" fosse algo que um grande número de habitantes desta ilha possuísse. Mas é angustiante ver a imprensa se rebaixando a um nível tão baixo quanto o de Goebbels no seu auge, gritando que qualquer comandante alemão que se mantém firme em uma situação desesperadora (quando as necessidades militares de seu lado também beneficiam) é um beberrão e um fanático apatetado. Não consigo ver muita distinção entre nosso tom popular e os "idiotas militares" celebrados. Sabíamos que Hitler era um cafajestezinho vulgar e ignorante, além de quaisquer outros defeitos (ou das origens deles); mas parece haver muitos cafajestezinhos v. e i. que não falam alemão e que, dada a mesma oportunidade, apresentariam a maioria das outras características hitlerianas. Houve um artigo no jornal local defendendo seriamente o extermínio sistemático de toda a nação alemã como o único curso apropriado após a vitória militar: porque, com sua licença, eles são cascavéis e não sabem a diferença entre o bem e o mal! (O que dizer do autor?) Os alemães têm tanto direito de declarar os poloneses e judeus vermes subumanos e extermináveis quanto nós temos de selecionar os alemães: em outras palavras, nenhum direito, o que quer que tenham feito. É claro, ainda há uma diferença aqui. O artigo foi respondido e a resposta impressa. O Cafajeste Vulgar e Ignorante ainda não é um chefe com poder, mas ele está bem mais próximo de se tornar um nesta verde e agradável ilha do que antes. E tudo isso você sabe. Ainda assim, você não é o único que deseja soltar vapor ou rebentar às vezes; e eu poderia soltar vapor se abrisse a válvula, comparada com a qual (como a Rainha disse à Alice) isso seria apenas um borrifo de perfume. Não dá para evitar. Você não pode enfrentar o Inimigo com o Anel dele sem se tornar um Inimigo; mas, infelizmente, a sabedoria de Gandalf parece ter passado com ele há muito tempo para o Verdadeiro Oeste. . . . .

O temporal NO nos "Estreitos de Dover" passou, e estamos de volta a um dia de setembro ameno com um sol prateado brilhando através de nuvens mosqueadas muito altas que ainda se movem muito rapidamente vindas do NO. Devo tentar continuar com o Pérola e parar as ávidas mandíbulas de Basil Blackwell.[2] Mas estou com a sede de viagens outonal, e de bom grado eu partiria com uma mochila nas minhas costas e sem um destino específico, a não ser por uma série de estalagens sossegadas. Um dos prazeres há muito adiados que devemos prometer a nós mesmos, quando agradar a Deus nos libertar e nos reunir, é simplesmente tal perambulação, juntos, de preferência no interior montanhoso, não muito longe do mar, onde as cicatrizes de guerra, matas derrubadas e campos aplainados não são tão fáceis de se ver. Os Inklings já concordaram que a celebração de vitória deles, caso sejam poupados para que tenham uma, será tomar uma estalagem inteira no interior por pelo menos uma semana, a qual passarão inteiramente na base de cerveja e conversas, sem fazer referência a qualquer relógio! ... Que Deus esteja com você e o guie em todos os seus caminhos. Todo o amor de seu

Pai.

82 De um aerógrafo para Christopher Tolkien

30 de setembro de 1944 (FS 52).

Nós três acabamos de voltar pelo fim chuvoso de um dia dourado de uma produção m. pobre no Playhouse de "As Armas e o Homem", que não está bem montada. Vi a boa senhora (no teatro com C. Williams) que está datilografando o Anel e tenho esperança de ter mais para enviar em breve. Não creio que eu deva escrever mais, exceto pela esperança de que você o veja. No momento estou concentrado na revisão, já que não posso continuar sem ter fresco na mente o que se passou. Você se lembra do capítulo "O Rei do Paço Dourado"? Ele parece muito bom agora que é está antigo o bastante para uma visão imparcial.

83 De uma carta para Christopher Tolkien

6 de outubro de 1944 (FS 54)

Tem sido outra semana maravilhosa de cartas. Quando saí para postar a minha FS 53, as suas 52, 55 e 56 chegaram. Na qua., seus aerógs. para P. (53 e 54) chegaram, e na qui., seu aeróg. para nós (57 de 22 de set.). Sinto muito pela lacuna nas suas correspondências. Foi devido ao atraso de nossas cartas pela incerteza entre 6 de set., quando minha 47, cujo recebimento foi confirmado, foi enviada, e 15 de set., quando a minha 48 (escrita em 10 de set.) e 49 foram despachadas. Espero que várias tenham chegado desde então, e Punches,[1] e? tabaco. Primeiro: notícias locais. Tem sido uma semana excepcionalmente muito interessante. Você sabe como encontrar um xelim esquecido em um bolso velho, mesmo que você não esteja duro, lhe dá uma curiosa sensação de riqueza. Não estou me referindo ao fato de que lucrei cerca de £51 com meus trabalhos de férias com os Cadetes, embora isso não tenha sido tão ruim, mas ao fato de que estou uma *semana* adiantado. O período letivo não começa hoje, mas na semana que vem! Isso tem me dado uma sensação maravilhosa (mesmo que fictícia e que posteriormente pela qual irei pagar) de tempo livre. . . . . Na terça à tarde dei um pulo no Bird and B. com C. Williams. Lá, para minha surpresa, encontrei Jack e Warnie já acomodados. (Por ora está encerrada a falta de cerveja, e as estalagens estão quase habitáveis novamente). A conversa foi muito animada — embora eu não possa me lembrar de parte alguma dela agora, exceto a história de C.S.L. de uma senhora idosa que ele conhece. (Ela foi uma estudante de inglês no tempo de Sir Walter Raleigh. No *viva* dela, perguntaram-lhe: *Em qual período a senhorita gostaria de ter vivido, Srta. B? No séc. XV*, disse ela. *Ora vamos, Srta. B., a senhorita não gostaria de conhecer os poetas dos lagos? Não, senhor, eu prefiro a sociedade dos cavalheiros.* Colapso do *viva*.) — e notei um estranho homem alto e macilento, parte em uniforme cáqui, parte em traje civil, com um grande chapéu de abas largas, olhos brilhantes e um nariz adunco, sentado no canto. Os outros estavam de costas para ele, mas pude ver em seu olhar que ele estava se interessando na conversa, bem ao contrário do doloroso assombro costumeiro do público britânico (e estadunidense) pela presença dos Lewis (e minha) em um pub. Era bem como Troteiro no Pônei Empinado;[2] de fato, m. parecido. De repente, ele entrou na conversa com um estranho sotaque ilocalizável, levantando alguma questão sobre Wordsworth. Em poucos segundos ele se revelou como sendo Roy Campbell (de *Flowering Rifle* e *Flaming Terrapin* [O Rifle Florescente e A Tartaruga Flamejante]). Perplexidade! Ainda mais por C.S.L. tê-lo satirizado violentamente na Oxford Magazine pouco tempo atrás, e seu serviço de recortes não deixa passar nada. Ainda resta uma boa parte do Ulster em C.S.L., mesmo que oculta dele. Depois disso as coisas se tornaram rápidas e furiosas, e eu me atrasei para o almoço. Foi (talvez) gratificante descobrir que este poderoso poeta e soldado desejava em Oxford mormente encontrar Lewis (e a mim). Marcamos um encontro para a noite de quinta (isto é, a noite passada). Se eu pudesse me lembrar de tudo que ouvi na sala de C.S.L. noite passada, daria para preencher várias cartas aéreas. C.S.L. havia tomado uma boa dose de porto e estava um pouco beligerante (ele insistiu em ler para nós sua sátira mais uma vez enquanto R.C. ria dele), mas fomos principalmente obrigados a ouvir o convidado. Uma janela para um mundo selvagem, o homem ainda assim é gentil, modesto e compassivo. Fiquei interessado principalmente em saber que esse Troteiro de aparência idosa com cicatrizes de guerra, mancando devido a feridas recentes, é 9 anos mais novo do que eu, e provavelmente nos encontramos quando ele era um rapaz, uma vez que ele morava em O[xford] na época em que morávamos na Pusey Street (dividindo o quarto com Walton, o compositor,[3] e andando com T.W. Earp, o tapado original, e com *Wilfrid Childe*,[4] seu padrinho — cujas obras ele muito estima). O que ele fez desde então é inacreditável. Eis aqui um herdeiro de uma família prot. de Ulster residente na África do S., a maioria da qual lutou em ambas as guerras, que se tornou católico após abrigar os padres carmelitas em Barcelona — em vão: eles foram pegos e mortos, e R.C. quase perdeu a vida. Mas ele tirou os arquivos carmelitas da biblioteca em chamas e os levou através do país Vermelho. Ele fala espanhol fluentemente (foi toureiro profissional). Como você sabe, ele então lutou na guerra no lado de Franco e, entre outras coisas, estava na vanguarda da companhia que enxotou os Vermelhos de Málaga com tal pressa que o general deles (Villalba, acredito) não conseguiu levar embora seu saque — e deixou em sua mesa a mão de Sta. Teresa com todas as suas joias. Ele tinha coisas muito interessantes a dizer sobre a situação em Gib. desde a guerra (na Espanha). Mas é um homem patriótico e tem lutado pelo Exército B. desde então. Bem, bem. Martin D'Arcy[5] confirma os relatos dele e lhe disse para nos procurar. Mas eu gostaria de poder me lembrar da metade de suas histórias picarescas sobre poetas, músicos etc., de Peter Warlock a Aldous Huxley. A que mais apreciei foi a história do untuoso Epstein (o escultor) e de como ele o enfrentou e o colocou no hospital por uma semana. No entanto, não é possível transmitir uma impressão de tal personagem raro, tanto soldado como poeta e um cristão convertido. Que diferença em relação à Esquerda — os "*panzers* de veludo cotelê" que fugiram para os Estados Unidos (Auden entre eles que, com seus amigos, fez com que as obras de R.C. fossem "banidas" pelo Conselho M. de Birmingham!). Espero ver novamente esse homem na semana que vem. Não saímos de Magdalen antes da meia-noite, e caminhei até a Beaumont Street com ele. As reações de C.S.L. foram estranhas. Nada é um tributo maior à propaganda Vermelha do que o fato de que ele (que sabe que em todos as outras questões eles são mentirosos e difamadores) acredita em tudo o que é dito contra Franco e em nada que é dito a favor dele. Até mesmo o discurso direto de Churchill no Parlamento não o abalou. Mas o ódio por nossa igreja é, no final das contas, o único fundamento final verdadeiro da Igr. da Ingl. — tão profundamente enraizado que permanece mesmo quando toda a superestrutura parece ser removida (C.S.L., por exemplo, reverencia o Sagrado Sacramento e admira as freiras!). Ainda assim, se um luterano é mandado para a cadeia, ele se enfurece; mas, se padres católicos são massacrados, ele não acredita (e é provável que ele realmente acredite que eles tenham pedido por isso). Mas R.C. o balançou um pouco.....

Pode "divagar". As cartas não precisam ser apenas sobre eventos exteriores (apesar de todos os detalhes serem bem-vindos). O que você está pensando tem tanta importância quanto esses eventos: Natal, ruídos de abelhas e todo o resto. E não sei dizer por que você acharia que o encontro com o botânico-farmacêutico.... não é digno de nota. Achei muito interessante..... Não é o *não criado pelo homem* (ex: o clima) nem o *homem* (mesmo em um nível ruim), mas o que é *criado pelo homem* que é fundamentalmente desanimador e insuportável. Se um ragnarök[6] queimasse todos os cortiços, gasômetros, garagens desarrumadas e subúrbios iluminados por lâmpadas a arco voltaico, por mim ele poderia queimar todas as obras de arte — e eu voltaria para as árvores.

84 De um aerógrafo para Christopher Tolkien

12 de outubro de 1944 (FS 55)

Comecei mais uma vez a tentar escrever (à beira do início do período letivo!) na terça, mas descobri um erro embaraçoso (um ou dois dias) na sincronização, m. importante neste estágio, dos movimentos de Frodo e dos outros, que custou trabalho e pensamento a respeito e exigirá pequenas alterações cansativas em muitos capítulos; mas, de qualquer maneira, comecei de fato o Livro Cinco (e último: cerca de 10 capítulos por "livro"). Enviei hoje Folha de Cisco para o Dublin Review, já que o editor escreveu pedindo poesia ou prosa.

85 De um aerógrafo para Christopher Tolkien

16 de outubro de 1944 (FS 56)

Tenho lutado com a cronologia deslocada do Anel, que se mostrou muito incômoda e não apenas interferiu em outras obrigações mais urgentes e maçantes, mas também me impediu de ir em frente. Creio que finalmente a tenha resolvido com pequenas alterações no mapa e pela inserção de um dia extra de Entencontro, dias extras na perseguição de Troteiro e na jornada de Frodo (uma pequena alteração no primeiro capítulo que recém enviei: 2 dias do Morannon a Ithilien). Mas agora tenho aulas novamente, e também Pérola.

86 De uma carta para Christopher Tolkien

23 de outubro de 1944 (FS 57)

Acabei de sair para dar uma olhada para cima: o barulho é tremendo, o maior em muito tempo para uma Armada que preencheu o céu. Suponho que não haja problema em dizer isso, uma vez que, quando esta chegar a você em algum lugar, ela já terá deixado de existir e todo o mundo terá tido conhecimento dela e a esquecido em seguida.. . . .

Parece que não há tempo para fazer qualquer coisa adequadamente; e eu me sinto cansado o tempo todo, ou muito entediado. Acho que se um *jinn* surgisse e me concedesse um desejo — *do que você realmente gostaria?* — eu responderia: *Nada. Vá embora!* . . . .

Com respeito à blasfêmia, só é possível se lembrar (quando aplicável) as palavras *Pai, perdoa-lhes, pois eles não sabem o que fazem* — ou dizê-las. E, de algum modo, imagino que Nosso Senhor é realmente mais afligido pelas ofensas que cometemos um contra o outro do que por aquelas que cometemos contra Ele próprio, esp. seu ser encarnado. E, linguisticamente, não há muita diferença entre um *maldito seja*, dito sem pensar ou mesmo sem conhecimento do terror e da majestade do Único Juiz, e as coisas que você menciona. Tanto as palavras sexuais como as sagradas deixaram de ter qualquer conteúdo, exceto por uma sombra de emoções passadas. Não quero dizer que isso não é uma coisa ruim, e certamente é muito cansativa, entristecedora e enlouquecedora, mas, de qualquer modo, não é *blasfêmia* em seu sentido pleno.

87 Para Christopher Tolkien

25 de outubro de 1944 — 20 Northmoor Road, Oxford

Querido homem,

Aqui está mais um pouco do "Anel" para seu deleite (espero) e crítica, mas não para devolução. Mais dois capítulos para completar o "Quarto Livro" e então espero terminar o "Quinto" e último do Anel. Escrevi uma longa carta aérea hoje e devo escrever novamente (é claro) antes do seu aniversário. Receio que este pacotinho não chegará até você a tempo.

> "Caro Sr. Tolkien, acabei de ler seu livro, O Hobbit, pela 11ª vez e quero dizer ao senhor o que eu penso dele. Acho que é o livro mais maravilhoso que já li. Ele é indescritível... Carambolas, estou surpreso que ele não seja mais popular... Caso o senhor tenha escrito outros livros, poderia por favor me enviar os nomes deles?"
>
> John Barrow 12 anos.
> West town School, West town, Pa."

Achei que esses trechos de uma carta que recebi ontem iriam diverti-lo. Acho que essas cartas que ainda recebo ocasionalmente (fora o cheiro de incenso que o homem caído nunca consegue deixar completamente de saborear) me deixam muito triste. Quantos milhares de grãos de bom cereal humano precisam cair em solo estéril e pedregoso, se uma gotinha assim de água é tão inebriante! Mas acredito que é necessário ser grato pela graça e sorte que me permitiram fornecer até mesmo a gota. Deus o abençoe, amado. Você acha que "O Anel" será lançado chegará aos sedentos?

Do seu Pai.

Foi bom descobrir que garotinhos estadunidenses realmente ainda dizem "Carambolas".

88 De uma carta para Christopher Tolkien

28 de outubro de 1944 (FS 58)

Este ano vazio está se esvaindo em uma triste escuridão cinza e insípida: tão vagaroso e ainda assim tão rápido e evanescente. O que dizer do novo ano e da primavera? É o que fico ponderando.

88a De uma carta para Christopher Tolkien

1º de novembro de 1944 (FS 59)

[Christopher iria celebrar seu 20º aniversário em 21 de novembro.]

Fiquei m. interessado em saber que você se deparou com outro do clã Unwin (Harold, também conhecido como Chris). Rayner estava na Blackwell's, mas eu não sabia na época. Aquele de quem eu tinha conhecimento era o seu irmão mais velho e muito menor. Rayner é um rapaz moreno respeitável e muito bem-apessoado, apegado como você a um cachimbo, ao contrário do pai dele, que se parece exatamente como um dos meus "anãos" (só não creio que ele fume). Bem, meu querido, quando receber esta carta, você terá acabado de deixar ou estará prestes a deixar os "anos de alegria irresponsável da adolescência", ou, no caso, os anos um tanto irascíveis, conturbados e geralmente desafortunados da adolescência, prejudicados pelas enfermidades, a guerra e o exílio. Tudo o que posso fazer é desejar e rezar por você por uma 3ª década melhor do que a 2ª (e melhor do que a que tive!). Eu não gostaria muito de suportar minha adolescência de novo, mas imagino (em vão, pois o pensamento não tem sentido de fato) que eu poderia, pelo menos, fazer melhor uso do tempo desde os 25 (espec. 25–45) se os "vivesse de novo". Mas já estou "mais do que cheio", como dizem agora. Naturalmente, há sempre algum melhor uso que podemos fazer de nosso tempo, mesmo nas circunstâncias exteriores mais abomináveis, e com somente uma oportunidade (sem volta) de fazê-lo. Ainda assim, tenho esperança de que em breve você escapará para circunstâncias não tão obviamente frustrantes. Mas esta vida é sempre, e em todos os pontos, "frustrante" — é uma questão de grau na pressão e na contrapressão interior. Deus o abençoe. Como o tempo se alonga! 10 meses hoje desde que vi o seu querido rosto. Esperemos que pelo menos algumas dessas dores (se apreendidas nesse sentido) possam ser consideradas um Purgatório antecipado!

89 Para Christopher Tolkien

7–8 de novembro de 1944 (FS 60) 20 Northmoor Road, Oxford

.... Sua referência aos cuidados de seu anjo da guarda me deixa com o receio de que "ele" está sendo especialmente necessário. É provável que assim o seja. .... Isso também me lembrou de uma visão repentina (ou talvez uma percepção que imediatamente se transformou em uma forma pictórica na minha mente) que tive não muito tempo atrás enquanto passava meia hora na igreja de S. Gregório antes do Sagrado Sacramento, quando as Quarant' Ore[1] lá ocorriam. Percebi ou pensei na Luz de Deus, e nela pendia um pequeno grão de poeira (ou milhões de grãos de poeira, dos quais a apenas um a minha pequena mente estava direcionada), cintilando com brancura por causa do raio individual da Luz que tanto o sustinha como o iluminava. (Não que houvesse raios individuais partindo da Luz, mas a mera existência do grão de poeira e sua posição em relação à Luz por si só era uma linha, e a linha era Luz). E o raio era o Anjo da Guarda do grão de poeira: não uma coisa interposta entre Deus e a criatura, mas a própria atenção de Deus, personalizada. E não quero dizer "personificada", por uma mera figura de linguagem de acordo com as tendências da linguagem humana, mas uma pessoa (finita) real. Pensando nisso desde então — pois a coisa toda foi muito imediata e não retomável em linguagem desajeitada, certamente não a grande sensação de júbilo que a acompanhou e a compreensão de que o brilhante grão de poeira suspenso era eu mesmo (ou qualquer outra pessoa humana na qual posso pensar com amor) —, ocorreu-me que (falo acanhadamente e não tenho ideia se tal noção é legítima: ela é, de qualquer maneira, muito distinta da visão da Luz e do grão de poeira suspenso) que esse é um paralelo finito ao Infinito. Assim como o amor do Pai e do Filho (que são infinitos e iguais) é uma Pessoa, também o amor e atenção da Luz ao Grão de Poeira é uma pessoa (que está tanto conosco como no Céu): finita, mas divina, isto é, angelical. De qualquer modo, querido, recebi conforto, parte do qual tomou essa forma curiosa, que (receio) falhei em transmitir: exceto pelo fato de que agora tenho comigo uma consciência definida de você suspenso e brilhando na Luz — embora seu rosto (como todos os nossos rostos) não esteja voltado para ela.

Mas podemos ver o lampejo nos rostos (e pessoas tal como compreendidas no amor) de outros.....

No domingo, Prisca e eu pedalamos no vento e na chuva até a igreja de S. Gregório. P. estava lutando com um resfriado e outra incapacidade, e isso não lhe fez um bem muito imediato, embora ela esteja melhor agora; mas tivemos um dos melhores (e mais longos) sermões do Pe. C. Um maravilhoso comentário sobre o Evangelho do Domingo (a cura da mulher e da filha de Jairo), tornado intensamente vívido por sua comparação dos três evangelistas. (P. se divertiu espec. por sua observação de que S. Lucas, sendo ele mesmo um médico, não gostou da sugestão de que a pobre mulher ficara pior por causa deles, de modo que ele suavizou um pouco o tom disso). E também por suas vívidas exemplificações dos milagres modernos. O caso similar de uma mulher afligida de modo semelhante (devido a um vasto tumor uterino) que foi curada instantaneamente em Lourdes, de maneira que o tumor não pôde ser encontrado e seu cinto estava duas vezes maior. E a história muito comovente de um garotinho com peritonite tubercular que não foi curado e foi tristemente levado embora no trem por seus pais, praticamente moribundo com 2 enfermeiras cuidando dele. Na medida em que o trem se afastava, ele passou à vista da Gruta. O garotinho se sentou. "Quero ir falar com a garotinha" — no mesmo trem havia uma garotinha que havia sido curada. E ele se levantou, caminhou até lá e brincou com a garotinha; e então voltou e disse: "Estou com fome agora". E lhe deram bolo e duas tigelas de chocolate e enormes sanduíches de carne cozida, e ele os comeu! (Isso foi em 1927). Da mesma forma, Nosso Senhor lhes disse para dar à filhinha de Jairo algo para comer. Tão simples e triviais: pois assim são os milagres. Eles são intrusões (como dizemos em erro) na vida real ou usual, mas realmente são introduzidos na vida real e, assim, necessitam de refeições comuns e outros resultados. (É claro, o Pe. C não pôde deixar de acrescentar: e havia também um frade capuchinho que estava mortalmente doente e nada comera por anos, e ele foi curado e ficou tão contente com isso que se apressou e jantou duas vezes, e naquela noite ele não teve suas antigas dores, mas um ataque de simples indigestão comum). Mas com a história do garotinho (que é um *fato* completamente atestado, é claro), com seu aparente final triste e depois com seu repentino e inesperado final feliz, eu fiquei profundamente comovido e tive aquela emoção peculiar que todos temos — embora não com frequência. É muito diferente de qualquer outra sensação. E, de repente, percebi o que era: exatamente a coisa sobre a qual eu estava tentando escrever e explicar — naquele ensaio sobre estórias de fadas que tanto eu gostaria que você tivesse lido que acho que vou lhe enviar. Para esse ensaio cunhei a palavra "eucatástrofe": a repentina mudança feliz em uma história que o atinge com uma alegria que o leva às lágrimas (que eu argumento ser o que as estórias de fadas devem produzir como função mais elevada). E lá fui levado à visão de que ela produz seu efeito peculiar porque é um súbito lampejo de Verdade, toda a sua natureza encadeada em causa e efeito materiais, a cadeia da morte, sente um alívio repentino como se um membro principal deslocado repentinamente tivesse voltado ao lugar. Ela percebe — se a história possuir "verdade" literária no segundo plano (para o qual, ver o ensaio) — que de fato é assim como as coisas realmente funcionam no Grande Mundo para o qual nossa natureza é criada. E eu concluí dizendo que a Ressurreição foi a maior "eucatástrofe" possível na maior Estória de Fadas — e produz aquela emoção essencial: a alegria cristã que produz lágrimas por ser qualitativamente tão parecida com o pesar, pois ela vem daqueles lugares onde Alegria e Pesar são um só, reconciliados, assim como o egoísmo e o altruísmo se perdem no Amor. É claro que não quero dizer que os Evangelhos contam o que é *apenas* uma estória de fadas; mas sim enfatizar que eles realmente contam uma estória de fadas: a maior. O homem, o contador de histórias, teria de ser redimido de uma maneira consoante com sua natureza: por uma história comovente. *Mas* devido ao autor, se ele for o Artista supremo e o Autor da Realidade, essa história também foi criada para Ser, para ser verdadeira no Plano Primário. De maneira que no Milagre Primário (a Ressurreição), e também nos milagres cristãos menores, embora em menor quantidade, não se tem apenas aquele lampejo súbito da verdade por trás da aparente Anankê[2] de nosso mundo, mas um lampejo que na realidade é um raio de luz que penetra as próprias fissuras do universo ao redor de nós. Eu estava passeando com minha bicicleta um dia, não muito tempo atrás, passando a Enfermaria Radcliffe, quando tive uma daquelas clarezas que às vezes aparecem em sonhos (mesmo os produzidos por meio de anestésicos). Lembro de dizer em voz alta com absoluta convicção: "Mas é claro! É claro que é assim que as coisas realmente funcionam". Mas eu não poderia reproduzir qualquer argumento que levou a isso, embora a sensação fosse a mesma de ser convencido pela *razão* (mesmo que sem raciocínio). E desde então tenho pensado que uma das razões pela qual não é possível recapturar o maravilhoso argumento ou segredo quando se desperta é simplesmente porque não havia um: mas havia (talvez com frequência) uma apreciação direta pela mente (isto é, a razão), porém sem a cadeia de argumentos de que temos conhecimento em nossa vida regulada pelo tempo. Contudo, é assim que pode ser. Indo para coisas menores: eu sabia que havia escrito uma história de valor em "O Hobbit" quando ao lê-lo (depois que o livro ficou velho o suficiente para estar distante de mim) tive repentinamente, em uma medida razoavelmente forte, a emoção "eucatastrófica" com a exclamação de Bilbo: "As Águias! As Águias estão vindo!" . . . . E no último capítulo do Anel que escrevi até agora espero que você perceba, quando recebê-lo (ele logo estará a caminho), que o rosto de Frodo fica pálido e convence Sam de que está morto, justamente quando Sam perde a *esperança*.

E enquanto ainda estamos, por assim dizer, no pórtico da igreja de S. Gregório no domingo de 5 de novembro, lá tive uma visão muito emocionante. Encostado na parede quando saíamos da igreja havia um velho mendigo esfarrapado, algo parecido com sandálias amarradas a seus pés com barbante, uma velha lata em um pulso e na sua outra mão um cajado grosseiro. Ele tinha uma barba castanha e um rosto curiosamente "limpo" com olhos azuis, e estava olhando fixamente ao longe em algum pensamento arrebatado, sem dar atenção a qualquer uma das pessoas, cert. não estava pedindo. Não pude resistir ao impulso de lhe oferecer uma pequena esmola, e ele a aceitou com grave gentileza e me agradeceu com cortesia, e então voltou à sua contemplação. Dessa vez muito surpreendi o Pe. C. ao lhe dizer que eu achava que o velho se parecia muito mais com S. José do que a estátua na igreja — de qualquer maneira, S. José a caminho do Egito. Ele parece ser (e que pensamento feliz nestes dias miseráveis em que a pobreza parece trazer apenas pecado e sofrimento) um mendigo santo! Eu poderia ter jurado de qualquer forma, mas P. diz que Betty[3] lhe contou que ele havia estado na missa mais cedo e na comunhão, e sua devoção era clara de se ver, tão clara que muitos se edificaram. Não sei exatamente por que, mas acho isso imensamente reconfortante e agradável. O Pe. C diz que ele aparece cerca de uma vez por ano.

Esta está se tornando uma carta muito peculiar! Espero que ela não pareça de um todo muito incompreensível, pois eventos me direcionaram a tópicos de que não se pode realmente tratar sem apagar algumas partes e reescrever outras, impossíveis em cartas aéreas! . . . . Terminemos o diário. . . . . Na segunda (creio) uma galinha morreu — uma das gêmeas garnisé; cert. ela foi enterrada naquele dia. Também encontrei C.S.L. e C.W. por volta das 10:40 às 12:50, mas pouco consigo me lembrar do banquete da razão e fluxo da alma, em parte porque todos nós concordamos nesse ponto. Era uma manhã brilhante, e a amoreira no arvoredo logo no lado de fora da janela de C.S.L. brilhava como ouro fulvo contra o céu de azul-cobalto. Mas o tempo piorou de novo, e de tarde fiz uma das tarefas mais sujas. Engraxei todas as macieiras amarrando 16 pequenas calçolas imundas. Levou 2 horas e quase o mesmo tempo para tirar a maldita coisa das mãos e das ferramentas. Negligenciei isso ano passado e por isso perdi ½ de uma colheita gloriosa para as "mariposas". Será como esse "caco-catastrófico" mundo caído se no ano que vem elas não florescerem. Terça-feira: aulas e um breve vislumbre, no "The Bird", dos Irmãos Lewis e de Williams. O Bird está agora gloriosamente vazio, com uma cerveja melhorada e um proprietário cheio de sorrisos amigáveis! Ele acende uma lareira especial para nós! . . . .

A respeito de seu lembrete sobre "Lord Nelson" — foi em uma reunião preliminar para formar um Conselho Cristão Unido —, ele está sempre por perto. Esqueci de lhe contar que no "Hamlet" de Gielgud ele aproveitou um momento de silêncio para gritar do Balcão Nobre: "Uma apresentação muito boa, e eu estou gostando muito dela, mas parem com os palavrões!" Ele fez o mesmo no Playhouse. Quase foi linchado no New Theatre. Mas continua em seu estranho caminho. . . . .

Do seu Pai.

89a De um aerógrafo para Christopher Tolkien

13 de novembro de 1944 (FS 62)

Vi C.S.L. das 11 às 12:55 esta manhã (moral e teologia: ele estava muito interessado na questão angelical que abordei com você na minha FS 60). Assim o tempo vai passando; mas nunca deixo de pensar em você.

90 Para Christopher Tolkien

24 de novembro de 1944 (FS 64) 20 Northmoor Road, Oxford

Meu querido, tem havido um esplêndido fluxo de cartas suas desde que escrevi pela última vez. . . . . Nós nos divertimos muito com seu relato da cerimônia da Esquadra. Fico pensando o quanto a "banda nativa" deve ter gostado de receber assobios pelo ar! Também me perguntei como você chegou a ver e se lembrou da citação das Gnomas do Livro de Exeter — a qual (embora eu não tenha pensado nela antes) cert. fornece um argumento muito admirável em defesa do ato de se cantar no banho. Fiquei muito animado em ver um pouco de anglo-saxão, e realmente espero que você logo possa voltar e aperfeiçoar seu estudo desse nobre idioma. Como o pai disse ao seu filho: "Is nu fela folca þætte fyrngewritu healdan wille, ac him hyge brosnað", o que pode ser um comentário sobre o abarrotamento das universidades e o declínio do saber. "Há agora uma multidão de pessoas que deseja colocar as mãos nos documentos antigos, mas sua capacidade mental está decaindo!" Tenho de ensinar ou falar sobre inglês antigo a tal grupo de jovens que simplesmente não estão equipados com o talento ou o caráter para dominá-lo ou se beneficiarem dele. . . . . Ontem 2 aulas, reescrevendo decisões do Comitê de Exames

Emergenciais — se forem aceitas, você será capaz de retornar para fazer *ou* as Honours Encurtadas (quaisquer 5 ensaios) em 5-7 períodos letivos, *ou* as Hons. plenas (9 ensaios) em 8-12 períodos letivos, *sem contar* qualquer residência antes da ausência a Serviço — e então um grande evento: um encontro dos Inklings à noite. Cheguei ao Mitre às 8, onde se juntaram a mim C.W. e o Almirante Vermelho (Havard), decidido a se abastecer a bordo antes de se juntar aos comensais ébrios em Magdalen (C.S.L. e Owen Barfield). C.S.L. estava discorrendo muito, mas nós também estávamos em boa forma; ao passo que O.B. é o único homem que pode segurar C.S.L., fazendo-o definir tudo e interrompendo seus pronunciamentos mais dogmáticos com sutis *distinguos*. O resultado foi uma noite muito divertida e altamente contenciosa, a qual (se houvesse um estranho escutando às escondidas) ele teria pensado ser um encontro de inimigos terríveis disparando insultos mortais antes de sacarem suas armas. Warnie estava em excelente forma de major. Em certa ocasião, quando o público havia recusado sem rodeios ouvir Jack discursar sobre e definir o "Acaso", Jack disse: "Muito bem, uma outra hora, mas se morrerem esta noite, vocês estarão acabados sabendo muito menos sobre o Acaso do que poderiam saber." Warnie: "Isso apenas ilustra o que eu sempre disse: existe luz em toda escuridão." Mas houve algumas coisas bem interessantes. Uma pequena peça sobre Jasão e Medeia de Barfield, 2 sonetos excelentes enviados por um jovem poeta a C.S.L.; e algumas discussões iluminadas sobre "fantasmas" e sobre a natureza especial dos Hinos (CSL está no Comitê revisando Antigos e Modernos). Não fui embora antes das 12:30, e cheguei em minha cama por volta da 1 desta manhã. Hoje, tarefas diárias, uma combinação de compras e passeio à cidade com Mamãe. Tomamos café juntos na Ma Brown no Mercado, e lá encontramos Paddy McEnroe. Em casa ao meio-dia. Terminei de datilografar as coisas do Comitê. Almoço, louça lavada, corrida até a cidade; longa e contenciosa reunião da Diretoria Geral 2-3:15 (muito enfadonha); conversa com o Sec. da Fac., vislumbre de Stanley C,[1] em casa às 3:40. Colapso de exaustão (não tenho energia!) até o chá — e, desde então, esta carta...

Do seu Pai.

91 Para Christopher Tolkien

29 de novembro de 1944 — 20 Northmoor Road, Oxford

Meu querido,

Eis aqui uma pequena remessa do "Anel": os dois últimos capítulos que estive escrevendo e o final do Quarto Livro deste grande Romance, no qual você verá que, porquanto é muito fácil, coloquei o herói em tal apuro que nem mesmo um autor será capaz de livrá-lo sem trabalho e dificuldade. Lewis quase foi levado às lágrimas pelo último capítulo. Mesmo assim, desejo mormente saber o que você acha, já que por muito tempo tenho escrito principalmente com você em mente.

Vejo pela minha Agenda que lhe enviei 3 capítulos em 14 de outubro e outros 2 em 25 de outubro. Esses devem ter sido: Ervas e Coelho Ensopado; Faramir; A Lagoa Proibida; Jornada para a Encruzilhada; e as Escadarias de Kirith Ungol. A esta altura você já deve ter recebido o primeiro lote, espero que por volta do seu aniversário; o segundo deve chegar em breve; e espero que você receba este lote no início do Ano-Novo. Aguardo ansiosamente seu veredicto. É muito exasperante ter seu principal público a Dez Mil Milhas de distância, a bordo ou não do The Walloping Window-blind. Ainda mais exasperante para o público, sem dúvida, mas os autores, na qualidade de autores, são uma tribo incorrigivelmente egotista. O Livro Cinco e Último começa com a cavalgada de Gandalf a Minas Tirith, com a qual A Palantir, último capítulo do Livro Três, terminou. Parte dele está escrita ou esboçada. Então a seguir deverá vir o rompimento do cerco de Minas Tirith pelo ataque dos Cavaleiros de Rohan, no qual o Rei Theoden tomba; a rechaça do inimigo, por Gandalf e Aragorn, até o Portão Negro; a negociação na qual Sauron apresenta vários objetos (tais como o colete de mithril) para provar que capturara Frodo, mas Gandalf recusa-se a negociar (ainda assim um terrível dilema, mesmo para um mago). Voltamos então para Frodo e seu resgate por Sam. De um local elevado eles veem todas as vastas reservas de Sauron lançadas através do Portão Negro, e então se apressam até o Monte da Perdição através de uma Mordor abandonada. Com a destruição do Anel, cuja exata maneira não está certa — todos esses últimos pedaços foram escritos há muito tempo, mas já não são adequados nos detalhes, nem na elevação (pois a coisa toda se tornou muito maior e mais imponente) —, Baraddur desmorona, e as forças de Gandalf invadem Mordor. Frodo e Sam, lutando com o último Nazgul em uma ilha de rocha cercada pelo fogo do Monte da Perdição em erupção, são resgatados pela águia de Gandalf; e assim o esclarecimento de todos os pontos soltos, incluindo até mesmo o pônei de Bill Samambaia, deve acontecer. Muito desse trabalho será feito em um capítulo final em que Sam está lendo um livro enorme para seus filhos e respondendo a todas as perguntas deles sobre o que acontecera com todo mundo (tal parte fará a ligação com seu discurso sobre a natureza das histórias nas Escadarias de Kirith Ungol).[1] Mas a cena final será a passagem de Bilbo, Elrond e Galadriel pelos bosques do Condado a caminho dos Portos Cinzentos. Frodo se unirá a eles e atravessará o Mar (fazendo a ligação com a visão que ele tivera de uma distante terra verde na casa de Tom Bombadil). Assim termina a Idade Média e o Domínio dos Homens começa, e Aragorn, lá longe no trono de Gondor, esforça-se para trazer uma certa ordem e preservar alguma memória de antigamente entre a confusão de homens que Sauron despejou no Oeste. Mas Elrond partiu, e todos os Altos Elfos. O que acontece aos Ents eu ainda não sei. Provavelmente isso se desenvolverá de modo muito diferente desse plano quando realmente for escrito, visto que a coisa parece escrever a si própria assim que começo, como se então a verdade surgisse, apenas imperfeitamente vislumbrada no esboço preliminar. . . .

Com todo o amor do seu pai.

91a De uma carta para Christopher Tolkien

29 de novembro de 1944 (FS 65)

[Tolkien escreveu duas cartas para Christopher em 29 de novembro de 1944. A carta publicada como a de nº 91 foi enviada com um pacote que continha dois capítulos de *O Senhor dos Anéis*: "A Toca de Laracna" e "As Escolhas do Mestre Samwise". O excerto abaixo foi tirado da carta principal, enviada separadamente.]

Terça-feira, ontem, dei as minhas 2 aulas usuais. Uma manhã horrorosa. Por volta das 10:30, uma escuridão egípcia (uma nuvem de S.O. puramente carregada de chuva a cerca de 200 pés), de modo que eu não conseguia ver os rostos do meu público. A ela seguiu-se uma de nossas melhores manhãs no Bird. Tínhamos o lugar quase que só para nós. C.S.L estava em excelente forma, falando sem parar como o Dr. Johnson, para o deleite do estimável estalajadeiro. Warnie e C[harles] W[illiams] e também o Almirante Vermelho estavam lá. O encontro teve de contar como a festa de aniversário de C.S.L.: já que finalmente descobrimos que aquela data misteriosa é 29 de nov., hoje.

91b De uma carta para Christopher Tolkien

4 de dezembro de 1944 (FS 66)

Encerrei minhas aulas de Beowulf na quinta-feira, e desde então (com a grave negligência de outros deveres) trabalhei duro tentando resolver o esquema do tempo e incidentes para o Livro V do Anel. É muito difícil e terei de fazer muitas alterações, e receio que até mesmo mexer no mapa. Ainda estou terrivelmente empacado, mas o gérmen de uma ideia está crescendo. Na noite de qui., dia 30 — pausa para inserir um novo bico de pena: essas "pontas" recentes estragam depressa e se quebram de repente, como receio que você descobrirá —, fui a uma reunião muito agradável dos examinadores em Balliol, que começou com um bom jantar (oferecido por aquele príncipe dos Presidentes, M.R. Ridley), depois do qual nossos documentos nos pareceram tão excelentes, belos, vigorosos e espirituosos (o que os candidatos pensarão?) que não haveria muito trabalho a ser feito se não tivesse sido divulgado que 2 examinadores haviam preparado o mesmo documento e que um documento em cons. não havia sido preparado de modo algum!... A Sra. de Boisse apareceu na noite de sáb. e tomou uma taça de vinho do porto... Ela contou a história — da última guerra, que, no entanto, eu não conhecia — sobre o tenente inglês que foi comprar suprimentos em anglo-francês em uma vila para o refeitório (um trabalho que realizei com frequência!). "Je veux", disse ele, "des choux et des haricots et des oeufs pour la messe." "Mon Dieu!", disse a senhora, "quelle religion!"[1] ... Cheguei em Magdalen às 11 esta manhã e passei duas 2 horas com C.S.L. e C.W. Foi muito agradável. Conversamos bastante sobre "prosódia" e (mais do que eu gostaria) sobre C. Lamb: um autor para o qual receio não ter nenhum uso.

91c De uma carta para Christopher Tolkien

10 de dezembro de 1944 (FS 66) [sic]

> [Após a retirada alemã da Grécia, o primeiro de uma série de conflitos havia começado em Atenas entre o Exército de Libertação Popular e o governo apoiado pelos britânicos.]

Me dei um presente de pré-Natal na forma de uma vara de podar — uma lança escarlate de 12 pés com um gancho no alto e uma faca de poda controlada por uma manivela na parte de baixo. Devo ter parecido um pouco estranho voltando de bicicleta de Goundrey vestindo minhas roupas de jardinagem (com os dois joelhos de fora e insuf. protegidos por um velho capote) com minha lança vermelha apoiada. Numa rajada de vento forte, quase derrubei da sela a Sra. Barrington-Ward quando ela passou pedalando em sua bicicleta antiga. É uma boa ferramenta, visto que posso alcançar todas as árvores com ela, e a maior parte do pilriteiro. . . . .

Não comentarei as Notícias da Guerra — mas é claro que temos muitos contatos próximos com a Grécia (pré-guerra e desde então) aqui, e, pelo que entendi, Churchill parece ter cert. de que está certo. A violência e insolência dos oponentes (que, não tenho dúvida, estão muito mal-informados) me espanta. "A democracia não é uma meretriz para ser apanhada na rua por qualquer homem com uma metralhadora", diz Churchill. Não. Mas essa gente quer meretrizes, não esposas. Fico imaginando que grau de liberdade ou mesmo de vida me seria concedido se eles tivessem metralhadoras. E para onde podemos ir para escapar deles e de seu Estado Meretrício? "Bem, acho que muitos de vocês vão querer ir para os Estados Unidos quando a guerra acabar", disse um oficial da U.S.A.F. a M. Pode apostar. E muitos também estão fazendo planos para isso. E é claro que os EUA tentarão comprar os melhores. Que mundo. Nos termos de meu próprio mundo, é como se Saruman tivesse assumido o controle, roubado o Anel e conseguido vencer Mordor — e então se tornado um novo Senhor de uma terra arrasada. Mas o inesperado sempre acontece. Ainda temos um Rei.

92 De uma carta para Christopher Tolkien

18 de dezembro de 1944 (FS 68)

Hoje é o "último dia para postar a tempo para o Natal", e embora eu ressinta o modo pelo qual essa festa de paz e alegria foi transformada num labor (para não dizer um pesadelo de comercialismo desprezível), ainda restam muitas cartas que tenho de escrever (e dinheiro que preciso gastar!): Hilary e suas três, Ida Gordon[1] e suas quatro, Mick e a sua, e John, só para começar. Espantei a Agência dos Correios na North Parade ao despejar £7/10/0 para Ordens de Pagamento e Vales. (A propósito, as lojas este ano estão inacreditáveis. Há coisas das quais um bárbaro teria vergonha, pedaços de madeira disformes e papéis sujos de tinta à venda por preços estúpidos como 18/6. Certamente o negócio de Presentes de Natal é uma forma de demência, quando se permite ser passado para trás de maneira tão transparente.) . . . .

Suas notícias sobre si mesmo de certo modo não contribuem para minha tranquilidade: uma troca perigosa, mas que Deus o guarde, querido menino; mas como você parece estar aproveitando parte disso mais do que qualquer coisa até agora, isso me consola. Eu me sentiria mais feliz se seu tempo fosse mais bem organizado, de maneira que você pudesse ter um descanso razoável: treino pelo cansaço parece irracional. Mas temo que uma Força Aérea é uma coisa fundamentalmente irracional *per se*. Eu poderia desejar encarecidamente que você nada tivesse a ver com algo tão monstruoso. De fato, é uma provação dolorosa que qualquer filho meu deva servir a esse Moloch moderno. Mas tais desejos são vãos, e é seu dever, compreendo claramente, fazer nesse serviço o melhor que está ao alcance de sua força e de sua aptidão. Em todo caso, talvez seja apenas um tipo de aversão, como um homem que gosta de bife e rim (ou gostava), mas não quer estar ligado ao negócio de abate. Enquanto a guerra for lutada com tais armas, e se aceite quaisquer benefícios que possam advir (tais como a preservação da própria pele e até mesmo a "vitória"), é simplesmente se esquivar do problema considerar as aeronaves de guerra um horror especial. Faço isso mesmo assim.....

Esta manhã . . . . passei um tempo com C.S.L. Seu quarto (ou quinto?) romance está tomando forma, e parece provavelmente ir de encontro ao meu (meu terceiro vagamente planejado).[2] Tenho tido muitas ideias novas sobre a Pré-História ultimamente (via Beowulf e outras fontes sobre as quais eu posso ter escrito) e quero trabalhá-las na história há muito adiada de viagem no tempo que comecei. C.S.L. está planejando uma história sobre os descendentes de Set e Caim. Também começamos a considerar escrever um livro em colaboração sobre "Linguagem" (Natureza, Origens, Funções).[3] Quem dera houvesse tempo para todos esses projetos!

93 De uma carta para Christopher Tolkien

24 de dezembro de 1944 (FS 70)

Estou m. feliz que você tenha gostado dos três caps. seguintes do Anel. Você deve receber a 3ª remessa em 10 de dez. e a última em 14 de jan. Ficarei ansioso por mais comentários quando você tiver tempo. Cert. Sam é o personagem mais atentamente delineado, o sucessor de Bilbo do primeiro livro, o hobbit genuíno. Frodo não é tão interessante porque ele tem de ser magnânimo e possui (por assim dizer) uma vocação. O livro provavelmente terminará com Sam. Frodo naturalmente irá se tornar enobrecido e ilustre demais pela realização da grande Demanda e passará para o Oeste com todas as grandes figuras; mas S. irá se dedicar ao Condado, aos jardins e às estalagens. C. Williams, que o está lendo todo, diz que o grande ponto é que seu *centro* não está na luta, na guerra e no heroísmo (embora eles sejam compreendidos e descritos), mas na liberdade, na paz, na vida comum e nas boas graças. Ainda assim, ele concorda que essas são coisas que necessitam da existência de um grande mundo fora do Condado — para que não se estraguem pelo costume e tornem-se monótonas.....

A propósito, você escreveu *Harebell* [campainha, lit. sino de lebre] e a corrigiu para *Hairbell*. Não sei se isto vai lhe interessar, mas pesquisei toda a questão desse nome uma vez — após uma discussão com um cientista dogmático. Está claro (a) que o nome antigo é *harebell* (um nome de animal, como tantos nomes antigos de flores) e (b) que ele se referia ao *jacinto* e não à *campânula*. *Bluebell* [campainha, lit. sino azul], um nome não tão antigo, foi cunhado para a campânula, e as "bluebells" da Escócia não são, é claro, os jacintos, mas as campânulas. A transferência do nome (na Inglaterra, não na Escócia, de fato nem na fala interiorana pura em partes da Inglaterra) e sua alteração fictícia *hairbell* parecem dever-se a botânicos livrescos ignorantes (de etimologia) e intrometidos de tempos recentes, do tipo que optava por *folk'sglove* em vez de *foxglove* [dedaleira, lit. luva de raposa]!, pelos quais temos sido induzidos ao erro. Quanto ao último, a única parte do nome que é duvidosa é a *glove* [luva], não a *fox* [raposa]. *Foxes glófa* ocorre em anglo-saxão, mas também na forma *-clófa* em antigos herbários, onde parece ser aplicada de modo muito imprudente a plantas com grandes folhas largas; ex: *burdock* [bardana] (também chamada *foxes clife*, cf. *clifwyrt** = *foxglove*). As causas dessas antigas associações com animais são pouco conhecidas ou compreendidas. Talvez elas às vezes dependam de fábulas perdidas de animais. Seria tentador tentar criar algumas fábulas para se ajustarem aos nomes.

Você ainda está inventando nomes para as flores sem nome que encontra? Caso esteja, lembre-se que os nomes antigos nem sempre são descritivos, mas com frequência são misteriosos! Minhas melhores invenções (em élfico do dialeto gnômico) foram *elanor* e *nifredil*, embora eu goste da *symbelmynë* ou *sempre-em-mente* a-s encontrada no Grande Morro de Rohan. Acho que terei de inventar mais algumas para o jardim de Sam no final.

94 Para Christopher Tolkien

28 de dezembro de 1944 (FS 71) 20 Northmoor Road, Oxford

Meu querido:

Você não precisa se recriminar! Estamos recebendo muitas cartas suas e m. rapidamente. . . . . Fico feliz que o terceiro lote do Anel tenha chegado na data e que você gostou — embora ele pareça ter aumentado suas saudades de casa. Ele simplesmente mostra a diferença entre a vida e a literatura: pois qualquer um que realmente se encontrasse nas escadarias de Kirith Ungol desejaria trocá-las por qualquer outro lugar no mundo, exceto a própria Mordor. Mas se a lit. nos ensina algo, é isto: que temos em nós um elemento eterno, livre de preocupação e medo, que pode analisar as coisas que na "vida" chamamos de más com serenidade (isto é, não sem apreciar sua qualidade, mas também sem qualquer perturbação do nosso equilíbrio espiritual). Não do mesmo modo, mas de algum modo similar, todos nós sem dúvida havemos de analisar nossa própria história quando a conhecermos (e boa parte da História Toda). Receio que os próximos dois capítulos não

* Visto que *clifian* = "trespassar, fincar", está claro que *foxes clife* e *clifwyrt* originalmente = bardana. *clófa* prov. é um erro de ms. para *glófa* pela mistura de nomes.

chegarão por um tempo (por volta do meio de jan.), o que é uma pena, pois eles (creio) não apenas são m. comoventes e empolgantes como também Sam faz alguns comentários interessantes sobre a rel. entre histórias e "aventuras" reais. Mas considero um triunfo que esses dois capítulos, os quais não acho tão bons quanto o resto do Livro IV, possam distraí-lo do barulho da Sala da Tripulação Aérea! . . . .

O clima tem sido para mim um dos principais eventos do Natal. Esfriou fortemente com uma neblina pesada, e assim tivemos amostras de Geada que, como tal, lembro-me de ocorrer apenas uma vez antes em Oxford (na outra casa,[1] acho) e apenas duas vezes antes na minha vida. Um dos eventos mais encantadores da Natureza Setentrional. Acordamos (tarde) no dia de S. Estevão e encontramos todas as janelas opacas, pintadas com contornos de geada, e no lado de fora um nevoento mundo silencioso e turvo, todo branco, mas com joias claras de escarcha; cada teia de aranha uma redinha de rendas, mesmo a velha barraca das galinhas virou um pavilhão com padrões diamantinos. Passei o dia (após os afazeres domésticos, isto é, por volta das 11:30, uma vez que me levantei tarde) do lado de fora, bem embrulhado em velhos trapos, cortando arbustos velhos e fazendo uma fogueira cuja fumaça ergueu-se em uma coluna imóvel direto para o telhado de neblina. . . . . A geada ontem estava ainda mais espessa e fantástica. Quando um lampejo de sol passou por ela (por volta das 11), foi lindo a ponto de tirar o fôlego: árvores como fontes imóveis de brancas ramagens ramificadas contra uma luz dourada e, bem no alto, um azul claro translúcido. Ela não derreteu. Por volta das 11 da noite, a neblina se dissipou e uma alta lua redonda iluminou toda a cena com uma luz branca mortífera: uma visão de algum outro mundo ou época. Estava tão sereno que permaneci no jardim sem chapéu e desabrigado sem um calafrio, embora devesse haver muitos graus de geada. . . . . (Em Birmingham fez 26 graus [-3 °C], além da neblina mais pesada de que se tem memória). Uma experiência bastante maravilhosa, embora a única pessoa que encontrei que não reclamou foi a Sra. Townsend, que bateu à porta especialmente para dizer como estava incrivelmente belo! . . .

O Sr. Eden na câmara[2] outro dia expressou dor pelos acontecimentos na Grécia, "o lar da democracia". Ele é ignorante ou insincero? *δημοχρατία* não era em grego uma palavra de aprovação, mas era quase equivalente a "governo das massas"; e ele se esqueceu de observar que os filósofos gregos — e a Grécia é muito mais o lar da filosofia — *não* a aprovavam. E os grandes estados gregos, esp. Atenas na época de sua alta arte e poder, eram ditaduras, quando não eram monarquias militares como Esparta! E a Grécia moderna possui uma conexão tão pequena com a antiga Hellas quanto a nossa com a Grã-Bretanha de antes de Julius Agricola.....

Do seu Pai.

94a Para Christopher Tolkien

7 de janeiro de 1945 (FS 73) 20 Northmoor Road, Oxford

Querido,

Estou começando outra carta para você, como prometi, mas parece haver pouco a registrar... Ainda estou lutando com as cartas que eu deveria ter escrito no Natal: ou, para ser mais franco, ainda estou escrevendo uma carta ocasional "with grete grochinge"[1] e, na maior parte do tempo, negligenciando minha mesa. Mas virá um colapso, com cadetes, o período letivo e tudo mais. O tempo ainda é de inverno verdadeiro — neve (breve) com um vento N. cortante que rasgaria um rosto de couro hoje. Mas a qui. e a sexta foram claras e azuis. Labutei até os membros doerem ao ar livre e tenho pouco a mostrar como resultado — embora toda a casa agora esteja podada e arrumada (da cozinha, seguindo a S, L e N até a despensa), restando apenas ½ da sempre-noiva e a cerejeira (na qual deixei marcas de contenção com a escada de mão). Tudo em volta ainda está selvagem, mas como o solo está duro feito osso, ainda não é possível fazer muita coisa nele. Irei remover a cerca dilapidada (relíquia de Blackwell) e as rosas mortas há muito tempo entre o gramado das macieiras e o canteiro de flores e prov. incorporar o lado N. do canteiro (exceto por uma faixa estreita de bulbos ao longo do caminho) ao gramado, usando o que pode ser aproveitado da madeira para consertar outras cercas em más condições. Tenho outros planos para a diminuir o trabalho nesse jardim complicado por demais. Johannes[2] não tem passado bem desde que chegou. Ele sempre parece cansado quando sai do Ven. (Tenho uma opinião muito desfavorável sobre aquela instituição, que, salvo como viveiro para atores amadores, parece-me funcionar muito mal). Ele tem dormido tarde e está com um resfriado forte, de modo que, mesmo se tivesse alguma vontade (o que duvido, já que seu amor pela jardinagem transformou-se em ódio, como essas paixões excessivas costumam se transformar), ele não poderia me ajudar de nenhum modo. Prov. estou sendo muito injusto com o velho querido. Desconfio que a maior parte da sua jardinagem de antigamente era uma oferta silenciosa de dever aos pais, e tudo o que aconteceu foi que o verme (pisado com força lá no Norte[3]) reagiu — porque deve, ou morrerá. Enquanto carrego carvão, varro e limpo galinhas, às vezes me pergunto quando o verme-pai entrará em greve. Resposta, suponho: ele não pode! Mas nem um rabisco no Anel nestas férias. Até isso agora se tornou laborioso! ...

Segunda-feira, 8 de jan., 4:30. Querido, por incrível que pareça: acabei de voltar de um cinema. Acho que eu não ia desde *As Quatro Plumas*![4] Mamãe estava m. ansiosa para assistir a *A Canção de Bernadette*, que acabou de retornar ao Electra. O frio está tão intenso, e ventoso, que jardinar estava fora de questão, então fomos almoçar no Elliston às 12:15 e depois assistir ao filme à 1:15. A história de Bernadette Soubirous, uma das coisas mais espantosas de todo o séc. XIX, é tanto profundamente comovente como verdadeira, e, portanto, ainda mais comovente, e também em alguns aspectos intrigante (como seria de se esperar), de modo que *nenhuma* apresentação inspirada por qualquer espécie de boa vontade, e nenhuma exibição de "mau gosto" (afinal, nada poderia superar a Lourdes moderna nisso), poderia estragá-la. Fiquei profundamente emocionado, e fiquei realmente m. contente por ter ido: não tanto por ver o filme, mas por ser lembrado de Bernadette (e Lourdes), a quem (e que) não valorizamos o suficiente. Uma história muito maravilhosa, em todos os aspectos, humanos e religiosos. No filme, algumas das situações e atuações foram admiráveis. Bernadette e o padre local (o Deão de Lourdes) não deixaram nada a desejar. Não vi nenhum problema com o sotaque americano: é um substituto tão bom ou ruim para o francês e o provençal quanto o inglês de Oxford. Um dos melhores momentos é quando o velho e incrédulo Bp. de Tarbes desafia "sua Senhora" a fazer o Imperador remover a barricada ao redor da gruta — e o Imperador o faz quase que imediatamente... Irei rezar para a cara e mui abençoada Santa Bernadette por você. Quão dedicada ela era à sua família, e como ela foi arrancada deles pelo fogo repentino do Céu. Quão maravilhosas são as obras de Deus. Nossa Senhora em rosas em seus abençoados sapatos caminhando pelo lixo da cidade. Ela não desdenhará nem mesmo de um acampamento da R.A.F.! Que ela sempre esteja ao seu lado... Com todo o amor do seu pai. 8 de jan, 5:55 p.m. do dia em que voltei para a minha amada Edith após 3 anos de separação, assim que completei 21 anos.[5]

94b De um aerógrafo para Christopher Tolkien

9 de janeiro de 1945 (FS 74)

Minha mente e meu coração estão tomados por Bernadette Soubirous, e que permaneçam assim por muito tempo. Todas as qualidades de uma "estória de fadas", além de verdade e santidade, uma mistura irresistível. Li o panfleto de Martindale ontem à noite, e por ele parece que o livro e o filme tomaram grandes liberdades com o fato, embora sem prejudicar a essência.

Os Irmãos Lewis estavam numa melancolia profunda por M[1] (a filha) ter dado à luz um filho ontem, que está sendo levado para a casa deles (sem ser convidado). Os membros casados, eu, Havard e C.W., foram bem-sucedidos em quase levá-los às lágrimas com uma descrição do que os espera.

94c De uma carta para Christopher Tolkien

15 de janeiro de 1945 (FS 75)

Ainda me encontro sob a influência (eu não diria "encanto") do filme de uma semana atrás. Não me recuperei dele, e espero não me recuperar; embora, é claro, à pobre mortalidade nada pode reter por muito tempo a sua aguda e penetrante primeira impressão. A alma se agita, e abre um olho, no seu longo sono meio sufocado nas velhas e aquecidas dobras da carne, mas cedo demais o desejo de sair da cama enfraquece! Contudo, jamais esquecerei por completo a sensação e visão arrasadoras — o que é ainda mais notável, pois a reflexão e a leitura demonstram que o filme em si foi uma caricatura, e nem mesmo terrivelmente bom à sua própria maneira falsa. Mas o reflexo, mesmo em muitos estágios intermediários de algo tão estranho e belo e verdadeiro, possui um poder que vai além dos espelhos quebrados e turvos. E tal como as pessoas foram pela primeira vez meramente para contemplar com fascínio e emoção arrebatada o simples reflexo da glória no rosto da pequena Bernadette, eu também iria ver o reflexo daquele reflexo através de todos os seus estágios deploráveis até o abafado Electra, se pudesse. Seja como for, agora preciso rezar o Rosário com frequência... Meu coração está repleto do pensamento daquela garotinha rezando o Rosário *com* Nossa Senhora, e notando com aquela clara simplicidade dela, embora ela não parecesse perceber no momento, exceto como um fato curioso, que Nossa Senhora dizia apenas as *Glórias*. (Esse detalhe, é claro, não é do filme). Mas que detalhe comovente e apropriado. Todas as outras orações, talvez com exceção do "Pai Nosso", são para pessoas nesta terra. Bem, bem, é bastante incomunicável por carta aérea. E provavelmente o próprio filme só teria esse efeito em alguém se fosse vontade de Deus; assim como apenas a pequena B. viu, os outros viram apenas os efeitos. Então não direi mais.

95 De uma carta para Christopher Tolkien

18 de janeiro de 1945 (FS 76)

Li até as 11:50, folheando as comprimidas e para mim cativantes páginas de *Anglo-Saxon England* [Inglaterra anglo-saxã] de Stenton. Um período repleto principalmente de Pontos de Interrogação dos mais intrigantes. Eu daria algo por uma máquina do tempo. Mas, é claro, minha mente sendo o que é (e completamente diferente da de Stenton), são as coisas de significado racial e linguístico que me atraem e permanecem em minha memória. Ainda assim, espero que um dia você seja capaz (se quiser) de se aprofundar nessa história intrigante das origens de nosso povo peculiar e, de fato, das nossas origens em particular. Pois à exceção do Tolkien (que há muito tempo deve ter se tornado uma linhagem muito tênue), você é um mércio ou hwicciano (de Wychwood) de ambos os lados.

96 Para Christopher Tolkien

30 de janeiro de 1945 (FS 78) 20 Northmoor Road, Oxford

Meu querido Chris,

Faz muito tempo desde que lhe escrevi uma carta decente... Eu ainda estava com um resfriado odioso, mas sábado foi principalmente notável devido a uma tosse constante... e, ao mesmo, pela descoberta de que a cisterna estava congelada. De modo que me diverti muito subindo e descendo a escada no sótão congelante até depois de anoitecer. Consegui descongelar a m. coisa, até escorrer livremente como meu nariz, mas surgiu um bloqueio de ar nela... Segunda-feira foi ainda mais frio. O diabrete menor da prole de Slubgob, que se ocupa especialmente em evitar que C.S.L. e eu nos encontremos, proporcionou uma atração especial de manhã com o vazamento da torneira do lavadouro de pratos coincidindo com o entupimento da pia! Fiquei quase até as 11 da manhã para desentupir aquilo. Mas fui a Magdalen onde, após um breve tiritar sobre 2 deprimentes toras de olmo (olmo não queima), decidimos procurar calor e cerveja no Mitre: conseguimos os dois (os pubs administram seus negócios melhor do que os tesoureiros: palavra de honra, não creio que os últimos senhores conseguiriam sequer manter um trabalho de kiwi* na R.A.F.!). Muitas coisas aconteceram então. Meu descanso foi rudemente interrompido por um telefonema do trabalho pelo qual soube casualmente da notícia surpreendente de que o Prof. H.C. Wyld[1] morrera no sábado. Deus abençoe sua alma. Mas ele me deixa um legado de problemas terrenos. Em primeiro lugar, tenho de decidir o que fazer a respeito da sucessão. Cinco anos atrás eu mesmo estaria pensando sobre como conseguir a cátedra de Merton: minha ambição era colocar C.S.L. e a mim nas 2 Cátedras de Merton.[2] Seria maravilhoso estarmos os dois na mesma faculdade — e, para mim, estar em uma faculdade de verdade e sacudir

*"Membro da força aérea que não realiza serviços no ar. O nome é referência às aves *kiwi*, oriundas da Nova Zelândia que não voam. [N.T.]

o pó da miserável Pembroke. Mas prov. acho que não — mesmo se houvesse uma oportunidade... Continuando a história. Por volta da hora da ceia, o barômetro caiu e o term. subiu, e uma grande precipitação de neve com vento (O a SO) começou. A neve se amontoou em grande volume nas portas antes da meia-noite, mas ela realmente já estava derretendo por baixo, de modo que, embora continuasse intermitentemente a noite toda, em lugar algum ela ficou muito acima de meio pé, exceto em montes na altura do joelho. Ainda assim, carvão, coque e galinhas desapareceram, e tive uma manhã bem trabalhosa desenterrando coisas antes de ir dar aula. Cheguei tarde (após uma apavorante corrida acrobática) vestido como um pescador de "Skegness",[3] e minha desculpa por me atrasar para a aula (no teatro Tayloriano) por estar pegando sardinhas foi muito bem recebida, de fato melhor do que minha subsequente dissertação sobre Offa de Angel ou sobre o itinerário de Israel do Egito ao Mar Vermelho. Na subsequente sessão no Bird and B. (graças aos céus não chegou peixe algum ao porto!), o CI (vulgo Honesto Humphrey) chegou paramentado com um equipamento de montanhismo. Quando perguntado por que estava sem uniforme, ele respondeu: "Não estou na Marinha Suíça. A Marinha Britânica não sai na neve." Infelizmente, em breve ele será transferido para Liverpool. Mistura indescritível de gelo e neve derretendo. Caí três vezes e fui, é claro, empurrado para a sarjeta e ensopado em fontes de imundície chapinhada por aquelas pessoas agradáveis que dirigem "carros particulares". Demorei até quase as 3:30 para terminar a limpeza da neve e a desobstrução dos ralos, e então me ocupei de suas cartas encantadoras. Não tive um instante sequer para dar uma olhada nelas quando chegaram na hora do café da manhã. Mas elas surtiram efeito simplesmente por chegarem, como você pode ver pela minha leviandade na plataforma e pela observação de C.S.L. no B & B.: "O que há com ele esta manhã? Ele está muito presunçoso". . . . .

A respeito do Éden. Creio que a maioria dos cristãos, exceto os m. simples e sem educação ou aqueles protegidos de outros modos, tem sido muito entretida por algumas gerações pelos autointitulados cientistas, e eles meio que enfiaram o Gênesis em um depósito de suas mentes como uma mobília não muito elegante, um pouco envergonhados de a terem pela casa, você sabe, quando os jovens brilhantes e espertos fazem uma visitinha: tenho em mente, é claro, mesmo os *fideles* que não o venderam como algo de segunda mão ou o queimaram assim que o gosto moderno começou a escarnecer. Em consequência, eles de fato (eu mesmo, tanto quanto qualquer um), como você diz, esqueceram-se da beleza do assunto mesmo "como uma história". Lewis escreveu recentemente um ensaio muito interessante (não sei se foi publicado)[4] que mostra de quão grande valor era o "valor da história" como alimento mental — de toda a história cris. (especialmente do NT). Foi uma defesa daquele tipo de atitude da qual tendemos zombar: o medroso que perde a fé, mas que ao menos se apega à beleza da "história" como detentora de um certo valor permanente. O argumento dele é que, desse modo, eles ainda adquirem algum alimento e não são completamente separados da seiva da vida: pois a beleza da história, ainda que não necessariamente uma garantia de sua verdade, é um acompanhamento dela, e assume-se que um *fidelis* retire alimento da beleza assim como da verdade. De modo que o "admirador" medroso de fato ainda está recebendo algo que mesmo um dos fiéis (estúpido, insensível, acanhado) pode estar perdendo. Mas parte como um desenvolvimento de minhas próprias ideias sobre meus versos e obras (técnicas e literárias), parte em contato com C.S.L., e de várias maneiras não menos a firme mão orientadora da Alma Mater Ecclesia, não me sinto agora nem envergonhado, nem incerto sobre o "mito" do Éden. Ele não possui, é claro, uma historicidade do mesmo tipo daquela do NT, que é composto de documentos praticamente contemporâneos, enquanto o Gênesis é separado por não sabemos quantas tristes gerações exiladas desde a Queda, mas certamente houve um Éden sobre esta mesma terra infeliz. Ansiamos todos por ele e estamos constantemente vislumbrando-o: toda nossa natureza, no seu melhor e menos corrompido grau possível, no seu caráter mais gentil e mais humano, ainda está embebida com sentimento de "exílio". Se você pensar nisso, seu horror (muito justo) pelo estúpido assassinato do falcão e sua lembrança obstinada deste seu "lar" em uma hora idílica (quando frequentemente há uma ilusão de que o tempo e a decadência são interrompidos, e um sentimento de paz gentil) — *εἴθε γενοίμην*,[5] *"o relógio em dez para as três já está, e mel ainda há para o chá"* — são provindos do Éden. Até onde podemos rememorar, a parte mais nobre da mente humana está repleta de pensamentos de *sibb*, paz e boa vontade, e do pensamento de sua *perda*. Nunca o recuperaremos, pois esse não é o caminho do arrependimento, que funciona de forma espiral e não em um círculo fechado; podemos recuperar algo como ele, mas em um plano mais elevado. Assim como (para comparar com uma coisa pequena) o urbano convertido tira mais proveito do interior do que o simples caipira, mas não pode se tornar um verdadeiro homem da terra, ele ao mesmo tempo é mais e de um certo modo menos (verdadeiramente menos térreo, de qualquer forma). É claro, suponho que, sujeita à permissão de Deus, toda a raça humana (como cada indivíduo) seja livre para não mais se erguer e sim ir para a perdição e cumprir a Queda até seu fundo amargo (como o pode cada indivíduo singulariter[6]). E em certos períodos, o atual é notavelmente um deles, isso parece não apenas um evento provável, mas iminente. Ainda assim, creio que haverá um "milênio", o profetizado governo de mil anos dos Santos, i.e. aqueles que, apesar de todas as suas imperfeições, jamais por fim curvaram seus corações e vontades ao mundo ou ao espírito maligno (em termos modernos, mas não universais: mecanismo, materialismo "científico". Socialismo em cada uma de suas facções agora em guerra).

Fico muito feliz que você tenha sentido que "o Anel" esteja mantendo seu padrão e (ao que parece) alcançando aquela coisa difícil em uma história longa: manter uma diferença de qualidade e atmosfera em eventos que poderiam facilmente se tornar "similares". Quanto a mim, prov. fiquei mais comovido pela dissertação de Sam sobre a teia sem costuras de histórias, pela cena de quando Frodo vai dormir em seu peito e a tragédia de Gollum que, naquele momento, chegou à beira do arrependimento — se não fosse por uma palavra ríspida de Sam. Mas a qualidade "comovente" desses episódios está em um plano diferente daquele de *Celebrimbor* etc. Há duas emoções bem dif.: uma que me comove de maneira suprema e que tenho pouca dificuldade em evocar: o sentimento angustiante do passado que desapareceu (mais bem expresso nas palavras de Gandalf sobre a Palantir); e, a outra, a emoção "comum", o triunfo, o páthos, a tragédia dos personagens. Esta eu estou aprendendo a criar, conforme vou conhecendo minha gente, mas ela realmente não está tão próxima do meu coração, e é forçada sobre mim pelo dilema literário fundamental. Uma história deve ser contada ou não haverá história e, ainda assim, são as histórias não contadas que são mais comoventes. Acho que você ficou comovido com *Celebrimbor* porque ele transmite uma sensação de infinitas histórias *não contadas*: montanhas vistas ao longe, que jamais serão escaladas, árvores distantes (como a de Cisco) das quais jamais se aproximará — ou, caso seja possível, apenas para se tornarem "árvores próximas" (a não ser no Paraíso ou na Paróquia de C).

Bem, meu espaço logo vai acabar, e também é 9 da noite, e tenho inevitavelmente de escrever algumas cartas e 2 aulas amanhã, então devo pensar em encerrar logo. Leio avidamente todos os detalhes de sua vida e as coisas que você vê e faz — e sofre, jazz e boogie-woogie entre elas. Você não terá um aperto no coração por perdê-las (pois são essencialmente músicas vulgares deturpadas pelo mecanismo, ecoando em tristes cabeças desnutridas), mas se lembrará das outras coisas, mesmo as tempestades e o *veld* seco, e até mesmo os cheiros do acampamento quando você retornar a esta outra terra. Posso ver claramente agora na minha mente as velhas trincheiras, as casas esquálidas e as longas estradas de Artois, e eu as visitaria de novo se pudesse. . . . .

Acabei de ouvir as notícias..... Russos a 60 milhas de Berlim. Parece que algo decisivo pode acontecer em breve. A destruição e miséria aterradoras desta guerra aumentam de hora em hora: destruição do que deveria ser (e de fato é) a riqueza comum da Europa e do mundo se a humanidade não fosse tão estúpida, riqueza cuja perda afetará a todos nós, vencedores ou não. Todavia, as pessoas tripudiam ao ouvir a respeito das filas intermináveis, de 40 milhas de comprimento, de refugiados miseráveis, mulheres e crianças afluindo para o Ocidente, morrendo no caminho. Parece que não restam vestígios de piedade ou compaixão, nem imaginação, nesta sombria hora diabólica. Com isso não quero dizer que tudo, na presente situação, criada principalmente (mas não somente) pela Alemanha, não possa ser necessário ou inevitável. Mas por que tripudiar! Supostamente alcançamos um estágio de civilização no qual ainda pode ser necessário executar um criminoso, mas não tripudiar ou enforcar a mulher e filho de tal indivíduo ao seu lado enquanto a multidão-órquica vaia. A destruição da Alemanha, seja ela 100 vezes merecida, é uma das catástrofes mundiais mais aterradoras. Bem, bem — você e eu nada podemos fazer a respeito. E isso deveria ser uma medida da quantidade de culpa que se pode presumir com justiça estar ligada a qualquer membro de um país que não seja um membro do seu real Governo. Bem, a primeira Guerra das Máquinas parece estar aproximando-se de seu inconclusivo capítulo final — deixando, que tristeza, todos mais pobres, muitos enlutados ou mutilados, milhões mortos e apenas uma coisa triunfante: as Máquinas. Como os servos das Máquinas estão tornando-se uma classe privilegiada, as Máquinas serão imensamente mais poderosas. Qual o próximo passo deles?.... Com todo o amor do seu pai.

97 De uma carta para Christopher Tolkien

11 de fevereiro de 1945 (FS 80)

Perdi um tempo precioso esse fim de semana escrevendo uma carta para o Catholic Herald. Um de seus correspondentes sentimentalistas escreveu sobre a etimologia do nome *Coventry* e parecia achar que, a não ser que você dissesse que ele vinha de *Convent* [Convento], a resposta não estava "de acordo com a tradição católica". "Deduzo que o convento de S. Osburg não teve importância," disse ele: ledo engano. Como *convent* não entrou no inglês antes de 1200 d.C. (e significava uma "assembleia" na época) e o significado "convento de freiras" não é registrado antes de 1795, senti-me incomodado. Então perguntei se ele gostaria de mudar o nome de Oxford para Doncaster; mas ele provavelmente é estúpido demais para entender até mesmo esse leve gracejo.

97a De uma carta para Christopher Tolkien

17 de fevereiro de 1945 (FS 81)

Não sei por que, mas achei dar aulas e todas as r. d., as s. c.,[1] mais laboriosas do que nunca: cansado, imagino. E esse cansaço em especial coincidiu com a descoberta de que eu não possuía anotações escritas apropriadas sobre *Beowulf* para além do verso 2.200. Se as tive alguma vez, eu as perdi. De maneira que estou vivendo precariamente de novo. Encontrei-me com C.S.L. e companhia na terça-feira: um dia de ensopar. Cheguei para a aula, encharcado até os ossos, carregando vários peixes molhados, atrasado e esbaforido, e, ao subir no tablado, meu botão de trás arrebentou e meu colarinho subiu até as orelhas; e a sala aos poucos ficou tão escura que eu não conseguia enxergar. *Não* foi uma ocasião feliz, e precisei da cerveja ao meio-dia (depois de outra hora melancólica). Não consigo me lembrar de nada da quarta-feira, exceto do pagamento de contas, escrita de cartas e aulas apressadas. Quinta-feira, o mesmo tipo de coisa — mas aproveitei meu tempo lendo a *Sellic Spell*[2] em vez de anotações. Ao anoitecer, rumei para a noite dos "Cats":[3] jantar anual — fadado à indigestão por ficar encarregado de propor o "brinde" do Conselho Provincial, cujo Presidente estava presente. Tive de ver três ônibus cheios passarem, e só consegui subir no quarto por um triz — não há pilhas de lanternas disponíveis —, de modo que quase cheguei atrasado. Mas havia uma quantidade surpreendente de bebidas disponíveis (incluindo uma boa dose de gim com vermute), de maneira que, quando chegou a hora, eu havia perdido todo o temor, e, depois de relatar a história do "brinde" dos vikings até hoje, brindei à saúde do Provincial em anglo-saxão razoavelmente fluente, o que pareceu surpreendê-lo. Uma noite não muito ruim, já que o "entretenimento" foi bom e os discursos, curtos e divertidos... Porém, a única história dele[4] que vale a pena retirar desse contexto foi esta. Uma mãe encontrou a filha pequena desenhando. "O que está desenhando, querida?", perguntou ela. "Estou desenhando Deus." "Oh, mas você não pode desenhar Deus, querida. Ninguém sabe como Ele é." "Bem, agora vão saber."

97b De uma carta para o Sr. E.H. Connor 23 de fevereiro de 1945

Chaucer era um poeta com um dom para a poesia narrativa! Ele teve um pouco de instrução — "o leigo erudito" já estava surgindo —, pela qual era por demais vaidoso, mas não creio que mesmo sua vaidade lhe permitia supor que essa instrução era suficiente para tal tarefa. Ele sabia um pouco de latim (não muito, como o demonstra "Boécio"), mas nenhum talento para prosa (como o demonstra "Boécio" e outros esforços). Porém, ele não possuía a energia ou o tempo para terminar os seus próprios projetos, que dirá assumir um vasto projeto, que o teria arruinado, caso não o mandasse para a prisão ou para a fogueira! "Boécio" é um assunto bem diferente — não só em escala: com frequência usado como exercício. Não apenas Chaucer, mas também o Rei Alfredo, a Rainha Elizabeth e muitos outros que não teriam ousado tentar as "Escrituras", experimentaram o velho Boécio.

97c Para Christopher Tolkien

[Christopher estava na África do Sul desde janeiro de 1944, mas esperava finalmente retornar para casa de licença.]

12 de março de 1945 — 20 Northmoor Road, Oxford

11:50 a.m. (No Tayloriano, vigiando Cadetes da R.N. e da R.A.F., em uma atmosfera como sopa de ervilha velha.) Meu querido, embora seja muito difícil escrever nessas condições de incerteza, preciso lhe escrever um pouco: na esperança de que eu possa encontrá-lo um dia e lhe contar que eu ainda estava pensando em você e rezando por você — como sempre. Mas não compreendo por que você não poderia ter tido um endereço de "código", enquanto estava no Acampamento de Trânsito, que teria ido diretamente até você (se ainda estivesse lá), em vez da perda de tempo com o processo de ainda escrever para Standerton. Contudo, a moira[1] tem vontade própria. Pergunto-me constantemente onde você está e o que está fazendo: e essa é a minha principal impressão dos dias desde que escrevi pela última vez... A primavera avança acelerada a um belo e quente março, após um fevereiro excepcionalmente quente e ensolarado. Tem estado quente o suficiente para se sentar fora de casa em vários dias ultimamente: um verdadeiro tempo de "casamento" — será que você chegará às costas de Albion a tempo para aquele aniversário?? — você encontrará a terra dos Angelcynn[2] com seus primeiros adornos de verde e flores, se chegar, desde que (como sempre) alguma explosão travessa da URSS não interfira... Antes que houvesse mais do que uma esperança remota, de data não sabida, para o seu retorno ao Reino Unido, planejamos viajar por pouco tempo após a Páscoa, pelo bem de nossas saúdes e mentes... Agora, um lugar à beira-mar em Aberystwyth respondeu nos oferecendo o que queremos entre 10 e 24 de abril. Tudo está tão incerto que acho que iremos fazer a reserva e depois cancelar, caso você chegue por volta dessa época. Suponho que para "licença" nada poderia substituir Oxford e o lar. Quero longas conversas com você e pubs *familiares*! ...

Do seu pai.

98 Para Stanley Unwin

[O filho mais velho de Unwin, David — o escritor infantil "David Severn" — lera a história de Tolkien "Folha de Cisco" no Dublin Review, onde fora publicada em janeiro de 1945. Ele a recomendou a seu pai, chamando-a de uma "excelente obra" e sugeriu que fosse publicada em um volume junto com outros contos de Tolkien. Stanley Unwin transmitiu essa sugestão a Tolkien.]

[Não datada; por volta de 18 de março de 1945]
20 Northmoor Road, Oxford
Caro Unwin,

Escrevi-lhe várias cartas imaginárias e metade de uma verdadeira nos últimos meses, antes de receber a sua de 24 de fevereiro. Em particular, eu pretendia indagar a respeito de Rayner. Espero que o senhor tenha boas notícias sobre ele. Os cadetes da R.A.F. de seu curso parecem ter tido todos um período miserável desde então, mas a Marinha é um tanto menos irracional e imprevidente, de modo que ele talvez tenha sido poupado de algumas das piores sordidezes e frustrações agora infligidas (frequentemente de maneira muito desnecessária) aos jovens.

Além disso, meu terceiro filho, Christopher, está há um longo tempo em Standerton no Transvaal, e lá um de seus grandes amigos tem sido Chris Unwin.[1] .... Meu menino, soube hoje, está "Em Trânsito" para a Inglaterra após um ano e três meses longe, então espero que Unwin também esteja. Eles certamente ainda estavam juntos em 3 de março. Mas um do grupo já morreu em seu primeiro voo em um Hurricane, o companheiro de meu menino, e aquele que ficou em primeiro no Curso. E eis que o senhor tem aí uma das explicações de minha falta de produtividade e (aparente) negligência. Meu coração está corroído de ansiedade. E, de qualquer forma, meu Christopher era meu público primário, que leu, avaliou e datilografou tudo o que foi completado do novo Hobbit, ou O Anel. Ele foi arrastado daqui no meio da confecção dos mapas. Tenho gastado quase que o único tempo disponível para escrever continuando nossas conversas interrompidas por epístolas: ele ocupava a posição múltipla de público, crítico, filho, aluno no meu departamento e meu pupilo tutorial![2] Mas ele recebeu cópias de todos os capítulos que escrevi num rompante ano passado. Desde então ando mais sobrecarregado do que nunca, ou a proporção entre obrigação e desgaste tem sido mais desfavorável. ....

Como o senhor já havia visto "Folha de Cisco" — eu mesmo iria me referir a ele, em parte como apologia, em parte como confissão —, não preciso dizer mais nada. Exceto que essa história foi a única coisa que já criei que não me causou absolutamente dor alguma. Geralmente componho apenas com grande dificuldade e intermináveis reescritas. Acordei certa manhã (mais de 2 anos atrás) com aquela coisa estranha praticamente completa na minha cabeça. Levei apenas algumas horas para colocá-la no papel e então copiá-la. Não tenho ciência de já ter "pensado" na história ou de compô-la no sentido usual. Ainda assim, não me sinto tão desapegado a ponto de não ficar animado, na verdade mais embaraçado, pelo comentário de seu filho. A única atenção ou observação a respeito de "Folha" que já tive foi do meu próprio círculo.

Bem! "Cisco" é tão diferente de qualquer outro conto que já escrevi, ou comecei, que me pergunto se estaria em harmonia com eles. Dois outros, daquele tom e estilo, permanecem meras folhas em crescimento, como tantas do tolo Cisco.[3] Seria de algum proveito se eu reunisse em um pacote o que puder encontrar e deixar que o senhor diga se, com a reescrita disto, a omissão daquilo ou a adição daquele outro, eles têm alguma chance de se tornarem um volume? Há uma ou duas narrativas curtas em verso (algumas já apareceram impressas na Oxford Magazine) que podem passar, cuidadosamente condicionadas. O senhor estava considerando "Mestre Giles" como uma possibilidade? É um conto um tanto grande. A cópia corrigida e apropriadamente datilografada está "ausente" no momento, em suas costumeiras viagens; mas possuo uma cópia caseira tolerável que estou enviando para a apreciação de "David Severn". (A continuação está planejada, mas ainda não foi escrita, e provavelmente permanecerá assim. O coração se afastou do Reino Pequeno, e os bosques e planícies são aeródromos e alvos para exercícios de bombardeios). Mas outra estória de fadas cômica de um gênero similar, "O Rei da Verde Dúzia", já está escrita pela metade e poderia ser terminada sem muita dor caso "Mestre Giles" seja aprovado.

Quanto a uma obra maior. É claro, meu único desejo verdadeiro é publicar "O Silmarillion":* ao qual o seu leitor, o senhor possivelmente deve se lembrar, conferiu uma certa beleza, mas de um tipo "celta" irritante aos anglo-saxões. No entanto, há a grande continuação do "Hobbit" — uso "grande" unicamente, receio, no sentido quantitativo. Ela é "grande" demais para a situação atual nesse sentido. Mas não pode ser reduzida ou abreviada. Não posso fazer melhor do que fiz nela, a não ser (como é bem possível) que eu não seja um bom julgador. Contudo, ela não está terminada. Fiz um esforço ano passado para terminá-la e fracassei. Três semanas sem mais nada para fazer — e um pouco de descanso e de sono antes — provavelmente

* Especialmente à medida que encontro alusões e referências a ele sendo inseridas na obra do Sr. Lewis, tal como seu último romance.[4]

seriam suficientes. Mas não vejo qualquer esperança de consegui-las; e ela simplesmente não é o tipo de coisa para momentos ociosos. Como Cisco, desejo uma "pensão pública", e parece igualmente improvável que eu consiga uma! O senhor a receberá para apreciação, é claro, no momento em que estiver concluída, caso isso aconteça algum dia. Creio que eu tenha dito que enviaria ao senhor uma parte para ser avaliada. Mas ela está tão intimamente entrelaçada e em um processo de crescimento em todas as suas partes que acredito que eu tenha de ter todos os capítulos comigo — tenho sempre a esperança, veja o senhor, de retomá-la. E, de qualquer modo, existe apenas uma cópia (datilografada em casa ou escrita por várias mãos filiais e pelas minhas próprias) que é legível para outros, e tenho receio de abrir mão dela; e tenho evitado os custos da datilografia profissional nestes dias difíceis, pelo menos até que o final e todo o resto estejam corrigidos. Mas o senhor realmente gostaria de ver agora algo da história? Ela está dividida em Cinco Partes de 10–12 capítulos cada (!). Quatro estão completas e a última iniciada. Eu poderia enviar ao senhor, Parte a Parte, com todas as suas imperfeições atuais — adendos, alternativas, nomes próprios variáveis — até o senhor gritar "Pare! Já basta! Ela deve seguir o caminho de 'O Silmarillion' para o Limbo dos grandes impublicáveis!"

Devo parar, ou o senhor achará que o tempo e o papel poderiam ser melhor aproveitados escrevendo a história do que falando sobre ela. Tenho "exames especiais" até a Páscoa e alguns problemas com a Universidade do País de Gales. Além disso, todo o problema causado pela morte de meu colega, H.C.K. Wyld, de encontrar um sucessor para ele, recairá mormente sobre mim nestas férias. Estou em apuros com Blackwell, que preparou minha tradução de *Pérola* e precisa de correções e de uma introdução. Estou em apuros com a viúva do Professor E.V. Gordon de Manchester, de cujo trabalho póstumo em *Pérola* eu me incumbi, como um dever para com um amigo e aluno morto, de colocar em ordem — e fracassei no cumprimento do meu dever. Mas suponho que eu possa conseguir algumas semanas no ano para mim mesmo, embora também esteja em sérios apuros com a Clarendon Press e com minha amiga perdida, Mlle. Simonne d'Ardenne, que reapareceu de repente, tendo sobrevivido milagrosamente à ocupação alemã e à ofensiva Rundstedt (que passou por cima dela), agitando os mss. de uma obra grande que iniciamos juntos e prometemos à Early English Text Soc.,[5] que não a esqueceu — nem meu próprio livro sobre *The Ancrene Riwle*,[6] que está todo datilografado. Se em vez do B.D.S.T.*

*British Double Summer Time [Horário Duplo de Verão Britânico]; ver nota 2 da carta nº 56a. [N.T.]

o senhor pudesse inventar um método de dobrar o dia (e liberar-me das obrigações de empregado doméstico), eu afogaria o senhor em material, como fulano e sicrano. Mas permaneço profundamente grato pela sua gentileza e sua preocupação.

Sinceramente,
J.R.R. Tolkien.

98a De uma carta para Christopher Tolkien 29 de abril de 1945

[Christopher havia retornado da África do Sul após quinze meses e conseguiu organizar uma breve visita a Oxford.]

Deus o abençoe e guarde em todos os seus caminhos, meu querido. Vê-lo de novo, por um período tão breve, foi como ter um dente velho, a cuja dor fraca quase se havia acostumado, que torna a ficar saudável. Sempre rezo por você.

99 Para "Michal" Williams, viúva de Charles Williams

[Escrita no dia em que Williams morreu, após uma operação.]

15 de maio de 1945 — 20 Northmoor Road, Oxford

Cara Sra. Williams,

Meu coração se enluta com a senhora, e nada mais posso dizer. Compartilho um pouco de sua perda pois, nos anos (muito breves) desde que eu o encontrei pela primeira vez, passei a admirar e amar seu marido profundamente, e estou sofrendo mais do que posso expressar.

Mais tarde, caso a senhora acredite que haja algo em que eu possa lhe ser útil e ao seu filho, por favor, diga-me. O Pe. Gervase Mathew conduzirá uma missa em Blackfriars no sábado, às 8 da manhã, e estarei presente; mas, é claro, terei todos vocês em minhas orações imediata e continuamente: para tudo o que elas valerem. Perdoe esta carta vacilante.

Muito atenciosamente,
J.R.R. Tolkien.

100 De uma carta para Christopher Tolkien 29 de maio de 1945

[Após voltar da África do Sul, Christopher ficou estacionado com a R.A.F. em Shropshire. Ele estava esperando conseguir uma transferência para a Fleet Air Arm, a aviação naval.]

Pelo menos seria um certo consolo para mim se você escapasse da R.A.F. E eu espero, caso a transferência seja efetuada, que isso signifique uma transferência verdadeira e um novo posto. Não seria fácil para mim expressar a você o tamanho de minha aversão pelo Terceiro Serviço — que, entretanto, pode ser, e é para mim, combinada com admiração, gratidão e, acima de tudo, piedade pelos jovens apanhados nele. Mas é o avião de guerra o verdadeiro vilão. E nada pode realmente reparar meu pesar por você, meu mais amado, ter qualquer ligação com ele. Meus sentimentos são mais ou menos aqueles que Frodo teria tido se descobrisse alguns Hobbits aprendendo a montar aves dos Nazgûl "pela libertação do Condado". Embora neste caso, como nada conheço do imperialismo britânico ou estadunidense no Extremo Oriente que não me encha de arrependimento e náusea, receie que eu não seja nem sequer apoiado por um vislumbre de patriotismo no que resta desta guerra. Eu não daria um centavo a ela, que dirá um filho, fosse eu um homem livre. Ela só pode beneficiar os Estados Unidos ou a Rússia: prov. esta. Mas, pelo menos, a Guerra Russo-Americana ainda não começará por um ano.

101 De uma carta para Christopher Tolkien 3 de junho de 1945

Há uma parada de baixa da Defesa Civil no Parks nesta tarde, à qual eu prov. terei de me arrastar. Mas receio que tudo isso pareça mais uma zombaria para mim, pois a Guerra não terminou (e a que terminou, ou parte dela, foi grandemente perdida). Mas é claro que é errado nos deixarmos levar por tal estado de espírito, pois as Guerras são sempre perdidas, e A Guerra sempre continua; e não adianta nada esmorecer!

102 De uma carta para Christopher Tolkien 9 de agosto de 1945

A notícia hoje sobre "bombas atômicas" é tão aterradora que é de ficar atordoado. A insensatez absoluta desses físicos lunáticos de consentirem em realizar tal trabalho com propósitos de guerra, planejando calmamente a destruição do mundo! Tais explosivos nas mãos dos homens, enquanto seu status moral e intelectual está declinando, é quase tão útil quanto dar armas de fogo para todos os presos de uma cadeia e então dizer que se espera que "isso garanta a paz". Mas uma coisa boa pode resultar disso, suponho, se as reportagens não forem muito exageradas: o Japão deve capitular. Bem, estamos nas mãos de Deus. Porém, Ele não olha com apreço para os construtores de Babel.

102a De uma carta para Christopher Tolkien

9 de outubro de 1945

Esta carta é apenas para lhe informar de uma honra sem precedentes que nos foi concedida: a você por seu próprio mérito, e a mim como reflexo. "Os Inklings" me informaram hoje que propuseram considerá-lo um *membro permanente*, com direito a participação e tudo o mais de forma bastante independente da minha presença ou ausência. Também fiquei de lhe mandar seus melhores votos, profundas lamentações por sua ausência esta manhã e esperanças de uma rápida reaparição.

103 De uma carta para Christopher Tolkien

11 de outubro de 1945

[Após sua nomeação para a Cátedra Merton de Língua e Literatura Inglesas, Tolkien deixou o Pembroke College e tornou-se um *Fellow* Professoral do Merton College. Esta carta descreve suas primeiras impressões de Merton.]

Fui devidamente admitido ontem às 10 da manhã e tive então de aguentar a mais formidável Reunião de Faculdade que já vi — ela foi até 1:30 da tarde sem pausa e então terminou em desordem. O Diretor falou quase que incessantemente. Almocei em Merton e tomei algumas providências, coloquei meu nome na lista de alojamentos na Tesouraria de Imóveis[1] e consegui uma chave mestra para todos os portões e portas. É incrível pertencer a uma faculdade de verdade (e uma muito grande e abastada). Estou ansioso para lhe mostrar o lugar. Caminhei esta tarde pelo lugar com Dyson,[2] que foi devidamente nomeado ontem e agora está instalado nos aposentos pelos quais eu ansiava, com vista para as campinas! Vou a uma reunião dos Inklings hoje à noite. Pensaremos em você.

104 De uma carta para Christopher Tolkien

22 de outubro de 1945

Jantei pela primeira vez em Merton na mesa principal e achei muito agradável, embora estranho. Para economizar combustível, a sala comunal não é aquecida, e os *dons* reúnem-se e conversam cordialmente na plataforma, até alguém achar que há gente suficiente para que as graças sejam ditas. Depois disso, todos eles se sentam, jantam, tomam seu porto, café, fumam e leem jornais na mesa principal de um modo que, mesmo que agradavelmente informal, é um tanto chocante para alguém treinado nas cerimônias mais severas e na rígida precedência do medieval Pembroke. Por volta das 8:45, Dyson e eu passeamos pelo "nosso terreno" até Magdalen e visitamos Warnie e Havard — Jack estava ausente. Nós nos despedimos por volta de 10:30.

105 Para Sir Stanley Unwin

[Unwin, que fora consagrado cavaleiro, escrevera para perguntar a respeito do progresso de *O Senhor dos Anéis*.]

21 de julho de 1946 20 Northmoor Road, Oxford

Caro Sir Stanley,

Tenho tratado pessimamente o senhor. Acredito que o senhor estaria disposto a perdoar-me se soubesse a verdadeira história de meus problemas, domésticos e acadêmicos. Mas o pouparei de tal coisa e tentarei melhorar.

Estive doente, preocupado e principalmente trabalhando demais, mas recuperei-me bastante; e, por fim, estou apto a tomar algumas medidas para que ao menos o trabalho excessivo, enquanto for acadêmico, seja aliviado. Pela primeira vez em 25 anos, exceto pelo ano em que estive de muletas (logo antes de O Hobbit ser lançado, creio), estou livre da correção de provas, e embora eu ainda esteja lutando com uma montanha de negligências, da qual acabei de desencavar um bom número de cartas da George Allen and Unwin, e com muitos incômodos nesta época de caos e "reconstrução", espero após esta semana realmente poder... escrever. Primeiramente, não serei deixado completamente sozinho para tentar administrar nossa Escola de Inglês. Deixei de ser o Professor de Anglo-Saxão. Retirei-me para Merton, como o Professor Merton de Língua e Literatura Inglesas: o Professor Wrenn, do King's College, Londres, virá em outubro para tirar o Anglo-Saxão de meus ombros; e estamos prestes a nomear outro professor Merton (de literatura moderna). Deve ser C.S. Lewis, ou talvez Lord David Cecil, mas nunca se sabe.

Porém, não iniciei esta carta para falar principalmente de mim. Gostaria de dizer primeiro o quanto sinto muito por não ter escrito assim que soube, como eu pretendia, para parabenizá-lo por sua honraria, que me deu uma satisfação muito grande. Também desejo muito notícias de Rayner. Espero sinceramente que sejam boas, embora ainda hesitemos em pedir notícias de filhos. Mas meu Christopher, que foi transferido para a aviação naval e ainda está tecnicamente na Marinha, voltou este período letivo para Trinity, e eu estava pensando se há alguma chance de Rayner retornar em breve. Gostaria muito de vê-lo novamente.....

Não sei se David Severn ainda quer dar uma olhada em Mestre Giles. Caso ele queira, envio-o agora, depois de mais de um ano de atraso. Se eu pudesse ter um pouco de tempo livre, poderia acrescentar algumas coisas do mesmo tipo, ainda não terminadas. Mas *Cisco* nunca deu origem a algo que estivesse em harmonia com ele.

Não sei se qualquer outra informação sobre um autor tão literalmente "promissor" e não realizador de fato será de seu interesse. Mas fiz um esforço muito grande para terminar a continuação do Hobbit, e os capítulos foram e voltaram da África para meu principal crítico e colaborador, Christopher, que está fazendo os mapas. Porém, fracassei. Problemas e saúde ruim tornaram-se abundantes. Agora terei de estudar minha própria obra para conseguir retomá-la. Mas realmente espero tê-la pronta antes do período letivo de outono e pelo menos antes do fim do ano, embora eu me pergunte se o senhor conseguirá encontrar algum papel, mesmo supondo que a obra seja aprovada.

A propósito: publiquei uma história em verso[1] na Welsh Review de dez. de 1945; estou prestes a publicar uma versão muito ampliada de um ensaio sobre Estórias de Fadas, originalmente apresentado como uma palestra em St Andrews, em um livro dedicado à memória do finado Charles Williams; e, em uma quinzena de relativo tempo livre por volta do Natal passado, escrevi três partes de outro livro,[2] fazendo uso de um escopo completamente diferente e ajustando o pouco que havia de valor na incipiente *Estrada Perdida* (que certa vez tive o atrevimento de mostrar ao senhor: espero que a tenha esquecido), além de outras coisas. Eu esperava terminá-lo rapidamente, mas minha saúde ficou debilitada após o Natal. Um tanto tolo mencioná-lo até que esteja terminado. Porém, estou colocando *O Senhor dos Anéis*, a continuação do *Hobbit*, antes de tudo mais, exceto das obrigações das quais não posso esquivar-me.

Com meus melhores votos. Sinceramente,
J.R.R. Tolkien.

106 De uma carta para Sir Stanley Unwin

30 de setembro de 1946

[A Allen & Unwin expressou entusiasmo por *Mestre Giles d'Aldeia*, mas perguntou se Tolkien poderia fornecer outras histórias para compor um volume suficientemente grande.]

Ficarei muito contente, é claro, se o senhor puder publicar "Mestre Giles d'Aldeia"... Com tempo livre eu poderia lhe fornecer companhia, mas estou em uma posição difícil academicamente e não vejo esperança de algum tempo livre até que os vários novos professores cheguem. Eu não poderia prometer completar qualquer coisa logo. Ao menos suponho que poderia, mas seria difícil — e, de fato, a continuação do Hobbit é tão melhor (creio) que essas coisas que eu gostaria de dedicar a ela todas as horas livres. Peguei-a novamente semana passada e escrevi um (bom) capítulo, e então fui soterrado por assuntos oficiais — nos quais tenho chapinhado desde que sua carta gentil chegou 10 dias atrás.

Nunca tentei ilustrar "Metre Giles" e não conheço alguém que poderia fazê-lo.

107 De uma carta para Sir Stanley Unwin

7 de dezembro de 1946

[Sobre a questão de uma edição alemã de *O Hobbit*.]

Continuo a receber cartas do pobre Horus Engels[1] a respeito de uma tradução alemã. Ele não parece necessariamente sugerir a si mesmo como tradutor. Ele me enviou algumas ilustrações (dos Trols e Gollum) que, apesar de certos méritos, que seriam esperados de um alemão, temo serem muito "disneyficadas" para o meu gosto: Bilbo com um nariz gotejante e Gandalf como uma figura de graça vulgar em vez do viandante odínico que imagino. . . . .

Irei me mudar em breve para uma casa pequena (3 Manor Road)[2] e assim espero resolver os intoleráveis problemas domésticos que roubam tanto do pouco tempo que sobra. Ainda espero terminar em pouco tempo minha "magnum opus", o Senhor dos Anéis, e deixar o senhor vê-la dentro em breve, ou antes de janeiro. Estou nos últimos capítulos.

107a De uma carta para Sir Stanley Unwin

5 de maio de 1947

[A Allen & Unwin havia decidido publicar *Mestre Giles d'Aldeia* como um volume separado, e Unwin havia enviado a oferta contratual. Apesar do alto custo de tê-lo ilustrado, incluindo duas ilustrações coloridas, Unwin achava que o livro venderia por seus méritos.]

Recebi o contrato para "Mestre Giles". Estou mergulhado no turbilhão do período letivo, ou teria lidado com ele de imediato. Retorno-o agora assinado por mim mesmo. Notei que os direitos autorais iniciais são de apenas 7½%, mas devo supor que sejam justos nas circunstâncias; e espero que venda bem — pelo bem de vocês. Dificilmente é uma continuação digna de "O Hobbit", mas a vida raramente me permite algum tempo consecutivo para trabalhar na verdadeira continuação. Ela lentamente se aproxima do término, mas ele não será alcançado antes do outono...

A mudança — que fui forçado a fazer devido aos impostos e a falta de todo auxílio doméstico —, mesmo sem a ajuda do tormento do inverno, deslocou por completo todo o trabalho em fevereiro e março;

mas fracassará em seu objetivo se eu não encontrar mais tempo agora. Moro em uma casa minúscula perto do centro desta cidade, e todo o meu escritório fica na faculdade.

Fico contente em saber que Rayner retornou a Trinity.

108 De uma carta para Allen & Unwin

5 de julho de 1947

Estou enviando de volta agora (com uma semana de atraso), em envelope separado, o ms. de *Mestre Giles d'Aldeia*, revisado para a gráfica. Como os senhores verão, revisei-o com cuidado, fazendo muitas alterações para melhor (creio e espero) tanto em estilo como em narrativa.....

Os senhores notarão que, quem quer que o compre, esta história *não* foi escrita *para* crianças, embora isso, como no caso de outros livros, não necessariamente evitará que elas se divirtam com ela. Acredito que também seja possível enfatizar o fato de que esta é uma história composta especialmente para ser lida em voz alta: ela funciona muito bem assim, para aqueles que realmente gostam desse tipo de coisa. Ela foi, na realidade, escrita por encomenda para ser lida para a Lovelace Society no Worcester College, e foi lida para eles em uma reunião.

Por essa razão eu gostaria de colocar uma dedicatória a C.H. Wilkinson[1] em uma guarda, uma vez que foi o Cel. Wilkinson, daquela Faculdade, que me encorajou a escrevê-la e desde então tem me encorajado a publicá-la.

109 Para Sir Stanley Unwin

[Tolkien almoçou com Unwin em Londres em 9 de julho e concordou que Rayner Unwin deveria ver o Livro I de *O Senhor dos Anéis*, que estava em uma cópia datilografada "legível". Em 28 de julho, Tolkien recebeu os comentários de Rayner. Rayner escreveu: "As tortuosas e opostas correntes de eventos neste mundo dentro de um mundo quase oprimem o leitor . . . . A luta entre a escuridão e a luz (que às vezes nos faz suspeitar de que a história é deixada de lado para se tornar alegoria pura) é mais macabra e intensificada do que aquela no 'Hobbit' . . . . Converter o Anel original neste novo e poderoso instrumento exige uma certa explicação e Gandalf tem dificuldades em encontrar razões para muitas das ações do Hobbit original, mas a ligação dos dois livros no geral é bem-feita . . . . Honestamente, não sei a quem se destina o livro... Se os adultos não se sentirem rebaixados ao lê-la, muitos sem dúvida gostarão . . . . O revisor terá de corrigir algumas alterações omitidas de 'Hamílcar' para 'Belisarius'." Apesar dessas críticas e hesitações, Rayner julgou que o livro era "uma história brilhante e envolvente". Tolkien escreveu a resposta abaixo em 31 de julho, mas não a enviou até 21 de setembro, por razões dadas na carta desta data.]

31 de julho de 1947 Merton College, Oxford

Caro Unwin,

Certamente irei me referir ao senhor assim, cum permissu, embora mal pareça uma troca justa pela perda do "professor", um título que se deve esquecer em vez de insistir nele.

Fiquei surpreso por receber de volta a parte do Anel tão rapidamente. Ele pode ser um livro grande, mas evidentemente não será longo demais na leitura para aqueles que possuem o apetite. E foi muito gentil da parte do senhor enviar-me as impressões de Rayner. Qualquer crítica de fora do meu pequeno círculo que teve conhecimento do material conforme ele crescia (e que, acostumando-se com seu mundo, há muito deixou de se sentir oprimido) seria bem-vinda; mas este crítico é digno de ser ouvido.

Agora devo esperar com paciência até que ele tenha visto mais. Enviarei outra parte no fim de agosto. E agora eu tenho outra razão urgente, além do clamor do círculo, para terminá-lo, de modo que ele possa ser finalmente julgado.

Devolvo as observações de Rayner com agradecimentos a vocês dois. Sinto muito que ele tenha se sentido oprimido, e eu particularmente sinto falta de qualquer referência à comédia, com a qual imaginei que o primeiro "livro" estava bem suprido. Pode ter sido um equívoco. Não suporto livros ou peças engraçados, quero dizer, aqueles com a intenção de serem totalmente cômicos; mas parece-me que na vida real, como aqui, é precisamente contra a escuridão do mundo que a comédia se opõe, e é melhor quando isso não está oculto. Evidentemente consegui tornar o horror realmente horrível, e isso é um grande consolo; pois cada romance que leva as coisas a sério deve possuir uma base de medo e horror, se a intenção for que se assemelhe de algum modo, mesmo que remota ou representativamente, com a realidade e que não seja o mais simples dos escapismos. Mas falhei se não parece possível que meros hobbits mundanos possam estar à altura de tais coisas. Creio que não há um horror concebível que tais criaturas não possam superar pela graça (que aparece aqui em formas mitológicas) combinada com uma recusa de sua natureza e razão na pior das adversidades em abrir mão ou submeter-se.

Porém, apesar disso, não deixe Rayner suspeitar de "Alegoria". Há uma "moral", suponho, em qualquer história que valha a pena ser contada. Mas isso não é a mesma coisa. Mesmo a luta entre escuridão e luz (como ele a chama, não eu) é para mim apenas uma fase específica da história, um exemplo de seu padrão, talvez, mas não O Padrão; e os atores são indivíduos — cada um deles possui, é claro, pressupostos universais, ou simplesmente não viveriam, mas nunca representam os pressupostos como tais.

Naturalmente, Alegoria e História convergem, encontrando-se em algum lugar na Verdade. De modo que a única alegoria perfeitamente consistente é uma vida real; e a única história completamente inteligível é uma alegoria. E descobre-se, mesmo na "literatura" humana e imperfeita, que quanto melhor e mais consistente for uma alegoria, mais facilmente ela pode ser lida "apenas como uma história"; e quanto melhor e mais entrelaçada for uma história, mais facilmente aqueles com essa mentalidade podem encontrar alegorias nela. Mas as duas partem de extremidades opostas. É possível fazer do Anel uma alegoria de nossa própria época caso se queira: uma alegoria do destino inevitável que espera por todas as tentativas de derrotar o poder maligno com poder. Mas isso ocorre unicamente porque todo poder mágico ou mecânico sempre funciona desse modo. Não se pode escrever uma história sobre um anel mágico aparentemente simples sem que isso acabe surgindo, caso realmente se leve esse anel a sério e faça acontecer coisas que aconteceriam se tal objeto existisse.

Rayner, é claro, identificou um (inevitável) ponto fraco: a ligação. Fico feliz que ele pense que a ligação no geral tenha sido bem-feita. Isso é o melhor que podia ser esperado. Fiz o melhor que pude, visto que eu precisava ter hobbits (que amo) e ainda ter um vislumbre de Bilbo pelos bons e velhos tempos. Mas não me sinto preocupado com a descoberta de que o anel era mais sério do que parecia; esse é simplesmente o jeito de todas as soluções mais simples. Nem são as ações de Bilbo, acredito, que precisam de explicação. O ponto fraco é Gollum e sua ação de oferecer o anel como um presente.[1] Contudo, Gollum posteriormente torna-se um personagem principal, e eu não conto com Gandalf para tornar sua psicologia inteligível. Espero que isso ocorra e Gandalf finalmente seja revelado como perceptivo em vez de alguém que "tem dificuldades". Ainda assim, devo ter isso mente quando eu revisar o capítulo II para ser impresso: pretendo encurtá-lo, de qualquer forma. O modo apropriado de tratar a dificuldade seria remodelar levemente a história anterior em seu capítulo V. Essa não é uma questão prática, embora eu certamente espere deixar a coisa toda revisada e em sua forma final para o mundo jogá-la no cesto de lixo. Todos os livros vão para lá no final neste mundo, de qualquer forma.

Quanto a quem o lerá. O mundo parece estar se tornando cada vez mais dividido em facções impenetráveis, Morlocks e Eloi, e outros. Mas aqueles que realmente gostam desse tipo de coisa gostam muito dela e não conseguem arranjar o suficiente ou em um tamanho suficientemente grande para aplacar a fome. O gosto pode ser (que lástima!) numericamente limitado, mesmo que, como suspeito, em crescimento e mormente com necessidade de suprimento para crescer ainda mais. Mas onde existe, o gosto não é limitado por idade ou profissão (a não ser que se exclua aqueles totalmente devotados às máquinas). O público que até agora acompanhou O Anel, capítulo a capítulo, leu-o e clama por mais, é composto de uma gente singular de gostos literários similares, tais como C.S. Lewis, o finado Charles Williams e meu filho Christopher; eles provavelmente são uma minoria muito pequena e não correspondida. Contudo, outros já fizeram parte dele: um procurador, um médico (profissionalmente interessado em câncer), um idoso oficial do exército, uma professora de escola primária, uma artista e um fazendeiro,[2] o que é uma seleção razoavelmente ampla, mesmo se excluíssemos gente profissionalmente literária, cujos próprios interesses pareceriam estar bem distantes, tal como David Cecil.

De qualquer maneira, o revisor, se um dia chegar até essa etapa, terá, espero, muito pouco para fazer. Eu estava ocupado com outro trabalho e não tive tempo de examinar os capítulos que enviei. Belisarius deve ter sido rabiscado como uma sugestão sobre o nome Hamílcar[3] em alguns casos. A escolha tem pouca importância, embora a mudança tivesse um propósito; mas, de qualquer forma, espero que o desleixo absolutamente detestável de não manter estável sequer o nome de um personagem menor não desfigure a forma final. Além disso, é inevitável que o conhecimento do livro anterior deva ser presumido; mas existe um Prefácio, ou capítulo de abertura, "A Respeito dos Hobbits". Ele fornece a essência do Capítulo V, "Adivinhas no Escuro", e reconta a informação fornecida nas mais ou menos duas primeiras páginas do outro livro, além de explicar muitos pontos sobre os quais "fãs" perguntaram, tais como o fumo e referências a policiais e ao rei (p. 43)[4] e a aparência das casas na ilustração da Vila-dos-Hobbits. *O Hobbit*, afinal de contas, não era tão simples como parecia, e foi arrancado ao acaso de um mundo no qual ele já existia e que não havia sido recentemente desenvolvido apenas para criar uma continuação. A única liberdade, caso tal coisa realmente o seja, foi tornar o Anel de Bilbo o Um Anel: todos os anéis tiveram a mesma fonte antes que ele colocasse a mão nele no escuro. Os horrores já estavam à espreita lá, como na página 36 e 303;[5] e Elrond viu que eles não poderiam ser banidos por qualquer Conselho Branco.

Bem, já falei o suficiente sobre minhas próprias tolices. A questão é terminar o material conforme concebido e então deixar que seja julgado. Mas perdoe-me! Ele está escrito no meu sangue, tal como é, grosso ou fino; e nada mais posso fazer. Receio que ele deva manter-se ou cair como substancialmente é. Seria inútil fingir que eu não desejo muito sua publicação, visto que uma arte solitária não é arte, nem que eu não sinto prazer com elogios, com tão pouca vaidade quanto um homem caído pode lidar (ele não possui muito mais participação em suas obras do que nos filhos de sua própria carne, mas já é alguma coisa possuir uma função); mesmo assim, o principal é completar a própria obra, na medida em que a conclusão possui algum sentido real.

Sou profundamente grato por ser levado a sério por um homem ocupado que lidou e lida com muitos homens de maior conhecimento e talento. Desejo ao senhor e a Rayner uma boa viagem, negócios bem-sucedidos e depois ótimos dias entre as Montanhas.[6] Como desejo ver as neves e as grandes alturas novamente!

Sinceramente,
J.R.R. Tolkien.

Falando em revisar *O Hobbit*. Qualquer alteração de qualquer tipo radical obviamente é impossível e desnecessária. Mas ainda há um bom número de erros de impressão nele. Acredito que enviei duas vezes listas desses erros, e espero que eles tenham sido corrigidos desta vez. Além disso, há erros menores que as análises de fãs revelaram e que uma atenção maior de minha parte descobriu. Gostaria que pudesse haver uma oportunidade de corrigi-los. Anexo novamente uma lista.

110 De uma carta para Allen & Unwin 20 de setembro de 1947

[A editora norte-americana de Tolkien, a Houghton Mifflin Co., solicitou à Allen & Unwin permissão para usar várias adivinhas de *O Hobbit* em uma antologia de poesia. A Allen & Unwin insinuou a Tolkien que "as adivinhas foram tiradas do folclore comum e não foram inventadas pelo senhor".]

Quanto às Adivinhas: elas são todas "minhas próprias criações", exceto por "Trinta Pôneis Brancos", que é tradicional, e "Sem-pernas". As restantes, embora seu estilo e método sejam aqueles das antigas adivinhas literárias (mas não do "folclore"), *não* possuem *modelos* pelo que me consta, salvo apenas a adivinha do ovo, que é uma redução para um dístico (meu) de uma adivinha literária mais longa que aparece em alguns livros de "Cantigas Infantis", notavelmente livros estadunidenses. Logo, sinto que tentar usá-las sem pagamento seria quase tão justo quanto furtar a cadeira de alguém por ser uma cópia de Chippendale ou beber seu vinho por ser rotulado "tipo do porto". Sinto-me também na obrigação de observar que "Sol nas Margaridas" não está em verso (não mais do que "Sem-pernas"), sendo apenas a etimologia da palavra "margarida"* expressa em forma de adivinha.

* Ver *O Hobbit Anotado*, p. 123, nota 16. [N.T.]

111 De uma carta para Sir Stanley Unwin 21 de setembro de 1947

Escrevi para o senhor no último dia de julho, mas pus a carta de lado, já que ela parecia fazer muito estardalhaço sobre minhas obras.....

Hyde (ou Jekyll) tem conseguido o que quer, e tenho sido obrigado a dedicar-me principalmente à filologia, especialmente enquanto minha colega de Liège,[1] com a qual empreendi uma "pesquisa" antes da guerra, permanecia aqui para ajudar a preparar nosso trabalho para ser impresso.

Agora estou prestes a partir novamente por alguns dias a negócios da faculdade. É minha vez de ir com o Diretor e o Tesoureiro inspecionar propriedades em Cambridge e Lincolnshire. Assim, em vez de deixar sua carta de 28 de julho sem resposta por mais tempo, envio junto com esta carta a minha agora muito esfarrapada resposta original. Com ela envio os comentários de Rayner; também algumas notas sobre O Hobbit; e (para o possível deleite do senhor e de Rayner) uma amostra da reescrita do Capítulo V dessa obra, que simplificaria, embora não necessariamente melhoraria, minha tarefa atual.

Tenho tentado sem sucesso espremer, entre os intervalos das "pesquisas" e viagens, alguma revisão do Livro II de O Senhor dos Anéis. Mas, como eu gostaria muito de beneficiar-me da leitura de Rayner (e da sua, caso o senhor disponha de tempo), envio-o junto em envelope separado, com suas várias imperfeições de detalhes. Mas Rayner pode notar, se ele tiver tempo para se incomodar com este pacote, que o Capítulo XIV foi reescrito para ficar de acordo com a reescrita do Capítulo II, "História Antiga", que ele leu. O Capítulo II agora se chama "A Sombra do Passado" e a maioria de seu material "histórico" foi removida, ao mesmo tempo em que se dá um pouco mais de atenção a Gollum. De modo que, caso o XIV pareça repetitivo, ele na verdade não é; praticamente nada que se encontra agora no XIV aparecerá no II.

Envio também o capítulo preliminar do Prefácio para o todo: "A Respeito dos Hobbits", que funciona como um elo com o livro anterior e, ao mesmo tempo, responde a perguntas que foram feitas.

111a De uma carta para Sir Stanley Unwin
30 de setembro de 1947

> [Tolkien havia enviado a Rayner o Livro II de *O Senhor dos Anéis* para ser lido.]

Sim, receio que tenha sido um pacote e tanto. Mas apenas levei Rayner tão a sério quanto ele merecia, e eu mesmo não devo ser levado a sério demais. Perdoe a garrulice.

Espero que R. aprecie o segundo fascículo, e quer aprecie, quer não, que não fique de modo algum incomodado, nem se abstenha de dizer e escrever o que quer que lhe ocorra. Refrearei meus cavalos galopantes, que sempre saem a resfolegar se farejam um debate literário. De qualquer modo, receberei R. pessoalmente quando ele vier de novo para estes lados.

112 Para Katharine Farrer

[Um cartão postal aparentemente escrito em 30 de novembro de 1947, usando-se o sistema de runas empregado em *O Hobbit*; uma transcrição se encontra na p. XXX. A Sra. Farrer, uma escritora de histórias policiais, era casada com o teólogo Austin Farrer, então Capelão do Trinity College, Oxford. Ela aparentemente pediu que Tolkien autografasse seu exemplar de *O Hobbit*.]

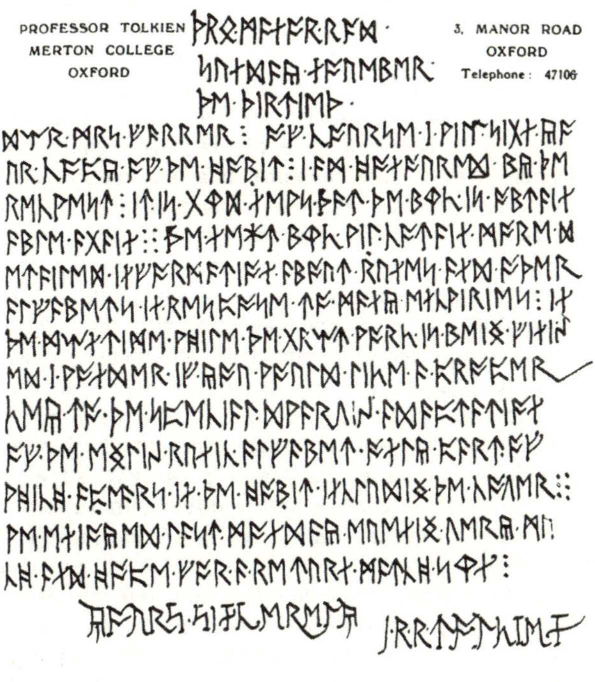

113 Para C.S. Lewis

[As exatas circunstâncias por trás desta carta não são claras, mas parece que Tolkien e Lewis estavam se correspondendo a respeito de críticas que Tolkien havia feito sobre um trecho de uma obra de Lewis lida em voz alta para os Inklings. Esse trecho talvez fosse parte de *English Literature in the Sixteenth Century* (Literatura inglesa no século XVI) de Lewis, na série Oxford History of English Literature ("OHEL"), que é mencionada na carta.]

Septuagésima 1948
Meu caro Jack,

Foi bom você ter escrito em resposta. Porém, você escreveu basicamente sobre "ofensa", embora eu certamente tenha corrigido "ofendido" em minha carta para "dolorido". Doloridos não podemos evitar de ficar pela dor. Eu sabia perfeitamente que você não permitiria que a dor se tornasse ressentimento, nem mesmo se (ou ainda menos porque) essa possa ser uma tendência de sua natureza. Ai daquele, porém, por meio do qual as tentações caem. Lamento causar dor, mesmo se e na medida em que eu tivesse o direito; e eu ainda realmente sinto muito por tê-la causado tão excessiva e desnecessariamente. Meus versos e minha carta deveram-se a uma súbita compreensão muito intensa (não devo esquecê-la rapidamente) da dor que pode advir da autoria, tanto na criação quanto na "publicação", que é uma parte essencial de processo inteiro. A vividez da percepção deveu-se, é claro, ao fato de que você, por quem eu tenho uma profunda afeição e simpatia, era a vítima e eu o culpado. Mas me senti formigando sob o açoite meio condescendente, meio zombador, com as coisas pequenas de meu coração transformadas na mera desculpa para a carnificina verbal.

Fui possuído em certas ocasiões (poucas, felizmente) por um tipo de *furor scribendi*, no qual a caneta encontra as palavras em vez da cabeça ou do coração; e essa foi uma delas. Mas nada em sua fala ou modos me deu qualquer razão para supor que você se sentiu "ofendido". Mesmo assim, pude ver que se *sentiu* — você dificilmente seria humano de outro modo —, e sua carta mostra o quanto. Suponho que acabe fazendo bem em vez de mal, mas isso é entre você e Deus. É um dos mistérios da dor que ela seja, para o sofredor, uma oportunidade para o bem, um caminho de ascensão, por mais árduo que seja. Porém, ela permanece um "mal", e deve desalentar qualquer consciência tê-la causado de maneira negligente ou em excesso, que dirá deliberadamente. E mesmo em necessidade ou privilégio, como de um pai ou mestre no castigo, ou mesmo de um homem ao bater em um cão, a vara de Deus deve ser brandida apenas com temor. Pode ter havido um ou dois de meus comentários que foram justos ou válidos, mas eu deveria ter me limitado a eles e os expressado de maneira diferente. Irado o médico que reveste uma pílula não de todo intragável com uma cobertura de amargor!

Mas a respeito de seus sentimentos sobre mim como um "crítico", seja exercendo a função sábia ou tolamente. Eu *não* sou um crítico. Eu não quero ser um.* Sou capaz, de vez em quando (após ponderar por longo tempo), de fazer alguma "crítica", mas não sou naturalmente um homem crítico. Fui parcial e, de certa forma, desnaturalmente galvanizado nisso pela tendência fortemente "crítica" da irmandade. Não sou realmente "hipercrítico". Pois geralmente estou apenas tentando expressar um "apreço", não uma crítica válida universalmente. Em geral, estou de fato meramente perdido em um mar estranho e não mapeado. Necessito de *alimentos* de tipos específicos, não de exercício para minhas faculdades mentais analíticas (que normalmente são empregadas em outros campos). Pois tenho algo que desejo profundamente *fazer* e que é a (imensamente frustrada) inclinação de minha natureza fazer. Sem qualquer vaidade ou noção exagerada da importância universal disso, permanece um fato que outras coisas são *para mim* menos importantes. Tenho certeza que a maioria delas é muito mais importante para o mundo. Mas isso não ajuda minha situação. Creio que isso em geral previne que eu seja um crítico digno de consideração e provavelmente tira o *pior* de mim quando as linhas de outro escritor chegam perto demais (como às vezes o fazem as suas): é provável que haja um curto-circuito, um clarão, uma explosão — e até mesmo um mau cheiro, do qual um ingrediente pode ser simples inveja. Entretanto, seria mais justo dizer de mim não que tendo a ficar preso ao meu gosto, mas sim a ficar sobrecarregado com minha própria pequena, porém peculiar "mensagem". Na verdade, por sofrer (por uma variedade de razões, nem todas censuráveis) de "composição suprimida". Realmente uma criatura selvagem, um urso rancoroso (se posso me comparar a algo tão grande), um amigo doloroso. Mas Deus lhe abençoe por sua bondade. E, em vez de confessar como pecaminosos o natural e inevitável sentimento de dor e suas reações (tenho certeza de que nunca sem resistência e imediatamente), faz-me a grande generosidade de transformar as dores que causei em uma dádiva para mim, para que eu possa partilhar do bem para o qual as empregou.

---

* Penso que a "crítica" — por mais válida ou intelectualmente atraente que seja — tende a ficar no caminho de um escritor que tenha algo pessoal a dizer. Um equilibrista de corda bamba pode precisar de *prática* mas, se começar uma teoria do equilíbrio, ele perderá graça (e provavelmente cairá). Na verdade (se ainda ousar me aventurar mais uma vez em qualquer crítica), devo dizer que penso que a crítica fica no seu caminho *como um escritor*. Você lê demais, e muito disso analiticamente. No entanto, você é também um crítico nato. Eu não. Você também é um leitor nato.

Não sei se me faço claro. Mas suponho que esteja em nosso poder, como membros de Cristo, fazer efetivamente tais dádivas. No caso mais simples: se um homem roubou algo de mim, então diante de Deus eu declaro que isso é uma dádiva. Esse, é claro, é um modo simples de fazer uso de uma ofensa e se livrar do ferrão, mas esse não é o objetivo direto (ou ele não seria efetivo); pois me parece provável que tal dádiva tenha efeito na situação do culpado diante de Deus e, de qualquer maneira, em qualquer desejo verdadeiro de "perdoar", o desejo que deveria estar, então precisa estar presente. Seria maravilhoso, quando convocado a julgamento para responder inumeráveis acusações de más ações a irmãos, descobrir inesperadamente que muitas realmente não seriam apresentadas! E que, em vez disso, na verdade se tivesse uma parte no bem criado a partir do mal de alguém. E não menos maravilhoso para o presenteador. Uma interação eterna de alívio e gratidão. (Mas o culpado deve se arrepender. Do contrário, suponho que nos reinos terríveis da perdição os carvões de fogo queimariam do modo intolerável).

(O que acontece quando o culpado fica genuinamente arrependido, mas o sofredor fica profundamente ressentido e nega todo o "perdão"? É um pensamento terrível, impedir qualquer um de correr o risco de causar desnecessariamente tal "mal". Naturalmente, o poder da misericórdia é apenas delegado e é sempre exercido com ou sem cooperação da Autoridade Superior. Mas as alegrias e a cura da cooperação devem ser perdidas?)

Enquanto eu estava pensando em tudo isso, deparei-me com uma passagem que trata das encantadoras relações entre G.M. Hopkins e seu "correspondente" Cônego Dixon. Dois homens desejosos de "reconhecimento". Pobre Dixon, cuja *History of the Church of England* [História da Igreja da Inglaterra] (e cujos poemas) recebeu apenas um olhar casual, e Hopkins, desconsiderado em sua própria ordem. H. parece ter visto claramente que o "reconhecimento", com alguma compreensão, é neste mundo uma parte essencial da autoria, e o desejo por ele é um sofrimento a ser distinguido do (mesmo quando misturado com) mero desejo pelos prazeres da fama e da aclamação. Dixon ficou bastante perplexo por ser apreciado por Hopkins e muito comovido pelas palavras de Burne-Jones (ditas a H., que as citou) de que "trabalha-se realmente para o único homem que pode vir a compreendê-lo". Mas H. então objetou, percebendo que a esperança de Burne-Jones também pode ser frustrada neste mundo tão facilmente quanto a fama geral: um pintor (como Cisco) pode trabalhar para o que o incêndio de sua pintura, ou um acidente fatal do admirador, pode destruir completamente. Ele resumiu: o único crítico literário justo é Cristo, que admira mais do que qualquer homem os dons que Ele mesmo concedeu. Então "entreguemo-nos a Cristo". Deus lhe guarde.

Escrevo apenas porque acho que desse modo é mais fácil dizer tais coisas como realmente quero dizer. Se elas forem tolas ou assim parecerem, não estarei presente quando elas malograrem. (Meus apartes sussurrantes na maioria das vezes devem-se principalmente à pura pusilanimidade e a um medo de que a companhia geral ria de mim.)

Não é necessário responder a esta carta. Mas quanto a você: descanse em paz, até onde posso ser um "crítico" de comportamento. Pelo menos você é o homem mais irrepreensível[1] que conheço. "Espalhafato", você diz?[2] Não! Esse é basicamente um rumor autodefensivo espalhado por Hugo. Se tal rumor possui algum fundamento (para ele), é apenas a de que barulho gera barulho. Estamos a salvo em sua presença e presidência de disputas, má vontade, difamação ou acusações sem evidências. Sem dúvida, como você diz, tenho, como membro da irmandade, o direito de criticar, se[3] eu quiser. Mas não esquecerei rapidamente minha visão das feridas; e devo ser dissuadido da desaprovação precipitada, por mim mesmo. De fato, não acredito realmente que para qualquer homem uma "crítica" valiosa seja geralmente obtida de imediato: ela está então mesclada demais com uma simples reação. Vamos *escutar* novamente com mais paciência. E me deixe implorar a você para que publique a OHEL, sem acanhamento.

Mas lhe aviso que, se você me entediar, terei minha vingança. (É uma obrigação de Inkling ser entediado de bom grado. É um privilégio dele ser um entediante quando necessário). Eu às vezes concebo e escrevo outras coisas além de versos ou romances! E posso voltar a você. Na verdade, se nosso amado e estimado médico vier nos propor problemas da terra como um dínamo, posso pensar em outros problemas tão intricados, ainda que mais insignificantes, para apresentar para consideração dele — mesmo que apenas para o deleite malicioso de ver Hugo (caso esteja presente), levemente esquentado com álcool, fazendo uma imitação do menino inteligente da classe. Mas que o Senhor salve a todos vocês! Não me vejo em qualquer necessidade de praticar a *clemência* com qualquer um de vocês — exceto nas ocasiões mais raras, quando eu mesmo estou cansado e exausto: então considero o simples *barulho* e a vulgaridade irritantes. Mas ainda não estou tão velho (nem tão refinado) que esse tenha se tornado um estado permanente. Desejo o barulho com bastante frequência. Não conheço som mais agradável do que chegar no B. and B.,[4] ouvir uma risada estrondosa e saber que é possível se juntar a ela.

Sinceramente,
J.R.R.T.

Como vê, demorei quase uma semana para enviar esta carta. Relendo-a, não acredito que ela causará algum mal. E, de qualquer forma, envio-a para que você não pense que minhas recentes ausências dos Inklings estão de algum modo relacionadas. Perdi três encontros: um porque eu estava desesperadamente cansado, os outros por razões domésticas — o último porque minha filha (abençoada seja! sempre prestimosa às quintas-feiras) foi obrigada a sair naquela noite.

114 De uma carta para Hugh Brogan

7 de abril de 1948

[Brogan, então estudante, escrevera para Tolkien elogiando *O Hobbit* e pedindo mais informações sobre o mundo descrito na obra.]

Fico feliz que você tenha gostado de "o Hobbit". Na verdade, tenho me ocupado há dez anos com a composição de outra obra (mais longa) sobre o mesmo mundo e período de história, na qual, de qualquer forma, pode-se aprender tudo sobre o Necromante e as minas de Moria. Apenas a dificuldade de escrever os últimos capítulos e a falta de papel impediram até agora sua impressão. Espero ao menos terminá-la este ano, e certamente o informarei em primeira mão. Escrevi muito tempo atrás (e entreguei as provas há um ano) outra obra (curta) sobre um período bastante diferente: *Mestre Giles d'Aldeia*. Não sei o que a está atrasando além do papel, mas ela deve aparecer neste outono ou neste inverno. Mas ela não satisfará qualquer curiosidade sobre o mundo mais antigo. Receio que você não encontraria informação alguma sobre esse mundo em simples obras de referência, visto que possuo todos os documentos e as editoras não vão publicá-los. O que você pede é *O Silmarillion*, que é na prática uma história dos Eldalië (ou Elfos, por uma tradução não muito precisa), de sua ascensão até a Última Aliança e a primeira derrubada temporária de Sauron (o Necromante): isso o levaria quase ao período de "O Hobbit". Alguns mapas, tabelas cronológicas e algumas informações elementares sobre os idiomas eldarin (ou élficos) também seriam desejáveis. Tenho todas essas coisas, é claro, e elas são de conhecimento de um pequeno círculo que inclui meus filhos (todos outrora alunos da Dragon School).[1] Se eu puder encontrar algum tempo e modo de reproduzi-las, ou parte delas, digamos, em cópias datilografadas, e você permanecer interessado nessa região pouco explorada de pré-história, deixarei que veja alguns dos documentos.

115 Para Katharine Farrer

[A Sra. Farrer aparentemente expressara desejo de ler *O Silmarillion* e manuscritos relacionados.]

15 de junho [sem ano; possivelmente 1948] Merton College, Oxford

Cara Sra. Farrer,

Desculpe-me por ter demorado tanto em responder e, dessa maneira, ter parecido mal-agradecido, quando na verdade fiquei muito comovido pela sua carta gentil — e também empolgado. Pois embora eu tenha trabalhado nessas coisas (nas brechas de tempo!) desde por volta de 1914, nunca encontrei alguém além de C.S.L. e de meu Christopher que desejasse lê-las; e ninguém irá publicá-las. Passei todo o tempo de que pude dispor desde que a senhora escreveu reunindo da massa inacabada desses materiais as coisas que se encontram mais ou menos terminadas e decifráveis (quero dizer, legíveis). A senhora talvez considere a "história compendiosa", ou *Silmarillion*, tolerável — embora de fato só esteja revisada pela metade.

Os contos longos dos quais ela é retirada (por "Pengolod")[1] estão ou incompletos, ou desatualizados.

A Queda de Gondolin
A Balada de Beren e Lúthien (em verso)
Os Filhos de Húrin

Estou aflito (por mim mesmo) por não ser capaz de encontrar o "Anéis de Poder" que, com a "Queda de Númenor", faz a ligação entre o *Silmarillion* e o mundo do Hobbit. Mas seus princípios básicos estão incluídos no Cap. II de *O Senhor dos Anéis*. Esse livro seria, é claro, mais fácil de escrever se o *Silmarillion* fosse publicado primeiro!

Levarei para a senhora alguns *mss. únicos* em algum momento hoje.

Obrigado pela sua lembrança em oração.

Sinceramente,
Ronald Tolkien.

116 De uma carta para Allen & Unwin 5 de agosto de 1948

[A artista Milein Cosman fora escolhida para ilustrar *Mestre Giles d'Aldeia*, e os editores pediram a Tolkien sua opinião sobre algumas amostras de ilustrações, que a Srta. Cosman apenas fornecera após muitos atrasos.]

Pessoalmente, não estou muito interessado na elegância dessas ilustrações ou na semelhança delas com as de Topolski ou Ardizzone. Considero a falta de semelhança delas com seus textos mais marcante. Esta é uma história com uma localização bem definida (uma de suas virtudes, se é que possui alguma): Oxfordshire e Bucks, com uma breve excursão ao País de Gales. Os locais nela estão em grande parte nomeados ou indicados de modo razoavelmente claro. Não há uma tentativa da parte da ilustradora em representar algo disso. A propósito, o incidente do cão e do dragão ocorre próximo a Rollright e, embora isso não esteja claramente afirmado, pelo menos ele obviamente acontece em Oxfordshire.

O gigante é passável — apesar de a artista ser uma desenhista de árvores medíocre. O dragão é absurdo. Ridiculamente acanhado e absolutamente incapaz de realizar qualquer uma das tarefas que lhe foram incumbidas pelo autor. Fico imaginando por que ele deveria estar olhando tão tolamente sobre seu ombro direito para o SE quando um óbvio, ainda que esboçado cão está indo para o NO, A despeito do fato de que o cão felizmente não se deparou primeiro com a cabeça, mas escapou assim que chegou à cauda do dragão. O fazendeiro, um enorme fanfarrão maior do que seus companheiros, ficou parecendo o pequeno Joad ao final de um interrogatório realizado por oficiais ferroviários. Ele dificilmente teria usado como um estábulo a cabana balouçante na qual o moleiro e o pároco estão batendo. Ele era um próspero pequeno proprietário ou fazendeiro alodial.

Deduzo que os senhores não compartilham de minhas opiniões. Bem, se os senhores acreditam que ilustrações desse tipo, completamente desarmoniosas com o estilo ou modo do texto, servirão ou que por razões de gosto contemporâneo sejam uma vantagem, até aqui estou nas mãos dos senhores. Mas os senhores persuadirão a Srta. C. a fazer tais acabamentos que não a deixem exausta e nem muito infeliz — vão persuadi-la, de fato, a terminar o trabalho? E quando os senhores esperam lançar esse livro?

117 De uma carta para Hugh Brogan

31 de outubro de 1948

Consegui fazer um "retiro" no verão, e estou feliz em anunciar que finalmente tive sucesso em conduzir o "Senhor dos Anéis" a uma conclusão bem-sucedida. Além disso, ele foi lido e aprovado por Rayner Unwin, o qual (o leitor original de "O Hobbit") teve tempo de crescer enquanto a continuação era feita, e agora está aqui em Trinity. Creio que há uma chance de que ele seja publicado, embora venha a ser um livro massivo, grande demais para dar algum lucro à editora (o que dirá ao autor): deve ficar em 1.200 páginas. Porém, tamanho não é obstáculo para aqueles que gostam desse tipo de coisa. Se ao menos o período letivo não tivesse me pegado mais uma vez desprevenido, eu teria revisado tudo — é espantosamente difícil evitar erros e mudanças de nomes e todo o tipo de inconsistências de detalhes em uma obra longa, como se esquecem os críticos, que não tentaram criar uma — e enviado aos datilógrafos. Espero fazer isso em breve e só posso dizer que, assim que eu tiver uma cópia extra, você a terá emprestada, e mais uma boa quantidade de materiais explicativos, alfabetos, história, calendários e genealogias reservados para os verdadeiros "fãs". Espero que isso seja possível em breve, de maneira que você possa recebê-los durante as férias de Natal; mas não posso prometer. Esse negócio universitário de ganhar a vida ensinando, dando aulas filológicas e comparecendo diariamente a "conselhos" e outras reuniões interfere miseravelmente no trabalho sério.

118 Para Hugh Brogan

[Uma carta de votos natalinos não datada, mas possivelmente escrita no Natal de 1948. Está em uma forma de *angerthas*, ou runas anânicas, similar àquela usada em *O Senhor dos Anéis*, mas não idêntica, e em duas versões da escrita fëanoriana, a primeira usando *tehtar* (sinais sobre as consoantes) para indicar as vogais, a segunda com vogais representadas por letras independentes. Para uma transcrição, ver p. 442].

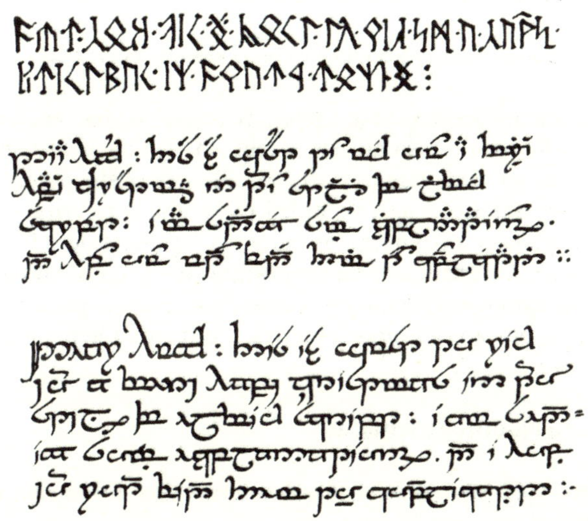

119 De uma carta para Allen & Unwin 28 de fevereiro de 1949

Não tenho tempo de datilografar [*Mestre Giles*] novamente, e não creio que seja realmente necessário. Estou achando o trabalho de datilografar uma cópia passada a limpo do "Senhor dos Anéis" m. grande e a alternativa de mandar datilografar profissionalmente proibitiva pelo custo. . . . . Acredito que, após 25 anos de serviço, em breve conseguirei período de licença "remunerada", em parte por razões médicas. Nesse caso, eu realmente poderei terminar algumas coisas.

120 De uma carta para Allen & Unwin — 16 de março de 1949

[Os serviços de Milein Cosman agora haviam sido dispensados e Pauline Baynes fora contratada para ilustrar *Mestre Giles d'Aldeia*.]

As ilustrações da Srta. Baynes devem ter chegado a Merton no sábado, mas, devido a várias coisas, não as vi até ontem. Escrevo simplesmente para dizer que estou satisfeito com elas além até mesmo das expectativas criadas pelos primeiros exemplares. Elas são mais do que ilustrações, são um tema colateral. Mostrei-as aos meus amigos, cujo comentário educado foi de que elas reduziram meu texto a uma explicação sobre os desenhos.

121 De uma carta para Allen & Unwin — 13 de julho de 1949

[Sobre a questão de uma continuação para *Mestre Giles d'Aldeia*.]

Quanto a mais "lendas sobre o Reino Pequeno": fiz referência a uma no Prefácio, para o caso de elas darem em algo ou se aparecer um manuscrito da lenda fragmentária. Mas George e Sebo permanecem apenas um esboço, e agora é difícil recapturar o espírito dos dias antigos, quando costumávamos cruzar as fronteiras do R.P. em um carro velho. As "crianças" têm agora entre 20 e 32 anos. Mas quando eu enfim aprontar o "Senhor dos Anéis", do qual eu quase terminei uma cópia passada a limpo definitiva, a primavera livre poderá dar alguns frutos.

122 Para Naomi Mitchison

[A Sra. Mitchison escrevera elogiando *Mestre Giles d'Aldeia*, que fora publicado no outono de 1949.]

18 de dezembro de 1949 — 3 Manor Road, Oxford

Cara Sra. Mitchison,

Foi extremamente gentil de sua parte escrever-me. . . . . Quanto a "Mestre Giles", receio que ele tenha sido escrito com muita despreocupação, originalmente de "nenhum tempo", onde bacamartes ou qualquer coisa podiam ocorrer. Seu retoque levemente douto, tal como lido para a Lovelace Soc., e conforme publicado, torna o Bacamarte bastante flagrante — apesar de realmente não ser pior do que todos os tratamentos medievais da questão arturiana. Mas ele estava inserido demais para ser modificado, e algumas pessoas acham os anacronismos divertidos. Eu mesmo não pude abrir mão da citação (tão murrayesca) do Oxford Dictionary. O fogo grego devia ser mais como um lança-chamas: do modo como era usado em seus navios, ele parece ter sido verdadeiramente mortal. Porém, na Ilha da Bretanha, arqueologicamente falando, não pode ter havido nada remotamente parecido com uma arma de fogo. Mas tampouco havia armaduras do século XIV.

Acho os "dragões" um fascinante produto da imaginação. Mas não creio que o de Beowulf seja terrivelmente bom. Contudo, o problema todo da intrusão do "dragão" na imaginação do norte e sua transformação lá é um sobre o qual eu não sei o suficiente. Fafnir nas versões nórdicas tardias da história de Sigurd é melhor; e Smaug e sua conversa obviamente estão em dívida com essas versões.

Sei muito bem islandês (como eu deveria) e um pouco de galês, mas, apesar dos esforços, sempre fui severamente vencido pelo irlandês antigo, ou mesmo seus descendentes modernos. A confusão foi, política e culturalmente, grande e complexa, mas deixou pouquíssimos traços linguísticos no islandês, exceto na adoção de certos nomes, notavelmente Brian e Niai, que passaram a ser usados na Islândia. No irlandês a influência foi mais considerável. Mas, de qualquer forma, nomes que eram muito similares tendiam a ser equiparados ou confundidos.....

Espero lhe dar em breve dois livros, sobre os quais pelo menos uma crítica será possível: a de que eles são excessivamente longos! Um é uma continuação de "O Hobbit", que recentemente terminei após 12 anos de trabalho (intermitente). Receio que ele seja 3 vezes maior, que não seja *para* crianças (embora isso não signifique que seja completamente inadequado) e que seja muito sombrio em certas partes. Eu *acho* que ele é muito melhor (de uma maneira diferente). O outro é de puros mitos e lendas de épocas já remotas nos dias de Bilbo.

Mais uma vez obrigado por escrever. Espero que a resposta esteja legível em algumas partes. Com os melhores votos.

Sinceramente,
J.R.R. Tolkien.

122a Para Pauline Baynes

[C.S. Lewis havia ficado impressionado com o trabalho de Pauline Baynes em Mestre Giles e a convidou para ilustrar O leão, a feiticeira e o guarda-roupa.]

20 de dezembro de 1949 3 Manor Road, Oxford

Cara Srta. Baynes,

Esta carta é apenas para lhe desejar um Feliz Natal. Eu pretendia escrever de novo por sua carta de junho passado; mas fiquei envolvido com correções de provas, a maldição da existência acadêmica, que neste caso envolveu duas viagens prolongadas em visita a faculdades na Irlanda.

Posso dizer que "M. G.", cujos estoques parecem ter se esgotado em Oxford, agradou pelo menos tanto por seus ornamentos quanto por qualquer outra coisa. Meu amigo C.S. Lewis, que viu os desenhos originais não reduzidos, disse-me que entrou em contato com a senhorita.

Tenho dois livros (grandes) de legendário mítico ou do tipo élfico que em 1950 devem de fato se tornar problemas de produção;[1] e espero sinceramente que algumas ilustrações ou decorações façam parte do programa. Nesse caso, espero que nos encontremos no que parece ser o local mais provável, Londres. Embora eu tenha esperança de que, se por uma felicidade vier para estes lados, a senhorita me avisará. Com os melhores votos.

Sinceramente,
J.R.R. Tolkien.

123 De um rascunho para Milton Waldman

5 de fevereiro de 1950

[Por volta da época em que estava terminando *O Senhor dos Anéis*, Tolkien foi apresentado a Milton Waldman, um editor da editora londrina Collins. Waldman expressou grande interesse no novo livro e também em *O Silmarillion*, o qual Tolkien esperava que fosse publicado em conjunto com *O Senhor dos Anéis*. Como a Allen & Unwin não havia aceitado *O Silmarillion* quando Tolkien ofereceu o livro a eles em 1937, ele agora acreditava que deveria tentar mudar de editora; consequentemente, mostrou a Waldman as partes de *O Silmarillion* das quais havia cópias passadas a limpo. Waldman disse que gostaria de publicá-lo se Tolkien o terminasse. Tolkien então lhe mostrou *O Senhor dos Anéis*. Waldman mais uma vez ficou entusiasmado e se ofereceu para publicá-lo, desde que Tolkien "não possuísse qualquer compromisso moral ou legal com a Allen & Unwin". A resposta que Tolkien enviou não pode ser rastreada, mas o que se segue é parte de um rascunho dela.]

Sinto muito que os dias tenham passado tão depressa desde que recebi sua carta. Parti imediatamente após ela chegar para ver meu irmão, que estava doente; e eu mesmo estive e continuo incomodado por uma garganta que me faz ficar abatido.

Logo que lhe joguei o ms. [de *O Senhor dos Anéis*], senti-me mal por isso: saturando suas férias com um trabalho que apenas o egoísmo de um autor poderia ter imposto em tal momento. E, ao examinar minha consciência, tive de confessar que — como alguém que trabalhou sozinho em um canto e teve apenas a crítica de alguns amigos de mesma opinião — fui movido em grande parte pelo desejo de ouvir de uma mente nova se meu trabalho possuía algum valor mais amplo ou se era apenas um passatempo particular infrutífero.

Ainda assim, não creio que eu tenha de fato sobrecarregado o senhor sob falsos pretextos. Não guardo cópias de cartas, visto que não possuo uma secretária para qualquer propósito e sou forçado a escrever à mão; mas, pelo que me lembro, em minha carta um tanto longa (que o senhor recebeu antes de dar início ao trabalho da leitura) tentei explicar precisamente minha situação em relação a Allen and Unwin. O senhor talvez corrija minha memória caso consulte a carta.

Acredito que eu não possua obrigações *legais* com a Allen and Unwin, visto que a cláusula no contrato de *O Hobbit* a respeito de oferecer o próximo livro parece ter sido cumprida ou (a) pela rejeição de *O Silmarillion*, ou (b) pela eventual aceitação e publicação da parte deles de *Mestre Giles*. Eu deveria (como o senhor salienta) ficar feliz por deixá-los, uma vez que os considero insatisfatórios de vários modos. Mas tenho relações pessoais amigáveis com Stanley (de quem mesmo assim eu não gosto muito) e com seu segundo filho, Rayner (de quem eu gosto muito). Sempre se supôs que eu estava escrevendo uma continuação de *O Hobbit*. Rayner leu a maior parte de *O Senhor dos Anéis* e gosta dele — quando menino, ele leu o ms. de *O Hobbit*. Sir Stanley há muito está ciente de que *O Senhor dos Anéis* excedeu sua função, e não está satisfeito, uma vez que ele não vê lucro nele para quem quer seja (assim disse ele); no entanto, está ansioso para ver o resultado. Se isso constitui uma obrigação moral, então tenho uma: ao menos explicar a situação. Falei algo sobre isso tudo em minha carta de 13 de dez.? Eu certamente pretendia fazê-lo. Contudo, com certeza tentarei desprender-me, ou pelo menos o *Silmarillion* e toda a sua parentela, das bobinas dilatórias da A. & U. se eu puder — de uma maneira amigável, se possível.

Como medida, escrevi a Sir Stanley. A rejeição dele do *Silmarillion* com base no relatório de um leitor (do qual ainda me lembro do comentário de que o material possuía uma espécie de beleza celta intolerável aos anglo-saxões em grandes doses) é minha principal cartada. Eu disse que, de acordo com uma estimativa, *O Senhor dos Anéis*, com textos complementares, chega a quase um milhão de palavras. Que cresceu para ser antes uma continuação de *O Silmarillion* do que de *O Hobbit*, e que realmente necessita da publicação do legendário do Silmarillion para que seja compreendido, assim como para facilitar suas próprias dificuldades técnicas. Que agora tenho esperança de encontrar um lugar para o *Silmarillion*, que ele rejeitou; mas que a proposta realmente necessita que a mesma casa assuma as duas obras relacionadas. E que, portanto, estou disposto a negociar, uma vez que a publicação de *O Silmarillion* sempre foi a minha principal ambição literária. E que quero tirá-lo da minha mente assim que possível.

[Outro parágrafo, em boa parte ilegível, vem a seguir; o rascunho então é interrompido.]

124 ara Sir Stanley Unwin

[A Allen & Unwin transmitiu a pergunta de um leitor, o qual inquiria se Tolkien havia escrito uma "História Autêntica de Feéria".]

24 de fevereiro de 1950 Merton College, Oxford

Caro Unwin,

Receio que eu seja uma pessoa deveras insatisfatória. No momento estou "de licença", e de vez em quando ausente, embora o esforço para lidar com uma grande quantidade de dívidas literárias e "eruditas", as quais se esperava que minha licença auxiliasse, provou ser demais para mim, especialmente porque minha garganta andou me incomodando e, com frequência, por estar longe de me sentir bem.

Mas, de qualquer maneira, eu deveria há muito tempo ter respondido à sua indagação entregue pelo Sr. Selby. Embora datada de 31 de jan., ela na verdade me foi endereçada em 31 de dez.

Não consigo imaginar e não descobri ao que o Sr. Selby estava se referindo. Eu não escrevi, é claro, uma "História autêntica de Feéria" (e, em todo o caso, eu não teria escolhido tal título); nem fiz com que alguma profecia ou rumor de semelhante obra circulasse. Devo supor que o Sr. Selby associa-me com "Feéria" e ligou meu nome à obra de outra pessoa. Parece pouco provável que ele tenha se deparado com alguma conversa literária (da qual, em todo o caso, não tenho conhecimento) na qual alguém tenha se referido ao meu *Silmarillion* (há muito rejeitado e posto de lado). O título não é particularmente apropriado, e a obra foi lida em ms. apenas por cerca de cinco pessoas, contando dois de meus filhos e seu leitor.

Isso, entretanto, leva-me a um tópico mais importante (para mim, de qualquer forma). Em uma de suas cartas mais recentes, o senhor expressou um desejo de ainda ver o ms. de minha obra sugerida, *O Senhor dos Anéis*, originalmente esperada como uma continuação para *O Hobbit*. Por dezoito meses tenho esperado pelo dia em que eu poderia dizer que ela estava terminada. Mas foi só depois do Natal que esse objetivo foi finalmente alcançado. Ela está terminada, ainda que parcialmente sem revisão, e está, creio eu, em uma condição na qual um leitor poderia lê-la caso não esmoreça à vista dela.

Como a estimativa para datilografá-la estava na casa das £100 (que não disponho para gastar), fui obrigado a fazer quase tudo eu mesmo. E agora que olho para ela, a magnitude do desastre me é evidente. Minha obra escapou do meu controle e produzi um monstro: um romance imensamente longo, complexo, um tanto amargo e muito aterrorizante, bastante inadequado para crianças (se é que é adequado para alguém); e não é realmente uma continuação de *O Hobbit*, mas de *O Silmarillion*. Minha estimativa é de que possua, mesmo sem certos adjuntos necessários, cerca de 600.000 palavras. Uma datilógrafa estimou mais alto. Posso ver de modo muito claro o quão impraticável ele é. Mas estou cansado. Afastei-o de mim e não sinto que eu possa fazer mais alguma coisa a respeito dele além de uma pequena revisão de inconsistências. Pior ainda: sinto que ele está ligado ao *Silmarillion*.

Talvez o senhor se lembre dessa obra, um longo legendário de épocas imaginárias em um "estilo elevado" e repleto de Elfos (de um tipo). Foi rejeitado segundo o aconselhamento de seu leitor muitos anos atrás. Pelo que me lembro, ele viu na obra uma espécie de beleza celta intolerável aos anglo-saxões em grandes doses. Ele provavelmente foi perfeitamente correto e justo. E o senhor comentou que essa era uma obra para se extrair material, não para ser publicada.

Infelizmente, eu não sou um anglo-saxão e, embora posto de lado (até um ano atrás), o *Silmarillion* e tudo o mais se recusaram a serem suprimidos. Ele veio à tona, infiltrou-se e provavelmente arruinou tudo (que mesmo remotamente aproximava-se de "Feéria") que tentei escrever desde então. Foi mantido fora de *Mestre Giles* com esforço, mas impediu a continuação. Sua sombra foi profunda nas partes finais de *O Hobbit*. Ele capturou *O Senhor dos Anéis*, de maneira que este tornou-se simplesmente sua continuação e finalização, exigindo o *Silmarillion* para ser completamente inteligível — sem muitas referências e explicações que o atravancam em um ou dois lugares.

Por mais ridículo e cansativo que o senhor pense que sou, desejo publicar ambos — *O Silmarillion* e *O Senhor dos Anéis* — em conjunto ou em ligação. "Desejo" — seria mais sábio dizer "gostaria", visto que não é muito provável que um pacotinho de, digamos, um milhão de palavras,[1] de assuntos apresentados por extenso que os anglo-saxões (ou o público falante de inglês) só conseguem aguentar de forma moderada, venha a público, mesmo se o papel estivesse disponível à vontade.

Mesmo assim, é disso que eu gostaria. Ou deixarei tudo isso em paz. Não consigo contemplar qualquer reescrita ou compressão drástica. É claro que, sendo um escritor, eu gostaria de ver meus textos impressos; mas aí estão eles. Para mim, o principal é que sinto que toda a questão está agora "exorcizada" e não mais me atormenta. Posso agora me dedicar a outras coisas, como talvez o Reino Pequeno dos Serpes[2] ou outras questões e histórias.

Desculpe-me por esta carta ser tão longa e tão repleta de mim mesmo. Não estou realmente tomado por qualquer opinião pretensiosa sobre meus absurdos passatempos particulares. Mas o senhor tem sido muito paciente, esperando durante os longos anos uma continuação para *O Hobbit* para agradar a um público similar, embora eu saiba que o senhor está ciente de que tenho sido desorganizado. Devo-lhe algum tipo de explicação.

Diga-me o que o senhor acha. O senhor pode receber toda essa montanha de material, se desejar. Receio que será necessário um leitor que realmente leia por um longo tempo, embora ele possa decidir-se com uma amostra. Mas não terei qualquer mágoa justificável (nem ficarei terrivelmente surpreso) se o senhor recusar tal proposta tão obviamente não lucrativa e pedir para que eu me apresse e apresente algum livro mais razoável tão logo seja possível.

Sinceramente,
J.R.R. Tolkien.

P.S. Rayner, pobre homem, obviamente leu uma grande parte de *O Senhor dos Anéis*, embora não até o amargo fim: terminei o último "livro" bem recentemente. Espero que ele esteja prosperando. A propósito, como anda o pequeno *Mestre Giles*?

JRRT.

125 Para Sir Stanley Unwin

[Unwin respondeu em 6 de março, perguntando se o problema do tamanho combinado dos dois livros poderia ser resolvido ao dividi-los em "três ou quatro volumes de certa forma independentes". Em resposta à indagação de Tolkien sobre *Mestre Giles d'Aldeia*, ele informou que, da primeira impressão de 5.000 exemplares, 2.000 haviam sido vendidos, e que o livro "ainda não havia ido tão bem quanto esperávamos", embora ele tenha dito que o livro indubitavelmente continuaria a vender.]

10 de março de 1950 3 Manor Road, Oxford

Caro Unwin,

Obrigado por sua carta de 6 de março. Vejo nela sua boa vontade; mas também, receio, sua opinião de que essa grande quantidade de material realmente não é um negócio de editora, mas que exige uma doação. Não estou surpreso.

Com relação à sua indagação sobre sua divisibilidade. Uma obra de grande tamanho pode, é claro, ser dividida artificialmente em volumes mais convenientes: o tipo de processo que produziu seções do grande Oxford Dictionary classificadas como "ONOMASTICAL – OUTING" e "SIMPLE a SLEEP". Mas toda a Saga das Três Joias e dos Anéis de Poder possui apenas uma divisão natural em duas partes (cada uma com cerca de 600.000 palavras): *O Silmarillion* e outras lendas e *O Senhor dos Anéis*. O último é tão indivisível e unificado quanto pude torná-lo.

Ele é, obviamente, dividido em seções com finalidades narrativas (seis delas), e duas ou três dessas, que são mais ou menos iguais em tamanho, poderiam ser juntadas separadamente, mas elas não são em sentido algum independentes.

Agora me pergunto (devo confessar, apesar de que, como um "vendedor", suponho que eu devesse mostrar mais confiança) se muitos além de meus amigos, dos quais muitos não aguentaram até o fim, leriam algo tão longo, mesmo se gostarem desse tipo de coisa em moderação. Fico pensando ainda mais se eles leriam, sem falar em comprar, o livro de forma seriada, e se o interesse, por assim dizer, minguasse. O senhor deve saber muito mais sobre isso do que eu.

Compreendo as dificuldades financeiras e a chance remota de recuperar o grande custo. Não tenho dinheiro para mandar pelo ralo, e dificilmente posso esperar que o senhor o faça. Por favor, não pense que sentirei que possuo uma mágoa justificável se o senhor se recusar a envolver-se sem muita hesitação. Afinal de contas, o acordo era de que o senhor receberia de bom grado uma continuação de *O Hobbit*, e essa obra não pode ser considerada como tal em qualquer sentido prático ou na questão da atmosfera, tom ou público-alvo. Sinto muito por apresentar tal problema. Deliberadamente, pode parecer, visto que há muito tempo eu sabia que estava procurando problemas e produzindo o que muito provavelmente não pode ser impresso e vendido. Não possuo no momento alguma outra coisa completa para apresentar, mas estou bastante disposto a criar algo mais simples e mais curto em breve. Eu sinto, ao final da licença do trabalho, um retorno de energia, e quando o momento atual de provação tiver terminado (o processo de remoção de todos os meus dentes começou ontem e o da remoção dos móveis de minha casa começará em pouco tempo) espero sentir ainda mais. Acredito que em pouco tempo colocarei as mãos em outras coisas há muito *in petto*.

Ainda assim, teria sido mais encorajador se *Mestre Giles* pudesse relatar melhor sua sorte. No final das contas saiu-se mais uma pequena sátira à maneira de um *don*. Não tenho ciência de que tenham ouvido falar muito dele. Ele não parece ter sido colocado forçosamente em evidência.

Sempre pensei que, na medida em que possua uma virtude, ele teria sido aprimorado por outras histórias do mesmo reino e estilo; mas o domínio do mundo mais remoto era tão grande que não pude criá-las. Isso pode acabar sendo diferente agora.

Com os melhores votos,

Sinceramente,
J.R.R. Tolkien.

126 Para Milton Waldman (rascunho)

10 de março de 1950 — 3 Manor Road, Oxford

Caro Waldman,

Sir Stanley Unwin afinal respondeu pessoalmente. O parágrafo pertinente é:

> "Sua carta de fato apresentou-nos um problema! Não teria sido fácil solucioná-lo antes da Guerra; é muito mais difícil agora com os custos de produção cerca de três vezes o que eram naquela época. Para compreender mais precisamente o que está envolvido, diga-nos, por favor, se há alguma possibilidade de dividir os milhões de palavras em, digamos, três ou quatro volumes de certo modo independentes. Talvez o senhor lembre que, quando publicamos a grande obra de Murasaki, *A História de Genji*, começamos publicando-a em seis volumes separados, cada um com um título diferente, apesar de os quatro primeiros serem, é claro, toda a História de Gengi, e os dois últimos serem mais sobre seu filho."

Respondi no sentido de que vejo na carta dele sua boa vontade, mas percebo também sua opinião de que essa grande quantidade de material não é apropriada para uma publicação usual e que necessita de financiamento. (Em minha carta deixei bastante claro que o *Silmarillion* etc. e *O Senhor dos Anéis* estão intimamente relacionados, como uma longa Saga das Joias e dos Anéis, e que eu estava decidido a tratá-los como uma coisa só, seja lá como fossem lançados formalmente.) Observei que o material naturalmente divide-se apenas entre *O Silmarillion* e *O Senhor* (cada um com cerca de 600.000 palavras), mas que o último não é divisível, exceto em fragmentos artificiais. Acrescentei que não ficarei surpreso se ele recusar envolver-se nessa Saga monstruosa e, agora que me distanciei do livro, estou muito disposto a apresentar-lhe em breve algo mais simples e mais curto (e mesmo mais "juvenil").

Nesse particular a questão protela-se. Espero sinceramente que ele abra mão sem exigir o ms. e dois meses para a "leitura". Porém, não estou otimista. Mas o tempo está acabando. Logo serei arrastado de volta ao trabalho — já estou envolvido, na medida em que vejo as coisas saindo muito de controle na minha ausência, e não deverei ficar novamente livre para escrever até voltar da Irlanda no início de julho.

Unwin me disse que *Mestre Giles* vendeu apenas 2.000 exemplares. Respondi que não vi propaganda alguma.

Minha filha volta para casa hoje. Encaminhei a sua mensagem, e ela escreverá em breve.

Com os melhores votos. Sinceramente,
J.R.R. Tolkien.

Estou me mudando para 99 Holywell,[1] mas a data é incerta, já que a casa necessita de muitos reparos. Espero — mas dificilmente conto com isso — estar instalado antes do Dia de São Jorge. Merton sempre me encontrará. JRRT.

127 Para Sir Stanley Unwin

[Em 3 de abril, quando Tolkien lhe enviou uma carta pedindo uma resposta à sua carta de 10 de março, Unwin escreveu para dizer que havia pedido a opinião de seu filho Rayner, que agora estava estudando nos Estados Unidos, na Universidade de Harvard. Ele enviou em anexo os comentários de Rayner, embora não fossem realmente destinados aos olhos de Tolkien. Rayner Unwin escreveu: "*O Senhor dos Anéis* é um grande livro à sua própria maneira curiosa e merece ser produzido de algum modo. *Eu* nunca senti a falta de um *Silmarillion* ao lê-lo. . . . . Certamente este é o caso para um editor que incorporaria qualquer material *realmente* relevante de *O Silmarillion* em *O Senhor dos Anéis*. . . . . Se isso não for viável, eu diria para publicar *O Senhor dos Anéis* como um livro pressagiador e, após dar uma segunda olhada, desistir de *O Silmarillion*".]

14 de abril de 1950 — 3 Manor Road, Oxford

Caro Unwin,

Foi estranho que nossas cartas tenham se cruzado. Eu poderia ter esperado mais um dia, mas a questão está se tornando urgente para mim. As semanas tornaram-se preciosas. Quero uma decisão, sim ou não: à proposta que fiz, e não a quaisquer possibilidades imaginadas.

Suas cartas[1] foram, como sempre, muito gentis, embora eu tenha ficado confuso com a primeira e a anexação a ela de um trecho de uma carta de Rayner. Esse trecho não estava, como o senhor observou, destinado a mim, o que tornou tudo ainda mais interessante para mim (e não me refiro ao elogio contido nele). O ponto confuso foi o de ele parecer inadequado aos meus olhos (do seu ponto de vista); e pergunto-me precisamente por que o senhor o enviou a mim.

Minha presente conclusão é de que o senhor está completamente de acordo com Rayner e pensou que me deixar ver o conselho dele era um bom modo de me dizer que isso é o máximo que eu posso esperar — já que pelo visto ele é o crítico mais favorável que provavelmente conseguirei. Mas eu gostaria de ter certeza.

O chute está claro na última frase do trecho (antes do lembrete para mim): "Se isso não for viável, etc.". Ela certamente está ali para revelar a política de uma forma um pouco desnuda. A frase também mostra um surpreendente fracasso em compreender a situação ou minha carta. Mas não direi nada até ter notícias suas.

Não vi o artigo no Junior Book-Shelf ao qual se refere. No momento não estou filiado a uma agência. Talvez devesse estar.

Lamento que, apesar da urgência de que falo, dez dias tenham se passado mais uma vez, e vários desde que comecei a escrever. A urgência é real; mas fui incomodado por um dentista e médicos desde que o senhor escreveu. Não estou a par ainda do relatório completo do especialista e do raio X; mas compreendo que minha garganta está em mau estado. Ainda assim, quando todos os meus dentes forem enfim removidos (mais quatro se foram hoje) ela talvez melhore um pouco, e posso ter esperanças de escapar de qualquer operação imediata. Seja como for, esta é uma possibilidade mais animadora do que eu começara a vislumbrar.[2]

Sinceramente,
J.R.R. Tolkien.

128 De uma carta para Allen & Unwin — 1º de agosto de 1950

[Após o ultimato de Tolkien, Sir Stanley Unwin respondeu: "Como o senhor exige um 'sim' ou 'não' *imediato*, a resposta é 'não'; mas ela bem poderia ter sido sim dado o tempo adequado e a visão da cópia datilografada completa." O assunto foi dado por encerrado por enquanto. Em julho, a Allen & Unwin enviou a Tolkien as provas de uma nova edição de *O Hobbit*, incorporando pequenas correções ao texto e — para grande surpresa de Tolkien — substituindo a versão original pela nova versão de parte do Capítulo V, "Adivinhas no Escuro", que ele lhes enviara em 1947 meramente como "uma amostra de reescrita" (ver a carta nº 111) e que ele não pretendia necessariamente que fosse publicada.]

O Hobbit: Devolvo as provas com esta carta. Elas não exigiram muita correção, mas necessitaram de certa consideração. O material pegou-me de surpresa. Já faz um bom tempo desde que enviei a alteração proposta do Capítulo V e sugeri, a título de experiência, o leve remodelamento do *Hobbit* original.[1] Na época eu ainda estava tentando adequá-lo à continuação, o que teria sido uma tarefa mais simples com a alteração, além de economizar a maior parte de um capítulo naquela obra demasiado longa. No entanto, nunca mais ouvi algo a respeito dela, e presumi que a alteração do livro original havia sido rejeitada. A continuação agora depende da versão mais antiga; e se a revisão for realmente publicada, isso deverá resultar em uma considerável reescrita da continuação.

Devo dizer que eu gostaria de ter tido alguma indicação de que (em quaisquer circunstâncias) essa mudança poderia ser feita, antes de me deparar com ela nas provas. Contudo, agora decidi aceitar a mudança e suas consequências. A coisa agora está suficientemente antiga para que eu possa ter uma visão razoavelmente imparcial, e parece-me que a versão revisada em si é melhor, em motivo e narrativa — e certamente tornaria a continuação (se algum dia for publicada) muito mais natural.

Eu não pretendia que a revisão proposta fosse impressa, mas parece que acabou dando certo e ela ficou muito boa.

128a De uma carta para Hugh Brogan 4 de setembro de 1950

Não sei exatamente o que está acontecendo com *O Senhor dos Anéis*. Tinha esperanças de que fosse publicado este ano. Mas as negociações ainda estão em andamento. Se eu tivesse duas cópias legíveis, eu lhe emprestaria uma. Mas o orçamento para datilografá-lo foi tão imenso que fiz quase tudo sozinho (e de maneira muito melhor, ainda que mais lenta, do que os profissionais). Tenho uma segunda cópia, para o caso de acidentes, com a qual somente eu conseguiria lidar de fato. A propósito, há uma nova edição de *O Hobbit* prestes a ser publicada. Há algumas emendas necessárias; mas, em um lugar, também um trecho reescrito (que torna a ligação com a continuação muito mais fácil).

129 De uma carta para Sir Stanley Unwin
10 de setembro de 1950

[A Allen & Unwin pediu a Tolkien que fornecesse um "fraseado preciso" para uma nota na nova edição de *O Hobbit* que explicaria as alterações no novo texto.]

Bem, aí está: a alteração agora está feita e não pode, suponho, ser desfeita. As pessoas que consultei acham que a alteração é em si um aprimoramento (independente da questão de uma continuação). Já é alguma coisa. Mas quando tentei considerar um "fraseado preciso" para uma nota na revisão em uma edição inglesa, não achei a questão tão simples como eu pensava que fosse.

Tenho agora em minhas mãos duas versões impressas de um incidente crucial. Ou a primeira deve ser considerada como rejeitada, um mero erro que nunca deveria ter se tornado público, ou a história como um todo deve levar em conta a existência de duas versões e usar tal fato. A primeira era minha simplória intenção original, embora ela pareça um pouco canhestra (uma vez que o Hobbit é razoavelmente bem conhecido em sua forma mais antiga) se o pretexto literário de historicidade e de dependência do que foi registrado for mantido. A segunda pode ser feita de maneira convincente (creio eu), mas não explicada brevemente em uma nota.

No primeiro caso, ou em dúvida, a única coisa a se fazer, imagino, é simplesmente não dizer coisa alguma. Estou em dúvida, de modo que proponho simplesmente não dizer coisa alguma no momento, apesar de não gostar disso. Em todo o caso, a meu ver é impossível inserir uma nota na reimpressão norte-americana. E o senhor sem dúvida me avisará no momento certo quando uma reimpressão inglesa se tornar necessária.

Nesse meio-tempo, envio-lhe uma amostra do tipo de coisa que eu gostaria de inserir em uma reimpressão alterada — caso eu decida reconhecer duas versões da descoberta do Anel como parte da tradição autêntica. Essa amostra não deve ser vista como o texto final para impressão; mas, caso o senhor a devolvesse, com qualquer comentário que deseje fazer, isso seria de grande ajuda.

130 De uma carta para Sir Stanley Unwin

14 de setembro de 1950

> [Considerações posteriores levaram Tolkien a decidir que uma nota explicativa definitivamente seria necessária na nova edição.]

Decidi aceitar a existência de ambas as versões do Capítulo Cinco, no que diz respeito à continuação — embora eu não disponha de tempo no momento para reescrevê-la nos pontos necessários. Anexo, portanto, uma cópia da forma mais breve da nota prefacial: cuja intenção é a de ser o texto final, caso o senhor a considere boa para ser usada na reimpressão.[1]

130a De uma carta para Hugh Brogan 9 de outubro de 1950

[Brogan, agora com catorze anos, havia escrito para lamentar as mudanças em sua voz à medida que passava pela puberdade.]

Lamento pela voz; embora o problema cure a si mesmo desde que você não force o aparelho durante a transição. Recebi um grande tapa na garganta na época, no decorrer de um daqueles jogos brutos, e, como consequência, desde então nunca falei mais alto do que um grasnido. Quanto ao Teatro: lamento, mas esse é um dos meus pontos fracos: um homem solitário em uma era fascinada pelo teatro. Acho enfadonho — tudo, exceto (é claro) atuar em si. Isso é bem divertido; embora não tenha certeza se eu mesmo sou bom nisso.

131 Para Milton Waldman

[Após a Allen & Unwin, sob pressão de Tolkien para tomar uma decisão, ter relutantemente se recusado a publicar *O Senhor dos Anéis* juntamente com *O Silmarillion*, Tolkien estava confiante de que Milton Waldman, da Collins, publicaria em pouco tempo ambos os livros pela sua firma. Na primavera de 1950, Waldman disse a Tolkien que esperava começar a composição tipográfica no outono seguinte. Mas houve atrasos, causados principalmente pelas ausências frequentes de Waldman na Itália e por seus problemas de saúde. Ao final de 1951, ainda não haviam sido feitos quaisquer preparativos definidos para a publicação, e a Collins estava ficando ansiosa com o tamanho total dos dois livros. Aparentemente foi por sugestão de Waldman que Tolkien escreveu a carta a seguir — cujo texto integral possui cerca de dez mil palavras — com a intenção de demonstrar que *O Senhor dos Anéis* e *O Silmarillion* eram interdependentes e indivisíveis. A carta, que interessou tanto a Waldman que ele mandou copiá-la à máquina (ver o final da carta nº 137), não está datada, mas provavelmente foi escrita no final de 1951.]

Meu caro Milton,

Você pediu um breve esboço do meu material que está relacionado com meu mundo imaginário. É difícil dizer qualquer coisa sem dizer demais: a tentativa de dizer algumas poucas palavras abre uma comporta de entusiasmo, o egoísta e artista imediatamente deseja dizer como o material cresceu, como ele é e o que (ele pensa que) pretende ou está tentando representar com tal material. Vou lhe impingir um pouco disso; mas anexarei um mero resumo de seu conteúdo: o que é (talvez) tudo o que você quer ou para o qual terá uso ou tempo.

Em ordem de tempo, crescimento e composição, esse material começou comigo — embora eu não creia que isso seja de muito interesse a alguém além de mim mesmo. Quero dizer, não me recordo de uma época na qual eu não o estivesse elaborando. Muitas crianças inventam, ou começam a inventar, idiomas imaginários. Tenho feito isso desde que aprendi a escrever. Mas nunca parei, e é claro que, como filólogo profissional (interessado especialmente na estética linguística), mudei meus gostos, aprimorei-me em teorias e provavelmente em habilidade. Por trás de minhas histórias há agora um nexo de idiomas (a maioria apenas estruturalmente esboçada). Mas àquelas criaturas que, em inglês, chamo enganosamente de Elfos* são designados dois idiomas relacionados bastante completos, cuja história está escrita e cujas formas (que representam dois lados diferentes do meu próprio gosto linguístico) são cientificamente deduzidas de uma origem comum. A partir desses idiomas foram criados quase todos os *nomes* que aparecem em minhas lendas. Isso confere certo caráter (uma coesão, uma consistência de estilo linguístico e uma ilusão de historicidade) à nomenclatura, ou assim creio, que está notavelmente ausente em outros materiais similares. Nem todos considerarão isso tão importante quanto eu, visto que sou amaldiçoado com uma aguda sensibilidade em tais assuntos.

Porém, tive uma paixão igualmente básica *ab initio* por mitos (não alegorias!) e por estórias de fadas e, acima de tudo, por lendas heroicas no limiar dos contos de fadas e da história, de que há tão pouco no mundo (que me é acessível) para meu apetite. Eu era um estudante universitário antes que a reflexão e a experiência me revelassem que esses não eram interesses divergentes — polos opostos de ciência e romance —, mas integralmente relacionados. Contudo, *não* sou "versado"† nas questões de mitos e estórias de fadas, pois em tais coisas (até onde sei) sempre estive procurando material, coisas de certo tom e atmosfera, e não simples conhecimento. Além disso — e aqui espero não soar absurdo —, desde cedo eu era afligido pela pobreza de meu próprio amado país: ele não possuía histórias próprias (relacionadas à sua língua e solo), não da qualidade que eu buscava e encontrei (como um ingrediente) nas lendas de outras terras. Havia gregas, celtas e românicas, germânicas, escandinavas e finlandesas (que muito me influenciaram), mas não inglesas, salvo materiais de livros de

* Com a intenção de que a palavra seja compreendida em seus significados antigos, que continuaram o mais tardar até Spenser — maldito Will Shakespeare e suas malditas teias de aranha.

† Embora eu tenha pensado muito *sobre* elas.

contos populares empobrecidos. É claro que havia e há todo o mundo arthuriano, mas este, poderoso como o é, foi naturalizado imperfeitamente, associado ao solo britânico, mas não ao inglês; e não substitui o que eu sentia estar faltando. Por um lado, seu tom "feérico" é demasiado opulento, fantástico, incoerente e repetitivo. Por outro lado e de modo mais importante: está envolto na (e explicitamente contém) religião cristã.

Por razões que não elaborarei, isso me parece fatal. Mitos e estórias de fadas, como toda arte, devem refletir e conter, em solução, elementos de verdade (ou erro) moral e religiosa, mas não explícitos, não na forma conhecida do mundo "real" primário. (Refiro-me, é claro, à nossa situação atual, não aos antigos dias pagãos, pré-cristãos. E não repetirei o que tentei dizer em meu ensaio, o qual você leu.)

Não ria! Mas, certa vez (minha crista baixou há muito tempo), tive a intenção de criar um corpo de lendas mais ou menos interligadas, que abrangesse desde o amplo e cosmogônico até o nível da estória de fadas romântica — o maior apoiado no menor em contato com a terra, o menor sorvendo esplendor do vasto pano de fundo —, que eu poderia dedicar simplesmente à Inglaterra, ao meu país. Deveria possuir o tom e a qualidade que eu desejava, um tanto sereno e claro, com a fragrância do nosso "ar" (o clima e solo do Noroeste, isto é, da Grã-Bretanha e das regiões europeias mais próximas; não a Itália ou o Egeu, muito menos o Oriente); possuiria (se eu conseguisse alcançá-la) a beleza graciosa e fugidia que alguns chamam de céltica (apesar de raramente encontrada nas antiguidades célticas genuínas), deveria ser "elevado", purgado do grosseiro e adequado à mente mais adulta de uma terra há muito impregnada de poesia. Eu desenvolveria alguns dos grandes contos na sua plenitude e deixaria muitos apenas no projeto e esboçados. Os ciclos deveriam ligar-se a um todo majestoso e, ainda assim, deixar espaço para outras mentes e mãos, munidas de tinta, música e drama. Absurdo.

É claro que uma proposta pretensiosa como essa não se desenvolveu de uma só vez. As próprias histórias eram o ponto principal. Elas surgiam em minha mente como coisas "determinadas" e, conforme vinham, separadamente, assim também cresciam os elos. Um trabalho absorvente, embora continuamente interrompido (especialmente porque, mesmo à parte das necessidades da vida, a mente voava para o polo oposto e desdobrava-se sobre a linguística); porém, sempre tive a sensação de registrar o que já estava "lá" em algum lugar, não de "inventar".

É claro que criei e até escrevi muitas outras coisas (especialmente para meus filhos). Algumas fugiram do alcance desse tema aquisitivo ramificado, sendo fundamental e radicalmente não relacionadas:

Folha de Cisco e *Mestre Giles*, por exemplo, as duas únicas que foram publicadas. *O Hobbit*, que possui uma vida muito mais essencial em si, foi concebido de maneira bastante independente: quando o iniciei, eu não sabia que ele fazia parte do tema. Mas ele provou ser a descoberta da conclusão do todo, seu modo de descer à terra e fundir-se na "história". Assim como presume-se que as Lendas elevadas do início sejam a visão das coisas através de mentes élficas, a história intermediária do Hobbit assume um ponto de vista praticamente humano — e a última história combina-os.

Desagrada-me a Alegoria — consciente e intencional; todavia, qualquer tentativa de explicar o propósito dos mitos ou dos contos de fadas deve empregar uma linguagem alegórica. (E, é claro, quanto mais "vida" uma história tiver, mais facilmente ela será suscetível a interpretações alegóricas, enquanto que quanto melhor uma alegoria deliberada for feita, mais prontamente ela será aceitável apenas como uma história.) Seja como for, todo esse material* diz respeito principalmente à Queda, à Mortalidade e à Máquina. Inevitavelmente à Queda, e esse motivo ocorre em diversos modos. À Mortalidade, especialmente na medida em que esta afeta a arte e o desejo criativo (ou, devo dizer, subcriativo) que parece não possuir qualquer função biológica e estar à parte das satisfações da vida biológica comum, com a qual, em nosso mundo, de fato parece estar geralmente em conflito. Ao mesmo tempo, esse desejo está unido a um amor ardente pelo mundo primário real e, por isso, repleto do sentimento de mortalidade, e mesmo assim insatisfeito com ele. Possui várias oportunidades de "Queda". Podendo tornar-se possessivo, agarrando-se às coisas criadas como "suas próprias", o subcriador deseja ser o Senhor e Deus de sua criação particular. Ele irá rebelar-se contra as leis do Criador — especialmente contra a mortalidade. Essas duas condições (isoladas ou juntas) levarão ao desejo por Poder, para tornar a vontade mais rapidamente efetiva — e, assim, levarão à Máquina (ou Magia). Com a última tenho em mente o uso de planos ou artifícios (aparatos) externos em vez do desenvolvimento dos poderes ou talentos interiores inerentes — ou mesmo o uso desses talentos com o motivo corrupto da dominação: de intimidar o mundo real ou coagir outras vontades. A Máquina é nossa forma moderna mais óbvia, embora mais intimamente relacionada à Magia do que se costuma reconhecer.

Não usei a "magia" de maneira consistente e, de fato, a rainha élfica Galadriel é obrigada a advertir os Hobbits sobre o uso confuso da

*Ele diz respeito, suponho, fundamentalmente ao problema da relação entre a Arte (e Subcriação) e a Realidade Primária.

parte deles da palavra tanto para os artifícios e operações do Inimigo como para aqueles dos Elfos. Eu não o fiz, pois não há uma palavra para o último caso (uma vez que todas as histórias humanas sofreram da mesma confusão). Mas os Elfos estão lá (em minhas histórias) para demonstrar a diferença. A "magia" deles é Arte, livre de muitas das suas limitações humanas: com menos esforço, mais rápida, mais completa (produto e visão em correspondência sem imperfeições). E seu propósito é Arte, não Poder; subcriação, não dominação e reforma tirânica da Criação. Os "Elfos" são "imortais", pelo menos no que diz respeito a este mundo, e, consequentemente, ocupam-se mais dos pesares e fardos da imortalidade no tempo e das mudanças do que da morte. O Inimigo, em sucessivas formas, sempre se ocupa "naturalmente" da mera Dominação, sendo o Senhor da magia e das máquinas; mas o problema — de que esse mal aterrorizante pode surgir, e surge, de uma raiz aparentemente boa, o desejo de beneficiar o mundo e os demais,* rapidamente e de acordo com os próprios planos do benfeitor — é um motivo recorrente.

Os ciclos começam com um mito cosmogônico: a *Música dos Ainur*. Deus e os Valar (ou poderes: nome traduzido como "deuses") são revelados. Estes últimos são o que chamaríamos de poderes angélicos, cuja função é exercer uma autoridade delegada em suas esferas (de domínio e governo, *não* de criação, fazer ou refazer). São "divinos", isto é, originalmente estavam "fora" e existiam "antes" da criação do mundo. Seu poder e sua sabedoria são derivados de seu Conhecimento do drama cosmogônico, o qual perceberam primeiramente como um drama (ou seja, de certo modo como percebemos uma história composta por outra pessoa) e posteriormente como uma "realidade". Pelo lado do simples artifício narrativo, isso assim se dá, é claro, para proporcionar seres da mesma ordem de beleza, poder e majestade que os "deuses" de uma mitologia mais elevada, que, ainda assim, podem ser aceitos — bem, digamos grosseiramente — por uma mente que creia na Santíssima Trindade.

Passa-se então rapidamente para a *História dos Elfos*, ou o *Silmarillion* propriamente dito; para o mundo tal como o percebemos, mas obviamente transfigurado de uma maneira ainda semi-mítica: isto é, ele trata de criaturas racionais encarnadas de estatura

*Não no Iniciador do Mal: a sua foi uma Queda subcriativa e, por isso, os Elfos (os representantes da subcriação por excelência) eram, particularmente, seus inimigos e o objeto especial de seu desejo e ódio — e abertos aos seus engodos. A Queda deles está na cobiça e (em menor grau) na deturpação de sua arte em poder.

mais ou menos comparável à nossa. O Conhecimento do Drama da Criação estava incompleto: incompleto em cada "deus" individual e incompleto se todo o conhecimento do panteão fosse reunido, pois (em parte para reparar o mal do rebelde Melkor, em parte para a conclusão de tudo em uma fineza de detalhes definitiva) o Criador não revelara tudo. A criação e a natureza dos Filhos de Deus eram os dois segredos principais. Tudo o que os deuses sabiam é que eles chegariam em determinadas épocas. Dessa forma, os Filhos de Deus são primevamente relacionados e aparentados, e primevamente diferentes. Visto que também são algo completamente "diferente" dos deuses, em cuja criação estes não tomaram parte, eles são o objeto do desejo e amor especiais dos deuses. Esses são os *Primogênitos*, os Elfos, e os *Seguidores*, os Homens. O destino dos Elfos é o de serem imortais, amarem a beleza do mundo, conduzi-lo ao florescimento pleno com seus dons de delicadeza e perfeição, durarem enquanto ele durar, jamais o deixando, mesmo ao serem "mortos", mas retornando — com isso, quando os Seguidores chegarem, ensiná-los e abrir caminho para eles, "desvanecer" à medida em que os Seguidores crescem e absorvem a vida da qual ambos originaram-se. A Sina (ou a Dádiva) dos Homens é a mortalidade, a liberdade para além dos círculos do mundo. Posto que o ponto de vista de todo o ciclo é o élfico, a mortalidade não é explicada miticamente: ela é um mistério de Deus sobre a qual nada mais é sabido além de que "o que Deus designou aos Homens permanece oculto" — um pesar e uma inveja para os Elfos imortais.

Como eu disse, o *Silmarillion* lendário é peculiar e difere de todos os materiais similares que conheço por não ser antropocêntrico. Seu centro de vista e interesse não está nos Homens, mas nos "Elfos". Os Homens surgiram inevitavelmente: afinal de contas, o autor é um homem e, se ele tiver um público, este será de Homens, e os Homens devem ingressar em nossas histórias como tais, e não meramente transfigurados ou parcialmente representados como Elfos, Anões, Hobbits etc. Mas eles permanecem periféricos — recém-chegados e, por muito que cresçam em importância, não são atores principais.

Na cosmogonia há uma queda: uma queda de Anjos, diríamos, apesar de evidentemente ser bem diferente, em forma, daquela do mito cristão. Essas histórias são "novas", não são derivadas diretamente de outros mitos e lendas, mas devem possuir inevitavelmente uma ampla medida de motivos ou elementos antigos e difundidos. Afinal, acredito que as lendas e mitos são compostos mormente da "verdade", e, sem dúvida, aspectos presentes nela só podem ser recebidos nesse modo; e, há muito tempo, certas verdades e modos dessa espécie foram descobertos e devem reaparecer sempre. Não pode haver qualquer "história" sem queda — todas as histórias, no fim, são sobre a queda —, pelo menos não para mentes humanas tal como as conhecemos e possuímos.

Assim, prosseguindo, os Elfos sofrem uma queda, antes que sua "história" possa tornar-se histórica. (A primeira queda do Homem, por razões explicadas, não aparece em lugar algum — os Homens não entram em cena até que tudo isso tenha há muito passado, e há apenas um rumor de que, por algum tempo, eles sucumbiram ao domínio do Inimigo e de que alguns se arrependeram.) A parte principal da história, o *Silmarillion* propriamente dito, trata da queda do mais talentoso clã dos Elfos, de seu exílio de Valinor (uma espécie de Paraíso, o lar dos Deuses) no longínquo Oeste, de sua reentrada na Terra-média, a terra de seu nascimento, mas há muito sob o jugo do Inimigo, e de sua luta contra ele, o poder do Mal ainda visivelmente encarnado. A história recebe seu nome porque os eventos estão todos interligados ao destino e significado das *Silmarilli* ("radiância de pura luz") ou Joias Primevas. Pela criação das gemas a função subcriativa dos Elfos é mormente simbolizada, mas as Silmarilli eram mais do que simples objetos belos em si. Havia a Luz. Havia a Luz de Valinor tornada visível nas Duas Árvores de Prata e Ouro.* Estas foram mortas pelo Inimigo por malícia e Valinor foi escurecida, embora delas, antes de morrerem por completo, tenham se derivado as luzes do Sol e da Lua. (Uma diferença evidente aqui entre essas lendas e a maioria das demais é que o Sol não é um símbolo divino, mas algo de segunda categoria, e "luz do Sol" (o mundo sob o sol) torna-se um termo para designar um mundo caído e uma visão imperfeita e deslocada.)

Mas o principal artífice dos Elfos (Fëanor) havia aprisionado a Luz de Valinor nas três joias supremas, as Silmarilli, antes que as Árvores fossem maculadas ou mortas. Essa Luz, portanto, desde então, sobreviveu apenas nessas gemas. A queda dos Elfos ocorre através da atitude possessiva de Fëanor e seus sete filhos para com essas gemas. Elas são capturadas pelo Inimigo, engastadas em sua Coroa de Ferro e guardadas em sua fortaleza impenetrável. Os filhos de Fëanor fazem um juramento terrível e blasfemo de inimizade e vingança contra todos ou qualquer um, mesmo dentre os deuses, que ouse reivindicar

* Na medida em que tudo isso possui significado simbólico ou alegórico, a Luz é um símbolo tão primevo na natureza do Universo que mal pode ser analisada. A Luz de Valinor (derivada da luz antes de qualquer queda) é a luz da arte não divorciada da razão, que vê as coisas tanto científica (ou filosófica) como imaginativamente (ou subcriativamente) e "diz que são boas" — como belas. A Luz do Sol (ou da Lua) é derivada das Árvores somente após elas serem maculadas pelo Mal.

qualquer quinhão ou direito sobre as Silmarilli. Corrompem a maior parte de seu clã, que se rebela contra os deuses, deixa o paraíso e vai mover uma guerra sem esperança contra o Inimigo. O primeiro fruto da sua queda é a guerra no Paraíso, o assassinato de Elfos por Elfos, e esse fato, bem como seu juramento maligno, persegue todo o seu heroísmo subsequente, gerando traições e arruinando todas as vitórias. *O Silmarillion* é a história da Guerra dos Elfos Exilados contra o Inimigo, que ocorre no Noroeste do mundo (Terra-média). Vários contos de vitória e tragédia misturam-se a ela; mas ela termina em catástrofe e com a passagem do Mundo Antigo, o mundo da longa *Primeira Era*. As joias são recuperadas (pela intervenção final dos deuses), e os Elfos as perdem para sempre, uma no mar, uma nas profundezas da terra e uma como uma estrela no céu. Esse legendário termina com uma visão do fim do mundo, sua ruptura e reconstrução, e com a recuperação das Silmarilli e da "luz anterior ao Sol" — após uma batalha final que, suponho, deve mais à visão nórdica do Ragnarök do que a qualquer outra coisa, embora não seja muito parecida com ela.

Conforme as histórias tornam-se menos míticas e mais semelhantes a histórias e romances, os Homens são entrelaçados nelas. Na sua maior parte são "Homens bons" — famílias e seus líderes que, ao rejeitar o serviço ao Inimigo e ao escutar rumores dos Deuses do Oeste e dos Altos Elfos, fogem em direção ao oeste e entram em contato com os Elfos Exilados em meio à guerra destes. Os Homens que aparecem são principalmente aqueles das Três Casas dos Pais de Homens, cujos líderes tornam-se aliados dos Senhores-élficos. O contato entre Homens e Elfos já prenuncia a história das Eras posteriores, e um tema recorrente é a ideia de que nos Homens (como o são agora) há um traço de "sangue" e hereditariedade derivado dos Elfos, e de que a arte e a poesia dos Homens são em grande medida dependentes dele ou modificadas por ele.* Ocorrem, assim, dois casamentos entre mortal e elfo — ambos posteriormente unindo-se no clã de Earendil, representado por Elrond, o Meio-Elfo, que aparece em todas as histórias, inclusive em *O Hobbit*. A principal história do *Silmarillion*, e que recebe o tratamento mais pleno, é a *História de Beren e Lúthien, a Donzela-élfica*.† Aqui encontramos, entre outras coisas, o primeiro exemplo do motivo (que se tornará dominante nos Hobbits) de que as grandes políticas da história

* É claro que, na realidade, isso significa apenas que meus "elfos" são simplesmente uma representação ou apreensão de uma parte da natureza humana, mas esse não é o modo lendário de se falar.

† Ela na verdade existe como um poema de tamanho considerável, do qual a versão em prosa em *O Silmarillion* é apenas uma versão reduzida.[1]

mundial, "as rodas do mundo", são frequentemente giradas não pelos Senhores e Governantes, ou mesmo pelos deuses, mas pelos aparentemente desconhecidos e fracos — devido à vida secreta que há na criação, e à parte incompreensível a toda sabedoria, exceto Uma, que reside nas intrusões dos Filhos de Deus no Drama. É Beren, o mortal proscrito, quem tem sucesso (com o auxílio de Lúthien, uma mera donzela, apesar de ser uma elfa régia) naquilo em que todos os exércitos e guerreiros fracassaram: ele penetra no reduto do Inimigo e arranca uma das Silmarilli da Coroa de Ferro. Assim, ele conquista a mão de Lúthien, e o primeiro casamento entre mortal e imortal é realizado.

Como tal, a história é (creio que um belo e poderoso) romance de fadas heroico, passível de ser recebido por si só, mediante um conhecimento apenas bem geral e vago do pano de fundo. Mas é também um elo fundamental do ciclo, destituído de seu pleno significado se for retirado do lugar que lá ocupa. Pois a captura da Silmaril, uma vitória suprema, leva ao desastre. O juramento dos filhos de Fëanor torna-se operante, e a cobiça pela Silmaril leva todos os reinos dos Elfos à ruína.

Há outras histórias tratadas quase com a mesma plenitude e igualmente independentes e, ainda assim, ligadas à história geral. Há os *Filhos de Húrin*, o conto trágico de Túrin Turambar e sua irmã Níniel — em que Túrin é o herói: uma figura a qual pode-se dizer (por quem aprecia esse tipo de coisa, embora isso não seja muito útil) que deriva de elementos de Sigurd, o Volsungo, de Édipo e do Kullervo finlandês. Há a *Queda de Gondolin*: a principal fortaleza élfica. E o conto, ou contos, de *Earendil, o Errante*.* Ele é importante por ser a pessoa que conduz o Silmarillion à sua conclusão e que, através de seus descendentes, proporciona os principais elos com pessoas nas histórias de Eras posteriores. Sua função, como representante das duas Gentes, Elfos e Homens, é encontrar uma rota marítima que leve de volta à Terra dos Deuses e, como embaixador, persuadi-los a se preocuparem novamente com os Exilados, a se apiedarem deles e a resgatá-los do Inimigo. Sua esposa, Elwing, descende de Lúthien e ainda possui a Silmaril. Mas a maldição ainda atua, e o lar de Earendil é destruído pelos filhos de Fëanor. Contudo, esse fato fornece a solução: Elwing, lançando-se ao Mar para salvar a Joia, chega a Earendil e, com o poder da grande Gema, eles por fim passam para Valinor e completam sua

* Seu nome na verdade é em origem anglo-saxão: *earendel* "raio de luz", aplicado às vezes à estrela-d'alva, um nome de conexões mitológicas ramificadas (agora obscuras em sua maioria). Mas esta é uma mera "nota erudita". Na realidade, seu nome é élfico e significa o Grande Marinheiro ou Amante-do-mar.

missão — ao custo de nunca mais terem permissão para retornar ou habitar com Elfos ou Homens. Os deuses então agem mais uma vez, e um grande poder surge do Oeste; a Fortaleza do Inimigo é destruída, e ele próprio [é] lançado para fora do Mundo e enviado para o Vazio, para nunca mais ressurgir em forma encarnada. As duas Silmarils restantes são recuperadas da Coroa de Ferro — apenas para serem perdidas. Os dois últimos filhos de Fëanor, compelidos por seu juramento, roubam-nas e são destruídos por elas, lançando a si próprios no mar e nas profundezas da terra. O navio de Earendil, adornado com a última Silmaril, é colocado no céu como a mais brilhante das estrelas. Assim terminam *O Silmarillion* e os contos da Primeira Era.

O ciclo seguinte trata (ou trataria) da Segunda Era. Mas é na Terra uma era de trevas, e pouco de sua história é (ou precisa ser) contada. Nas grandes batalhas contra o Primeiro Inimigo, as terras foram partidas e arruinadas, e o Oeste da Terra-média tornou-se desolado. Ficamos sabendo que os Elfos Exilados foram, se não ordenados, ao menos severamente aconselhados a retornarem para o Oeste e lá ficarem em paz. Não iriam residir permanentemente em Valinor outra vez, mas na Ilha Solitária de Eressëa, à vista do Reino Abençoado. Os Homens das Três Casas foram recompensados por seu valor e pela aliança fiel com a permissão de residirem "ao extremo oeste de todos os mortais", na grande ilha "Atlântida" de *Númenóre.** A sina ou dádiva de Deus, a mortalidade, os deuses obviamente não podem anular, mas os Númenóreanos possuem uma vida de grande duração. Fazem-se ao mar e deixam a Terra-média, e estabelecem um grande reino de marinheiros no mais longínquo limite da vista de Eressëa (mas não de Valinor). A maioria dos Altos Elfos também parte de volta ao Oeste. Nem todos. Alguns Homens aparentados com os Númenóreanos permanecem na terra próxima à beira do Mar. Alguns dos Exilados não retornam ou adiam seu retorno (pois o caminho para o oeste está sempre aberto aos imortais, e, nos Portos Cinzentos, navios estão sempre prontos para zarpar para sempre). Além disso, os Orques (gobelins) e outros monstros gerados pelo Primeiro Inimigo não estão completamente destruídos. E há *Sauron*. No *Silmarillion* e nos Contos da Primeira Era, Sauron era um ser de Valinor corrompido ao serviço do Inimigo, tornando-se seu principal capitão e serviçal. Com medo, arrepende-se quando o Primeiro Inimigo é derrotado por completo, mas, no fim, não faz conforme o

*Um nome que Lewis deriva de mim e não pode ser impedido de usar, nem de escrever incorretamente como Numinor. Númenóre significa em "élfico" simplesmente Ociente ou Terra no Oeste, e não está relacionado com numen numinoso ou *νούμενον*![2]

ordenado, que é retornar para ser julgado pelos deuses. Ele continua na Terra-média. Muito lentamente, começando com motivos razoáveis, a reorganização e reabilitação da ruína da Terra-média, "negligenciada pelos deuses", ele torna-se uma reencarnação do Mal e um ser que anseia pelo Poder Completo — e, desse modo, é consumido ainda mais ferozmente pelo ódio (especialmente dos deuses e dos Elfos). No decorrer de todo o crepúsculo da Segunda Era, a Sombra cresce no Leste da Terra-média, disseminando cada vez mais sua influência sobre os Homens — que se multiplicam à medida que os Elfos começam a desvanecer. Os três principais temas são, assim, Os Elfos Retardatários, que se demoravam na Terra-média; o crescimento de Sauron, tornando-se um novo Senhor Sombrio, mestre e deus dos Homens; e Numenor-Atlântida. Eles são tratados através de anais e em dois Contos ou Relatos, *Os Anéis de Poder* e a *Queda de Númenor*. Ambos são o pano de fundo essencial para *O Hobbit* e sua continuação.

No primeiro, vemos uma espécie de segunda queda, ou pelo menos um "erro" dos Elfos. Essencialmente, nada havia de errado em sua permanência, a despeito do aconselhamento, ainda tristemente com[3] as terras mortais de seus antigos feitos heroicos. Mas eles não queriam abrir mão de coisa alguma. Queriam a paz, a bem-aventurança e a lembrança perfeita do "Oeste" e, ainda assim, permanecer na terra comum, onde seu prestígio como o povo mais elevado, acima dos Elfos selvagens, dos Anãos e dos Homens, era maior do que na base da hierarquia de Valinor. Tornam-se assim obcecados com o "desvanecer", o modo pelo qual as mudanças do tempo (a lei do mundo sob o sol) eram percebidas por eles. Tornam-se tristes, e sua arte, (digamos) antiquária, e seus esforços na verdade são todos uma espécie de embalsamamento — embora eles também tenham mantido o antigo motivo de sua espécie, a ornamentação da terra e a cura de suas feridas. Ouvimos falar de um reino remanescente, no extremo Noroeste, mais ou menos no que sobrara das antigas terras de *O Silmarillion*, sob o governo de Gilgalad; e de outros povoados, tais como Imladris (Valfenda) junto a Elrond; e de um grande em Eregion, nos sopés ocidentais das Montanhas Nevoentas, adjacente às Minas de Moria, o principal reino dos Anãos na Segunda Era. Lá surgiu uma amizade entre povos geralmente hostis (Elfos e Anãos) pela primeira e única vez, e a ourivesaria atingiu o auge de seu desenvolvimento. Porém, muitos dos Elfos deram ouvidos a Sauron. Ele ainda era belo naquela época remota, e seus motivos e os dos Elfos pareciam coincidir em parte: a cura das terras desoladas. Sauron descobriu o ponto fraco deles ao sugerir que, ajudando-se mutuamente, poderiam tornar a Terra-média ocidental tão bela quanto Valinor. Era realmente um ataque velado aos deuses, uma incitação para tentar criar um paraíso independente em separado. Gilgalad rechaçou todas essas abordagens, como também o fez Elrond. Mas, em Eregion, iniciou-se uma grande obra — e os Elfos chegaram o mais próximo possível de sucumbir à "magia" e ao maquinário. Com o auxílio do conhecimento de Sauron, criaram *Anéis de Poder* ("poder" é uma palavra ominosa e sinistra em todos esses contos, exceto quando aplicada aos deuses).

O principal poder (igualmente de todos os anéis) era a prevenção ou retardamento da *decadência* (isto é, da "mudança" vista como uma coisa lamentável), a preservação do que é desejado ou amado, ou de sua aparência — esse é mais ou menos um motivo élfico. Mas eles também aumentavam os poderes naturais do possuidor — aproximando-se assim da "magia", um motivo facilmente corruptível ao mal, uma ânsia por dominação. E, por fim, tinham outros poderes, derivados mais diretamente de Sauron ("o Necromante": assim ele é chamado enquanto lança uma sombra e um presságio fugidios nas páginas de *O Hobbit*): tais como tornar invisível o corpo material e tornar visíveis objetos do mundo invisível.

Os Elfos de Eregion criaram Três anéis supremamente belos e poderosos, quase que unicamente de sua própria imaginação, e direcionaram-nos à preservação da beleza: não conferiam invisibilidade. No entanto, secretamente, no Fogo subterrâneo, em sua própria Terra Negra, Sauron criou Um Anel, o Anel Regente que continha os poderes de todos os outros e controlava-os, de modo que quem o usasse podia ver os pensamentos de todos aqueles que usavam os anéis menores, podia governar tudo o que faziam e, no final, podia escravizá-los por completo. Entretanto, ele não contou com a sabedoria e as sutis percepções dos Elfos. No momento em que assumiu o Um, eles ficaram cientes disso e de seu propósito secreto, e tiveram medo. Esconderam os Três Anéis, de forma que nem mesmo Sauron jamais descobriu onde estavam, e permaneceram imaculados. Os outros, eles tentaram destruir.

Na guerra resultante entre Sauron e os Elfos, a Terra-média, especialmente no oeste, foi arruinada ainda mais. Eregion foi capturada e destruída, e Sauron apossou-se de muitos Anéis de Poder. Estes ele deu, para sua total corrupção e escravização, àqueles que os aceitariam (por ambição ou cobiça). Daí o "poema antigo" que aparece como o tema recorrente de *O Senhor dos Anéis*,

> Três Anéis para os élficos reis sob o céu,
> Sete para os Anãos em recinto rochoso,
> Nove para os Homens, que a morte escolheu,
> Um para o Senhor Sombrio no espaldar tenebroso
> Na Terra de Mordor aonde a Sombra desceu.

Sauron tornou-se, assim, quase supremo na Terra-média. Os Elfos resistiram em locais secretos (ainda não revelados). O último Reino-élfico de Gilgalad é mantido precariamente nas costas do extremo oeste, onde ficam os portos dos Navios. Elrond, o Meio-Elfo, filho de Earendil, mantém uma espécie de refúgio encantado em *Imladris* (em inglês, *Rivendell* [Valfenda]) na extrema margem leste das terras ocidentais.* Contudo, Sauron domina todas as hordas crescentes dos Homens que não tiveram contato com os Elfos e, assim, nem indiretamente com os verdadeiros Valar e deuses não caídos. Ele governa um império crescente da grande torre sombria de Barad-dûr em Mordor, próxima da Montanha de Fogo, empunhando o Um Anel.

Mas para alcançar isso, ele fora obrigado a deixar passar grande parte de seu próprio poder inerente (um motivo frequente muito significativo em mitos e estórias de fadas) para o Um Anel. Enquanto o usava, seu poder na terra era de fato aumentado. Mas, mesmo que não o usasse, esse poder existia e estava em "concordância" com ele mesmo: ele não era "diminuído", a não ser que mais alguém tomasse o artefato para si e fosse possuído por ele. Se isso acontecesse, o novo possuidor poderia (caso fosse suficientemente forte e heroico por natureza) desafiar Sauron, tornar-se senhor de tudo o que ele aprendera ou fizera desde a criação do Um Anel e, assim, derrotá-lo e usurpar seu lugar. Essa era a fraqueza essencial que ele introduzira na sua situação em seu esforço (em grande parte malsucedido) de escravizar os Elfos e em seu desejo de estabelecer um controle sobre as mentes e as vontades de seus serviçais. Havia outra fraqueza: caso o Um Anel fosse realmente *desfeito*, aniquilado, então seu poder seria dissolvido, o próprio ser de Sauron seria diminuído, a ponto de desaparecer, e ele seria reduzido a uma sombra, uma mera lembrança de vontade maliciosa. Mas isso ele jamais cogitou nem temeu. O Anel era inquebrável por qualquer ourivesaria menor do que a sua própria. Era indissolúvel em qualquer fogo, exceto no imortal fogo subterrâneo onde fora feito — e este estava inacessível, em Mordor. Além disso, tão grande era o poder de avidez do Anel, qualquer um que o usasse ficava dominado por ele; estava além da força de qualquer vontade (mesmo de sua

* Elrond simboliza, do início ao fim, a antiga sabedoria, e sua Casa representa o Saber — a preservação em reverente lembrança de todas as tradições a respeito do bom, do sábio e do belo. Não é uma cena de *ação*, mas de *reflexão*. Desse modo, é um local visitado a caminho de todos os feitos ou "aventuras". Pode acabar estando na estrada direta (como em *O Hobbit*); mas pode ser necessário partir de lá em um trajeto totalmente inesperado. Assim, necessariamente, em *O Senhor dos Anéis*, tendo escapado até Elrond da perseguição iminente pelo mal presente, o herói parte em uma direção completamente nova para ir enfrentá-lo na sua fonte.

própria) danificá-lo, jogá-lo fora ou negligenciá-lo. Assim ele pensava. De qualquer maneira, estava em seu dedo.

Assim, conforme a Segunda Era avança, temos um grande Reino e uma teocracia maligna (pois Sauron é também o deus de seus escravos) crescendo na Terra-média. No Oeste — na verdade, o Noroeste é a única parte claramente contemplada nesses contos — situam-se os precários refúgios dos Elfos, enquanto os Homens naquelas partes permanecem mais ou menos incorruptos, ainda que ignorantes. De fato, a melhor e mais nobre estirpe de Homens é a aparentada daqueles que partiram para Númenor, mas que permanece em um estado "homérico" simples de vida patriarcal e tribal.

Nesse ínterim, *Númenor* crescera em riqueza, sabedoria e glória sob sua linhagem de grandes reis de vida longa, que descendiam diretamente de Elros, filho de Earendil, irmão de Elrond. A *Queda de Númenor*, a Segunda Queda do Homem (ou do Homem reabilitado, mas ainda mortal), ocasiona o fim catastrófico, não apenas da Segunda Era, mas do Mundo Antigo, o mundo primevo das lendas (visto como plano e limitado). Depois disso, começou a Terceira Era, uma Era de Crepúsculo, um Medievo, a primeira do mundo partido e mudado; a última do domínio remanescente dos Elfos visíveis e completamente encarnados, e também a última na qual o Mal assume uma única forma encarnada dominante.

A Queda é, em parte, o resultado de uma fraqueza interior nos Homens — resultante, eu diria, da primeira Queda (não registrada nestes contos) — arrependidos, mas não curados definitivamente. A recompensa na terra é mais perigosa para os homens do que a punição! A Queda é alcançada pela astúcia de Sauron ao explorar essa fraqueza. Seu tema central é (inevitavelmente, creio, em uma história de Homens) uma Interdição ou Proibição.

Os Númenóreanos habitam à vista remota da mais oriental terra "imortal", Eressëa; e como os únicos homens a falar uma língua élfica (aprendida nos dias de sua Aliança), eles estão em constante comunicação com seus antigos amigos e aliados, seja na bem-aventurança de Eressëa, seja no reino de Gilgalad nas costas da Terra-média. Assim, tornaram-se na aparência, e mesmo nos poderes da mente, difíceis de serem distinguidos dos Elfos — mas permaneceram mortais, apesar de recompensados com uma duração de vida tripla, ou mais do que tripla. Sua recompensa é sua ruína — ou o meio de sua tentação. Sua vida longa auxilia suas realizações na arte e na sabedoria, mas gera uma atitude possessiva em relação a essas coisas e desperta o desejo de mais *tempo* para desfrutá-las. Antevendo isso parcialmente, os deuses impuseram uma Interdição sobre os Númenóreanos desde o início: jamais deviam navegar até Eressëa, nem para o oeste fora da vista de sua própria terra. Em todas as outras direções podiam ir conforme quisessem. Não deviam pôr os pés em terras "imortais" e, dessa forma, tornam-se enamorados de uma imortalidade (dentro do mundo) que era contra sua lei, o destino especial ou dádiva de Ilúvatar (Deus), e que sua natureza não podia suportar de fato.*

Há três etapas na sua queda em desgraça. Primeiro a aquiescência, a obediência que é livre e desejosa, embora sem completa compreensão. Depois, por muito tempo obedecem contra a vontade, murmurando cada vez mais abertamente. Por fim, rebelam-se — e um cisma surge entre os homens do Rei e rebeldes e a pequena minoria de Fiéis perseguidos.

Na primeira etapa, sendo homens de paz, sua coragem é devotada às viagens marítimas. Como descendentes de Earendil, tornam-se navegantes supremos e, estando barrados do Oeste, navegam até os extremos norte, sul e leste. Chegam principalmente às costas ocidentais da Terra-média, onde auxiliam os Elfos e os Homens contra Sauron e incorrem no ódio imorredouro deste. Naqueles dias, apareciam entre os Homens Selvagens como benfeitores quase divinos, trazendo presentes de arte e conhecimento, e partindo novamente — deixando para trás muitas lendas de reis e deuses vindos do poente.

Na segunda etapa, os dias de Orgulho e Glória e ressentimento da Interdição, eles começam a buscar riqueza em vez de felicidade. O desejo de escapar à morte produziu um culto dos mortos, e despenderam riqueza e arte em túmulos e memoriais. Estabeleciam agora povoados nas costas ocidentais, mas estes tornaram-se antes fortalezas e "feitorias" de senhores em busca de riqueza, e os Númenóreanos transformaram-se em coletores de impostos que levavam por sobre o mar cada vez mais e mais bens em seus grandes navios. Os Númenóreanos iniciaram a forja de armas e máquinas.

Essa etapa terminou, e a última começou, com a ascensão ao trono do décimo terceiro[4] rei da linhagem de Elros, Tar-Calion, o Dourado, o mais poderoso e orgulhoso de todos os reis. Quando soube que Sauron havia assumido o título de Rei dos Reis e Senhor do Mundo, resolveu depor o "pretendente". Ruma em força e majestade à Terra-média, e

* Assume-se a ideia (que claramente reaparece mais tarde no caso dos Hobbits que possuem o Anel por algum tempo) de que cada "Gente" possui uma duração natural de vida, integral à sua natureza biológica e espiritual. Ela não pode realmente ser *aumentada* qualitativa ou quantitativamente; de modo que o prolongamento no tempo (é como esticar um arame com tensão cada vez maior ou "espalhar cada vez mais a manteiga") torna-se um tormento intolerável.

tão vasto é seu armamento, e tão terríveis são os Númenóreanos nos dias de sua glória que os serviçais de Sauron não os enfrentam. Sauron humilha-se, presta homenagem a Tar-Calion e é levado a Númenor como refém e prisioneiro. Mas lá ele rapidamente ergue-se, através de sua astúcia e conhecimento, de serviçal a principal conselheiro do rei e seduz o rei e a maioria dos senhores e do povo com suas mentiras. Nega a existência de Deus, dizendo que o Uno é uma mera invenção dos invejosos Valar do Oeste, o oráculo dos próprios desejos deles. O principal dentre os deuses é aquele que habita no Vazio, que triunfará no final e, no vazio, construirá reinos infinitos para seus serviçais. A Interdição é apenas um mentiroso artifício de medo para impedir os Reis de Homens de apossarem-se da vida eterna e de rivalizarem com os Valar.

Surge uma nova religião e adoração da Escuridão, com seu templo subordinado a Sauron. Os Fiéis são perseguidos e sacrificados. Os Númenóreanos levam seu mal também à Terra-média e lá tornam-se senhores cruéis e malignos de necromancia, assassinando e atormentando os homens, e as antigas lendas são toldadas por contos obscuros de horror. Isso, contudo, não ocorre no Noroeste, pois para lá, por causa dos Elfos, vão apenas os Fiéis que permanecem Amigos-dos-Elfos. O principal porto dos Númenóreanos bons fica próximo à foz do grande rio Anduin. De lá, a influência ainda benéfica de Númenor estende-se Rio acima e ao longo das costas ao norte até o reino de Gilgalad, à medida que se desenvolve uma Fala Comum.

Mas, por fim, a maquinação de Sauron concretiza-se. Tar-Calion sente a velhice e a morte aproximando-se e dá ouvidos à última sugestão de Sauron e, ao construir a maior de todas as armadas, zarpa para o Oeste, violando a Interdição e levando a guerra para arrancar dos deuses "a vida eterna dentro dos círculos do mundo". Diante dessa rebelião, de espantosa insensatez e blasfêmia, e também de perigo real (visto que os Númenóreanos, conduzidos por Sauron, poderiam ter causado ruína na própria Valinor), os Valar depõem seu poder delegado e apelam a Deus e recebem o poder e a permissão para lidar com a situação; o antigo mundo é partido e mudado. Um precipício é aberto no mar e Tar-Calion e sua armada são engolfados. A própria Númenor, à beira da fenda, rui e desaparece para sempre, com toda a sua glória, no abismo. Depois disso, não há mais habitação visível dos divinos ou imortais na terra. Valinor (ou Paraíso) e até mesmo Eressëa são removidas, permanecendo apenas na lembrança do mundo. Os Homens podem agora navegar para o Oeste, se quiserem, até onde conseguirem, mas não chegam próximo de Valinor ou do Reino Abençoado, retornando tão somente ao leste e de volta outra vez; pois o mundo é redondo e finito, um círculo inescapável — exceto pela morte. Apenas os "imortais", os Elfos remanescentes, caso queiram, ainda podem, cansados do círculo do mundo, tomar um navio e encontrar o "caminho reto", e chegar ao antigo ou Verdadeiro Oeste, e ficar em paz.

Assim, o fim da Segunda Era avança numa grande catástrofe; mas ela ainda não está totalmente concluída. Do cataclismo há sobreviventes: *Elendil*, o Belo, chefe dos Fiéis (seu nome significa *Amigo-dos-Elfos*), e seus filhos *Isildur* e *Anarion*. Elendil, uma figura semelhante a Noé, que se afastou da rebelião e manteve navios tripulados e abastecidos ao largo da costa leste de Númenor, foge diante da tempestade devastadora da ira do Oeste e é carregado no topo das enormes ondas que levam a ruína ao oeste da Terra-média. Ele e seu povo são lançados como exilados na costa. Lá estabelecem os reinos númenóreanos de Arnor no norte, próximo ao reino de Gilgalad, e Gondor, em torno da foz do Anduin mais ao sul. Sauron, sendo um imortal, escapa por pouco da ruína de Númenor e retorna a Mordor, onde após algum tempo torna-se forte o suficiente para desafiar os exilados de Númenor.

A Segunda Era termina com a *Última Aliança* (de Elfos e Homens) e o grande cerco a Mordor. Ela termina com a derrota de Sauron e a destruição da segunda encarnação visível do mal. Mas a um custo e com um erro desastroso. Gilgalad e Elendil são mortos ao matar Sauron. Isildur, filho de Elendil, corta o anel da mão de Sauron, cujo poder parte, e seu espírito foge para as sombras. Porém, o mal começa a agir. Isildur reivindica o Anel para si, como "a Paga pela morte de seu pai", e recusa-se a lançá-lo no Fogo próximo. Põe-se em marcha, mas afoga-se no Grande Rio; então, o Anel é perdido, desaparecendo de todo conhecimento. Mas ele não é desfeito, e a Torre Sombria construída com seu auxílio continua de pé, vazia, mas não destruída. Assim termina a Segunda Era, com a vinda dos reinos númenóreanos e o fim do último reinado dos Altos Elfos.

A Terceira Era ocupa-se principalmente com o Anel. O Senhor Sombrio não está mais em seu trono, mas seus monstros não estão totalmente destruídos, e seus terríveis serviçais, escravos do Anel, resistem como sombras entre as sombras. Mordor está vazia e a Torre Sombria, evacuada, e uma vigia é mantida nas fronteiras da terra maligna. Os Elfos ainda possuem refúgios ocultos: nos Portos Cinzentos de seus navios, na Casa de Elrond e alhures. No Norte está o Reino de Arnor governado pelos descendentes de Isildur. Ao sul, de lado a lado do Grande Rio Anduin, estão as cidades e fortes do reino númenóreano de Gondor, com reis da linhagem de Anárion. Longe dali, no Leste e no Sul inexplorados (no tocante a estes contos), estão os países e reinos de homens selvagens ou malignos, semelhantes somente em seu ódio pelo Oeste, derivado de seu mestre Sauron; mas Gondor e seu poder bloqueiam o caminho. O Anel está perdido, espera-se que para sempre; e os Três Anéis dos Elfos, controlados por guardiões secretos, estão operantes na preservação da lembrança da beleza de outrora, mantendo enclaves encantados de paz onde o Tempo parece parar e o declínio é refreado, uma imagem da bem-aventurança do Verdadeiro Oeste.

Porém, no norte, Arnor definha, é dividido em principados menores e por fim desaparece. Os remanescentes dos Númenóreanos tornam-se um Povo vagante e oculto, e embora sua verdadeira linhagem de Reis, herdeiros de Isildur, jamais seja interrompida, isso só é conhecido na Casa de Elrond. No sul, Gondor ascende a um ápice de poder, quase refletindo Númenor, e então desvanece lentamente para uma Idade Média decadente, uma espécie de Bizâncio orgulhosa, venerável, porém progressivamente impotente. A guarda sobre Mordor é relaxada. A pressão dos Lestenses e dos Sulistas aumenta. A linhagem dos Reis é interrompida e a última cidade de Gondor, Minas Tirith ("Torre de Vigilância"), é governada por Regentes hereditários. Os Cavaleiros do Norte, os Rohirrim ou Cavaleiros de Rohan, admitidos em aliança perpétua, estabelecem-se nas verdes planícies, agora despovoadas, que foram outrora a parte setentrional do reino de Gondor. Sobre a grande floresta primeva, Verdemata, a Grande, a leste das águas superiores do Grande Rio, uma sombra cai e cresce, e ela se torna Trevamata. Os Sábios descobrem que a sombra provém de um Feiticeiro ("O Necromante" de *O Hobbit*) que possui um castelo secreto no sul da Grande Floresta.*

No meio dessa Era os Hobbits aparecem. Sua origem é desconhecida (até mesmo por eles),† pois escaparam à atenção dos grandes, ou

* É apenas no tempo entre *O Hobbit* e sua continuação que se descobre que o Necromante é *Sauron Redivivo*, crescendo rapidamente mais uma vez em uma forma e em um poder visíveis. Ele escapa à vigilância e entra novamente em Mordor e na Torre Sombria.

† Pretende-se que os Hobbits sejam, é claro, um ramo da raça especificamente *humana* (não Elfos ou Anãos) — por isso as duas gentes podem morar juntas (como em Bri), e são chamadas simplesmente de Povo Grande e Povo Pequeno. São inteiramente desprovidos de poderes não humanos, mas são representados como estando em maior contato com a "natureza" (o solo e os outros seres vivos, plantas e animais), e anormalmente, para os humanos, livres de ambição ou cobiça de riqueza. Eles foram criados *pequenos* (pouco mais que meia estatura humana, porém diminuindo à medida que os anos passam), em parte para exibir a mesquinhez do homem, do homem simples, sem imaginação e provinciano — embora sem a pequenez ou crueldade de Swift, e principalmente para mostrar, em criaturas de força física muito pequena, o espantoso e inesperado heroísmo de homens comuns "em apuros".

dos povos civilizados com registros, e não mantiveram eles próprios registros, exceto por vagas tradições orais, até que tivessem migrado das fronteiras da Trevamata, fugindo da Sombra, e vagassem em direção ao oeste, entrando em contato com os últimos remanescentes do Reino de Arnor.

Seu principal povoado, onde todos os habitantes são hobbits, e onde é mantida uma vida organizada e civilizada, ainda que simples e rural, é *o Condado*, originalmente as terras aráveis e florestas do domínio real de Arnor, concedidas como um feudo: mas o "Rei", autor das leis, há muito tempo desapareceu, exceto da lembrança, antes que ouçamos muito acerca do *Condado*. É no ano 1341 do Condado (ou 2941 da Terceira Era: ou seja, em seu último século) que Bilbo — O Hobbit e herói daquela narrativa — parte em sua "aventura".

Naquela história, que não precisa ser retomada, os hobbits e sua situação não são explicados, mas sim apresentados como lugares-comuns, e o pouco que é contado de sua história está na forma de alusões casuais como se fosse a algo conhecido. É claro que o todo da "política mundial" delineada acima está lá, em mente, e também se alude ocasionalmente a ela como a coisas registradas na sua totalidade em outra parte. Elrond é um personagem importante, apesar de sua reverência, seus poderes elevados e sua linhagem estarem diminuídos e não serem completamente revelados. Existem alusões à história dos Elfos e à queda de Gondolin, e assim por diante. As sombras e o mal de Trevamata proporcionam, em um modo reduzido de "estória de fadas", uma das partes mais importantes da aventura. Apenas em um ponto essa "política mundial" age como parte do mecanismo da história. Gandalf, o Mago,* é chamado para tratar de assuntos superiores, uma tentativa de lidar com a ameaça do Necromante, e assim deixa o Hobbit sem ajuda ou conselho no meio da "aventura" deste, forçando-o a andar com as próprias pernas e a tornar-se heroico a seu modo. (Muitos leitores comentaram esse ponto e adivinharam que o

*Em nenhuma parte, o lugar ou a natureza dos "Magos" [Wizards] são completamente explicitados. Seu nome, relacionado com Wise [Sábio], é uma anglicização do seu nome élfico, e é usado em todas as ocasiões como totalmente distinto de Feiticeiro ou Mágico. Revela-se por fim que eles eram, como poderíamos dizer, o equivalente próximo, no modo dessas histórias, dos Anjos, Anjos da guarda. Seus poderes são direcionados primeiramente ao encorajamento dos inimigos do mal, para fazer com que usem sua própria inteligência e valor, para unir e resistir. Aparecem sempre como homens velhos e sábios, e embora (enviados pelos poderes do Verdadeiro Oeste) no mundo eles próprios sofram, sua idade e cabelos grisalhos só aumentam lentamente. Gandalf, cuja função é especialmente a de vigiar os assuntos humanos (dos Homens e dos Hobbits), perdura por todas as histórias.

Necromante teria de figurar de modo considerável em qualquer continuação ou em contos adicionais desta época.)

O tom e o estilo geralmente diferentes de *O Hobbit* devem-se, em termos de gênese, ao fato de que o considerei como uma questão do grande ciclo suscetível a um tratamento como uma "estória de fadas" para crianças. Alguns dos detalhes do tom e do tratamento estão errados, creio agora, mesmo a partir desse enfoque. Mas eu não gostaria de mudar muita coisa. Pois, com efeito, esse é um estudo do homem simples e comum, nem artístico nem nobre e heroico (mas não sem as sementes subdesenvolvidas dessas coisas) frente a um cenário elevado — e, de fato (como um crítico percebeu) o tom e o estilo mudam com o desenvolvimento do Hobbit, passando do conto de fadas ao nobre e elevado, e recaindo com o retorno.

A Demanda pelo Ouro do Dragão, o principal tema da verdadeira história de *O Hobbit*, é bastante periférica e incidental no ciclo geral — ligada a este principalmente pela história dos Anãos, que não é central em parte alguma nestes relatos, embora frequentemente seja importante.* Mas no decorrer da Demanda, o Hobbit, por aparente "acidente", toma posse de um "anel mágico", cujo principal poder, e o único imediatamente óbvio, é o de tornar invisível aquele que o usa. Apesar de ser nessa história um acidente, imprevisto e sem lugar em qualquer plano para a demanda, ele demonstra ser essencial para o sucesso. Ao retornar, o Hobbit, crescido em visão e sabedoria, ainda que inalterado na linguagem, guarda o anel como um segredo pessoal.

A continuação, *O Senhor dos Anéis*, de longe a maior, e espero que em proporção também a melhor parte de todo o ciclo, conclui todo o assunto — foi feita uma tentativa para incluir e concluir nela todos os elementos e motivos do que a precedeu: elfos, anãos, os Reis de Homens, heroicos cavaleiros "homéricos", orques e demônios, os terrores dos serviçais do Anel e da Necromancia, e o vasto horror do Trono Sombrio, até mesmo no estilo deve incluir o coloquialismo e a vulgaridade dos Hobbits, a poesia e o mais elevado estilo de prosa. Vemos a derrota da última encarnação do Mal, a destruição do Anel, a partida final dos Elfos e o retorno em majestade do verdadeiro Rei, para assumir o Domínio dos Homens, herdando tudo o que pode ser transmitido do mundo élfico pelo seu nobre casamento com Arwen, filha de Elrond, assim como pela realeza linear de Númenor. Mas assim como

* A hostilidade entre Anãos (mesmo bons) e Elfos, um motivo que aparece com frequência, deriva-se das lendas da Primeira Era; as Minas de Moria, as guerras entre Anãos e Orques (gobelins, soldadesca do Senhor Sombrio) referem-se à Segunda Era e ao início da Terceira.

as primeiras Histórias são vistas, por assim dizer, através de olhos élficos, essa última grande História, descendo do mito e da lenda para a terra, é vista principalmente através dos olhos dos Hobbits: torna-se assim antropocêntrica de fato. Mas através dos Hobbits, não dos chamados Homens, porque a última História deve exemplificar muito claramente um tema recorrente: o lugar nas "políticas mundiais" dos atos imprevistos e imprevisíveis da vontade, e dos feitos de virtude dos aparentemente pequenos, sem grandeza, esquecidos nos lugares dos Sábios e Grandes (tanto bons quanto maus). Uma moral do todo (depois do simbolismo primário do Anel, como vontade de mero poder, que busca tornar-se objetivo por força e mecanismos físicos, e assim, inevitavelmente, também por mentiras) é aquela óbvia de que, sem o elevado e o nobre, o simples e vulgar é totalmente vil; e, sem o simples e ordinário, o nobre e heroico não possui significado.

Não é possível mesmo em detalhe "enlatar" *O Senhor dos Anéis* em um ou dois parágrafos. Isso é o mais breve que consigo ser. Ele foi iniciado em 1936,[5] e cada parte foi escrita muitas vezes. Dificilmente uma única palavra dentre suas 600.000 ou mais não foi pensada com cuidado. E a colocação, o tamanho, o estilo e a contribuição ao todo de todas as características, incidentes e capítulos foram laboriosamente ponderados. Não digo isso como recomendação. Sinto que é muito provável que eu esteja enganado, perdido em uma teia de ideias vãs de não muito valor a outrem — apesar do fato de que alguns leitores o consideraram bom, no geral.* O que pretendo dizer é isto: não posso alterá-lo substancialmente. Terminei-o, "tirei-o da cabeça": o trabalho foi colossal; e ele precisa vingar ou fracassar, praticamente como está.

O Senhor dos Anéis começa com a mesma cena de *O Hobbit*: cerca de sessenta anos depois. Ele tem início com um capítulo, um tanto similar em estilo, que no título (*Uma Festa Muito Esperada*) e no conteúdo é um paralelo deliberado ao primeiro capítulo do livro anterior. *Bilbo* está agora com 111 anos — idade avançada para um hobbit.† Ele adotou como herdeiro o seu parente favorito de uma geração mais jovem, *Frodo*. No geral, é invejado por sua riqueza e saúde que aparentemente não sente o peso da idade; mas uma conversa entre Bilbo e Gandalf revela que nem tudo está bem com o velho hobbit: ele está achando

* Mas como a cada um desagradou uma coisa ou outra, eu descobriria (caso juntasse todas as críticas e as obedecesse) que pouca coisa restara, e sou forçado a concluir que uma obra tão grande (em tamanho) não pode ser perfeita e, mesmo que o fosse, não pode agradar inteiramente a *cada um* dos leitores.

† A duração normal da vida dos hobbits é representada como estando aproximadamente na proporção de 100 para os nossos 80.

a vida "fina" e cansativa. Gandalf demonstra uma certa curiosidade ansiosa pelo anel dele.

A introdução termina com o desaparecimento súbito do Hobbit, Bilbo, no meio de sua própria festa de aniversário, e ele jamais torna a ser visto no Condado. É a última vez que usa o anel. Gandalf o induz a deixá-lo para trás com seu herdeiro, Frodo. Todos os seus outros troféus da antiga aventura ele leva consigo, e parte — para um "destino desconhecido" (mas, é claro, para a Casa de Elrond e a lembrança pacífica do passado).

Passam-se por volta de dezessete anos. Frodo agora está com a idade que Bilbo tinha quando partiu em sua Demanda. Ele também tem a juventude preservada, mas é afligido por uma inquietação. Rumores de problemas no grande mundo exterior chegam aos Hobbits, especialmente sobre o reaparecimento do Inimigo, ou Senhor Sombrio. Gandalf, após longas ausências em jornadas perigosas de busca, retorna e revela que o anel de Bilbo é O Anel, o Um; e que o Inimigo está ciente de sua existência, e que, provavelmente por meio da traição de Gollum, sabe onde o Anel está. Algo da história do Anel é esboçado (principalmente como foi parar "acidentalmente" nas mãos de Gollum).

Frodo faz planos para partir em segredo — para a Casa de Elrond. Um encontro é marcado no outono, mas Gandalf não comparece,* e *Frodo* e seu serviçal-hobbit, *Sam*, e dois parentes mais novos, partem sozinhos para o ermo — no momento exato em que os Cavaleiros Negros de Mordor (os Nove Escravos-do-Anel disfarçados) chegam ao Condado. Por todas as 400 milhas até Elrond eles são perseguidos pelo terror, e sobrevivem somente pelo auxílio de um homem estranho que encontraram em uma estalagem, conhecido por algumas pessoas como Passolargo. A estatura e o poder dele manifestam-se apenas lentamente. Frodo recebe um ferimento crítico do Capitão dos Cavaleiros Negros e fica à beira da Morte, quando os fugitivos enfim escapam e vão até Elrond. O Primeiro Livro termina com a destruição dos Cavaleiros Negros (naquela forma) e com a recepção do Portador-do-Anel por Elrond.

O Segundo Livro — que deve, como explicado antes, começar com uma pausa, antes de uma completa mudança de direção, após a cura, o descanso e a obtenção de Sabedoria — começa com a cura de *Frodo*, o reencontro de Frodo e Bilbo, o conselho dos Sábios e a criação do

* Revela-se mais tarde que isso se deve à traição de *Saruman*, líder dos magos, que tenta aprisionar Gandalf e forçá-lo a se unir ao partido do Inimigo.

plano para a Demanda Final: a destruição do Anel. No fim do ano, no meio do inverno (o período mais inesperado), a Comitiva do Anel parte, na direção mais inesperada: rumo à terra do Inimigo.

A Comitiva dos Nove, como correspondente aos Nove Cavaleiros, e como representante de todos os principais elementos de resistência ao Poder Sombrio, inclui Gandalf, os quatro Hobbits, Boromir, um senhor de Gondor; Passolargo, agora revelado como Aragorn, herdeiro de Isildur, e pretendente oculto à Antiga Coroa; um Elfo; e um Anão. Suas aventuras começam num plano e num estilo que se assemelham àqueles de *O Hobbit*, mas que ascendem continuamente a um nível mais elevado. Todos os personagens são lentamente revelados em suas naturezas e suas mudanças.

Permeia o trajeto uma sensação de vigília oculta dos movimentos deles, uma hostilidade constante até mesmo por parte de feras e objetos inanimados. A Comitiva é levada a tentar a passagem pelas ominosas Minas de Moria, e lá Gandalf cai em um abismo ao salvá-los de uma armadilha. Aragorn os conduz através de Lórien, uma terra élfica protegida — e nesse ponto faço a perigosa e difícil tentativa de capturar num contato direto a atmosfera de eterno encantamento élfico; e eles prosseguem Grande Rio abaixo, até que atravessam o portal fluvial para o antigo reino de Gondor. Detendo-se por fim nas vastas Cataratas de Rauros, eles se encontram quase à vista da Terra Negra, a leste, e da última Cidade de Gondor, a oeste. A decisão sobre o que fazer, há muito protelada, precisa agora ser encarada, pois, com a perda de Gandalf, boa parte dos planos e propósitos do mago permanece desconhecida até mesmo de Aragorn.

O Segundo Livro termina em desastre e com o rompimento da Comitiva (devido à operação secreta do Anel, que desperta a avidez de Boromir de Gondor). Frodo e Sam seguem sozinhos para o leste em sua missão desesperada de levar o Anel à própria terra do Inimigo e lançá-lo no Fogo. Aragorn se vê em um dilema. Ele pode ir atrás de Frodo, com pouca esperança de encontrá-lo, ou mesmo de ajudá-lo, e abandonar os dois hobbits que foram capturados por Orques, os soldados dos inimigos. Ou pode resgatar os Hobbits e deixar Frodo e Sam para que cumpram sua demanda desesperada. No decorrer de todo o livro, multiplicam-se os indícios da vigilância de espiões. Também fica claro, por fim, que o próprio Gollum encontrou o rastro deles e está seguindo os passos do Portador-do-Anel. Os Cavaleiros Negros enfim reaparecem numa forma ainda mais terrível, a de ginetes alados no ar. O livro termina com a morte de Boromir enfrentando os Orques num esforço de se redimir por sua queda — ele tentara tomar o Anel de Frodo à força.

O Terceiro Livro lida como destino e aventuras de todos os membros da Comitiva, exceto Frodo e Sam, que se encontram além do conhecimento e de auxílio. Trata das aventuras dos dois jovens hobbits capturados por Orques, e de sua ascensão ao heroísmo; e do esforço desesperado de Aragorn, do Elfo e do Anão para alcançá-los e resgatá-los. Mas há também a introdução das políticas maiores para a defesa do Oeste, e os preparativos para a última guerra e a batalha com Sauron. O livro é atravessado pela guerra menor com Saruman, líder dos Sábios, que se voltou para o mal e que busca a dominação, fazendo o jogo (de maneira mais ou menos intencional) do Senhor Sombrio. Encontramos os nobres Cavaleiros de Rohan, os Rohirrim, e seu Rei em seu Paço Dourado; e o livro termina com a destruição da fortaleza de Saruman em Isengard e com a reunião de todos os Companheiros (com exceção de Frodo e Sam). Gandalf reaparece — mudado e mais evidentemente sobre-humano após seu combate no abismo. O livro termina com o surgimento de um grande Nazgûl (Cavaleiro Negro do Ar), um sinal de que a guerra principal e final está prestes a começar. Uma grande escuridão se espalha de Mordor por sobre todas as terras. Gandalf cavalga como o vento com um hobbit até Gondor.

O Quarto Livro trata dos perigos e labores de Frodo e Sam. Gollum reaparece e é "domado" por Frodo: isto é, pelo poder do Anel ele é intimidado, a princípio, a uma servidão semelhante à de Caliban, mas, lentamente, Frodo desperta nele o seu melhor lado há muito oculto: ele começa a amar Frodo como um mestre bom e gentil. Essa regeneração é constantemente impedida pela desconfiança e aversão do fiel Sam. É enfim frustrada por uma repreensão impaciente e impulsiva da parte de Sam num momento crítico, quando Gollum estava à beira do arrependimento. Gollum recai no ódio e na traição. Porém, ele é essencial: somente tendo ele como guia os hobbits poderiam sequer se aproximar da Terra Negra. Eles passam os Pântanos Mortos. Chegam à desolação diante dos Portões Negros de Mordor. Estes são intransponíveis. Gollum os leva para longe rumo ao sul até um passo secreto nas muralhas ocidentais da terra. Encontram e são ajudados por Faramir, irmão de Boromir, de Gondor, que está conduzindo perigosas incursões contra as Forças de Sauron. Por fim, passam às Montanhas de Sombra, e aqui caem em uma armadilha pela traição de Gollum. O Livro termina em aparente desastre. Frodo, golpeado pela Aranha monstruosa, guardiã do passo, jaz como morto. Sam começa agora sua elevação a uma estatura supremamente heroica. Ele enfrenta a Aranha, resgata o corpo de seu mestre, assume o terrível fardo do Anel e prepara-se para seguir sozinho numa tentativa de realizar a demanda impossível. Mas, no último momento, Orques aparecem, levam embora o corpo de seu amado Patrão, e sua lealdade principal ao patrão triunfa. Ele os persegue, descobre que Frodo está apenas sob o efeito de veneno e lança-se de forma insensata e desesperada contra a porta de bronze dos Orques no momento em que ela se fecha. Assim termina o livro.

O Quinto Livro retorna ao ponto exato em que o Livro Três terminou. Gandalf no seu grande cavalo (com o Hobbit Peregrin Tûk), percorrendo a grande "estrada norte", rumo ao Sul até Gondor. Chegamos agora à parcialmente arruinada e bizantina Cidade de Minas Tirith e encontramos o seu senhor austero, o velho Regente soberbo semelhante a um mago, Denethor. Ele se prepara para a guerra e um cerco sem esperança. As últimas levas dos feudos remanescentes marcham para dentro da cidade. Chega a grande escuridão. Os Nazgûl cruzam os ares, amedrontando todos os corações. Lentamente, o ataque tem início, e aumenta em fogo e terror. Denethor comete suicídio. O Rei-Feiticeiro, Capitão dos Cavaleiros Negros, derruba os portões "indestrutíveis" da Cidade. Resta apenas Gandalf para enfrentá-lo.

O cerco é levantado no último momento pela chegada, enfim, dos Cavaleiros de Rohan, liderados por seu rei ancião, Théoden. A investida de seus cavaleiros salva o campo. Então a grande batalha dos Campos de Pelennor é travada. Théoden tomba. A vitória vira na direção do Inimigo, mas Aragorn aparece no Grande Rio com uma frota, chegando como os Númenóreanos de outrora, como se fosse do Mar, e ele desfraldou pela primeira vez em muitas eras o Estandarte do Rei. Após a vitória (e a destruição dos Capitães dos Cavaleiros Negros), o Livro termina no último ato desesperado do Oeste. Para desviar o olhar o Inimigo, no caso de Frodo ter de fato chegado à terra dele, e também porque ficar inerte em uma fortaleza acabaria apenas em ruína, todos os Homens de Rohan e Gondor que podem ser reunidos marcham abertamente para atacar os próprios portões de Mordor. Nas últimas páginas desse Livro vemos a derrota desesperançada da esperança desesperada. Cercados, superados em número de maneira desoladora, eles aguardam o fim. O hobbit entre eles (Peregrin) tomba sob o peso dos mortos e, no momento em que a consciência lhe escapa e ele mergulha no esquecimento, ele parece ouvir o grito de "As Águias". Mas lembra que aquele foi o ponto decisivo da história de Bilbo, que ele conhecia bem, e, rindo dessa imagem mental, seu espírito voa para longe e ele de mais nada se lembra.

O Sexto e Último Livro começa onde o Quarto parou. Temos agora a *ἀριστεία* de Sam, o seu supremo heroísmo simples, obstinado e ajuizado no auxílio de seu patrão. Não é possível "condensar" esses capítulos em que contei (e, creio, até mesmo tornei críveis em seu modo) como ele resgatou seu patrão, como ele o guiou e o auxiliou através dos horrores e perigos mortais de Mordor até que, à beira da morte (por fome, sede e medo e pelo fardo crescente do Anel), eles chegam à Montanha da Perdição e à câmara elevada do Fogo — ainda perseguidos pelo incansável Gollum, sobre quem o Anel que não mais possuía exercia um poder do qual nada, a não ser a morte, podia livrá-lo.

Chegamos à beirada do Fogo, *e o plano inteiro fracassa*. O Anel vence. Frodo não suporta destruí-lo. Ele renuncia à Demanda, reivindica o Anel e o coloca no dedo. O Senhor Sombrio de súbito toma ciência dele e de todo o plano. Toda a sua Vontade apavorante é removida da batalha nos Portões e é concentrada na Montanha (à vista de seu trono). Gollum aproxima-se e luta com Frodo na beirada pelo domínio do Anel. Ele arranca o dedo e o Anel com uma mordida e grita em exultação, mas cai durante seus pulos desvairados no abismo, e encontra seu fim. E, assim, o Anel enfim é desfeito — e mesmo a traição de Gollum serviu a um propósito (como Gandalf previra).

Os Hobbits quase são sobrepujados no cataclismo resultante. Ao longe, vislumbram através das nuvens a queda catastrófica da Torre Sombria e a desintegração de Sauron. A Montanha entra em erupção. Jazem, por fim, sufocados pela fumaça e chamas numa última ilha rochosa num mar de lava derretida.

A cena volta para o exato momento em que o Livro Cinco terminou. Vemos e ouvimos agora de longe a mesma ruína destruidora. As forças de Sauron, privadas (como cupins com uma rainha morta) de qualquer direção e vontade, fogem e se desfazem. A vasta figura de Sauron se ergue, "terrível, mas impotente", ao ser levada pelo vento, uma sombra que jamais tornará a ter substância. O grito de "as Águias" realmente é ouvido. Elas descem com o vento, vindas do Norte, e, instruídas por Gandalf, carregam os corpos de Frodo e Sam e os levam para longe da ruína de Mordor.

A história chega ao seu fim (como uma história de Hobbits!) na celebração da vitória na qual os Nove Companheiros são reunidos. Na cena em que todas as hostes do Oeste se unem para honrar e louvar os dois humildes Hobbits, Frodo e Sam, alcançamos a "eucatástrofe" do romance todo: isto é, a repentina "virada" alegre e a realização da esperança, o oposto da tragédia, que deve ser a marca de uma "estória de fadas" de tom mais elevado ou menos, a resolução e a justificativa de tudo o que ocorreu antes. Meus olhos se encheram de lágrimas ao escrevê-la, e ela ainda me comove, e não posso deixar de acreditar que seja um momento supremo de seu tipo.

Mas essa cena não é o final do "Sexto Livro", ou de *O Senhor dos Anéis* como um todo. Por várias razões. A principal razão artística é de que a música não pode ser interrompida no seu clímax. Além disso, a história é deixada no ar, inacabada. Ademais, gosto de amarrar as pontas soltas, e as odeio nos livros de outras pessoas; gosto de levar as pistas a uma conclusão, como gostam não só as crianças, mas também a maioria das pessoas de substancioso apetite. Como dito, a história começou no simples Condado dos Hobbits, e ela precisa terminar lá, de volta à vida comum e à terra (a fundação última). De maneira decisiva e convincente, é a função de uma *coda* um tanto longa mostrar o *preço* da vitória, (como sempre), e mostra que nenhuma vitória, mesmo numa escala que abala o mundo, é final. A guerra continuará, assumindo outros modos.

Passamos, assim, à resolução dos assuntos de Gondor, e testemunhamos a Coroação do Rei e o seu casamento com a dama elevada e bela, filha de Elrond, rainha destinada do trono restaurado. E os Companheiros partem, separando-se um por um numa série de despedidas enquanto retornamos para o norte até a Casa de Elrond, e depois mais uma vez para o oeste, até o Condado. Passamos por Saruman, o Grande, na estrada, um mendigo malicioso e lamuriento. Em Valfenda, é dito o adeus ao velho Hobbit Bilbo, agora cochilando rumo ao seu fim, à medida que o poder do Anel destruído desaparece e ele é libertado de sua longevidade não natural. Os Hobbits, ainda hobbits na fala e em estatura, mas agora trajados com as armas e farda da alta cavalaria do Sul, destemidos e enobrecidos, aproximam-se do Condado e Gandalf se despede. Acabam descobrindo que os tentáculos do mal de [sua?] época alcançaram até mesmo a sua amada terra enquanto estiveram ausentes. A cobiça e a ambição tocaram até mesmo os Hobbits, e um dos parentes de Frodo tentou acumular toda a riqueza e o poder da comunidade. Há muito vinha se comunicando em segredo com Saruman, apenas para ser ludibriado: pois Homens malignos, serviçais de Saruman, haviam lhe usurpado o lugar, governando a todos através da pilhagem e da força. Casernas desfiguram as vilas, árvores são derrubadas por toda parte, rios são poluídos e celeiros são transformados em máquinas. O "expurgo do Condado", que termina na última batalha já travada lá, ocupa um capítulo. Segue-se a ele uma segunda primavera, uma maravilhosa restauração e aumento da abundância, causada principalmente por Sam (com o auxílio das dádivas que recebera em Lórien). Mas Frodo não pode ser curado. Para a preservação do Condado ele se sacrificou, mesmo na saúde, e não tem ânimo para desfrutar dele. Sam tem de escolher entre o amor pelo patrão e pela esposa. No fim, ele vai com Frodo na última jornada. À noite na mata, onde Sam encontrou Elfos pela primeira vez na jornada de ida, eles se encontram com a cavalgada do crepúsculo vinda de Valfenda. Os Elfos e os Três Anéis, e Gandalf (Guardião da Terceira Era), estão indo para os Portos Cinzentos, para zarparem rumo ao Oeste, para nunca mais retornarem. Bilbo está com eles. A Bilbo e Frodo é concedida a graça especial de ir com os Elfos que amavam — um final arthuriano, no qual, é claro, não fica explícito se isso é uma "alegoria" da morte, ou uma espécie de cura e restauração que conduz a um retorno. Cavalgam até os Portos Cinzentos e embarcam: Gandalf com o Anel Vermelho, Elrond (com o Azul) e a maior parte de sua casa, e Galadriel de Lórien com o Anel Branco, e com eles partem Bilbo e Frodo. É sugerido que eles chegam a Eressëa. Mas Sam, de pé, atônito, no cais de pedra, vê somente o navio branco deslizar pelo estuário cinzento e desaparecer no obscurecido Oeste. Ele permanece imóvel por muito tempo, escutando o som do Mar nas costas do mundo.

Então cavalga para casa; sua esposa o recebe à luz da lareira e junto da sua primogênita, e ele diz simplesmente, "Bem, estou de volta". Há um breve epílogo no qual vemos Sam entre seus filhos, um vislumbre de seu amor por Elanor (o nome élfico de uma flor em Lórien), a mais velha de seus filhos, que por uma estranha dádiva possui a aparência e a beleza de uma donzela-élfica: nela, todo o seu amor e anseio pelos Elfos resolve-se e é satisfeito. Ele está ocupado, contente, muitas vezes prefeito do Condado e esforçando-se para terminar o Livro Vermelho, começado por Bilbo e quase completado por Frodo, no qual todos os eventos (contados em O Hobbit e O Senhor) estão registrados. A história como um todo termina com Sam e sua esposa, de pé do lado de fora de Bolsão, enquanto seus filhos dormem, olhando para as estrelas no céu fresco de primavera. Sam fala de sua bem-aventurança e contentamento à esposa, e entra, mas, ao fechar a porta, ele escuta o sussurro do Mar nas Costas do mundo.

Este é um resumo longo e, no entanto, pobre. Muitos personagens importantes para a história nem são mencionados. Até mesmo algumas invenções plenas, como os admiráveis *Ents*, as mais antigas criaturas racionais vivas, os *Pastores das Árvores*, foram omitidas. Posto que agora tentamos lidar com a "vida comum", que brota sempre inextinguível sob o pisotear das políticas e dos eventos mundiais, há histórias de amor mencionadas, ou amor em diferentes modos, totalmente ausentes de *O Hobbit*. Porém, a mais elevada história de amor, a de Aragorn e Arwen, filha de Elrond, é apenas mencionada como algo conhecido. Ela é contada em outro lugar em um curto relato, *De Aragorn e Arwen Undómiel*. Creio que o amor simples e "rústico" de Sam e sua Rosinha (não elaborado em parte alguma) é *absolutamente essencial* ao estudo de seu caráter (do herói principal) e ao tema da relação entre a vida comum (respirar, comer, trabalhar, gerar) e as demandas, o sacrifício, as causas e o "ansiar pelos Elfos", e a pura beleza. Mas não direi mais, nem defenderei o tema do amor iludido visto em Éowyn e seu primeiro amor por Aragorn. Não acho que agora muita coisa possa ser feita para sanar os defeitos dessa história volumosa e muito abrangente — ou para torná-la "publicável", caso já não o seja. Uma leve revisão (agora concluída) de um ponto crucial em O Hobbit, esclarecendo o caráter de Gollum e sua relação com o Anel, me permitirá reduzir o Livro I, capítulo II, "A Sombra do Passado", simplificá-lo e acelerá-lo — e também simplificar um pouco a discutível abertura do Livro II. Se *o outro material*, "O Silmarillion" e alguns outros contos ou elos, tais como *A Queda de Númenor*, forem publicados ou estiverem em processo de publicação, então muitas explicações de pano de fundo, especialmente aquela encontrada no *Conselho de Elrond* (Lv II), poderão ser dispensadas. Mas, no geral, isso dificilmente equivaleria à exclusão de um único capítulo longo (de um total de cerca de 72).

Pergunto-me se (mesmo que seja legível) você chegará a ler isto.

* propostos para publicação

Material mítico, lendário e de estória de fadas
de meu ciclo de "Contos das Três Eras"

A Contos da Primeira Era

1. *O Silmarillion*

(a) **Música dos Ainur*. Um texto curto em prosa de mesmo "estilo elevado" do que se segue. Cosmogonia. Introduz os *Valar* (Poderes) — grosso modo, "deuses".

(b) **A História dos Eldar* (em inglês, "Elves" [Elfos], mas o sentido pretendido é o pré-shakespeariano), ou *Silmarillion* propriamente dito. Nexo de lendas e histórias em ordem cronológica, ao qual alguns contos principais são entrelaçados.* Contém a "história" da Primeira Era, da chegada dos Eldar até o seu final com a derrocada de Morgoth-melkor, o primeiro Senhor Sombrio. Chamado *O Silmarillion*, pois a maior parte da história e dos contos está agrupada em torno ou refere-se às Três Grandes Joias de Fëanor

* *O Silmarillion*, na verdade, é na origem uma combinação de *Anais* e de vários contos longos em prosa e em verso, especialmente da *Balada de Beren e Lúthien* e da *Queda de Gondolin*.

(as Silmarils), sua feitura, roubo, a guerra para recuperá-las e sua perda final. *O Silmarillion*, ou "Contos da Primeira Era", seria (imagino) mais ou menos do tamanho de *O Hobbit*.

2. *Ambarkanta* (Forma do Mundo). Texto curto de "pré-geografia" mítica.
3. *Lambion Ontale* (Linhagem de Línguas). Relato curto da relação dos idiomas eldarin (élficos) uns com os outros, e com os idiomas dos Homens do Oeste.
4. *Anais de Valinor*: das eras míticas.
5. *Anais de Beleriand*: que abrangem, em forma analística, a maior parte do *Silmarillion* propriamente dito.
6. *Os Filhos de Húrin*: um conto longo em prosa sobre Turin, o Infeliz, e sua irmã, Níniel.
7. *A Queda de Gondolin*: cerco e queda do principal baluarte élfico. Nascimento do herói *Earendel*. Prosa.
8. *A Balada de Leithian*: o conto de Beren e Lúthien e da recuperação de uma Silmaril do Inferno. Prosa em forma antiga. (Contado na íntegra em verso: não totalmente completa).

Nenhuma dessas obras é proposta para publicação. Porém, o breve tratamento de parte da matéria de 6–8 necessita de um pouco de complementação das formas mais completas originais, caso *O Silmarillion* venha a se tornar algo por si só, e não um mero sumário, como de onde[?] começou.

"Contos da Segunda Era"

* *Os Anéis de Poder*. Texto curto — mais ou menos do tamanho de um capítulo longo. Descreve a ascensão do Segundo Senhor Sombrio, *Sauron*, sua tentativa de escravizar o mundo e seduzir os Eldar (Elfos); a feitura dos Anéis e a forja secreta do Um Anel, o anel regente, por Sauron; e a construção de *Barad-dûr*, "a Torre Sombria".

* *A Queda de Númenor*. Mais ou menos do mesmo tamanho que o texto anterior. Uma breve história de *Númenor* (ou Númenore) (mais ou menos = Atlântida): sua fundação, como uma recompensa para os fiéis Pais de Homens que foram aliados dos Eldar na Guerra contra *Morgoth*; sua ascensão à glória e queda catastrófica em rebelião contra os *Valar*. Ela leva ao término da Segunda Era com a derrocada de Sauron e o estabelecimento dos Reinos de *Arnor* e *Gondor* pelos remanescentes exilados de Númenor. O Anel Regente é perdido.

Anais da Segunda Era. Verbetes breves e datados.

Esse material deveria acompanhar, em alguma forma, o Silmarillion como adendo ou apêndice: fornecendo assim o pano de fundo para toda a grande matéria da Terceira Era.

B *"Contos da Terceira Era"*

O Hobbit. Publicado. Uma história um pouco longa de cerca de 300 páginas. No estilo de "estória de fadas" e em prosa "coloquial" (em grande parte). Um conto de aventura romântica entre os povos e criaturas do mundo ocidental ao final da Terceira Era — ou a sombra crescente de *Sauron* Redivivo (o terceiro Senhor Sombrio) começa a ser sentida. Sua aparente história principal está apenas superficialmente relacionada ao grande Ciclo, mas é um elo vital naquele Ciclo, visto que relata a descoberta e a exposição mais uma vez daquilo que no fim acaba se mostrando ser o fatal Um Anel.

* *O Senhor dos Anéis*. O romance ou história principal do todo, que tenta entrelaçar e resolver todos os temas e enredos que o precederam: combinar os míticos elementos "élficos", heroicos e de contos de fada (em história e em estilo) e uni-los num único tema: a destruição do Anel, a derrota de Sauron (o último Senhor Sombrio visível e material), o reestabelecimento do trono númenóreano — e, assim, até o final da Terceira Era, encerrando o domínio prolongado dos Elfos, parando no limiar do derradeiro "Domínio dos Homens". Encontra-se em 6 partes ou "livros", cada um de aprox. 12 capítulos; e contém possivelmente 600.000 palavras. Ele contém, por assim dizer, eventos e políticas mundiais conforme vistos e vivenciados por simples "hobbits" e, dessa maneira, começa e termina no Condado dos Hobbits, tal como o livro anterior.

Há vários materiais subsidiários — elaborados em parte como materiais de pano de fundo aproveitáveis.

(1) *A Respeito dos Hobbits*: originalmente pretendido como um prefácio, fornece uma breve história e descrição dos Hobbits, assim como um sumário m. curto de *O Hobbit* necessário a *O Senhor*.
(2) *As Línguas da Terceira Era e os Alfabetos*. (Pelo menos alguma coisa dos Alfabetos deveria ser incluída. Eles se mostram incrivelmente atraentes para alguns leitores.)
(3) *Anais da Terceira Era*. Anais datados m. breves.

(4) *Anais dos Reis* (de Arnor e Gondor no decorrer da Terceira Era, de Elendil de Númenor a Aragorn Elessar, um herói de *O Senhor dos Anéis*). Genealogias com notas breves.
(5) *De Aragorn e Arwen Undómiel*. A história das provações de Aragorn em preparação para a sua grande tarefa, e seu longo amor e conquista final de *Arwen, filha de Elrond*. Contada de forma breve. É importante para *O Senhor dos Anéis*, mas neste é mormente presumida, como algo conhecido.
(6) *Genealogias dos Hobbits*.
(7) *Mapa do Mundo Ocidental na Terceira Era*.

Desses, os itens (1), (5), (6) e (7) devem ser inseridos em *O Senhor dos Anéis* de alguma forma.

132 De uma carta para John Tolkien — 10 de fevereiro de 1952

[Esta carta, para o filho mais velho de Tolkien, que agora era um padre católico, descreve um dos jantares realizados ocasionalmente pelos Inklings.]

Tivemos um "banquete de presunto" com C.S. Lewis na quinta-feira (um presunto americano do Dr. Firor da Universidade Johns Hopkins) e foi como um vislumbre dos velhos tempos: calmo e racional (já que Hugo não foi convidado!). C.S.L. convidou Wrenn[1] e foi um grande sucesso, visto que o agradou e ele foi muito agradável: um bom passo no caminho de afastá-lo da "política" (acadêmica).

132a De uma carta para John Tolkien — 23 de março de 1952

[A Oxford pós-guerra estava crescendo rapidamente, e Holywell havia se tornado uma importante rota de tráfego dentro da cidade.]

Acho que Mamãe estaria muito bem estes dias (ela, em geral, está muito mais animada e feliz) se não fosse pelo barulho infernal da rua; e mesmo isso ela suporta melhor, exceto pelo barulho abominável entre 6 e 7:30. Tenho certeza de que é a principal fonte de sua nevrite atualmente. Estamos pensando finalmente em mudar para os nossos planos originais, com o meu quarto no andar de cima; já que esse meu quarto é agora o mais silencioso, e não balança nem chacoalha! Mas isso terá de esperar até eu superar a crise dos exames. É um golpe doloroso ter de lidar de novo com isso, pela 13ª ou 14ª vez! O pequeno jardim está indo para frente e germinando.

133 Para Rayner Unwin

[Na primavera de 1952, Tolkien perdeu a paciência com os atrasos na Collins sobre a publicação de seus livros, e disse à firma que eles deveriam publicar *O Senhor dos Anéis* imediatamente ou ele recolheria o manuscrito. A Collins, assustada com o tamanho do livro, decidiu que deveriam recusar livro junto com *O Silmarillion*, e retiraram-se das negociações. Em junho, Rayner Unwin escreveu a Tolkien para indagar sobre seu poema "Vida Errante", sobre o qual haviam inquirido a Allen & Unwin; ele também perguntou sobre o progresso com a publicação de *O Senhor dos Anéis* e *O Silmarillion*.]

22 de junho de 1952 — 99 Holywell, Oxford

Meu caro Rayner,

Que gentileza a sua escrever novamente! Tenho me comportado mal. Você me escreveu em 19 de novembro,[1] e aquela carta ainda permanece sem resposta. Agora o desastre abateu-se sobre mim, mas não posso adiar uma resposta mais uma vez — desastre: sou novamente o presidente dos examinadores de inglês, e no meio de uma semana de 7 dias e de um dia de 12 horas de trabalho que durará exatamente até 31 de julho, quando hei de ser lançado exausto nos baixios de agosto.

Quanto a "Vida Errante": é uma coincidência muitíssimo estranha que você pergunte a respeito dele. Pois apenas algumas semanas atrás recebi uma carta de uma senhora que não me era conhecida fazendo uma indagação similar. Disse que um amigo recentemente escrevera-lhe de memória alguns versos que lhe agradaram tanto que ficou determinada a descobrir a origem deles. Ele os adquirira de seu genro que os havia aprendido em Washington D.C. (!); mas nada se sabia acerca da origem deles, a não ser por uma vaga ideia de que estavam ligados a universidades inglesas. Sendo uma pessoa determinada, aparentemente ela se dirigiu a vários Vice-reitores, e Bowra[2] direcionou-a até minha porta. Devo dizer que fiquei interessado em me tornar "folclore". Também foi intrigante receber uma versão oral — o que corroborou minhas visões sobre tradição oral (nos primeiros estágios, de qualquer forma): isto é, de que as "palavras difíceis" são bem preservadas[3] e as palavras mais comuns são alteradas, mas a métrica com frequência é desarranjada.

Certa vez existiu um clube literário de *dons* e alunos de graduação (Tangye Lean da Univ. era um aluno destacado: encontrávamo-nos com frequência em seus aposentos)[4] e "Vida Errante" apareceu pela primeira vez em seus ensaios e provavelmente iniciou suas viagens de boca em boca a partir desse ponto, embora eu creia que o verso que leva a Sir John Burnet-Stuart[5] e seu genro provavelmente remeta (por evidências internas) a uma versão impressa que posteriormente apareceu na *Oxford Magazine* em 9 de novembro de 1933. Provavelmente a do seu correspondente também remeta a ela. Essa versão pode ser chamada de V. A. Enviei à minha indagadora uma cópia desta, e uma cópia de uma V. R.,[6] e deduzo que a criação de um "texto crítico" tenha mantido os visitantes entretidos por um dia, enquanto sua anfitriã (a Sra. Roberts de Lightwater Manor) encontrava-se abatida com um braço quebrado.

Ela diz que não "compreende como esses versos permaneceram inéditos", sem considerar a O.M., "por tanto tempo. Receio que seu publicitário seja incompetente." A resposta, é claro, é que estou ocupado demais oficialmente para dar a devida atenção a tais coisas. Mas também que tenho *tentado* com frequência fazer com que "Vida Errante" e coisas similares sejam publicadas, mas sem sucesso. A O.M. de vez em quando (especialmente sob a supervisão de Nowell Smith)[7] costumava conceder-me espaço; mas ninguém mais. Obviamente será um prazer enviar-lhe uma coletânea quanto você tiver um momento. Porém, "Vida Errante" é a mais atraente. Primeiramente, está em uma métrica que inventei (que depende de assonâncias trissilábicas, aproximadas ou não, que é tão difícil que, exceto por este único exemplo, nunca mais fui capaz de usá-la — simplesmente esgotou-se em um único impulso).[8]

Quanto a *O Senhor dos Anéis* e *O Silmarillion*, estão onde estavam. Um terminado (e o final revisado) e o outro ainda inacabado (ou não revisado), e ambos juntando poeira. Vez ou outra tenho estado tanto doente demais como sobrecarregado demais para fazer muita coisa a respeito deles, e desanimado demais. Observando a falta de papel e os custos aumentando contra mim. Mas mudei bastante minhas opiniões. Melhor alguma coisa do que nada! Ainda que para mim tudo seja uma única coisa, e o "S dos Anéis" ficaria melhor (e mais fácil) como parte do todo, consideraria alegremente a publicação de qualquer parte desse material. Os anos estão se tornando preciosos. E a aposentadoria (que não está longe), pelo que vejo, não trará tempo livre, mas, sim, uma pobreza que exigirá que eu ganhe a vida a duras penas com a "correção de provas" e serviços similares.

Quanto eu tiver um momento em que possa virar para o lado, reunirei os fragmentos do *Silmarillion* em processo de finalização — ou, antes, o esquema original que está mais ou menos completo — e você pode lê-lo. Minha dificuldade, é claro, é que devido ao custo da datilografia e a falta de tempo para fazê-la eu mesmo (datilografei quase todo *O Senhor dos Anéis*) não tenho cópias sobressalentes das quais dispor. Mas e quanto a *O Senhor dos Anéis*? Algo pode ser feito a respeito, para destrancar os portões que eu mesmo bati?

Sinto-me com a consciência muito pesada com respeito a você. Sei que se casou. Eu sabia da data. Mas embora eu realmente quisesse desejar-lhe sorte e escrever, não o fiz. Jamais me recuperei da confusão de meus assuntos depois que tive uma terrível crise de fibrosite e nevrite no braço em outubro passado, e não pude escrever (ou aguentar-me) de modo algum por um mês. Tenho corrido atrás dos dias perdidos desde então. E de algum modo eu sempre adiava porque (suponho) desejava lidar com meus miseráveis assuntos literários assim como com os seus assuntos pessoais. É uma grande bênção ter amigos importunos e determinados que não o deixarão recair em silêncio permanente. Sou-lhe extremamente grato por escrever novamente.

Minha esposa e Priscilla enviam-lhe nossos melhores votos. Venha me visitar novamente! Encontrarei tempo, seja o que for que eu estiver fazendo.

Sinceramente,
J.R.R. Tolkien.

Anexo a única cópia que consegui encontrar da V.R. de "Vida Errante".

134 De uma carta para Rayner Unwin 29 de agosto de 1952

[Rayner Unwin respondeu em 1º de julho, elogiando "Vida Errante" e perguntando se Tolkien poderia enviar uma de suas cópias do texto datilografado de *O Senhor dos Anéis* por postagem registrada. Ele disse a Tolkien: "*Queremos* publicá-lo para o senhor — apenas os meios e os recursos nos atrasaram." Ele também pediu para ver *O Silmarillion*, assim como quaisquer outras coisas que Tolkien tivesse escrito, e sugeriu que ele e Tolkien deveriam se encontrar.]

Finalmente estou me voltando para meus próprios negócios. A situação é esta: estou ansioso para publicar *O Senhor dos Anéis* o mais breve possível. Acredito que seja uma grande obra (embora não sem falhas). Que venha seguida de outras coisas na medida do possível. Mas como o custo da datilografia mostrou-se proibitivo, tive de fazer tudo eu mesmo, e há apenas uma cópia (mais ou menos) passada a limpo existente. Não ouso confiá-la ao correio e, de qualquer forma, finalmente devotarei agora alguns dias para corrigi-la. Para esse propósito, retiro-me amanhã do barulho e fedor de Holywell para o chalé de meu filho no alto das Chiltern enquanto ele está fora com seus filhos.[1] .... Voltarei em 10 de setembro. Depois disso poderei fazer uma visita com meu fardo à Museum Street[2] em alguma data que lhe seja conveniente . . . . ou, se não for pedir demais, você poderia me visitar (como tão gentilmente sugere que talvez seja possível). . . . .

Recentemente fiz algumas gravações em fita de partes do Hobbit e O Senhor (particularmente as passagens de Gollum e uns bocados de "élfico") e fiquei muito surpreso ao descobrir sua efetividade como recitações, e (modéstia à parte) minha própria efetividade como narrador; faço uns belos Gollum e Barbárvore. Será que a BBC não poderia se interessar? O rolo de fita está com George Sayer (Mestre de Inglês em Malvern), e tenho certeza de que ele a enviaria para ser julgada por você ou alguma outra pessoa. Foi algo sem ensaio e de improviso, e poderia ser melhorado.[3]

Adoraria ir a Londres, mesmo que somente com o intento de encontrá-lo e conhecer sua esposa. Porém, estou cortando até mesmo o "sétimo Congresso Internacional de Linguistas" (1º de set.), do qual sou um oficial — o tempo é tão miseravelmente curto e estou cansado. Tenho em meu prato não apenas as "grandes obras", mas também o trabalho profissional atrasado que estava terminando em Cambridge (edição de *Ancrene Wisse*); a palestra W.P. Ker em Glasgow; *Sir Gawain*; e novas aulas! Mas seu interesse contínuo me anima. Recebo "cartas de fãs" constantemente de todo o mundo falante de inglês pedindo "mais" — curiosamente com frequência pedindo por "mais sobre o Necromante", o que o Senhor certamente fornece.

134a Para Michael Tolkien

[Michael estava ensinando Inglês, História e Latim na Oratory School, sua *alma mater**, e em junho tornou-se pai pela terceira vez, de sua filha Judith. Christopher já era, a essa altura, um professor universitário em Oxford, lecionando Inglês Antigo e Médio, além de Islandês Antigo]

21 de outubro de 1952 — 99 Holywell, Oxford

Querido Michael,

Esta é apenas uma breve carta em meio à pressa do período letivo — que hoje em dia é quase tão ruim para os professores universitários quanto para os de escola — para lhe desejar muitas felicidades por amanhã e lhe enviar meu amor. S. Lucas não está dando o melhor de si este ano, nada comparado a outubro de 1920, com sol quente e as roseiras ainda em flor. Ele arranjou um pouco de sol no dia 18 e depois nos

**Alma mater* é uma expressão em latim usada por estudantes que frequentaram uma determinada instituição de ensino. Pode ser traduzida como "a mãe que nutre". [N.T.]

encharcou no domingo na oitava. Fico feliz que você tenha gostado do paletó; mas apesar de *bisðat*[1] etc., parecia um pouco sem graça no dia.

Estou pensando e orando por vocês dois em sua nova aventura. Mamãe pareceu encantada com Judith; e espero botar meus olhos de avô nela em breve. Enquanto isso, transmita meu amor em grandes quantidades a Michael George e Joan Ann.

Estamos passando por um período bem ruim aqui, já que o tráfego fica cada vez mais louco, e o fim de semana passado foi intolerável. Mamãe tem estado muito melhor, mas, sem dormir, está tendo recaídas. E a casa parece abandonada e vazia, de qualquer forma, agora que Prue realmente deixou o ninho. Assim, teremos de nos mudar mais uma vez, quando isso puder ser providenciado. É tudo muito preocupante e inquietante. Woodcote parece agradar M[amãe] mais do que qualquer outro lugar, e ela adora ver todos vocês. É uma infelicidade a Sra. Harper não ter quartos disponíveis. Pareço estar bloqueado por todos os lados! É muito difícil seguir com a minha vida universitária nessas condições. Porém, a maioria das pessoas tem problemas similares. Espero que o período letivo não esteja muito cansativo. Seja como for, parece-me que os meninos no geral são uma boa turma.

Chris está se recuperando mais depressa do que eu temia de sua icterícia ou hepatite. . . . Ele teve uma semana terrível de aulas, arrastando-se para fora da cama e de volta para ela. É um azar, visto que ele se tornou conhecido de súbito e tem uma "clientela" maior do que consegue lidar, mas não ousa relaxar. Com Worcester, Trinity, Keble, Christ Church e Cats usando-o como seu tutor de "língua" reconhecido, ele agora está encaminhado.

Bem, preciso voltar à preparação e revisão de aulas. Durante 27 anos prometi deixá-las prontas nas férias e aliviar o pesadelo terminal — e durante 27 anos, ou 82 períodos letivos, fracassei nesse sentido.

Mande meu amor para Joan. Deus abençoe todos vocês.

Do seu Pai

135 De uma carta para Rayner Unwin 24 de outubro de 1952

[Rayner Unwin visitou Tolkien em Oxford em 19 de setembro, e o manuscrito de *O Senhor dos Anéis* foi-lhe entregue por Tolkien pouco tempo depois. Em 23 de outubro, Rayner Unwin informou que, de acordo com uma estimativa de uma gráfica, o preço do livro teria de ser de £3.10s. (pelo menos) para recuperar seus custos e que o preço seria ainda maior se fosse dividido em dois volumes. Ele agora havia enviado o manuscrito a outra gráfica e estava esperando para saber se poderia conseguir um orçamento mais barato.]

Lamento muito (de alguns modos) ter produzido tal monstro em dias tão desfavoráveis; e sou-lhe muito grato pelo esforço que está fazendo. Mas realmente espero que muito em breve você seja capaz de dizer "sim" ou "não". A incerteza é um grande peso para o coração. A coisa pesa em minha mente, pois não posso nem dispensá-la como um desastre e voltar-me para outros assuntos, nem continuar com isso e com coisas relacionadas a ela (tais como os mapas).

£3.10.0 (ou mais) certamente seria um preço muito alto para qualquer livro, mesmo hoje. Se você estivesse considerando a publicação de um monstro a esse preço, em que quantidade o imprimiria? E quantos precisam ser vendidos para que você ao menos seja indenizado? É claro que há um número de pessoas maior do que se poderia supor que são ávidas por esse tipo de material; geralmente deliciam-se com o tamanho e às vezes são capazes de pagar por ele — tendo em melhor estima um livro grande do que quatro pequenos, e não se surpreendendo ao descobrir que é 4 vezes mais caro do que um livro pequeno. Mas eu não gostaria de arriscar um palpite no número total de tais pessoas ou a chance de entrar em contato com elas!

Estou finalmente entrando em águas mais calmas após três semanas de trabalho incessante do tipo mais exigente e entristecedor. Livrei-me da Presidência da Diretoria e concluí uma série de tarefas e agora, exceto por palestras e aulas, tenho apenas de encarar (antes que a preparação para as Schools* comece em fevereiro) a análise de uma tese cansativa (sobre Contos de Fadas!), ler e editar uma monografia para uma série, produzir uma contribuição para o "Essays and Studies" para 2 de dezembro,[1] completar minha edição de *Ancrene Wisse* e escrever a Palestra W.P. Ker para Glasgow.[2] E também (se eu puder) encontrar algum outro lugar para morar e mudar-me para lá! Esta casa encantadora tornou-se inabitável — impossível de se dormir e trabalhar nela, sacudida, atormentada pelo barulho e embebida em vapores. Assim é a vida moderna. Mordor entre nós. E lamento notar que a gigantesca nuvem recentemente retratada não marcou a queda de Barad-dûr, mas que foi produzida pelos aliados desta — ou pelo menos por pessoas que decidiram usar o Anel para seus próprios propósitos (obviamente muitíssimo excelentes).[3]

135a Para Rayner Unwin

[Rayner havia escrito a Tolkien confirmando que a Allen & Unwin gostaria de publicar *O Senhor dos Anéis*, sob um esquema de compartilhamento

*Ver nota 1 da carta nº45. [N.T.]

de lucros. Isso significaria que os royalties não seriam pagos até que todos os custos da publicação fossem recuperados, mas, depois disso, o autor receberia metade dos lucros. Eles ainda não tinham decidido se publicariam a obra como um volume único e mais caro ou em três volumes menores e com preço mais razoável.]

12 de novembro de 1952 — 99 Holywell, Oxford

Caro Rayner,

Foi extremamente gentil de sua parte escrever. Sua carta me animou imensamente, é claro. Aguardo suas outras decisões. Quando forem tomadas, darei o melhor de mim, apesar de todas as outras obrigações, para fazer a minha parte com celeridade.

Sinceramente,
J.R.R. Tolkien.

135b De uma carta para Sir Basil Blackwell (rascunho)

[Sem data; 1953]

[Um comentário sobre a nova edição do *Anglo-Saxon Primer*, de Sweet, revisado por Norman Davis.]

Se eu tivesse sido consultado, eu teria dito à Editora e Davis[1] o que lhe digo agora: "Isso é apenas Sweet[2] em uma Roupagem Moderna". As alterações na apresentação da gramática são claras e boas, mas a escolha de textos (especialmente em alterações e acréscimos), fátua. Eles têm pouca ou nenhuma relação com os currículos de Universidades ou com os requisitos para os iniciantes em Escolas de Inglês universitárias — o único público que, na prática, merece ser levado em consideração. Na verdade, um Compêndio realmente novo *sem o nome de Sweet** na capa ainda é muito necessário, e se fosse composto e escrito por alguém competente no assunto e com um pouco de originalidade (embasada por experiência de ensino real), é quase certo que seria amplamente adotado. . . .

135c De uma carta para Michael e Joan Tolkien

29 de janeiro de 1953

O período letivo é sempre terrível no início, e este é o pior de que me lembro, com pilhas de trabalhos externos, e todos os problemas de se

* Reverencio o nome, e acho que Sweet em vida foi um grande homem e maltratado por esta Universidade, mas os tempos mudaram (muito) e 1882 está muito mais distante do que a lacuna entre a 1ª ed. do Compêndio de Sweet e a presente 9ª ed[ição].

procurar uma casa, advogados, agentes e tudo o mais. Tenho pouquíssimo tempo para dormir! Geralmente às 2 da manhã. Em uma ocasião, às 5! Porém, apesar das indisposições que basicamente estragaram as férias, no momento consigo aguentar o barulho. . . . .

Esperamos ter notícias definitivas sobre a nossa mudança em breve. Temos expectativas de conseguir o n. 76 da Sandfield Road (perto do Dr. Havard) e de nos mudarmos na primavera. Mas por enquanto não é "oficial", e não quero que a Faculdade fique sabendo ainda.

135d Para Norman Davis

[Tolkien havia sido convidado por Davis, que agora ocupava o cargo de Professor de Língua Inglesa na Universidade de Glasgow, para proferir a Palestra Memorial W. P. Ker em 14 de abril.]

11 de março de 1953 — 99 Holywell, Oxford

Meu caro Davis,

Como o tempo voa! Eu vinha querendo lhe escrever há algum tempo antes de receber sua carta no sábado; mas esperei até que meus assuntos desorganizados estivessem em ordem. Estou envolvido em outra mudança! Tornou-se absolutamente necessária, visto que a saúde de minha esposa estava se deteriorando, e ela precisou se ausentar duas vezes no último período letivo, o que (consequentemente) fez com que eu me deslocasse bastante. Em meio ao Sturm e Drang de encontrar uma casa, e deixar três grupos de advogados, a Faculdade, e a sociedade de construção, e os decoradores (não esquecendo dos encanadores, eletricistas, gás e telefones) todos encaminhados o mais rápido possível para uma data próxima (28 de março), tenho estado um pouco estorvado, uma vez que eu tinha mais do que o suficiente para fazer, de qualquer forma.

Entretanto, não me esqueci de Glasgow; e consegui delinear a minha palestra, assim como terminar e revisar a minha tradução de todo o *Gawain*. Proponho palestrar acerca da Confissão de Sir Gawain (1874–1888) e de considerações que ela suscita, mas não creio que isso precise ser especificado. Não conseguirei encaixar o que tenho para dizer em uma possível "hora"; e se o que eu escolher para dizer se mostrará interessante é uma outra questão, e receio que duvidosa. Ainda assim, preciso perseverar — e, desde que eu não o envergonhe (ou a mim mesmo), a provação será bem recompensada por me oferecer a oportunidade de uma folga e de vê-lo.

Bem, como pode ver, com as Schools chegando e com todos os papéis que precisam ser enviados para a Editora antes de eu ir para o Norte (e com a última reunião das provas em 23 de abril), e uma mudança de dois dias em 30–31 de março, falta-me tempo. Além disso, meu dia contratual com a Allen and Unwin para a entrega de um ms. m. grande a ser impresso está definido para 25 de março.....

Com os meus melhores votos e os de Edith para você.

Sinceramente,
Ronald Tolkien.

136 Para Rayner Unwin

[A Allen & Unwin decidiu publicar *O Senhor dos Anéis* em três volumes, ao preço de vinte e um xelins cada. O contrato de Tolkien estipulava que o manuscrito do livro deveria ser entregue, pronto para a gráfica, até 25 de março de 1953. Os editores também lhe pediram que escrevesse uma descrição do livro para fins de publicidade, em não mais que cem palavras.]

24 de março de 1953 — 99 Holywell, Oxford

Caro Rayner,

Pretendia escrever-lhe há algum tempo, conforme o "dia contratual", 25 de março, aproximava-se cada vez mais, e encontrou-me ainda enredado em problemas que se amontoaram sobre mim no momento em que assinei. E aqui estou na véspera.

Em resumo, o que me aconteceu é acima de tudo o aumento dos problemas de saúde de minha esposa, o que me envolveu em várias aflições desde novembro. Por ultimato de um médico, fui obrigado a passar a maior parte do tempo de que eu poderia dispor longe das obrigações procurando e negociando a compra de uma casa em um terreno elevado e seco e em uma área silenciosa. Estou agora de fato em "articulo mortis", ou a sensação é quase essa — na verdade, no próprio ato de me mudar de casa. Nada poderia ser mais desastroso. Além disso, a má vontade de Mordor decretou que eu mesmo devo perder a maior parte das vitais férias natalinas por estar doente. Não houve fissura na armadura do último período letivo; e agora ainda estou envolvido como presidente no controle da preparação de todos os exames de bacharelado em inglês para junho, e estou atrasado uma semana nisso.

Receio que devo pedir pela sua tolerância na questão da data. Porém, vejo alguma esperança em sua carta, já que parece que os 2 *primeiros livros* bastariam para dar continuidade ao processo. Praticamente completei uma revisão detalhada desses dois livros antes que os desastres se abatessem sobre mim; e posso enviá-los a você no fim deste mês.

Seria vantajoso se eu enviasse imediatamente o *primeiro livro* (o mais longo de todos), que está completamente pronto e é acompanhado de uma cópia extra corrigida? Se quiser me mandar um telegrama ou telefonar, posso despachar o Livro I amanhã.

Sinto muitíssimo por ser um estorvo; mas você pode imaginar o quão doloroso é para mim que o que deveria ser um trabalho de prazer tenha se transformado em um pesadelo pelo acúmulo em 1953 de tantas obrigações e problemas.

Entre 23 de abril e 17 de junho espero ter tempo livre o suficiente para colocar a maioria dos livros posteriores (que necessitam de pouca revisão) em ordem, para não atrasar as coisas uma vez que sejam iniciadas. Mas entro em um túnel de exames de 17 de junho a 27 de julho que me dará 12 horas de trabalho por dia. Depois disso, espero, erguerei minha cabeça esgotada. Estou me demitindo dos Exames, de qualquer forma; mas não pude me livrar disso este ano.

Se puder me dar quaisquer dicas do que seu departamento de publicidade precisa, isso ajudará minhas capacidades mentais exauridas. Como posso descrever o livro claramente e enfatizar seu interesse especial em cem palavras? Talvez eu consiga que alguma outra pessoa que o tenha lido ajude, como C.S.L. . . . .

Sinceramente,
J.R.R. Tolkien.

P.S. Pensei um pouco na questão dos subtítulos para os volumes, que você acreditou serem desejáveis. Mas não considero isso algo fácil, visto que os "livros", embora devam ser agrupados em pares, não formam realmente pares; e o par central (III/IV) não está realmente relacionado.

Não bastaria que os "títulos dos livros" fossem usados? Ex: *O Senhor dos Anéis*: Vol. I *O Anel Parte* e *O Anel Vai para o Sul*; Vol. II *A Traição de Isengard* e *O Anel Vai para o Leste*; Vol. III *A Guerra do Anel* e *O Fim da Terceira Era*?[1]

Caso não baste, no momento não consigo pensar em nada melhor do que: I *A Sombra Avulta* II *O Anel na Sombra* III *A Guerra do Anel* ou *O Retorno do Rei*. JRRT.

137 Para Rayner Unwin

11 de abril de 1953
76 Sandfield Road, Headington, Oxford Caro Rayner,
Sinto muitíssimo que já tenham se passado onze dias desde o fim do mês (de março)! Mas realmente passei por um período extremamente

ruim, muito pior até do que eu temia. Apesar de todo o cuidado, a mudança mostrou-se desastrosamente desordenada e, em vez de dois dias, passei dez de interminável trabalho; e ainda não posso colocar as mãos em muitos papéis e anotações de que preciso. Além disso, as coisas deram errado com o negócio dos exames, que está sob minha infeliz responsabilidade; e parto terça-feira de manhã para Glasgow para ministrar uma Palestra W.P. Ker que ainda está preparada apenas pela metade.

Finalmente completei a revisão para o prelo — espero que até a última vírgula — da Parte I: *O Retorno da Sombra*, de *O Senhor dos Anéis*, Livros I e II. Infelizmente perdi as postagens hoje, mas enviarei os mss. em dois pacotes na segunda-feira.

Estou enviando o Prefácio original que, é claro, não precisa ser impresso ainda, visto que não consigo encontrar minha anotação dos acréscimos ou alterações que você achou que seriam necessários em vista da publicação da obra em três volumes. Além disso, a questão dos "apêndices" no final do volume III, após o último e particularmente curto sexto "livro", não foi decidida. Não é bom prometer coisas que não aparecerão realmente; mas espero muitíssimo que precisamente o que está prometido aqui, por mais que em forma reduzida, de fato se mostre possível.[1]

Não estou devolvendo desta vez, redesenhado, o entalhe que é preciso no Livro II Cap. iv,[2] já que não tive oportunidade de redesenhá-lo. Mas cuidarei disso assim que ele for necessário.*

Quanto aos "fac-símiles" das páginas queimadas e rasgadas do Livro Rúnico, originalmente planejados para aparecerem no início do Livro II Cap. v,[3] estou retendo-os por ora. Acho a omissão deles lamentável; mas, apesar do que você disse, acredito que gravuras a traço são impraticáveis para este propósito. É necessário que haja uma página para cada um, ou as coisas ficarão ilegíveis demais para serem interessantes (ou inverídicas demais para que valha a pena inclui-las). Espero encarecidamente que seja possível incluí-los no "apêndice".

Não criarei dificuldades com o restante da obra. Os dois primeiros livros foram escritos inicialmente há muito tempo, foram alterados com frequência e necessitavam de uma consideração cuidadosa do todo para torná-los adequados. Como resultado, as últimas partes

*Isto é, vou desenhá-lo o melhor que minha pouca habilidade permitir, em preto. Mas deveria aparecer apropriadamente, é claro, em linha branca sobre um fundo preto, uma vez que representa uma linha prateada na escuridão. O quanto isso agrada o Departamento de Produção?

estão quase prontas; e mais dois livros podem ser enviados assim que você os quiser (isto é, o Vol. II). Pode me dar alguma ideia de quando algo provavelmente exigirá minha atenção, como provas ou algo assim? Depois de atrasos tão longos não desejo, é claro, nada além do que seguir em frente uma vez que a publicação seja iniciada. Porém, estou terrivelmente sobrecarregado este ano. Terei um pouco de espaço para ação mais ou menos até 20 de junho; depois disso, tempo algum para coisa alguma, exceto exames, até aproximadamente 1º de agosto. Então estarei cansado, mas meu tempo estará (mais ou menos) livre durante agosto e setembro.

Os mapas estão me preocupando. Pelo menos um (que então teria de ser bem grande) é absolutamente essencial. Acredito que três sejam necessários: 1. Do Condado; 2. De Gondor; e 3. Um mapa geral em pequena escala de todo o campo de ação. Eles existem, é claro, embora não em alguma forma adequada para reprodução — pois, obviamente, em tal história não se pode criar um mapa para a narrativa, mas deve-se criar primeiro um mapa e fazer com que a narrativa esteja de acordo com ele. O 3 é necessário do início ao fim. O 1 é necessário no primeiro volume e no último. O 2 é essencial nos vols II e III. Devo tentar desenhá-los em uma forma apropriada assim que puder e enviá-los a você para a consideração do Departamento de Produção?

Bem, agora preciso, como sempre, interromper forçosamente minha concentração por um tempo e voltar-me para outra coisa: neste caso, a *moralitas* de *Sir Gawain e o Cavaleiro Verde*.[4]

Porém, vejo que esqueci a questão da Publicidade. Para me poupar de uma carta em separado, você teria a gentileza de pedir desculpas ao Departamento, caso eu tenha soado muito rude? Eu estava muito aborrecido quando recebi a carta deles. Tentei fazer algo, sem muito sucesso, embora tenha escrito cerca de 300 palavras. O resultado, tal como se encontra, envio agora. Se estiver legível, talvez tenha alguma serventia.

Recorri também ao meu amigo George Sayer, Mestre de Inglês em Malvern, o leitor e apreciador mais normal da obra em que consegui pensar; e ele enviou uma sinopse de 95 palavras. Envio-lhe a carta dele e a sinopse — não que baste, mas talvez uma ou duas expressões sirvam, e isso pode dar uma indicação do que tais pessoas, que gostam desse tipo de coisa, gostam em *O Senhor dos Anéis*. Ele me surpreendeu. Não pensei que ele ficaria tão empolgado! Mas, apesar de "maior poeta vivo" ser absurdo, ao menos me consolo com a ideia de que os versos estejam bons e (como acho) adequados e no lugar certo, embora C.S. Lewis considere-os no geral pobres, lamentáveis e deslocados. Quando certa vez tentei explicar brevemente a um amigo do que se tratava tudo isso, descobri que, com o exercício de economia rigorosa, levei 41 páginas e 10.000 palavras.[5] Ele ficou suficientemente interessado para fazer com que a coisa fosse datilografada. Talvez você queira vê-la um dia desses; mas, por outro lado, talvez não queira.

Muito obrigado e com meus melhores votos,

Sinceramente,
J.R.R. Tolkien.

137a Para Norman e Lena Davis

[Tolkien ficou hospedado pelos Davis durante sua estadia em Glasgow.]

21 de abril de 1953 — 76 Sandfield Road, Headington, Oxford

Minhas caras Pessoas,

Realmente não sei como chamá-los, mas, conhecendo-os há tanto tempo, e agora, depois de ter comido do seu "pão" (e de muitas outras coisas) e bebido do seu vinho (etc.) e, de modo geral, ser tão entretido por vocês *en prince*, parece uma frieza grande demais voltar para Davis. Seja como for, espero que percebam que, de fato, me diverti muito, e retornei com relutância ao frio invernal: pelo menos até a tarde de ontem; agora está muito quente. Estou aliviado por não os ter envergonhado com a minha performance, embora eu lamente não ter superado o nervosismo, inadequado a um velho Greise,[1] e me apresentado um pouco melhor.

Estou envolvido com muitas coisas, ou teria escrito antes. Mas, faça chuva ou faça sol, ou sendo esmagado até a morte sob as provas, preciso encontrar vocês dois quando vierem em junho.

Não tive oportunidade de olhar as lojas enquanto estava com vocês, e só cheguei em casa por volta das 7:30 p.m. no sábado, mas acredito que *Interflora*, cujos serviços procurei na segunda-feira, tenha feito o melhor para mostrar que, ainda que com modos rudes e impacientes, não sou intolerante, e que não estudei Sir Gawain completamente em vão.

I am derely to yow biholde
Bicause of your semblaunt,
And ever in hot and colde
To be your trwe servaunt.*

---

* Sou teu tamanho devedor / Pela graça granjeada, / Hei de servir com ardor / N'alegria ou pesar, por era infindada. [N.T.]

Contudo, estando "on an errand in erdes uncouthe" [a serviço em terras desconhecidas],[2] só pude fazer o que me pediram.

Percorri todo o caminho de Motherwell a Wolverhampton na companhia de uma mãe escocesa e uma menininha, que salvei de ficarem em pé no corredor de um trem lotado; permitiram-lhes viajar de "primeira" sem pagar porque eu disse ao inspetor que apreciava a sua companhia. Meu prêmio antes de nos despedirmos foi ser informado de que (enquanto eu almoçava) a menininha declarara: "Gosto dele, mas não entendo uma palavra do que ele diz". Ao que só consegui responder, de forma pouco convincente, que este último fato era universal, mas o primeiro não era tão comum.

Au revoir. Sinceramente,
Ronald Tolkien.

137b De uma carta para Rayner Unwin — 5 de junho de 1953

[Unwin havia dito que as provas do Livro I estariam prontas para revisão de Tolkien e concordou que seriam necessários três mapas, embora eles não pudessem ser muito grandes nem ter muitas dobras. No entanto, a proposta de ter a imagem das Portas de Durin em linha branca sobre fundo preto o preocupava, pois a sombra do fundo escuro prejudicaria outras páginas.]

Você pode me dar alguma notícia sobre o progresso? Quando escreveu pela última vez, em 14 de abril, disse que eu provavelmente receberia provas de granel dentro de uns dois meses. . . . Seria útil se pudesse me dizer o que aguardar e o que você espera. Creio que poderia conseguir ajuda para examinar as provas, já que não deve haver muito a ser feito, e muito pouco que necessite de qualquer decisão de minha parte, visto que o texto final estava muito bom e havia sido completamente revisado.

Entre agora e 17 de junho tentarei lidar com a questão dos mapas e da ilustração necessários para o primeiro volume.

137c De uma carta para Allen & Unwin — 5 de junho de 1953

Há alguma maneira de assegurar que determinado resenhista terá uma oportunidade de resenhar um livro, ou pelo menos de aumentar a chance de que o faça? O Sr. C.S. Lewis (cujas duas resenhas diferentes de *O Hobbit* tiveram muito a ver com o seu começo favorável) e tá ansioso acerca dessa questão. Ele resenharia melhor do que qualquer outra pessoa em que posso pensar e, de qualquer forma, conhece o livro melhor do que qualquer um além mim. . . . Acredito (e ele concorda) que pelo menos uma resenha compreensiva, especialmente por alguém que saiba como é o todo, e para onde ruma a história, é muito importante para o Vol. I, que poderia ser mal compreendido.

137d Para P.H. Newby

[P.H. Newby era o Controlador do Third Programme na BBC.]

22 de junho de 1953 76 Sandfield Road, Headington, Oxford

Caro Senhor,

Há algum tempo eu estava negociando com o senhor algumas transmissões de "Sir Gawain e o Cavaleiro Verde". Enviei-lhe o manuscrito de minha tradução (até onde eu tinha chegado com ela). Acredito que tenha sido aprovada como uma possível base para uma recitação com ou sem comentários, mas, devido a um súbito aumento na demanda de meu tempo, não fui capaz de concluir a tradução. Agora a concluí. Também dei a palestra W.P. Ker em Glasgow acerca de um aspecto desse tópico, na qual fiz uso, diante de um limitado público (cerca de 300), de minha própria tradução. Esta, creio, teve uma aprovação considerável.

Gostaria de saber se o senhor ainda estaria disposto a levar esse assunto em consideração. Se estiver, enviarei uma tradução completa para sua apreciação. Não estou propondo que seja lida na íntegra, mas, caso o senhor deseje dar prosseguimento à questão, eu mesmo sugerirei uma seleção apropriada. Acredito que algumas observações e comentários introdutórios seriam necessários, embora esses, naturalmente, precisem ser breves e não técnicos. Como transmissão, o material deve ser capaz de se sustentar mais ou menos por si só por seus próprios méritos.

Sinceramente,
J.R.R. Tolkien

137e Para P.H. Newby, BBC

8 de julho de 1953

[Newby enviou uma carta em 30 de junho convidando Tolkien a enviar sua tradução à BBC para consideração.]

Caro Sr. Newby,

Lamento não ter encontrado tempo antes para enviar o texto datilografado de *Sir Gawain e o Cavaleiro Verde*, agora em anexo.

O poema tem ao todo 2.530 versos. É uma tradução fiel, embora preserve, quase tão fielmente, a métrica original, com aliteração e rima. Tal como se dá com material aliterante de forma geral, fica melhor se for lida em voz alta do que com o olho moderno.

Naturalmente, há muito que poderia ser dito acerca dela, mas deixo isso para quando, espero, tiver a oportunidade de encontrá-lo pessoalmente.

Sinceramente,
J.R.R. Tolkien

138 De uma carta para Christopher Tolkien

4 de agosto de 1953

[Provas de granel do primeiro volume de *O Senhor dos Anéis* foram enviadas a Tolkien em meados de julho.]

As provas estão se mostrando extremamente enfadonhas! Parece haver um lote interminável delas; e me deixaram muito descontente com partes da Grande Obra, que impressa parece, devo confessar, muito cansativa em certas partes. Mas a impressão está muito boa, como convém a um texto final quase perfeito; exceto que os tipógrafos impertinentes resolveram corrigir, como supõem, minha grafia e minha gramática, alterando por toda parte *dwarves* [anãos] para *dwarfs* [anões]; *elvish* [élfico] para *elfish*; *further* [além] para *farther*; e a pior de todas, *elven* [élfico] — para *elfin*. Mostrei minha irritação com uma bufada à A. & U., o que produziu uma adulação.

139 De uma carta para Rayner Unwin

8 de agosto de 1953

[Rayner Unwin disse a Tolkien que seria desejável ter um título separado para cada um dos três volumes de *O Senhor dos Anéis*, e mencionou a Tolkien a própria carta deste de 24 de março, que fazia sugestões de subtítulos para as várias partes.]

Escrevi com muita pressa na primavera e não fiz uma cópia de minha carta de 24 de março. Se eu pudesse tê-la de volta, ou uma cópia dela, isso iria me ajudar. Contudo, sou contra haver títulos separados para cada um dos volumes e nenhum título para o todo. *O Senhor dos Anéis* é um bom título para o todo, creio, mas não é aplicável especialmente ao Volume I; de fato, provavelmente é o menos adequado a esse volume. A não ser possivelmente na questão do custo, não consigo ver a objeção a:

O Senhor dos Anéis.	I O Retorno da Sombra.
" " " "	II A Sombra Estende-se.
" " " "	III O Retorno do Rei.

Seguramente é apenas pelo uso de um único título para o todo que a confusão da qual você fala pode ser certamente evitada.

Não estou apegado a qualquer um dos subtítulos sugeridos e espero que possam ser evitados. Pois é realmente impossível inventar subtítulos que correspondam ao conteúdo, posto que a divisão em dois "livros" por volume é puramente uma questão de conveniência com relação ao tamanho, e não possui relação com o ritmo ou disposição da narrativa.....

Qual é a posição sobre a reprodução das páginas queimadas do "Livro de Mazarbul", pertencente ao início do Capítulo V do segundo livro? O texto, tal como se encontra, fica bastante sem sentido sem elas. Ainda tenho os "fac-símiles" originais. Tenho também a ilustração da porta secreta, que precisa estar defronte ou ser incluída no texto que corresponde à parte inferior da Prova 98, próximo ao final do Capítulo IV do segundo livro. Tentarei redesenhar e melhorar a ilustração e enviá-la tão logo seja possível, visto que agora terminei a correção das provas de granel nas folhas de rascunho.

Sinto muito ter atrasado o redesenho dos mapas essenciais; mas realmente não tive um dia de folga da labuta. Vou me concentrar neles imediatamente.

140 De uma carta para Rayner Unwin — 17 de agosto de 1953

[Esta carta, datilografada com uma fita vermelha, foi enviada imediatamente após Rayner Unwin ter visitado Tolkien.]

Foi extremamente gentil de sua parte vir me ver e esclarecer as coisas. Foi só depois de vê-lo no ônibus que me lembrei que, no fim, você não tomou uma cerveja ou outra bebida. Desculpe-me. Muito abaixo dos padrões hobbits o meu comportamento, receio.

Agora sugiro como títulos dos *volumes*, sob o título geral *O Senhor dos Anéis*: Vol. I A Sociedade do Anel. Vol. II As Duas Torres. Vol. III A Guerra do Anel (ou, caso ainda prefira aquele: O Retorno do Rei).

A Sociedade do Anel servirá, creio; e encaixa-se bem com fato de que o último capítulo do Volume é O Rompimento da Sociedade. As Duas Torres chega o mais próximo possível da invenção de um título que abranja os amplamente divergentes Livros 3 e 4; e pode ser deixado ambíguo — pode referir-se a Isengard e Barad-dûr, ou a Minas Tirith e B; ou Isengard e Cirith Ungol.[1] Depois de muito refletir, prefiro para o Vol. III A Guerra do Anel, visto que se volta mais uma vez para o Anel; e também é mais neutro, e fornece menos indicações sobre a reviravolta da história: os títulos dos capítulos também foram escolhidos para revelar o mínimo possível de antemão. Mas não sou rígido na minha escolha.

Reconsiderando nossa conversa: tenho dúvidas de que letras *vermelhas* sejam suficientemente importantes agora para as letras de fogo do Anel no Livro I cap. 2 (Prova 15) para valer a pena o custo da alteração. Acho que seria bom ter a última página Rúnica do Livro de Mazarbul (Livro II cap. 5) reproduzida, como um frontispício (?). A última página porque, embora talvez menos bem-feita, ela corresponde estritamente à narrativa em questão.

Levarei pessoalmente o Texto Final para o Vol. II em 1º de setembro. Ele parece já estar suficientemente em ordem. Volto minha atenção agora aos Mapas — e ao Prefácio.

Perdoe o vermelho: ele não representa qualquer emoção inflamada. Mera economia. Agora datilografo demais para o bem de minha mão, e os rolos de fitas para máquinas de escrever são coisas a serem consideradas; e o vermelho nesta aqui dificilmente é usado!

140a De uma carta para Rayner Unwin 31 de agosto de 1953

Lamento ainda não ter terminado os mapas necessários. Descobri que era preciso uma releitura completa do todo, e a criação de um índice remissivo rudimentar de topônimos (e distâncias); também estou incomodado com a forma e a escala. A abertura, ou a página, da forma proposta do livro parece se adequar muito mal à geografia! Ficaria feliz com algum conselho e ajuda aqui.

140b De uma carta para P.H. Newby, BBC

3 de setembro de 1953

[Dois dias antes, Tolkien viajou para a BBC e leu trechos de sua tradução de *Sir Gawain e o Cavaleiro Verde* em uma audição gravada. Em preparação para ela, Tolkien realizou três experimentos de voz em um gravador de fita com a ajuda de Christopher.]

Preciso agradecê-lo mais uma vez por sua hospitalidade e sua paciência. Não tenho dúvida de que você encontra muitos homens com obsessões; mas não creio que o "fine fader of nurture" [notável progenitor dos modos], o próprio Gawain, teria o que criticar de sua "cortasye" [cortesia] ao tratar com eles. Compartilho de seu sentimento de fardo, visto que eu mesmo não faço ideia de como lidar com o que este ano ainda tem reservado para mim.

Foi muito bom para um professor idoso, que há muito tempo e com muita frequência tem estado na posição de crítico, passar pela mesma coisa. Você não é muito fácil de agradar! Se for possível supor que a gravação que você reproduziu para mim iria soar, num rádio normal, com a clareza que teve no estúdio, só posso dizer que, para mim, ela soou melhor do que a maioria das coisas desse tipo que já escutei — mais *interessante* (mais variável e inesperada). Poderia ser melhorada, é claro, independentemente da qualidade da minha voz. Selecionei de forma deliberada uma passagem que eu não havia praticado e que raramente li em voz alta antes; e cometi um ou dois erros no inglês médio que me foram dolorosos!

140c Para W.N. Beard, Allen & Unwin

[Duas semanas antes, Tolkien recebeu as ilustrações redesenhadas do Livro I para sua aprovação e estava sendo cobrado, pois os impressores não podiam prosseguir sem ela.]

23 de setembro de 1953
Caro Sr. Beard,

Senhor dos Anéis

Sinto muito ter passado tanto tempo me detendo nas ilustrações, especialmente por não serem de todo satisfatórias, creio eu. A culpa deve ser dividida. Eu deveria ter feito os esboços originais com mais cuidado, e fornecido mais explicações; mas a execução das cópias não está muito boa em alguns pontos.

Ilustração da Porta (para o Cap. iv do Livro 2). Não me foi dado a entender que blocos seriam feitos de pronto a partir dos esboços, e eu estava aguardando alguma carta indicando preferências ou indagações por razões técnicas. Do contrário, teria dito de imediato que somente a inscrição na versão B estava correta, e teria fornecido auxílios e explicações para o copiador que anexo agora. Copiar uma inscrição um tanto rudimentar sem ter conhecimento do sentido, ou das formas normais das letras individuais, era pedir demais.

Receio que ela terá de ser refeita. Quando isso for feito: concordo com a alteração dos esboços originais, que faz com que os galhos externos das árvores se curvem em volta dos pilares; mas *a terceira maior curva de folha na árvore da direita precisa ser refinada*. A inscrição e o texto explicativo na parte de baixo (agora em itálico) precisarão ser reescritos.

Forneci explicações acerca da inscrição — formas básicas e formas curvas para esse propósito em particular, e seu posicionamento no arco — que devem ser suficientes.

Não gosto do itálico. Não sou apreciador de escritas em itálico, de qualquer forma; mas este não está muito bom. Sem dúvida, o itálico acabou inserido devido à nota em vermelho com a minha letra na margem da versão B. Mas ela se refere a uma sugestão que fiz ao Sr. Rayner Unwin, de que a ilustração deveria acabar na base dos pilares; e de que a explicação, por ser praticamente parte do texto, deveria ser *impressa* em itálico abaixo. Se as palavras forem se tornar parte do bloco, então creio que uma forma regular é preferível em todos os aspectos; e forneço um exemplo do estilo e disposição de que eu gostaria.

O senhor comentou em sua carta de 9 de set. que tons podem ser inseridos; e eu gostaria que isso fosse feito de acordo com a disposição na versão B: isto é, um tom cinza e um tom cinza bastante claro, salientando especialmente que as folhas e as "curvas de lua" nas árvores devem ser deixadas brancas.

Letras vermelhas: Prova 15. Essas não estão boas o suficiente. Culpa do original. Envio uma revisão na mesma escala que, espero, servirá — embora naturalmente ainda não seja boa o suficiente para representar um "trabalho élfico".

Margem Superior e Inferior da Folha de Rosto. Essas runas e letras estão satisfatórias. Um pouco da leveza e do estilo perdeu-se no processo de regularizar as letras élficas na margem inferior; mas o esboço servirá. Ele precisa ser corrigido em dois pontos. A palavra  "anel" na última linha deve ser escrita dessa maneira (com o ponto central sobreposto): o texto para impressão fez parecer que ele é parte do traço descendente da letra acima. Um arco sobreposto (representando *o*) foi omitido pelo autor na última palavra 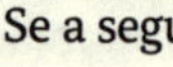 "hobbits". Ele deve ser inserido. Inseri-o agora no texto final. Se a segunda ocorrência de  "dos" na última linha puder ser deixada como a primeira (sem a curva grossa inferior), será uma melhoria.

Inscrição do Túmulo: Prova 103. Não acho que esteja muito satisfatória. Está mais nítida e firme do que a original, mas eu teria preferido uma cópia muito mais aproximada. O estilo do original não foi capturado. Os traços grossos agora estão *grossos demais*, e de modo irregular (note as variações na letra ). A inclinação superior da letra  não deveria ser um traço grosso. A primeira letra da terceira linha está inclinada para a direita: ela deve ser como a  letra do final da linha. O engrossamento característico em alguns nos ângulos agudos foi removido, fazendo com que as formas das letras pareçam muito mais "comuns" e modernas. Na minha opinião, a disposição e o peso do texto final continuam a ser muito preferíveis, apesar de sua leve falta de firmeza, que eu esperava que uma mão mais jovem tivesse removido com mais delicadeza.

Receio que esta carta esteja muito longa; mas não é fácil ser ao mesmo tempo sucinto e claro acerca dessas questões. Eu teria escrito tudo isso antes, mas os esboços chegaram num momento extremamente complicado, quando fui incapaz de dar atenção a eles. Saí para as minhas férias de uma semana no dia 15 e os levei comigo, mas me vi em circunstâncias de grande desconforto, nas quais não foi possível fazer nada além de dar uma olhada neles. Voltei noite passada.

Sinceramente,
J.R.R. Tolkien

141 De uma carta para Allen & Unwin

9 de outubro de 1953

Os Mapas. Estou desnorteado. Na verdade, em pânico. Eles são essenciais; e urgentes; mas simplesmente não consigo terminá-los. Gastei uma quantidade enorme de tempo neles sem um resultado proveitoso. Falta de habilidade combinada com importunações. Além disso, a forma e as proporções do "Condado", tal como descritas na história, não podem ser encaixadas (por mim) na forma de uma página, nem são informativas nesse tamanho. . . . .

Sinto que os mapas devem ser feitos de modo adequado. Os "manuscritos queimados", que leitores acharam atraentes, desapareceram, tornando o texto do Livro ii, Cap. 5 no início um tanto absurdo, e perdendo as Runas que parecem uma grande atração para leitores de todas as idades (como os que são tolos o suficiente para ler esse tipo de coisa). Mesmo a um custo pequeno deveria haver mapas pitorescos, que fornecessem mais do que um simples guia para o que é dito no texto. Eu poderia fazer mapas adequados ao texto. É a tentativa de resumi-los e de omitir todas suas cores (verbais e outras) para reduzi-los a uma pobreza em preto e branco, em uma escala tão pequena que quaisquer nomes mal conseguem aparecer, que me desnorteou.

141a Para P.H. Newby, BBC

15 de outubro de 1953 — 76, Sandfield Road, Headington, Oxford

Caro Sr. Newby,

Estou acamado no momento, afligido simultaneamente por laringite, lumbago e (o pior de tudo) ciática. Esta última é por demais imobilizadora e não está melhorando muito depressa. A primeira está melhorando, mas minha voz, que não é grande coisa, encontra-se em más condições. É algo bom a produção depender muito pouco dela.

Ainda espero e pretendo aparecer na próxima terça-feira, 20 de out.; e assinei o contrato para o ensaio e a gravação entre 3:45 e 4:15 da tarde na quinta-feira, 22 de out. Mas devo informá-lo que isso pode acabar sendo impossível. Vou avisá-lo novamente assim que possível.

Rascunhei os comentários introdutórios, mas terão de ser editados — 5 minutos acaba sendo um tempo curto demais para o objetivo. Tentarei dar uma forma final ao texto, com tempo determinado, e acrescentarei uma cópia da estrofe em ing. méd.; e lhe enviarei a tempo. Espero que segunda-feira de manhã (no mais tardar) ainda seja em tempo; pois, no momento, mesmo sentar não é um processo confortável.

Estou de acordo com a tarde de quinta-feira, 3 de dezembro, para a gravação da palestra de encerramento.

Sinceramente,
J.R.R. Tolkien

141b Para Rayner Unwin

19 de novembro de 1953 — 76 Sandfield Road, Headington, Oxford

Caro Rayner,

Infelizmente, tive de lidar com o fato de estar mal de saúde durante todo este Período Letivo, e somente esta semana fui capaz de me dedicar a muitas linhas de trabalho que agora parecem bastante emaranhadas.

Encontrei-me com C.S. Lewis, e ele ficaria muito feliz em fazer qualquer coisa para ajudar com a questão das opiniões preliminares. Creio que, se lhe escrevesse, ele poderia até mesmo sugerir alguns outros nomes úteis. Eu mesmo consigo pensar em algumas pessoas que poderiam ser consideradas como "possuidoras de alguma fama no mundo" e que tiveram reações favoráveis a *O Hobbit* — algumas até mesmo a *O Senhor dos Anéis*, mas não conheço nenhuma delas bem o suficiente para ter certeza de suas atitudes diante de um pedido como o que você está pensando — isto é, ler o primeiro volume e fornecer uma opinião acerca dele que possa ser citada. Voltando o olhar para várias direções, consigo pensar em Geoffrey Eley (Anglo Iranian [Oil Company] e Banco da Inglaterra); Willink (Mestre de Magdalene); o Arcebispo de Apameia (David Mathew, ou, talvez melhor ainda, seu irmão, Gervase Mathew, O.P.); Richard Hughes, o Reverendo Austin Farrer e sua esposa; Lewis sugeriu que você peça a Rostrevor

Hamilton. Encontrei-me com Rostrevor Hamilton apenas uma vez; dos outros nomes, embora eu conheça bem as pessoas, hesitaria em abordá-las, exceto talvez Hughes, que encontrei novamente por acaso este ano e pareceu muito amigável; acredito que o filho dele esteja em Trinity. Gervase Mathew concordou bastante que algo desse tipo deveria ser feito, e acho provável que ficaria feliz em fazer alguma coisa (p.ex., encontrar outros nomes), caso você entre em contato com ele. Ambos os Farrers leram o livro inteiro, aprovaram-no e, estou certo, forneceriam opiniões que poderiam ser citadas, mas talvez a fama deles não seja bem do tipo certo.

Se tiver provas extras suficientes para que eu possa ter mais um exemplar, eu poderia fazer uso dele.

Realmente sinto muito que minha enfermidade tenha atrasado as coisas nesse momento fatal, mas agora tentarei dar prosseguimento à minha parte do trabalho.

Sinceramente,
J.R.R. Tolkien

141c De uma carta para Rayner Unwin 30 de novembro de 1953

[Ao enviar a Tolkien uma segunda prova de *A Sociedade do Anel*, Unwin informou-lhe que os mapas do livro eram necessários com a maior urgência.]

Lamento ter falhado nesse momento crítico, mas este ano tem sido demais para mim! Recuperei-me, para logo em seguida sucumbir ao que chamam de "gripe gástrica": breve, porém exaustiva. E tive, como Mestre Giles diria, um monte de outras preocupações.

Vou à cidade na próxima quinta-feira. Acredito que você ainda queira o texto final do Terceiro Volume para propósitos de estimativas? Se quiser, posso levá-lo naquele dia, apesar de não estar revisado, e ainda vou querê-lo de volta antes que seja enviado para a gráfica.

É a última semana do período letivo e estou pressionado pelo trabalho: caso contrário, eu prometeria levar pelo menos os materiais a partir dos quais os mapas necessários poderiam ser feitos. . . . . Espero que eu possa ver as provas do Vol. II durante as férias. O período letivo é terrível.

141d De uma carta para Rayner Unwin 1º de dezembro de 1953

Devo dizer que achei a leitura do Volume Dois bastante boa, com mais variedade de movimento agora. Creio que também parece haver pouquíssimos erros, pelo menos no primeiro livro. . . .

O endereço de Gervase (como descobri que ele escreve o nome) Mathew é: Blackfriars, St Giles', Oxford, embora aquela elusiva pimpinela nunca esteja lá quando é necessário. Acredito que ele esteja na Espanha ou em algum lugar remoto no momento.

142 Para Robert Murray, S.J.

[O Padre Robert Murray, neto de Sir James Murray (o fundador do *Oxford English Dictionary*) e amigo íntimo da família Tolkien, lera parte de *O Senhor dos Anéis* em provas de granel e em texto datilografado e, por sugestão de Tolkien, enviara comentários e críticas. Ele escreveu que o livro o deixara com uma forte sensação de "uma compatibilidade positiva com a ordem da Graça", e comparou a imagem de Galadriel à da Virgem Maria. Ele duvidava que muitos críticos seriam capazes de compreender muito do livro — "não terão uma categoria devidamente rotulada para ele".]

2 de dezembro de 1953 — 76 Sandfield Road, Headington, Oxford

Meu caro Rob,

Foi maravilhoso receber uma longa carta sua esta manhã. . . . . Desculpe-me se palavras casuais minhas fizeram com que você se desse ao trabalho de criticar minha obra. Mas, para dizer a verdade, embora o elogio (ou, o que não é exatamente a mesma coisa, e melhor, as expressões de prazer) seja agradável, fiquei animado especialmente pelo que você disse, desta vez e na anterior, porque você é mais perceptivo, especialmente em algumas direções, do que qualquer outra pessoa, e até mesmo me revelou mais claramente algumas coisas sobre minha obra. Acredito que sei exatamente o que você quer dizer com ordem da Graça; e, é claro, com suas referências a Nossa Senhora, sobre a qual toda a minha própria pequena percepção da beleza, tanto em majestade como em simplicidade, é fundamentada. *O Senhor dos Anéis* obviamente é uma obra fundamentalmente religiosa e católica; inconscientemente no início, mas conscientemente na revisão. É por isso que não introduzi, ou suprimi, praticamente todas as referências a qualquer coisa como "religião", a cultos ou práticas, no mundo imaginário. Pois o elemento religioso está absorvido na história e no simbolismo. Contudo, isso é colocar a coisa de modo muito canhestro e soa mais presunçoso do que me sinto de fato. Pois, na realidade, planejei muito pouco conscientemente; e devo mormente ser grato por ter sido criado (desde que tinha oito anos) em uma Fé que me nutriu e ensinou todo o pouco que sei; e isso devo à minha mãe, que se manteve firme em sua conversão e morreu jovem, em grande parte devido às dificuldades da pobreza resultante de tal ato.

Certamente não fui alimentado pela Literatura Inglesa, na qual não creio que eu seja mais instruído do que você, pela simples razão de que lá nunca encontrei muito em que repousar meu coração (ou o coração e a cabeça juntos). Fui educado nos Clássicos, e descobri pela primeira vez a sensação do prazer literário em Homero. Além disso, sendo filólogo, obtendo uma grande parte de qualquer prazer estético de que sou capaz da *forma* das palavras (e especialmente da associação *pura* da forma da palavra com o sentido da palavra), sempre apreciei da melhor maneira coisas em uma língua estrangeira ou em uma tão remota que dê essa sensação (tal como o anglo-saxão). Mas já basta sobre mim.

Receio que simplesmente é muito provável que seja verdade o que você diz sobre os críticos e o público. Estou temendo a publicação, pois será impossível não me importar com o que for dito. Expus meu coração para levar um tiro. Acredito que os editores também estejam muito ansiosos; e gostam imensamente da ideia de que o maior número de pessoas possível deva ler exemplares antecipados e formar uma certa opinião antes que os críticos de aluguel se ocupem com o livro.

Apesar de completamente não católicos, eles têm plena consciência de que receberei grande parte do meu apoio, se de fato receber algum, de círculos católicos. Creio que eles pretendem tentar afetar os dominicanos através dos Mathews. Tenho certeza de que eu poderia providenciar exemplares antecipados (mais ou menos provas de páginas não corrigidas, costuradas e com capas de papel) para lhe enviarem, para você ou o Padre Devlin ou qualquer outra pessoa dar uma olhada. Tenho um exemplar encadernado do Vol. I agora; mas ele está com os Farrers em Trinity. As provas do Vol. II acabaram de chegar. Vou a Londres a trabalho na BBC, e também para ir à Allen and Unwin, e verei o que pode ser feito. Pelo menos para o seu próprio prazer, vou obter algumas provas extras, cortá-las no tamanho do livro e lhe enviar logo. Possivelmente você terá um tempinho por volta do Natal para lê-las. O Vol. II contém, no Livro 3, o capítulo sobre os Ents, ou Pastores-das-Árvores, mas termina com o material que, creio, você ainda não leu: o Livro que foi enviado a Chris na A.S. em forma de cartas, que relata a tentativa de Sam e Frodo de entrar em Mordor....

Lamento saber que você agora está sem um violoncelo, depois de ter adquirido uma certa prática (me contaram) com esse adorável e difícil instrumento. Qualquer um que saiba tocar um instrumento de corda para mim parece ser um mago digno de profundo respeito. Amo a música, mas não tenho aptidão para ela; e os esforços gastos na tentativa de me ensinar o violino na juventude me deixaram apenas com uma sensação de reverência na presença de violinistas. Os idiomas eslavos para mim estão quase na mesma categoria. Arrisquei-me em muitas línguas no meu tempo, mas não sou um "linguista" em qualquer sentido comum; e o tempo que certa vez passei tentando aprender sérvio e russo não me deixou com quaisquer resultados práticos, apenas uma forte impressão da estrutura e estética das palavras. . . .

Por favor, perdoe a aparente indelicadeza do texto datilografado! Minha datilografia não melhora. Exceto na velocidade. Sou agora muito mais rápido do que com minha mão laboriosa, que tem de ser poupada, já que fica rapidamente cansada e dolorida. Não tenho dúvida de que em breve você também terá notícias de Edith.

Com muito amor por você,
Ronald Tolkien.

142a De uma carta para Katharine Farrer
10 de dezembro de 1953

[A primeira parte da tradução de Tolkien de *Sir Gawain e o cavaleiro verde* havia sido transmitida no domingo anterior.]

É realmente uma grande obra de caridade ser tão gentil comigo nesse momento. Como pode imaginar, estou sofrendo intensamente! Achei que a transmissão ficou terrível, e foi bastante solapada no domingo. Concordo completamente com tudo o que você disse. Fiquei doente e não pude comparecer ao ensaio da Parte I. Creio que eu tenha tido algum efeito nas II e III. Assim espero. Além disso, a Grande Obra torna-se desalentadora diante da tediosa necessidade de "levá-la a cabo". . . . Consegui um conjunto de provas — lidas rapidamente uma vez — para você: o Vol. II (Livros III e IV) até a captura de Frodo. Não se incomode com as provas do Vol. I. É um conjunto extra, não corrigido. *Quaisquer observações que você fizer nelas serão estimadas*, mas suponho que eu tenha anotado as mais óbvias no exemplar para devolução — embora nunca se possa ter certeza!

143 De uma carta para Rayner Unwin
22 de janeiro de 1954

Estou enviando agora o Livro III, a primeira metade do Vol. II, cuidadosamente corrigido. O Livro IV está quase pronto e deve seguir na segunda-feira.

Revisei também o Vol. III e posso lhe enviar o ms. deste (até o fim da história) tão logo você o queira. O material para as 50 páginas extras[1] não serei capaz de criar tão logo.

Não estou nem um pouco contente com o título "as Duas Torres". Caso haja alguma referência real a ele no Vol II, deve referir-se à *Orthanc* e à *Torre de Cirith Ungol*. Mas, visto que muita importância é dada à oposição básica entre a Torre Sombria e Minas Tirith, isso parece muito enganoso. Na verdade, não há, é claro, qualquer elo real entre os Livros III e IV, quando divididos e apresentados separadamente como um volume.

143a De uma carta para Allen & Unwin 16 de março de 1954

Enviei esta manhã, por postagem registrada, a prova do "Mapa Geral", junto com uma ilustração para o mapa pequeno, "Parte do Condado", também feita pelo meu filho, C.J.R. Tolkien.

Este segundo mapa foi desenhado com a intenção de estar em uma escala exatamente duas vezes maior do que o espaço real disponível no livro. Foi traçado e rotulado com considerável clareza, e é econômico nos nomes, portanto, espero que fique legível quando for reduzido, caso isso precise ser feito.

Espero que isso conclua as preliminares necessárias para o Vol. I. Encontro-me sem inspiração e sem tempo para produzir um desenho para a sobrecapa; mas tenho esperança de talvez encontrar um pouco dos dois nos próximos dias — pelo menos o suficiente para dar a um artífice mais habilidoso algo com o que trabalhar.

Espero que agora a publicação do Vol. I não se atrase demais!

143b De uma carta para Allen & Unwin 23 de março de 1954

Anexo duas ideias para as sobrecapas de (a) *Sociedade do Anel* e (b) *As Duas Torres*.

Mal posso chamá-las de algo mais que isso, devido às suas deficiências técnicas. Mas talvez alguém possa retificá-las ou produzir algo nessas linhas. (Indiquei a forma e significados precisos das letras "élficas").

(a) está em várias formas. *O Senhor dos Anéis* (Parte I ou II) poderia ser acrescentado àquelas onde esteja faltando — ou colocado na contracapa!

143c De uma carta para Allen & Unwin 24 de março de 1954

Devolvo agora as provas das páginas 8 e 423.

Também as provas das páginas que apresentam os blocos. Eles estão bons, exceto na 33[1], onde a  está muito ruim; e, é claro, na 59[2], onde, como eu disse antes, a "escrita élfica" está ruim. Parece torta, mas isso é porque está mal escrita (creio). Está grande demais e espalhada, e esse efeito é muito aumentado pelo fato de estar em preto e não em vermelho, como era a intenção. Além disso, infelizmente, nesse momento mais que derradeiro, descobri um erro nela — um erro que me parece sério. Não consigo imaginar como pude cometê-lo (em tantas versões sucessivas) e deixá-lo passar; mas não no uso das mesmas letras nos esboços das capas. A décima primeira letra da segunda linha deveria ser , e não . A inscrição foi infelizmente transliterada na p. 267[3].

O que pode ser feito a esse respeito? Naturalmente, tenho receio de atrasar ainda mais as coisas, ou de causar problemas e gastos; mas, além do erro, o bloco em si parece muito ruim e inadequado. Eu preferiria muito mais uma outra e melhor tentativa na linha dos dois aqui inclusos como exemplares. Mas, se for impossível, teremos de tolerar o que temos. Nesse caso, emendar na p. 267, segunda linha em itálico, *agh* para *akh*, se mexer no bloco estiver fora de questão. Sinto muito; tudo isso resulta do fato de não poder dedicar minha total atenção ao livro complexo!

143d De uma carta para Rayner Unwin — 26 de março de 1954

[Unwin havia escrito dizendo que eles gostaram do tema central de seu esboço para *A Sociedade do Anel* e sugeriram que usassem a mesma ideia em todos os três volumes, mas com uma cor diferente para cada um e com o título impresso, em vez de desenhado à mão.]

Fiz um esboço para o Vol III; mas não vou incomodá-lo com isso, pois creio que o mesmo padrão para cada volume, independentemente do custo, seja desejável: a coisa toda é um só livro, na verdade, e seria um erro enfatizar demais as divisões mecanicamente necessárias.

Não tenho muita certeza de qual variante você preferiu. Espero que seja aquela com três anéis subsidiários, uma vez que o simbolismo dela é mais adequado à história inteira do que aquela com um centro preto e apenas a oposição de Gandalf indicada pelo anel de joia vermelha.

143e De uma carta para Allen & Unwin — 15 de abril de 1954

O bloco revisado na p. 33 está aprovado. O na p. 59 foi melhorado. . . . Gostaria que nos últimos doze meses eu tivesse tido tempo para dar mais do que uma meia atenção apressada a esses detalhes interessantes! Agora descobri 2 ou 3 erros no adorno "rúnico" na folha de rosto.

Mas receio que eles devam simplesmente permanecer — e eu devo suportar o fardo de quaisquer explicações ou desculpas posteriores aos decifradores. Se as runas na sobrecapa do Hobbit servirem de indicação, estes não serão poucos.

144 Para Naomi Mitchison

[A Sra. Mitchison estivera lendo provas de impressão dos dois primeiros volumes de *O Senhor dos Anéis*, e escreveu a Tolkien com várias perguntas sobre o livro.]

25 de abril de 1954 76 Sandfield Road, Headington, Oxford

Cara Sra. Mitchison,

Foi tanto rude como ingrato de minha parte não ter confirmado o recebimento ou lhe agradecido pelas cartas, presentes e lembranças anteriores — ainda mais porque seu interesse tem sido para mim, de fato, um grande consolo e encorajamento no desânimo nem um pouco anormal que acompanha os labores de publicar efetivamente uma obra como *O Senhor dos Anéis*.

Mas é muitíssimo lamentável que isso tenha coincidido com um período de trabalhos e obrigações excepcionalmente pesados em outras funções, de modo que, por vezes, eu quase me distraí.

Tentarei responder às suas perguntas. Posso dizer que são muito bem-vindas. Eu mesmo gosto de coisas desenvolvidas detalhadamente e de respostas fornecidas a todas as perguntas razoáveis. Sua carta, espero, vai me guiar na escolha do tipo de informação a ser fornecida (conforme prometido) em um apêndice, e fortalecerá minha posição com os editores. Visto que o terceiro volume será bem mais fino do que o segundo (os eventos decorrem de modo mais rápido e são necessárias menos explicações), acredito que haverá uma certa quantidade de espaço para tais coisas. Meu problema não é a dificuldade de fornecê-las, mas de escolher dentre uma grande quantidade de material que já compus.

Há certamente um conflito entre a técnica "literária" e o fascínio de elaborar em detalhes uma Era mítica imaginária (mítica, não alegórica: minha mente não funciona alegoricamente). Como história, creio ser bom que haja várias coisas não explicadas (especialmente se de fato existir uma explicação); e talvez, desse ponto de vista, eu tenha errado em tentar explicar demais e em fornecer história de tempos passados em demasia. Muitos leitores ficaram empacados no *Conselho de Elrond*, por exemplo. E mesmo em uma Era mítica deve haver alguns enigmas, como sempre há. Tom Bombadil é um (intencionalmente).

Porém, tanta história adicional (em direção ao passado) quanto qualquer um poderia desejar existe de fato no *Silmarillion* e em histórias e poemas relacionados, que compõem a *História dos Eldar* (Elfos). Acredito que, no caso (que parece ser esperar demais) de pessoas suficientes ficarem interessadas no *Senhor dos Anéis* para pagarem pelo custo de sua publicação, os corajosos editores podem considerar imprimir um pouco desse material. Na verdade, esse material foi escrito primeiro, e eu gostaria que tudo fosse publicado em ordem histórica, o que teria poupado muitas alusões e explicações no presente livro. Mas não consegui que isso fosse aceito.

O terceiro volume foi, é claro, terminado anos atrás, no que diz respeito à história. Terminei essa revisão, na medida em que parecia necessária, e será enviada para composição quase que imediatamente. Nesse ínterim, estou dedicando todos os fragmentos de tempo de que disponho à criação de versões resumidas de questões históricas, etnográficas e linguísticas que podem entrar no Apêndice. Se lhe interessar, vou lhe enviar uma cópia (um tanto rudimentar) do material que trata dos Idiomas (e Escrita), dos Povos e da Tradução.

A última tem me dado muito no que pensar. Parece ser raramente considerada por outros criadores de mundos imaginários, por mais talentosos que sejam como narradores (tais como Eddison). Mas, por outro lado, sou um filólogo, e muito embora eu quisesse ser mais preciso em outros aspectos e características culturais, isso não está dentro das minhas capacidades. De qualquer forma, o "idioma" é o mais importante, pois a história tem de ser contada e o diálogo conduzido em um idioma; mas o inglês não pode ter sido o idioma de povo algum naquela época. O que de fato fiz foi igualar o westron, ou a muito difundida fala comum da Terceira Era, ao inglês; e traduzir tudo, incluindo nomes como *O Condado*, que estivesse no westron em termos ingleses, com alguma diferenciação de estilo para representar diferenças dialetais. Idiomas bastante estranhos à f.c. foram deixados em paz. Exceto por alguns fragmentos na língua negra de Mordor, e por alguns nomes e um grito de guerra na língua anânica, tais idiomas são quase que inteiramente élficos (*eldarin*).

Entretanto, os idiomas que tinham relação com o westron ofereceram um problema especial. Transformei-os em formas de falas relacionadas com o inglês. Posto que os *Rohirrim* são representados como recém-chegados do Norte, e usuários de um arcaico idioma humano relativamente intocado pela influência do *eldarin*, transformei seus nomes em formas similares (mas não idênticas) às do inglês antigo. O idioma de Valle e do Lago Longo seria representado, caso aparecesse, como mais ou menos escandinavo em caráter; mas é representado apenas por alguns nomes, especialmente os dos Anãos que vieram daquela região. Estes são todos nomes de anões em nórdico antigo.

(Os Anãos são representados mantendo sua própria língua nativa mais ou menos secreta e usando, para todos os propósitos "externos", o idioma do povo perto do qual habitavam; jamais revelam seus próprios nomes pessoais "verdadeiros" em sua própria língua.)

Presume-se que o westron ou f.c. deriva do idioma humano *adunaico* dos Númenóreanos, difundindo-se a partir dos Reinos Númenóreanos nos dias dos Reis, e especialmente a partir de *Gondor*, onde ele permanece falado em um estilo mais nobre e particularmente mais antigo (um estilo também geralmente adotado pelos Elfos quando usam esse idioma). Mas todos os nomes em *Gondor*, salvo alguns de origem supostamente pré-histórica, são de forma élfica, uma vez que a nobreza númenóreana ainda usava um idioma élfico, ou podia usar. Tal fato se dava porque haviam sido aliados dos Elfos na Primeira Era e, por essa razão, fora-lhes concedida a ilha Atlântida de Númenor.

Duas das línguas élficas aparecem neste livro. Elas têm uma espécie de existência, visto que as compus em uma certa totalidade, assim como sua história e o relato de sua relação. São planejadas (a) para serem definitivamente de um tipo europeu em estilo e estrutura (não em detalhes); e (b) para serem especialmente agradáveis. A primeira característica não é difícil de alcançar; mas a segunda é mais difícil, uma vez que as predileções pessoais dos indivíduos variam imensamente, especialmente quanto à estrutura fonética dos idiomas, mesmo quando modificadas pelos idiomas impostos (incluindo sua chamada língua "nativa").

Portanto, agradei a mim mesmo. O idioma arcaico de tradição destina-se a ser uma espécie de "latim-élfico" e, ao transcrevê-lo em uma grafia que muito se assemelha à do latim (exceto que o *y* é usado apenas como consoante, tal como o *y* na palavra ing. *Yes*), a similaridade com o latim aumentou a olhos vistos. Na verdade, pode-se dizer que é composto sobre uma base latina com dois outros ingredientes (principais) que por acaso proporcionam-me um prazer "fonoestético": o finlandês e o grego. Todavia, é menos consonantal que qualquer um dos três. Esse idioma é o alto-élfico, ou, em seus próprios termos, *quenya* (élfico).

A língua viva dos Elfos Ocidentais (*sindarin* ou élfico-cinzento) é a que geralmente se encontra, especialmente em nomes. Deriva de uma origem comum ao *quenya*, mas as mudanças foram deliberadamente planejadas para lhe dar um caráter linguístico muito similar (embora não idêntico) ao galês britânico: pois esse é um caráter que considero, em alguns modos linguísticos, muito atraente; e porque parece adequar-se ao tipo de lendas e histórias "celtas" contadas sobre seus falantes.

"Elfos" é uma tradução, talvez agora não muito adequada, mas originalmente boa o suficiente, de *Quendi*. Eles são representados como uma raça similar em aparência (e ainda mais no passado distante) aos Homens e, em dias antigos, da mesma estatura. Não entrarei em detalhes aqui sobre suas diferenças em relação aos Homens! Mas suponho que os *Quendi* nestas histórias sejam de fato muito pouco relacionados aos Elfos e Fadas da Europa; e se fosse pressionado a racionalizar, eu diria que eles representam realmente Homens com faculdades estéticas e criativas aprimoradas em grande medida, maior beleza e vida mais longa, e nobreza — os Filhos Mais Velhos, fadados a desvanecer diante dos Seguidores (Homens) e, no fim, viver apenas pela tênue linhagem de seu sangue que foi misturada com a dos Homens, entre os quais era a única reivindicação real à "nobreza".

São representados como tendo logo cedo se dividido em duas ou três variedades. 1. Os *Eldar*, que dão ouvidos aos chamados dos Valar, ou Poderes, para deixarem a Terra-média e atravessar o Mar até o Oeste; e 2. os Elfos Menores, que não responderam aos chamados. A maior parte dos *Eldar*, após uma grande marcha, alcançou as Praias do Oeste e atravessou o Mar; esses são os Altos Elfos, que se tornaram imensamente elevados em poderes e conhecimento. Mas parte deles acabou permanecendo nas regiões costeiras do Noroeste: esses eram os *Sindar* ou Elfos-cinzentos. Os Elfos menores quase não aparecem, exceto como parte do povo do Reino-élfico; do Norte de Trevamata e de Lórien, governados por *Eldar*; seus idiomas não aparecem.

Os Altos Elfos encontrados neste livro são Exilados, que regressaram por sobre o Mar para a Terra-média após eventos que são o principal assunto do *Silmarillion*, parte de uma das principais gentes dos *Eldar*: os Noldor* (Mestres do Saber). Ou, antes, os últimos remanescentes destes. Pois o *Silmarillion* propriamente dito e a Primeira Era terminaram com a destruição do Poder Sombrio primevo (do qual Sauron era um mero tenente) e com a reabilitação dos Exilados, que retornaram mais uma vez sobre o Mar. Aqueles que se demoraram foram os que se enamoraram da Terra-média e, ainda assim, desejavam a beleza imutável da Terra dos Valar. Por isso a criação dos Anéis; pois os Três Anéis foram dotados precisamente do poder da preservação, não do nascimento. Apesar de imaculados, pois não foram feitos por Sauron nem

* N = ng como em *ding*.

tocados por ele, eram, não obstante, em parte produtos da instrução dele e, em última análise, estavam sob o controle do Um. Assim, como verá, quando o Um se vai, os últimos defensores do saber e da beleza alto-élficos são privados do poder de deter o tempo, e partem.

Sinto muito pela Geografia. Deve ter sido terrivelmente difícil sem um mapa ou mapas. Haverá no volume I um mapa de parte do Condado e um mapa geral em pequena escala de toda a cena de ação e referência (do qual o mapa no final de *O Hobbit* é o canto NE). Foram desenhados a partir de meus mapas menos elegantes pelo meu filho Christopher, que é versado nessa tradição. Mas recebi apenas uma prova e ela teve de voltar. Tive a prudência de começar com um mapa e fiz a história adequar-se a ele (geralmente com um meticuloso cuidado com as distâncias). O modo oposto acaba em confusões e impossibilidades e, de qualquer maneira, é um trabalho cansativo desenhar um mapa a partir de uma história — como receio que a senhora tenha descoberto.

Não posso lhe enviar meus próprios mapas de trabalho; mas talvez estes rascunhos muito grosseiros e não completamente precisos, feitos apressadamente em várias épocas para leitores, sejam de alguma ajuda. . . . . Talvez quando tiver acabado com estes mapas mss. ou feito algumas anotações a senhora não se importe em enviá-los de volta. Serão úteis na criação de mais alguns; mas ainda não posso me dedicar a isso. Posso dizer que os mapas de meu filho são belamente nítidos, tanto quanto a redução na reprodução permite; mas, infelizmente, eles não contêm tudo!

Algumas respostas isoladas. *Dragões.* Eles não pararam, uma vez que estavam ativos em épocas muito posteriores, próximas da nossa própria época. Eu disse algo que sugerisse o fim definitivo dos dragões? Caso o tenha feito, deve ser alterado. A única passagem na qual consigo pensar é Vol. I p. 70: "já não há dragão que reste na terra em que o antigo fogo esteja quente o bastante". Mas creio que isso implica que ainda há dragões, mesmo que não sejam de estatura primeva plena. Tenho uma longa tabela histórica de eventos do Início ao Fim da Terceira Era. Está bem completa; mas concordo que uma forma curta, contendo eventos importantes para esta história, seria útil. Se a senhora quiser ver as cópias datilografadas de alguns desses materiais, como por ex. Os Anéis de Poder; A Queda de Númenor; as Listas dos Herdeiros de Elendil; a Casa de Eorl (Genealogia); Genealogia de Durin e dos Senhores-Anãos de *Moria*; e O Conto dos Anos (esp. os das Segunda e Terceira Eras), tentarei fazê-las logo. . . . .

Em lugar algum se afirma claramente que os Orques (a palavra, até onde sei, na verdade é derivada da palavra em inglês antigo *orc* "demônio", mas somente por causa de sua adequação fonética) sejam de alguma origem em particular. Porém, visto que são serviçais do Poder Sombrio e, posteriormente, de Sauron, nenhum dos quais desejava ou era capaz de produzir criaturas vivas, eles devem ser "corrupções". Não são baseados em experiências diretas minhas; mas suponho que devo boa parte à tradição gobelim (*gobelim* é usada como uma tradução em *O Hobbit*, onde *orque* ocorre apenas uma vez, creio), especialmente conforme aparece em George MacDonald, exceto pelos pés macios nos quais nunca acreditei. O nome possui a forma *orch* (pl. *yrch*) em sindarin e *uruk* na língua negra.

A língua negra era usada apenas em Mordor; ela ocorre somente na inscrição do Anel, em uma frase proferida pelos Orques de *Barad-dûr* (Vol. II p. 48)[1] e na palavra *Nazgûl* (cf. *nazg* na inscrição do Anel). Ela nunca era usada de boa vontade por qualquer outro povo e, consequentemente, até mesmo os nomes de lugares em Mordor estão em inglês (correspondendo à f.c.) ou élfico. *Morannon* é simplesmente a palavra élfica para Portão Negro; cf. *Mordor* Terra Negra, *Mor-ia* Abismo Negro, *Mor-thond* Raiz-negra (nome de um rio). *Rohir-rim* é o nome élfico (gondoriano) para o povo que se autodenominava Cavaleiros da Marca ou Eorlings. A formação não tem a intenção de lembrar o hebraico. Os idiomas eldarin fazem distinção, nas formas e no uso, entre um plural "partitivo" ou "particular" e o plural geral ou total. Assim, *yrch* "orcs, alguns orcs, des orques" ocorre em vol I pp. 359, 402; os Orques, como uma raça ou o todo de um grupo mencionado previamente, teria sido *orchoth*. Em élfico-cinzento, os plurais gerais muito frequentemente eram criados ao adicionar-se a um nome (ou a um topônimo) alguma palavra que significasse "tribo, hoste, horda, povo". Logo, *Haradrim*, os Sulistas: quen. *rimbe*, sind. *rim*, hoste; *Onod-rim*, os Ents. A palavra *Rohirrim* é derivada de *roch* (quen. *rokko*) cavalo, e do radical élfico *kher-* "possuir"; daí as palavras sindarin *Rochir* "senhor-de-cavalo" e *Rochir-rim* "a hoste dos Senhores-de-cavalos". Na pronúncia de Gondor, o *ch* (como no alemão, no galês etc.) fora suavizado para um *h* sonoro, tal como em *Rochann* "País-de-cavalos" para *Rohan*.

Beorn está morto; ver vol. I p. 241. Ele apareceu em *O Hobbit*. Era então o ano 2940 da Terceira Era (1340 no Registro do Condado). Estamos agora nos anos 3018–19 (1418–19). Embora um troca-peles e sem dúvida um pouco de mágico, Beorn era um Homem.

Tom Bombadil não é uma pessoa importante — para a narrativa. Suponho que ele tenha alguma importância como um "comentário". Quero dizer, eu não escrevo realmente daquela maneira: ele é apenas uma invenção (que apareceu pela primeira vez na *Oxford Magazine* por volta de 1933), e representa algo que sinto ser importante, apesar de que eu não estaria preparado para analisar o sentimento precisamente. Contudo, não o teria deixado entrar se ele não tivesse algum tipo de função. Posso colocar deste modo. A história é disposta em termos de um lado bom e um lado mau, beleza contra feiura impiedosa, tirania contra majestade, liberdade moderada com consentimento contra compulsão que há muito perdera qualquer objetivo além do mero poder, e assim por diante; mas ambos os lados em certo grau, conservador ou destrutivo, querem uma medida de controle. Mas se você tiver, por assim dizer, feito um "voto de pobreza", renunciado ao controle e contentar-se com as coisas em si mesmas sem referência a si próprio, vigiando, observando e de certa forma conhecendo, então a questão dos bens e males do poder e do controle pode se tornar totalmente sem sentido para você, e os meios do poder, sem valor algum. É uma visão pacifista natural, que sempre vem à mente quando há uma guerra. Porém, a visão de Valfenda parece ser a de que é algo excelente de se ter representado, mas que de fato há coisas com as quais não pode lidar e das quais, no entanto, sua existência depende. Em última instância, apenas a vitória do Oeste permitirá Bombadil a continuar, ou mesmo a sobreviver. Nada lhe restaria no mundo de Sauron.

Ele não tem ligação alguma em minha mente com as Entesposas. O que aconteceu a elas não é solucionado neste livro. Ele é de certo modo a resposta a elas, no sentido de que ele é quase o oposto, estando (digamos) a Botânica e a Zoologia (como ciências) e a Poesia em oposição à Pecuária, à Agricultura e à praticabilidade.

Acredito que as Entesposas de fato desapareceram para sempre, tendo sido destruídas com seus jardins na Guerra da Última Aliança (3429–3441 da Segunda Era), quando Sauron adotou uma política de terra queimada e incendiou a terra delas contra o avanço dos Aliados Anduin abaixo (vol. II p. 79 refere-se a isso).[2] Sobreviveram apenas na "agricultura" transmitida aos Homens (e Hobbits). Algumas, é claro, podem ter fugido para o leste, ou até mesmo sido escravizadas: os tiranos, mesmo em tais contos, precisam ter um pano de fundo econômico e agrícola para seus soldados e metalúrgicos. Se algumas sobreviveram assim, estariam realmente muito afastadas dos Ents, e qualquer reaproximação seria difícil — a não ser que a experiência de uma agricultura industrializada e militarizada as tenha tornado um pouco mais anárquicas. Espero que sim. Não sei.

As crianças Hobbits eram encantadoras, mas receio que os únicos vislumbres delas neste livro se encontrem no início do vol. I. Um epílogo com um vislumbre adicional (embora de uma família particularmente excepcional) tem sido tão universalmente condenado que não vou inseri-lo. É preciso parar em algum lugar.

Sim, *Sam Gamgi* está de certa maneira relacionado com o *Dr. Gamgee*, no sentido de que seu nome não teria assumido essa forma se eu não tivesse ouvido falar do "tecido Gamgee"; creio que havia um Dr. Gamgee (sem dúvidas quanto ao parentesco) em Birmingham quando eu era criança. O nome, de qualquer forma, sempre me foi familiar. O Feitor Gamgi surgiu primeiro: era um personagem lendário para meus filhos (baseado em um feitor da vida real que não tinha esse nome). Porém, como você encontrará explicado, nesta história o nome é uma "tradução" do verdadeiro nome hobbit, derivado de uma aldeia (dedicada à confecção de cordas) anglicizada como Gamwich (pron. Gammidge), perto do Campo-da-Corda (ver vol. II p. 217).[3] Uma vez que Sam era amigo íntimo da família Villa (outro nome de aldeia), fui levado à piada hobbitesca de escrever Gamwichy Gamgi, embora eu não acredite que a piada tenha realmente surgido em dialetos dos Hobbits.

Não há oponentes precisos para os Magos — uma tradução (talvez não adequada, mas inteiramente distinta de outros termos "mágicos") do élfico quen. *Istari*. Sua origem não era conhecida por ninguém, com exceção de uns poucos (tais como Elrond e Galadriel) na Terceira Era. É dito que apareceram pela primeira vez por volta do ano 1000 da Terceira Era, quando a sombra de Sauron começava a crescer novamente, assumindo uma nova forma. Eles sempre pareceram velhos, mas envelheceram ainda mais com seus labores, lentamente, e desapareceram com o fim dos Anéis. Acreditava-se que fossem Emissários (nos termos desta história, do Longínquo Oeste de além-Mar), e sua função propriamente dita, mantida por Gandalf e pervertida por Saruman, era de encorajar e salientar os poderes inatos dos Inimigos de Sauron. O oponente de Gandalf, estritamente falando, era Sauron, em uma parte das operações de Sauron, assim como Aragorn o foi em outra.

O *Balrog* é um sobrevivente do *Silmarillion* e das lendas da Primeira Era. Assim como *Laracna*. Os *Balrogs*, dos quais os açoites eram as principais armas, eram espíritos primevos de fogo destrutivo, principais serviçais do Poder Sombrio primevo da Primeira Era. Supunha-se que todos haviam sido destruídos na queda das *Thangorodrim*, sua fortaleza no Norte. Mas aqui se descobre (geralmente há um remanescente, especialmente do mal, de uma era para outra) que um escapara e se refugiara sob as montanhas de Hithaeglin (as Montanhas Nevoentas). É observável que apenas o Elfo sabe o que é o ser — e sem dúvida Gandalf.

Shelob [Laracna] (palavra inglesa que representa o composto da f.c. "she-lob" [ela-aranha] = aranha fêmea) é uma tradução da palavra élfica *Ungol* "aranha". Ela é representada no vol. II p. 332 como descendente das aranhas gigantes dos vales de *Nandungorthin*, que entram nas lendas da Primeira Era, especialmente na principal delas, o conto de Beren e Lúthien. São feitas referências constantes a ele, uma vez que, como Sam salienta (vol. II p. 321),[4] esta história de certa forma é apenas uma continuação desse conto. Tanto Elrond (como sua filha Arwen Undómiel, que muito se assemelha a Lúthien em aparência e no destino) são descendentes de Beren e Lúthien; e também o é Aragorn, a muitas gerações de distância. As aranhas gigantes eram elas próprias apenas a prole de Ungoliante, a devoradora primeva de luz, que em forma de aranha auxiliou o Poder Sombrio, mas que, no fim, querelou com ele. Não há, assim, qualquer aliança entre Laracna e Sauron, o representante do Poder Sombrio; apenas um ódio comum.

Galadriel é tão ou mais velha que Laracna. Ela é a última remanescente dos Grandes entre os Altos Elfos, e "despertou" em Eldamar além do Mar, muito antes de Ungoliante chegar à Terra-média e produzir sua prole lá. . . . .

Bem, após um longo silêncio, a senhora evocou uma resposta razoavelmente longa. Não longa demais, espero, mesmo para semelhante interesse encantador e encorajador. Sou profundamente grato por ele; e espero que todos os presentes em Carradale[5] aceitem meus agradecimentos.

Sinceramente,
J.R.R. Tolkien.

144a De uma carta para P.H. Newby, BBC — 3 de maio de 1954

[Sobre a possibilidade de uma palestra para uma transmissão sobre gramáticos do século XVIII.]

Tenho certeza de que há assunto para a transmissão de uma conversa sobre o tema que você mencionou, desde que você e qualquer outra pessoa que fale se lembrem do fato, salientado por Bernard Shaw, que o *odium philologicum* é mais implacável do que o *odium theologicum*, e que é bem possível que um espírito homicida seja atiçado por qualquer controvérsia acerca da gramática ou do uso do inglês. Uma diversão ainda maior.

A julgar pelas minhas "cartas de fãs", as pessoas não aceitam muito bem essas coisas. Jamais confirmam o recebimento de suas cartas de respostas, a não ser que você concorde com as opiniões delas, e buscam informação apenas para provar que seus oponentes estão errados.

Como pode imaginar, de muitas maneiras sou oposto ao Inglês dos Gramáticos, e um defensor do Uso: principalmente porque os gramáticos, por serem em grande medida ignorantes da história do inglês, tantas vezes introduziram uma discrepância artificial entre as regras e o que é natural. Mas eu mesmo não sou muito versado na obra dos escritores mais modernos, e estou e permanecerei ocupado demais por muito tempo com outras coisas para tratar dessa questão. . . .

Acha que poderia suportar outras propostas acerca de versos aliterantes? Tantas pessoas demonstraram (para mim, surpreendente) interesse quando escutaram *Sir Gawain* que talvez possa haver um público para isso.

Se quiser, vou lhe enviar meu diálogo sobre a Batalha de Maldon[1], que, por exemplo, pode ser de interesse em algum momento em agosto, no aniversário da batalha. Fiz uma gravação[2] dele e acho que soa muito bem.

145 De uma carta para Rayner Unwin — 13 de maio de 1954

[Tolkien recebeu o rascunho da Houghton Mifflin Co. para as "sinopses" nas sobrecapas da edição norte-americana de *O Senhor dos Anéis*. Também lhe mostraram uma série de opiniões sobre o livro que a Allen & Unwin propôs citar na sobrecapa da edição britânica. Nestas, C.S. Lewis era citado ao comparar favoravelmente o livro com Ariosto, Richard Hughes observou que nada havia sido tentado na mesma escala desde *The Faerie Queene* (A Rainha das Fadas), e Naomi Mitchison chamou a história de Tolkien de "super ficção-científica". Rayner Unwin também deu a Tolkien notícias do nascimento de seu filho, Merlin — um nome que ele insinuou ser mais apropriado a uma criança do que "Gandalf".]

Obrigado por me enviar as "sinopses" planejadas, que devolvo. Os estadunidenses, via de regra, não são muito receptivos a críticas ou correções; mas acho que a tentativa deles é tão medíocre que me sinto obrigado a fazer um esforço para melhorá-la, embora sem muito mais esperanças de efeito do que no caso da sobrecapa pavorosa que produziram para O Hobbit. Anexo uma página de sugestões, que talvez você possa enviar para a Houghton Mifflin. . . . .

Posso lhe implorar encarecidamente que tente fazer com que a publicação ocorra em julho? Acho que seria uma pena deixar o entusiasmo esfriar. Acho também que julho é uma data muito melhor para muitos, especialmente escolásticos e acadêmicos, que em julho começam a erguer as cabeças e em setembro começam a baixá-las novamente sob um fardo de preocupações. Mas tenho algumas razões particulares convincentes. Uma delas é que estou particularmente ansioso que o Vol. I esteja em existência pública antes que eu chegue em Dublin para receber o grau de D. Litt. em 20 de julho nas celebrações do centenário.* (Embora os irlandeses não tenham muito dinheiro para livros tão caros, você pode fazer com que Dublin adquira um ou dois exemplares em vista das celebrações!)

Nunca chove, mas depois derrama (como tenho certeza de que o Sr. Carrapicho deve ter dito), e vou receber um doutorado em Liége em 2 de outubro; mas suponho que o Vol. I estará publicado pelo menos antes disso.....

Fico feliz em saber que as opiniões preliminares sejam tão boas, embora ache que comparações com Spenser, Malory e Ariosto (sem falar em super Ficção-Científica) sejam demais para minha vaidade! Mostrei seu rascunho a Geoffrey Mure (Diretor), que estava irritante esta manhã e ameaçava me despejar de minha sala em favor de um simples tutor. Ele ficou visivelmente abalado e evidentemente não sabia o que a faculdade estivera abrigando. Chegou ao ponto de dizer que Merton parecia estar indo bem, embora duvidasse que eu chegasse a ser incluído na classe de Roger Bannister.[1] De qualquer forma, meu prestígio aumentou o suficiente para me conseguir uma sala ainda melhor, mesmo ao custo do despejo de alguém tão magnífico quanto o Administrador. Então, caso você tenha quaisquer outras apreciações que não vi, deixe-me dar uma olhada nelas, por favor. Prometo não me tornar como o Sr. Sapo.....

Fico contente em saber que tudo está indo bem. Esse é o segundo Merlin que conheço. O segundo filho do Professor Turville Petre ostenta os nomes Merlin Oswald (não uma reaproximação anglo-galesa; acredito que o Oswald seja parental e avoengo). Tenho certeza de que você tem razão: Gandalf obviamente sempre foi velho. Ele era um Emissário, que tinha aquela forma desde o início; mas todas as coisas esgotam-se na Terra-média, de maneira que ele ficou mais velho antes de sua tarefa ser concluída. Não é um nome para um filho de Homens!

146 De uma carta para Allen & Unwin 3 de junho de 1954

[O Departamento de Produção pedira que Tolkien aprovasse o modelo da sobrecapa para *O Senhor dos Anéis*.]

Gostaria de poder dizer que aprovo as provas da sobrecapa, devolvidas junto com esta carta. Não aprovo. Acho que são realmente muito feias. Porém, para ser eficaz, deveriam ter me dado uma oportunidade de criticar em um estágio anterior.

* Tolkien estava se referindo ao centenário da University College Dublin. [N.T.]

O que a sobrecapa parece, creio eu, é de muito menos importância agora do que lançar o livro o mais breve possível; e se eu não tivesse tido nada a ver com ela, não me importaria tanto. Mas, como o tema do Anel permanece obviamente meu (embora tornado mais deselegante), provavelmente os poucos que me dizem respeito suspeitarão que planejei o todo.....

Digo-lhes o que penso, já que me perguntaram: de mau gosto e deprimente. Mas, com certeza, pedir minha opinião é uma formalidade. Não creio que qualquer uma das minhas críticas possa ser satisfeita sem um sério atraso. *Prefiro que deixem as coisas como estão do que causar mais atraso.* Mas, *se isto puder ser feito sem atraso*, gostaria pelo menos de um tipo diferente para as letras do título (na página; a lombada é passável).

146a De uma carta para Allen & Unwin — 10 de junho de 1954

[Tolkien havia recebido no dia anterior um conjunto de provas de *As Duas Torres* junto com uma folha separada de dúvidas do revisor, que incluía sugestões como mudar "tabaco" para "erva-de-fumo".]

As Duas Torres

Devolvo com esta carta as perguntas do revisor principal. Aceitei quase todas elas. Sou realmente muito grato; e fico espantado com a atenção especial dele não só aos detalhes comuns, mas à história e sua linguagem.

147 De uma carta para Allen & Unwin — 15 de junho de 1954

[A sobrecapa de *O Senhor dos Anéis* fora alterada pelos editores levando em consideração os comentários de Tolkien na carta 146.]

Foi um grande momento ontem quando recebi o exemplar antecipado de *A Sociedade do Anel*. O livro em si está realmente muito apresentável.

Acredito que a sobrecapa esteja agora muito aprimorada e é particularmente impressionante. Gosto do papel cinza usado, e o prefiro muito mais aos de outras cores. Mas as amostras das sobrecapas para o II e o III me deixaram ciente da questão que eu não havia percebido inteiramente: a necessidade de diferenciação. Visto que o mesmo modelo será usado, por economia, do começo ao fim, elas estão muito parecidas; e a escolha de cor talvez seja menos importante do que a distinção. Mas talvez isso pudesse ser conseguido de melhor maneira variando a cor das letras principais. Título e autor em vermelho?

Eu mesmo realmente não me importo, e deixo isso para os senhores.

148 De uma carta para Katharine Farrer 7 de agosto de 1954

[O primeiro volume de *O Senhor dos Anéis*, *A Sociedade do Anel*, foi publicado em 29 de julho de 1954.]

Muitíssimo obrigado! Você já havia sido gentil o suficiente; mas a sua última carta foi extremamente bem-vinda. Entre outros usos, ela me ajudou a suportar resenhas como aquela de Lambert[1] no "Sunday Times". Exatamente o tipo de coisa que eu temia, e sem dúvida esperava, uma vez que a publicação fragmentada aumenta o risco de isso acontecer. Não que a expectativa faça muito para suavizar o golpe quando ele chega. Como é fácil tornar qualquer coisa ridícula!

Contudo, como ele comentou, é uma "empreitada bizarra", e não se pode esperar que todos gostem dela. Sou particularmente afortunado por ter amigos tão generosos e perceptivos para me animar e me encorajar!

Richard Hughes disse a Stanley Unwin que pretende fazer uma resenha. Espero que faça. A não ser que ele ache que falar seja mais atraente.

Receio que ainda haja vários "erros de impressão" no Vol. I! Incluindo o da p. 166. Mas *nasturtians* [nastúrcios] é proposital, e representa um triunfo final sobre os arrogantes tipógrafos. A Jarrold's parece ter um pedante muito culto como principal revisor, e começaram a corrigir meu inglês sem me consultar: *elfin* [élfico] para *elven*; *farther* [além] para *further*; *try to say* [tentar dizer] para *try and say* e assim por diante. Fui submetido ao aborrecimento de provar a ele sua própria ignorância, assim como de repreender sua impertinência. Assim, embora não me importe muito, bati o pé sobre *nasturtians*. Sempre falei assim. Parece ser uma anglicização natural que começou logo depois que o "agrião-do-méxico" foi naturalizado (vindo do Peru, creio) no século XVIII; mas permanece um uso minoritário. Prefiro essa forma porque *nasturtium* é, por assim dizer, enganosamente botânico e falsamente erudito.

Consultei o jardineiro da faculdade nesse sentido: "Como você chama estas plantas, jardineiro?"

"Chamo de *tropaeolum* [capuchinhas], senhor."

"Mas e quando você está apenas falando com *dons*?"

"Digo *nasturtians*, senhor."

"Não diz *nasturtium*?"

"Não, senhor; isso é agrião."

E essa parece ser a realidade da nomenclatura botânica.....

Tem sido (e continua a ser) um ano esmagadoramente trabalhoso! Tantas coisas de uma só vez, cada uma necessitando de atenção exclusiva. Estão clamando por *Gawain*.[2] (Que será reprisado mês que vem.)

E estou lutando para selecionar, dentre toda a grande quantidade de material particular sobre os idiomas, escritas, calendários e história da Terceira Era, o que pode mostrar-se interessante àqueles que gostam desse tipo de coisa, e que ocupará o espaço (de cerca de 40 páginas). O tempo não para; pois tenho de ir à Irlanda novamente por volta do meio de set. e depois à Bélgica, e então será o início do período letivo.....

148a De uma carta para Katharine Farrer

18 de agosto de 1954

Acho, sim, gentileza de sua parte me mostrar o rascunho de sua resenha. Porém, como você provavelmente é a mais sensível e perceptiva dos meus "leitores primários", não há necessidade de sentir qualquer receio.....

Na verdade, fiquei feliz por você ter salientado a "moralidade". De fato, acho que é isso que confere à história sua "realidade" e coerência — que meus críticos parecem sentir — e não qualquer vivacidade pictórica. Não foi "planejada", é claro, mas surgiu naturalmente na tentativa de tratar o assunto com seriedade; mas agora é a fundação. Para mim, o "cerne" está nas últimas palavras de Frodo a Sam: "Fui ferido fundo demais. Tentei salvar o Condado, e ele foi salvo, mas não para mim. Muitas vezes tem de ser assim, Sam, quando as coisas estão em perigo: alguém precisa desistir delas, perdê-las, para que outros possam mantê-las... tudo o que tenho e poderia ter eu deixo para você." Bernadette recusou-se a ir a Lourdes para se curar.

Além disso, creio que você tem razão ao não usar o nome Elfos. Está irremediavelmente arruinado. Esse meu uso, na verdade, vem de uma época em que esse material era só um mundo "particular", e ainda que vá constar uma nota sobre os Eldar e a anglicização no final, este ainda está longe, e nem todos (imagino) chegarão lá.

Penso em inserir no fim, quando Sam encontra-se desamparado, um chamado baixo por sobre a água, ecoando o final da canção élfica de Galadriel: namárië, nai hiruvalyë Valimar: adeus, quem sabe tu encontres Valimar. Mas isso estragaria a simplicidade desoladora?

Tomei conhecimento de uma crítica bastante longa e apreciativa no Oxford Time de sexta-feira passada. Quem a escreveu, abençoado(a) seja, evidentemente gostou do livro, e não foi sofisticado demais a fim de tentar fingir que não gostara.

149 De uma carta para Rayner Unwin

9 de setembro de 1954

[Resenhas de *A Sociedade do Anel* começaram a aparecer no decorrer de agosto.]

Devo dar a impressão de ter "sumido" no momento mais inapropriado — e, assim, comecei uma carta para você há quase um mês. Receio ter sumido ainda mais desde então, e só agora estou conseguindo erguer a cabeça acima das águas, que ficaram mais profundas e mais iradas pela negligência.

Voltei de minha segunda visita à Irlanda me sentindo muito mal: com uma garganta terrível, um sintoma, creio, e não uma causa, de se estar quase esgotado. Não estou me sentindo muito melhor, e agosto, vital para as minhas providências, me escapou, ineficientemente, sem descanso ou realização real.....

Quanto às resenhas, foram bem melhores do que eu temia, e acredito que poderiam ter sido ainda melhores se não tivéssemos citado a observação sobre Ariosto ou, de fato, se não tivéssemos nos envolvido com a extraordinária animosidade que C.S.L. parece despertar em certos lugares. Ele me avisou há muito tempo que seu apoio poderia me fazer tanto mal como bem. Não levei isso a sério, apesar de que, de qualquer modo, não gostaria de outra coisa além de ser associado a ele — visto que foi apenas por seu apoio e por sua amizade que consegui lutar até o fim do trabalho. Ainda assim, muitos comentaristas parecem ter preferido ridicularizar suas observações ou sua resenha do que ler o livro.

A desvantagem (inevitável) da publicação em três partes foi mostrada na "falta de uniformidade" que vários leitores perceberam, posto que é verdade caso se acredite que um volume deva sustentar-se por si só. A "trilogia", que não é realmente precisa, em parte tem culpa. Há "hobbitez" em demasia no Vol. I visto isoladamente; e vários críticos obviamente não foram muito além do Capítulo I.

Devo dizer que fui azarado por cair nas mãos do D. Telegraph durante a ausência de Betjeman. Minha obra não faz seu estilo, mas, de qualquer forma, ele não é ignorante, nem sórdido. Peter Green parece ser as duas coisas. Não o conheço, nem ouvi falar dele, mas ele é tão rude a ponto de fazer com que se suspeite de malícia.[1] Embora eu realmente ache que o "resfriado na cabeça" fez com que fosse mais conveniente para ele usar Edwin Muir no Observer[2] e Lambert no S. Times,[3] com uma leve apimentada dos supracitados.

Estou extremamente intrigado com as observações sobre o estilo. Não espero, e não esperava, que muitos se divirtam com os hobbits ou se interessem na história geral e em seus modos, mas a discrepância nos julgamentos sobre o estilo (que, é de se pensar, refere-se a padrões independentes da preferência pessoal) é muito estranha — da citação elogiosa a "Boys Own Paper" (que não possui estilo algum)!

Deduzo que você não esteja completamente insatisfeito. Mas houve alguns comentários muito apreciativos além de C.S.L. (que tinha a vantagem de conhecer o todo), embora geralmente não nos lugares elevados. Cherryman em *Truth*[4] e Howard Spring em *C. Life*[5] fizeram bem à vaidade, e também o encerramento de Cherryman: de que ele se voltaria avidamente ao segundo e terceiro volumes! Que outros sintam a mesma coisa!

Fawcett no *M. Guardian*[6] foi lisonjeiro em poucas palavras; e fiquei especialmente interessado em uma longa crítica no *Oxford Times* (do próprio editor),[7] por ser de alguém completamente fora do círculo e por ter parecido que ele se divertiu. Ele enviou um entrevistador, mas o que ele vai peneirar para o O. Mail esta semana eu não sei. . . . .

Bem, esta carta já está excessivamente longa. No meio disso, a Professora d'Ardenne de Liège chegou para me atormentar com um trabalho filológico no qual deveríamos estar engajados.

Mando em uma folha à parte várias notas e perguntas referentes a *O Senhor dos Anéis*.

Espero que o seu livro, e o do seu irmão, esteja indo bem; embora eu só tenha visto uma crítica de cada: ambas, me pareceu, dotadas daquele tom condescendente, muito comum agora, e (creio) mais difícil de suportar do que a mera grosseria.

150 De uma carta para Allen & Unwin 18 de setembro de 1954

Lamento que eu ainda não tenha qualquer manuscrito pronto para enviar para os Apêndices. Tudo o que posso dizer é que farei o possível para produzir isso antes do fim do mês. Meu problema é indecisão (e conselhos conflitantes) na seleção de material abundante demais. Gastei muito tempo ineficaz na tentativa de cumprir as infelizes promessas do Vol. I p. 8.[1]

O Glossário progrediu em forma rascunhada até a metade do Vol. II. Os "alfabetos" reduzidos à forma mais simples precisarão de blocos. Um mapa da área de Gondor talvez seja o mais urgente. Espero conseguir que meu filho Christopher produza um a partir de meus rascunhos, tão logo seja possível.

151 De uma carta para Hugh Brogan 18 de setembro de 1954

S. muito que nossa correspondência tenha diminuído por culpa minha: jamais respondi às suas cartas, creio eu, e eu deveria ao menos ter escrito para lhe contar da iminência de *O Senhor* (após atrasos e negociações intermináveis). . . . .

Ainda assim, fui muita gentileza de sua parte me escrever. Muitas das suas perguntas serão respondidas conforme as outras partes aparecerem. Como há algum tempo eu revisei as provas de página do Vol. II, e dois dias atrás devolvi as provas de granel do Vol. III, eles agora devem ser publicados rapidamente em sequência: provavelmente em novembro e fev. (ou março). Fui totalmente contra esse método fragmentado — visto que a obra certamente *não* é uma "trilogia" (como os editores a chamaram quando minha atenção estava voltada para outro lugar, por estar na Irlanda ou mergulhado em exames), mas, sim, uma só história com uma única forma. É difícil culpar os resenhistas por acharem o primeiro fragmento "informe". Mas tive muita dificuldade para conseguir que a coisa fosse ao menos impressa, e tive de me curvar à decisão de que a obra era grande e cara demais para ser lançada de uma só vez a um preço entre £3 e £4. O preço só baixou para 21/- por volume após negociações com os editores estadunidenses, que levaram um quinhão grande da primeira impressão. Disseram-me que uma reimpressão do Vol. I já é necessária, de modo que parece que um "público" suficiente foi encontrado.

Isso é reconfortante, já que, com poucas exceções, as resenhas têm sido bastante condescendentes ou absolutamente desdenhosas. . . . .

Levaria muito tempo para responder a algumas de suas outras perguntas. Se quiser saber a minha opinião, uma parte do "fascínio" [de *O Senhor dos Anéis*] consiste nas perspectivas de ainda mais lendas e histórias, para as quais essa obra não possui uma indicação completa. Por ora, é melhor deixarmos assim. Se há um defeito na obra que eu mesmo percebo claramente é o de que talvez eu tenha sobrecarregado demais a Parte I com tentativas de descrever o cenário e o pano de fundo histórico no decorrer da narrativa. É claro que, na verdade, esse pano de fundo já "existe", isto é, está escrito, e foi escrito primeiro. Mas não consegui fazer com que fosse publicado, em ordem cronológica, até e a não ser que um público pudesse ser encontrado para a mistura de lendas élficas e númenóreanas com os Hobbits. . . . .

Sua preferência por *gobelins* a *orques* envolve um assunto maior e uma questão de gosto, e talvez um pedantismo histórico de minha parte. Pessoalmente prefiro Orques (uma vez que essas criaturas não são "gobelins", nem mesmo os gobelins de George MacDonald, aos quais se assemelham de certa forma). Além disso, agora lamento profundamente ter usado Elfos, embora essa seja uma palavra em ancestralidade e significado original suficientemente adequada. Porém, a desastrosa depreciação dessa palavra, na qual Shakespeare desempenhou um papel imperdoável, de fato a deixou sobrecarregada de tons deploráveis, que são demasiados para se superar. Espero ser capaz de incluir nos Apêndices do Vol. III uma nota "Sobre a tradução", na qual a questão das equivalências e dos meus usos possa ficar clara. Minha dificuldade é que, uma vez que tentei apresentar uma espécie de legendário e história de uma "época esquecida", todos os termos específicos estavam em uma língua estrangeira, e não existem equivalentes *precisos* em inglês.....

Sou mais do que grato a você por uma coisa: com exceção de uma linha no Manchester Guardian, ninguém mais sequer mencionou ainda o fato de que há quaisquer *versos* no livro — ou creio que não.....

Não é a intenção que Frodo seja outro Bilbo, embora seu estilo de abertura não seja completamente diferente. Mas ele é mais um estudo de um hobbit subjugado por um fardo de medo e horror — que sucumbiu e no final é transformado em algo completamente diferente. Nenhum dos hobbits sai dessa situação em uma forma puramente condadesca. Como era esperado. Porém, tem-se Samwise Gampsi (ou Gamgi).

Terra-média é apenas a palavra em inglês arcaico para *ἡοἰκονμένη*, o mundo habitado dos homens. Encontrava-se então como se encontra agora. Na verdade, exatamente da mesma forma em que se encontra, redondo e inescapável. Essa é em parte a questão. A nova situação, estabelecida no início da Terceira Era, leva por fim e inevitavelmente à História habitual, e vemos aqui o processo culminando-se. Caso você, ou eu, ou qualquer um dos homens mortais (ou hobbits) dos dias de Frodo zarpasse pelo mar, a oeste, acabaríamos, como agora, por voltar (como agora) ao nosso ponto de partida. Foi-se a época "mitológica" em que Valinor (ou Valimar), a Terra dos Valar (deuses, se preferir) existia fisicamente no Extremo Oeste, ou a imortal eldaica (élfica) Ilha de Eressëa; ou a Grande Ilha de Ociente (Númenor-Atlântida). Após a Queda de Númenor e sua destruição, todas essas foram removidas do mundo "físico" e não eram alcançáveis por meios materiais. Somente os Eldar (ou Altos-Elfos) ainda podiam navegar para lá, abandonando o tempo e a mortalidade, mas sem jamais retornar.

Muitíssimo obrigado por se lembrar do idoso Professor e apoiá-lo com sua carta. Sei que 21/- é um preço assustador, mas não esqueça que preciso vender uma quantidade terrível até que os custos medonhos sejam saldados. O fato de que não recebo um tostão até que isso seja feito não tem muita importância, já que, se muitos forem vendidos, eu talvez seja capaz de *publicar mais*. Logo, acrescente à sua grande gentileza e convença quantos você conseguir a implorarem, pedirem emprestado ou roubarem um guinéu em vez de um exemplar!

Ilustrações são caras demais, mesmo que eu tivesse habilidade suficiente para fazê-las e para cortar os honorários de um artista. Tentei, mas, infelizmente, só consigo desenhar de modo m. imperfeito o que posso, e não o que vejo. A capa é tudo o que restou de três modelos separados que criei, um para cada parte. A Parte I seria toda preta com letras vermelhas e douradas, e com os três anéis contrapostos: Narya (vermelho), Vilya (azul) e Nenya (branco). . . . .[1] Mas foi reduzida; e os encantadores (pensei) fac-símiles das 3 páginas queimadas do Livro de Mazarbul também desapareceram — para que as pessoas pudessem ter a coisa ao custo insignificante de 21/-!

152 De uma carta para Rayner Heppenstall, BBC

22 de setembro de 1954

[O diálogo dramático de Tolkien, *O Regresso de Beorhtnoth*, foi transmitido no Third Programme da BBC em 3 de dezembro de 1954. Rayner Heppenstall, o produtor, perguntara a Tolkien que "dialeto" os falantes deveriam adotar.]

Fiquei alarmado ao ver por quanto tempo a sua carta gentil de 25 de agosto permaneceu sem resposta, especialmente porque fiquei muito feliz em saber que você estava disposto a colocar o material no ar. . . . .

Quanto ao diálogo em inglês, não é necessário tom "dialetal" ou qualidade rural alguma. Não há intenção de que haja o que chamaríamos de uma diferença de posição social entre os dois falantes. É necessário que um possua uma voz mais clara e jovem e o outro, uma mais velha e grave. A diferença entre eles é mais de temperamento, e importância, do que de "classe". O jovem menestrel irrompe em versos formais e, portanto, usa um estilo arcaico — como faria qualquer pessoa capaz de fazer poesia naquela época, e como o próprio Tidwald faz quando zomba de Torhthelm.

Não é indicado de que parte do país cada um vem. De fato, é muito mais provável que Torhthelm tenha vindo das West Midlands, como muitos que tombaram em Maldon. Mas em um período no qual o "dialeto" indicava simplesmente o local e não a posição ou função e no qual, de qualquer maneira, detalhes de gramática e vogais não tinham implicações sociais, seria melhor evitar qualquer rusticidade moderna. Seja como for, quaisquer características ânglicas orientais modernas seriam anacrônicas, visto que não existiam naquele tempo — a fusão dos elementos dinamarqueses e ingleses que viriam a produzi-las ainda não fora efetuada. E a Essex dos saxões orientais era (e é) algo bem diferente de Northfolk e Southfolk. . . . .

153 Para Peter Hastings (rascunho)

[Peter Hastings, gerente da Newman Bookshop (uma livraria católica em Oxford), escrevera expressando entusiasmo por *O Senhor dos Anéis*, mas perguntou se Tolkien não havia "passado dos limites nas questões metafísicas". Ele deu vários exemplos: primeiramente, "a afirmação de Barbárvore de que o Senhor Sombrio criara os Trols e os Orques". Hastings deu a entender que o mal era incapaz de criar qualquer coisa e argumentou que, mesmo se pudesse criar, suas criaturas "não poderiam ter uma tendência para o bem, mesmo que diminuta"; enquanto, argumentou ele, um dos Trols em *O Hobbit*, William, tem um sentimento de piedade para com Bilbo. Citou também a descrição de Bombadil feita por Fruta d'Ouro: "Ele é." Hastings disse que isso parecia implicar que Bombadil era Deus. Hastings estava preocupado principalmente com a reencarnação dos Elfos, que Tolkien lhe mencionara em uma conversa. Sobre isso, escreveu: "Deus não usou esse artifício em quaisquer das criações das quais temos conhecimento, e parece-me estar além da posição de um subcriador produzi-lo como algo realmente funcional, pois um subcriador, ao lidar com as relações entre criador e criatura, deve usar aqueles meios que ele sabe que o criador já usou. . . . . 'O Anel' é tão bom que é uma pena privá-lo de sua realidade ao se ultrapassar os limites do trabalho de um escritor." Perguntou também se a reencarnação dos Elfos não produzia problemas práticos: "O que acontece aos descendentes de um humano e um elfo que se casam?" E, sobre outra questão, perguntou como Sauron, dada sua maldade extrema, pôde "manter a cooperação com os elfos" até a época em que os Anéis de Poder foram forjados.]

Setembro de 1954
Caro Sr. Hastings,

Muito obrigado por sua longa carta. Lamento não dispor do tempo para respondê-la do modo tão completo quanto merece. De qualquer forma, o senhor me fez o elogio de me levar a sério, apesar de não poder evitar de me perguntar se não foi "a sério demais" ou nas direções erradas. A história, no final das contas, é, em última análise, um conto, algo literário, com a intenção de ter um efeito literário, e não uma história real. Que o artifício adotado, o de dar ao seu cenário uma atmosfera ou sensação histórica e (uma ilusão de?) três dimensões, é bem-sucedido parece ser evidenciado pelo fato de que vários correspondentes o trataram do mesmo modo — de acordo com seus diferentes pontos de interesse ou conhecimento: isto é, como se fosse um relato de épocas e lugares "reais", que minha ignorância ou desatenção apresentou de forma errônea em certos lugares ou fracassou em descrever apropriadamente em outros. Sua economia, ciência, artefatos, religião e filosofia são defeituosos, ou pelo menos incompletos.

Já considerei, é claro, todos os pontos que o senhor levanta. Porém, a apresentação de minhas reflexões ao senhor (de outra forma) comporia um livro,* e qualquer espécie de resposta real às suas indagações mais profundas deve ao menos aguardar até que o senhor tenha mais em mãos: o Vol. III, por exemplo, sem falar das histórias mais míticas da Cosmogonia, da Primeira e da Segunda Eras. Posto que todo o assunto diz respeito, do início ao fim, à relação da Criação com a feitura e a subcriação (e, subsidiariamente, à questão relacionada da "mortalidade"), deve ficar claro que as referências a essas coisas não são casuais, mas fundamentais: elas bem podem estar fundamentalmente "erradas" do ponto de vista da Realidade (realidade externa). Mas não podem estar erradas dentro deste mundo imaginário, uma vez que é desse modo que ele é feito.

Discordamos completamente sobre a natureza da relação da subcriação com a Criação. Eu diria que a liberação "dos meios que se sabe que o criador já usou" é a função fundamental da "subcriação", um tributo à infinidade de Sua variedade potencial, um dos modos nos quais de fato é exibida, como eu realmente disse no Ensaio. Não sou um metafísico; mas eu acharia curiosa uma metafísica — não há uma, mas muitas; de fato, potencialmente inumeráveis — que declarasse que os meios que se sabe (em um canto tão finito quanto temos noção) terem sido usados são os únicos possíveis, ou eficazes, ou possivelmente aceitáveis a Ele e por Ele!

A "reencarnação" pode ser uma má *teologia* (certamente esta em vez de metafísica) se aplicada à Humanidade; e meu legendário, especialmente a "Queda de Númenor", que se situa imediatamente antes de *O Senhor dos Anéis*, é baseado em minha própria visão: a de que os Homens são essencialmente mortais e não devem tentar tornar-se "imortais" na carne.† Mas não vejo como mesmo no Mundo Primário qualquer teólogo ou filósofo, a não ser que muito melhor informado sobre a relação de espírito e corpo do que acredito que qualquer um seja, poderia negar a possibilidade da reencarnação como um modo de existência, prescrito a certas espécies de criaturas encarnadas racionais.

Suponho que, na verdade, as principais dificuldades nas quais me envolvi sejam científicas e biológicas — que me preocupam tanto quanto as teológicas e metafísicas (embora o senhor pareça não se importar tanto com elas). Elfos e Homens são evidentemente uma

* Quase compôs, mesmo em um esboço apressado!

† Visto que a "mortalidade" é assim representada como uma dádiva especial de Deus à Segunda Raça dos Filhos (os *Eruhíni*, os Filhos do Deus Uno) e não como uma punição por uma Queda, o senhor pode chamar isso de "má teologia". Talvez o seja, no mundo primário, mas é uma imaginação capaz de elucidar a verdade, e uma base legítima de lendas.

raça, em termos biológicos, ou não poderiam procriar e produzir descendentes férteis — mesmo como um raro evento: há apenas 2 casos em minhas lendas de tais uniões, e fundem-se nos descendentes de *Eärendil*.[1] No entanto, posto que algumas pessoas têm sustentado que o grau de longevidade é uma característica biológica, dentro de limites de variação, não se poderia ter Elfos de certa forma "imortais" — não eternos, mas que não morressem de "velhice" — e Homens mortais, mais ou menos como parecem ser agora no Mundo Primário — e ainda assim suficientemente aparentados. Posso responder que essa "biologia" é apenas uma teoria, que a moderna "gerontologia", ou seja lá como a chamam, considera o "envelhecimento" muito mais misterioso e menos claramente inevitável em corpos de estrutura humana. Mas eu deveria na verdade responder: não me importo. Essa é uma máxima biológica em meu mundo imaginário. É apenas (até agora) um mundo imaginado de forma incompleta, um rudimentar mundo "secundário"; mas se aprouvesse ao Criador conceder-lhe Realidade (em uma forma corrigida) em qualquer plano, então o senhor teria simplesmente de entrar nele e começar a estudar sua biologia diferente, nada mais.

Mas tal como se encontra — embora pareça ter crescido descontroladamente, de maneira que partes parecem (para mim) reveladas mais através de mim do que por mim —, seu propósito ainda é amplamente literário (e, se o senhor não se assustar com o termo, didático). Elfos e Homens são representados como biologicamente aparentados nesta "história", pois os Elfos são certos aspectos dos Homens e talentos e desejos destes, encarnados no meu mundinho. Possuem certas liberdades e poderes que gostaríamos de ter, e a beleza, o perigo e o pesar da posse dessas coisas são exibidos neles. . . . .

Sauron, é claro, não era "mau" em origem. Foi um "espírito" corrompido pelo Primeiro Senhor Sombrio (o Primeiro Rebelde subcriativo), Morgoth. Foi-lhe dada uma oportunidade de arrependimento, quando Morgoth foi derrotado, mas não conseguiu encarar a humilhação da retratação e da súplica pelo perdão; e, assim, sua inclinação temporária para o bem e para a "benevolência" culminou em uma recaída maior, até que se tornasse o principal representante do Mal de eras posteriores. Mas no início da Segunda Era ele ainda era belo de se ver, ou ainda podia assumir uma bela forma visível — e, de fato, não era totalmente mau, não a menos que todos os "reformistas" que desejam apressar-se com "reconstruções" e "reorganizações" sejam totalmente maus, mesmo antes de o orgulho e o desejo de exercer suas vontades devorá-los. O ramo particular dos Altos-Elfos em questão, os Noldor ou Mestres-do-saber, estava sempre do lado da "ciência e tecnologia", como a chamaríamos: desejavam ter o conhecimento que Sauron genuinamente possuía, e aqueles de Eregion recusaram os avisos de Gilgalad e Elrond. O "desejo" específico dos Elfos de Eregion — uma "alegoria", por assim dizer, de um amor pelo maquinário e pelos artifícios técnicos — também é simbolizado por sua amizade especial com os Anãos de Moria.

Eu os consideraria como não mais cruéis ou tolos (mas com quase o mesmo perigo) do que católicos envolvidos em certos tipos de pesquisas físicas (por ex., aqueles que produzem, mesmo que como derivados, gases venenosos e explosivos): coisas não necessariamente malignas, mas que, sendo as coisas que são, e dadas a natureza e os motivos dos mestres econômicos que fornecem todos os meios para que seu trabalho seja como é, certamente servirão a fins malignos, pelos quais não se poderá necessariamente culpá-los, mesmo que estejam cientes deles.

A respeito das outras questões. Creio que concordo sobre a "criação pelo mal". Mas o senhor é mais liberal com a palavra "criação" do que eu.* Barbárvore não diz que o Senhor Sombrio "criou" os Trols e os Orques. Diz que ele os "fez" em *imitação* de certas criaturas preexistentes. Para mim, há um grande abismo entre as duas afirmações, tão grande que a afirmação de Barbárvore provavelmente poderia (em meu mundo) ter sido verdadeira. Na realidade, *não* é verdadeira no que diz respeito aos Orques — que são fundamentalmente uma raça de criaturas "encarnadas racionais", apesar de horrivelmente deturpadas, se bem que não mais do que muitos Homens que podemos encontrar hoje em dia. Barbárvore é um *personagem* em minha história, não eu; e embora possua uma grande memória e uma certa sabedoria terrestre, ele não é um dos Sábios, e há muita coisa que ele não sabe ou compreende. Ele não sabe o que os "magos" são, ou de onde vieram (embora eu saiba, mesmo que, ao exercer meu direito de subcriador, tenha achado melhor deixar a questão como um "mistério" nesta História, não sem indicadores para a solução).

O sofrimento e a experiência (e possivelmente o próprio Anel) deram a Frodo maior discernimento; e o senhor lerá no Cap. I do Livro VI as palavras a Sam. "A Sombra que os gerou só pode zombar, não pode fazer coisas novas e reais por si mesma. Não acho que tenha dado vida aos orques, apenas os arruinou e perverteu." Nas lendas dos

* Dentro desta história mítica (na medida em que sua metafísica não é necessariamente como uma metafísica do Mundo real), a Criação, o ato de Vontade de Eru, o Uno, que concede Realidade a concepções, é distinguida da Feitura, que é permissiva.

Dias Antigos é sugerido que o Diabolus subjugou e corrompeu alguns dos primeiros Elfos, antes que sequer tivessem ouvido falar dos "deuses", quanto mais de Deus.

Não tenho certeza sobre os Trols. Acredito que sejam meras "imitações" e, portanto (embora aqui, é claro, eu esteja apenas usando elementos de antiga criação mítica bárbara que não possuía uma metafísica "consciente"), voltam a ser meras imagens de pedra quando não estão no escuro. Mas há outras espécies de Trols além desses extremamente ridículos, ainda que brutais, Trols-de-pedra, para os quais outras origens são sugeridas. É claro que (visto que inevitavelmente meu mundo é por demais imperfeito mesmo em seu próprio plano, nem foi feito completamente coerente — nosso Mundo Real também não *parece* ser completamente coerente; e, na verdade, eu mesmo não estou convencido de que, embora em cada mundo e em cada plano tudo deva estar, no final das contas, sob a Vontade de Deus, mesmo no nosso não haja algumas imitações subcriacionais "toleradas"!) ao se fazer com que Trols *falem*, é-lhes dado um poder que no nosso mundo (provavelmente) significa a posse de uma "alma". Porém, não concordo (caso o senhor admita esse elemento de estórias de fadas) que meus trols apresentam qualquer sinal de "bem" estrita e impassivelmente observado. Não digo que William sentiu *pena* — uma palavra para mim de valor moral e imaginativo: é a Pena de Bilbo e posteriormente de Frodo que no final permite que a Demanda seja concluída — e não acho que ele tenha mostrado Pena. Eu poderia não ter usado (caso *O Hobbit* tivesse sido escrito mais cuidadosamente e meu mundo muito mais idealizado cerca de 20 anos atrás) a expressão "coitadinho do disgramado", assim como eu não deveria ter chamado o trol de *William*. Mas mesmo na época não enxerguei qualquer pena, e inseri uma simples advertência. A pena deve impedir alguém de fazer algo imediatamente desejável e aparentemente vantajoso. Não há mais "pena" aqui do que em uma fera bocejando ou preguiçosamente dando tapinhas em uma criatura que poderia comer, mas não quer, já que não está com fome. Ou, de fato, do que em muitas das ações dos homens, cujas verdadeiras raízes estão na saciedade, na preguiça ou em uma brandura natural puramente amoral, embora possam dignificá-las com o nome de "pena".

Quanto a Tom Bombadil, realmente acho que o senhor está sendo sério demais, além de não compreender. (Mais uma vez as palavras usadas são de Fruta d'Ouro e de Tom, e não minhas como um comentarista). O senhor me lembra muito um parente protestante que para mim fazia objeções ao hábito católico (moderno) de chamar os sacerdotes de Padre, porque o nome pai pertencia apenas à Primeira

Pessoa, citando a última Epístola de domingo — de maneira imprópria, uma vez que ela diz *ex quo*.[2] Vários outros personagens são chamados de Mestre; e se "em tempo" Tom foi primevo, ele era o Mais Velho no Tempo. Mas Fruta d'Ouro e Tom estão se referindo ao mistério dos *nomes*. Vide e pondere as palavras de Tom no Vol. I, p. 142.[3]

Talvez se consiga compreender sua relação única com o Criador sem um nome — consegue-se, pois em tal relação os pronomes tornam-se nomes próprios. Mas, tão logo se esteja em um mundo de outros finitos com uma relação similar, ainda que única e diferente, com o Ser Primordial, quem é você? Frodo perguntou não "o que é Tom Bombadil", mas "Quem é ele". Ele e nós sem dúvida com frequência confundimos as perguntas de maneira negligente. Fruta d'Ouro dá o que penso ser a resposta certa. Não precisamos entrar nas sublimidades de "Eu sou o que sou" — que é bastante diferente de *ele é*.* Ela acrescenta como concessão uma afirmação de parte do "o quê". Ele é *mestre* de um modo peculiar: não tem de maneira alguma medo nem desejo de posse ou dominação. Ele meramente conhece e compreende as coisas que lhe dizem respeito em seu pequeno reino natural. Dificilmente faz julgamentos e, pelo que se pode ver, não se esforça para corrigir ou remover sequer o Salgueiro.

Não creio que se precise filosofar sobre Tom, e ele não seria melhorado com tal ato. Mas muitos consideraram-no um ingrediente estranho ou de fato discordante. Historicamente, na verdade, introduzi-o porque eu já o havia "inventado" de modo independente (ele apareceu pela primeira vez na Oxford Magazine)[4] e queria uma "aventura" no caminho. No entanto, mantive-o na história e como ele era, porque ele representa certas coisas que de outra forma foram deixadas de fora. Não pretendo que ele seja uma alegoria — ou não lhe teria dado um nome tão particular, individual e ridículo —, mas a "alegoria" é o único modo de exibir certas funções; ele é, portanto, uma "alegoria", ou um exemplar, uma personificação particular de pura ciência natural (real): o espírito que deseja ter conhecimento de outras coisas, suas histórias e naturezas, *porque são* "outras" e totalmente independentes da mente indagadora, um espírito coevo da mente racional e inteiramente desinteressado em "fazer" algo com o conhecimento: Zoologia e Botânica, e não Pecuária ou Agricultura. Mesmo os Elfos dificilmente demonstram isso: são antes de tudo artistas. Além disso,

* Apenas a *primeira* pessoa (de mundos ou de qualquer coisa) pode ser única. Se você diz *ele é*, deve haver mais de um, e uma (sub) existência criada está implícita. Certamente posso dizer "ele é" de Winston Churchill assim como de Tom Bombadil, não?

T.B. exibe outra questão em sua atitude para com o Anel e o fracasso deste em afetá-lo. É necessário concentrar-se em alguma parte, provavelmente relativamente pequena, do Mundo (Universo), quer para contar uma história, por mais longa que seja, quer para aprender alguma coisa, por mais fundamental que seja — e, portanto, muito será omitido a partir desse "ponto de vista", distorcido na periferia ou parecerá uma estranheza dissonante. O poder do Anel sobre todos os envolvidos, mesmo os Magos ou Emissários, não é uma ilusão — mas esse não é todo o contexto, nem mesmo do estado e conteúdo de então dessa parte do Universo.

Já tratei da dificuldade biológica do casamento élfico-humano. Ele ocorre, é claro, nas "estórias de fadas" e no folclore, embora nem todos os casos tenham por trás as mesmas noções. Porém, tornei-o muito mais excepcional. Não entendo que a "reencarnação" realmente afete os problemas resultantes. Mas a "imortalidade" (em meu mundo, apenas dentro da limitada longevidade da Terra) afeta, é claro, como a compreendem muitas estórias de fadas.

Na história principal de *Lúthien* e *Beren*, Lúthien tem permissão, como uma exceção absoluta, de privar-se da "imortalidade" e tornar-se "mortal" — mas, quando Beren é morto pelo Lobo-guardião dos Portões do Inferno, Lúthien obtém um breve intervalo no qual ambos retornam à Terra-média "vivos" — embora sem entrar em contato com outras pessoas: uma espécie de lenda de Orfeu ao contrário, mas de Pena, não de Inexorabilidade. Túor desposa Idril, a filha de Turgon, Rei de Gondolin; e "supõe-se" (não é afirmado) que ele, como uma exceção única, recebe a limitada "imortalidade" élfica: uma exceção, de qualquer forma. Eärendil é filho de Túor e pai de Elros (o Primeiro Rei de Númenor) e Elrond, a mãe destes sendo Elwing, filha de Dior, filho de Beren e Lúthien: assim, o problema dos Meio-Elfos une-se em uma linhagem. A ideia é de que os Meio-Elfos possuem um poder (irrevogável) de escolher, que pode ser adiado, mas não permanentemente, o destino de que gente compartilharão. Elros escolheu ser um Rei e "longaevus", porém mortal, de modo que todos seus descendentes são mortais e de uma raça especialmente nobre, mas com minguante longevidade: tal como Aragorn (que, contudo, possui uma vida de maior duração que seus contemporâneos, duas vezes as dos Homens, embora não a númenóreana original, que era três vezes maior que a duração normal). Elrond escolheu ficar entre os Elfos. Seus filhos — com uma linhagem élfica renovada, uma vez que a mãe destes era Celebrían, filha de Galadriel — têm de fazer suas escolhas. Arwen não é uma "reencarnação" de Lúthien (o que, em vista desta história mítica, seria impossível, uma vez que Lúthien morreu como uma mortal e partiu do mundo do tempo), mas uma descendente muito semelhante a ela em aparência, personalidade e destino. Quando se casa com Aragorn (cuja história de amor recontada em outro lugar não é central aqui e é mencionada apenas ocasionalmente), ela "faz a escolha de Lúthien", de maneira que a tristeza na sua separação de Elrond é especialmente pungente. Elrond passa por Sobre o Mar. O fim de seus filhos, Elladan e Elrohir, não é contado: eles adiam sua escolha e permanecem por algum tempo.

A respeito de "a autoridade de quem decide essas coisas?". As "autoridades" imediatas são os Valar (os Poderes ou Autoridades): os "deuses". Mas são apenas espíritos criados — de elevada ordem angélica, diríamos, com seus anjos menores servidores — respeitáveis, portanto, mas não veneráveis;* e apesar de potentemente "subcriativos" e residentes na Terra, à qual estão ligados por amor, tendo auxiliado em sua criação e em sua ordenação, não podem, por vontade própria, alterar qualquer disposição fundamental. Eles apelaram ao Uno na crise da rebelião de Númenor — quando os Númenóreanos tentaram tomar a Terra Imortal com a força de uma grande armada em sua ânsia pela imortalidade corporal —, que necessitou de uma mudança catastrófica na forma da Terra. Deve-se supor que na Imortalidade e na Mortalidade, por serem dádivas especiais de Deus aos *Eruhíni* (em cuja concepção e criação os Valar não tomaram qualquer parte), alteração alguma de sua qualidade fundamental poderia ser efetuada pelos Valar, mesmo em um caso: os casos de Lúthien (e Túor) e da posição de seus descendentes foram um ato direto de Deus. A entrada da linhagem élfica nos Homens é de fato representada como

* Assim, não há templos, "igrejas" ou santuários neste "mundo" entre povos "bons". Eles tinham pouca ou nenhuma "religião" no sentido de culto. Por ajuda podem recorrer a um *Vala* (como Elbereth), como um católico recorreria a um Santo, embora sem dúvida sabendo, assim como ele, que o poder do Vala era limitado e derivativo. Mas essa é uma "era primitiva": e pode-se dizer que essas pessoas viam os Valar como crianças veem seus pais ou superiores adultos imediatos e, embora saibam que estão sujeitos ao Rei, ele não vive no país deles, nem possui lá uma morada. Não acho que os Hobbits praticassem qualquer forma de culto ou oração (a não ser através de contatos excepcionais com os Elfos). Os Númenóreanos (e outros desse ramo da Humanidade, que lutaram contra Morgoth, mesmo que tenham preferido permanecer na Terra-média e não ir para Númenor: tais como os Rohirrim) eram monoteístas puros. Porém, não havia templo algum em Númenor (até Sauron introduzir o culto de Morgoth). O topo da Montanha, o Meneltarma, ou Pilar do Céu, era dedicado a Eru, o Uno, e lá, a qualquer hora privadamente, e em certas ocasiões publicamente, Deus era invocado, louvado e adorado: uma imitação dos Valar e da Montanha de Aman. Mas Númenor caiu e foi destruída e a Montanha foi engolfada, e não havia substituto. Entre os exilados, remanescentes dos Fiéis que não adotaram a falsa religião nem tomaram parte na rebelião, a religião como adoração divina (embora talvez não como filosofia e metafísica) parece ter desempenhado um papel pequeno, apesar de um vislumbre dela ser captado na observação de Faramir sobre "graças às refeições", Vol. II p. 285.[5]

parte de um Plano Divino para o enobrecimento da Raça Humana, desde o início destinada a substituir os Elfos.

Há quaisquer "limites ao trabalho de um escritor" fora aqueles impostos por sua própria finitude? Não há limites, mas sim as leis da contradição, creio eu. Mas é claro que humildade e consciência do perigo são necessárias. Um escritor pode ser basicamente "benevolente" no seu entendimento (como espero que eu seja) e ainda assim não ser "benéfico" devido ao erro e à estupidez. Eu afirmaria, se não achasse isso presunçoso em alguém tão mal instruído, ter como um objetivo a elucidação da verdade, e o encorajamento da boa moral neste mundo real, através do antigo artifício de exemplificá-las em personificações pouco conhecidas, que podem tender a "esclarecê-las". Mas posso estar errado, é claro (em alguns ou em todos os pontos): minhas verdades podem não ser verdadeiras ou podem estar distorcidas: e o espelho que criei pode estar embaçado e quebrado. Porém, preciso estar completamente convencido de que qualquer coisa que "simulei" é realmente danosa, *per se* e não meramente porque é mal compreendida, antes de me retratar ou reescrever algo.

Um grande mal pode ser causado, é claro, por esse poderoso modo de "mito" — especialmente de maneira deliberada. O direito à "liberdade" do subcriador não é garantia entre homens caídos de que isso não será usado tão perniciosamente quanto o Livre-Arbítrio. Estou aliviado pelo fato de que algumas pessoas, mais pias e cultas do que eu, não encontraram nada de danoso nesta História ou em suas simulações como um "mito"‥‥.

Concluindo: tendo mencionado o Livre-Arbítrio, posso dizer que em meu mito usei a "subcriação" de uma maneira especial (não a mesma maneira de "subcriação" como um termo na crítica de arte, embora eu tenha tentado mostrar alegoricamente como ela poderia vir a ser compreendida na Criação em algum plano em minha história "expiatória" *Folha de Cisco* (Dublin Review 1945)) para tornar visíveis e físicos os efeitos do Pecado ou do Livre-Arbítrio usado de forma errônea pelos homens. O Livre-Arbítrio é derivativo, e é ∴ apenas operativo dentro de dadas circunstâncias; mas, para que ele possa existir, é necessário que o Autor o garanta, o que quer que aconteça: quer dizer, quando é "contra Sua Vontade", como dizemos, ao menos como aparenta em uma visão finita. Ele não impede ou torna "irreais" atos pecaminosos e suas consequências. Assim, neste mito, "simula-se" (legitimamente, seja essa uma característica do mundo real ou não) que Ele concedeu poderes "subcriativos" especiais a certos de Seus mais elevados seres criados: essa é uma garantia de que àquilo que planejassem e criassem seria concedida a realidade da Criação. Claro que dentro de limites e claro que sujeitos a certas ordens ou proibições. Mas, caso "caíssem", como caiu o Diabolus Morgoth e começou a fazer coisas "para si próprio, para ser Senhor delas", essas coisas passariam então a "ser", mesmo que Morgoth violasse a proibição suprema contra a criação de outras criaturas "racionais" como Elfos ou Homens. Pelo menos "seriam" realidades físicas reais no mundo físico, por mais malignas que pudessem mostrar-se, mesmo em "zombaria" aos Filhos de Deus. Seriam os maiores Pecados de Morgoth, abusos de seu mais elevado privilégio, e seriam criaturas geradas do Pecado e naturalmente más. (Quase escrevi "irredimivelmente más"; mas isso seria ir longe demais. Pois ao aceitar ou tolerar sua criação — necessária para sua real existência —, até mesmo os Orques se tornariam parte do Mundo, que é de Deus e fundamentalmente bom.) Mas se poderiam possuir "almas" ou "espíritos" parece ser uma questão diferente; e, uma vez que em meu mito de qualquer forma não concebo a criação de almas ou espíritos, coisas de uma ordem igual se não de um poder igual ao dos Valar, como uma "delegação" possível, representei ao menos os Orques como seres reais preexistentes sobre os quais o Senhor Sombrio exerceu a plenitude de seu poder remodelando-os e corrompendo-os, não os fazendo. Que Deus "tolerasse" isso não parece ser uma teologia pior do que a tolerância da desumanização calculada dos Homens por tiranos que continua atualmente. Mesmo assim, poderia haver outras "fabricações" que fossem mais como bonecos preenchidos (apenas de longe) com a mente e a vontade de seu fabricador, ou como formigas operando sob a direção do centro onde se encontra a rainha.

Ora, (o senhor sensatamente dirá que) estou levando a mim mesmo mais a sério do que o senhor levou, e estou fazendo uma grande canção e oração sobre uma boa história, que reconhecidamente deve sua similitude à mera perícia. De fato. Mas as coisas sobre as quais escrevi apressadamente surgem de uma forma ou de outra de toda escrita (ou arte) que não tem o cuidado de residir dentro dos muros do "fato observado".

[O rascunho termina aqui. No alto da página, Tolkien escreveu: "Não enviada", e acrescentou: "Parecia que eu estava me considerando importante demais."]

154 Para Naomi Mitchison

25 de setembro de 1954 — 76 Sandfield Road, Headington, Oxford

Cara Sra. Mitchison

Tenho sido atormentado por negócios, problemas, doença e viagens, ou teria escrito há muito tempo, e especialmente depois de sua carta gentil do mês passado: temporariamente perdida em uma confusão de exames, provas de granel e não sei o que mais — após ler até o final *O Senhor* e cia.

A senhora tem sido muito gentil e tem me encorajado, e sua resenha generosa e perceptiva[1] me coloca em dívida com a senhora. O seu é o único comentário que vi que, além de tratar o livro como "literatura", pelo menos em intenção, e até mesmo levando-o a sério (e elogiando-o ou ridicularizando-o de acordo), também o vê como uma forma elaborada da *brincadeira* de inventar um país — uma brincadeira interminável, pois nem mesmo um comitê de especialistas em diferentes ramos poderia completar o quadro geral. Estou mais ciente de minha superficialidade na arqueologia e nas *realien*[2] do que na economia: roupas, implementos agrícolas, metalurgia, cerâmica, arquitetura e assim por diante. Sem mencionar a música e seus instrumentos. Não sou incapaz ou inconsciente de pensamento econômico; e acho que, no que diz respeito aos "mortais", Homens, Hobbits e Anões,[3] as situações estão tão planejadas que a probabilidade econômica está lá e poderia ser desenvolvida: Gondor possui "terras citadinas" e feudos suficientes com um bom acesso à água e estradas para abastecer sua população; e possui claramente muitas indústrias, embora estas quase não sejam mencionadas. O Condado está disposto em uma posição hidrográfica e montanhosa e a uma distância do mar e em uma latitude que lhe renderia uma fertilidade natural, sem contar o fato explícito de que essa era uma região bem-cultivada quando tomaram posse dela (sem dúvida com uma boa dose de artes e ofícios mais antigos). Os Hobbits do Condado não têm muita necessidade de metais, mas os Anões são agentes; e no leste das Montanhas de Lûn estão algumas de suas minas (como mostrado nas lendas mais antigas): sem dúvida a razão, ou uma delas, para atravessarem o Condado frequentemente. Algumas das modernidades encontradas entre eles (penso especialmente nos *guarda-chuvas*) são provavelmente, creio que certamente, um erro, da mesma ordem de seus nomes tolos, e toleráveis com eles apenas como uma "anglicização" deliberada para apontar o contraste entre eles e outros povos nos termos mais familiares. Não acho que pessoas daquele tipo e estágio de vida e desenvolvimento possam ser tanto pacíficas como muito valentes e firmes "num aperto".* A experiência em duas guerras me confirmou essa visão. Mas os *hobbits* não são uma visão utópica ou recomendados como um ideal em sua

* O principal modo no qual os *Hobbits* diferem da experiência é que eles não são cruéis e não praticam esportes sangrentos e, por inferência, têm uma sensibilidade com relação às "criaturas selvagens" que, infelizmente, não é encontrada com muita frequência entre os paralelos contemporâneos mais próximos.

própria era ou em qualquer outra. Eles, como todos os povos e suas situações, são um acidente histórico — como os Elfos mostram para Frodo —, e um impermanente a longo prazo. Não sou um reformador nem um "embalsamador"! Não sou um "reformador" (por exercício de poder), posto que isso parece estar condenado ao sarumanismo. Mas o "embalsamamento" possui suas próprias punições.

Alguns críticos chamaram a coisa toda de simplória, apenas uma simples luta entre o Bem e o Mal, com todos os bons apenas bons e os maus apenas maus. Perdoável, talvez (embora pelo menos Boromir tenha sido negligenciado), em pessoas com pressa e com apenas um fragmento para ler e, é claro, sem as histórias élficas que foram escritas primeiro, mas que continuam inéditas. Porém, os Elfos *não* são totalmente bons ou têm razão. Não tanto por terem flertado com Sauron, já que com ou sem sua assistência eles eram "embalsamadores". Queriam fazer uma omelete sem quebrar alguns ovos: viver na Terra-média histórica e mortal porque se afeiçoaram a ela (e talvez porque lá possuíam as vantagens de uma casta superior), e assim tentaram deter a mudança e a história desta, deter seu crescimento, mantê-la como um santuário, mesmo que em grande parte fosse um deserto, onde poderiam ser "artistas" — e ficaram sobrecarregados pela tristeza e pelo arrependimento nostálgico. A seu modo, os Homens de Gondor eram similares: um povo que definhava, cujos únicos "locais sagrados" eram seus túmulos. Mas, seja como for, esta é uma história sobre uma guerra, e se a guerra é permitida (ao menos como um tópico e um cenário), não é muito bom reclamar de que todas as pessoas de um lado estejam contra as do outro. Não que eu tenha tornado essa questão tão simples: há Saruman, Denethor e Boromir; e há traições e brigas até mesmo entre os Orques.

Na verdade, na imaginação desta história estamos vivendo agora em uma Terra fisicamente redonda. Mas o "legendário" inteiro possui uma transição de um mundo plano (ou pelo menos um *οἰκουμένη* com bordas em todo seu redor) a um globo: uma transição inevitável, suponho, para um moderno "criador de mitos" com uma mente submetida às mesmas "aparências" às quais foram submetidos homens antigos, e que de certa forma alimentou-se de seus mitos, mas que aprendeu que a Terra era redonda desde os primeiros anos. Tão profunda foi a impressão exercida pela "astronomia" sobre mim que não creio que pudesse lidar com ou conceber imaginativamente um mundo plano, apesar de um mundo de uma Terra estática com um Sol circundando-a parecer mais fácil (de se imaginar, se não de se racionalizar).

O "mito" específico que subjaz a esta história e ao temperamento tanto de Homens como de Elfos nesta época é a Queda de Númenor:

uma variedade especial da tradição de Atlântida. Ela me parece tão fundamental à "história mítica" — se ela possui qualquer tipo de fundamento em uma história real, *pace* Saurat e outros, não é relevante — que alguma versão dela teria de ser inserida.

Escrevi um relato da Queda, que a senhora pode estar interessada em ver. Mas o ponto imediato é que, antes da Queda, situava-se além do mar e das costas ocidentais da Terra-média um paraíso terrestre élfico, Eressëa, e Valinor, a terra dos Valar (os Poderes, os Senhores do Oeste*), lugares que poderiam ser alcançados fisicamente por embarcações à vela comuns, embora os Mares fossem perigosos. Porém, após a rebelião dos Númenóreanos, os Reis de Homens, que habitavam uma terra ao extremo oeste de todas as terras mortais e que finalmente, no auge de seu orgulho, tentaram ocupar Eressëa e Valinor à força, Númenor foi destruída, e Eressëa e Valinor foram removidas da Terra fisicamente alcançável: o caminho para o oeste estava aberto, mas não conduzia a lugar algum exceto de volta mais uma vez — para os mortais.

Elendil e seus filhos eram os líderes do pequeno grupo "fiel" que não tomou parte na tentativa de apoderar-se do poder mundial e da imortalidade à força e escaparam da submersão de Númenor e foram carregados em direção ao leste em uma grande tempestade e lançados nas costas ocidentais da Terra-média, onde estabeleceram seus reinos. Mas não havia retorno para eles ou para quaisquer homens mortais; por isso seu temperamento nostálgico.

Mas a promessa feita aos Eldar (os Altos Elfos — não às outras variedades: estes fizeram sua escolha irrevogável muito tempo antes, preferindo a Terra-média ao paraíso) pelos seus sofrimentos na luta contra o primeiro Senhor Sombrio ainda tinha de ser cumprida: de que eles sempre seriam capazes de deixar a Terra-média, caso desejassem, e atravessar o Mar até o Verdadeiro Oeste, pela Rota Reta, e dessa maneira chegar a Eressëa — mas, assim, sair do tempo e da história, para nunca retornar. Os Meio-Elfos, tais como Elrond e Arwen, podem escolher a qual gente e destino pertencerão: escolher de uma vez por todas. Daí o pesar da separação de Elrond e Arwen.

Porém, nesta história supõe-se que possa haver certas exceções ou acomodações raras (legitimamente supostas? parece sempre haver exceções); e, assim, certos "mortais" que tenham desempenhado algum grande papel em assuntos élficos podem ir com os Elfos para Casadelfos. Consequentemente, Frodo (pela dádiva expressa de

* "deuses" é o equivalente mais próximo, mas não estritamente preciso.

Arwen) e Bilbo, e por fim Sam (como pressagiado por Frodo); e, como uma exceção única, Gimli, o Anão, como amigo de Legolas e "serviça" de Galadriel.

Eu nada disse a esse respeito neste livro, mas a ideia mítica subjacente é a de que para os mortais, uma vez que sua "espécie" não pode ser modificada para sempre, essa é estritamente apenas uma recompensa temporária: uma cura e reparação do sofrimento. Não podem permanecer lá para sempre e, embora não possam retornar para terras mortais, podem e vão "morrer" — de livre vontade, e deixarão o mundo. (Neste cenário, o retorno de Arthur seria bastante impossível, uma fantasia vã.)

Lamento que a Baía de Gelo de Forochel[4] não tenha sido (até agora) escalada para qualquer papel significante. É apenas a palavra "élfica" para Gelo do Norte; e é um mero remanescente dos gelos do Norte, o reino do primeiro Senhor Sombrio de Eras anteriores. É dito, de fato, que Arvedui, o último rei de Arnor, fugiu para lá e tentou escapar daquele lugar de navio, mas foi destruído no gelo; e com ele pereceram as últimas das *palantíri* do Reino do Norte.

Receio que esta seja uma carta absurdamente longa; e talvez presunçosa em sua extensão, embora sua gentileza e interesse ofereçam uma certa desculpa.

Logo após a sua visita, tão agradável quanto inesperada, fiz uma cópia da cronologia da Segunda e Terceira Eras, para que a senhora faça uma leitura cuidadosa — puramente analística e desmotivada. Se ainda interessá-la, irei enviá-la.

Lamentei ao descobrir, quando foi devolvido, que o longo relato sobre os "idiomas" etc. fora enviado sem correção e com muitas palavras e expressões que não foram apagadas, de maneira que algumas partes mal estavam inteligíveis.

A senhora talvez se interesse em saber que uma reimpressão de *A Sociedade* parece já ser necessária. Mas não creio que a primeira impressão fosse muito grande.

Sinceramente,
J.R.R. Tolkien.

155 Para Naomi Mitchison (rascunho)

[Uma passagem de um rascunho da carta acima, que não foi incluída na versão que foi realmente enviada.]

Receio que eu tenha sido casual demais quanto à "magia" e especialmente quanto ao uso da palavra; apesar de Galadriel e outros mostrarem, pela crítica ao uso "mortal" da palavra, que o pensamento sobre ela não é inteiramente casual. Mas essa é uma questão m. ampla e difícil; e uma história que é, como a senhora com razão diz, em grande parte sobre motivos (escolhas, tentações etc.) e as intenções de se usar o que quer que seja encontrado no mundo, dificilmente poderia ser sobrecarregada com uma dissertação pseudofilosófica! Não pretendo me envolver em qualquer discussão sobre se a "magia" em qualquer sentido é real ou realmente possível no mundo. Mas suponho que, para os propósitos da história, alguns diriam que há uma distinção latente tal como certa vez foi chamada a distinção entre *magia* e *goeteia*.[1] Galadriel fala dos "engodos do Inimigo". De fato, mas a *magia* podia ser, era, considerada boa (per se), e a *goeteia*, má. Nenhuma das duas, nesta história, é boa ou má (per se), mas apenas pelo motivo, propósito ou uso. Os dois lados usam ambas, mas com motivos diferentes. O motivo supremamente maligno é (para esta história, visto que é especialmente sobre ele) o domínio de outras vontades "livres". As operações do Inimigo não são de modo algum todas elas artifícios goéticos, mas "magia" que produz efeitos reais no mundo físico. Mas sua *magia* ele usa para intimidar tanto pessoas como coisas, e sua *goeteia*, para aterrorizar e subjugar. Os Elfos e Gandalf usam sua *magia* (com parcimônia): uma *magia* que produz resultados reais (como fogo em um feixe úmido) para propósitos benéficos específicos. Seus efeitos goéticos são inteiramente *artísticos* e não destinados ao engodo: nunca ludibriam os Elfos (mas podem ludibriar ou confundir Homens que não tenham consciência disso), uma vez que a diferença para eles é tão clara quanto a diferença para nós entre ficção, pintura e escultura e a "vida".

Ambos os lados vivem principalmente por meios "usuais". O Inimigo, ou aqueles que se tornaram como ele, dedicam-se ao "maquinário" — com efeitos destrutivos e malignos — porque os "mágicos", que ficaram preocupados mormente em usar a *magia* para seu próprio poder, assim o fariam (e assim o fazem). O motivo básico para a *magia* — independentemente de qualquer consideração filosófica sobre como ela funcionaria — é a imediação: velocidade, redução de trabalho e redução também a um mínimo (ou ponto de convergência) do intervalo entre a ideia ou desejo e o resultado ou efeito. Mas a *magia* pode não ser fácil de se obter e, de qualquer maneira, se você tem o controle de trabalho escravo abundante ou maquinário (com frequência apenas a mesma coisa, oculta), pode ser tão rápido ou rápido o suficiente para derrubar montanhas, devastar florestas ou construir pirâmides por tais meios. Surge então, é claro, outro fator, moral ou patológico: os tiranos perdem de vista objetivos, tornam-se cruéis e gostam de esmagar, ferir e macular como tais. Sem dúvida seria possível defender a introdução do pobre Lotho de moinhos mais eficientes; mas não o uso que Charcoso e Ruivão fazem deles.

De qualquer modo, uma diferença no uso da "magia" nesta história é que ela não é obtida pelo "saber" ou por feitiços, mas que é um poder inerente não possuído ou alcançável pelos Homens como tais. A "cura" de Aragorn poderia ser considerada como "mágica", ou pelo menos uma mistura de magia com farmácia e processos "hipnóticos". Mas ela é (em teoria) relatada por hobbits que possuem pouquíssimas noções de filosofia e ciência, enquanto A. não é um "Homem" puro, mas, em um grau distante, um dos "filhos de Lúthien".[2]

156 Para Robert Murray, S.J. (rascunho)

[Uma resposta a comentários adicionais sobre *O Senhor dos Anéis*.]

4 de novembro de 1954 — 76 Sandfield Road, Headington, Oxford

Meu caro Rob,

É muito gentil de sua parte escrever tão minuciosamente no meio do que temo ser um desgaste. Estou respondendo de imediato porque sou grato e porque apenas as cartas que trato dessa maneira vêm a ser respondidas e, principalmente, porque o seu pacote chegou quando, tendo terminado todos os meus "preparativos" — ordenar todas as minutas e resoluções de uma longa e argumentativa reunião da Faculdade ontem (não estando lá camarada algum de má vontade, e apenas 24 pessoas do costumeiro absurdo humano. Senti-me mais como um observador em uma reunião de notáveis Hobbits para aconselhar o Prefeito sobre a precedência e escolha de pratos em um banquete do Condado) —, tenho meia hora de sobra antes de ir ladeira abaixo para uma sessão com o secretário da Faculdade. Esse é o tipo de frase que escrevo naturalmente.....

Não, "Sméagol" não foi, é claro, imaginado por completo inicialmente, mas acredito que seu caráter estava implícito e simplesmente precisava de atenção. Quanto a Gandalf: certamente que expressar *qualquer* crítica não é unir-se a P.H.![1] Eu mesmo poderia ser muito mais destrutivo. Suponho que sempre haja defeitos em qualquer obra de arte em larga escala, e especialmente naquelas de forma literária que são baseadas em uma questão mais antiga que é combinada a novos usos — como Homero, ou Beowulf, ou Virgílio, ou a tragédia grega ou shakespeariana! Em cuja classe, como uma classe, não como um competidor, *O Senhor dos Anéis* realmente recai, embora seja baseado apenas no próprio primeiro esboço do autor! Creio que o modo como o retorno de Gandalf é apresentado seja um defeito, e um outro crítico, tão enfeitiçado quanto você, usou curiosamente a mesma expressão: "trapaça". Isso se deve em parte às sempre presentes compulsões da técnica narrativa. Ele tem de retornar naquele ponto, e tais explicações de sua sobrevivência, tal como são explicitamente apresentadas, têm de ser dadas ali — mas a narrativa é urgente e não deve ser atrasada por discussões elaboradas que envolvam todo o cenário "mitológico". Mesmo assim, ela é um pouco retardada, embora eu tenha cortado severamente o relato de G sobre si mesmo. Talvez eu possa ter tornado mais claras as observações posteriores no Vol. II (e no Vol. III) que se referem a Gandalf ou são feitas por ele, mas mantive propositalmente todas as alusões às questões mais elevadas como meras indicações, perceptíveis apenas pelos mais atentos, ou mantive-as sob formas simbólicas inexplicadas. Assim, Deus e os deuses "angélicos", os Senhores ou Poderes do Oeste, apenas dão uma olhadela em tais lugares como a conversa de Gandalf com Frodo: "por trás disso havia outra coisa em ação, além de qualquer intenção do artífice do Anel"; ou nas graças númenóreanas de Faramir às refeições.

Gandalf realmente "morreu" e foi transformado: pois essa para mim parece ser a única verdadeira trapaça, representar algo que pode ser chamado de "morte" não fazer diferença. "Eu sou G., o *Branco*, que retornou da morte". Provavelmente ele deveria ter dito a Língua-de-Cobra: "Não passei pela morte (*não* "fogo e enchente") para trocar palavras desonestas com um serviçal". E assim por diante. Eu poderia dizer muito mais, mas seria apenas em (uma talvez tediosa) elucidação das ideias "mitológicas" em minha mente; receio que não daria um fim no fato de que o retorno de G., do modo como é apresentado neste livro, é um "defeito", um do qual eu estava ciente e provavelmente não me esforcei o suficiente para consertar. Mas G., é claro, não é um ser humano (Homem ou Hobbit). Naturalmente não há termos modernos precisos para dizer o que ele era. Arriscaria dizer que ele era um "anjo" *encarnado* — estritamente um *ἄγγελος*:[2] isto é, com os outros *Istari*, magos, "aqueles que sabem", um emissário dos Senhores do Oeste, enviado à Terra-média, quando a grande crise de Sauron surgiu no horizonte. Com "encarnado" quero dizer que foram incorporados em corpos físicos capazes de sentir dor e cansaço, de afligir o espírito com o medo físico e de serem "mortos", embora, ajudados pelo espírito angélico, pudessem resistir por muito tempo e exibir apenas lentamente um desgaste pela preocupação e trabalho.

O porquê de terem que assumir tal forma está relacionado com a "mitologia" dos Poderes "angélicos" do mundo desta fábula. Neste ponto da história fabulosa, o propósito era precisamente de limitar e retardar a exposição de seus "poderes" no plano físico, de modo que deveriam fazer aquilo pelo qual foram enviados em primeiro lugar: treinar, aconselhar, instruir, incitar os corações e as mentes daqueles ameaçados por Sauron a uma resistência com suas próprias forças, e não simplesmente fazer o trabalho por eles. Apareceram, assim, como figuras de "velhos" sábios. Mas, nesta "mitologia", todos os poderes "angélicos" relacionados com este mundo eram capazes de muitos graus de erro e de fracasso entre a rebelião e o mal satânicos absolutos de Morgoth e de seu seguidor Sauron e a ociosidade de alguns dos outros poderes elevados ou "deuses". Os "magos" não estavam isentos: de fato, estando encarnados, era mais provável que se desgarrassem ou errassem. Apenas Gandalf passa completamente nos testes, pelo menos em um plano moral (ele comete erros de julgamento). Pois em sua condição foi para ele um *sacrifício* perecer na Ponte em defesa de seus companheiros, talvez menos do que para um Homem ou Hobbit mortal, visto que ele possuía um poder interior muito maior do que eles; mas também mais, uma vez que foi uma humilhação e abnegação de si próprio em conformidade com "as Regras": por tudo que ele podia saber naquele momento, ele era a *única* pessoa que poderia conduzir a resistência a Sauron de maneira bem-sucedida, e toda a *sua* missão foi vã. Ele estava se entregando à Autoridade que decretara as Regras e abrindo mão da esperança pessoal de sucesso.

Devo dizer que isso é o que a Autoridade desejava, como uma compensação por Saruman. Os "magos", como tais, haviam falhado; ou, se preferir, a crise tornara-se grave demais e necessitava de um aumento de poder. Então Gandalf sacrificou-se, foi aceito e aprimorado, e retornou. "Sim, esse era o nome. Eu era Gandalf." É claro, ele continua similar em personalidade e idiossincrasia, mas tanto a sua sabedoria como o seu poder são muito maiores. Quando fala, ele exige atenção; o velho Gandalf não poderia ter lidado dessa maneira com Théoden, nem com Saruman. Ele ainda está sob a obrigação de ocultar seu poder e de ensinar em vez de forçar ou dominar vontades, mas onde os poderes físicos do Inimigo são demasiado grandes para que a boa vontade dos opositores seja efetiva, ele pode atuar emergencialmente como um "anjo" — de maneira não mais violenta do que a libertação de São Pedro da prisão. Raramente assim o faz, preferindo operar através de outros, mas em um ou dois casos na Guerra (no Vol. III) revela um poder repentino: por duas vezes resgata Faramir. Apenas ele resta para impedir a entrada do Senhor dos Nazgûl em Minas Tirith, quando a Cidade é derrotada e seus Portões, destruídos — e, ainda assim, tão poderosa é toda a fileira da resistência humana, que ele próprio incitara e organizara, que, na verdade, não ocorre batalha alguma entre os dois: ela passa a outras mãos mortais. Ao final, antes de partir para sempre, ele resume a si mesmo: "Eu fui o inimigo de Sauron". Ele poderia ter acrescentado: "para esse propósito fui enviado à Terra-média". Mas, com isso, no final ele teria querido dizer mais do que no início. Ele foi enviado devido a um mero plano prudente dos Valar ou governantes angélicos; mas a Autoridade assumiu esse plano e o ampliou, no momento em que este falhou. "Nu fui mandado de volta — por breve tempo, até minha tarefa estar concluída". Enviado de volta por quem, e de onde? Não pelos "deuses", cujo assunto é apenas com esse mundo personificado e com seu tempo; pois ele saiu "do pensamento e do tempo". Nu, infelizmente, não está claro. A intenção foi simplesmente literal, "desnudo como uma criança" (não desencarnado) e, dessa forma, pronto para receber o manto branco do mais elevado. O poder de Galadriel não é divino, e não se pretende que sua cura em Lórien seja mais que a cura e o alívio físicos.

Porém, se é "trapaça" tratar a "morte" como algo que não faz diferença, a corporificação não pode ser ignorada. Gandalf pode estar aprimorado em poder (isto é, sob as formas desta fábula, em santidade), mas, estando ainda encarnado, deve ainda sofrer preocupação e ansiedade e as necessidades da carne. Ele não tem mais (se não menos) certezas, ou liberdades, do que, digamos, um teólogo vivo. De qualquer modo, nenhum dos meus personagens "angélicos" é representado como tendo conhecimento do futuro completamente, ou mesmo conhecimento algum onde outras *vontades* estão envolvidas. Daí a constante tentação destes em fazer, ou tentar fazer, o que para eles é *errado* (e desastroso): coagir vontades inferiores pelo poder — por admiração, se não pelo medo real ou pela limitação física. Mas a natureza do conhecimento dos deuses sobre a história do Mundo, e sua parte na criação deste (antes que fosse personificado ou tornado "real") — de onde retiravam seu conhecimento do futuro, tal como lhes estava disponível —, é parte da mitologia principal. Ao menos lá é representado que a intrusão de Elfos e Homens naquela história não teve qualquer participação deles, mas que era algo reservado: por isso Elfos e Homens eram chamados de Filhos de Deus; e por isso os deuses os amavam (ou os odiavam) especialmente: como possuidores de uma relação com o Criador igual a deles próprios, ainda que de estatura diferente. Essa é a situação mito-teológica neste momento na História, que foi tornada explícita, mas que ainda não foi publicada.

Os Homens "caíram" — quaisquer lendas apresentadas na forma de uma suposta história antiga deste nosso mundo real devem aceitar isso —, mas os povos do Oeste, o lado bom, são Reformados. Isto é, são os descendentes dos Homens que tentaram arrepender-se e fugiram em direção ao Oeste do domínio do Primeiro Senhor Sombrio e da falsa adoração deste e, em contraste com os Elfos, renovaram (e ampliaram) seu conhecimento da verdade e da natureza do Mundo. Escaparam, assim, da "religião" em um sentido pagão para um mundo puramente monoteísta, no qual todas as coisas, seres e poderes que pudessem parecer dignos de adoração não eram para serem adorados, nem mesmo os deuses (os Valar), sendo apenas criaturas do Uno. E Ele estava imensamente distante.

Os Altos Elfos eram exilados do Reino Abençoado dos Deuses (após sua própria queda élfica particular) e não possuíam "religião" (ou práticas religiosas, melhor dizendo), pois haviam estado nas mãos dos deuses, louvando e adorando *Eru*, "o Uno", *Ilúvatar*, o Pai de Tudo, na Mont. de Aman.

A estirpe mais elevada de Homens, aqueles das Três Casas, que auxiliaram os Elfos na Guerra primordial contra o Senhor Sombrio, foi recompensada com a dádiva da Terra da Estrela, ou Ociente (= Númenor), que era a mais ocidental de todas as terras mortais e quase à vista de Casadelfos (Eldamar) nas praias do Reino Abençoado. Lá se tornaram os Númenóreanos, os Reis de Homens. Foi-lhes concedida uma duração de vida três vezes maior — mas não a "imortalidade" élfica (que não é eterna, mas medida pela duração da Terra no tempo); pois o ponto de vista desta mitologia é de que a "mortalidade", ou uma duração curta de vida, e a "imortalidade", ou uma duração indefinida de vida, eram partes do que poderíamos chamar de *natureza* biológica e espiritual dos Filhos de Deus, Homens e Elfos (os primogênitos), respectivamente, e *não* poderia ser alterada por ninguém (mesmo um Poder ou deus) e não seria alterada pelo Uno, exceto talvez por uma daquelas estranhas exceções a todas as regras e regulamentações que parecem surgir na história do Universo e apresentam o Dedo de Deus como a única Vontade e Agente completamente livre.*

Assim, os Númenóreanos iniciaram um grande bem novo, e como monoteístas; mas, (ainda mais) como os judeus, com apenas um único centro físico de "adoração": o pico da montanha Meneltarma, "Pilar do Céu" — literalmente, pois não concebiam o céu como uma residência divina —, no centro de Númenor; porém, não possuía construções ou templos, já que todas essas coisas tinham associações malignas. Mas eles "caíram" novamente — por causa de uma Interdição ou proibição, inevitavelmente. Foram proibidos de navegar para o *oeste* além de sua própria terra, pois não tinham a permissão de serem ou de tentarem ser "imortais"; e neste mito o Reino Abençoado é representado como

* A história de Beren e Lúthien é a maior exceção, uma vez que é o modo pelo qual a "elficidade" fica enredada como uma linha na história humana.

ainda possuidor de uma existência física verdadeira como uma região do mundo real, uma região que poderiam ter alcançado com navios, por serem marinheiros formidáveis. Enquanto obedientes, pessoas do Reino Abençoado os visitavam com frequência, e desse modo seu conhecimento e suas artes alcançaram um nível quase élfico.

Mas a proximidade do Reino Abençoado, a própria extensão da sua duração de vida concedida como uma recompensa e o crescente prazer pela vida fizeram com que começassem a ansiar pela "imortalidade". Não violaram a interdição, mas a viam com rancor. E forçados ao leste, voltaram-se da beneficência de suas aparições nas costas da Terra-média para o orgulho, para o desejo de poder e para a riqueza. Dessa maneira, entraram em conflito com Sauron, o tenente do Primeiro Senhor Sombrio, que voltara ao mal e estava reivindicando tanto a realeza como a divindade sobre os Homens da Terra-média. Foi pela questão da *realeza* que Ar-pharazôn, o 13º[3] e mais poderoso Rei de Númenor, desafiou-o em primeiro lugar. Sua armada que aportou em Umbar era tão grande, e os Númenóreanos em seu auge eram tão terríveis e resplandecentes, que os serviçais de Sauron desertaram-no.

Então Sauron recorreu ao logro. Entregou-se e foi levado à Númenor como um refém-prisioneiro. Mas, é claro, ele era uma pessoa "divina" (nos termos desta mitologia; um membro menor da raça dos Valar) e, dessa forma, poderoso demais para ser controlado dessa maneira. Ele colocou firmemente a mente de Arpharazôn sob seu controle e acabou corrompendo muitos dos Númenóreanos, destruiu a concepção de Eru, agora representado como uma mera invenção dos Valar ou Senhores do Oeste (uma sanção fictícia à qual recorriam caso alguém questionasse suas decisões), e tomou o lugar uma religião satânica com um grande templo, a adoração do despojado e mais antigo dos Valar (o rebelde Senhor Sombrio da Primeira Era).* Ele por fim induz Arpharazôn, assustado com a aproximação da velhice, a criar a maior de todas as armadas e lançar-se em guerra contra o próprio Reino Abençoado e tomá-lo à força e a sua "imortalidade" em suas próprias mãos.†

* Há apenas um "deus": Deus, *Eru Ilúvatar*. Há as primeiras criações, seres angélicos, dos quais aqueles mais participantes na Cosmogonia residem (por amor e escolha) dentro do Mundo, como Valar ou deuses, ou governantes; e há criaturas racionais encarnadas, Elfos e Homens, de posição e naturezas similares, porém diferentes.

† Essa obviamente era uma ilusão, uma mentira satânica. Pois como os emissários dos Valar claramente o informam, o Reino Abençoado não confere imortalidade. A terra é abençoada porque os Abençoados lá habitam, e não vice-versa, e os Valar são imortais por direito e natureza, enquanto os Homens são mortais por direito e natureza. Porém, ludibriado por Sauron, ele rejeita tudo isso como um argumento diplomático para repelir o poder do Rei dos Reis. Isso pode ou não ser "herético", caso esses mitos sejam considerados como enunciados sobre a verdadeira natureza do Homem no mundo real: não sei. Mas

Os Valar não tinham qualquer resposta real a essa rebelião monstruosa, pois dos Filhos de Deus não estavam sob sua jurisdição última: não tinham permissão de destruí-los ou de coagi-los com qualquer exibição "divina" dos poderes que exerciam sobre o mundo físico. Apelaram a Deus; e uma "mudança de planos" catastrófica ocorreu. No momento em que Arpharazôn pisou na costa proibida, uma fenda apareceu: Númenor soçobrou e foi totalmente devastada; a armada foi engolida; e o Reino Abençoado removido para sempre dos círculos do mundo físico. Depois disso era possível navegar ao redor do mundo e nunca o encontrar.

Assim terminou Númenor-Atlântida e toda a sua glória. Mas, em um tipo de situação como a de Noé, o pequeno grupo dos Fiéis de Númenor, que havia se recusado a tomar parte na rebelião (embora muitos deles tenham sido sacrificados no Templo pelos Sauronianos), escapou em Nove Navios (Vol. I. 379, II. 202) sob a liderança de *Elendil* (= Ælfwine, Amigo-dos-Elfos) e de seus filhos *Isildur* e *Anárion*, e estabeleceram um tipo de lembrança diminuída de Númenor no Exílio nas costas da Terra-média — herdando o ódio de Sauron, a amizade dos Elfos, o conhecimento do Deus Verdadeiro e (de maneira menos feliz) o anseio pela longevidade, o hábito do embalsamamento e da construção de tumbas esplêndidas — seus únicos "locais sagrados", ou quase isso. Mas o "local sagrado" de Deus e a Montanha haviam perecido, e não havia um verdadeiro substituto. Além disso, quando os "Reis" chegaram ao fim, não havia um equivalente de um "sacerdócio": os dois eram idênticos nos conceitos Númenóreanos. Assim, embora Deus (Eru) fosse um elemento da filosofia númenóreana boa,* e um fato primordial em sua concepção da história, na época da Guerra do Anel Ele não possuía um culto nem um lugar sagrado. E essa espécie de verdade negativa era característica do Oeste e de toda a área sob a influência númenóreana: a recusa em adorar qualquer "criatura" e, sobretudo, "senhor sombrio" ou demônio satânico algum, Sauron ou qualquer outro, era praticamente o mais longe a que chegaram. Não possuíam (imagino eu) orações suplicantes a Deus, mas preservavam

---

a visão do mito é de que a Morte — a mera brevidade da duração da vida humana — não é um castigo pela Queda, mas uma parte biologicamente (e, portanto, também espiritualmente, visto que o corpo e o espírito são integrados) inerente à natureza do Homem. A tentativa de escapar dela é perversa por ser "não natural" e tola porque a Morte nesse sentido é a Dádiva de Deus (invejada pelos Elfos), a libertação do cansaço do Tempo. A Morte, no sentido penal, é vista como uma mudança na atitude em relação a ela: medo, relutância. Um bom Númenóreano morria de livre-vontade quando sentia ser a hora de fazê-lo.

*Existiam Númenóreanos maus: Sauronianos, mas eles não entram nesta história, a não ser remotamente, como os cruéis Reis que se tornaram Nazgûl ou Espectros-do-Anel.

o vestígio do ato de dar graças. (Aqueles sob especial influência élfica podiam recorrer aos poderes angélicos para auxílio em perigo imediato ou por medo de inimigos malignos.*) Posteriormente é mostrado que havia um "local sagrado" no Mindolluin, acessível apenas ao Rei, onde antigamente ele dava graças e louvor em nome de seu povo; mas o local havia sido esquecido. Foi restabelecido por Aragorn, e lá ele encontrou uma muda da Árvore Branca e replantou-a no Pátio da Fonte. Deve-se presumir que, com o reaparecimento dos reis sacerdotes lineais (dos quais Lúthien, a Donzela-élfica Abençoada, era uma ancestral), a adoração de Deus seria retomada e Seu Nome (ou título) seria novamente ouvido com mais frequência. Mas não existiriam *templos* do Deus Verdadeiro enquanto a influência númenóreana durasse.

Porém, eles ainda estavam vivendo às margens do mito — ou, melhor dizendo, esta história exibe o "mito" passando para a História ou o Domínio dos Homens; pois certamente a Sombra irá se erguer novamente, de certa maneira (como é claramente previsto por Gandalf), mas nunca mais (a não ser que seja antes do grande Final) um demônio maligno irá encarnar como um inimigo físico; ele direcionará os Homens e todas as complicações de meios-males, bens falhos e as sombras da dúvida quanto a lados, situações as quais ele mais adora (já é possível vê-las surgindo na Guerra do Anel, que de modo algum é uma questão tão bem-definida quanto alguns críticos declararam): estas serão e são nosso destino mais difícil. Mas se fossem imaginadas pessoas em tal estado mítico, no qual o Mal está amplamente encarnado e no qual a resistência física a ele é um ato maior de lealdade a Deus, creio que as "pessoas boas" estariam exatamente nesse estado: concentradas no negativo: a resistência ao falso, enquanto a "verdade" permaneceria mais histórica e filosófica do que religiosa.

No entanto, "magos" não são em qualquer sentido ou grau "indistintos". Não os meus. Tenho dificuldade em encontrar nomes ingleses para criaturas mitológicas com outros nomes, uma vez que as pessoas não "aceitariam" uma série de nomes élficos, e prefiro que elas aceitem minhas criaturas lendárias mesmo com as falsas associações da "tradução" do que não as aceitem de modo algum.

Até mesmo os anões não são realmente "dwarfs" (*Zwerge, dweorgas, dvergar*) germânicos, e os chamo de "dwarves" [anões] para salientar isso. Eles não são naturalmente maus, não são necessariamente hostis e não são uma espécie de povo-verme gerado nas pedras, mas uma variedade de criaturas racionais encarnadas. Os *istari* são traduzidos

---

* Os Elfos com frequência recorriam à Varda-Elbereth, a Rainha do Reino Abençoado, sua amiga especial; e assim o faz Frodo.

"wizards" [magos] por causa da conexão de "wizard" [mago] com *wise* [sábio] e, assim, com "witting" [cônscio] e entendedor. Na verdade, eles são emissários do Verdadeiro Oeste e, desse modo, indiretamente de Deus, enviados precisamente para fortalecer a resistência do "bem", quando os Valar ficam cientes de que a sombra de Sauron está mais uma vez tomando forma.

[O rascunho termina com uma discussão da natureza dos *istari* e da morte e reencarnação de Gandalf que se parece com a passagem sobre esse assunto anteriormente na carta.]

157 De uma carta para Katharine Farrer
27 de novembro de 1954

[O segundo volume de *O Senhor dos Anéis* foi publicado, com o título *As Duas Torres*, em 11 de novembro.]

Tenho me sentido realmente muito mal, já que soube que você tem estado doente e preocupada, e jamais escrevi ou telefonei ou ofereci qualquer ajuda (ou mesmo solidariedade). Sempre tendo a intenção de fazê-lo, é claro! A quaisquer olhos que não os seus, devo ter parecido o tipo de "amigo" que joga suas obras sobre você quando já está sobrecarregada, engole os elogios e o encorajamento, espera críticas e então parte quando você começa a ter um colapso.....

É claro que compreendo as dificuldades financeiras. Pois férias verdadeiras não deveriam ser apenas "remuneradas", mas "mais do que remuneradas". Tenho certeza de que deve haver fundos em algum lugar que sejam destinados a tal propósito. Se não puderem ser encontrados ou pedidos, *nada* me daria mais prazer do que me tornar um. Eu *bem* poderia, por exemplo, dispor de £50 (e *mais*, caso esse aumento no meu salário ocorra). Mas talvez isso pareça impertinente demais. Esqueça, se parecer. (Só posso dizer que Trinity foi muito gentil comigo quando estive em um aperto danado nos primeiros anos da guerra,[1] e prefiro esse modo de ser grato — ao ajudar aquele que é de longe seu membro mais distinto e sua esposa a rumarem "em direção ao sol".) Deus os abençoe.....

Devolvo um exemplar de *Lewis*.[2] Envio também um exemplar da "Encounter", na qual ocorreu uma das aclamações de Auden: quase a mesma coisa, porém mais longa do que o N.Y.S. Times.[3] Consegui a "Encounter" para você, então não precisa devolvê-la. Os Ents parecem ter sido em geral um sucesso (até mesmo com Muir);[4] mas A. é um crítico melhor. Como de praxe comigo, eles foram antes desenvolvidos a partir de seu nome do que o oposto. Sempre tive a sensação de que algo deveria ser feito sobre a peculiar palavra anglo-saxã *ent* para um "gigante" ou pessoa poderosa de muito tempo atrás — a quem todas as antigas obras eram atribuídas. Se tivesse um tom levemente filosófico (mesmo que, na filologia usual, ela "não esteja relacionada com qualquer particípio presente do verbo ser"), isso também me interessava.

Estou desesperadamente atrasado com os "Apêndices" para o Vol. III; mas tenho sido incomodado com muitas coisas; e Chris, sobrecarregado demais para ajudar com mapas. Não dá para evitar. Estou cuidando disso.

158 De uma carta para Rayner Unwin

2 de dezembro de 1954

[Um comentário sobre a "sinopse" na sobrecapa da edição da Houghton Mifflin de *As Duas Torres*.]

Só agora tive tempo para dar uma espiada no material da "sobrecapa" da H.M.. . . . . Esse relato deve ter sido escrito por alguém que não leu o livro, mas que se baseou em boatos lembrados de modo impreciso. A "revelação da trama", é claro, é um procedimento tolo (e desnecessário); mas a trama revelada pelo menos poderia ser aquela do livro descrito. Ou isso é parte do jogo?

158a Para Rayner Unwin

[Unwin pediu a Tolkien que enviasse todo o material que ele tivesse produzido para os Apêndices, caso contrário, eles teriam que considerar a possibilidade de publicar *O Retorno do Rei* sem eles.]

20 de dezembro de 1954 — 76 Sandfield Road, Headington, Oxford

Meu caro Rayner,

Sinto muitíssimo. Tenho me esforçado bastante; mas tenho estado terrivelmente atormentado, e, além disso, durante a última semana ou mais, doente.

Esta carta é apenas para dizer que tentarei enviar pelo menos o material principal *amanhã*. É claro, já será então (ainda que você receba na quarta-feira) tarde demais. Mas fui desafortunado. Tive mais do que qualquer pessoa poderia lidar este ano, e problemas domésticos; e estou completamente exausto.

Sinceramente,
J.R.R. Tolkien.

159 De uma carta para Dora Marshall 3 de março de 1955

[Uma resposta a uma carta de uma leitora de *O Senhor dos Anéis*.]

Tive uma grande dificuldade (levou vários anos) para conseguir publicar minha história, e não é fácil dizer quem está mais surpreso com o resultado: eu ou os editores! Mas continua um prazer inesgotável para mim ver minha própria crença justificada: a de que a "estória de fadas" é realmente um gênero adulto e para o qual existe um público faminto. Disse mais ou menos isso no meu ensaio sobre a estória de fadas na coleção dedicada à memória de Charles Williams. Mas foi uma mera proposta — que aguardava provas. Como C.S. Lewis me disse há muito tempo, mais ou menos — (não suponho que minha memória de seus *comentários* seja mais precisamente exata do que a dele sobre os meus: com frequência descubro coisas estranhas atribuídas a mim em suas obras) — "se não vão escrever o tipo de livros que queremos ler, teremos de escrevê-los nós mesmos; mas isso é muito trabalhoso". Por ser um homem de imenso poder e dedicação, sua "trilogia" foi terminada muito mais cedo em meio a muitos outros trabalhos; porém, finalmente minha máquina mais lenta e mais meticulosa (assim como mais indolente e menos organizada) produziu seu esforço. O trabalho! Eu mesmo datilografei quase tudo *duas vezes*, e algumas partes com mais frequência; sem mencionar os estágios manuscritos! Mas sinto-me grandemente recompensado e encorajado em ver que o trabalho não foi desperdiçado. Uma carta como a sua é suficiente — e "fornece mais do que qualquer autor deveria pedir".

Conheci bem Charles Williams em seus últimos anos: em parte por causa do bom hábito de Lewis de escrever para autores que o agradavam (o que colocou a nós dois em contato com Williams); e ainda mais por causa da boa sorte em meio ao desastre que transferiu Williams para Oxford durante a Guerra. Mas não creio que influenciamos um ao outro de modo algum! "Cabeças-duras" e diferentes demais. Ambos ouvimos (nos aposentos de C.S.L.) fragmentos grandes e em grande parte ininteligíveis de obras um do outro lidos em voz alta, pois C.S.L. (homem sensacional) parecia capaz de apreciar a nós dois. Contudo, creio que ambos achávamos a mente do outro (ou melhor dizendo, o modo de expressão e o clima) tão impenetrável em questões de "literatura" quanto achávamos a presença e a conversa do outro prazerosa.

160 De uma carta para Rayner Unwin 6 de março de 1955

[Tolkien havia entregado uma parte do material para os Apêndices do Volume III de *O Senhor dos Anéis*, e a Allen & Unwin o estava pressionando pelo restante. Em 2 de março, Rayner Unwin escreveu para implorar que o restante fosse entregue, dizendo que, de outra forma, os editores teriam de "ceder à intensa pressão que está se acumulando e publicar [o terceiro volume] sem todo o material adicional".]

Devo aceitar seu desafio. Devemos nos contentar com o material que eu puder produzir na ocasião do seu retorno. Espero que o Mapa, que realmente é o mais necessário, seja incluído.

Agora gostaria que nenhum apêndice tivesse sido prometido! Pois acredito que o aparecimento deles em uma forma truncada e condensada não satisfará a ninguém: com certeza não a mim; claramente, pela espantosa quantidade de cartas que recebo, não àquelas pessoas que gostam desse tipo de coisa — surpreendentemente muitas; enquanto aquelas que apreciam o livro apenas como um "romance heroico" e consideram "imagens inexplicadas" parte do efeito literário, negligenciarão os apêndices, muito apropriadamente.

Não tenho tanta certeza de que a tendência de tratar a coisa toda como uma espécie de grande jogo seja realmente boa — cert. não para mim, que considero esse tipo de coisa como uma atração por demais fatal. Suponho que seja um tributo ao efeito curioso que histórias têm, quando baseadas em trabalhos muito elaborados e detalhados de geografia, cronologia e idioma, de que tantos clamem por puras "informações" ou "pano de fundo". Mas os pedidos que as pessoas fazem exigiriam mais uma vez um livro, pelo menos do tamanho do Vol. I.

De qualquer forma, a questão do "pano de fundo" é muito intrincada, inútil a não ser que seja exato, e a condensação dentro dos limites disponíveis deixa-o insatisfatório. É necessária uma grande concentração (e tempo livre) e, estando completamente interligado, não pode ser tratado em fragmentos. Descobri isso, já que enviei parte dele.

161 De uma carta para Rayner Unwin — 14 de abril de 1955

O mapa é um inferno! Não fui tão cuidadoso quanto devia ao observar as distâncias. Acho que um mapa em grande escala simplesmente revela todas as fissuras na armadura — além de ser obrigado a diferenciar um pouco da versão impressa em pequena escala, que era semi-pictórica. Posso ter de abandoná-lo nessa viagem!

162 De uma carta para Rayner Unwin — 18 de abril de 1955

Enviei, registrado em um envelope separado, o novo e belo desenho de Christopher do esboço do mapa em grande escala que fiz da área mais abordada no Vol. III.

Espero que seja aprovado..... A escala (que notei que ele não inseriu) está ampliada exatamente 5 vezes a partir daquela do mapa geral.

162a De uma carta para Rayner Unwin — 26 de maio de 1955

Lamento ter atrasado as coisas por tanto tempo, mas me alegra saber que você aprova os apêndices; embora eu ainda não esteja muito feliz com eles. Veremos!....

Os tipógrafos realmente são muito bons. São muito poucas as palavras com erros de impressão; e o revisor deles corrige pontos da cronologia númenóreana quando cometo deslizes! Não temo nenhum atraso maior na revisão das provas. Minha principal ansiedade é com respeito às datas. Estarei ausente entre 6 e 13 de junho, incl., e entre 30 de julho e 13 de agosto. Mas tenho esperanças de que o segundo intervalo não precisará ser levado em consideração. É possível administrar o primeiro. Para evitar um colapso, estou simplesmente desaparecendo em segredo sem contar a ninguém (exceto você agora), e posso fornecer um endereço para provas e outras questões acerca de *O Senhor dos Anéis*, se necessário.

163 Para W.H. Auden

[Auden, que escrevera uma resenha de *A Sociedade do Anel* no *New York Times Book Review* e na *Encounter*, recebera provas do terceiro volume, *O Retorno do Rei*. Ele escreveu a Tolkien em abril de 1955 para fazer várias perguntas que surgiram com a leitura do livro. A resposta de Tolkien não foi preservada (Auden geralmente jogava cartas fora depois de lê-las). Auden escreveu novamente em 3 de junho para dizer que haviam lhe pedido para dar uma palestra sobre *O Senhor dos Anéis* no Third Programme da BBC em outubro. Ele perguntou a Tolkien se havia quaisquer questões que ele gostaria de ouvir serem mencionadas no programa e se ele forneceria alguns "toques humanos" na forma de informações sobre como o livro veio a ser escrito. A resposta de Tolkien foi preservada porque nesta ocasião — e quando subsequentemente escreveu para Auden — ele guardou uma cópia em papel carbono, da qual este texto foi tirado.]

7 de junho de 1955 — 76 Sandfield Road, Headington, Oxford

Caro Auden,

Fiquei muito feliz por ter notícias suas e contente por sentir que você não ficou entediado. Receio que você mais uma vez receberá uma carta particularmente longa; mas pode fazer o que quiser com ela. Bato-a à máquina de modo que ela possa ao menos ser rapidamente legível. Não creio de fato que eu seja terrivelmente importante. Escrevi a Trilogia[1] como uma satisfação pessoal, impulsionado pela escassez de literatura do tipo que eu queria ler (e o que havia com frequência estava por demais adulterado). Um grande trabalho; e como o autor da *Ancrene Wisse* diz no final de sua obra: "Eu preferiria, Deus é minha testemunha, partir a pé para Roma do que começar de novo o trabalho!" Porém, ao contrário dele, eu não teria dito: "Leia um pouco deste livro no seu tempo livre todos os dias; e espero que, se o ler com frequência, ele lhe seja muito útil; do contrário, terei gastado minhas longas horas de forma ruim." Eu não estava pensando muito na utilidade ou no prazer dos outros, embora ninguém possa realmente escrever ou criar algo de maneira puramente particular.

Contudo, quando a BBC emprega alguém tão importante quanto você para falar publicamente sobre a Trilogia, não sem referência ao autor, o mais modesto (ou, de qualquer forma, o mais reservado) dos homens, cujo instinto é o de ocultar tal conhecimento sobre si próprio que possua, e tais críticas da vida tal como ele a conhece, sob uma vestimenta mítica e lendária, não consegue evitar de pensar sobre isso em termos pessoais — e achar interessante, e difícil também, expressar-se tanto breve como precisamente.

O Senhor dos Anéis, como uma história, foi terminado há tanto tempo que agora posso ter uma visão em grande parte impessoal dele e considerar as "interpretações" bastante divertidas; mesmo aquelas que eu mesmo posso fazer, que em sua maioria são *post scriptum*: tive pouquíssimas intenções particulares, conscientes e intelectuais em mente em qualquer ponto.* Exceto por algumas críticas deliberadamente depreciativas — tais como a do Vol. II no *New Statesman*,[3]

* Veja os Ents, por exemplo. Não os inventei conscientemente de modo algum. O capítulo chamado "Barbárvore", desde a primeira observação de Barbárvore na p. 66, foi escrito mais ou menos como se encontra, com um efeito sobre mim (exceto pelas dores do trabalho) quase como o de ler a obra de outra pessoa. E gosto dos Ents agora porque eles não parecem ter algo a ver comigo. Suponho que algo estivesse acontecendo no "inconsciente" por algum tempo, e isso esclarece meu sentimento do começo ao fim, especialmente quando empacado, que eu não estava inventando, mas relatando (imperfeitamente) e às vezes tinha de esperar até que o "que realmente havia acontecido" viesse à tona. Mas em retrospecto, analiticamente, devo dizer que os Ents são compostos de filologia, literatura e vida. Devem seu nome a *eald enta geweorc*[2] do anglo-saxão e à sua ligação com as pedras. A parte deles na história deve-se, creio eu, ao meu amargo desapontamento e desgosto dos dias de colégio com o pobre uso feito em Shakespeare da chegada da "Grande Floresta de Birnam à alta colina de Dunsinane": eu ansiava por desenvolver uma ambientação na qual as árvores pudessem realmente marchar para a guerra. E nisso inseriu-se uma simples porção de experiência, a diferença da atitude "masculina" e da "feminina" em relação a coisas selvagens, a diferença entre o amor não possessivo e a jardinagem.

onde nós dois fomos açoitados com termos como "pubescente" e "infantilismo" —, o que os leitores apreciativos apreenderam da obra ou viram nela parece bastante justo, mesmo quando eu não concordo com eles. Excetuando sempre, é claro, quaisquer "interpretações" no modo de simples alegoria: isto é, a particular e tópica. Em um sentido mais amplo, suponho que seja impossível escrever qualquer "história" que não seja alegórica em proporção conforme "ganha vida", uma vez que cada um de nós é uma alegoria, incorporada em um conto particular e vestido com os trajes do tempo e do lugar, da verdade universal e da vida eterna. De qualquer forma, a maior parte das pessoas que apreciaram *O Senhor dos Anéis* foi afetada por ele primeiramente como uma história emocionante; e é desse modo que ela foi escrita. Embora, é claro, não se escape da pergunta "ela é sobre o quê?" por essa porta dos fundos. Seria como responder a uma pergunta estética ao falar de uma questão de técnica. Suponho que se alguém fizer uma boa escolha sobre o que é "boa narrativa" (ou "bom teatro") em um determinado ponto, também se descobrirá ser o caso que o evento descrito será o mais "significante".

Voltando, se me permite, aos "Toques humanos" e à questão de quando comecei. É como perguntar ao Homem quando começaram os idiomas. Foi um desenvolvimento inevitável, embora condicionável, do nascimento. Tem estado sempre comigo: a sensibilidade para o padrão linguístico que me afeta emocionalmente como as cores ou a música; e o amor apaixonado pelas coisas que crescem; e a resposta profunda a lendas (por falta de palavra melhor) que possuem o que eu chamaria de temperamento e temperatura do noroeste. De qualquer forma, se quiser escrever uma história desse tipo, é preciso consultar suas raízes, e um homem do noroeste do Velho Mundo colocará seu coração e a ação de sua história em um mundo imaginário daquela atmosfera e daquela situação: com o Mar Sem Margens de seus inumeráveis ancestrais a Oeste e as terras intermináveis (das quais os inimigos na maioria das vezes vêm) a Leste. Porém, seu coração além disso pode lembrar-se, mesmo se tiver sido isolado de toda a tradição oral, dos rumores ao longo das costas a respeito dos Homens vindos do Mar.

Digo isso sobre o "coração" pois tenho o que alguns podem chamar de um complexo de Atlântida. Possivelmente herdado, embora meus pais tenham morrido jovens demais para que eu soubesse tais coisas sobre eles, e jovens demais para transmitir tais coisas em palavras. Herdado de mim (suponho) apenas por um de meus filhos,[4] embora eu não soubesse disso sobre meu filho até recentemente, e ele não sabia disso sobre mim. Refiro-me ao terrível sonho recorrente (que começa com a lembrança) da Grande Onda, elevando-se e avançando inelutavelmente sobre as árvores e os campos verdes. (Transmiti-o a Faramir.) Não acho que eu o tenha tido desde que escrevi a "Queda de Númenor" como a última das lendas da Primeira e Segunda Eras.

Sou um habitante das West Midlands pelo sangue (e afeiçoei-me ao antigo inglês médio das West Midlands como se fosse uma língua conhecida assim que coloquei meus olhos nele), mas talvez um fato da minha história pessoal possa explicar em parte por que a "atmosfera do noroeste" me atrai como um "lar" e como algo descoberto. Na verdade, nasci em Bloemfontein e, portanto, aquelas impressões implantadas profundamente, lembranças fundamentais da primeira infância que ainda estão disponíveis de forma pictórica para inspeção são para mim aquelas de um país quente e árido. Minha primeira lembrança de Natal é a de um sol abrasador, de cortinas abertas e de um eucalipto inclinado.

Receio que esta carta esteja se tornando terrivelmente tediosa e longa demais, pelo menos mais longa do que "esta pessoa desprezível diante de você" merece. No entanto, é difícil parar uma vez estimulado por um tópico tão cativante como si próprio. Quanto ao condicionamento: estou ciente mormente do condicionamento linguístico. Fui para a King Edward's School e passei a maior parte do meu tempo aprendendo latim e grego; mas também aprendi inglês. Não Literatura Inglesa! Com exceção de Shakespeare (de que eu cordialmente não gostava), os principais contatos com a poesia eram quando era preciso traduzi-la para o latim. Não é um modo ruim de introdução, ainda que um pouco casual. Quero dizer, a algo da língua inglesa e de sua história. Aprendi anglo-saxão no colégio (e também gótico, mas isso foi um acidente sem muita relação com o currículo, apesar de decisivo — descobri nele não somente a filologia histórica moderna, que agradava ao lado histórico e científico, mas pela primeira vez o estudo de um idioma por puro amor: quero dizer, pelo intenso prazer estético derivado de um idioma por si só, não apenas livre da necessidade de ser útil, mas livre até mesmo da necessidade de ser o "veículo de uma literatura").

Há dois ou três elementos. Um fascínio que os nomes galeses exerciam sobre mim, mesmo que vistos apenas em caminhões de carvão na minha infância, é um deles, embora as pessoas me dessem apenas livros que eram incompreensíveis para uma criança quando eu pedia informações. Não aprendi nada de galês até me tornar um estudante universitário, e encontrei nele uma duradoura satisfação linguístico-estética. O espanhol foi outro: meu guardião era metade espanhol e, no início da minha adolescência, eu costumava roubar seus livros para tentar aprender o idioma: o único idioma românico que me dá o prazer em particular do qual estou falando — não é exatamente a mesma coisa que a mera percepção da beleza: percebo a beleza, digamos, do italiano ou, aliás, do inglês moderno (que está muito distante do meu gosto pessoal) — é mais como o apetite por um alimento necessário. Talvez o mais importante, depois do gótico, foi a descoberta, na biblioteca do Exeter College, quando eu deveria estar estudando para as Honour Mods, de uma gramática de finlandês. Foi como descobrir uma adega repleta de garrafas de um vinho estupendo de um tipo e sabor jamais provados antes. Fiquei completamente inebriado; e desisti da tentativa de inventar um idioma germânico "não registrado", e meu "próprio idioma" — ou uma série de idiomas inventados — tornou-se muito afinlandesado em padrão e estrutura fonéticos.

É claro que isso já é passado. O gosto linguístico muda como tudo mais conforme o tempo passa; ou oscila entre polos. O latim e o tipo britânico de céltico o detêm agora, com o belamente coordenado e padronizado (ainda que padronizado de forma simples) anglo-saxão bem próximo e, mais além, o nórdico antigo com o vizinho, porém estranho, finlandês. Não se poderia dizer britânico-romano? Com uma forte, porém mais recente infusão da Escandinávia e do Báltico. Bem, suponho que tais gostos linguísticos, com o devido desconto pelo revestimento escolar, sejam testes de ancestralidade tão bons quanto ou melhores do que grupos sanguíneos.

Tudo isso apenas como pano de fundo para as histórias, embora os idiomas e os nomes sejam para mim inextricáveis das histórias. Eles são e foram, por assim dizer, uma tentativa de fornecer um pano de fundo ou um mundo no qual minhas expressões de gosto linguístico pudessem ter uma função. As histórias surgiram relativamente mais tarde.

Tentei escrever uma história pela primeira vez quando eu tinha cerca de sete anos. Era sobre um dragão. Não me recordo de coisa alguma sobre ela, exceto um fato filológico. Minha mãe nada disse sobre o dragão, mas observou que não se podia dizer "um verde dragão grande", mas que se devia dizer "um grande dragão verde". Perguntei-me por quê, e ainda o faço. O fato de que me lembro disso possivelmente é significativo, já que acho que não tentei mais escrever uma história por muitos anos e me ocupei com idiomas.

Mencionei o finlandês porque ele deu o pontapé inicial nas histórias. Fui imensamente atraído por algo na atmosfera da Kalevala, mesmo na fraca tradução de Kirby. Nunca aprendi finlandês bem o suficiente para fazer algo mais do que penar através de um pouco do original, como um aluno com Ovídio, ocupando-me principalmente com seu efeito no "meu idioma". Contudo, o início do legendário, do qual a Trilogia é parte (a conclusão), foi uma tentativa de reorganizar algumas porções da Kalevala, em especial o conto de Kullervo, o infeliz, em uma forma de minha própria autoria. Como eu disse, isso começou no período das Honour Mods; quase que desastrosamente, visto que cheguei muito perto de ter minha bolsa de estudos tirada de mim, se não expulso. Digamos de 1912 a 1913. Conforme se desenvolvia, na prática a escrevi em verso, apesar de a primeira história verdadeira desse mundo imaginário, quase totalmente formado conforme aparece agora, ter sido escrita em prosa durante a licença médica no fim de 1916: A Queda de Gondolin, a qual tive a insolência de ler para o Clube de Ensaios do Exeter College em 1918.[5] Escrevi muito mais em hospitais antes do fim da Primeira Grande Guerra.

Prossegui depois de retornar; mas não tive sucesso quando tentei fazer com que alguma parte desse material fosse publicado. *O Hobbit* originalmente não possuía muita relação, embora ele tenha sido inevitavelmente atraído para a circunferência da construção maior; e acabou modificando-a. Infelizmente a intenção era de que fosse de modo consciente uma "história infantil" e, como na época eu não possuía senso erudito e meus filhos não eram velhos o suficiente para me corrigir, a obra tem algumas das bobagens de costumes adquiridas irrefletidamente do tipo de material que me servia, tal como Chaucer podia pegar um refrão de menestrel. Arrependo-me profundamente delas. As crianças inteligentes também.

Tudo que me lembro sobre o início de *O Hobbit* é de me sentar para corrigir provas para o Certificado Escolar no cansaço interminável daquela tarefa anual imposta sobre acadêmicos sem dinheiro e com filhos. Em uma folha em branco rabisquei: "Numa toca no chão vivia um hobbit." Não sabia e não sei por quê. Não fiz nada a respeito por um longo tempo, e por alguns anos não fui além da produção do Mapa de Thror. Porém, tornou-se *O Hobbit* no início da década de 1930, e foi finalmente publicado não por causa do entusiasmo dos meus próprios filhos (embora tenham gostado bastante dele*), mas porque o emprestei para a então Rev. Madre de Cherwell Edge quando ela teve uma gripe, e ele foi visto por uma ex-aluna que naquela época estava no escritório da Allen and Unwin. Creio que foi analisado por Rayner Unwin; se não fosse por ele, quando adulto, acho que eu jamais conseguiria publicar a Trilogia.

Uma vez que *O Hobbit* foi um sucesso, foi exigida uma continuação; e as distantes Lendas Élficas foram recusadas. O leitor de um editor disse que elas estavam repletas do tipo de beleza celta que enlouquecia os anglo-saxões em uma dose grande. É muito provável que estivesse

---

*Não mais, creio, do que *A Maravilhosa Terra dos Snergs*, Wyke-Smith, Ernest Benn 1927. Vendo a data, devo dizer que essa provavelmente foi uma fonte inconsciente! para os Hobbits, não de algo mais.

certo. De qualquer modo, eu mesmo vi o valor dos Hobbits, ao colocar terra debaixo dos pés do "romance" e ao fornecer alvos para o "enobrecimento" e heróis mais dignos de elogios do que os profissionais: *nolo heroizari* é obviamente um começo tão bom para um herói quanto *nolo episcopari* é para um bispo. Não que eu seja um "democrata" em qualquer um de seus usos correntes; exceto por supor que, para falar em termos literários, somos todos iguais diante do Grande Autor, *qui deposuit potentes de sede et exaltavit humiles*.[6]

Ainda assim, eu não estava preparado para escrever uma "continuação", no sentido de outra história infantil. Eu vinha pensando na época sobre "Estórias de Fadas" e sua relação com as crianças — alguns dos resultados eu inseri em uma palestra em St Andrews e, por fim, ampliei e publiquei-a como um Ensaio (entre aqueles listados na O.U.P. como *Essays Presented to Charles Williams* e que agora, de maneira muito vil, deixaram esgotar). Como eu havia expressado a opinião de que a ligação no pensamento moderno entre crianças e "estórias de fadas" é falsa e acidental, e estraga as estórias em si mesmas e para as crianças, eu queria tentar escrever uma que não fosse destinada a crianças de modo algum (como tais); eu queria também uma tela grande.

Naturalmente muito trabalho esteve envolvido, visto que eu tive de criar um elo com *O Hobbit*; mas ainda mais com a mitologia do pano de fundo. Esta também teve de ser reescrita. *O Senhor dos Anéis* é apenas a parte final de uma obra quase duas vezes maior[7] na qual trabalhei entre 1936 e 53. (Eu queria fazer com que tudo fosse publicado na ordem cronológica, mas isso se mostrou impossível.) E era necessário lidar com os idiomas! Se eu tivesse levado em consideração o meu próprio prazer mais do que os estômagos de um possível público, haveria muito mais élfico no livro. Mas mesmo os fragmentos que lá estão necessitariam, para que tivessem um significado, de duas gramáticas e fonologias organizadas e uma grande quantidade de palavras.

Teria sido uma grande tarefa sem mais nada; mas tenho sido um administrador e professor moderadamente consciencioso, e troquei de cátedra em 1945 (descartando todas as minhas antigas aulas). E, é claro, durante a Guerra com frequência não havia tempo para qualquer coisa racional. Fiquei preso durante muito tempo no final do Livro Três. O Livro Quatro foi escrito como um folhetim e enviado para meu filho, que estava servindo na África em 1944. Os dois últimos livros foram escritos entre 1944 e 48. Isso obviamente não significa que a ideia principal da história foi um produto da guerra. A ideia apareceu em um dos primeiros capítulos ainda em existência (Livro I, 2). Ela é de fato apresentada, e está presente como gérmen, desde o início, embora eu não tivesse uma noção consciente do que o Necromante representava (a não ser o mal sempre recorrente) em *O Hobbit*, nem a sua ligação com o Anel. No entanto, caso se quisesse continuar a partir do final de *O Hobbit*, acredito que o anel seria a escolha inevitável como o elo. Se então uma história grande fosse desejada, o Anel adquiriria na mesma hora uma letra maiúscula, e o Senhor Sombrio apareceria imediatamente. Conforme apareceu, sem ser convidado, na lareira em Bolsão tão logo cheguei naquele ponto. Assim, a Demanda essencial começou de imediato. Porém, encontrei várias coisas no caminho que me surpreenderam. Tom Bombadil eu já conhecia; mas eu nunca havia estado em Bri. Passolargo sentado no canto da estalagem foi um choque, e eu não tinha mais ideia de quem ele era do que Frodo. As Minas de Moria tinham sido um mero nome; e sobre Lothlórien notícia alguma havia chegado aos meus ouvidos mortais até que eu lá chegasse. Longe dali eu sabia que havia os Senhores-de-cavalos nos confins de um antigo Reino de Homens, mas a Floresta de Fangorn foi uma aventura inesperada. Jamais havia ouvido falar da Casa de Eorl nem dos Regentes de Gondor. O mais inquietante de tudo é que Saruman jamais havia se revelado a mim, e fiquei tão perplexo quanto Frodo por Gandalf não conseguir aparecer em 22 de setembro. Eu nada sabia sobre as *Palantíri*, apesar de que, no momento em que a pedra de Orthanc foi arremessada da janela, eu a reconheci e soube o significado da "rima de saber" que estivera perambulando na minha mente: *sete estrelas e sete pedras, uma árvore branca, já vês*. Esses versos e nomes acabam surgindo, mas nem sempre se explicam. Ainda tenho de descobrir alguma coisa sobre os gatos da Rainha Berúthiel.[8] Mas eu sabia mais ou menos tudo sobre Gollum e seu papel, e sobre Sam, e sabia que o caminho era guardado por uma Aranha. E se isso tiver algo a ver com a picada que levei de uma tarântula quando eu era criança,[9] as pessoas podem achar o que quiserem (supondo o improvável, que alguém se interesse). Só posso dizer que não me lembro de nada sobre o fato e não saberia sobre ele se não tivessem me contado; e não tenho aversão a aranhas a ponto de entrar em pânico, e não tenho impulsos de matá-las. Geralmente resgato aquelas que encontro na banheira!

Bem, agora estou ficando realmente gárrulo. Espero que você não fique terrivelmente entediado. Também espero vê-lo novamente alguma hora, quando talvez possamos falar sobre você e seu trabalho e não sobre o meu. Seja como for, seu interesse em mim é um encorajamento considerável.

Com os melhores votos. Sinceramente,
J.R.R. Tolkien.

164 De uma carta para Naomi Mitchison 29 de junho de 1955

Tenho tido momentos muito cansativos, com muito mais trabalho do que eu realmente poderia lidar, *mais* o Vol. III. Estou me sentindo tão murcho quanto um pneu furado; mas posso reviver quando (ou se, conforme prometido) as provas finais do Vol. III chegarem amanhã.

Os livreiros — entre eles o Sr. Wilson de Bumpus — dizem que, tendo sido adiado por tanto tempo, o final de setembro é agora o momento apropriado para a publicação.....

Acredito que a "A and U" possa agora aceitar a "história mais antiga" de alguma forma. Quando estive na cidade sexta-feira passada, eles pareceram dispostos a considerar um livro quase tão longo quanto o Vol. I.

165 Para Houghton Mifflin Co.

[Em 5 de junho de 1955, no *New York Times Book Review*, o colunista Harvey Breit dedicou parte de seu artigo semanal "In and Out of Books" a um relato sobre Tolkien e suas obras. O artigo incluía esta passagem: "O que, perguntamos ao Dr. [sic] Tolkien, impulsiona o senhor? O Dr. T., que leciona em Oxford quando não está escrevendo romances, deu esta resposta rápida: 'Não sou impulsionado. Não sou uma máquina. (Se fosse impulsionado, eu não teria opinião sobre isso, e seria melhor o senhor perguntar à manivela.) Minha obra não "evoluiu" para uma obra séria. Ela começou assim. A assim chamada "história infantil" [*O Hobbit*] foi um fragmento, arrancado de uma mitologia já existente. Quanto a ela ter sido caracterizada como "para crianças", em estilo ou modo, disso eu me arrependo. Assim como as crianças. Sou um filólogo e todo o meu trabalho é filológico. Evito passatempos porque sou uma pessoa muito séria e não consigo distinguir entre divertimento particular e obrigação. Sou afável, mas insociável. Trabalho apenas para divertimento particular, uma vez que acho minhas obrigações particularmente divertidas.'"

Essas observações aparentemente foram tiradas de uma carta escrita por Tolkien em resposta a perguntas de um representante do *New York Times*. Em 30 de junho de 1955, Tolkien escreveu para a Houghton Mifflin Co., sua editora norte-americana: "Por favor, não me culpem pelo que Breit fez de minha carta! .... A original fazia sentido: uma qualidade, contudo, que Harvey B. parece não perceber. Foi-me feita uma série de perguntas, com um pedido para responder de maneira breve, clara e citável..... Por pura piedade [de outro inquiridor desejoso de informações] .... Anexo alguns apontamentos sobre questões, que não meros fatos, de meu "curriculum vitae" (que pode ser obtido a partir de livros de referência)." Esses "alguns apontamentos" são reproduzidos abaixo. O texto foi retirado de um datiloscrito feito aparentemente pela Houghton Mifflin Co. a partir do original de Tolkien; esse texto datilografado foi enviado a vários inquiridores em diferentes ocasiões, alguns dos quais fizeram citações do texto em artigos sobre Tolkien. O próprio Tolkien recebeu uma cópia do datiloscrito e fez algumas anotações e correções nele, que estão incorporadas no texto aqui impresso.]

Meu nome é TOLKIEN (*não -kein*). É um nome alemão (da Saxônia), uma anglicização de *Tollkiehn*, i.e. *tollkühn*. Porém, exceto como um guia para a grafia, esse fato é tão falacioso quanto todos os fatos em estado bruto. Pois não sou nem "foolhardy" [temerário],[1] nem alemão, seja lá o que alguns ancestrais distantes possam ter sido. Eles migraram para a Inglaterra há mais de 200 anos, e tornaram-se depressa intensamente ingleses (não britânicos), embora permanecessem musicais — um talento que infelizmente não me foi passado.*

Na verdade, sou muito mais um Suffield[2] (uma família provinda de Evesham em Worcestershire), e é à minha mãe, que me educou (até que eu obtivesse uma bolsa de estudos na antiga Escola Secundária em Birmingham), que devo meus gostos pela filologia, especialmente de idiomas germânicos, e pelos romances. Em termos ingleses, sou de fato um habitante das West-Midlands que se sente em casa apenas nos condados ao longo das Marcas Galesas; e creio também que seja devido tanto à descendência quanto à oportunidade que o anglo-saxão, o inglês médio ocidental e o verso aliterante sejam tanto uma atração de infância como minha principal esfera profissional. (Também acho a língua galesa especialmente atraente†) Escrevo versos aliterantes com prazer, embora tenha publicado pouco além dos fragmentos em *O Senhor dos Anéis*, com exceção de "O Regresso de Beorhtnoth" (em *Essays and Studies of the English Association*, 1953, Londres, John Murray), recentemente transmitido duas vezes pela BBC: um diálogo dramático sobre a natureza do "heroico" e do "cavalheiresco". Espero terminar ainda um longo poema sobre *A Queda de Arthur* com a mesma métrica.[3]

*O nome, escrito dessa maneira, também entrou nos Estados Unidos, 2 ou 3 gerações atrás, a partir do Canadá. Recentemente troquei algumas correspondências com uma família no Texas.

†O "sindarin", um idioma élfico-cinzento, é na verdade construído deliberadamente para se assemelhar ao galês fonologicamente e para ter uma relação com o alto-élfico similar àquela que existe entre o britânico (assim chamado apropriadamente, isto é, os idiomas celtas falados nesta ilha na época da Invasão Romana) e o latim. Todos os nomes no livro, e os idiomas, são obviamente construídos, e não aleatoriamente.

Ainda assim, nasci em Bloemfontein, Estado Livre do Rio Orange — outro fato falacioso (apesar de minhas lembranças mais antigas serem as de um país quente), visto que fui enviado para casa em 1895 e passei a maior parte dos 60 anos desde então em Birmingham e Oxford, com exceção de 5 ou 6 anos em Leeds: meu primeiro posto após a Guerra de 1914–18 foi na universidade de lá. Realmente não sou viajado, embora conheça Gales e tenha ido com frequência à Escócia (nunca ao norte do Tay) e conheça um pouco da França, Bélgica e Irlanda. Passei um bom tempo na Irlanda e, na verdade, desde julho último sou um D. Litt. do University College Dublin; mas note-se que coloquei os pés pela primeira vez no "Eire" em 1949 após *O Senhor dos Anéis* ter sido terminado, e acho tanto o gaélico como o ar da Irlanda totalmente estranhos — embora o último (não o idioma) seja atraente.

Eu poderia acrescentar que em outubro recebi um título (Doct. en Lettres et Phil.) em Liège (Bélgica) — ainda que apenas para registrar o fato que me surpreendeu ao ser recebido em francês como "le createur de M. Bilbo Baggins" e ainda mais ao me contarem, como explicação dos aplausos, que eu era um "livro obrigatório" ?????? Ai de mim!

Se eu puder elucidar o que H. Breit deixou de minha carta: a observação sobre "filologia" tinha a intenção de aludir ao que eu acredito que seja um "fato" primordial sobre minha obra, o de que ela é inteiramente consistente e *fundamentalmente linguística* em inspiração. As autoridades da universidade bem podem considerar uma aberração de um idoso professor de filologia escrever e publicar estórias de fadas e romances e chamar isso de "passatempo", perdoável porque tem sido (de maneira surpreendente para mim tanto quanto para qualquer um) bem-sucedido. Mas esse não é um "passatempo" no sentido de algo muito diferente do trabalho da pessoa, usado como uma válvula de escape. A invenção de idiomas é a base. As "histórias" foram antes criadas para fornecer um mundo para os idiomas do que o contrário. Para mim, um nome vem primeiro e a história depois.* Eu preferia ter escrito em "élfico". Porém, é claro que uma obra como *O Senhor dos Anéis* foi editada e foi deixada somente a quantidade de "idioma" que achei que seria digerida pelos leitores. (Vejo agora que muitos teriam gostado de mais.) Mas há uma grande quantidade de questões linguísticas (que não nomes e palavras verdadeiramente "élficos") inclusa ou mitologicamente expressada no livro. De qualquer forma, para mim

*Certa vez rabisquei "hobbit" em uma página em branco de alguma prova escolar enfadonha no início da década de 1930. Passou-se algum tempo até eu descobrir ao que ele se referia!

ele é em grande parte um ensaio sobre "estética linguística", como às vezes digo às pessoas que me perguntam "do que trata tudo isso?".

Ela não é "sobre" coisa alguma além de si mesma. Certamente *não* possui intenções alegóricas, gerais, particulares ou tópicas, morais, religiosas ou políticas. A única crítica que me aborreceu foi a de que ela "não contém religião" (e "nem Mulheres", mas isso não importa e não é verdade, de qualquer maneira). É um mundo monoteísta de "teologia natural". O estranho fato de que não há igrejas, templos ou rituais e cerimônias religiosas simplesmente é parte do clima histórico descrito. Ele será suficientemente explicado se (como agora parece provável) o *Silmarillion* e as outras lendas das Primeira e Segunda Eras forem publicados. Em todo caso, sou cristão; mas a "Terceira Era" não era um mundo cristão.

"Terra-média", a propósito, não é um nome de uma terra imaginária sem relação com o mundo no qual vivemos (como o Mercúrio de Eddison).[4] É apenas um uso da palavra *middel-erde* (ou *erthe*) do inglês médio, alterada a partir da palavra *Middangeard* do inglês antigo: o nome para as terras habitadas dos Homens "entre os mares". E embora eu não tenha tentado relacionar o formato das montanhas e das massas de terra com o que os geólogos podem dizer ou conjeturar sobre o passado mais próximo, imaginativamente se presume que essa "história" ocorra em um período do verdadeiro Velho Mundo deste planeta.

Há certas coisas e temas, é claro, que especialmente me comovem. As inter-relações entre o "nobre" e o "simples" (ou comum, vulgar), por exemplo. O enobrecimento do ignóbil considero especialmente comovente. Sou (obviamente) muito apaixonado pelas plantas e, acima de tudo, pelas árvores, e sempre fui; e considero os maus-tratos humanos para com elas tão difíceis de se tolerar quanto alguns consideram o maltrato de animais.

Acredito que a chamada "estória de fadas" seja uma das formas mais elevadas de literatura, e muito erroneamente associada com crianças (como tais). No entanto, minhas opiniões sobre o assunto eu coloquei em uma palestra apresentada em St Andrew's (na fundação Andrew Lang, que veio a ser publicada em *Essays Presented to Charles Williams* pela Oxford University Press como "Sobre Estórias de Fadas"). Creio que seja uma obra particularmente importante, pelo menos para qualquer um que ache que eu seja de fato digno de consideração; mas a O.U.P., de maneira enfurecedora, deixou que esgotasse, embora esteja agora em demanda — e o meu único exemplar foi roubado. Ainda assim, é possível que seja encontrado em uma biblioteca, ou eu poderia conseguir um exemplar.

Se tudo isso for obscuro, prolixo e egocêntrico, e nem "breve, claro ou citável", perdoem-me. Há mais alguma coisa que gostariam que eu dissesse?

Sinceramente,
J(ohn) R(onald) R(euel) Tolkien.

P.S. O livro obviamente *não* é uma "trilogia". Isso e os títulos dos volumes foram um embuste visto como necessário para a publicação, devido ao tamanho e custo. Não há uma divisão real em 3, nem uma parte é inteligível sozinha. A história foi concebida e escrita como um todo e as únicas divisões naturais são os "livros" I-VI (que originalmente possuíam títulos).

[A maior parte da porção central desse relato autobiográfico foi incorporada em um artigo, "Tolkien on Tolkien" (Tolkien sobre Tolkien), na edição de outubro de 1966 da revista *Diplomat*. Esse artigo incluía três parágrafos que não constam no texto citado acima, que presumivelmente foram escritos por volta de 1966:]

Esse negócio começou há tanto tempo que se poderia dizer ter começado no nascimento. Em algum momento, por volta dos seis anos de idade, tentei escrever alguns versos sobre um *dragão*, dos quais agora nada lembro, exceto que continham a expressão um *verde dragão grande* e que fiquei perplexo por um longo tempo por terem me contado que ela deveria ser *grande dragão verde*. Mas a mitologia (e idiomas associados) começou a tomar forma durante a guerra de 1914–18. *A Queda de Gondolin* (e o nascimento de Eärendil) foi escrita no hospital e durante uma licença depois de eu ter sobrevivido à Batalha do Somme em 1916. A parte central da mitologia, a questão de *Lúthien Tinúviel* e *Beren*, surgiu de uma pequena clareira na floresta cheia de "cicutas" (ou de outras umbelíferas brancas) próxima a Roos na península de Holderness — para onde eu ocasionalmente ia quando ficava livre das obrigações regimentais na época em que estava na Guarnição do Humber em 1918.

Por fim e a passos lentos vim a escrever *O Senhor dos Anéis* para satisfazer a mim mesmo: claro que sem sucesso; em todo caso, não acima de 75 por cento. Mas agora (quando a obra não é mais quente, imediata ou tão pessoal) certas características dela, e em especial certos lugares, ainda me comovem de maneira poderosa. O coração permanece na descrição de Cerin Amroth (final do Vol. I, Liv. ii, cap. 6), mas fico deveras emocionado com som dos cavalos dos Rohirrim ao canto do galo; e deveras pesaroso com o fracasso de Gollum em (quase) arrepender-se quando interrompido por Sam: isso realmente me parece com o mundo *real*, no qual os instrumentos de justa retribuição são eles próprios raramente justos ou sagrados; e os bons frequentemente são empecilhos. . . . .

Nada me surpreendeu mais (e acredito que aos meus editores) do que a recepção dada a *O Senhor dos Anéis*. Porém, essa obviamente é uma fonte constante de consolo e prazer para mim. E, posso dizer, uma sorte singular, muito invejada por alguns de meus contemporâneos. Pessoas maravilhosas ainda *compram* o livro, e para um homem "aposentado" isso é agradável e reconfortante.

165a De uma carta para Allen & Unwin — 5 de julho de 1955

[Referente às provas dos Apêndices.]

As provas chegaram sem problemas, mas só *sábado de manhã*, embora a carta em anexo de Jarrold estivesse datada de quarta-feira, 29 de junho.

É uma pressão um tanto grande! Há 103 páginas de material impresso de forma compacta, e muitas referências, para conferir. Felizmente, o trabalho foi bem feito e, pelo que posso ver por uma primeira leitura, há pouca coisa que precisa ser corrigida.

Contudo, eles deixaram a p. 402 em branco, exceto pelos numerais, e não me sinto inclinado a dar essa "carta branca". Além disso, como mencionei, não possuo uma cópia paginada da narrativa das pp. 1–312 do Vol. III, e eu gostaria de ver uma que incorporasse as alterações que enviei com o último lote (algumas necessárias pela assimilação de texto e o novo mapa); e preciso de uma cópia para corrigir referências de notas de rodapé a *páginas* do Vol. III nos Apêndices! ...

Creio que o melhor que posso fazer é lhe enviar as provas marcadas *amanhã*, qua., seja qual for o custo do sono. (Infelizmente, perdi três dias de lazer e agora não estou tão livre!) Preencherei os espaços em branco na p. 402 à mão. Mas *quero revisar a prova dessa página*.

165b De uma carta para Allen & Unwin — 15 de julho de 1955

[Tolkien estava agora revisando as partes restantes dos Apêndices, incluindo a tabela com os Angerthas no Apêndice E.]

Receio que as coisas tenham ficado um tanto confusas. Em parte, devido à minha inexperiência. Provavelmente teríamos poupado tempo e dinheiro se eu tivesse conseguido ir aí e repassar o material com a Produção antes de ser enviado a Jarrolds.

A minha intenção com a página em questão era de que fosse um esquema engenhoso (!) com o qual os "valores" das Runas decorativas pudessem ser *impressos* como uma legenda sem prejudicar a aparência do "Angerthas" traçado com mais cuidado e sem que houvesse a necessidade de outro bloco. Portanto, os símbolos escolhidos não eram estritamente "fonéticos", mas, conforme imaginei, encontravam-se no âmbito de uma fonte não especializada..... A página que enviei (com os espaços em branco preenchidos à mão) era meramente *uma orientação para a impressão*, e inadequada para um bloco. Blocos são tão inclementes até mesmo a uma página elaborada com cuidado quanto a iluminação de neon o é ao rosto humano; e, é claro, essa página surrada parece terrível.

Infelizmente, a escolha de que forma adotar agora está presa à correção do texto explicativo na p. 404. Visto que eu estava com muita pressa para lhe enviar o material na qua., 6 de julho, (infelizmente!) não tenho um registro preciso do que fiz naquela página. Seria melhor se eu pudesse esperar para ver as provas finais.

Mas é realmente impossível *imprimir* essa página? Ela ficaria muito melhor. Envio em anexo duas alternativas para sua apreciação.....

Fui tão apressado com as provas dessas partes dos Apêndices que não haviam sido impressas antes que realmente não tive tempo de examiná-las da maneira apropriada. É preciso que me seja possível fazer correções adicionais quando eu receber as provas finais.

Por exemplo, há um erro nos cálculos nos quais se baseiam as afirmações nas ll. 16–17 e 35–45 da p. 386, e esses precisam ser alterados.....

Domingo, 17 de julho. Com referência à sua carta de 6 de julho, estou bastante ansioso com a *narrativa* do Vol. III (até a página 312). Recebi de Jarrolds uma cópia das provas dessa parte — que *não* continha as alterações atrasadas que fiz em *abril*. A Srta. Eaton me informou que não conteriam as alterações — mas por que não?

166 De uma carta para Allen & Unwin — 22 de julho de 1955

[As provas dos Apêndices do terceiro volume, *O Retorno do Rei*, causaram muitos aborrecimentos a Tolkien. Elas chegaram atrasadas da gráfica, e ele descobriu que a página que conteria uma "legenda" fonética para o *Angerthas* ou runas anânicas fora impressa sem os símbolos fonéticos que deveria possuir. Ele devolveu essa página com os símbolos desenhados à mão, e então os tipógrafos reproduziram esse esboço em fac-símile, que não era o que Tolkien pretendia; seu desejo era de que eles colocassem os símbolos fonéticos em tipos. Ele também estava ansioso porque não havia recebido provas de páginas da narrativa de *O Retorno do Rei* com as revisões incluídas que ele havia enviado aos tipógrafos algum tempo antes. A carta abaixo, que trata dessas questões, é típica das muitas cartas incomodadas que ele escreveu durante essas semanas.]

Devolvo em pacote separado o material que me foi enviado (que chegou ao meio-dia da quarta-feira). Dei o melhor de mim e lidei o mais rápido possível com ele; mas temo que eu tenha perdido a postagem de hoje e esta não será enviada até amanhã. O tempo é curto e o material é por demais intricado!

Ainda estou perplexo e insatisfeito com o procedimento — seja como for, isso torna meu papel muito mais trabalhoso e aumenta enormemente as chances de que erros e discrepâncias ainda apareçam no volume publicado.

Sei que enviei correções depois que as provas de páginas revisadas foram devolvidas. No entanto, isso já faz muito tempo e ainda não entendo por que agora eu deveria receber Perguntas, feitas pelo revisor principal durante sua "*leitura final do texto principal*" que não são baseadas no texto final, mas em um que não inclui numerosas (e algumas extensivas) revisões. É quase certo que ocorram erros, ou que já tenham ocorrido, em alguns desses pontos. Os tipógrafos sempre cometem erros ao compor a partir da minha letra!

Também estou um pouco incomodado porque, embora as páginas selecionadas de Perguntas sejam apresentadas "apenas para Perguntas" e contenham correções de pequenos detalhes (assim como Perguntas) no decorrer delas, continua a haver *erros* nessas páginas que não foram nem indagados, nem corrigidos. Por exemplo, o cabeçalho Casa de Cura no decorrer do Liv. V Cap. 8, apesar do título do capítulo.

Contudo, agora me resta m. pouco tempo, e eu não pude lidar com nada que chegou em seguida após a manhã de quarta-feira. Por não estar satisfeito, nem de fato (francamente) completamente tranquilo, redigi uma lista de todas as retificações, inserções e correções do texto principal que ainda *não* aparecem nas provas. Deixei essa lista o mais clara que pude, e espero que ela seja cuidadosamente consultada com o texto. . . . .

Só posso esperar que o *Angerthas* apareça corretamente! Porém, estou bastante ansioso. Jarrolds parece ter adotado minha sugestão e propõe agora usar a letra fonética ŋ em vez da minha ng̃. Mas a Tabela na forma imprimível que enviei, e que os senhores informaram (por telefone) que estava sendo adotada, usava ng̃.

☞ Espero que se tenha cuidado em usar ng̃ ou ŋ do início ao fim. *E que, além disso, NÃO se substitua* ng̃ *por* ŋ, *por favor.* Estou alarmado com a pergunta do Revisor sobre ŋ no final da (p. 404) linha 23. Isso revela que, apesar de sua visão aguçada, ele não compreendeu a distinção simples que está sendo feita; ou assim parece.....

Espero que alguma parte dessa carta esteja legível. Estou m. cansado.

166a De uma carta para Rayner Unwin — 27 de julho de 1955

Parto do Reino do Norte para uma rápida excursão a Gondor sábado de manhã, mas espero estar de volta em 16 de agosto. Não creio que algo urgente o suficiente vá ocorrer nesse ínterim que necessite de uma mensagem, mas de 7 a 14 de agosto estarei em Assis.

166b Para Allen & Unwin

[Unwin enviou algumas dúvidas finais sobre *O Retorno do Rei*. Sem as respostas, o livro não poderia ser enviado para impressão.]

11 de agosto de 1955 — Assis

Caro Sr. Beard,

O Sr. Rayner, na sua carta de 9 de agosto, que recebi esta manhã (algo *miracolo*[1] numa terra de entregas postais m. irregulares), pediu-me que respondesse ao senhor.

Receio que não possa responder às perguntas de maneira suficientemente segura enquanto me encontro aqui. (Sempre temi que houvesse dificuldades caso eu não tivesse uma prova do texto final!) Se tudo correr bem, estarei de volta a Oxford domingo à noite, e lhe telefonarei segunda-feira de manhã.....

Sinceramente,
J.R.R. Tolkien.

167 De uma carta para Christopher e Faith Tolkien
15 de agosto de 1955

[Tolkien, com sua filha Priscilla, visitara a Itália do final de julho até meados de agosto.]

Ainda estou espantado com os afrescos de Assis. Vocês precisam visitá-la. Chegamos para o grande festival de Santa Clara e para a noite de 11–12 de agosto. A Missa Solene foi cantada pelo Cardeal Micara com trombetas de prata na elevação!

Estou datilografando um diário. Continuo apaixonado pelo italiano e me sinto bastante desolado sem uma oportunidade de tentar falá-lo! Não devemos perder o jeito com ele.....

No geral, por pura diversão e prazer, apreciei mais os primeiros dias em Veneza. Mas vivemos de forma m. barata em Assis, e trouxe de volta cerca de £50. Nossa ópera foi estragada por um temporal durante toda a noite de quinta-feira; mas encenaram uma ópera especial extra na sexta-feira (nosso último dia em Veneza) para a qual nossos ingressos serviam. Assim, tivemos nossa *Rigoletto*. Perfeitamente assombrosa.

168 Para Richard Jeffery

[Uma resposta a um leitor que havia pedido uma tradução das palavras iniciais de uma das canções de Barbárvore (Livro III, capítulo 4) e uma explicação de vários nomes, incluindo "Onodrim", o nome élfico sindarin para os Ents.]

7 de setembro de 1955
76 Sandfield Road, Headington, Oxford Caro Sr. Jeffery,
Muito obrigado por sua carta. . . . Ela chegou enquanto eu estava fora, em Gondor (sc. Veneza), como uma mudança de ares do Reino do Norte, ou eu a teria respondido antes.

De qualquer forma, seu conhecimento da escrita élfica (não Runas) é realmente bom o suficiente para se poder ler. Contudo, não há, é claro, regras para a aplicação delas ao inglês, de maneira que é impossível cometer erros, exceto de acordo com o seu próprio sistema — de modo que suponho que seu nome seja Richard, embora o senhor tenha escrito 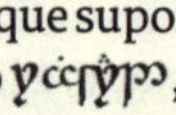, que no seu sistema deveria ser Rijard ( para ). Entretanto, haverá descrições suficientes das "letras" (*tengwar*) e das "runas" (*certar*) nos Apêndices do Vol. III para qualquer um que estiver interessado. . . . .

Infelizmente acabou não sendo possível, como eu esperava, fornecer um glossário de Nomes (com significados), o que também teria fornecido um vocabulário considerável de palavras élficas. Havia palavras demais e o espaço e o custo eram proibitivos. Porém, passei um longo tempo tentando fazer uma lista, e essa é uma razão para o atraso do Vol. III. . . . .

A maioria das perguntas que o senhor fez será respondida no Vol. III, creio eu. . . . . *Orofarne*, *lassemista* e *carnemírie* são as palavras em alto-élfico (o idioma preferido pelos Ents) para "morada montanhosa, cinza-folha e com adorno de joias vermelhas".

O plural "correto" de *onod* era *enyd*, ou o plural geral *onodrim*, embora *ened* possa ser uma forma usada em Gondor. No entanto, *en*, *ened* = meio, centro como em *Endor*, *Endóre* Terra-média (sind. *ennorath*); e *enedwaith* = povo/ ou região-do-meio, como *Forodwaith* =

região-do-norte etc. Não era um deserto quando o nome foi dado, mas tornou-se um durante a Terceira Era.[1] Ver a Cronologia das Segunda e Terceira Eras nos Apêndices do Vol. III. Peregrin, é claro, é um nome moderno real, embora signifique "viajante em países estranhos". Frodo é um nome real da tradição germânica. Sua forma em inglês antigo era *Fróda*. Sua ligação óbvia é com a antiga palavra *fród*, que significa etimologicamente "sábio por experiência", mas ela possui ligações mitológicas com lendas da Era de Ouro no Norte. . . . .

Sinceramente,
J.R.R. Tolkien

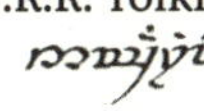

168a De uma carta para Katharine Farrer

8 de setembro de 1955

Realmente me sinto desesperadamente cansado — minhas breves férias ou excursão à Itália serviu antes para salientar esse cansaço em vez de aliviá-lo —, e deixei os dias passarem desde que voltei. Acho que não quero escrever ou ler ou mesmo "pensar" (até onde me presto a esse processo) de novo por um tempo bem longo, e preciso de trabalho manual. Na verdade, tenho gostado de trocar os móveis de lugar e de limpar. Mas a palestra O'Donnell, adiada com muita frequência, agora surge inelutável no horizonte e, uma vez que me esqueci do que pretendia dizer, e não consigo escrevê-la, isso se tornou uma espécime de pesadelo. . . . .[1]

Também gosto m. do povo galês e tentei muitas vezes dominar o coloquial moderno, infelizmente com poucos resultados. (A última vez que a ouvi foi sob a abóbada da Estação de Milão — falada pelo guia dos Cozinheiros, que lutou para encontrar lugares no trem para nós!) Mas isso é principalmente falta de oportunidade. Não é muito mais difícil do que francês (e é muito mais bem escrita).

169 De uma carta para Hugh Brogan

11 de setembro de 1955

Sua descoberta de "Numinor" em *Aquela Fortaleza Medonha* de C.S.L. é a descoberta de um plágio: bem, não isso, visto que ele usou a palavra, tirada de minhas lendas das Primeira e Segunda Eras, por acreditar que elas apareceriam em breve. Não apareceram, mas suponho que agora elas possam aparecer. A grafia *Numinor* deve-se ao fato de que ele a ouviu, mas não a viu. *Númenóre* ou *Númenor* significa em alto-élfico simplesmente Terra-do-Oeste. Quanto ao formato do mundo da Terceira Era, receio que ele tenha sido elaborado "dramaticamente" em vez de geológica ou paleontologicamente. Às vezes eu gostaria de ter tornado algum tipo de conformidade entre as imaginações ou teorias dos geólogos e meu mapa um pouco mais possível. Mas isso apenas teria criado mais problemas com a história humana.

170 De uma carta para Allen & Unwin 30 de setembro de 1955

Quando o Vol. III provavelmente aparecerá agora? Serei assassinado se algo não acontecer logo.

171 Para Hugh Brogan

[Em dezembro de 1954, Brogan escreveu a Tolkien criticando o estilo narrativo arcaico de partes de *As Duas Torres*, especialmente o capítulo "O Rei do Paço Dourado"; ele chamou esse estilo de "ossiânico" e disse que concordava com a descrição de um crítico do estilo como "afetado". Na época, Tolkien não respondeu; mas quando em 18 de setembro de 1955 Brogan escreveu novamente, desculpando-se por ser "impertinente, estúpido ou sicofanta", Tolkien começou a esboçar o texto abaixo. Na ocasião, ele não o enviou, mas acabou escrevendo uma carta breve dizendo que a questão do arcaísmo "levaria muito tempo para ser debatida" em uma carta e precisaria aguardar até o próximo encontro dos dois.]

[Setembro de 1955]
Caro Hugh,

. . . . Não fique perturbado: não percebi qualquer impertinência (ou sicofantismo) em suas cartas; e qualquer um tão apreciativo e tão perceptivo tem direito à crítica. De qualquer modo, não respiro naturalmente um ar de incenso concentrado! Não é o que você disse (penúltima carta, não a que respondi) ou o seu direito de dizê-lo que poderia ter exigido uma resposta se eu tivesse o tempo para tal, mas a dor que sempre sinto quando alguém — em uma era em que quase todo tipo de maltrato autoral do inglês é permitido (especialmente se disruptivo) em nome da arte ou da "expressão pessoal" — imediatamente repudia o "arcaísmo" deliberado. O uso apropriado de "afetado" aplica-se ao tipo de falso material "medieval" que tenta (sem conhecimento) dar uma suposta tonalidade temporal com expletivos, tais como *tush* [ora], *pish* [hunf], *zounds* [com os diabos], *marry* [deveras] e assim por diante. Porém, um verdadeiro inglês arcaico é muito mais *sucinto* do que o moderno; além disso, muitas coisas ditas não poderiam ser ditas em nossa linguagem relaxada e frequentemente frívola. É claro, não sendo especialmente versado em inglês moderno e muito mais familiarizado com obras nas linguagens antigas e "médias", meu próprio ouvido de certa forma é afetado; de modo que, embora eu pudesse lembrar sem dificuldade de como um moderno usaria isso ou aquilo, o que me vem à mente ou à caneta não é bem isso. Mas pegue um exemplo do capítulo que você destacou particularmente (e chamou de terrível): Livro iii, "O Rei do Paço Dourado". "Nay, Gandalf!" said the King. "You do not know your own skill in healing. It shall not be so. I myself will go to war, to fall in the front of the battle, if it must be. Thus shall I sleep better."*

Essa é uma bela amostra — arcaísmo moderado ou diluído. Usando apenas palavras que ainda são usadas ou conhecidas pelos eruditos, o Rei teria realmente dito: "Nay, thou (n')wost[1] not thine own skill in healing. It shall not be so. I myself will go to war, to fall..." etc. Bem sei o que um moderno diria. "De modo algum, meu caro G. Você não conhece sua própria habilidade como médico. As coisas não vão ser assim. Irei para a guerra pessoalmente, mesmo que eu tenha de ser uma das primeiras baixas" — e então o quê? Theoden certamente pensaria e provavelmente diria "assim hei de dormir melhor"! Mas as pessoas que pensam assim simplesmente não falam uma linguagem moderna. É possível usar "Repousarei mais facilmente em meu túmulo" ou "Dessa maneira dormirei mais profundamente em meu túmulo do que se tivesse ficado em casa" — se preferir. Contudo, haveria uma falta de sinceridade de pensamento, uma desunião de palavra e significado. Pois um Rei que falasse em um estilo moderno realmente não pensaria em tais termos, e qualquer referência a dormir serenamente no túmulo seria um arcaísmo deliberado de expressão de sua parte (seja lá como fosse expresso) muito mais artificial do que o próprio inglês "arcaico" que usei. Como um não cristão que faz uma referência a alguma crença cristã que na verdade não o comove de modo algum.

Ou a p. 127, como um exemplo de "arcaísmo" que não pode ser defendido como "dramático", visto que não está em diálogo, mas é a descrição do autor do modo como os convidados armaram-se — que parece ter particularmente lhe incomodado. Porém, tais cenas "heroicas" não ocorrem em um cenário moderno ao qual pertence uma linguagem moderna. Por que deliberadamente ignorar, recusar-se a usar a riqueza do inglês que nos deixa uma escolha de estilos — sem qualquer possibilidade de ininteligibilidade?

* "Não, Gandalf!", disse o rei. "Não conheces tua própria perícia de cura. Não há de ser assim. Eu mesmo irei à guerra, para tombar na frente de batalha se preciso for. Assim hei de dormir melhor." (As Duas Torres, p. 762) [N. T.]

Não consigo ver mais razão para não usar o *estilo* antigo muito mais *sucinto* e mais vívido do que para trocar as armas, elmos, escudos e cotas de malha obsoletos por uniformes modernos.

"Helms too they chose" [Também escolheram elmos] é arcaica. Algumas pessoas a classificam (erroneamente) como uma "inversão", uma vez que a ordem normal é "They also chose helmets" [Escolheram também elmos] ou "they chose helmets too" [escolheram elmos também]. (Verdadeiro ing. mod. "They also picked out some helmets and round shields" [Eles também escolheram alguns elmos e escudos redondos].) Mas essa não é a ordem normal, e se o ing. mod. perdeu o truque de se colocar uma palavra que se deseja enfatizar (por razões pictóricas, emocionais ou lógicas) em proeminente primeiro lugar, sem o acréscimo de várias palavrinhas "vazias" (como dizem os chineses), tanto pior para ele. E tanto melhor para ele quanto mais cedo reaprender o truque. E *alguém* deve começar o ensino, dando o exemplo.

Lamento ver *você* afetado pela extraordinária ilusão do séc. XX de que os usos do inglês *per se* e simplesmente como "contemporâneos" — independentemente de serem mais sucintos, mais vívidos (ou até mesmo mais nobres!) — possuem alguma validez peculiar acima daqueles de todas as outras épocas, de maneira que não usá-los (mesmo quando muito inadequados em tom) é um solecismo, uma gafe, uma coisa com a qual um amigo sente arrepios ou irrita-se. Deixe de lado esse paroquialismo de época! Além disso (para não ser tão pedante), aprenda a discernir entre a antiguidade falsa e a genuína — como você faria caso esperasse não ser enganado por um negociante!

[O rascunho termina aqui.]

172 De uma carta para Allen & Unwin 12 de outubro de 1955

[A Allen & Unwin propôs publicar *O Retorno do Rei* em 20 de outubro de 1955.]

Não faltem com o 20 de outubro! O último dia possível. No dia 21 tenho de apresentar a primeira "Palestra O'Donnell" (atrasada) e devo esperar que uma grande parte do meu público estará tão desnorteada por ficar acordada até tarde na noite anterior que não notará com muita atenção minha grave falta de preparo como palestrante de um tema celta.[1] Seja como for, quero aludir discretamente ao livro, visto que parte do que desejo dizer é a respeito de "celticidade" e no que ela consiste como um padrão linguístico.

173 De uma carta para Katharine Farrer 24 de outubro de 1955

[*O Retorno do Rei* foi publicado pontualmente em 20 de outubro.]

Uma vez que (apesar de estar de cama com uma garganta que tornou impossível palestrar até sexta-feira passada) realmente consegui apresentar a Palestra O'Donnell sobre o inglês e o galês (sexta-feira) e que não sou mais um funcionário de faculdade e o Livro está terminado — com exceção de uma folha de errata para a reimpressão já necessária do Vol. III, para tratar dos erros importantes do todo —, devo ficar muito mais livre depois desta semana.....

Estou de fato surpreso com a recepção do "Anel" e imensamente satisfeito. Mas não acredito que eu tenha iniciado alguma tendência. Não creio que tal criatura hobbitesca, ou mesmo um Homem de qualquer tamanho, faça isso. Se há uma maré (e acho que há), então sou simplesmente afortunado o suficiente por pegá-la, ainda que um pedacinho dela.....

Ainda sinto o quadro incompleto sem alguma coisa sobre Samwise e Elanor, mas não pude desenvolver algo que não teria destruído o final mais do que as pistas (possivelmente suficientes) nos apêndices.

174 Para Lord Halsbury

[Lord Halsbury, na época Diretor-Gerente da Corporação de Desenvolvimento de Pesquisas Nacionais, escreveu para sugerir que *O Silmarillion* poderia ser publicado através de doações, caso a Allen & Unwin não estivesse disposta a comprometer-se com a obra comercialmente.]

10 de novembro de 1955 Merton College, Oxford

Caro Lord Halsbury,

Foi gentil da parte do senhor escrever, e fiquei satisfeito por ter sua aprovação e interesse. Fiquei também grato por sua sugestão de uma edição por doações.

Contudo, a surpreendente recepção dada a *O Senhor dos Anéis* provavelmente tornará esse procedimento desnecessário; e justificou a firme resolução dos editores de lançarem a presente obra primeiro, embora eu desejasse apresentar o material em "ordem cronológica", pois isso teria aliviado e acelerado a narrativa da Terceira Era!

Não creio que seja mencionada qualquer coisa em *O S. dos A.* que já não exista nas lendas escritas antes que o livro fosse iniciado ou que pelo menos pertençam a um período anterior — com exceção apenas dos "gatos da Rainha Berúthiel".[1] Porém, receio que todo o material das Primeira e Segunda Eras seja por demais "alto-mítico" ou élfico e heroico, e não há qualquer "hobbitez": um ingrediente que parece ter tornado a presente mistura em geral mais palatável.

Visto que os editores estão agora pressionando pelo *Silmarillion* e cia. (que foi recusado há muito tempo), pretendo assim que puder encontrar tempo para tentar colocar o material em ordem para publicação, embora eu esteja muito cansado e não seja mais jovem o suficiente para pilhar a noite para compensar o déficit de horas no dia.

As obras que existem em alguma forma: *O Ainulindalë ou Cosmogonia*; o *Silmarillion*; os *Anais de Valinor*; os *Anais de Beleriand*; e três das principais histórias do *Silmarillion* contadas na íntegra separadamente: *Beren & Lúthien*, a *Queda de Gondolin*; e os *Filhos de Húrin*. Não faço ideia do tamanho que isso teria: pelo menos um equivalente do Vol. I, creio, embora mais "abarrotado". Há também a *Queda de Númenor*.

Concebivelmente pode interessá-lo ver um pouco dele [*O Silmarillion*] antes que seja moldado ou revisado, tendo em mente que é provável que ele seja muito alterado em detalhes e na apresentação — e certamente em estilo.

Mais uma vez obrigado pelo seu encorajamento.

Sinceramente,
J.R.R. Tolkien.

175 De uma carta para a Sra. Molly Waldron
30 de novembro de 1955

[*O Senhor dos Anéis* foi transmitido no Third Programme da BBC durante 1955 e 1956. Entre o grande elenco, os papéis de Gandalf e Tom Bombadil foram representados pelo ator Norman Shelley.]

Acredito que o livro seja bastante inadequado para "dramatização", e não apreciei as transmissões — apesar de terem melhorado. Achei Tom Bombadil terrível — mas ainda piores foram as observações preliminares do locutor de que Fruta d'Ouro era filha dele (!) e de que o Velho Salgueiro era um aliado de Mordor (!!). As pessoas não conseguem imaginar coisas que sejam hostis a homens e hobbits que lhes ataquem sem estarem aliadas com o Diabo!

176 De uma carta para Naomi Mitchison 8 de dezembro de 1955

Tive de apresentar a palestra de abertura das recém-fundadas Palestras O'Donnell em Estudos Celtas — já atrasada: e a compus com "toda a desgraça do mundo", como o poeta de Gawain fala da desgraçada raposa com os cães de caça em seu encalço. Mais desgraça ainda, já que sou um mero amador em tais assuntos e os estudiosos celtas são críticos e litigiosos; e mais desgraça por ter sido afligido por uma laringite.

Não acho as adaptações radiofônicas lá grandes coisas. Exceto por alguns detalhes, acho que não são bem-feitas, mesmo dado o roteiro e a legitimidade da iniciativa (que não concedo). Mas tiveram um certo cuidado com os nomes. Achei que o Anão (Glóin, não Gimli, mas suponho que Gimli se pareceria com seu pai — aparentemente a ideia que alguém tem de um alemão) não foi tão ruim, ainda que um pouco exagerado. Penso nos "Anãos" como os judeus: ao mesmo tempo nativos e estrangeiros em suas habitações, falando os idiomas do país, mas com um sotaque devido à sua própria língua particular.....

Tenho agora uma pestilenta tese de doutorado para explorar, quando preferiria estar fazendo algo menos útil.....

Desculpe-me pelo meu divertimento infantil com a aritmética; mas aí está: o calendário númenóreano era apenas um pouco melhor do que o gregoriano: o último sendo em média 26 segs mais rápido p. a. e o n[úmenóreano] 17,2 segs mais lento.

177 De uma carta para Rayner Unwin — 8 de dezembro de 1955

[A adaptação radiofônica de *O Senhor dos Anéis* foi discutida no programa "The Critics" da BBC; e, em 16 de novembro, W.H. Auden deu uma palestra no rádio sobre o livro em que disse: "Se alguém não gostar do livro, nunca mais confiarei no julgamento literário dessa pessoa sobre qualquer coisa." Enquanto isso, Edwin Muir, em uma crítica sobre *O Retorno do Rei* no *Observer*, em 27 de novembro, escreveu: "Todos os personagens são meninos fantasiados de heróis adultos . . . . e nunca atingirão a puberdade..... Quase nenhum deles conhece alguma coisa sobre mulheres."]

Concordo com a visão dos "críticos" sobre a adaptação radiofônica; mas fiquei aborrecido pelo fato de que, após confessarem que nenhum deles havia lido o livro, voltaram sua atenção para ele e para mim — incluindo conjeturas sobre minha religião. Também acho que Auden foi mal — ele de modo algum sabe ler poesia e tem um pobre senso rítmico; e lastimei que ele fizesse do livro "um teste de gosto literário". Não se pode fazer isso com obra alguma — e, se pudesse, apenas causaria enfurecimento. Eu estava completamente preparado para a réplica "anunciador de espetáculos" de Robert Robinson. Mas suponho que isso tudo seja bom para as vendas. Minha correspondência está agora incrementada por cartas de fúria contra os críticos e a transmissão radiofônica. Uma senhora idosa — em parte, de fato, o modelo para "Lobélia", embora ela não suspeite disso —, creio eu, certamente teria atacado Auden (e outros) se estivessem ao alcance de sua sombrinha. . . . .

Espero nestas férias começar a examinar o *Silmarillion*; apesar de a má sorte ter jogado uma tese de doutorado em cima de mim. . . . .

Maldito Edwin Muir e sua adolescência atrasada. Ele é velho o suficiente para saber que as coisas não são assim. Poderia lhe fazer bem ouvir o que as mulheres pensam do seu "conhecimento sobre mulheres", especialmente como um teste para ver se é mentalmente adulto. Se ele tivesse um mestrado, eu o nomearia para a cátedra de poesia[1] — uma doce vingança.

178 De uma carta para Allen & Unwin 12 de dezembro de 1955

[Contendo uma referência a Sarehole, o vilarejo onde Tolkien passou parte de sua infância.]

A propósito, não há necessidade de alterar "Sr." para Professor. Na adequada tradição de Oxford, professor não é um título de referência — ou não era, embora o hábito tenha vindo de lugares onde "professores" são pequenos potentados domésticos poderosos. Estou certo de que sem "professor" eu teria ouvido menos sobre o meu jeito de don e ninguém teria dito "O Condado não é longe do norte de Oxford". Ele na verdade é mais ou menos uma aldeia de Warwickshire por volta do período do Jubileu de Diamante — isso é tão distante quanto a Terceira Era daquele deprimente e perfeitamente ordinário amontoado de casas ao norte da antiga Oxford, que não possui sequer uma existência postal.

179 De uma carta para Hugh Brogan 14 de dezembro de 1955

[Brogan escreveu em 4 de dezembro para dizer que tinha "pesadelos recorrentes" de que ele poderia ter sido estúpido ou grosseiro ou ter dado uma impressão errada de "minha real admiração pelo seu grande livro".]

Não dê importância ao pesadelo! Posso aguentar a crítica — não fiquei convencido demais pelo sucesso (m. inesperado) de "O Senhor dos Anéis" — mesmo quando estúpida, ou injusta, ou até mesmo (como ocasionalmente suspeito) um pouco maliciosa. Se não pudesse aguentar, eu ficaria muito perturbado por causa de "emasculado" e outros adjetivos agradáveis. Mas fique à vontade para deixar sua caneta correr solta (é horrível escrever cartas a pessoas com as quais você tem de ser "cuidadoso"), uma vez que você me dá tamanha atenção e sensível percepção.

179a Para John Tolkien

[John era um vigário em Birmingham e quase nunca vinha para casa no Natal, já que esse era um dos períodos mais movimentados da igreja.]

20 de dezembro de 1955 76 Sandfield Road, Headington, Oxford

Meu querido John,

Sentirei m. a sua falta no Natal, embora eu saiba que não há o que se fazer. Mas me sinto confortado por saber que o verei de novo antes que 1956 avance muito.

Você sabe que estarei pensando em você com amor, e sei o mesmo de você. Não tentarei enviar algum presente de Natal, pois acho que seria muito mais agradável encontrar algo quando você estiver aqui. Estou enviando um cheque de £1, na esperança de que possa encontrar uma oportunidade de celebrar duas missas para mim. Uma eu particularmente gostaria que *você* celebrasse, para a minha mãe, Mabel Tolkien; a outra, uma missa em honra de Nossa Senhora na ação de graças, você poderia "devolver", caso esteja sobrecarregado (como bem pode estar).

Espero que você tenha um pouco de "felicidade" no "Natal", assim como trabalho por Deus e almas. Deus o abençoe. Eu diria "reze por mim" — por minhas muitas necessidades —, se fosse necessário! Com estimado amor do

Papai.

179b De uma carta para Christopher Tolkien

20 de dezembro de 1955

[Recentemente, a neta de Tolkien havia comemorado seu décimo primeiro aniversário.]

Gostei muito da sua festa de aniversário! Imagino que logo você partirá para Birmingham; e espero que tenha um Natal muito feliz. Estou enviando outro presentinho de 10 xelins, na esperança (e expectativa) de que você encontre algo no que gastá-los durante as festas de fim de ano. Eu mesmo costumava gostar mais dos doces! Você está ficando tão grande agora — como eu fiquei por volta da mesma idade — que deve precisar de muitos. Logo, quando eu for visitá-lo, você vai se abaixar e beijar o topo da minha cabeça, ou pelo menos é o que parece provável.

179c De uma carta para Rayner Unwin 5 de janeiro de 1956

Não tive *tempo algum* para *O Silmarillion*. Mas talvez o período letivo seja mais fácil, assim que a correria administrativa tiver terminado e as aulas estiverem em ordem. . . . .

Ao examinar a correspondência, deparei-me com a sua carta me parabenizando pela conclusão, e estou com uma incômoda sensação de que jamais lhe agradeci — não só pelas congratulações, mas por toda a sua gentileza e ajuda, e seu apoio antes que houvesse qualquer aclamação, e sem os quais não teria havido nenhuma.

180 Para o "Sr. Thompson" [rascunho]

[Uma carta para um leitor não identificado.]

14 de janeiro de 1956 Merton College, Oxford

Caro Sr. Thompson,

Muito obrigado por sua carta gentil e encorajadora. Tendo designado a mim mesmo uma tarefa, cuja arrogância reconheci totalmente e diante da qual estremeci, sendo precisamente a de restaurar aos ingleses uma tradição épica e de apresentar-lhes uma mitologia deles próprios, é maravilhoso saber que fui bem-sucedido, pelo menos com aqueles que ainda não tiveram o coração e a mente obscurecidos.

Tem sido um trabalho considerável, que de fato se iniciou tão logo fui capaz de começar alguma coisa, mas que efetivamente começou quando eu era um estudante de graduação e começara a explorar minha própria estética linguística na composição de idiomas. Assim que a Guerra de 1914 explodiu sobre mim, fiz a descoberta de que as "lendas" dependem do idioma ao qual pertencem; mas um idioma vivo depende igualmente das "lendas" que ele transmite pela tradição. (Por exemplo, que a mitologia grega depende muito mais da maravilhosa estética de seu idioma e, desse modo, de sua nomenclatura de pessoas e lugares e menos de seu conteúdo do que as pessoas imaginam, apesar de obviamente depender de ambos. E *vice-versa*. O volapük, o esperanto, o ido, o novial[1] etc., etc. estão mortos, muito mais mortos do que idiomas antigos não usados, porque seus autores nunca inventaram quaisquer lendas esperantistas.) Logo, apesar de ser um filólogo por natureza e ofício (ainda assim, um filólogo sempre interessado primeiramente na estética do que nos aspectos funcionais dos idiomas) e ter começado com os idiomas, vi-me envolvido na invenção de "lendas" do mesmo "gosto". O trabalho inicial foi realizado principalmente em acampamentos e hospitais entre 1915 e 1918 — quando o tempo permitia. Porém, acredito que boa parte desse tipo de trabalho ocorre em outros níveis (dizer inferiores, mais profundos ou mais elevados introduz uma falsa gradação), quando alguém está dando o bom-dia ou mesmo "dormindo". Há muito deixei de *inventar* (apesar de até mesmo os críticos condescendentes ou escarnecedores nas horas vagas elogiarem minha "invenção"): aguardo até que eu pareça saber o que realmente aconteceu. Ou até que a coisa se escreva sozinha. Desse modo, embora eu soubesse por anos que Frodo se depararia com uma aventura de árvores em algum lugar bem abaixo do Grande Rio, não tenho recordações da invenção dos Ents. Cheguei finalmente ao ponto e escrevi o capítulo "Barbárvore" sem qualquer lembrança de qualquer pensamento prévio: exatamente como o é agora. E então eu vi, é claro, que a aventura não aconteceu com Frodo.

Tudo isso é entediante, tenho certeza, pois aparentemente é egocêntrico; porém, estou velho o bastante (ai de mim!) para ter um interesse imparcial e científico, assim chamado apropriadamente, nesses assuntos, e cito a mim mesmo simplesmente porque me interesso pela "invenção" mitológica e pelo mistério da criação literária (ou subcriação, como a chamei em outro lugar), e porque sou o *corpus vile* mais prontamente disponível para experiências ou observações.

Minha principal razão para falar dessa maneira é para dizer, é claro, que todas essas coisas estão mais ou menos escritas. Dificilmente há qualquer referência em *O Senhor dos Anéis* a coisas que realmente não *existam** em seu próprio plano (de realidade secundária ou subcriacional): isto é, elas foram escritas. *O Silmarillion* foi oferecido para publicação anos atrás e recusado. O bem pode surgir de tais golpes. *O Senhor dos Anéis* foi o resultado. Os hobbits foram bem recebidos. Eu mesmo os amei, visto que amo o vulgar e o simples tão encarecidamente quanto o nobre, e nada toca mais meu coração (além de todas as paixões e mágoas do mundo) do que o "enobrecimento" (do Patinho Feio a Frodo). Eu viria a desenvolver os hobbits. E vi que eu estava *destinado* a fazê-lo (como diria Gandalf†), visto que sem pensar, em uma "sinopse" que escrevi para *O Hobbit*, falei da época entre os Dias Antigos e o Domínio dos Homens. Daí surgiu o "elo perdido": a "Queda de Númenor", dando vazão a algum "complexo" oculto. Pois quando Faramir fala de sua visão particular da Grande Onda, ele fala por mim. Essa visão e sonho sempre estiveram comigo — foi herdada (como apenas recentemente descobri) por um de meus filhos.[3]

*Os gatos da Rainha Berúthiel e os nomes e aventuras dos outros 2 magos[2] (5 menos Saruman, Gandalf e Radagast) são tudo de que me recordo.

†*Não sou* Gandalf, e sim um Subcriador transcendente neste mundinho. No que diz respeito a algum personagem ser "como eu", este é Faramir — exceto que me falta o que todos os meus personagens possuem (que os psicanalistas tomem nota!): *coragem*.

Contudo, tal tem sido o sucesso — não financeiro: os custos foram enormes, e hoje em dia ninguém compra um livro que pode pegar emprestado; ainda não recebi um centavo — de *O Senhor dos Anéis* que o patinho feio tornou-se um cisne de editor, e estou sendo positivamente *intimado* a organizar *O Silmarillion* e qualquer outra coisa!

[O rascunho está incompleto.]

181 Para Michael Straight [rascunhos]

[Antes de escrever uma resenha de *O Senhor dos Anéis*, Michael Straight, o editor do *New Republic*, escreveu para Tolkien fazendo uma série de perguntas: primeiro, se havia um "significado" no papel de Gollum na história e no fracasso moral de Frodo no clímax; segundo, se o capítulo "Expurgo do Condado" era direcionado especialmente à Inglaterra contemporânea; e, terceiro, por que os outros viajantes deviam partir dos Portos Cinzentos com Frodo no fim do livro — "É pela mesma razão que há aqueles que ganham na vitória, mas não podem desfrutá-la?"]

[Não datada; provavelmente janeiro ou fevereiro de 1956.]
Caro Sr. Straight,

Obrigado por sua carta. Espero que o senhor tenha *apreciado* *O Senhor dos Anéis*. *Apreciado* é a palavra-chave. Pois ele foi escrito para *entreter* (no sentido mais elevado): para ser agradável de se ler. *Não há* qualquer "alegoria", moral, política ou contemporânea na obra.

É uma "estória de fadas", mas uma escrita — de acordo com a crença que certa vez expressei em um ensaio estendido "Sobre Estórias de Fadas" de que são o público apropriado — para adultos. Porque acredito que a estória de fadas possui seu próprio modo de refletir a "verdade", diferente da alegoria, ou da sátira (tolerada), ou do "realismo", e, de algumas maneiras, mais poderoso. Mas, em primeiro lugar, deve ser bem-sucedida apenas como um conto, instigar, agradar e até mesmo, no momento certo, comover, e dentro do seu próprio mundo imaginário conferir-lhe crédito (literário). Ter sucesso nisso foi o meu objetivo primário.

No entanto, é óbvio que, se a pessoa começa com a intenção de dirigir-se a "adultos" (pelo menos pessoas mentalmente adultas), eles não ficarão satisfeitos, instigados ou comovidos, a não ser que o todo, ou os incidentes, pareça ser sobre algo digno de consideração como, por exemplo, algo mais do que mero perigo e fuga: deve haver alguma relevância à "situação humana" (de todos os períodos). Dessa maneira, alguma coisa das próprias reflexões e "valores" do contador inevitavelmente será inserida. Isso não é o mesmo que alegoria. Todos nós, em grupos ou como indivíduos, *exemplificamos* princípios gerais; mas não os *representamos*. Os Hobbits não são mais uma "alegoria" do que (digamos) o são os pigmeus da floresta africana. Gollum para mim é apenas um "personagem" — uma pessoa imaginada — que, dada a situação, agiu deste e daquele modo sob tensões opostas, como parece ser *provável* que ele agiria (há sempre um elemento incalculável em qualquer indivíduo real ou imaginado: senão ele/ela não seria um indivíduo, mas um "tipo".)

Tentarei responder às suas perguntas específicas. A cena final da Demanda foi assim formada simplesmente porque, por dizerem respeito à situação e aos "caracteres" de Frodo, Sam e Gollum, aqueles eventos me pareceram mecânica, moral e psicologicamente críveis. Mas é claro que, se o senhor quiser mais reflexões, devo dizer que dentro do modo da história a "catástrofe" *exemplifica* (um aspecto das) palavras familiares: "Perdoai as nossas ofensas, assim como nós perdoamos aqueles que nos têm ofendido. Não nos deixeis cair em tentação, mas livrai-nos do mal."

"Não nos deixeis cair em tentação etc." é a súplica mais difícil e a que é levada em consideração com menos frequência. A ideia, nos termos da minha história, é de que, embora cada evento ou situação tenha (pelo menos) dois aspectos — a história e o desenvolvimento do indivíduo (é algo do qual ele pode obter o bem, o bem último, para si mesmo ou fracassar em sua obtenção) e a história do mundo (que depende das ações do indivíduo para seu próprio bem) —, há ainda situações anormais nas quais é possível ser colocado. Eu as chamaria de situações "sacrificiais": isto é, posições nas quais o "bem" do mundo depende do comportamento de um indivíduo em circunstâncias que exigem dele sofrimento e resistência muito além do normal — até mesmo, pode acontecer (ou parecer, humanamente falando), demandam uma força de corpo e mente que ele não possui: ele está, de certa forma, fadado a fracassar, fadado a cair em tentação ou a ser destruído pela pressão contra sua "vontade": isto é, contra qualquer escolha que ele poderia fazer ou faria desimpedido, não sob a coerção.

Frodo estava em tal posição: uma armadilha aparentemente completa; uma pessoa de maior poder inato provavelmente jamais poderia ter resistido à atração pelo poder do Anel por tanto tempo; uma pessoa de menor poder não poderia ter esperanças de resistir a ele na decisão final. (Frodo já não estava disposto a danificar o Anel antes de partir, e foi incapaz de entregá-lo a Sam.)

A Demanda ∴ estava fadada a fracassar como uma parte do plano mundial e também estava destinada a terminar em desastre como a história do desenvolvimento do humilde Frodo ao "nobre", sua santificação. Fracassar ela iria e fracassou, no tocante a Frodo levado em consideração sozinho. Ele "apostatou" — e recebi uma carta furiosa, protestando que ele deveria ter sido executado como um traidor, e não honrado. Acredite, foi somente quando li isso que tive alguma ideia do quão "tópica" tal situação pode parecer. Ela surgiu naturalmente do meu "enredo" concebido em um esboço principal em 1936.[1] Não antevi que antes que a história fosse publicada entraríamos em uma era de trevas na qual as técnicas de tortura e de ruptura de personalidade rivalizariam com as de Mordor e do Anel e nos presenteariam com o problema prático de homens honestos de boa vontade transformados em apóstatas e traidores.

Neste ponto, porém, a "salvação" do mundo e a própria "salvação" de Frodo são alcançadas por sua *piedade* prévia e seu perdão pelos ferimentos. Em qualquer momento, qualquer pessoa prudente teria dito a Frodo que Gollum certamente* o trairia e poderia roubá-lo no final. Ter "pena" dele, abster-se de matá-lo, foi uma insensatez, ou uma crença mística no valor-por-si-só fundamental da piedade e da generosidade, ainda que desastrosas no mundo temporal. Ele o roubou e o feriu no final — mas, por uma "graça", essa última traição ocorreu em uma junção precisa, quando a última má ação foi a coisa mais benéfica que alguém poderia ter feito por Frodo! Por uma situação criada por seu "perdão", ele próprio foi salvo e aliviado de seu fardo. Foram-lhe concedidas com muita justiça as mais altas honras — uma vez que está claro que ele e Sam nunca esconderam o preciso curso dos eventos. Eu não gostaria indagar a respeito do julgamento final de Gollum. Isso seria investigar os "Goddes privitee" [segredos de Deus], como diziam os medievais. Gollum era digno de pena, mas acabou em uma persistente perversidade, e o fato de que isso causou o bem não contava em seu favor. Sua coragem e resistência maravilhosas, tão grandes ou maiores que as de Frodo e Sam, estando dedicadas ao mal, eram pressagiosas, mas não honrosas. Receio que, quaisquer que sejam nossas crenças, temos de encarar o fato de que há pessoas que se rendem à tentação, rejeitam suas chances de nobreza ou de salvação e parecem ser "condenáveis". A "danação" delas *não* é mensurável nos termos do macrocosmo (onde pode causar o bem). Mas nós, que estamos todos "no mesmo barco", não devemos usurpar o Juiz. A dominação do Anel era grande demais para a alma mesquinha de Sméagol. Mas ele jamais teria de suportá-la se não tivesse se tornado um tipo de ladrão desprezível antes do artefato cruzar seu caminho.

---

* Não bem "certamente". A falta de jeito de Sam em sua fidelidade foi o que finalmente levou Gollum a cometer tais atos, quando estava prestes a se arrepender.

Precisava ter cruzado o caminho dele? Qualquer coisa perigosa precisa cruzar alguma vez algum dos nossos caminhos? Uma espécie de resposta poderia ser encontrada ao se tentar imaginar Gollum superando a tentação. A história teria sido bem diferente! Por temporizar, não voltando a ainda não totalmente corrompida vontade de Sméagol em direção ao bem no debate no buraco de escória, ele enfraqueceu a si próprio para a última chance, quando o emergente amor por Frodo feneceu com muita facilidade pelo ciúme de Sam antes da toca de Laracna. Depois disso ele estava perdido.

Não há uma referência especial à Inglaterra no "Condado" — exceto que, é claro, como um inglês criado em um aldeia "quase rural" de Warwickshire, às margens da próspera burguesia de Birmingham (por volta da época do Jubileu de Diamante!), consigo meus modelos como qualquer outra pessoa: da "vida" tal como a conheço. Contudo, não há uma referência pós-guerra. Não sou um "socialista" em qualquer sentido e sou avesso ao "planejamento" (como deve estar claro) principalmente porque os "planejadores", quando adquirem poder, tornam-se tão ruins — mas eu não diria que temos de sofrer a malícia de Charcoso e de seus Rufiões aqui, apesar de o espírito de "Isengard", se não de Mordor, certamente estar sempre aparecendo, é claro. O projeto atual de destruir Oxford para acomodar automóveis é um caso.[2] Porém, nosso principal adversário é um membro de um Governo "Tory". Mas seria possível aplicar isso em qualquer lugar atualmente.

Sim: creio que os "vitoriosos" jamais podem usufruir a "vitória" — não da maneira que contemplaram; e na medida em que lutaram por algo *para ser usufruído por eles próprios* (quer por aquisição, quer por mera preservação), menos satisfatória a "vitória" parecerá. Mas a partida dos Portadores-dos-Anéis tem ainda outro lado, no tocante aos Três. Há uma estrutura mitológica por trás dessa história, é claro. Ela na verdade foi escrita primeiro, e talvez agora possa ser em parte publicada. Devo dizer que é uma "mitologia monoteísta, mas 'subcriacional'". Não há personificação do Uno, de Deus, que de fato permanece afastado, fora do Mundo, e acessível diretamente apenas aos Valar ou Governantes. Estes ocupam o lugar dos "deuses", porém são espíritos criados ou aqueles da criação primordial que por sua própria vontade entraram no mundo.* Contudo, o Uno retém toda a autoridade suprema e (ou assim parece tal como visto em um tempo sequencial) reserva-se o direito de introduzir o dedo de Deus na

* Tomaram parte na "feitura" do mundo, mas apenas do mesmo modo que "fazemos" uma obra de arte ou uma história. A realização de tal feito, a dádiva ao mundo de uma realidade criada do mesmo grau daquela dos Valar, foi o ato do Deus Uno.

história: isto é, produzir realidades que não poderiam ser deduzidas mesmo a partir de um conhecimento completo do passado prévio, mas que, sendo reais, tornam-se parte do passado efetivo para todo o tempo subsequente (uma possível definição de um "milagre"). De acordo com a fábula, Elfos e Homens foram a primeira dessas intrusões, criados de fato quando a "história" ainda era apenas uma história e não fora "realizada"; portanto, não foram em qualquer sentido concebidos ou criados pelos deuses, os Valar, e foram chamados de Eruhíni, ou "Filhos de Deus", e eram para os Valar um elemento incalculável: isto é, eram criaturas racionais de livre-arbítrio em relação a Deus, da mesma ordem histórica dos Valar, embora de poder espiritual e intelectual e de posição muito menores.

É claro, de fato exteriores à minha história, Elfos e Homens são apenas aspectos diferentes do Humano, e representam o problema da Morte conforme vista por uma pessoa finita, porém desejosa e consciente de si mesma. Nesse mundo mitológico, os Elfos e os Homens em suas formas encarnadas são aparentados, mas na relação de seus "espíritos" com o mundo no tempo representam "experiências" diferentes, cada qual possuidor de suas próprias tendências naturais e fraquezas. Os Elfos representam, por assim dizer, os aspectos artísticos, estéticos e puramente científicos da natureza Humana elevados a um nível superior àquele que de fato é visto nos Homens. Isto é: possuem um amor devotado ao mundo físico e um desejo de observar e compreendê-lo por si só e como "outro" — isto é, como uma realidade derivada de Deus no mesmo grau que eles próprios –, não como um material para ser usado ou como uma plataforma de poder. Possuem também uma faculdade "subcriacional" ou artística de grande excelência. São, portanto, "imortais". *Não* "eternamente", mas para perdurarem com e dentro do mundo criado enquanto a história deste durar. Quando "mortos", pelo ferimento ou pela destruição de sua forma encarnada, eles não escapam do tempo e permanecem *no* mundo, desencarnados ou renascidos. Isso se torna um grande fardo à medida que as eras se prolongam, especialmente em um mundo no qual há malícia e destruição (omiti a forma mitológica que a Malícia ou a Queda dos Anjos assume nesta fábula). Uma mera *mudança* como tal não é representada como "maligna": é o desdobramento da história, e recusar isso é obviamente contra o desígnio de Deus. Mas a fraqueza élfica é nesses termos naturalmente lamentar o passado e tornar-se relutante em enfrentar as mudanças: como se um homem odiasse um livro muito longo ainda em andamento e desejasse acomodar-se em um capítulo favorito. Por essa razão, caíram até certo ponto nos artifícios de Sauron: desejavam certo "poder" sobre as coisas tal como são (o que é bastante distinto de arte), para tornar efetiva sua vontade particular de preservação — suspender a mudança e manter as coisas sempre novas e belas. Os "Três Anéis" eram "imaculados", pois esse objetivo de uma maneira limitada era bom, incluía a cura dos danos reais da malícia, assim como a mera suspensão das mudanças; e os Elfos não desejavam dominar outras vontades nem usurpar todo o mundo para seu prazer particular. Porém, com a queda do "Poder", seus pequenos esforços pela preservação do passado esfacelaram-se. Nada mais havia na Terra-média para eles, apenas cansaço. Logo, Elrond e Galadriel partem. Gandalf é um caso especial. Ele não foi o criador ou o possuidor original do Anel — mas este lhe foi entregue por Círdan, para auxiliá-lo em sua tarefa. Depois que o seu trabalho e a sua missão terminaram, Gandalf estava retornando ao seu lar, a terra dos Valar.

A passagem por sobre o Mar não é a Morte. A "mitologia" é elfocêntrica. De acordo com ela, no início havia um verdadeiro Paraíso Terrestre, lar e reino dos Valar, como uma parte física do mundo.

Não há "personificação" do Criador em lugar algum nesta história ou na mitologia. Gandalf é uma pessoa "criada", embora possivelmente um espírito que existia antes no mundo físico. Sua função como um "mago" é a de um angelos ou mensageiro dos Valar ou Governantes: para auxiliar as criaturas racionais da Terra-média a resistirem a Sauron, um poder grande demais para elas sem auxílio. Mas, uma vez que na concepção desta história e mitologia o Poder — quando domina ou procura dominar outras vontades e mentes (exceto pelo consentimento da razão destas) — é maligno, esses "magos" foram encarnados nas formas de vida da Terra-média e, dessa maneira, sofriam as dores tanto de mente como de corpo. Também estavam envolvidos pela mesma razão no perigo dos encarnados: a possibilidade de "queda", de pecado, se preferir. A principal forma assumida por esse perigo era a impaciência, que levava ao desejo de forçar outros aos seus próprios fins benignos e assim, inevitavelmente, por fim ao mero desejo de tornar suas próprias vontades efetivas de qualquer modo. A esse mal Saruman sucumbiu. Gandalf, não. Contudo, a situação ficou tão pior com a queda de Saruman que os "bons" foram obrigados a esforços e sacrifícios maiores. Assim, Gandalf enfrentou e sofreu a morte; e voltou ou foi enviado de volta, como ele diz, com seu poder aumentado. Mas, embora isso possa lembrar os Evangelhos, na verdade não é a mesma coisa. A Encarnação de Deus é algo *infinitamente* maior do que qualquer coisa que eu ousaria escrever. Aqui estou preocupado apenas com a Morte como parte da natureza, física e espiritual, do Homem, e com a Esperança sem garantias. É por isso que considero o conto de Arwen e Aragorn como o mais importante dos Apêndices; ele é parte da história essencial, e é disposto dessa forma unicamente porque não poderia ser inserido na narrativa principal sem destruir a estrutura desta, que é planejada para ser "hobbitocêntrica", isto é, primeiramente um estudo do enobrecimento (ou santificação) dos humildes.

[Nenhum dos rascunhos a partir dos quais esse texto foi composto foi terminado.]

182 De uma carta para Anne Barrett, Houghton Mifflin Co.

[Não datada; 1956.]

Agora certamente, se me for permitido, publicarei as partes da grande história que foi escrita primeiro — e rejeitada. Mas o sucesso (para mim m. surpreendente) de *O Senhor dos Anéis* provavelmente fará com que aquela rejeição seja reconsiderada. Embora eu não creia que ela possua o apelo do S.A. — não há hobbits nela! Repleta de mitologia e de elficidade, e de todo aquele "allto stilo" (como Chaucer poderia dizer), que tão pouco tem agradado o gosto de muitos resenhistas. Porém, não tenho permissão de voltar a ela. Não estou apenas submerso (sem secretária) nos assuntos do S.A., mas também em assuntos profissionais — uma das maneiras de fazer com que nós professores nos "aquietemos" praticamente sem pensão alguma é tornar nossos dois ou três últimos anos de serviço insuportavelmente laboriosos —, enquanto o aparecimento do S.A. me deixou num aperto. A maioria de meus colegas filólogos* está chocada (cert. pelas minhas costas, algumas vezes na minha cara) pela queda de um filólogo na "Literatura trivial"; e, de qualquer forma, o grito é: "agora sabemos de que maneira você esteve desperdiçando seu tempo por 20 anos". Assim, a pressão está sendo feita por muitas coisas de um tipo mais profissional atrasadas por muito tempo. Ai de mim! Gosto de ambas, mas tenho o tempo de apenas um homem. Além disso, estou ficando maduro por demais, se não realmente decrépito! Com as aposentadorias este verão de Sir John Beasly e de Lord Cherwell, fui deixado como o professor sênior desta antiga instituição, tendo sentado em uma cadeira aqui desde 1925 — ou 31 anos, apesar de ninguém parecer notar o fato: com exceção de um ou dois que gritam "Até quando, Senhor, até quando?", ansiando pelo assento acolchoado (na verdade, estofado com cardo, como um deles descobrirá).

* Notavelmente C.L. Wrenn, que me sucedeu como professor de Anglo-Saxão e que, acredito, está indo para os EUA neste outono para passar um ano, caso vocês (i.e. os oficiais estadunidenses) o deixem entrar.

183 Notas sobre a resenha de W.H. Auden de *O Retorno do Rei*

[Um comentário, aparentemente escrito para a própria satisfação de Tolkien e que não foi enviado ou mostrado a mais ninguém, sobre "Ao final da Demanda, Vitória", uma resenha de *O Retorno do Rei* por W.H. Auden no *New York Times Book Review*, 22 de janeiro de 1956. O texto apresentado aqui é uma reescrita feita em alguma data posterior de uma versão anterior, agora perdida, que com toda probabilidade foi escrita em 1956. Na resenha, Auden escreveu: "A vida, conforme a vivencio em minha própria pessoa, é primeiramente uma sucessão contínua de escolhas entre alternativas. . . . . Para objetivar essa experiência, a imagem natural é a de uma jornada com um propósito, cercada de riscos e obstáculos perigosos. . . . . Porém, quando observo meus pares, tal imagem parece falsa. Posso ver, por exemplo, que apenas os ricos e aqueles de férias conseguem viajar; a maioria dos homens, na maior parte do tempo, tem de trabalhar em um lugar. Não consigo observá-los fazendo escolhas, mas, sim, apenas as ações que praticam e, se conheço bem alguém, geralmente posso predizer como ele agirá em uma determinada situação. . . . . Se, então, tentar descrever o que vejo como se eu fosse uma câmera impessoal, produzirei não uma Demanda, mas um documento 'naturalista'. . . . . Ambos os extremos, é claro, falsificam a vida. Há Demandas medievais que justificam a crítica feita por Erich Auerbach em seu livro *Mimesis*: 'O mundo de provações cavalheirescas é um mundo de aventura. . . . . [as] proezas [do cavaleiro] . . . . são façanhas realizadas aleatoriamente que não se encaixam em qualquer padrão politicamente vantajoso.' . . . . O Sr. Tolkien foi mais completamente bem-sucedido do que qualquer outro escritor anterior nesse gênero ao usar as propriedades tradicionais da Demanda."]

Sou muito grato por essa resenha. Deveras encorajadora, por vir de um homem que é tanto um poeta como um crítico de distinção. Ainda assim, não um (creio eu) que tenha praticado muito o contar de histórias. De qualquer forma, estou um pouco surpreso com ela pois, apesar de seu elogio, parece-me mais o modo de falar de um crítico do que o de um autor. Não é, na minha concepção, a melhor maneira de considerar tanto Demandas em geral como minha história em particular. Acredito que é precisamente porque *não* tentei e nunca pensei em tentar "objetivar" minha experiência pessoal de vida que o relato da Demanda do Anel é bem-sucedido ao proporcionar prazer a Auden (e a outros). Provavelmente essa também é a razão, em muitos casos, pela qual ela fracassou em agradar a alguns leitores e críticos. A história não é sobre JRRT de forma alguma, e em momento algum é uma tentativa de alegorizar sua experiência de vida — pois é isso que a objetivação de sua experiência subjetiva em uma história deve significar, caso signifique algo.

Vejo as coisas por uma perspectiva histórica. A Terra-média não é um mundo imaginário. O nome é a forma moderna (que apareceu no século XIII e ainda está em uso) de *midden-erd* > *middel-erd*, um antigo nome para o *oikoumenē*, o local de habitação dos Homens, o mundo objetivamente real, no uso especificamente oposto a mundos imaginários (como a Terra-das-fadas) ou mundos invisíveis (como o Céu ou o Inferno). O teatro de minha história é este mundo, aquele no qual agora vivemos, mas o período histórico é imaginário. Os princípios básicos desse local de habitação estão todos lá (ao menos para os habitantes do noroeste da Europa), de modo que naturalmente parece familiar, ainda que um pouco glorificado pelo encantamento da distância no tempo.

Homens partem e partiram na história em jornadas e demandas, sem qualquer intenção de expressar em ações alegorias de vida. Não é verdade sobre o passado ou o presente dizer que "apenas os ricos e aqueles de férias conseguem viajar". A maioria dos homens faz algumas viagens. Se elas são longas ou curtas, com uma missão ou simplesmente para ir "lá e de volta outra vez", não é de primordial importância. Conforme tentei expressar na Canção de Caminhada de Bilbo, até mesmo uma caminhada ao anoitecer pode ter efeitos importantes. Quando Sam não fora além da Ponta do Bosque, ele já havia tido uma "experiência impressionante". Pois se há algo em uma viagem de qualquer duração, para mim é isto: uma libertação do estado vegetativo de sofredor passivo e indefeso, um exercício de vontade e de mobilidade por menor que seja — e de curiosidade, sem o qual uma mente racional torna-se estultificada. (Embora, é claro, tudo isso seja uma reflexão tardia e não capte a questão principal. Para um contador de histórias, uma viagem é um artifício maravilhoso. Ela fornece uma forte linha na qual uma grande quantidade de coisas que ele tem em mente pode ser amarrada para criar uma coisa nova, variada, imprevisível e, ainda assim, coerente. Minha principal razão para usar essa forma foi simplesmente técnica.)

De qualquer modo, não olho para meus pares que observei da maneira descrita. Sou velho o suficiente agora para ter observado alguns deles por bastante tempo para ter uma noção do que, suponho, Auden chamaria de caráter inato ou básico deles, enquanto noto mudanças (frequentemente consideráveis) em seus modos de comportamento. Não acho que uma viagem no espaço seja uma comparação útil para compreender esses processos. Creio que a comparação com uma semente é mais iluminadora: uma semente com sua vitalidade e hereditariedade inatas, sua capacidade de crescer e desenvolver-se. Boa parte das "mudanças" em um homem sem dúvida são desdobramentos de padrões ocultos na semente; embora, é claro, estes sejam modificados pela situação (geográfica ou climática) na qual ela é lançada, e pode ser danificada por acidentes terrestres. Mas essa comparação inevitavelmente deixa de fora um ponto importante. Um homem não é apenas uma semente, desenvolvendo-se em um padrão definido, bem ou mal de acordo com sua situação ou com seus defeitos como um exemplar de sua espécie; um homem é tanto semente como, de certa forma, um jardineiro, para o bem ou para o mal. Fico impressionado com o grau no qual o desenvolvimento do "caráter" *pode* ser um produto de intenção consciente, a vontade de modificar tendências inatas para as direções desejadas; em alguns casos, a mudança pode ser grande e permanente. Conheci um ou dois homens e mulheres que poderiam ser descritos como "que se fizeram sozinhos" nesse aspecto com pelo menos tanta verdade parcial quanto o "que se fez sozinho" pode ser aplicado àqueles sobre os quais se pode dizer que a abastança ou a posição foram alcançadas em grande parte por suas próprias vontades e esforços, com pouca ou nenhuma ajuda de riquezas herdadas ou de posição social.

Seja como for, pessoalmente considero a maioria das pessoas *in*calculável em qualquer situação ou emergência em particular. Talvez porque não sou um bom juiz de caráter. Mas mesmo Auden diz apenas que ele pode "geralmente predizer" como elas agirão; e, com a inserção de "geralmente", um elemento de incompatibilidade é admitido que, por menor que seja, é danoso à sua opinião.

Algumas pessoas são, ou parecem ser, mais calculáveis do que outras. Mas isso se deve mais à sorte delas do que à sua natureza (como indivíduos). As pessoas calculáveis residem em circunstâncias relativamente fixas, e é difícil surpreendê-las e observá-las em situações que (para elas) são estranhas. Essa é outra boa razão para enviar "hobbits" — uma visão de um povo simples e calculável em circunstâncias simples e há muito estabelecidas — em uma *viagem* longe do lar estabelecido para perigos e terras estranhas. Especialmente se eles são providos de algum motivo forte para resistência e adaptação. Embora sem qualquer motivo elevado, as pessoas mudam (ou melhor, revelam o latente) em viagens: isso é um fato de observação comum sem qualquer necessidade de explicação simbólica. Em uma viagem de uma duração suficiente para proporcionar o incômodo, em qualquer grau, do desconforto ao medo, a mudança de companheiros bem conhecidos na "vida cotidiana" (e em si mesmo) é com frequência alarmante.

Não gosto do uso de "político" em tal contexto; parece-me falso. Parece-me claro que o dever de Frodo era "humanitário", não político. Ele naturalmente pensou primeiro no Condado, uma vez que suas raízes estavam lá, mas a demanda tinha como objetivo não a preservação deste ou daquele regime, tal como a parte república, parte aristocracia do Condado, mas a libertação de uma tirania maligna de todos os "humanos"* — incluindo aqueles, tais como os "lestenses" e os Haradrim, que ainda eram serviçais da tirania.

Denethor *foi* maculado por mera política: daí seu fracasso e sua desconfiança de Faramir. Tornara-se para ele um motivo primário preservar o regime de Gondor, tal como era, contra outro potentado, que tornara a si mesmo mais forte e deveria ser temido e oposto por essa razão, mais do que por ele ser cruel e malévolo. Denethor desprezava homens inferiores, e pode-se ter certeza de que não fazia distinção entre orques e os aliados de Mordor. Se tivesse sobrevivido como vencedor, mesmo sem o uso do Anel, ele teria dado um longo passo para se tornar um tirano, e os termos e o tratamento que ele ofereceria aos povos iludidos do leste e do sul teriam sido cruéis e vingativos. Tornara-se um líder "político": isto é, Gondor contra o resto.

Essa, porém, não foi a política ou a obrigação estabelecida pelo Conselho de Elrond. Somente depois de ouvir o debate e perceber a natureza da demanda Frodo aceitou o fardo de sua missão. De fato, os Elfos destruíram seu próprio regime em busca de uma obrigação "humana". Isso não ocorreu meramente como um infeliz prejuízo da Guerra; era do conhecimento deles ser um resultado inevitável da vitória, que de modo algum poderia ser vantajoso para os Elfos. Não se pode dizer que Elrond tenha uma obrigação ou propósito político.

O uso de "político" por Auerbach pode à primeira vista parecer mais justificado; mas creio que não é realmente admissível — nem mesmo se reconhecermos o enfado ao qual o mero "vagar" foi reduzido como a leitura de entretenimento de uma classe mormente interessada em feitos de armas e de amor.† Quase tão divertidas para nós (ou para mim) quanto o são histórias sobre críquete, ou lorotas sobre um time em excursão, àqueles que (como eu) acham o críquete (tal como o é agora) uma chatice ridícula. Mas os feitos de armas no (digamos) Romance Arturiano, ou em romances ligados àquele grande

* humanos: isso (por estar em uma estória de fadas) obviamente inclui os Elfos e, de fato, todas as "criaturas falantes".

† mormente interessada: isto é, como temas de "literatura", como um divertimento. Na verdade, a maioria deles estava interessada primeiramente na aquisição de terras e no uso de alianças matrimoniais em favor de seus objetivos.

centro de imaginação, não precisam se "adequar a um padrão politicamente vantajoso".* Assim o era nas primeiras tradições arturianas. Ou, pelo menos, essa linha de imaginação primitiva, porém poderosa, era um elemento importante nelas. Como também em *Beowulf*. Auerbach deveria aprovar *Beowulf*, pois no poema um autor tentou adequar um feito de "vagar" em um complexo campo político: as tradições inglesas das relações internacionais da Dinamarca, Gotlândia e Suécia em dias antigos. Mas essa não é a força da história, sendo na verdade sua fraqueza. Os objetivos pessoais de Beowulf em sua viagem à Dinamarca são precisamente aqueles de um Cavaleiro posterior: seu próprio renome e, acima disso, a glória de seu senhor e rei; porém, a todo momento vislumbramos algo mais profundo. Grendel é um inimigo que atacara o centro do reino e trouxera para dentro do salão real a escuridão exterior, de maneira que apenas durante o dia pode o rei sentar-se sobre o trono. Isso é algo bem diferente e mais horrível do que uma invasão "política" de iguais — homens de outro reino similar, tal como o ataque posterior de Ingeld a Heorot.

A derrota de Grendel resulta em uma boa história fantástica, pois ele é forte e perigoso demais para qualquer homem comum derrotar, mas é uma vitória pela qual todos os homens podem alegrar-se porque ele era um monstro, hostil a todos os homens e a toda camaradagem e alegria humanas. Confrontados com ele, até mesmo os há muito politicamente hostis dinamarqueses e getas eram amigos, do mesmo lado. É a monstruosidade e a qualidade de conto de fadas de Grendel que realmente torna a história importante, que permanecia ainda quando a política tornou-se turva e o restabelecimento das relações dano-getas em uma "entente cordiale" entre duas casas governantes, uma questão menor de história obscura. Naquele mundo político, Grendel parece tolo, embora ele certamente não seja tolo, por mais ingênua que possa ser a imaginação e descrição dele por parte do poeta.

Na "vida real", é claro, as causas não são nítidas — ainda que apenas porque os tiranos humanos raramente são totalmente corrompidos em puras manifestações de vontade maligna. Pelo que posso julgar, alguns parecem ter sido muito corruptos, mas até mesmo estes precisam governar pessoas das quais apenas parte é igualmente corrupta, enquanto muitos ainda precisam que "bons motivos", reais

* Não a menos que "político" seja restringido (ou ampliado), de modo que estejamos considerando imaginativamente apenas um centro ou fortaleza de ordem e graça cercada por inimigos: os bosques e montanhas pouco populosos, homens bárbaros e hostis, feras e monstros selvagens, e o Desconhecido. A defesa do reino pode então de fato tornar-se simbólica com relação à situação humana.

ou simulados, sejam-lhes apresentados. Como vemos hoje. Não obstante, há casos claros: como, por exemplo, atos de absoluta agressão cruel nos quais, portanto, o *certo* está desde o início totalmente de um lado, qualquer que seja o mal que o sofrimento *ressentido* pelo mal possa acabar gerando nos membros do lado certo. Há também conflitos sobre coisas ou ideias importantes. Em tais casos, fico mais impressionado pela extrema importância de se estar do lado certo do que perturbado pela revelação da selva de motivos confusos, propósitos particulares e ações individuais (nobres ou vis) na qual o *certo* e o *errado* em verdadeiros conflitos humanos estão comumente envolvidos. Se o conflito na realidade for sobre coisas propriamente chamadas de *certas* e *erradas*, ou *boas* e *más*, então a probidade ou a bondade de um lado não é provada ou estabelecida pelas reivindicações de cada lado; ela deve depender de valores e crenças acima e independentes do conflito em particular. Um juiz deve determinar *certo* e *errado* de acordo com princípios que ele considera válidos em todos os casos. Assim sendo, o *certo* permanecerá uma possessão inalienável do lado certo e justificará sua causa do início ao fim. (Falo de causas, não de indivíduos. É claro que, para um juiz cujas ideias morais possuem uma base religiosa ou filosófica, ou, de fato, para qualquer um que não seja cego pelo fanatismo partidário, a probidade da causa não justificará as ações de seus apoiadores, como indivíduos, que sejam moralmente torpes. Mas, apesar de as "propagandas" poderem ser aceitas por eles como provas de que a sua causa na realidade não estava "certa", isso não é válido. Os agressores são eles próprios os primeiros culpados pelos atos de maldade que se originam de sua violação original da justiça e das emoções que naturalmente (pelos seus padrões) se esperaria que sua própria malícia estimulasse. De qualquer forma, eles não têm o direito de exigir que suas vítimas, quando atacadas, não exijam olho por olho e dente por dente.)

De maneira similar, boas ações por aqueles no lado errado não justificarão sua causa. Pode haver feitos no lado errado de coragem heroica ou alguns de nível moral mais elevado: feitos de piedade e abstenção. Um juiz pode conceder-lhes honras e alegrar-se ao ver como alguns homens podem erguer-se acima do ódio e da raiva de um conflito, ao mesmo tempo em que ele pode deplorar os atos de maldade no lado certo e afligir-se por ver como o ódio, uma vez provocado, pode desmoralizá-los. Isso, porém, não alterará seu julgamento sobre qual lado estava com a razão, nem sua indicação da culpa primária por todo o mal que se sucedeu no outro lado.

Na minha história, não lido com o Mal Absoluto. Não creio que haja tal coisa, uma vez que ela é Nula. Não creio, de qualquer modo, que qualquer "ser racional" seja completamente mau. Satã caiu. Em meu mito, Morgoth caiu antes da Criação do mundo físico. Na minha história, Sauron representa a maior aproximação possível daquilo que é completamente mau. Ele seguiu o caminho de todos os tiranos: começando bem, pelo menos no nível que, apesar de desejar ordenar todas as coisas de acordo com sua própria sabedoria, ele no início ainda levava em consideração o bem-estar (econômico) de outros habitantes da Terra. Mas ele foi além dos tiranos humanos no orgulho e na ânsia pela dominação, sendo em origem um espírito (angélico) imortal.* Em *O Senhor dos Anéis*, o conflito não é basicamente sobre "liberdade", embora ela esteja naturalmente envolvida. É sobre Deus e Seu direito único à honra divina. Os Eldar e os Númenóreanos acreditavam no Uno, o Deus verdadeiro, e consideravam a devoção a qualquer outra pessoa uma abominação. Sauron desejava ser um Rei-Deus, e assim era considerado por seus serviçais;† se tivesse sido vitorioso, ele teria exigido honras divinas de todas as criaturas racionais e poder temporal absoluto sobre o mundo inteiro. Assim, mesmo se em desespero "o Oeste" tivesse gerado ou contratado hordas de orques e tivesse cruelmente assolado as terras de outros Homens enquanto aliados de Sauron, ou meramente para impedi-los de auxiliá-lo, a Causa deles teria permanecido irrevogavelmente certa, como permanece a Causa daqueles que se opõem agora ao Deus-Estado e ao Oficial Disso ou Daquilo como seu Sumo-Sacerdote, mesmo que seja verdade (como infelizmente é) que muitos de seus atos sejam errados, mesmo que fosse verdade (como não é) que os habitantes do "Oeste", com exceção de uma minoria de líderes abastados, vivem com medo e na miséria, enquanto os adoradores do Deus-Estado vivem em paz e abundância e em estima e confiança mútuas.

Logo, acho que as bobagens nas resenhas, e nas correspondências sobre elas, sobre se as minhas "pessoas boas" eram gentis e misericordiosas e deram ou não quartel (na verdade elas dão) não vêm ao caso. Alguns críticos parecem determinados a me representar como um adolescente ingênuo, inspirado por, digamos, um espírito de Com-a-bandeira-para-Pretória, e deliberadamente distorcer o que eu

* Do mesmo tipo de Gandalf e Saruman, mas de uma ordem muito mais elevada.

† Por uma traição tripla: 1. Por causa de sua admiração pela Força, tornara-se um seguidor de Morgoth e caiu com ele nas profundezas do mal, tornando-se seu principal agente na Terra Média. 2. Quando Morgoth finalmente foi derrotado pelos Valar, ele renunciou a sua lealdade, mas apenas por medo; ele não se apresentou aos Valar ou suplicou por perdão, e permaneceu na Terra Média. 3. Quando ele descobriu o quanto seu conhecimento era admirado por todas as outras criaturas racionais e o quão fácil era influenciá-las, seu orgulho tornou-se sem limites. Ao final da Segunda Era, assumira a posição de representante de Morgoth. Ao final da Terceira Era (embora na verdade muito mais fraco do que antes), afirmava ser Morgoth retornado.

disse em minha história. Não tenho esse espírito, e ele não aparece na história. A figura de Denethor por si só é suficiente para mostrar isso; mas não tornei quaisquer dos povos do lado "certo", Hobbits, Rohirrim, Homens de Valle ou de Gondor, melhores do que os homens foram ou são, ou podem ser. O meu não é um mundo "imaginário", mas um momento histórico imaginário na "Terra-média" — que é a nossa habitação.

184 Para Sam Gamgee

[Em 13 de março, uma carta foi escrita para Tolkien por um Sr. Sam Gamgee de Brixton Road, Londres S.W.9: "Espero que o senhor não se incomode por eu lhe escrever, mas com referência a sua história 'O Senhor dos Anéis' sendo transmitida como uma série no rádio .... fiquei bastante interessado em como o senhor chegou ao nome de um dos personagens, chamado Sam Gamgi, pois por acaso esse é o meu nome. Eu mesmo não ouvi a história por não ter um rádio, mas sei de algumas pessoas que ouviram. .... Sei que é ficção, mas é uma grande coincidência, já que o nome é bastante incomum, mas bem conhecido na profissão médica."]

18 de março de 1956
Como de 76 Sandfield Road, Headington, Oxford
Caro Sr. Gamgee,

Foi muito gentil da parte do senhor escrever. O senhor pode imaginar meu espanto quando vi a sua assinatura! Posso apenas dizer, para o seu conforto, espero, que o "Sam Gamgi" de minha história é um personagem muitíssimo heroico, agora bastante amado por muitos leitores, ainda que suas origens sejam rústicas. De maneira que talvez o senhor não ficará descontente com a coincidência de o nome desse personagem imaginário (de supostamente muitos séculos atrás) ser o mesmo do senhor. A razão para meu uso do nome é a seguinte. Vivi perto de Birmingham quando criança, e usávamos "gamgee" como uma palavra para "fibra de algodão"; assim, na minha história as famílias Villa e Gamgi estão relacionadas. Eu não sabia quando criança, embora saiba agora, que "Gamgee" foi encurtado a partir de "tecido-gamgee" e que recebeu o nome de seu inventor (um cirurgião, creio), que viveu entre 1828 e 1886. Provavelmente (creio) foi o filho dele que morreu este ano, em 1º de março, com 88 anos, após ser durante muitos anos Professor de Cirurgia na Universidade de Birmingham. Evidentemente "Sam", ou algo parecido,* está associado

* Meu Sam Gamgi é *Samwise*, não Sam(p)son ou Samuel.

com a família — embora eu não soubesse disso até alguns dias atrás, quando vi o registro obituário do Professor Gamgee e vi que ele era filho de *Sampson Gamgee* — e olhei em um dicionário e descobri que o inventor foi *S. Gamgee* (1828–86), e provavelmente o mesmo.

O senhor tem alguma tradição a respeito da origem verdadeira de seu distinto e raro nome? Por eu mesmo ter um nome raro (algo frequentemente incômodo), estou especialmente interessado.

A "etimologia" dada no meu livro é obviamente deveras fictícia e inventada simplesmente para os propósitos de minha história. Não suponho que o senhor pudesse se incomodar em *ler* uma obra tão longa e fantástica, ainda mais se o senhor não se interessar por histórias sobre um mundo mítico, mas, caso puder se incomodar, sei que a obra (que tem sido espantosamente bem-sucedida) está na maioria das bibliotecas públicas. Infelizmente é muito cara para se comprar — £3/3/0. Mas caso o senhor ou qualquer pessoa de sua família a experimente, e a ache interessante o suficiente, posso apenas dizer que ficarei feliz e orgulhoso em lhe enviar exemplares autografados de todos os 3 vols. como um tributo do autor à distinta família Gamgee.

Sinceramente,
J.R.R. Tolkien.

[O Sr. Gamgee respondeu em 30 de março com mais informações sobre sua família. Ele se disse encantado com a oferta de Tolkien de volumes autografados. Tolkien enviou-os, e o Sr. Gamgee confirmou o recebimento deles, acrescentando: "Posso assegurar ao senhor que tenho toda a intenção de lê-los."]

185 De uma carta para Christopher e Faith Tolkien

19 de março de 1956

Recebi uma carta de um verdadeiro *Sam Gamgee*, de Tooting! Ele não podia ter escolhido um lugar que soasse mais hobbitesco, não é? — embora, na realidade, receio que não seja parecido com o Condado.

Além disso, a A. & Unwin mandou notícias ou previsões extremamente boas de que prováveis resultados financeiros chegarão mais tarde.

186 De uma carta para Joanna de Bortadano (rascunhos)

[Não datada; abril de 1956]

É claro que minha história não é uma alegoria do poder atômico, mas de *Poder* (exercido para Dominação). A física nuclear pode ser usada para esse propósito. Mas não precisa ser. Não precisa ser usada de modo algum. Se realmente há qualquer referência contemporânea na minha história é ao que para mim parece ser o pressuposto mais difundido de nossa época: que se uma coisa pode ser feita, ela deve ser feita. Isso me parece completamente falso. Os maiores exemplos da ação do espírito e da razão estão na *abnegação*. Quando diz que o P[oder] A[tômico] "veio para ficar", a senhora me faz recordar que Chesterton dizia que, sempre que ouvia isso, ele sabia que, seja lá ao que isso se referia, a coisa em si logo seria substituída e considerada lamentavelmente ordinária e antiquada. O chamado poder "atômico" é muito maior do que qualquer coisa na qual ele estava pensando (ouvi isso sobre bondes, luz a gás, trens a vapor). Mas certamente está claro que terá de haver alguma "abnegação" em seu uso, uma recusa deliberada em fazer algumas das coisas que é possível de se fazer com ele, ou nada permanecerá! Contudo, é uma coisa simples, um problema contemporâneo e possivelmente passageiro e efêmero. Não creio que mesmo o Poder ou a Dominação sejam o verdadeiro centro de minha história. Fornecem o tema de uma guerra, sobre alguma coisa suficientemente sombria e ameaçadora para parecer, naquele momento, de suprema importância, mas é principalmente "um cenário" para os personagens aparecerem. O verdadeiro tema para mim é sobre algo muito mais permanente e difícil: Morte e Imortalidade — o mistério do amor pelo mundo nos corações de uma raça "fadada" a deixá-lo e aparentemente perdê-lo; a angústia nos corações de uma raça "fadada" a não deixá-lo até que toda a história deste mundo estimulada pelo mal esteja completa. Mas caso tenha agora lido o Vol. III e a história de Aragorn, a senhora terá percebido isso. (Essa história foi colocada em um apêndice, pois a contei por completo mais ou menos através dos "hobbits"; e isso porque outro ponto principal para mim na história é a observação de Elrond no Vol. I: "Porém assim costuma ser o curso dos feitos que movem as rodas do mundo: as mãos pequenas os fazem porque precisam, enquanto os olhos dos grandes estão alhures." Embora igualmente importante seja a observação de Merry (Vol. III p. 146): "o solo do Condado é fundo. Ainda assim, há coisas mais fundas e mais altas; e nem um feitor poderia cuidar do jardim no que ele chama de paz se não fosse por elas.") *Não sou* um "democrata", nem que seja apenas porque a "humildade" e a igualdade são princípios espirituais corrompidos pela tentativa de mecanizá-los e formalizá-los, com o resultado de que conseguimos não pequenez e humildade universais, mas grandeza e orgulho universais, até que algum Orque se apodere de um anel de poder — e então ficamos e estamos ficando com a escravidão. Porém, tudo isso é mais "reflexão posterior". A história é realmente uma história do que aconteceu em a.C. ano X, e simplesmente aconteceu a pessoas que eram assim! . . . .

Espero que a senhora tenha agora "obtido" o Vol. III! Receio que eu sempre fique particularmente satisfeito quando fico sabendo de alguém que é obrigado a *comprar* o livro! Um autor não pode viver de assinaturas de bibliotecas.

Recebi uma carta outro dia de um homem bem-conhecido e certamente não empobrecido que me informou como um grande elogio que ele ficara tão encantado que retirara o livro várias vezes e pagara multas pesadas por ficar com ele por tempo demais. Faltaram-me palavras para responder. Em primeiro lugar, o *S dos A* custou umas £4.000 para ser produzido após ter deixado minhas mãos. Antes disso, fora qualquer outro trabalho, datilografei-o duas vezes (várias vezes em algumas partes). Um profissional teria cobrado cerca de £200. Há um lado prático trabalhoso até mesmo no alto Romance — não que os hobbits se esqueçam disso.

187 De uma carta para H. Cotton Minchin (rascunho)

[Não datada; abril de 1956. Tolkien escreveu no topo: "Mais ou menos como enviada em 16 de abril (com certas reduções)."]

Não há necessidade de se desculpar com um autor por lhe escrever, pelo menos não com suas palavras generosas. Percebo agora o grande prazer (e encorajamento) que isso dá — tarde demais para corrigir minha própria negligência no caso de outros que me deleitaram. Além disso, sua carta continha muitas sugestões interessantes. De fato, foi uma ideia que eu mesmo já tive: publicar um volume especial de material para "especialistas". Mesmo naquela época, sob a sombra do risco dos grandes custos de produção, ela não foi mal recebida pela A. & U., e creio que, agora, seria uma possibilidade prática. A principal objeção na verdade é o trabalho envolvido (de minha parte) e o peso de outros deveres que ainda ocupam a maior parte do meu tempo.

Eu deveria estar me "aposentando" em julho de 1957, e poderia, então, empenhar-me no ramo da história e filologia ao qual me dedico especialmente. Mas, infelizmente, em vez de uma pensão, minha Universidade simplesmente alongou minha vida professoral. Ademais, meus colegas e críticos filológicos estão agora "aumentando a pressão", como acredito que digam em Mordor. São gentis o suficiente para não mencionarem (exceto pelas minhas costas) minha ação vergonhosa de me tornar "literário" e publicar uma grande obra popular não profissional; mas eles gritam: "agora sabemos o que você tem feito todos esses anos! Por que a edição disso e o comentário daquilo, e as gramáticas e glossários permaneceram "prometidos", mas inacabados. Você se divertiu e agora deve *trabalhar* (!) um pouco." Assim, de consciência pesada, e preso a vários compromissos realmente obrigatórios, encontro-me com menos tempo do que nunca.

Mapas levam muito tempo. É impossível fazer um mapa para uma história "inventada", é claro; a história deve ser feita para um mapa. Esse sistema eu adotei naturalmente e, embora de forma inevitável algumas inconsistências e inexatidões tenham surgido aos poucos no decorrer de um longo trabalho constantemente interrompido, necessitando de ajustes de texto ou mapa, espero que a "geografia" permaneça basicamente sólida. Porém, há uma grande disparidade entre um mapa preliminar, rudimentar, ainda que preciso em escalas e distâncias, útil ao narrador (a quem um ponto com frequência basta sem um nome) e um desenhado e rotulado de maneira suficientemente passável para ser reproduzido!

Como os "estudantes de pós-graduação" sempre descobrem, por mais longo que seja o tempo que lhes é concedido e por mais cuidadosos que sejam seus trabalhos e notas, há sempre uma pressa no final, quando a última data na qual suas teses devem ser apresentadas repentinamente se aproxima. Assim foi com este livro e com os mapas. Tive de pedir a ajuda de meu filho — o C.T. ou C.J.R.T. das modestas iniciais nos mapas — um credenciado estudante do saber hobbit.* E nenhum de nós tinha uma mão inteiramente livre. Lembro que, quando ficou evidente que o "mapa geral" não bastaria para o Livro final, ou não revelaria suficientemente os percursos de Frodo, dos Rohirrim e de Aragorn, tive de dedicar muitos dias, os últimos três praticamente sem comida ou cama, para redesenhar a escala e ajustar um mapa grande, no qual ele então trabalhou por 24 horas (6 da manhã às 6 da manhã sem cama) redesenhando ainda a tempo. As inconsistências de grafia devem-se a mim. Foi apenas nos últimos estágios que (apesar dos protestos de meu filho: ele ainda acredita que ninguém jamais pronunciará *Cirith* corretamente, a palavra aparece como *Kirith* em seu mapa, como anteriormente também aparecia no texto) decidi ser "consistente" e grafar do início ao fim palavras e nomes élficos sem *k*. Sem dúvida há outras variações. . . . .

Entretanto, sou primeiramente um filólogo e, de certa forma, um calígrafo (embora esta carta possa tornar isso difícil de se acreditar). E meu fiiho é como eu. Para nós, sem sombra de dúvida o interesse mais cativante é as línguas élficas e a nomenclatura baseada nelas;

*Um termo que devo aos meus amigos holandeses. Esse ramo do conhecimento parece estar se tornando bem reconhecido em Amsterdã.

e os alfabetos. Meus planos para o "volume especializado" eram em grande parte linguísticos. Um glossário de nomes seria produzido, que através da interpretação etimológica também forneceria um vocabulário élfico bem grande; esse sem dúvida é um requisito fundamental. Trabalhei nele por meses, e indexei os dois primeiros vols. (foi a principal causa do atraso do Vol iii) até que ficou claro que o tamanho e o custo seriam enormes. Relutantemente também tive que abandonar, sob pressão do "departamento de produção", os "fac-símiles" das três páginas do *Livro de Mazarbul*, queimado, rasgado e manchado de sangue, que passei muito tempo produzindo ou forjando. Sem elas, a abertura do Livro Dois, cap. 5 (que foi planejado para apresentar os fac-símiles e uma transcrição ao lado) é defeituosa, e as Runas dos Apêndices, desnecessárias.

Mas os problemas (prazerosos se eu tivesse tempo) que o volume extra apresentará parecerão nítidos se eu lhe disser que, enquanto muitos como o senhor exigem mapas, outros desejam indicações *geológicas** em vez de lugares; muitos querem gramáticas, fonologias e amostras élficas; alguns querem métrica e prosódias — não apenas das breves amostras élficas, mas também dos versos "traduzidos" nos modos menos familiares, tais como aqueles escritos na forma mais rígida do verso aliterante anglo-saxão (como, por exemplo, o fragmento no final de *Batalha da Pelennor*, V vi 124). Músicos querem melodias e notações musicais; arqueólogos querem cerâmica e metalurgia. Botânicos querem uma descrição mais precisa do *mallorn*, da *elanor*, *niphredil*, *alfirin*, *mallos* e *symbelmynë*; e historiadores querem mais detalhes sobre a estrutura política e social de Gondor; questionadores gerais querem informações sobre os Carroceiros, o Harad, origens anânicas, os Mortos, os Beornings e os dois magos que faltam (dos cinco). Será um volume grande, mesmo que eu me atenha apenas às coisas reveladas à minha limitada compreensão!

Pessoalmente, desejo, *em primeiro lugar*, colocar em ordem o *Silmarillion*, junto com a Cosmogonia e as lendas da Segunda Era (a *Queda de Númenor*). Todas essas obras foram escritas primeiro, e o meu desejo era publicá-las em ordem cronológica. Teria aliviado *O Senhor dos Anéis*! Porém, foi somente como uma continuação de *O Hobbit* que aquela publicação se mostrou possível. Abençoado seja o povo pequeno! Seja como for, *O Senhor dos Anéis* me espantou, e acredito que os galantes editores ainda mais.

* Por ter interesses geológicos, e um conhecimento muito pequeno, não negligenciei completamente esse aspecto, mas a indicação deste é ainda mais difícil — e perigosa!

Na verdade, apesar das bibliotecas e do hábito do empréstimo — talvez mais desculpável diante da demanda por três guinéus —, a obra está vendendo muito bem. O Tesouro de S.M.* naturalmente embolsará a maior parte dos lucros (de renda), visto que o fato de que labutei e sacrifiquei outros emolumentos por 18 anos sem ser remunerado na produção dessa obra não os comove de modo algum. A comissão deles até mesmo recomenda que a permissão de distribuir lucros pelo período de *3* anos seja revogada dos autores. (Lord Kennet me contou no sábado que Trevelyan disse que finalmente tivera sucesso em manter apenas £4.000 de *74.000* produzidos por sua "Social History".[1]) . . . .

Notei *Cotton* com aprovação e prazer. *Minchin* suponho que seja uma variante do sobrenome *Nunn*, uma vez que é uma grafia moderna da palavra anglo-saxã para uma freira [*nun*], que foi preservada em topônimos como *Minchinhampton*. Contudo, nomes com frequência *não* derivam do que parece ser sua fonte óbvia. O meu próprio, em última análise, vem do alemão *tollkühn*, e talvez algo dessa remota temeridade ancestral tenha sido herdada. Mas sou das West-Midlands. Recentemente, recebi uma carta de *Sam Gamgee*, de Tooting: uma pessoa genuína com esse nome. Ele pareceu um pouco surpreso. (Ainda bem que não foi *S. Gollum*; vivo com medo de receber uma carta dele; este não ficará muito feliz.) Não vou aborrecê-lo com os resultados completos da pesquisa que empreendi acerca de *Gamgee*. . . . . O Sr. Sam Gamgee me informou que o nome vem de Essex, mas ele não parece saber muito mais que isso, exceto que vários taverneiros na área de Londres têm esse nome.

De fato, como o senhor disse, o meu "Sam Gamgi" é um reflexo do soldado inglês, dos soldados rasos e ordenanças que conheci na guerra de 1914, e que reconheci como muito superiores a mim mesmo.

188 De uma carta para Allen & Unwin

3 de abril de 1956

[Em março, a Allen & Unwin contou a Tolkien que haviam assinado um acordo para uma edição holandesa de *O Senhor dos Anéis*. Tolkien respondeu que essa era a primeira vez que ele ouvia falar de tal proposta e pediu para que lhe contassem mais. Os editores responderam que estavam fazendo "todos os esforços possíveis" para vender os direitos estrangeiros e pediram uma confirmação de que Tolkien queria que eles assim o fizessem.]

É claro, desejo que os senhores prossigam com seus esforços com respeito a edições estrangeiras. . . . . Contudo, é compreensível que um

* Sua Majestade. [N.T.]

autor, enquanto ainda vivo, sinta uma profunda e imediata preocupação com *traduções*. E este autor, infelizmente, também é um linguista profissional, um *don* pedante, que possui amplas ligações e amizades pessoais com os principais estudiosos de inglês do continente. . . . . A tradução de *O Senhor dos Anéis* se mostrará uma tarefa formidável, e não vejo como pode ser realizada satisfatoriamente sem a assistência do autor.* Essa assistência estou preparado para fornecer, imediatamente, se eu for consultado.

Gostaria de evitar uma repetição de minha experiência com a tradução sueca de *O Hobbit*.[1] Descobri que essa tradução tomou liberdades injustificadas com o texto e com outros detalhes, sem consulta ou aprovação; ela também foi desfavoravelmente criticada no geral por um especialista sueco, familiarizado com o original, a quem o enviei. Tenho em conta o texto (em todos seus detalhes) de *O Senhor dos Anéis* com muito mais ciúme. Alterações, grandes ou pequenas, rearranjos ou resumos deste texto não serão aprovados por mim — a não ser que provenham de mim mesmo ou de consulta direta. Espero sinceramente que essa minha preocupação seja levada em consideração.

188a De uma carta para Hugh Brogan — 3 de abril de 1956

Estarei em casa durante toda a tarde ou além, e ficarei encantado em vê-lo. Mas receio que para você será como retornar ao Condado, desarmado e vários anos tarde demais. Restam alguns hobbits em Old Marston e Old Headington, mas não há esperança de mobilizá-los.

189 De uma carta para a Sra. M. Wilson — 11 de abril de 1956

Percebo que muitas crianças ficam interessadas, até mesmo absortas, em *O Senhor dos Anéis* por volta dos 10 anos em diante. Na verdade, acho realmente uma pena. A obra não foi escrita para elas. Mas, por outro lado, não sou um leitor muito "ávido" e, visto que raramente consigo convencer a mim mesmo a ler uma obra duas vezes, penso a respeito das muitas coisas que li — cedo demais! Nada, nem mesmo uma (possível) apreciação mais profunda, substitui para mim o florescer

* Por "assistência" não quero dizer interferência, é claro, apesar de que a oportunidade de considerar amostras seria desejável. Meu conhecimento linguístico raramente se estende, além da descoberta de liberdades e erros óbvios, à crítica das precisões que seriam exigidas. Porém, há muitas dificuldades especiais neste texto. Para mencionar uma: há várias palavras que não serão encontradas nos dicionários ou que requerem um conhecimento do inglês mais antigo. Em pontos como esses, e em outros que inevitavelmente surgiriam, o autor seria a mais satisfatória, e a mais rápida, fonte de informação.

de um livro, o frescor do não lido. Ainda assim, o que lemos e quando lemos é guiado, como as pessoas que conhecemos, pelo "destino".

190 De uma carta para Rayner Unwin 3 de julho de 1956

[Em junho, o Departamento de Direitos Estrangeiros da Allen & Unwin enviou a Tolkien uma lista das versões holandesas de topônimos em *O Senhor dos Anéis* que haviam sido criadas pelo tradutor holandês do livro, com o pedido: "Poderia, por favor, retorná-las com o que esperamos que seja a sua aprovação?"]

Espero que você, e o Dep. de Direitos Estrangeiros, perdoem a minha carta para *você*, agora por extenso, sobre a tradução holandesa. A questão é importante (para mim); tem me incomodado e irritado muito, e me dado uma boa dose de trabalho desnecessário em uma época por demais inadequada.....

Em princípio, oponho-me de toda maneira tão fortemente quanto possível à "tradução" da *nomenclatura* (mesmo por uma pessoa competente). Pergunto-me por que um tradutor se consideraria requisitado ou no direito de fazer qualquer coisa semelhante. O fato de este ser um mundo "imaginário" não lhe dá qualquer direito de remodelá-lo de acordo com seu gosto, mesmo que ele pudesse em poucos meses criar uma nova estrutura coerente que levei anos para desenvolver.

Presumo que se eu tivesse apresentado os Hobbits falando italiano, russo, chinês, ou o que seja, ele teria deixado os nomes em paz. Ou se eu tivesse alegado que "o Condado" era algum Loamshire[1] fictício da Inglaterra real. Mesmo assim, na verdade, em um país e período imaginários, como estes, coerentemente criados, a nomenclatura é um elemento mais importante do que em um romance "histórico". Mas é claro que, se omitirmos a "ficção" de muito tempo atrás, "O Condado" é baseado na Inglaterra rural e não em qualquer outro país do mundo — talvez menos ainda, de qualquer um da Europa, na Holanda, que é topograficamente completamente dissimilar. (Na realidade, é tão diferente que, apesar da afinidade de seu idioma e em muitos aspectos de seu dialeto, o que deve facilitar alguma parte do trabalho do tradutor, sua *toponímia* é especialmente inadequada para o propósito.) A toponímia d'*O Condado*, pegando a primeira lista como exemplo, é uma "paródia" daquela da Inglaterra rural, em grande parte no mesmo sentido que o são seus habitantes: eles se completam e pretende-se que o façam. Afinal de contas, todo o livro está em inglês e é de autoria de um inglês, e presumivelmente mesmo aqueles que desejam que a narrativa e os diálogos da obra sejam vertidos para um idioma que compreendam não pedirão de um tradutor que ele deva deliberadamente tentar destruir a cor local. Não peço isso de um tradutor, embora eu possa me alegrar com um glossário onde (raramente) o significado de um topônimo é essencial. Não gostaria de encontrar, em um livro que partisse de um espelho imaginário da Holanda, *Hedge* [Sebe], *Duke'sbush* [Arbusto-do-duque], *Eaglehome* [Lar-d'águia] ou *Applethorn* [Espinho-de-maçã] mesmo *se* essas fossem "traduções" de 'sGravenHage, Hertogenbosch, Arnhem ou Apeldoorn! Essas "traduções" não são inglesas, elas simplesmente não têm lugar.

Na verdade, o Mapa do Condado tem um papel muito pequeno na narrativa, e a maior parte de seu propósito é o de um desenvolvimento descritivo. Ele é baseado, é claro, em um certo conhecimento da história toponímica inglesa, que o tradutor parece não possuir (acho que ele também não conhece muito daquela dos Países Baixos). Mas ele *não precisa* conhecer, caso a deixe em paz. A maneira apropriada de tratar o primeiro mapa é modificar o título para *Een Deel von "The Shire"* e nada mais; embora eu suponha que *naar* com o sentido de "para" em direções como *"Para Cava Miúda"* não faria nenhum mal.

O Tradutor olhou de relance (por evidências internas), mas não usou os Apêndices. Aliás, ele parece deveras inconsciente das dificuldades que está criando para si mesmo mais tarde. O "anglo-saxão" dos Rohirrim não é muito parecido com o holandês. Na verdade, ele está destruindo com dedos muito desajeitados uma teia a qual fez apenas uma leve tentativa de compreender.....

É claro, o ponto essencial negligenciado é: mesmo quando um topônimo é totalmente analisável pelos falantes do idioma (geralmente não é o caso), isso via de regra não é feito. Se em uma terra imaginária topônimos *reais* são usados, ou topônimos que são cuidadosamente construídos para se adequarem a padrões familiares, estes tornam-se nomes integrais, "soam reais", e traduzi-los pelos seus sentidos analisados é deveras insuficiente. Os nomes holandeses deste senhor holandês deveriam soar realmente holandeses. Bem, de fato não sou um estudioso de holandês, e conheço pouco da história peculiar da toponímia holandesa, mas não acredito que em geral eles o sejam. Seja como for, vários deles *não fazem sentido* de qualquer forma ou são completamente errôneos, fato que só posso equiparar ao supor que você encontrasse Florescência, Novavila, Lago Como, Documentos, Burgo do Presunto, Rubor e então descobrisse que o autor havia escrito Florença, Nápoles, Lago di Como, Chartres, Hamburgo e Flushing = Vlissingen!

Anexo em justificativa de minhas restrições um comentário detalhado sobre as listas..... Tenho certeza de que o procedimento correto (assim como mais econômico para a editora e o tradutor?) é deixar os mapas e a nomenclatura em paz o tanto quanto possível, porém substituir alguns dos Apêndices menos desejados por um glossário de nomes (com significados, mas sem refs.). Eu poderia fornecer um para tradução.

Que agora eu possa dizer de uma vez que *não* tolerarei qualquer remendagem similar com a *nomenclatura pessoal*. Nem com o nome/palavra *Hobbit*. Não admitirei mais qualquer *Hompen* (no qual não fui consultado), nem qualquer *Hobbel* ou sei lá o quê. Elfos, Anões/ãos, Trols, sim: estes são meros equivalentes modernos dos termos corretos. Mas *hobbit* (e *orc*) são daquele mundo e devem permanecer, quer soem holandeses ou não. . . . .

Se você achar que estou sendo absurdo, ficarei então imensamente angustiado; mas receio que não mudarei minhas opiniões. Devo dizer que as poucas pessoas que fui capaz de consultar expressaram-se de modo igualmente forte. De qualquer forma, não serei tratado à la Sra. Porco-espinho = Poupette à l'épingle.* Não que B[eatrix] P[otter] não tenha infernizado os tradutores. Embora possivelmente de uma posição mais segura do que a minha. Não sou linguista, mas sei algo sobre *nomenclatura*, e especialmente a estudei, e estou realmente muito furioso.

191 De uma carta para a Srta. J. Burn (rascunho)

26 de julho de 1956

Se a senhorita reler todas as passagens que tratam de Frodo e do Anel, acredito que verá que não apenas era *assaz impossível* para ele entregar o Anel, em ato ou vontade, especialmente em seu ponto de poder máximo, mas que também esse fracasso fora prenunciado há muito tempo. Ele recebeu honrarias porque aceitara o fardo voluntariamente e então fizera tudo que estava ao alcance de sua máxima força física e mental fazer. Ele (e a Causa) foram salvos — pela Misericórdia: pelo valor e eficácia supremos da Piedade e perdão pelas injúrias.

I Coríntios 10, 12–13[1] à primeira vista pode não parecer ser adequado — a não ser que se assuma que "suportar a tentação" signifique resistir a ela enquanto ainda um agente livre no comando normal da vontade. Penso particularmente nas misteriosas últimas súplicas do Pai Nosso: Não nos deixeis cair em tentação, mas livrai-nos do mal. Uma súplica contra algo que não pode acontecer é sem sentido. Existe a possibilidade de ser colocado em posições além do próprio poder. Neste caso (como acredito), a salvação da ruína dependerá de algo aparentemente sem ligação: a santidade geral (e humildade e misericórdia) da pessoa sacrificial. Não "planejei" a libertação neste caso: mais uma vez ela segue a lógica da história. (Gollum teve sua chance

* Ainda assim, Canétang = Pato-de-lamaçal[2] está várias classes acima deste artista!

de arrepender-se e de retribuir generosidade com amor; e ele caiu da corda bamba.) No caso daqueles que saem da prisão após uma "lavagem cerebral", subjugados ou insanos, louvando seus torturadores, nenhuma libertação imediata semelhante é, por via de regra, contemplada. Mas ao menos podemos julgá-los pela vontade e intenções com as quais entraram nas *Sammath Naur* e não exigir feitos de vontade impossíveis, que só poderiam acontecer em histórias que não se preocupam com a moral real ou a probabilidade mental.

Não, Frodo "fracassou". É possível que assim que o anel fosse destruído ele tivesse poucas recordações da última cena. Mas é preciso encarar o fato: o poder do Mal no mundo *não* é, em última instância, resistível por criaturas encarnadas, por mais "boas" que sejam; e o Escritor da História não é um de nós.

Receio que tenho o mesmo sentimento — fui forçado a publicar de ponta-cabeça ou de trás para frente; e após a grande queda (e o fim do Mal visivelmente encarnado) antes do Domínio dos Homens (ou da simples História) ao qual tudo isso conduziu, as lendas mitológicas e élficas dos Dias Antigos não serão mais exatamente as mesmas. Porém, talvez se acabarem lidas, do início ao fim na ordem correta, ambas as partes possam se beneficiar. Não estou escrevendo o *Silmarillion*, que foi escrito há muito tempo, mas estou tentando encontrar um modo e uma ordem que possam tornar as lendas e os anais publicáveis. E tenho também uma terrível quantidade de outros trabalhos para fazer.

192 De uma carta para Amy Ronald — 27 de julho de 1956

Por acaso acabei de receber outra carta a respeito do fracasso de Frodo. Pouquíssimas pessoas parecem sequer ter observado o fato. Mas, seguindo a lógica do enredo, era claramente inevitável como um acontecimento. E seguramente é um acontecimento mais significante e real do que um simples final de "estória de fadas" no qual o herói é invencível, não? É possível para os bons, até mesmo os santos, ficarem sujeitos a um poder do mal que é grande demais para sobrepujarem — em si mesmos. Neste caso, a causa (não o "herói") foi triunfante, pois pelo exercício da piedade, da misericórdia e do perdão pelas injúrias, foi produzida uma situação na qual tudo foi reparado e o desastre, evitado. Gandalf certamente previu isso. Ver Vol. I p. 68–9.[1] É claro que ele não quis dizer que é preciso ser misericordioso pois isso pode mostrar-se útil mais tarde — não seria então misericórdia ou piedade, que somente estão verdadeiramente presentes quando contrárias à prudência. Não nos compete planejar! Porém, é-nos assegurado que devemos ser nós mesmos extravagantemente generosos se formos esperar pela extravagante generosidade que o mais leve abrandamento, ou fuga, das consequências de nossas próprias tolices e erros representa. E que a misericórdia às vezes ocorre nesta vida.

Frodo mereceu todas as honrarias porque gastou cada gota de seu poder de vontade e corpo, e isso foi precisamente o suficiente para levá-lo ao ponto destinado e não mais além. Poucos outros, possivelmente nenhum outro de sua época, teria chegado tão longe. O Outro Poder então entrou em ação: o Escritor da História (com o qual não quero dizer eu mesmo), "aquela Pessoa sempre presente que nunca está ausente e nunca é nomeada"* (como disse um crítico). Ver Vol. I p. 65.[2] Um terceiro (o único outro) comentador sobre a questão alguns meses atrás insultou Frodo como sendo um canalha (que deveria ter sido enforcado e não honrado) e a mim também. Parece triste e estranho que nesta época em que diariamente pessoas de bem são torturadas, sofrem "lavagem cerebral" e são subjugadas alguém possa ser tão simplório e moralista.

Não acho que Walter de la Mare tenha andado pela minha região, se com isso você quer dizer se ele leu minha obra antes de morrer ou habitou um mundo similar, ou ambos. Encontrei-o apenas uma vez, há muitos anos, e tivemos pouco a dizer; mas, no tocante aos meus sentimentos por sua obra e à compreensão que tenho dela, suponho que ele habitasse um mundo muito mais sombrio e sem esperança: um mundo que, de qualquer modo, alarma-me profundamente.

193 De uma carta para Terence Tiller — 2 de novembro de 1956

[Tiller, o adaptador e produtor da versão de *O Senhor dos Anéis* para o Third Programme da BBC (ver carta nº 175), pedira o conselho de Tolkien sobre "sotaques" para a segunda série de seis episódios do livro, que eram baseados em *As Duas Torres* e *O Retorno do Rei*.]

Supondo que "sotaque" signifique, como geralmente significa em linguagem não técnica, "alterações mais ou menos consistentes das vogais/consoantes do inglês 'da rainha'", devo dizer que, nos casos de sua indagação, nenhuma diferenciação de sotaque é necessária ou desejável. Por exemplo, provavelmente seria melhor evitar certas características, reais ou convencionais, do inglês "vulgar" moderno na representação dos Orques, tais como a omissão dos agás (estes, creio eu, *não* são omitidos no texto, e isso é proposital).

* Na verdade, referido como "o Uno" no Apênd. A III p. 317 l. 20. Os Númenóreanos (e os Elfos) eram monoteístas absolutos.

Mas é claro que, para a maioria das pessoas, "sotaque" tal como definido acima é confundido com impressões de entonação, articulação e ritmo diferentes. Suponho que o senhor terá de usar tais meios para fazer com que os Orques soem desagradáveis!

Não tenho dúvida de que, se essa "história" fosse real, todos os usuários da fala c[omum] seriam revelados por seus sotaques, diferindo em lugar, povo e posição, mas isso não pode ser representado quando a f. c. é transformada no inglês — e (acho que) não é necessário. Prestei grande atenção a tal diferenciação linguística, tanto quanto foi possível: na dicção, expressões idiomáticas e assim por diante; e tenho dúvidas se é possível exprimir muito mais, exceto na medida em que o ator represente seu sentimento pelo personagem em tom e estilo.

Como Minas Tirith está na fonte da fala c., ela está para a f.c. como Londres está para o inglês moderno, e é o padrão de comparação! Nenhum de seus habitantes deveria possuir um "sotaque" em termos de vogais etc.

Os Rohirrim sem dúvida falavam (como nossos antigos ancestrais ingleses em um estado similar de cultura e sociedade), pelo menos em sua própria língua, com um ritmo mais lento e com uma articulação mais sonora do que "urbanos" modernos. Porém, creio que é seguro representá-los usando a f. c., já que eles praticamente sempre o fazem (por razões óbvias) como que falando ao melhor modo de M[inas] T[irith]. Possivelmente um pouco bem demais, uma vez que esse seria um idioma aprendido, um tanto mais lento e mais cuidadoso do que o falar de um nativo. Mas essa é uma sutileza que pode ser negligenciada sem problema e que nem sempre era verdadeira: *Théoden* nasceu em Gondor e a f.c. era o idioma doméstico do Paço Dourado nos dias de seu pai (*Retorno do Rei*, p. 350).[1]

194 Para Terence Tiller

6 de novembro de 1956 — 76 Sandfield Road, Headington, Oxford

Caro Tiller,

Senhor dos Anéis

Não tive tempo para mais do que duas leituras rápidas dos 3 episódios que o senhor me enviou; mas suponho que seja "agora ou nunca" para o caso de qualquer comentário ser de uso prático.

Não estou fazendo crítica alguma aos detalhes. Os objetivos que o senhor tinha ao criar esta versão parecem bastante claros e (admitido seu valor ou legitimidade) não creio que pudessem ser alcançados de maneira muito melhor. Desejo todo o sucesso aos seus esforços.

Porém, como uma conversa particular entre nós, eu poderia desejar que o senhor talvez dispusesse de tempo para me dizer *por que* esse tipo de tratamento é dado ao livro e que valor possui — no Third. Quanto a mim, não acredito que muitos ouvintes, caso haja algum, que não conheçam o livro vão se aventurar na trama ou captarão o que está acontecendo. E o texto está reduzido (necessariamente no espaço) a termos tão simples, até mesmo simplórios, que acho difícil de acreditar que ele prenderia a atenção do Third.

Eis aqui um livro por demais inadequado para uma representação dramática ou semidramática. Se isso for tentado, necessitará de mais espaço, muito espaço. É completamente impossível encaixar os dois livros no tempo designado — quer o objetivo seja proporcionar algo em si mesmo interessante na mídia, quer seja indicar a natureza do original (ou ambos). Por que não então recusá-lo como inadequado, se não há mais espaço disponível?

Permaneço, é claro, lisonjeado e satisfeito por meu livro receber essa atenção; mas ainda não consigo deixar de pensar: por que essa forma? Pessoalmente, acredito que seja mais necessária a arte mais antiga da "mímica" de leitura do que a quase mais dramática, que resulta em uma ênfase grande demais nos diálogos (na maioria das vezes com seu cenário removido). Vejamos dois exemplos: (1) o episódio das velas de cadáveres é reduzido à ineficácia; (2) o momento crucial em que Gollum quase se arrepende desaparece em um mero *"e assim Gollum os encontrou. . . etc"* III/12. Desse modo, tanto o "cenário" quanto os "personagens" tornam-se rasos: sem precisão ou cor, e sem motivos ou conflitos. Não posso deixar de pensar que passagens reais mais longas lidas, como um colar sobre uma linha de narração (na qual o narrador poderia ocasionalmente arriscar uma interpretação de mais do que meros eventos de enredo) acabariam sendo, ou poderiam ser, tanto mais interessantes aos ouvintes como mais justas com o autor. Porém, como eu disse, falta-me experiência na mídia e, de qualquer forma, essa não é uma crítica ao seu texto, mas um suspiro por algo bem diferente — uma lua, sem dúvida. Pergunta final: pode uma história não concebida dramaticamente, mas, sim, (por falta de um termo mais preciso) epicamente ser dramatizada — a não ser que ao dramatizador sejam dadas ou que tome liberdades como uma pessoa independente? Tenho a impressão de que o senhor tem uma tarefa muito difícil.

Sinceramente,
J.R.R. Tolkien.

194a De uma carta para Michael Tolkien

6 de novembro de 1956

Todos nós temos de sofrer essas pressões, desde que a S[anta] M[ãe] I[greja] começou a empregar enfermeiras tão vulgares. Ainda assim, a

Igreja, em última instância, é apenas um tabernáculo (ou ostensório) para o Sagrado Sacramento, e o tem sido ao longo da História, cada era de uma maneira diferente, uma extremamente imperfeita, para não dizer deploravelmente hedionda e malcuidada. Mas é a única disponível, e do lado de fora fica o "ermo absoluto". Pois eu mesmo acho que somente a concentração na imutável, indelével e imaculável santidade da Real Presença nos mantém esperançosos e caridosos. Naturalmente, tal ato por vezes nos deixa indignados com a casualidade e irreverência dos sacerdotes (e dos leigos), mas isso está nas mãos de Nosso Senhor: tudo o que podemos fazer é *exibir* a nossa própria devoção e reverência e, se pudermos, ensinar nossos filhos a sentir e fazer o mesmo.

Estou realmente alarmado com a histeria neste país. Pode bem ser um prelúdio para um governo da multidão! Metade de Oxford encontra-se numa espécie de frenesi gritante — sobre Suez, não sobre a Hungria! Quando os "funcionários" enlouquecem, o que nos resta? Os deuses, diziam, primeiro enlouquecem aqueles que eles desejam destruir. "Pacifismo" armado, destruindo os veículos de cidadãos inocentes, aparentemente num afã para remover um Primeiro Ministro que já recebeu um voto constitucional (por 69) de confiança em um Parlamento "democraticamente eleito". *Dons* gritando "fascistas", na mesa principal, a colegas que, com vozes moderadas, têm de discordar deles. Que podridão e fedor são deixados pelo liberalismo desprovido de religião! Receio que haja um aspecto intensamente egoísta no meu alarme. Um governo socialista praticamente me reduzirá à penúria na aposentadoria! Na situação atual, a legislação socialista está me roubando provavelmente ¾ dos frutos dos meus trabalhos, e meus "direitos autorais" estão simplesmente esperando no banco até que os Coletores de Impostos entrem e os embolsem. Você se espanta que qualquer um que possa saia dessa ilha? Mas em breve não haverá para onde ir para se escapar da maré crescente da "orquidade".

Porém, nunca sabemos ao certo o que se passa mesmo na cabeça de um aparente orque numa motocicleta. Recebi ontem uma carta de um trabalhador da fábrica da Siemens em Woolwich me agradecendo por *O Senhor dos Anéis*, em seu nome e de três outros que haviam lido o seu exemplar! E foram as partes "élficas" que mais o interessaram.....

Não se preocupe com o inglês da M. G.!* Eu o *odiava* na escola. E se existe algo mais fatuamente inapropriado para "14 anos" do que a forma adulta sofisticada e esgotada do *Ensaio* (traços dos pedantes do século XVIII!), eu não conheço. Por que não ensinam aos jovens

* *Mother Goose* [Mamãe Gansa], figura clássica de contos de fadas. [N.T.]

algumas métricas elementares e os colocam para escrever poesia? Mesmo que sejam ruins! E se os jovens gostam de *poetas* (como deviam gostar), por que não lhes ensinar alguns dos *fatos* de história linguística em geral e do inglês em particular? Suponho que a resposta seja porque não os conhecem, e que isso é "filologia" e perverso. Cuidado! Todos os esquerdistas são antifilologia!

Mais uma vez, com amor para todos vocês. Viva os Ents! Abaixo os Rufiões. E que o Rei possa retornar!

194b De uma carta para Rayner Unwin
24 de novembro de 1956

[Sobre a tradução holandesa de *O Senhor dos Anéis*.]

Não terei tempo para examinar o resultado com muita atenção e, de qualquer modo, não tenho intenção de ser indelicado. Não creio que fortes críticas desfavoráveis, mesmo se merecidas, vindas de mim seriam úteis. (Ainda acho a "tradução" da nomenclatura um erro primário, indicativo de uma atitude errada; e como não fui capaz de impor essa questão, não imagino que terei mais sucesso com outras.)

195 De uma carta para Amy Ronald
15 de dezembro de 1956

Um detalhe: a atitude de Frodo com relação a armas era pessoal. Ele não era, em termos modernos, um "pacifista". É claro, ele ficou principalmente horrorizado com a possibilidade de guerra civil entre Hobbits;[1] mas também chegou (suponho) à conclusão de que a luta física, na realidade, no final das contas é menos eficaz do que a maioria dos homens (bons) pensa! Na verdade, sou um cristão e, de fato, um católico romano, de modo que não espero que a "história" seja algo além de uma "longa derrota" — embora contenha (e em uma lenda possa conter de forma mais clara e comovente) algumas amostras ou vislumbres da vitória final.

195a De uma carta para Rayner Unwin
3 de fevereiro de 1957

[Das duas cátedras de inglês em Merton, Língua e Literatura Inglesa, Tolkien era, naquele momento, professor de ambas; seu colega Inkling, Nevill Coghill, seria eleito para a cátedra de Professor de Literatura Inglesa.]

Estou passando por um momento bastante complicado e, com um professor nos Estados Unidos e outro se aposentando (envolvendo-me em todas as dificuldades de uma eleição), tenho mais coisas para fazer do que consigo administrar. Há meses não chego perto de *O Silmarillion*. Não é possível "intercalá-lo": ele necessita de atenção exclusiva e concentrada.

Venha me ver assim que puder! Quero muito vê-lo, e não vislumbro nenhuma chance de ir para Londres neste período letivo.

195b De uma carta para Rayner Unwin

1º de março de 1957

[Rayner visitou Tolkien em fevereiro e eles discutiram O Silmarillion.]

Lamento por estar cansado, incomodado e confuso quando você me visitou. Eu estava e estou tendo um período letivo muito complicado (e extremamente laborioso); mas ao que parece estou retomando o controle. Uma espécie de segundo, ou terceiro, fôlego — fiquei sentado nesta escrivaninha escrevendo (*não* "literatura", infelizmente!) ontem das 8:45 da noite às 4:15 da madrugada, e me sinto melhor por isso.

Não achei o material do *Silmarillion* tão confuso quanto deve ter parecido para você. E como antes me parecia! Eu havia esquecido completamente que o material principal estava todo organizado em uma caixa na qual havia sido guardado por segurança quando me ausentei! Espero em breve voltar minha atenção para ele, se as harpias filológicas me deixarem em paz. Mas tenho de enfrentar quase uma "Corte Marcial" dos outros diretores da Early English Text Society em sua reunião em 19 de março.

196 De uma carta para Katharine Farrer

21 de março de 1957

[Escrita, embora Tolkien não soubesse, no dia em que C.S. Lewis se casou, em uma cerimônia da Igreja da Inglaterra, com Joy David-man, junto ao leito hospitalar desta, a qual se acreditava que estava morrendo.]

Espero que você esteja um pouco melhor — especialmente na questão do sono. Mas realmente não fiquei sabendo muito de você nos últimos meses, exceto o fato de as coisas estarem difíceis. Acredito que você tem estado muito preocupada com os problemas do pobre Jack Lewis. Destes sei pouco além das insinuações cautelosas do extremamente discreto Havard. Quando encontro Jack, ele naturalmente se refugia em conversas "literárias" (para as quais ainda nenhum pesar e ansiedade domésticos ofuscaram seu entusiasmo).

196a Para Michael George Tolkien

24 de abril de 1957 76 Sandfield Road, Headington, Oxford

Querido Michael G.

Muito obrigado por sua carta. Vovó e eu ficamos contentes com ela e muito interessados. . . . . Não sei como você encontrou tempo para *O Senhor dos Anéis*! Embora ele realmente precise de umas férias, já que é complicado demais para ser lido em pedaços. De qualquer forma, fico feliz que o tenha achado *empolgante*, uma vez que é o que principalmente tentei fazer: uma história empolgante. . . .

Eu adoraria ter estado com você nos rochedos elevados, longe das "pessoas": isto é, gente na missa. Mas acho que não teria conseguido acompanhar o seu padrão de caminhada. Estou tendo problemas com a minha perna danificada (rompi o *tendão de Aquiles*, a principal "corda" que liga o calcanhar à panturrilha, uma vez jogando squash), e ficando bastante coxo. A última caminhada realmente longa que fiz (anos atrás) foi de Lyme Regis a Minehead, em grande parte pelos campos. Não em um só dia! . . . .

A edição e tradução holandesas estão indo bem. Tive de estudar holandês com afinco; mas não é uma língua muito agradável. Na verdade, no momento estou imerso no hebraico. Se quiser um alfabeto belo, mas estúpido, e uma língua tão difícil que faz o latim (e até mesmo o grego) parecer trivial — mas que também lança um vislumbre sobre um passado que faz Homero parecer recente —, então esta é a ideal! (Quando me aposentar, tenho a esperança de ser incluído na equipe de uma nova tradução da Bíblia que está sendo preparada. Passei no teste: com uma versão do Livro de Jonas.[1] Não diretamente do hebraico! A propósito, se der uma olhada no Velho Testamento, e em *Jonas*, você perceberá que a "baleia" — não é realmente dito que é uma baleia, mas um peixe grande — não tem muita importância. A mensagem real é que Deus é muito mais misericordioso do que "profetas", comove-se facilmente com a penitência e não aceitará que digam o que deve fazer, nem mesmo por altos eclesiásticos que ele mesmo designou.) Contudo, há muitíssimas coisas cativantes no mundo. É preciso escolher e se ater a algumas. Com essa bênção e conselho (como pregadores) eu termino — e com meu amor e bons votos.

Avô.

197 De uma carta para Rayner Unwin 9 de maio de 1957

[A Allen & Unwin enviara um cheque substancial pelos rendimentos de Tolkien por *O Senhor dos Anéis*. Rayner Unwin relatou vendas excelentes e previa um sucesso contínuo.]

Sua "bomba" chegou em um momento de pressa. . . . . Caso contrário, teria lhe agradecido por sua carta gentil mais cedo.

Se eu tivesse tido alguma noção disso, teria pensado seriamente em me aposentar na hora apropriada (julho próximo) e em recusar os dois anos extras, que não farão diferença suficiente na minha ninharia de aposentadoria para que valha a pena o incômodo. Do jeito que está, serei simplesmente multado por continuar "trabalhando" em cerca do equivalente do meu salário, a menos que meu agente do I[mposto] de R[enda] esteja desnecessariamente pessimista sobre esse singular segundo pagamento. Além disso, é praticamente impossível conseguir qualquer tempo ininterrupto para gastar em *O Silmarillion* enquanto eu permanecer na função. Tive de colocá-lo de lado desde o outono passado, embora eu espere retomá-lo no fim do mês que vem. Não tenho passado muito bem ultimamente, e estou começando a ser afetado pela artrite que com frequência torna dolorosos os longos períodos em que fico sentado.

Triste como estou por ser privado dos frutos de um trabalho de tantos anos (que significou não apenas o sacrifício de tempo livre, mas também de outras ocupações de lucro anual imediato), devo dizer que estou muitíssimo animado com seu relatório das vendas e esperanças para o futuro imediato, não apenas por mim, mas também por você (e pela A. & U.). Você tem sido tão gentil e paciente comigo; e sem o seu encorajamento, e sua "aventura" generosa, suponho que o *S. dos A.* ainda seria uma pilha de mss. Receio que não posso deixar de sentir que há muito de positivo nas "formas mais grosseiras de sucesso literário", como um crítico escarnecedor recentemente o chamou (não o meu, mas um caso mais "grosseiro").

198 De uma carta para Rayner Unwin — 19 de junho de 1957

[Um cineasta estadunidense havia perguntado sobre a possibilidade de se fazer um desenho animado de *O Senhor dos Anéis*.]

No que me diz respeito pessoalmente, recebo de bom grado a ideia de um filme animado, com todo o risco de vulgarização; e isso independente do brilho do dinheiro, embora à beira da aposentadoria essa não seja uma possibilidade desagradável. Acho que considerarei a vulgarização menos dolorosa do que a idiotização alcançada pela B.B.C.

199 De uma carta para Caroline Everett — 24 de junho de 1957

Embora seja um grande elogio, realmente lamento me ver ser o tema de uma tese. Não me sinto inclinado a entrar em detalhes biográficos.

Duvido da relevância disso para a crítica. Certamente em qualquer forma que seja menos do que uma biografia completa, interior e exterior, que somente eu poderia escrever e que não pretendo escrever. O principal fato biográfico para mim é a finalização de *O Senhor dos Anéis*, que ainda me espanta. Um iniciador de empreendimentos e não finalizador notório, em parte devido à falta de tempo e, em parte, à falta de concentração determinada, ainda me pergunto como e por que consegui trabalhar arduamente nessa coisa ano após ano, frequentemente sob dificuldades reais, e levá-la a cabo. Suponho que foi porque desde o início ela começou a envolver em suas dobras narrativas visões da maioria das coisas que eu mais amava ou odiava.

Não frequentei uma escola "pública" no sentido de uma escola residencial, mas uma grande "escola secundária", de fundação essencialmente medieval. Minha experiência, portanto, nada teve em comum com a do Sr. Lewis. Fiquei na escola mencionada de 1900 a 1911, com um curto intervalo. Eu estava tão feliz, ou o contrário, na escola quanto em qualquer outro lugar, as falhas sendo minhas. De qualquer forma, acabei como um perfeitamente respeitável e toleravelmente bem-sucedido veterano. Eu não desgostava de jogos. Não eram compulsórios, felizmente, visto que sempre achei o críquete uma chatice: mormente, porém, porque eu não era bom nele.....

Não publiquei nenhum outro conto além de *Folha de Cisco*. Eles não surgem na minha mente. *Folha de Cisco* surgiu repentinamente e quase completo. Foi posto no papel quase de uma sentada e muito próximo da forma na qual se encontra agora. Olhando para ele agora de uma certa distância, devo dizer que, além de meu amor pelas árvores (o conto originalmente chamava-se *A Árvore*), ele surgiu de minha própria preocupação com *O Senhor dos Anéis*, a consciência de que a obra seria terminada detalhadamente ou não seria terminada de modo algum, e o medo (quase certeza) de que seria "de modo algum". A guerra surgira para escurecer todos os horizontes. Mas análises do tipo não são uma explicação completa nem mesmo para um conto.....

Li as obras de [E.R.] Eddison, muito tempo depois de aparecerem, e encontrei-o uma vez. Ouvi-o na sala do Sr. Lewis no Magdalen College ler em voz alta algumas partes de suas próprias obras — do *Mistress of Mistresses*, pelo que me lembro.[1] Ele o fez extremamente bem. Li suas obras com grande prazer pelo puro mérito literário delas. Minha opinião sobre elas é quase a mesma que a expressada pelo Sr. Lewis na p. 104 de *Essays presented to Charles Williams*.[2] Exceto que eu não gostava de seus personagens (sempre excetuando o Lord Gro) e desprezava o que ele parecia admirar mais intensamente do que o Sr. Lewis, de qualquer modo, achava certo dizer de si mesmo. Eddison achava o que eu admirava "suave" (palavra dele: uma de completa condenação, deduzi); pensei que, corrompido por uma "filosofia" maligna e realmente tola, ele viria a admirar, cada vez mais, a arrogância e a crueldade. Aliás, eu achava sua nomenclatura descuidada e com frequência inepta. Apesar de tudo isso, ainda o considero o maior e mais convincente escritor de "mundos inventados" que já li. Mas ele certamente não foi uma "influência".

A ideia geral do *Senhor dos Anéis* certamente estava em minha mente desde um estágio inicial: isto é, desde o primeiro rascunho do Livro I Capítulo 2, escrito nos anos trinta. De tempos em tempos eu fazia esboços grosseiros ou sinopses do que viria a seguir, imediatamente ou mais adiante; mas estes raramente eram de grande utilidade: a história desenrolou-se por si mesma, por assim dizer. A amarração das pontas foi alcançada, até onde pôde ser alcançada, por uma reescrita constante do fim para o início. Eu tinha um calendário de muitas colunas com datas e um breve relato de onde todos os atores ou grupos principais estavam em cada dia e o que estavam fazendo.

O último volume foi naturalmente o mais difícil, visto que àquela altura eu havia acumulado um grande número de dívidas narrativas e criado alguns complicados problemas de apresentação ao reunir as ramificações separadas. Porém, o problema não foi tanto o de "o que aconteceu?", sobre o qual apenas ocasionalmente eu ficava em dúvida — embora elogiado pela "invenção", na verdade não tenho qualquer lembrança consciente de me sentar e deliberadamente pensar em qualquer episódio —, quanto o de ordenar o relato dos fatos. A solução é imperfeita. Inevitavelmente.

Obviamente o principal problema desse tipo é o de como levar Aragorn inesperadamente ao rompimento do Cerco e ainda informar os leitores sobre o que ele andara fazendo. Se contado integralmente em seu devido lugar (Vol III, cap. 2), embora fosse melhor para o episódio, teria destruído o Capítulo 6. Se contado integralmente, ou de fato em parte, em retrospecto, ficaria obsoleto e atrasaria a ação (como o faz no Capítulo 9).

A solução, imperfeita, foi dividir o episódio (que integralmente pertenceria propriamente a uma *Saga de Aragorn, filho de Arathorn* do que à minha história) e contar seu final brevemente durante a pausa inevitável após a Batalha da Pelennor.

Na verdade, fui atrasado por mais tempo — por circunstâncias externas assim como internas — no ponto agora representado pelas últimas palavras do Livro iii (alcançadas por volta de 1942 ou 3). Depois disso, o Capítulo 1 do Livro v permaneceu por muito tempo como uma mera abertura (até a chegada em Gondor); o Capítulo 2 não existia; e o Capítulo 3, Convocação de Rohan, não havia ido muito além da chegada ao Vale Harg. O Capítulo 1 do Livro iv quase não foi além das palavras de abertura de Sam (Vol II p. 209). Algumas partes das aventuras de Frodo e Sam nos confins e dentro de Mordor haviam sido escritas (mas acabaram sendo abandonadas).

200 De uma carta para o Major R. Bowen 25 de junho de 1957

Notei suas observações sobre Sauron. Ele sempre ficou desprovido de corpo quando derrotado. A teoria, caso seja possível dignificar os modos da história com semelhante termo, é que ele era um espírito, um espírito menor, mas ainda um espírito "angélico". De acordo com a mitologia dessas coisas, isso significa que, embora obviamente uma criatura, ele pertencia à raça de seres inteligentes que foram criados antes do mundo físico e que receberam permissão para auxiliar, com suas capacidades, na criação dele. Aqueles que mais se envolveram nesta obra de Arte, como era em primeiro lugar, tornaram-se tão absortos nela que, quando o Criador a tornou real (isto é, concedeu-lhe a realidade secundária, subordinada à sua própria, que chamamos de realidade primária, e assim naquela hierarquia no mesmo plano com eles próprios), desejaram entrar nela, do início da "realização" desta.

Foi-lhes permitido que assim fizessem, e os maiores dentre eles tornaram-se os equivalentes dos "deuses" de mitologias tradicionais; porém, a condição foi de que permaneceriam "nela" até que a História estivesse terminada. Estavam, portanto, no mundo, mas não de um tipo cuja natureza essencial é estar encarnado fisicamente. Ficavam autoencarnados, caso desejassem; mas suas formas encarnadas eram mais análogas às nossas roupas do que aos nossos corpos, exceto que elas eram — mais do que são as roupas — a expressão dos seus desejos, temperamentos, vontades e funções. O conhecimento da História, tal como se encontrava quando foi composta, antes da realização, deu-lhes sua medida de presciência; a quantidade variava muito, do conhecimento razoavelmente completo da mente do Criador nessa questão possuído por Manwë, o "Rei Antigo", àquele de espíritos menores que talvez estivessem interessados apenas em alguma questão subsidiária (tal como árvores ou pássaros). Alguns se vincularam a tais artistas principais e conheciam coisas mormente de forma indireta através de seu conhecimento das mentes desses mestres. Sauron vinculara-se ao maior de todos, Melkor, que, no final das contas, tornou-se o inevitável Rebelde e autólatra de mitologias que começam com um Criador único e transcendente. Olórin (Vol II p. 279) estivera vinculado a Manwë.[1]

O Criador não se manteve à parte. Ele introduziu novos temas no plano original, que poderiam, portanto, ser inesperados para muitos dos espíritos em realização; havia também eventos imprevisíveis (isto é, acontecimentos que nem mesmo um conhecimento completo do passado poderia prever).

Do primeiro tipo e o principal foi o tema da inteligência encarnada, Elfos e Homens, que não foi pensado nem tratado por quaisquer dos Espíritos. Foram chamados, portanto, de Filhos de Deus. Por serem diferentes dos Espíritos, de menor "estatura" e ainda assim da mesma ordem, eram o objeto de esperança e desejo para os espíritos maiores, que sabiam algo de sua forma e natureza e o modo e época aproximada de seu surgimento na realização. Mas perceberam também que os Filhos de Deus não deveriam ser "dominados", embora fossem especialmente suscetíveis a isso.

Foi por causa dessa preocupação com os Filhos de Deus que os espíritos tão frequentemente assumiam a forma e semelhança dos Filhos, especialmente após o surgimento destes. Foi assim que Sauron apareceu nesta forma. É mitologicamente suposto que quando essa forma era "real", isto é, uma realidade física no mundo físico e não uma visão transferida de mente para mente, levava algum tempo para ser construída. Era então destrutível como outros organismos físicos. Mas isso, é claro, não destruía o espírito nem o liberava do mundo ao qual estava ligado até o fim. Após a batalha com Gilgalad e Elendil, Sauron levou um longo tempo para reconstruí-la, mais longo do que havia levado após a Queda de Númenor (suponho que assim o seja porque cada construção consumia certa quantidade da energia inerente do espírito, que poderia ser chamado de "vontade" ou elo efetivo entre a mente e o ser indestrutíveis e a realização de sua imaginação). A impossibilidade de reconstrução após a destruição do Anel está suficientemente clara "mitologicamente" no presente livro.

Lamento se tudo isso parece sombrio e "pomposo". Mas assim se parecem todas as tentativas de "explicar" as imagens e eventos de uma mitologia. Naturalmente as histórias vêm primeiro. Mas suponho que seja algum teste da consistência de uma mitologia como tal, se ela for capaz de alguma espécie de explicação racional ou racionalizada.

200a De uma carta para Rayner Unwin — 4 de setembro de 1957

[Em 4 de setembro, Tolkien foi visitado por representantes da companhia norte-americana que estava interessada em fazer um filme animado de *O Senhor dos Anéis*. Foi-lhe entregue uma cópia da sinopse do filme, que ele concordou em ler.]

Recebi a visita hoje de um tal Sr. (Forrest J.) *Ackerman*, na capacidade de agente de três pessoas[1] interessadas em filmar *O Senhor dos Anéis*. Aparentemente estão envolvidos nesse trabalho há uns seis meses. . . . .

Vi as amostras de ilustrações do artista (um tal Sr. Cobb[2]) e as considero admiráveis. . . . . Tenho comigo a *Trama*, que lhe enviarei (na sexta-feira, espero) quando a tiver examinado adequadamente. Numa primeira olhada, ela demonstra uma sensibilidade muito maior pela história (nos termos desse tipo de coisa) do que qualquer coisa que a BBC já elaborou.

201 De uma carta para Rayner Unwin — 7 de setembro de 1957

Você receberá na segunda-feira a cópia da "Trama" ou sinopse da versão cinematográfica proposta de *O Senhor dos Anéis*. Não pude despachá-la ontem. . . . .

A "Trama" (como seria de se esperar) encontra-se num nível de arte e percepção muito inferior ao do material pictórico. Em alguns pontos é ruim, e inaceitável, mas não irremediável, caso o autor dela (um certo Morton Grady Zimmerman) esteja aberto a críticas e direcionamento. O final é muito mal manejado. Embora tenham dito que muito tempo foi dedicado a ele, ao lê-lo a impressão é de uma produção feita às pressas, após uma única leitura, e sem referências adicionais ao texto. (Minhas críticas não são direcionadas ao linguajar órquico em que foi escrito, mas ao efeito que as direções, ao que me parecem, teriam numa apresentação visual — sem falar no diálogo.) A linha da conversa do Sr. Ackerman foi de que um grande objetivo do grupo foi "agradar ao autor". Indiquei-lhe que isso não será fácil.

De maneira bem grosseira: desagradar ao autor requer um equivalente em dinheiro! Somente a perspectiva de um lucro financeiro *muito* grande me faria engolir algumas das coisas nesse roteiro! Mas tive a impressão de que não há muito "dinheiro" nessa proposta. Nesse caso, é melhor que eles sejam um pouco mais artísticos!

Um *resumo* por seleção com algum trabalho bom de imagens seria agradável e talvez merecedor de uma boa publicidade; mas o presente roteiro é mais uma *condensação* que resulta em aglomeração e confusão, indistinção de clímax e degradação geral: um recuo em direção às "estórias de fadas" mais convencionais. Pessoas montam em Águias à menor provocação; Lórien torna-se um castelo de fadas com "delicados minaretes" e todo esse tipo de coisa.

Porém, estou bem preparado para cooperar, se eles estiverem abertos a conselhos — e se você decidir que a coisa é genuína e que vale a pena.

202 De uma carta para Christopher e Faith Tolkien
11 de setembro de 1957

Meu coração e mente estão no *Silmarillion*, mas não tenho muito tempo para ele.....

Talvez os divirta saber que (sem que pedisse) repentinamente me vi como o vencedor do International Fantasy Award, apresentado (como lá diz) "como um clímax apropriado para a Décima Quinta Convenção Mundial de Ficção Científica". No que isso se resumiu foi a um almoço no Criterion ontem com discursos e a entrega de um "troféu" absurdo. Um "modelo" enorme de metal de um foguete espacial na vertical (combinado com um isqueiro Ronson). Mas os discursos foram muito mais inteligentes, especialmente o da apresentadora: Clémence Dane, uma mulher imensa de uma presença quase sitwelliana. O próprio Sir Stanley estava presente. Não tendo qualquer uso imediato para o troféu (exceto publicidade = vendas = dinheiro), coloquei-o na janela da 40 Museum Street. Um efeito colateral da Convenção foi uma visita de um agente cinematográfico estadunidense (um do conselho adjudicatário) que veio de Londres de táxi para me ver semana passada, enchendo a 76 S[andfield] com homens estranhos e mulheres ainda mais estranhas — achei que o táxi nunca pararia de expelir gente. Mas esse Sr. Ackerman trouxe algumas gravuras real e espantosamente boas (Rackham em vez de Disney) e algumas notáveis fotografias coloridas. Eles aparentemente viajaram pelos Estados Unidos fotografando cenas de montanhas e desertos que pareçam ser apropriadas à história. A Trama ou Cenário, contudo, estava em um nível inferior. Ruim, na verdade. Mas parece que podemos fazer negócio. Stanley U. e eu chegamos a um acordo em nossa política: *Arte ou Dinheiro*. Ou termos realmente muito lucrativos, ou absoluto veto do autor sobre características ou alterações censuráveis.

203 De uma carta para Herbert Schiro[1] 17 de novembro de 1957

Não há "simbolismo" ou alegoria consciente em minha história. Alegorias do tipo "cinco magos = cinco sentidos" são completamente estranhas ao meu modo de pensar. Havia cinco magos e essa é apenas uma parte singular da história. Perguntar se os Orques "são" comunistas para mim é tão sensato quanto perguntar se comunistas são Orques.

Por não haver alegoria não quer dizer, é claro, que não há aplicabilidade. Sempre há. E visto que não tornei o conflito completamente inequívoco: preguiça e estupidez entre os hobbits, orgulho e [ilegível] entre os Elfos, ressentimento e cobiça nos corações dos Anões, e tolice e perversidade entre os "Reis de Homens" e traição e sede de poder até mesmo entre os "Magos", suponho que haja aplicabilidade em minha história aos tempos atuais. Mas devo dizer, caso perguntado, que a história não é realmente sobre Poder e Domínio: isso apenas mantém as rodas girando; ela é sobre a Morte e o desejo pela imortalidade. Que nada mais é do que dizer que esta é uma história escrita por um Homem!

204 De uma carta para Rayner Unwin — 7 de dezembro de 1957

[Lord Halsbury (ver carta nº 174) foi convidado por Tolkien a ler várias partes de *O Silmarillion* em manuscrito durante a segunda metade de 1957. Em dezembro, Rayner Unwin visitou Tolkien para discutir esse livro e tomar emprestadas partes dele e para trazer informações sobre a tradução sueca de *O Senhor dos Anéis*.]

Assim que você partiu, encontrei a carta de Halsbury a plena vista.... Embora seu comentário e sua crítica (recebi agora outras 14 páginas) sejam muito interessantes para mim, e em certos pontos úteis, a carta em anexo é mormente de interesse como uma indicação de que, por mais surpreendente que possa parecer, esse material do Silmarillion teria pelo menos algum público. Ele viu o que entreguei a você. Ele escreveu: "Obrigado pelo privilégio de ver essa maravilhosa mitologia. Jamais li algo como ela e mal posso esperar por sua publicação. O senhor *deve* fazer com que seja publicada enquanto suas vendas de *O Senhor dos Anéis* ainda estão aumentando efetivamente. . . . Posso bem ver que há uma luta à frente para remodelá-la na forma requerida para publicação e desejo-lhe sorte." . . . .

Vejo agora muito claramente que devo, como uma preliminar necessária à "remodelagem", fazer cópias de todo o material copiável. E prepararei isso assim que possível. Mas acho que a melhor maneira de tratar disso (neste estágio, no qual grande quantidade do material está em exemplares únicos insubstituíveis) é instalar um datilógrafo em minha sala na faculdade e não deixar material algum sair dos meus cuidados até que seja multiplicado. Espero que então, quem sabe, seu interesse seja suficiente para que você queira ao menos um esboço da parte remanescente.

Suécia. Os documentos que você trouxe da Almqvist e cia.[1] eram tanto desconcertantes como irritantes. Uma carta em sueco do dr. fil. Åke Ohlmarks[2] e uma lista imensa (9 páginas em tamanho fólio) de nomes no *S.A.* que ele alterou. Espero que meu conhecimento inadequado de sueco — que não é melhor que meu con. de holandês, mas possuo um dicionário m. melhor de holandês! — tenda a exagerar a impressão que tive. Permanece a impressão, todavia, de que o Dr. Ohlmarks é uma pessoa convencida, menos competente do que o encantador Max Schuchart,[3] embora pense muito melhor de si mesmo. No decorrer de sua carta ele me faz um sermão sobre a natureza do idioma sueco e da antipatia deste em tomar de empréstimo palavras estrangeiras (uma questão que parece não vir ao caso), um procedimento ainda mais ridículo pela linguagem de sua carta, mais de 1/3 da qual consiste em "empréstimos" do alemão, francês e latim: sendo *thriller-genre* [gênero de suspense] uma boa amostra do bom e velho sueco puro.

Acho esse procedimento desconcertante porque a carta e a lista parecem totalmente sem sentido a não ser que minha opinião e crítica sejam solicitadas. Mas se esse é o objetivo, então certamente o momento é tanto impraticável como descortês, apresentado junto com uma pistola: "vamos começar a composição agora". E nem a minha conveniência é consultada: o comunicado surgiu inesperadamente na segunda semana acadêmica de mais trabalho do ano. Tive de ficar acordado noite adentro até mesmo para analisar a lista. Reconhecendo a legitimidade ou a necessidade de se traduzir a nomenclatura (o que não faço, exceto em um grau limitado), a tradução não me parece exibir muita habilidade e contém uma quantidade razoável de erros evidentes.* Ainda que desculpáveis, em vista da dificuldade do material, acho isso lamentável e os erros poderiam ter sido evitados por uma consulta prévia. Parece-me bastante evidente que o Dr. O. foi lidando com as coisas aos tropeços conforme se deparava com elas, sem muita preocupação com o futuro ou com a coordenação, e que ele não leu os Apêndices† de modo algum, nos quais teria encontrado muitas respostas.....

Espero que possa ser arranjado, se e quando quaisquer outras traduções forem negociadas, *que eu seja consultado em um estágio inicial* — sem afugentar dos ovos um pássaro tímido. Afinal de contas, não cobro nada e posso poupar ao tradutor uma boa quantidade de tempo e confusão; e, se *consultado* em um estágio inicial, minhas observações aparecerão bem menos à luz de críticas rabugentas.

* Por exemplo: *Ford of Bruinen* [Vau do Bruinen] = Björnavad! *Archet* = Gamleby (um mero palpite, suponho, a partir de "arcaico"?) *Mountains of Lune* [Montanhas de Lûn] (Ered Luin) = Månbergen; *Gladden Fields* [Campos de Lis] (apesar da descr. em I. 62) = *Ljusa slättema*, e assim por diante.[4]

† Ou (suspeito) a nomenclatura de volumes posteriores.

Vejo agora que a falta de um "glossário de nomes" é uma séria desvantagem ao se lidar com essas questões. Se eu tivesse um glossário de nomes (mesmo um com referências apenas a Vol. e capítulo, e não a páginas) seria uma questão relativamente fácil indicar de imediato todos os nomes apropriados para tradução (como eles próprios estão, de acordo com a ficção, "traduzidos" para o inglês) e adicionar algumas notas nos pontos onde (sei agora) os tradutores provavelmente tropeçarão.....

Essa "lista" me seria de *grande uso* em correções futuras e na composição de um glossário (que acredito deva substituir alguns dos atuais apêndices); e também para lidar com *O Silmarillion* (no qual parte do S.A. tem de ser escrito de trás pra diante para tornar os dois coerentes). Você acha que poderia fazer algo sobre isso?

204a De uma carta para Rayner Unwin 13 de dezembro de 1957

[Unwin havia recebido uma carta de Ackerman e havia incluído uma cópia dela junto com sua resposta para a aprovação de Tolkien.]

Ackerman. Que carta! Exatamente como o homem, quando o encontrei. Mas cheguei à conclusão na ocasião de que, apesar de seu estilo, ele era um entusiasta genuíno. . . . . Cobb e Lackey obviamente possuem talento real. . . . . e a comparação de Cobb com Rackham é justa. Além disso, o gosto e o estilo de Cobb no geral parecem se encaixar ao *S.A.* mais do que eu teria achado possível. Eu diria que ele pode ser *sinistro* sem grandes distorções. É certo que ele não acabará se saindo tão bem com qualquer coisa mais nobre ou admirável (como todos nós, e especialmente os estadunidenses). Mas, de qualquer forma, a arte visual não é de uma ordem tão excelente a ponto de poder compensar as estupidezes e vulgaridades do roteiro. E receio que devemos nos posicionar a respeito dessa questão, como você indicou muito claramente: ou o roteirista deve ser humilde e cooperativo, ou seus colegas "visuais" devem permanecer inéditos.

Há um ponto importante, que não pude averiguar, e que minha ignorância sobre as técnicas mecânicas me torna incapaz de responder por mim mesmo: e quanto às "falas"? Suponho que, mesmo ao lidarmos com um grupo de aventureiros (num bom sentido) sem capital ou organização, teremos de lidar com um filme falado e não "mudo", não? Naturalmente, um filme mudo seria muito mais fácil de negociar; e os horrores do estilo do roteiro, como instruções para atores e operadores de câmeras, não teriam importância. Mas, se houver diálogo e/ou transições narrativas, as palavras do texto devem ser seguidas de perto.

Minha principal crítica ao projeto, até agora, é esta. Há uma desarticulação interna. O principal e especial talento do grupo obviamente está, e estará, no *cênico* e pictórico. O roteirista deveria levar isso em consideração. Pelo contrário, ele quer ação fervorosa, e simplesmente corta partes em que o ambiente e o cenário são o principal interesse, como "O Anel Vai para o Sul" ou "O Grande Rio", sendo que a vista distante e a aproximação das 3 montanhas sinistras, ou o desenrolar do Anduin, seriam as coisas que esse grupo retrataria de maneira admirável.

Contudo, veremos. Por mais grato que eu seja, e devesse ser, pela abundância de pessoas que afirmam ter apreciado *O Senhor dos Anéis*, eu gostaria que a reação mais comum dos admiradores não fosse o desejo de mexer nele! Entretanto, uma boa dose de alterações é inevitável numa mudança de meio. Mas as alterações de Zimmerman são para pior. Numa forma visual, maravilhas, como voar em águias, precisam ser reduzidas, não aumentadas.

205 De uma carta para Christopher Tolkien

21 de fevereiro de 1958

> [Christopher Tolkien, agora um professor universitário em Oxford, deu uma palestra no St Anne's College sobre "Bárbaros e Cidadãos", sendo que o tema era os heróis das lendas do norte tal como vistos de maneiras diferentes por poetas germânicos e escritores romanos. Seu pai estava presente na apresentação da palestra.]

Acredito que foi uma apresentação muito excelente. Foi extremamente prazerosa: primeiramente porque estava tão interessante que, após um dia (para mim) de trabalho e movimento incessante, não desejei fechar meus olhos ou abstrair minha mente nem por um segundo — e senti isso ao meu redor; e, em segundo lugar, por causa do orgulho parental. (Não que eu ache que essa sensação seja realmente uma das *hwelpes of þe liun*: é uma satisfação legítima com o mínimo possível de egoísmo nela (jamais deixa de haver algum) sentir que não se falhou completamente no papel designado e que foi paga para o futuro ao menos uma parte da dívida que se deve ao passado.)

Foi imensamente bem-sucedida, e percebo agora por que você cativa plateias. Havia vida e vivacidade em suas frases, sem dúvida, mas você é claro, em geral não é enfático e deixa seu material falar por si mesmo através de simples colocações e modelações. Ainda assim, percebi de súbito que sou um filólogo *puro*. Gosto de história e fico comovido com ela, mas seus melhores momentos para mim são aqueles em que ela lança luz sobre palavras e nomes! Várias pessoas (e eu concordo) me falaram da arte com a qual você fez o Átila de olhos de contas em seu divã quase que vividamente presente. Apesar disso, estranhamente, acho que a coisa que realmente mexe comigo é a que você mencionou casualmente: *atta, attila.*[1] Sem essas sílabas, todo o grande drama tanto de história como de lenda perde o sabor para mim — ou perderia.

Não sei o que quero dizer, visto que o "estético" é sempre impossível de se capturar em uma rede de palavras. Ninguém acredita em mim quando digo que meu longo livro é uma tentativa de criar um mundo no qual uma forma de idioma agradável à minha estética pessoal pudesse parecer real. Mas é verdade. Um inquiridor (entre muitos) me perguntou sobre o que era o S.A. e se ele era uma "alegoria". E eu disse que era um esforço para criar uma situação na qual uma saudação comum seria *elen síla lúmenn' omentielmo,*[2] e que a frase precedia em muito o livro. Nunca mais tive notícias dele. Mas me diverti imensamente e fui dormir realmente feliz. Ficou óbvio que você tem a faca e o queijo nas mãos, no que diz respeito à *esfera total* do mundo acadêmico. (Na verdade, acho-a de grande nobreza e importância.)

205a De uma carta para os Messrs. Voorhoeve en Dietrich, Livreiros, Roterdã

18 de março de 1958

[Dentre as muitas propostas de viagem ao exterior que Tolkien recebeu após a ampla tradução de *O Senhor dos Anéis*", esta foi a única que ele aceitou. Consulte também as cartas nº 205b e 206 para mais informações.]

Gostaria de agradecer-lhes pelo cuidado e entusiasmo com que organizaram esse festival. Estou ansioso por ele, apesar de certos "receios". Sou um *hobbit* e não um *herói* ou um dos "Grandes", e as palavras *de auteur zol het middelpunt zyn*[1] me deixam alarmado e com uma sensação de inadequação. Além disso, sou um "filólogo", mas não um "linguista", e temo que, embora (por ser treinado no ofício da gramática e dos dicionários) eu saiba usar livros, na verdade não compreendo holandês, ou qualquer outra língua, muito bem quando falado — e não sei falar holandês. . . . .

Por quanto tempo eu falaria? Havia pensado em me dirigir aos presentes mais ou menos como "um hobbit", e à maneira de Bilbo no seu Aniversário de 111 anos (com modificações apropriadas), talvez com a inclusão de alguns versos e fragmentos élficos. Mas (embora eu preferisse assim fazer) quase nunca consigo me vestir como um hobbit, com o verde de que gosto! Essa é uma ocasião em que se deveria ressuscitar a antiga casaca (agora praticamente obsoleta na Inglaterra)? Ou os presentes, devido ao fato de que este é um banquete hobbit (e hobbits eram a favor do conforto!), ficarão contentes com o *tuxedo*, "smoking" ou dinner jacket?

205b De uma carta para os Messrs. Voorhoeve en Dietrich, Livreiros, Roterdã

2 de abril de 1958

Naturalmente, jamais esquecerei o *Hobbit-maaltid* e a bondade de todos para comigo. Quanto antes eu vir o seu país de novo, mais contente ficarei. Parece-me agora claro (como de fato é sugerido no livro) que os Hobbits ingleses são na verdade os colonos migrantes, e que sua terra natal original fica "do outro lado das águas".

206 De uma carta para Rayner Unwin

8 de abril de 1958

> [No final de março de 1958, Tolkien visitou a Holanda a convite dos livreiros de Roterdã Voorhoeve en Dietrich; suas despesas de viagem foram pagas pela Allen & Unwin. Ele compareceu a um "jantar hobbit", no qual fez um discurso. Um item no cardápio era "sopa do Magote",* uma alusão intencional aos cogumelos do fazendeiro Magote em *O Senhor dos Anéis*.]

Uma vez que tive a memorável, e na ocasião extremamente agradável, experiência na Holanda pela generosidade da "A. and U.", creio que alguma espécie de relato seria apropriada. Tive tempo para esfriar um pouco e recuperar algum senso de proporção. O incenso era abundante e muito inebriante; e a gentileza, arrebatadora. Minha viagem foi muito confortável e as reservas magníficas: o barco de ida estava lotado, e o trem da L[iverpool] Street partiu em duas partes. Cheguei com uma névoa fria e garoa, mas quando encontrei meu caminho para Roterdã o sol estava brilhando, e permaneceu assim por dois dias. Ouboter da V[oorhoeve] e D[ietrich] estava agitando um *Senhor dos Anéis* e era facilmente discernível na multidão, mas não correspondi às suas expectativas, como ele confessou (após o jantar); minha "propaganda" por carta havia sido demasiadamente

* No original, *Maggot Soup*. "Maggot" em inglês significa "larva" ou "verme", mas, segundo a Nomenclatura de Tolkien, a palavra não tem relação com o nome do Fazendeiro Magote e a semelhança é acidental. [N.T]

bem-sucedida, e ele estava procurando por algo muito menor e mais tímido e hobbitesco.

(Achei-o encantador e inteligente; porém, ele ficou um pouco chateado com a hilaridade causada pela "sopa de verme" no Cardápio. Era sopa de cogumelos, é claro; mas ele disse que não teria escolhido o nome se conhecesse "todos os nomes dos vermes ingleses".) Conheci um representante da *Het Spectrum*[1] e vi uma boa parte do mundo deprimente da arruinada e semirreconstruída Roterdã. Creio que seja em grande parte a brecha entre este mundo desconfortável, com sua reconstrução gigante e amplamente desumanizada, e os gostos naturais e ancestrais dos holandeses que (ao que parece) os deixou, especialmente em R[oterdã], quase inebriados pelos *hobbits*! Foi quase que inteiramente sobre hobbits que falaram.

Às 5:30 na sexta-feira encarei um afluxo bem grande em um salão de reuniões. Aparentemente mais de 200 (em boa parte pessoas comuns) pagaram para estarem presentes, e muitos foram barrados. O Professor Harting[2] ficou ainda mais surpreso do que eu. O jantar certamente foi "abundante e prolongado": este porque os discursos foram intercalados entre os pratos. Na ocasião foram todos em inglês e todos, com exceção de um, muito sensatos (caso se subtraia o tom alto do panegírico, que foi deveras embaraçoso). A exceção foi um *ficólogo* lunático, mas o hábil presidente lhe concedeu apenas cinco minutos. Minha réplica final foi adequada, espero, e acredito que foi audível; mas não preciso me estender sobre ela. Foi em parte uma paródia do discurso de Bilbo no Capítulo I.[3]

Neste lar do "fumar", a *erva-de-fumo* parece especialmente ter se difundido. Havia cachimbos de argila na mesa e grandes jarros de tabaco — fornecidos, acredito, pela firma de Van Rossem. As paredes estavam decoradas com cartazes de Van Rossem estampados com Erva-de-fumo para Hobbits: em 3 qualidades: *Folha do Vale Comprido, Velho Toby e Estrela do Sul*. V. Rossem desde então me enviou cachimbos e tabaco! Fiquei com um dos cartazes. Talvez você goste de vê-lo.....

Não consigo lhe agradecer o suficiente por me proporcionar essa curta, mas memorável expedição — a única que provavelmente conseguirei, afinal, durante a minha "licença" — e por gentilmente insistir para que eu fosse.

207 De uma carta para Rayner Unwin — 8 de abril de 1958

[As negociações estavam prosseguindo com a companhia cinematográfica norte-americana. A sinopse do filme proposto de *O Senhor dos Anéis* foi obra de Morton Grady Zimmerrnan.]

Zimmerman — "Trama"

É claro, vou me ocupar com isso imediatamente, agora que acabou a Páscoa e o incenso holandês dissipou-se. Obrigado pela cópia da *Trama*, que lerei novamente.

Sou inteiramente ignorante sobre o processo de produção de um "filme animado" a partir de um livro e sobre o jargão associado a ele. Você poderia me dizer exatamente o que é uma "trama" e a função desta no processo?

Não me é necessário (ou recomendável) desperdiçar tempo em simples expressões se estas forem simplesmente orientações para produtores cinematográficos. Mas este documento, tal como se encontra, é suficiente para me deixar muito ansioso sobre os reais *diálogos* que (suponho) serão usados. Devo dizer que Zimmerman, o construtor dessa trama, é deveras incapaz de extrair ou adaptar as "palavras faladas" do livro. Ele é apressado, insensível e impertinente.

Ele não *lê* livros. Parece-me evidente que ele folheou o S.A. apressadamente e então construiu sua trama a partir de lembranças parcialmente confusas e com o mínimo de referências ao original. Desse modo, ele erra na forma da maioria dos nomes — não ocasionalmente por um erro casual, mas de maneira fixa (sempre *Borimor* em vez de *Boromir*); ou os aplica erroneamente: *Radagast* torna-se uma Águia. A introdução dos personagens e as indicações do que devem dizer têm pouca ou nenhuma referência ao livro. Bombadil surge com "uma risada suave"! . . . .

Não estou nem um pouco feliz com a tolice e incompetência extremas de Z e sua completa falta de respeito pelo original (parece estar deliberadamente errado sem quaisquer razões técnicas discerníveis em quase todos os pontos). Porém necessito, e em breve realmente necessitarei muito, de dinheiro, e estou ciente de seus direitos e interesses; de maneira que me empenharei em me conter e em evitar qualquer ofensa evitável. Vou lhe enviar as minhas observações, particulares e gerais, assim que puder; e é claro que nada chegará a Ackerman[1] exceto por seu intermédio e com pelo menos seu consentimento.

208 De uma carta para C. Ouboter, Voorhoeve en Dietrich, Roterdã

10 de abril de 1958

Quanto a uma "mensagem": realmente não tive nenhuma, se isso significa o propósito consciente, ao escrever *O Senhor dos Anéis*, de pregar ou de externar uma visão da verdade que me foi especialmente revelada! Eu estava primeiramente escrevendo uma história em uma atmosfera e em um pano de fundo que acho pessoalmente atraentes. Em tal processo, porém, inevitavelmente o próprio gosto, ideias e crenças do autor acabam aparecendo, embora seja apenas ao ler a obra eu mesmo (com críticas em mente) que tomo ciência do domínio do tema da Morte. (Não que haja qualquer "mensagem" original nisso: a maior parte da arte e do pensamento humanos preocupa-se de maneira similar.) Mas certamente a Morte não é um Inimigo! Eu disse, ou quis dizer, que a "mensagem" era o terrível perigo de se confundir a verdadeira "imortalidade" com longevidade serial ilimitada. Liberdade em relação ao Tempo e apego ao Tempo. A *confusão* é a obra do Inimigo e uma das principais causas do desastre humano. Compare a morte de Aragorn com um Espectro-do-Anel. Os Elfos chamam a "morte" de Dádiva de Deus (aos Homens). A tentação daqueles é diferente: voltada a uma melancolia indolente, sobrecarregada com a Memória, que conduz a uma tentativa de parar o Tempo.

209 De uma carta para Robert Murray, S.J. 4 de maio de 1958

[Murray escrevera a Tolkien perguntando se "eu poderia saber sua opinião a respeito de palavras 'sagradas'". Ele queria saber as ideias de Tolkien sobre o significado original das várias palavras para "sagrado" nos idiomas indo-europeus e a relação entre elas.]

Esses problemas acerca dos significados "originais" das palavras (ou famílias de palavras formalmente relacionadas) são fascinantes: estritamente — isto é: atraentes, mas não necessariamente por uma atração sadia! Frequentemente me pergunto que utilidade (com exceção da *histórica*: conhecimento ou vislumbres do que as palavras *significaram* e como elas mudaram na realidade até onde se é averiguável) adquirimos com tais investigações. É praticamente impossível evitar o círculo vicioso de se descobrir a partir de histórias de palavras, ou histórias supostas, significados e associações "primitivos" e então usá-los para traçar histórias dos significados. Não é possível discutir *agora* o "significado" de "santidade" (por exemplo) sem referência à história do significado das formas das palavras presentemente empregadas nesse significado? O contrário parece mais como descrever um local (ou estágio em uma viagem) em termos das diferentes rotas pelas quais as pessoas chegaram lá, embora o local possua uma localização e uma existência assaz independentes dessas rotas, diretas ou mais tortuosas.

De qualquer modo, na investigação histórica somos obrigados a lidar simultaneamente com duas variáveis, cada uma em movimentos que são fundamentalmente independentes, mesmo quando afetam uma à outra "acidentalmente": os significados e associações de significado são um, e as formas das palavras são outro, e suas mudanças são independentes. A forma da palavra pode passar por um ciclo completo de mudanças, até que seja foneticamente irreconhecível sem uma mudança de significado mensurável; e a qualquer momento, sem qualquer mudança na fonética, "o significado" de uma "palavra" pode mudar. Repentinamente* (no que diz respeito à evidência) *yelp* [latir, ganir], que significava "falar orgulhosamente" e era usada especialmente para promessas orgulhosas (tal como um cavaleiro que prometia realizar algum feito perigoso), deixou de significar isso e passou a ser usada para o som de raposas ou cães! Por quê? Seja como for, *não* foi por causa de qualquer mudança nas ideias sobre jactâncias ou animais! É um longo caminho de *ὀδοντ-* a *tooth* [dente], mas as mudanças de forma não afetaram muito o significado (nem *tine*, o equivalente de *dent-*, distanciou-se muito).†

Não conhecemos o significado "original" de qualquer palavra, menos ainda o significado de seu elemento básico (isto é, a parte que compartilha ou parece compartilhar com outras palavras relacionadas, outrora chamada de sua "raiz"): há sempre um passado perdido. Assim, não conhecemos o significado original de *θέος* ou *deus* ou *god*. Podemos, é claro, fazer algumas suposições sobre a formação dessas três palavras bastante distintas e então tentar generalizar um significado básico a partir dos sentidos apresentados por suas parentas — *mas* não creio que por esse caminho necessariamente chegaremos mais perto da ideia "deus" em qualquer momento real em qualquer idioma que use uma dessas palavras. É um fato estranho que as palavras inglesas *dizzy* [atordoado] (outrora *dysig*) e *giddy* [tonto] (outrora *gydig*) parecem relacionadas a *θέος* e *god* respectivamente. Em inglês antigamente significavam "irracional", e agora significam "vertiginoso", mas isso não ajuda muito (exceto para nos fazer refletir que havia um passado distante antes que *θέος* ou *god* chegassem a suas formas ou sentidos, e mudanças igualmente esquisitas podem ter ocorrido em épocas das quais não se tem registro). É claro, podemos supor que temos uma influência remota de ideias primitivas

* Logo após 1400 d.C.

† Mas, mesmo assim, não sabemos o significado original de *tooth*. Significava "cravo, ponta afiada" ou era (como alguns supõem) realmente o agente participial de ED "comer", isto é, um nome funcional e não pictórico?

de "inspiração" (no S[éculo] XVIII, um *entusiasta* era praticamente o que um anglo-saxão teria chamado de *dysiga*!). Porém, isso não é de muita utilidade teológica. *Somos confrontados por inúmeros paralelos minúsculos ao mistério da encarnação.* A ideia de *deus* não é fundamentalmente independente dos modos pelos quais uma palavra para ela passou a existir?* Seja através de √*dh(e)wes* (que *parece* referir-se basicamente a agitação e excitação); ou de √*d(e)jew* (que *parece* referir-se basicamente à claridade (esp. do céu)); ou possivelmente (é uma mera suposição) de √*ghew* grito, — *god* é originalmente neutro e se supõe que "signifique" *aquele que é invocado*: um antigo particípio passado. Possivelmente uma palavra tabu. A antiga palavra *deiwos* (que produziu *dīvus, deus*) sobrevive apenas em *Tuesday* [terça-feira].†

Se tiver de lidar com uma palavra como *holy* [sagrado], o filólogo antiquado (tal como sou) olha primeiro para a história da *forma*. De acordo com regras laboriosamente elaboradas (e que creio serem certamente válidas dentro de limites‡), ele dirá ao que ela *provavelmente* estava formalmente relacionada outrora. Porém, ele não pode escapar completamente da areia movediça da *semântica*. Antes de propor uma relação (que é uma verdadeira ligação histórica de mudanças) entre *holy* e outras palavras no mesmo idioma (ou em outros que se acredita estarem relacionados com o inglês), ele quererá tanto um parentesco fonologicamente possível como algum "possível parentesco" em sentido. O tempo todo ele estará desconfortavelmente ciente de duas coisas encontradas na experiência linguística: (1) que parece sempre ter havido "homófonos", ou 2 (ou mais) elementos foneticamente indistinguíveis que possuíam sentidos distintos e, portanto, são "palavras diferentes",§ como os radicais i[ndo]-e[uropeus] *men* "salientar" e *men* "pensar"; e (2) que a mudança semântica algumas vezes é violenta e que no passado obscuro pode ter operado sem deixar evidências de sua ocorrência. Por exemplo, a equivalência *formal*

* Pois uma palavra isolada em idioma humano (ao contrário do entês!) é um sinal estenográfico e convencional. O fato de que ela é derivada de uma única faceta, ainda que provada, não prova que outras facetas não estavam igualmente presentes nas mentes dos usuários desse sinal convencional. O *λόγος* é fundamentalmente independente da *verbum*.

† Mas não sabemos como *Tīw* (= dívus) tornou-se um "nome" equiparado na interpretatio romana a Marte. Talvez seja outra substituição de um "nome verdadeiro" por um termo geral (divindade). O plural *tívar* na poesia nórdica ant. ainda significa "deuses".

‡ Isto é: elas se referem a normas inalteradas de mudanças habituais (como simples enunciados da ação da geada), mas é possível interferir nas normas — os padrões em uma determinada janela são praticamente imprevisíveis, embora se acredite que se *todas* as circunstâncias fossem conhecidas não seria assim.

§ Com isso ele quer dizer que elas *não* estão associadas por uma mudança semântica perdida; mas como ele pode ter certeza disso?

de √*sequ* na palavra grega *ἕπομαι* e no latim *sequor* (e outros idiomas), que significa "seguir", é exata com o germânico *sek*^{w} — radical de um verbo: mas este significa "to see" [ver]. O que tem mais peso: a forma ou o sentido? Ele não pode decidir cabalmente pela evidência, embora ao lidar de um modo amador com a "semântica" possa fazer com que o salto do sentido pareça menos impossível do que parecia inicialmente, ao referir-se aos usos de "seguir" = "entender" e ao fato de que palavras i-e para *ver* (como de fato a nossa *see*) frequentemente significam, ou as mesmas "bases" podem significar, "saber", "entender". (Isso é particularmente verdadeiro com respeito à base √WID: o latim *video* possui seu equivalente exato no ing. ant. *witian* "vigiar, guardar"; mas *Ϝοῖδα* (= latim *vīdī*) tem em ing. ant. *wāt* "conheço", "sei".) Mas provavelmente, se encontrar o germânico *salwo-* (nosso *sallow* [amarelado]) e o latim *salvus* (*saluos*), ele decidirá que não há ponte entre "amarelento" e "são e salvo"; de modo que ou há alguma coisa errada com a equação fonológica, ou ele está lidando com "homófonos". (Há também sempre a possibilidade de que *sallow* ou *salvus* não descendam de uma antiguidade comum — palavras podem ser *inventadas* ou tomadas de empréstimo e podem ainda assim ser muito parecidas com palavras mais antigas.) O equivalente formal (o único conhecido) de nossa *harp* [harpa] é o latim *corbis*. (As palavras românicas *arpa* etc. são empréstimos do germânico.) Porém, o pobre filólogo terá de apelar a algum especialista arqueológico antes de poder decidir se qualquer relação entre "harpas" e "cestas" é possível — supondo que o germ. *harpō* sempre significou "harpa" ou que *corbi-s* sempre significou "cesta de vime"! *corbīta* significa um navio bojudo.

210 De uma carta para Forrest J. Ackerman

[Não datada; junho de 1958]

> [Comentários de Tolkien sobre o "argumento" cinematográfico de *O Senhor dos Anéis*.]

Finalmente terminei meu comentário sobre a Trama. Espero que sua extensão e seus detalhes sirvam de evidência do meu interesse pela questão. Pelo menos algumas das coisas que disse ou sugeri podem ser aceitáveis, até mesmo úteis, ou ao menos interessantes. O comentário segue página por página, de acordo com a cópia da obra do Sr. Zimmerman, que foi deixada comigo e que agora devolvo. Espero encarecidamente que alguém se dê ao trabalho de lê-lo.

Caso Z e/ou outros o façam, eles podem ficar irritados ou aflitos com o tom de muitas de minhas críticas. Se isso acontecer, lamento (embora não me surpreenda). Porém, eu lhes pediria que fizessem um esforço de imaginação suficiente para compreender a irritação (e, de vez em quando, o ressentimento) de um autor que descobre, cada vez mais conforme prossegue, sua obra tratada com aparente descaso no geral, em certos lugares com imprudência e sem nenhum sinal evidente de qualquer apreciação acerca do que ela trata.....

Os cânones da arte narrativa em qualquer meio não podem ser completamente diferentes; e o fracasso de filmes ruins com frequência está precisamente no exagero e na intrusão de material injustificado que se deve a não perceberem onde o núcleo do original se situa.

Z.... introduziu um "castelo de fadas" e muitas Águias, sem mencionar encantamentos, luzes azuis e alguma magia irrelevante (tal como o corpo flutuante de Faramir). Ele cortou as partes da história das quais seu tom característico e peculiar depende principalmente, evidenciando uma preferência por lutas; e ele não fez uma tentativa séria de representar o centro da história adequadamente: a jornada dos Portadores-do-Anel. A última e mais importante parte desta foi simplesmente, e não é uma palavra forte demais, assassinada.

[Alguns trechos do extenso comentário de Tolkien sobre a Trama:]

O Z é usado como uma abreviatura para (o escritor da) sinopse. Referências a esta são por página (e linha onde necessário); referências à história original são por Volume e página.

2. Por que a exibição de fogos de artifício deveria incluir *bandeiras* e *hobbits*? Elas não estão no livro. "Bandeiras" do quê? Prefiro minha própria escolha de fogos de artifício.

Gandalf não deve "balbuciar", por favor. Embora possa parecer irascível às vezes, tenha um senso de humor e adote uma atitude um tanto avuncular para com os hobbits, ele é uma pessoa de autoridade elevada e nobre e de grande dignidade. A descrição em I p. 239[1] não deve jamais ser esquecida.

4. Aqui encontramos a primeira intrusão das Águias. Creio que são um grande erro de Z e sem justificativa.

As Águias são uma "máquina" perigosa. Usei-as de maneira econômica, e esse é o limite absoluto de sua credibilidade ou utilidade. O pouso de uma Grande Águia das Montanhas Nevoentas no Condado é absurdo; ele também torna a captura posterior de G. por Saruman inacreditável e estraga o relato de sua fuga. (Um dos principais defeitos de Z é sua tendência de antecipar cenas ou artifícios usados posteriormente, com isso tornando a história insípida.) *Radagast* não é um nome de Águia, mas o nome de um mago; são fornecidos vários nomes de águias no livro. Esses pontos são importantes para mim.

Aqui posso dizer que não consigo ver por que o esquema cronológico deva ser deliberadamente *encurtado*. Ele já é bastante comprimido no original, com a ação principal ocorrendo entre 22 de setembro e 25 de março do ano seguinte. Suponho que as muitas impossibilidades e absurdos que uma pressa adicional produz poderiam passar despercebidos por um espectador não crítico; mas não vejo por que eles deveriam ser desnecessariamente introduzidos. O tempo deve ser deixado naturalmente mais vago em um filme do que em um livro; mas não consigo ver por que afirmações *definidas* sobre o tempo, contrárias ao livro e à probabilidade, devam ser feitas.....

As *estações* são cuidadosamente observadas no original. São pictóricas e deveriam, e facilmente poderiam, tornar-se os principais meios pelos quais os artistas indicam a passagem do tempo. A ação principal começa no outono e passa pelo inverno até uma brilhante primavera: isso é básico para o propósito e o tom da história. O encurtamento de tempo e espaço em 2 destrói isso. Os arranjos dele, por exemplo, nos colocariam em uma tempestade de neve enquanto ainda fosse verão. *O Senhor dos Anéis* pode ser uma "estória de fadas", mas ele ocorre no hemisfério norte desta terra: milhas são milhas, dias são dias e clima é clima.

Um *encurtamento* desse tipo não é a mesma coisa que a necessária redução ou seleção das cenas e eventos que serão visualmente representados.

7. O primeiro parágrafo representa Tom Bombadil de forma errônea. Ele *não* é o proprietário dos bosques; e ele jamais faria tal ameaça.

"Velhaco!" Esse é um bom exemplo da tendência geral que encontro em Z de reduzir e rebaixar o tom para aquele de um conto de fadas mais infantil. A expressão não está de acordo com o tom da longa conversa posterior de Bombadil; e embora essa conversa esteja cortada, não há necessidade de desconsiderar suas indicações.

Desculpe-me, mas acho que o modo de introdução de Fruta d'Ouro é tolo e do mesmo nível de "velhaco". Também não há justificativa para ele na minha história. Não estamos na "terra das fadas", mas em verdadeiras terras ribeirinhas no outono. Fruta d'Ouro representa as mudanças sazonais reais em tais terras. Pessoalmente, acho que seria melhor ela desaparecer do que fazer uma aparição sem sentido.

8 linha 24. O taverneiro *não* pede a Frodo que se "registre"![2] Por que o faria? Não há polícia nem governo. (Nem o faço enumerar seus quartos.) *Se for para adicionar detalhes em um filme já cheio, eles ao menos devem ser adequados ao mundo descrito.*

9. Partir da estalagem à *noite* e fugir escuridão adentro é uma solução impossível para as dificuldades de apresentação aqui (as quais posso ver). É a última coisa que Aragorn teria feito. Baseia-se em uma concepção errônea dos Cavaleiros Negros por toda a trama que peço que Z reconsidere. Seu perigo deve-se quase que inteiramente ao *medo* irracional que inspiram (como fantasmas). Eles não possuem um grande poder físico contra os que não têm medo; mas o poder que possuem, e o medo que inspiram, é aumentado enormemente na *escuridão*. O Rei-bruxo, seu líder, é mais poderoso do que os outros de todas as maneiras; mas ele ainda não deve ser elevado à estatura do Vol. III. Lá, colocado no comando por Sauron, é conferida a ele uma força demoníaca adicional. Mas, mesmo na Batalha da Pelennor, a escuridão acabara de ser desfeita. Ver III 114.[3]

10. Valfenda *não* era "uma floresta cintilante". Essa é uma antecipação infeliz de Lórien (que não se assemelha em nada a essa antecipação). Não podia ser vista do Topo-do-Vento: estava a 200 milhas de distância e oculta em uma ravina. Não consigo ver nenhum ganho pictórico ou narrativo ao reduzir desnecessariamente a geografia.

Passolargo não "Saca rapidamente uma espada" no livro. Naturalmente não: sua espada estava quebrada. (Sua luz élfica é outra antecipação falsa da Anduril reforjada. Antecipação é um dos principais defeitos de Z.) Por que então fazer com que ele aja assim aqui, em uma disputa que explicitamente não foi lutada com armas?

11. Aragorn não "cantou a canção de Gil-galad". Naturalmente: era deveras inapropriado, visto que falava da *derrota* do Rei-élfico pelo Inimigo. Os Cavaleiros Negros não gritam, mas mantêm um silêncio mais aterrador. Aragorn não empalidece. Os cavaleiros aproximam-se lentamente a pé na escuridão, e não "esporeiam". Não há luta. Sam não "crava sua lâmina na coxa do Espectro-do-Anel", nem seu empurrão salva a vida de Frodo. (Se ele tivesse feito isso, o resultado seria basicamente o mesmo de III 117-20:[4] o Espectro teria caído e a espada teria sido destruída.)

Por que meu relato foi inteiramente reescrito aqui, desconsiderando o resto da história? Compreendo que há certas dificuldades em representar uma cena escura; mas elas não são insuperáveis. Uma cena de trevas iluminada por uma pequena fogueira vermelha, com os Espectros aproximando-se lentamente como sombras mais escuras — até o momento em que Frodo coloca o Anel e o Rei adianta-se revelado — me pareceria muito mais impressionante do que mais uma cena de gritos e golpes particularmente sem sentido.....

Passei algum tempo nessa passagem, como um exemplo do que encontro com frequência demais para me dar "prazer ou satisfação": alteração deliberada da história, em fato e significância, sem qualquer objetivo prático ou artístico (que eu possa ver); e do efeito desinteressante que a assimilação de um incidente pelo outro deve ter.

15. O tempo é mais uma vez encurtado e apressado, tendo como efeito a redução da importância da Demanda. Gandalf não diz que partirão tão logo façam as malas! Passam-se dois meses. Não há necessidade de dizer coisa alguma com um propósito temporal. O lapso de tempo deveria ser indicado, mesmo que não mais do que pela mudança para o inverno no cenário e nas árvores.

No fim da página as Águias são novamente introduzidas. *Acho isso uma adulteração totalmente inaceitável da história.* "Nove Caminhantes" e eles imediatamente se lançam ao ar! A intrusão não resulta em coisa alguma além de incredibilidade e desgaste do artifício das Águias quando por fim são realmente necessárias. Está no âmbito dos poderes dos filmes sugerir, de modo relativamente breve, uma longa e árdua viagem, *em segredo*, a pé, com as três montanhas ominosas aproximando-se.

Z não parece muito interessado nas estações ou no cenário, embora, pelo que vi, eu deva dizer que é na representação destes que provavelmente residirá a principal virtude e atração do filme. Mas será que Z acharia que o efeito de um filme, digamos, da escalada do Everest seria aprimorado introduzindo helicópteros para levar os alpinistas meio caminho acima (a despeito da probabilidade)? Seria *muito melhor* cortar a Tempestade de Neve e os Lobos do que tornar a árdua viagem uma farsa.

19. Por que Z coloca bicos e penas nos Orques!? (*Orques* não é uma forma de *Alcas*.) É dito claramente que os Orques são deturpações da forma "humana" vista em Elfos e Homens. Eles são (ou eram) atarracados, largos, de narizes achatados, de peles amarelentas, com bocas largas e olhos oblíquos: na realidade, versões degradadas e repulsivas dos (para os europeus) menos formosos tipos mongóis.

20. O Balrog *jamais fala ou produz qualquer som vocal*. Acima de tudo ele *não* ri ou desdenha..... Z pode achar que sabe mais sobre Balrogs do que eu, mas não pode esperar que eu concorde com ele.

21 e seguintes. *"Uma visão esplêndida. É o lar de Galadriel. . . uma Rainha-élfica."* (Ela na verdade não é.) *"Pináculos delicados e diminutos minaretes de cores élficas são habilmente entrelaçados em um castelo belamente planejado."* Acho isso deplorável por si só e em algumas partes impertinente. Será que Z, por obséquio, pode respeitar um pouco meu texto, ao menos em descrições que são obviamente centrais para o tom e estilo gerais do livro? Sob nenhuma circunstância aceitarei esse tratamento com Lórien, mesmo que Z pessoalmente prefira fadas "diminutas" e as bugigangas dos contos de fadas modernos convencionais.

O desaparecimento da tentação de Galadriel é significante. Praticamente tudo que possui valor moral desapareceu da sinopse.

22. *Lembas*, "pão-de-viagem", é chamado de um "concentrado alimentar". Como mostrei, tenho uma forte aversão a qualquer aproximação de minha história ao estilo e características dos "contes des fées" ou estórias de fadas francesas. Igualmente, tenho aversão a qualquer aproximação com uma "cientificação", da qual essa expressão é um exemplo. Ambos os modos são estranhos à minha história.

Não estamos explorando a Lua ou qualquer outra região mais improvável. Análise alguma em qualquer laboratório descobriria propriedades químicas do *lembas* que o tornam superior a outros bolos de farinha de trigo.

Apenas comento sobre a expressão aqui como uma indicação de atitude. Sem dúvida é casual; e nada desse tipo ou estilo acabará (espero) nos diálogos de fato.

No livro, o *lembas* tem duas funções. É uma "máquina" ou artifício para tornar críveis as longas marchas com poucas provisões em um mundo em que, como eu disse, "milhas são milhas". Mas isso é relativamente sem importância. Ele também possui um significado muito maior, o qual se poderia hesitantemente chamar do tipo "religioso". Isso fica aparente mais tarde, especialmente no capítulo "O Monte da Perdição" (III 213[5] e subsequentemente). Não acho que Z tenha feito qualquer uso particular do *lembas* mesmo como um artifício; e o todo do "Monte da Perdição" desapareceu na confusão distorcida que Z fez com o final. Pelo que vejo, o *lembas* poderia muito bem desaparecer por completo.

Espero encarecidamente que na atribuição dos diálogos aos personagens eles sejam representados como os apresentei: em estilo e sentimento. Ficarei ressentido com a distorção dos personagens (e me ressinto agora, pelo que aparece nesse esboço) ainda mais do que com o estrago do enredo e do cenário.

Partes II e III. Gastei muito espaço criticando até mesmo os detalhes na Parte I. Foi mais fácil, pois a Parte I em geral respeita a linha de narrativa do livro e mantém um pouco de sua coerência original. A Parte II exemplifica todos os defeitos da Parte I; mas é muito mais insatisfatória, e o é ainda mais a Parte III, em aspectos mais sérios. Parece quase como se Z, tendo gastado muito tempo e trabalho na Parte I, agora se visse não apenas com pouco espaço, mas também com pouca paciência para lidar com os dois volumes mais difíceis nos quais a ação torna-se mais rápida e complicada. De qualquer forma, ele preferiu tratá-los de um modo que produz uma confusão que no fim é quase como um delírio.....

A narrativa agora se divide em dois ramos principais: 1. Ação Primária, os Portadores-do-Anel. 2. Ação Subsidiária, o resto da Comitiva que leva à questão "heroica". *É essencial que cada um desses dois ramos seja tratado em uma sequência coerente.* Tanto para torná-los inteligíveis como uma história como por serem totalmente diferentes em tom e cenário. Misturá-los destrói inteiramente essas coisas.

31. Lamento profundamente esse tratamento do capítulo "Barbárvore", necessário ou não. Já suspeitava que Z não se interessasse por árvores: uma infelicidade, uma vez que a história diz muito respeito a elas. Mas certamente o que temos aqui é um vislumbre por demais ininteligível, não? O que são Ents?

31 a 32. Passamos agora para uma habitação de Homens em uma "era heroica". Z parece não apreciar isso. *Espero que os artistas apreciem.* Mas ele e os artistas têm apenas que seguir o que é dito e não o alterar para satisfazer a imaginação deles (inadequada).

Em tal época, "câmaras" particulares não desempenhavam qualquer papel. Théoden provavelmente não possuía uma, a não ser que tivesse uma "alcova" para dormir em uma pequena "dependência" separada. Ele recebia convidados ou emissários sentado no tablado de seu salão real. Isso está bastante claro no livro; e a cena deveria ser muito mais eficaz para se ilustrar.

31 a 32. Por que Théoden e Gandalf não saem para o ar livre diante das portas, como contei? Embora eu tenha de certa forma enriquecido a cultura dos "heroicos" Rohirrim, ela *não* chega a ponto de possuir janelas de vidro que poderiam ser abertas!! Poderíamos estar em um hotel. (As "janelas orientais" do salão, II 116, 119,[6] eram fendas debaixo dos beirais, sem vidros.)

Mesmo se o rei de semelhante povo tivesse uma "alcova", ela não poderia se tornar "uma colmeia de alvoroçada atividade"!! O alvoroço ocorre do lado de fora e na cidade. A parte dele que for apresentável deve ocorrer no amplo pavimento diante das grandes portas.

33. Receio que não ache o vislumbre da "defesa do Forte-da-Trombeta" — este seria um título melhor, visto que o Abismo de Helm, a ravina por trás, não é mostrado — inteiramente satisfatório. Creio que seria uma cena bastante sem sentido em um filme, enfiada desse modo. Na verdade, eu mesmo estaria inclinado a cortá-la imediatamente se não for possível deixá-la mais coerente e como uma parte mais significante da história. . . . . Se tanto os Ents como o Forte-da-Trombeta não podem ser tratados em uma duração suficiente para fazer sentido, então um deles deve sair. Deveria ser o Forte-da-Trombeta, que é incidental à história principal; e haveria este ganho adicional de que teríamos uma grande batalha (que deveria receber o máximo de consideração possível), mas batalhas tendem a ser muito similares: a maior ganharia por não ter concorrente.

34. Por que raios Z deveria dizer que os hobbits "estavam mastigando sanduíches ridiculamente longos"? Ridículo de fato. Não vejo como se poderia esperar que qualquer autor ficasse "satisfeito" com alterações tão tolas. Um hobbit estava dormindo e o outro, fumando.

A escadaria espiral "entrelaçando-se" ao redor da Torre [Orthanc] vem da imaginação de Z, não da minha história. Prefiro esta. A torre tinha 500 pés de altura. Havia um lance de 27 degraus que levava à grande porta, acima da qual havia uma janela e uma sacada.

Z também gosta demais das palavras *hipnose* e *hipnótico*. Nem hipnose genuína, nem variantes de ficção científica ocorrem na minha história. A voz de Saruman não era hipnótica, mas persuasiva. Aqueles que o escutavam não corriam perigo de entrar em um transe, mas de concordar com seus argumentos, enquanto totalmente despertos. Estavam sempre abertas à rejeição, *por livre vontade e entendimento*, tanto sua voz enquanto falava como suas impressões posteriores. Saruman corrompia os poderes de raciocínio.

Z cortou o final do livro, incluindo a morte de Saruman propriamente dita. Nesse caso, não vejo uma boa razão para fazê-lo morrer. Saruman nunca cometeria suicídio: agarrar-se à vida, aos seus resquícios mais abjetos, é o comportamento do tipo de pessoa que ele se tornou. Se Z quer dar um jeito em Saruman (não consigo ver por que, já que tantas pontas são deixadas soltas), Gandalf deveria dizer algo nesse sentido;

enquanto Saruman cai sob a excomunhão: "Visto que não sairás para nos ajudar, aqui em Orthanc permanecerás até que apodreças, Saruman. Que os Ents cuidem disso!"

A Parte III.... *é-me totalmente inaceitável, de modo geral e em detalhes*. Se a intenção é de que seja apenas notas para uma seção de algo como a extensão pictórica de I e II, então no preenchimento ela deve ser relacionada com o livro e as alterações grosseiras que faz dele devem ser corrigidas. Se a intenção for de que represente apenas uma espécie de final curto, então tudo o que posso dizer é: *O Senhor dos Anéis* não pode ser deturpado dessa forma.

211 Para Rhona Beare

[Rhona Beare escreveu, fazendo várias perguntas, para que pudesse transmitir as respostas de Tolkien em um encontro de amigos entusiastas de *O Senhor dos Anéis*. Por que, ela perguntou, Sam pronuncia a invocação élfica como "O Elbereth Gilthoniel" no capítulo "As Escolhas do Mestre Samwise" quando em outro lugar a forma usada é "A Elbereth Gilthoniel"? (Essa foi a grafia usada na primeira edição do livro.) Qual é o significado dessa invocação e das palavras de Frodo no capítulo anterior, "Aiya Eärendil Elenion Ancalima!"? A Srta. Beare fez então uma série de perguntas numeradas. "Pergunta 1": Por que (na primeira edição, I. 221) o cavalo de Glorfindel é descrito como tendo "rédeas e freio", quando os Elfos cavalgam sem freio, rédea ou sela? "Pergunta 2": Como Ar-Pharazôn pôde derrotar Sauron enquanto Sauron tinha o Um Anel? "Pergunta 3": Quais eram as cores dos dois magos mencionados, mas não nomeados no livro? "Pergunta 4": Que roupas os povos da Terra-média usavam? A coroa alada de Gondor era como aquela de uma Valquíria ou como retratada em um maço de cigarros Gauloise? Explique o significado de *El-* em Elrond, Elladan e Elrohir; quando *El-* significa "elfo" e quando significa "estrela"? Explique o significado do nome Legolas. O Rei-bruxo montava um pterodátilo no cerco de Gondor? "Pergunta 5": Quem é o Rei Antigo mencionado por Bilbo em sua canção sobre Eärendil? Ele é o Uno?]

14 de outubro de 1958 — Merton College, Oxford

Cara Srta. Beare,

Receio que esta resposta esteja atrasada demais para ser útil para o evento, mas não foi possível escrever antes. Acabei de retornar de uma licença de um ano, da qual um dos objetivos era me permitir completar algumas das obras "eruditas" negligenciadas durante minha preocupação com ninharias não profissionais (tais como *O Senhor dos Anéis*): recordo-me do tom de muitos dos meus colegas. Na verdade, o tempo foi ocupado principalmente com problemas graves, incluindo a enfermidade de minha esposa; mas passei todo o mês de agosto trabalhando por longas horas, sete dias por semana, contra o tempo, para terminar um trabalho antes de ir à Irlanda em caráter oficial. Voltei há alguns dias, bem a tempo para nosso Michaelmas.

Em uma calmaria momentânea, tentarei responder às suas perguntas resumidamente. Não "sei todas as respostas". Muito de meu próprio livro me surpreende; e, de qualquer forma, muito dele foi escrito há tanto tempo (algo em torno de 20 anos) que o leio agora como se fosse de uma mão estranha.

O uso de *O* em II p. 339 é um erro. Meu, de fato, tirado da p. 338, onde *Gilthoniel O Elbereth*, é claro, é uma citação de I p. 88, que era uma "tradução", inglesa em tudo, exceto nos nomes próprios. A invocação de Sam, contudo, está em puro élfico e deveria ter tido *A* como em I p. 250. Uma vez que o idioma hobbit é representado como o inglês, *O* [Ó] poderia ser defendida como uma inexatidão do próprio Sam; mas não proponho defendê-la. Ele foi "inspirado" a fazer essa invocação em um idioma que não conhecia (II 338). Embora ela esteja, é claro, no estilo e métrica do fragmento do hino, creio que foi composta ou inspirada para essa situação em particular.

Ela significa, mais ou menos: "*Ó Elbereth Inflamadora-das-estrelas* (no pretérito: o título pertence à pré-história mítica e não se refere a uma função permanente), *que dos céus vislumbra ao longe, a ti clamo agora na sombra (do medo) da morte. Ó olha por mim, Sempre-branca!*" *Sempre-branca* é uma tradução inadequada, como o é igualmente a *neve-alva* de I 88. O elemento *ui* (*oio* em élfico primitivo) significa *sempre*; tanto *fan-* como *los(s)* transmitem a ideia de *branco*, mas *fan* implica a brancura das nuvens (ao sol); *loss* refere-se à *neve*.

Amon Uilos, em alto-élfico Oilosse,* era um dos nomes do pico mais elevado das Montanhas de Valinor, sobre o qual Manwe e Varda habitavam. De modo que um Elfo que usasse ou ouvisse o nome *Fanuilos* não pensaria (ou visualizaria) apenas em uma figura majestosa vestida de branco, de pé em um local elevado e olhando em direção ao leste para as terras mortais, ele ao mesmo tempo visualizaria um pico imenso, coberto de neve, coroado com uma penetrante ou deslumbrante nuvem branca.

* (Ver o lamento de Galadriel I 394) *oiolossëo* = do *Mte. Uilos*.

Ancalima = "excessivamente brilhante". O elemento *kal** é o radical usual para palavras que se referem à luz; *kălĭma*, "luzir brilhante"; *an-* prefixo superlativo ou intensivo.

Pergunta 1. Suponho que eu pudesse responder: "um ciclista performático sabe andar em uma bicicleta com guidão!" Mas, na verdade, *rédea* foi casual e descuidadamente usada para o que suponho que deveria ter sido chamado de um *cabresto*.[1] Ou, melhor dizendo, visto que *freio* foi adicionado (I 221) há muito tempo (o Capítulo I 12 foi escrito bem inicialmente), eu não havia considerado os modos naturais dos elfos com os animais. O cavalo de Glorfindel teria um *cabresto* ornamental, portando uma pluma e com as correias ornadas com joias e pequenos sinos; mas Glor. certamente não usaria um *freio*. Modificarei *rédeas e freio* para *cabresto*.

Pergunta 2. Essa pergunta e suas implicações são respondidas na "Queda de Númenor", que ainda não foi publicada, mas que não posso preparar agora. Não se pode exigir muito do Um Anel, pois ele obviamente é um atributo mítico, embora o mundo das histórias seja concebido em termos mais ou menos históricos. O Anel de Sauron é apenas um dos vários tratamentos míticos da colocação da vida ou poder de alguém em algum objeto externo, que assim fica exposto à captura ou destruição com resultados desastrosos para si mesmo. Se eu fosse "filosofar" esse mito, ou pelo menos o Anel de Sauron, diria que ele era um modo mítico de representar a verdade de que a *potência* (ou talvez, melhor dizendo, *potencialidade*), se for para ser exercida e produzir resultados, tem de ser externada e dessa forma, por assim dizer, sai, em maior ou menor grau, do controle direto do indivíduo. Um homem que deseje exercer "poder" deve possuir subordinados, que não são ele mesmo. Mas ele então depende deles.

Ar-Pharazôn, como é contado na "Queda", ou *Akallabêth*, conquistou *subordinados* de um Sauron aterrorizado, não Sauron. A "rendição" pessoal de Sauron foi voluntária e astuta†: ele conseguiu livre transporte para Númenor! Ele naturalmente estava de posse do Um Anel e, assim, logo dominou as mentes e vontades da maioria dos Númenóreanos. (Não creio que Ar-Pharazôn soubesse alguma coisa sobre o Um Anel. Os Elfos mantiveram a questão dos Anéis

* Em alto-élfico. Havia também um radical *gal* mais ou menos sinônimo (correspondendo a *gil*, que era empregado apenas para luz branca ou prateada). Essa variação g/k não deve ser confundida com a mudança *gramatical* ou k, c > g em élfico-cinzento, vista nas iniciais de palavras em composição ou após partículas estritamente relacionadas (como o artigo). Assim, *Gil-galad* "luz das estrelas". Cf. *palan-díriel* comparada com *a tíro niu*.

† Note a expressão em III p. 364 [2ª edição p. 365] "taken *as* prisoner" [levado *como* prisioneiro].

em segredo enquanto puderam. De qualquer forma, Ar-Pharazôn não mantinha comunicação com eles. No *Conto dos Anos*, III p. 364, a senhorita encontrará indicações do problema: "a Sombra se abate sobre Númenor". Após *Tar-Atanamir* (um nome élfico), o próximo nome é *Ar-Adûnakhôr*, um nome númenóreano. Ver a p. 315.[2] A mudança de nomes deu-se com uma completa rejeição da amizade dos Elfos e do ensinamento "teológico" que os Númenóreanos haviam recebido deles.)

Sauron foi derrotado pela primeira vez por um "milagre": uma ação direta de Deus, o Criador, que mudou a forma do mundo quando Manwë recorreu a ele: ver III p. 317. Apesar de reduzido a "um espírito de ódio carregado por um vento escuro", não acho que seja necessário se espantar com o fato de esse espírito levar embora o Um Anel, do qual seu poder de dominação de mentes agora dependia amplamente. Que Sauron não foi ele próprio destruído na cólera do Uno não é minha culpa: o problema do mal, e de sua aparente tolerância, é algo permanente para todos que se preocupam com o nosso mundo. A indestrutibilidade dos *espíritos* com livres-arbítrios, mesmo pelo Criador deles, também é uma característica inevitável, caso se acredite em sua existência ou simule-a em uma história.

Sauron, é claro, ficou "desconcertado" pelo desastre e diminuído (tendo despendido uma enorme energia na corrupção de Númenor). Ele precisava de tempo para sua própria reabilitação corpórea e para adquirir controle sobre seus antigos subordinados. Foi atacado por Gil-galad e Elendil antes que sua nova dominação estivesse completamente estabelecida.

Pergunta 3. Não nomeei as cores porque não as conheço.[3] Duvido que eles possuíssem cores distintas. A distinção só era necessária no caso dos três que permaneceram na área relativamente pequena do Noroeste. (Quanto aos *nomes*, ver a P[ergunta]5.) De fato, não sei com clareza de algo sobre os outros dois — uma vez que eles não dizem respeito à história do N.O. Creio que foram como emissários para regiões distantes, Leste e Sul, longe do alcance númenóreano: missionários em terras "ocupadas pelo inimigo", por assim dizer. Que sucesso tiveram eu não sei; mas receio que tenham fracassado, como fracassou Saruman, embora sem dúvida de diferentes maneiras; e suspeito que foram fundadores ou iniciadores de cultos secretos e tradições "mágicas" que sobreviveram à queda de Sauron.

Pergunta 4. Não sei os detalhes das roupas. Visualizo com grande clareza e detalhes cenários e objetos "naturais", mas não artefatos. Pauline Baynes inspirou-se para *M. Giles* em grande parte em desenhos de ms. medievais — exceto pelos cavaleiros (que são um pouco "arturianos");* o estilo parece se adequar suficientemente bem. Exceto que os homens, especialmente em partes setentrionais como o Condado, usariam calças curtas, ocultas por uma capa ou manto longo, ou meramente acompanhadas por uma túnica.

Não tenho dúvida de que na área contemplada pela minha história (que é grande) o "vestuário" de vários povos, Homens e outros, era muito diversificado na Terceira Era, de acordo com o clima e costumes herdados. Como o era nosso mundo, mesmo se considerarmos apenas a Europa e o Mediterrâneo e o "Leste" (ou Sul) muito próximo, antes da vitória em nossa época do estilo menos atraente de se vestir (especialmente para homens e "neutros") que a história registrada revela — uma vitória que ainda perdura, mesmo entre aqueles que mais odeiam as terras de sua origem. Os Rohirrim não eram "medievais", no nosso sentido. Os estilos da Tapeçaria Bayeux (feita na Inglaterra) lhes caem suficientemente bem, caso se lembre que o tipo de redes de tênis que [os] soldados parecem usar é apenas um desajeitado sinal convencional para cotas de malha de elos pequenos.

Os Númenóreanos de Gondor eram orgulhosos, peculiares e arcaicos, e creio que são mais bem retratados em (digamos) termos egípcios. De muitas maneiras lembravam os "egípcios" — o amor pelo gigantesco e o imponente, e o poder para construí-los. E seu grande interesse pela ancestralidade e por túmulos. (Mas claro que não por "teologia": nesse aspecto eram hebreus e ainda mais puritanos — mas isso levaria muito tempo para elaborar, para de fato explicar por que praticamente não há uma "religião"† observável, ou, melhor dizendo, atos ou locais ou cerimônias religiosas entre os povos "bons" ou anti-Sauron em *O Senhor dos Anéis*.) Acredito que a coroa de Gondor (o Reino do S.) era muito alta, como a do Egito, mas com asas presas, dispostas não esticadas, mas em um ângulo.

* Isto é, pertencem à nossa Idade Média "mitológica", que mistura estilos e detalhes que não são históricos abrangendo mais de 500 anos, e cuja maioria obviamente não existia na Idade Média de c. de 500 d.C.

† Praticamente o único vestígio de "religião" é visto em II pp. 284-5 na "Graça antes da Refeição". De fato, essa, por assim dizer, é mormente uma celebração d'Aqueles que Partiram, e a teologia é reduzida a "para o que está além de Casadelfos e estará sempre", isto é, está além das terras mortais, além da lembrança da Bem-aventurança imaculada, além do mundo físico.

O Reino do N. possuía apenas um *diadema* (III 323). Cf. a diferença entre os reinos do N. e do S. do Egito.

El. Difícil distinguir "estrela" e "elfo", visto que são derivativos do mesmo elemento básico EL "estrela"; como o primeiro elemento em palavras compostas, *el-* pode significar (ou ao menos simbolizar) um ou outro. Como uma palavra separada, "estrela" era **ělěn*, plural **elenī* em élfico primitivo. Os Elfos eram chamados *eledā/elenā* "um Elfo" (alto-élfico *Elda*) porque foram encontrados pelo Vala *Oromë* em um vale sob a luz das estrelas; eles permaneceram para sempre amantes das estrelas. Esse nome, porém, ficou especialmente ligado àqueles que por fim marcharam para o Oeste guiados por Oromë (e que, em sua maioria, atravessaram o Mar).

As formas élfico-cinzentas (sindarin) deveriam ter sido *êl*, pl. *elin*; e *eledh* (pl. *elidh*). Mas o último termo saiu de uso entre os Elfos-cinzentos (Sindar) que não atravessaram o Mar, embora tenha permanecido em alguns nomes próprios como *Eledhwen*, "Donzela-élfica". Após o retorno em exílio dos Noldor (parte dos Altos-elfos), a palavra alto-élfica *elda* foi mais uma vez adquirida pelos Elfos-cinzentos como *eld* > *ell*, e se referia aos exilados alto-élficos. Essa, sem dúvida, é a origem de *el, ell-* em nomes como *Elrond, Elros, Elladan, Elrohir.*

*Elrond, Elros. *rondō* era uma palavra em élfico prim[itivo] para "caverna". Cf. *Nargothrond* (caverna fortificada junto ao R. Narog), *Aglarond* etc. **rossē* significava "orvalho, borrifo (de cachoeira ou fonte)". *Elrond* e *Elros*, filhos de *Eärendil* (amante-do-mar) e *Elwing* (espuma-élfica), foram assim chamados porque foram levados pelos filhos de Fëanor, no último ato da contenda entre as casas alto-élficas dos príncipes noldorin pelas Silmarils; a Silmaril resgatada de Morgoth por Beren e Lúthien, e dada ao Rei Thingol, pai de Lúthien, passou para Elwing, filha de Dior, filho de Lúthien. As crianças não foram mortas, mas deixadas como "perdidas" em uma caverna com uma queda d'água sobre a entrada. Lá foram encontrados: Elrond dentro da caverna e Elros chapinhando na água.[4]

Elrohir, Elladan: esses nomes, dados a seus filhos por Elrond, referem-se ao fato que eram "meio-elfos" (III 314): possuíam ancestrais mortais assim como élficos em *ambos* os lados; Tuor pelo lado de seu pai, Beren pelo de sua mãe[5]. Ambos significam *elfo + homem. Elrohir* pode ser traduzido "Cavaleiro-élfico"; sendo que *rohir* é uma forma tardia (III 391) de *rochir* "senhor-de-cavalo" a partir de *roch* "cavalo" + *hir* "mestre": *rokkō* e *khēr* ou *kherū* em élfico prim.: *rocco, hēr* (*hěru*) em alto-élfico. *Elladan* pode ser traduzido "Númenóreano-élfico". *Adan* (pl. *Edain*) era a forma sindarin do nome dado aos "pais de homens", os membros das Três Casas de Amigos-dos-Elfos, cujos sobreviventes mais tarde tornaram-se os Númenóreanos, ou *Dún-edain.*

Legolas significa "folhas verdes", um nome florestal — forma dialetal do sindarin puro *laegolas*: **lassē* (alto-élfico *lasse*, sind. *las(s)*) "folha"; **gwa-lassa/*gwa-lassiē* "ajuntamento de folhas, folhagem" (a. élf. *olassiē*, sind. *golas*, *-olas*); **laikā* "verde" — base LAY como em *laire* "verão" (a. élf. *laica*, sind. *laeg* (raramente usada, geralmente substituída por *calen*), florestal *leg*).

Pterodátilo. Sim e não. Não pretendi que a montaria do Rei-Bruxo fosse o que agora é chamado de "pterodátilo" e frequentemente é desenhado (particularmente com menos evidências obscuras do que se encontra por trás de muitos monstros da nova e fascinante mitologia semicientífica do "Pré-histórico"). Mas obviamente é *pterodatílica* e deve muito à nova mitologia, e sua descrição fornece até mesmo uma espécie de maneira na qual ela poderia ser uma última sobrevivente de eras geológicas mais antigas.[6]

Pergunta 5. Manwë, esposo de Varda; ou, em élfico-cinzento, Manwë e Elbereth. Visto que os Valar não tinham um idioma próprio, não necessitando de um, não possuíam nomes "verdadeiros", apenas identidades, e seus nomes lhes eram conferidos pelos Elfos, sendo todos, portanto, em origem, por assim dizer, "apelidos" que se referiam a alguma peculiaridade, função ou feito notável. (O mesmo vale para os "Istari", ou Magos, que eram emissários dos Valar e da raça deles.) Em consequência, cada identidade possuía vários "apelidos"; e os nomes dos Valar não eram necessariamente relacionados em diferentes idiomas élficos (ou idiomas dos Homens que derivavam seu conhecimento dos Elfos). (*Elbereth* e *Varda* "Senhora das Estrelas" e "Sublime" não são palavras relacionadas, mas referem-se à mesma pessoa.) Manwë (Ser Abençoado) era Senhor dos Valar e, portanto, o alto rei ou Rei Antigo de Arda. *Arda* "reino" era o nome dado ao nosso mundo ou terra, como sendo o lugar, dentro da imensidão de Eä, selecionado para ser a morada e domínio especial do Rei — por causa de seu conhecimento de que os Filhos de Deus apareceriam lá. No mito cosmogônico, é dito que Manwë é "irmão" de Melkor, isto é, eram coevos e equipotentes na mente do Criador. Melkor tornou-se o rebelde e o Diabolos dessas histórias, que disputava o reino de Arda com Manwë. (Ele geralmente era chamado de *Morgoth* em élfico-cinzento.)

O Uno não habita fisicamente qualquer parte de Eä.

Permita-me dizer que tudo isso é "mítico" e não algum tipo de nova religião ou visão. Pelo que sei, é meramente uma invenção imaginativa, para expressar, do único modo que sei, algumas de minhas (vagas) apreensões do mundo. Tudo o que posso dizer é que, se isso fosse "história", seria difícil encaixar as terras e eventos (ou "culturas") nas evidências que possuímos, arqueológicas ou geológicas, a respeito da parte mais próxima ou mais remota do que é agora chamada Europa; embora se afirme expressamente que o Condado, por exemplo, ficava nessa região (I p. 12).[7] Eu poderia ter encaixado as coisas com uma verossimilhança maior se a história não tivesse se tornado tão desenvolvida antes que a questão sequer me ocorresse. Duvido que teria havido muito ganho; e espero que a evidentemente longa, mas indefinida lacuna* no tempo entre a Queda de Barad-dûr e nossos Dias seja suficiente para "credibilidade literária", mesmo para leitores a par do que é conhecido ou suposto da "pré-história".

Suponho que eu tenha construído um *tempo* imaginário, mas mantive meus pés em minha própria terra materna para o *local*. Prefiro isso ao modo contemporâneo de procurar planetas remotos no "espaço". Por mais curiosos que sejam, são alienígenas e não são amáveis com o amor do parentesco consanguíneo. *Terra-média* (a propósito e se tal observação for necessária) não é uma invenção minha. É uma modernização ou alteração (N[ew] E[nglish] Dictionary] "uma perversão") de uma palavra antiga para o mundo habitado dos Homens, o *oikoumenē*: média por ser vagamente imaginada como localizada entre os Mares circundantes e (na imaginação setentrional) entre o gelo do Norte e o fogo do Sul. *Middan-geard* em inglês ant., *midden-erd, middle-erd* em ing. medieval. Muitos resenhistas parecem supor que a Terra-média é outro planeta!

Teologicamente (se o termo não for grandioso demais) imagino que o quadro seja menos dissonante do que alguns (incluindo eu mesmo) acreditam ser a verdade. Mas uma vez que escrevi deliberadamente uma história, que está construída sobre ou a partir de certas ideias "religiosas", mas *não* é uma alegoria delas (ou de qualquer outra coisa) e não as menciona abertamente, menos ainda as prega, não me desviarei agora desse modo para me aventurar em dissertações teológicas para as quais não sou capacitado. Posso dizer, porém, que se a história é "sobre" alguma coisa (além de si mesma), não é, como parece ser amplamente suposto, sobre "poder". A busca pelo poder é apenas a força motriz que coloca os eventos em andamento, e creio ser relativamente sem importância. A história diz respeito principalmente à Morte e à Imortalidade, e às "fugas": longevidade serial e memória acumulada.

Sinceramente,
J.R.R. Tolkien.

*Imagino que a lacuna seja de cerca de 6.000 anos: isto é, estamos agora no fim da Quinta Era, se as Eras forem da mesma duração da S.E. e T.E. Porém, creio que elas tenham acelerado, e imagino que, na verdade, estamos no final da Sexta Era, ou na Sétima.

212 Rascunho de uma continuação da carta acima
(não enviado)

Visto que escrevi tanto (espero que não demais), posso também acrescentar algumas linhas sobre o Mito no qual tudo está baseado, uma vez que isso pode tornar mais claras as relações de Valar, Elfos, Homens, Sauron, Magos e cia.

Os Valar ou "poderes, governantes" foram a primeira "criação": espíritos ou mentes racionais sem encarnação, criados *antes* do mundo físico. (Estritamente falando, esses *espíritos* foram chamados *Ainur*, sendo os *Valar* apenas os que, dentre eles, entraram no mundo após a feitura deste, e o nome é propriamente aplicado apenas aos grandes dentre eles, que assumem a posição imaginativa, mas não teológica, de "deuses".) Os Ainur tomaram parte na feitura do mundo como "subcriadores": em vários graus, desta maneira. Interpretaram conforme seus poderes, e completaram em detalhes, o Desígnio que lhes fora proposto pelo Uno. Esse lhes foi proposto primeiramente em forma musical ou abstrata e depois em uma "visão histórica". Na primeira interpretação, a vasta Música dos Ainur, Melkor introduziu alterações, não interpretações da mente do Uno, e surgiu um grande desacordo. O Uno então apresentou essa "Música", incluindo os aparentes desacordos, como uma "história" visível.

Nesse estágio ela ainda possuía apenas uma validade, à qual a validade de uma "história" entre nós mesmos pode ser comparada: ela "existe" *na* mente do contador e derivativamente nas mentes dos ouvintes, mas não no mesmo plano que o contador ou os ouvintes. Quando o Uno (o Contador) disse *Que Seja*,* o Conto então se tornou História, no mesmo plano que os ouvintes; e estes poderiam, caso desejassem, *entrar nela*. Muitos dos Ainur entraram nela e nela devem residir até o Fim, estando envolvidos no Tempo, a série de eventos que a completa. Esses eram os Valar e seus servidores menores. São aqueles que se "enamoraram" da visão e sem dúvida foram aqueles que desempenharam a parte mais "subcriativa" (ou, como poderíamos dizer, "artística") na Música.

Foi por causa de seu amor por Eä e por causa do papel que desempenharam em sua feitura que *desejaram*, e *puderam*, encarnar a si mesmos em formas físicas visíveis, embora estas fossem comparáveis às nossas *roupas* (na medida em que nossas roupas são uma expressão pessoal), não aos nossos corpos. Suas formas, portanto, eram

* Por conseguinte, os Elfos chamavam o Mundo, o Universo, de Eä — É.

expressões de suas pessoas, poderes e amores. Não precisavam ser antropomórficas (*Yavanna*, esposa* de Aulë, por exemplo, aparecia na forma de uma grande Árvore). Mas as formas "habituais" dos Valar, quando visíveis ou vestidos, eram antropomórficas por causa de sua preocupação intensa com Elfos e Homens.

Elfos e Homens eram chamados de "filhos de Deus", pois foram, por assim dizer, um acréscimo particular do Criador ao Desígnio, e um no qual os Valar não tomaram parte. (Os "temas" deles foram introduzidos na Música pelo Uno quando os desacordos de Melkor surgiram.) Os Valar sabiam que eles surgiriam, e os maiores sabiam quando e como (embora não precisamente), porém sabiam pouco de sua natureza, e sua presciência, derivada de seu pré-conhecimento do Desígnio, era imperfeita ou falhava na questão dos feitos dos Filhos. Os Valar não corrompidos, portanto, ansiavam pelos Filhos antes que estes chegassem e os amaram posteriormente, como criaturas "diferentes" de si mesmos, independentes deles e de seu talento artístico, "crianças" por serem mais fracas e mais ignorantes que os Valar, mas de igual linhagem (a derivação sendo direta do Uno), ainda que sob sua autoridade como governantes de Arda. Os corrompidos, como o eram Melkor/Morgoth e seus seguidores (dos quais Sauron era um dos principais), viram neles o material ideal para súditos e escravos, dos quais poderiam se tornar mestres e "deuses", invejando os Filhos e secretamente os odiando à medida que se rebelavam contra o Uno (e Manwë, seu Tenente em Eä).

Nessa "pré-história" mítica a *imortalidade*, estritamente a longevidade de duração igual à vida de Arda, era parte da natureza determinada dos Elfos; além do Fim nada fora revelado. A *mortalidade*, que é uma duração de vida curta sem relação com a vida de Arda, é mencionada como a natureza determinada dos Homens: os Elfos chamavam-na a *Dádiva de Ilúvatar* (Deus). Mas deve ser lembrado que miticamente essas histórias são elfocêntricas,† não antropocêntricas, e os Homens apenas aparecem nelas, no que deve ser um ponto muito posterior à sua Chegada. Essa, portanto, é uma visão "élfica", e não tem necessariamente algo a dizer em favor ou contra tais crenças, como a

* É a visão do Mito que em (digamos) Elfos e Homens "sexo" é apenas uma expressão em termos físicos ou biológicos de uma diferença de natureza no "espírito", não a causa *fundamental* da diferença entre feminilidade e masculinidade.

† Na *narrativa*, tão logo a questão torne-se "historial" e não mítica, sendo de fato literatura *humana*, o centro de interesse *deve* ser transferido para os Homens (e suas relações com os Elfos ou outras criaturas). Não podemos escrever histórias *sobre* Elfos, os quais não conhecemos intimamente; e, se tentarmos, simplesmente transformaremos Elfos em homens.

cristã, de que a "morte" não é parte da natureza humana, mas uma punição pelo pecado (rebelião), um resultado da "Queda". Ela deve ser considerada como uma percepção élfica do que a *morte* — não estar preso aos "círculos do mundo" — deveria agora se tornar para os Homens, qualquer que fosse o modo pelo qual tenha surgido. Uma "punição" divina também é uma "dádiva" divina, se aceita, visto que seu objetivo é a bênção última, e a inventividade suprema do Criador fará com que as "punições" (isto é, mudanças de desígnio) produzam um bem que não pode ser alcançado de outra forma: um Homem "mortal" provavelmente possui (um Elfo diria) um destino mais elevado, ainda que não revelado, do que longevo. Por conseguinte, tentar por artifícios ou "magia" recuperar a longevidade é uma tolice suprema e malícia de "mortais". A longevidade ou a "imortalidade" falsificada (a imortalidade verdadeira está além de Eä) é a principal isca de Sauron — ela leva o pequeno a um Gollum e o grande a um Espectro-do-Anel.

Nas lendas élficas há registro de um estranho caso de uma Elfa (Míriel, mãe de Fëanor) que tentou *morrer*, o que teve resultados desastrosos, conduzindo à "Queda" dos Altos-elfos. Os Elfos não estavam sujeitos à enfermidade, mas podiam ser "mortos": isto é, seus corpos podiam ser destruídos ou mutilados a ponto de se tornarem incapazes de sustentar a vida. Isso, porém, não levava naturalmente à "morte": eram reabilitados e renasciam e, por fim, recuperavam a memória de todo o seu passado — permaneciam "idênticos". Mas Míriel desejava abandonar o ser e recusou o renascimento.*

Suponho que esta seja uma diferença entre este Mito e o que talvez possa ser chamada de mitologia cristã. Na segunda, a Queda do

* [Uma nota aparentemente adicionada mais tarde:] Também era a visão élfica (e númenóreana não corrompida) que um Homem "bom" *morreria* ou *deveria morrer* voluntariamente ao se entregar com confiança *antes de ser forçado a fazê-lo* (como o fez Aragorn). Essa pode ter sido a natureza do Homem *não caído*, embora a *obrigação* não o ameaçasse: ele desejaria e pediria que lhe fosse permitido "passar" para um estado mais elevado. A Assunção de Maria, a única pessoa *não caída*, pode ser considerada de algumas maneiras uma simples recuperação de graça e liberdade não caídas: ela pediu para ser recebida e foi, pois já não possuía mais função alguma na Terra. Apesar de que, é claro, mesmo sendo *não caída* ela não era uma pessoa "pré-Queda". O destino dela (no qual ela cooperou) era muito mais elevado do que o de qualquer "Homem" teria sido se não tivesse ocorrido a Queda. Também era impensável que seu corpo, a fonte imediata de Nosso Senhor (sem outro intermediário físico), pudesse ser desintegrado ou "corrompido", ou que ele pudesse ficar muito tempo separado Dele após a Ascensão. É claro que não há sugestão de que Maria não "envelheceu" na velocidade normal de sua raça; mas certamente esse processo não pode ter progredido ou ter sido permitido que prosseguisse até a decrepitude ou a perda de vitalidade e graça. De qualquer maneira, a Assunção foi tão distinta da Ascensão quanto a ressurreição de Lázaro da (auto) Ressurreição.

Homem é subsequente a e uma consequência (embora não uma consequência necessária) da "Queda dos Anjos": uma rebelião de livre-arbítrio criado em um nível mais elevado do que o Homem; mas não se sustenta claramente (e em muitas versões não é sustentado de modo algum) que isso tenha afetado o "Mundo" em sua natureza: o mal foi trazido de fora, por Satã. Neste Mito, a rebelião do livre-arbítrio criado precede a criação do Mundo (Eä); e Eä já possuía em si, subcriativamente introduzidos, o mal, rebeliões, elementos dissonantes de sua própria natureza quando o *Que Seja* foi pronunciado. A Queda ou corrupção, portanto, de todas as coisas nela e de todos seus habitantes, era uma possibilidade, se é que não era inevitável. Árvores podem "ficar más" na Floresta Velha; Elfos podem se transformar em Orques, e se isso exigia a malícia perversa particular de Morgoth, ainda assim os próprios Elfos podiam cometer atos malignos. Mesmo os Valar "bons", enquanto habitavam o Mundo, podiam pelo menos errar, como os Grandes Valar erraram em suas relações com os Elfos, ou como os menores de sua raça (como os Istari ou magos) podiam de várias maneiras se tornar egoístas. Aulë, por exemplo, um dos Grandes, de certa forma "caiu"; pois ele desejava tanto ver os Filhos que ficou impaciente e tentou antecipar a vontade do Criador. Sendo o maior de todos os artesãos, ele tentou *fazer* filhos de acordo com seu conhecimento imperfeito da raça deles. Quando fizera treze,* Deus lhe falou com raiva, mas não sem piedade: pois Aulë havia feito isso *não* pelo desejo maligno de possuir escravos e súditos próprios, mas por amor impaciente, desejando filhos com os quais conversar e ensinar, compartilhando com eles o louvor a Ilúvatar e seu grande amor pelos *materiais* dos quais o mundo é feito.

O Uno repreendeu Aulë, dizendo que ele havia tentado usurpar o poder do Criador; mas ele não podia conceder *vida* independente às suas feituras. Ele possuía apenas uma vida, a sua própria derivada do Uno, e no máximo podia apenas distribuí-la. "Vê", disse o Uno: "estas tuas criaturas possuem apenas a tua vontade e teu movimento. Embora tenhas inventado uma língua para elas, elas só podem relatar-te teu próprio pensamento. Isto é uma zombaria de mim."

Então Aulë, com pesar e arrependimento, humilhou-se e pediu perdão. E ele disse: "Destruirei estas imagens de minha presunção e esperarei pela tua vontade." E ele pegou um grande martelo, erguendo-o para esmagar a mais velha de suas imagens; mas esta recuou e se

---

*Um, o mais velho, sozinho, e mais seis com seis companheiras.[1]

encolheu com medo dele. E, ao conter seu golpe, atônito, ele ouviu a risada de Ilúvatar.

"Assombras-te com isto?", disse ele. "Vê! tuas criaturas agora vivem, livres da tua vontade! Pois vi tua humildade e apiedei-me de tua impaciência. Tua feitura aceitei em meu desígnio."

Essa é a lenda élfica da criação dos Anãos; mas os Elfos relatam que Ilúvatar também disse isto: "Entretanto, não tolerarei que meu desígnio seja antecipado: teus filhos não despertarão antes dos meus." E ele ordenou que Aulë colocasse os pais dos Anãos separadamente em lugares profundos, cada qual com sua companheira, exceto Dúrin, o mais velho, que não possuía uma. Lá deveriam dormir por um longo tempo até que Ilúvatar os despertasse. Contudo, na maior parte do tempo houve pouco amor entre os Anãos e os filhos de Ilúvatar. E do destino que Ilúvatar designou aos filhos de Aulë além dos Círculos do mundo Elfos e homens nada sabem, e se os Anãos sabem, não falam sobre ele.

212a De uma cópia em papel carbono de uma carta para Marjorie Incledon

23 de outubro de 1958

Enfim decidi não me mudar quando me aposentar. Tive de providenciar que algumas alterações fossem feitas na pequena casa de campo: providenciar um pequeno cômodo para meus livros mais úteis quando eu tiver de sair de Merton; providenciar con. mod. no andar de baixo, já que Edith não consegue subir escadas sem sentir dor; e providenciar urgentemente um quarto para J.A.[1] Apesar de planos cuidadosos, tudo deu errado. Pelo contrato, o trabalho interno estaria terminado na segunda-feira de 6 de outubro, quando estaríamos ausentes; e contratei um inspetor para supervisionar. Mas o supervisor [sic] não supervisionou, e os construtores não construíram, e os encanadores não encanaram; os homens do gás gasearam e o resto fumou nas ruínas como hobbits.

Envolvi-me de maneira muito laboriosa com os exames de quatro das faculdades do Eire, começando com uma tempestade na noite de 24 de set. (muito pior do que 1950) e terminando ao ser carregado para o barco em Dublin dobrado de dor pelo lumbago às 8 da noite em 6 de out.; e cheguei em casa após cerca de 1.400 milhas e me deparei com um completo caos. Edith chegou duas horas depois, enquanto eu telefonava furiosamente. Durante dias tivemos apenas uma chaleira elétrica como aparelho de cozinha, e o banheiro para lavar a louça. Todo o bem que seu descanso em Bournemouth havia ocasionado desfez-se muito rapidamente, embora tenha custado metade de meus rendimentos na Irlanda. Edith tem passado muito mal de fato, com fedores de tinta e marteladas para animá-la. Mas parece que, finalmente, ainda que não tenhamos saído dele, estamos vendo uma luz no fim do túnel. Se estiver bem o suficiente, o que agora parece provável, ela passará alguns dias com John na segunda-feira...

Lamento saber da morte de sua amiga, e imagino que de sua parte seja realmente muito doloroso. Quaisquer que sejam as esperanças que temos, e quaisquer que sejam as expressões que gostamos de usar, a morte é uma experiência penosa — e não natural: para os filhos de Deus...

Um número muito grande de meus amigos mais antigos e conhecidos de longa data morreu nos últimos doze meses. Voltei no dia do funeral da Sra. Wright, viúva do famoso velho Professor Joseph Wright, que foi meu patrono quando eu era estudante de grad. e jovem (ele me impediu de aceitar uma cátedra na Cidade do Cabo em 1920). Mas ela tinha 95 anos literalmente adormeceu, como lápides costumam afirmar falsamente. Contribuindo para as pequenas complicações da minha vida, sou o único fiduciário ainda vivo do patrimônio de seu esposo, e executor de seu testamento pessoal.

Grandes obras não florescem em tais condições!

Isso deve ser tudo por ora. Espero que você esteja se sentindo bem quando eu enviar esta carta. Para encerrar de maneira espirituosa e militar. Curiosamente, no momento estou me sentindo bem. Três boas doses de uísque irlandês logo aliviaram o lumbago, e me endireitei antes de zarparmos. Sofredores, por favor, tomem nota.

213 De uma carta para Deborah Webster 25 de outubro de 1958

Não gosto de fornecer "fatos" sobre mim mesmo além dos mais "insípidos" (que, de qualquer forma, são tão relevantes para meus livros quanto quaisquer outros detalhes mais interessantes). Não simplesmente por razões pessoais, mas também porque me oponho à tendência contemporânea na crítica, com seu interesse excessivo nos detalhes das vidas dos autores e artistas. Eles apenas desviam a atenção das obras de um autor (caso as obras de fato sejam dignas de atenção) e, como frequentemente se vê, acabam tornando-se o interesse principal. Mas apenas o anjo da guarda de alguém, ou mesmo Deus, poderia elucidar a verdadeira relação entre fatos pessoais e as obras de um autor. Não o próprio autor (embora ele saiba mais do que qualquer investigador), e certamente não os assim chamados "psicólogos".

Mas, é claro, há uma escala de importância em "fatos" desse tipo. Há fatos insignificantes (aqueles particularmente caros aos analistas e escritores de escritores): tais como embriaguez, bater na esposa e distúrbios similares. Por acaso não sou culpado desses pecados em particular. Mas, se eu fosse, não suporia que a obra artística teria se originado das fraquezas que os produziram, mas sim de outras regiões ainda não corrompidas do meu ser. "Pesquisadores" modernos me informam que Beethoven enganava seus editores e maltratava abominavelmente seu sobrinho; mas não acredito que isso tenha algo a ver com sua música. Há, então, fatos mais significantes, que *têm* alguma relação com as obras de um autor, embora o conhecimento deles não explique realmente as obras, mesmo se examinados detalhadamente. Por exemplo, não gosto de francês e prefiro o espanhol ao italiano — mas a relação desses fatos com meu gosto por idiomas (que é obviamente um grande ingrediente em *O Senhor dos Anéis*) levaria muito tempo para ser elucidada e deixaria você gostando (ou não gostando) dos nomes e trechos de idiomas em meus livros, da mesma forma que antes. E há alguns fatos básicos que, por mais secamente expressados, são realmente significantes. Por exemplo, nasci em 1892 e vivi meus primeiros anos no "Condado" em uma época pré-mecânica. Ou, mais importante, sou cristão (o que pode ser deduzido a partir de minhas histórias), e de fato católico romano. O último "fato" talvez não possa ser deduzido, embora um crítico (por carta) tenha afirmado que as invocações de Elbereth e o caráter de Galadriel tal como diretamente descrito (ou através das palavras de Gimli e Sam) estavam claramente relacionados à devoção católica a Maria. Outro viu no pão-de-viagem (lembas) = viático e na referência à sua alimentação da *vontade* (vol. III, p. 213), e por ser mais potente quando em jejum, uma derivação da Eucaristia. (Isto é: coisas muito maiores podem colorir a mente ao lidar com as coisas menores de uma estória de fadas.)

Sou de fato um *Hobbit* (em tudo, exceto no tamanho). Gosto de jardins, de árvores e de terras aráveis não mecanizadas; fumo um cachimbo e gosto de uma boa comida simples (não refrigerada), mas detesto a culinária francesa; gosto de, e ainda ouso vestir nestes dias sem brilho, coletes ornamentais. Gosto muito de cogumelos (tirados de um campo); possuo um senso de humor muito simples (que até mesmo meus críticos apreciativos acham cansativo); durmo tarde e acordo tarde (quando possível). Não viajo muito. Amo Gales (o que sobrou dele, quando minas e as ainda mais medonhas estâncias balneárias realizaram o pior) e especialmente a língua galesa. Mas, na verdade, não estive em G. por muito tempo (exceto ao atravessá-lo a caminho da Irlanda). Vou frequentemente à Irlanda (Eire: Irlanda Meridional), sendo apreciador dela e (da maioria) de seu povo; mas a língua irlandesa considero totalmente sem atrativos. Espero que isso seja suficiente para continuar.

214 Para A.C. Nunn (rascunho)

[Uma resposta a um leitor que apontou uma aparente contradição em *O Senhor dos Anéis*: que no capítulo "Uma Festa Muito Esperada" é dito que os "Hobbits dão presentes a outras pessoas em seus próprios aniversários"; ainda assim, Gollum se refere ao Anel como seu "presente de aniversário", e o relato de como o adquiriu, no capítulo "A Sombra do Passado", indica que seu povo *recebia* presentes em seus aniversários. A carta do Sr. Nunn continuava: "Portanto, uma das seguintes alternativas deve ser verdadeira: (1) o povo de Sméagol *não* era 'da espécie dos hobbits' como sugerido por Gandalf (I p. 62); (2) o costume hobbit de dar presentes era apenas um fato recente; (3) os costumes dos Grados [o povo de Sméagol-Gollum] diferiam daqueles de outros Hobbits; ou (5) [sic] há um erro no texto. Ficarei muito grato se o senhor puder dispensar algum tempo para empreender uma certa investigação acerca dessa importante questão."]

[Não datada; provavelmente final de 1958 – início de 1959.]
Caro Sr. Nunn,

Não sou um modelo de erudição;[1] porém, na questão da Terceira Era, considero a mim mesmo apenas como um "registrador". Acredito que os defeitos que possam aparecer em meu registro não se devam a erros, isto é, afirmações do que não é verdadeiro, mas a omissões e informações incompletas, devido principalmente à necessidade de condensação e à tentativa de introduzir informações *en passant* no curso da narrativa que naturalmente tendiam a suprimir muitas coisas não diziam respeito imediato à história.

Na questão dos costumes de aniversário e das aparentes discrepâncias que o senhor aponta, creio que podemos, portanto, descartar suas alternativas (1) e (5). O senhor omitiu a (4).

Com respeito a (1), Gandalf certamente diz inicialmente "Imagino" p. 62; mas isso está de acordo com seu caráter e sua sabedoria. Em linguagem mais moderna, ele teria dito "Deduzo", referindo-se a questões que não observara diretamente, mas sobre as quais ele havia formado uma conclusão baseada em estudos. (O senhor pode observar no Apêndice B que os Magos só chegaram pouco antes da primeira aparição de Hobbits em quaisquer registros, época na qual já estavam divididos em três ramos distintos.) Mas ele de fato não duvidava de sua conclusão "É verdadeira mesmo assim, etc." p. 63.

Sua alternativa (2) seria possível; mas uma vez que o registrador diz na p. 35 *Hobbits* (que ele usa, qualquer que seja sua origem, como o nome para toda a raça), e não *os Hobbits do Condado* ou *povo do Condado*, deve-se supor que ele quer dizer que o costume de *dar presentes* era de alguma forma comum a todas as variedades, incluindo Grados. Mas uma vez que sua (3) naturalmente é verdadeira, ainda assim poderíamos esperar que um costume tão arraigado fosse exibido de maneiras bem diferentes em diferentes ramos. Com a remigração dos Grados para as Terras-selváticas em TE 1356, todo o contato entre este grupo retrógrado e os ancestrais do povo do Condado foi rompido. Mais de 1.100 anos se passaram até o incidente Déagol-Sméagol (c. 2463). Na época da Festa em TE 3001, quando se faz rápida alusão aos costumes do povo do Condado na medida em que afetam a história, o intervalo de tempo era de quase 1.650 anos.

Todos os Hobbits demoravam a mudar, mas os remigrantes Grados estavam voltando a uma vida mais selvagem e mais primitiva de comunidades pequenas e minguantes*, enquanto o povo do Condado nos 1.400 anos da ocupação destes desenvolveu uma vida social mais estável e elaborada, na qual a importância do parentesco em seus sentimentos e costumes era auxiliada por tradições detalhadas, escritas e orais.

Embora eu tenha omitido qualquer dissertação sobre esse fato curioso, porém característico de seu comportamento, os fatos acerca do Condado poderiam ser apresentados com alguns detalhes. Os ribeirinhos Grados, naturalmente, devem permanecer mais conjeturais.

Os "aniversários" possuíam uma importância social considerável. Uma pessoa celebrando seu aniversário era chamada de *ribadyan* (que pode ser traduzida, de acordo com o sistema descrito[2] e adotado, *byrding*[3] [anoante]). Os costumes associados com os aniversários, apesar de arraigados, tornaram-se regulados por uma etiqueta razoavelmente rígida, e assim, em consequência, em muitos casos eram reduzidos a formalidades: conforme sugerido pelo "não muito caros, em regra" p. 35 e especialmente pela p. 46 ll. 20–26. Com relação aos *presentes*: em seu aniversário, o "anoante" tanto *dava* como *recebia* presentes; mas os processos eram diferentes em origem, função e etiqueta. O *recebimento* foi omitido pelo narrador (visto que não diz respeito à Festa), mas era de fato o costume mais antigo e, portanto, aquele mais formalizado. (Ele diz respeito ao incidente Sméagol-Déagol, mas o narrador, sendo obrigado a reduzi-lo aos seus elementos mais significantes e a colocá-lo na boca de Gandalf ao falar com um hobbit,

*Entre 2463 e o início das investigações especiais de Gandalf acerca do Anel (quase 500 anos depois), eles de fato parecem ter se extinguido completamente (exceto, é claro, por Sméagol!); ou ter fugido da sombra de Dol Guldur.

naturalmente não fez comentários sobre um costume que o hobbit (e nós) consideraria natural em relação aos aniversários.)

Recebimento de presentes: esse era um antigo ritual relacionado ao *parentesco*. Em origem era um reconhecimento da associação do *anoante* a uma família ou clã e uma comemoração de sua "incorporação" formal.* *Nenhum* presente era dado pelo pai ou pela mãe aos seus filhos em seus aniversários (os dos filhos) (exceto nos raros casos de *adoção*); mas esperava-se que o reputado chefe da família desse algo, ainda que fosse apenas uma "lembrança".

Dar presentes: era uma questão pessoal, não limitada ao parentesco. Era uma forma de "agradecimento" e entendida como um reconhecimento de serviços, benefícios e amizade demonstrada, especialmente no último ano.

Pode-se observar que os Hobbits, assim que se tornavam "infantes" (isto é, falantes e caminhantes: formalmente considerava-se que isso ocorria em seu aniversário de três anos), *davam presentes* aos seus pais. Esperava-se que esses presentes fossem coisas "produzidas" pelo presenteador (isto é, encontradas, cultivadas ou fabricadas pelo "anoante"), começando nas crianças pequenas com buquês de flores silvestres. Essa pode ter sido a origem dos presentes de "agradecimento" de distribuição mais ampla e a razão pela qual permaneceu "correto" até mesmo no Condado que tais presentes fossem coisas que pertenciam ao presenteador ou eram produzidas por ele. Exemplares de seus jardins, campos ou oficinas permaneciam os "presentes dados" usuais, especialmente entre os Hobbits mais pobres.

Na etiqueta do Condado, na época da Festa, a "expectativa de recebimento" estava limitada a primos de terceiro grau ou a parentes mais próximos, e que morassem *num raio de* 12 milhas.† Não se "esperava" nem mesmo que amigos íntimos (caso não tivessem parentesco) dessem presentes, embora pudessem fazê-lo. O limite de residência do Condado obviamente era um resultado recente da separação gradual de comunidades e famílias aparentadas e da dispersão de parentes sob condições estabelecidas há muito tempo. Pois os presentes de aniversário recebidos (sem dúvida como uma relíquia dos costumes

---

* Antigamente isso aparentemente acontecia, logo após o nascimento, com o anúncio do *nome* da criança à família reunida ou, em comunidades maiores e mais elaboradas, ao "chefe" titular do clã ou família. Ver a nota no final.

† Daí a expressão hobbit "um primo de doze milhas" para uma pessoa que se agarrava à lei e não reconhecia obrigações além da interpretação precisa desta: alguém que não lhe daria presentes se a distância da soleira da porta dela até a sua não fosse *inferior* a 12 milhas (de acordo com a própria medida dela).

de pequenas famílias antigas) deviam ser entregues pessoalmente, propriamente na véspera do Dia e o mais tardar antes do almoço no Dia. Eram recebidos privadamente pelo "anoante"; e era deveras inapropriado exibi-los separadamente ou como um amontoado — precisamente para evitar embaraços tais como os que podem ocorrer em nossas exibições de casamento (que teriam horrorizado o povo do Condado).* O presenteador podia, dessa forma, acomodar seu presente à sua carteira e seus afetos sem incorrer em comentários públicos ou ofender (caso ocorresse com alguém) outra pessoa que não o receptor. O costume, porém, não exigia presentes caros, e um Hobbit ficava mais facilmente lisonjeado e encantado com um presente inesperadamente "bom" ou desejável do que ofendido com uma lembrança costumeira da boa vontade de uma família.

Um sinal disso pode ser visto no relato de Sméagol e Déagol — modificado pelos caracteres individuais destes espécimes particularmente miseráveis. Déagol, evidentemente um parente (como sem dúvida eram todos os membros da pequena comunidade), já havia dado seu presente costumeiro a Sméagol, embora provavelmente tenham saído para sua expedição de manhã bem cedo. Sendo uma almazinha mesquinha, ele lamentou isso. Sméagol, sendo mais mesquinho e mais ganancioso, tentou usar o "aniversário" como uma desculpa para um ato de tirania. "Porque eu quer ele" foi sua franca afirmação de sua principal reivindicação. Mas ele também deu a entender que o presente de D era uma lembrança pobre e insuficiente: por isso a réplica de D de que, pelo contrário, era mais do que ele podia dispor.

A *entrega de presentes* por parte do "anoante" — desconsiderando os presentes para os pais,† mencionados acima —, sendo pessoal e uma forma de agradecimento, variava muito em forma em diferentes épocas e lugares e de acordo com a *idade* e *prestígio* do "anoante". O senhor e a senhora de uma casa ou toca, no Condado, davam presentes a todos sob seu teto ou a seu serviço, e geralmente também a vizinhos próximos. E podiam estender a lista conforme lhes aprouvesse,

* Não eram dados presentes na ou durante a celebração de casamentos dos Hobbits, com exceção de flores (os casamentos na maioria das vezes ocorriam na primavera ou no início do verão). A assistência para mobiliar um lar (se o casal fosse ter um separado ou aposentos particulares em um Smial) era dada muito tempo antes pelos pais de ambos os lados.

† Em comunidades mais primitivas, como aquelas que ainda viviam em smials de clãs, o *anoante* também fazia um presente para o "chefe da família". Não há menção dos presentes de Sméagol. Imagino que ele era órfão; e não creio que ele tenha *dado* algum presente em seu aniversário, exceto (de má vontade) o tributo à sua "avó". Provavelmente peixe. Uma das razões, talvez, para a expedição. Teria sido típico de Sméagol dar peixe na verdade pego por Déagol!

lembrando de favores especiais no último ano. Compreendia-se que a entrega de presentes não era determinada como regra, embora não dar um presente usual (como, por ex., a um filho, um serviçal ou um vizinho próximo) fosse tido como uma repreensão e sinal de sério descontentamento. Jovens e Ocupantes (aqueles que não possuíam casa própria) não estavam sob tais obrigações, que recaíam sobre os donos das casas; mas eles geralmente davam presentes de acordo com seus recursos ou afeições. "Não muito caros, em regra" — aplicado a todos os presentes. Bilbo, neste como em outros aspectos, era uma pessoa excepcional, e sua Festa foi um excesso de generosidade mesmo para um Hobbit abastado. Porém, uma das cerimônias de aniversário mais comuns era a de dar uma "festa" — ao anoitecer do Dia. Todos os convidados recebiam presentes do anfitrião, e esperavam por eles, como parte do entretenimento (ainda que secundários à comida fornecida). Mas eles *não* traziam presentes consigo. O povo do Condado acharia isso muito inapropriado. Se os convidados já não tivessem dado um presente (sendo um daqueles dos quais se exigia que o fizesse por parentesco), era tarde demais. Para os outros convidados, isso era uma "coisa que não se fazia" — parecia como pagamento pela festa ou equiparação com o presente da festa, e era muitíssimo embaraçoso. Às vezes, no caso de um amigo muito querido impossibilitado de ir a uma festa (devido à distância ou por outras causas), um convite simbólico seria enviado, com um presente. Nesse caso, o presente era sempre algo para se comer ou beber, com a intenção de que fosse uma amostra dos comes e bebes da festa.

Creio que será visto que todos os detalhes registrados como "fatos" realmente se encaixam em um quadro definido de sentimento e costume, embora esse quadro não esteja esboçado nem mesmo na forma incompleta desta carta. Ele *poderia*, é claro, ter aparecido no Prólogo: por ex., no meio da p. 12. Mas, embora eu tenha suprimido boa parte, aquele Prólogo ainda é longo e sobrecarregado demais de acordo até mesmo com aqueles críticos que consentem que ele possui alguma utilidade e não aconselham os leitores (como alguns o fazem) a esquecer ou pulá-lo.

Incompleta como está, esta carta pode lhe parecer demasiado longa; e, apesar de ter pedido essas informações, ela é mais do que o senhor pediu. Contudo, não vejo como eu poderia ter respondido às suas indagações mais sucintamente de uma maneira adequada ao elogio que o senhor me faz ao se interessar por Hobbits o suficiente para perceber a lacuna nas informações fornecidas.

Entretanto, o fornecimento de informações sempre expõe perspectivas ainda mais extensas; e o senhor sem dúvida verá que o breve relato dos "presentes" expõe mais questões antropológicas implícitas em termos como parentesco, família, clã e assim por diante. Arrisco-me a acrescentar mais uma nota neste ponto para que o senhor, ao considerar o texto à luz da minha resposta, não se sinta inclinado a inquirir mais sobre a "avó" de Sméagol, que Gandalf descreve como uma regente (de uma família de grande reputação, numerosa e mais rica que a maioria, p. 62) e até a chama de "matriarca" (p. 66).

Até onde sei, os Hobbits eram universalmente monógamos (de fato, muito raramente se casavam uma segunda vez, mesmo se a esposa ou o marido morresse muito jovem); e devo dizer que seus arranjos familiares eram "patrilineares" em vez de patriarcais. Isto é, seus nomes de família descendiam da linha masculina (e as mulheres adotavam o nome de seus maridos); além disso, o chefe titular da família geralmente era o varão mais velho. No caso de famílias grandes e poderosas (como os Tûks), ainda coesas mesmo depois de se tornarem muito numerosas e mais do que poderíamos chamar de clãs, o chefe era adequadamente o varão mais velho da que era considerada a linha de descendência mais direta. Mas o governo de uma "família", como o da unidade real, a "casa", não era uma monarquia (salvo por acidente). Era uma "diarquia", na qual senhor e senhora tinham posições iguais, ainda que funções diferentes. Cada um era considerado o representante apropriado do outro em caso de ausência (incluindo a morte). Não havia "viúvas dotadas". Caso o senhor morresse primeiro, seu lugar era assumido por sua esposa, e isso incluía (caso ele tivesse ocupado esta posição) a chefia titular de uma grande família ou clã. Assim, esse título não passava para o filho, ou outro herdeiro, enquanto ela vivesse, a menos que ela voluntariamente renunciasse.* Portanto, em várias circunstâncias poderia acontecer de uma mulher de vida longa e de caráter forte permanecer "chefe da família" até que tivesse netos adultos.

Laura Bolseiro (nascida Fossador) permaneceu "chefe" da família dos "Bolseiros da Vila-dos-Hobbits" até os 102 anos. Como era 7 anos mais nova do que seu marido (que morrera com a idade de 93 anos em RC 1300), ela ocupou essa posição por 16 anos, até RC 1316; e seu filho Bungo não se tornou "chefe" até ter 70 anos, dez anos antes de morrer

* Em comunidades mais primitivas, como aquelas que ainda viviam em smials de clãs, o *anoante* também fazia um presente para o "chefe da família". Não há menção dos presentes de Sméagol. Imagino que ele era órfão; e não creio que ele tenha *dado* algum presente em seu aniversário, exceto (de má vontade) o tributo à sua "avó". Provavelmente peixe. Uma das razões, talvez, para a expedição. Teria sido típico de Sméagol dar peixe na verdade pego por Déagol!

na idade prematura de 80 anos. Bilbo não assumiu o lugar até a morte de sua mãe Tûk, Beladona, em 1334, quando ele estava com 44 anos.

Então a chefia dos Bolseiros, devido a estranhos eventos, foi posta em dúvida. Otho Sacola-Bolseiro era herdeiro desse título — inteiramente à parte das questões de propriedade que teriam surgido caso seu primo Bilbo tivesse morrido sem deixar testamento; mas, após o fiasco legal de 1342 (quando Bilbo retornou vivo após ter sua "morte presumida"), ninguém ousou presumir sua morte novamente. Otho morreu em 1412, seu filho Lotho foi assassinado em 1419, e sua esposa Lobélia morreu em 1420. Quando Mestre Samwise relatou a "partida sobre o Mar" de Bilbo (e Frodo) em 1421, ainda foi considerado impossível presumir a morte; e, quando Mestre Samwise tornou-se Prefeito em 1427, foi criada uma regra que: "se qualquer habitante do Condado vier a passar por sobre o Mar na presença de uma testemunha de confiança, com a expressa intenção de não retornar, ou em circunstâncias que impliquem claramente tal intenção, considerar-se-á que ele ou ela abdicou de todos os direitos, títulos ou propriedades anteriormente detidos ou ocupadas, e o herdeiro ou herdeiros de tais imediatamente tomarão posse desses títulos, direitos ou propriedades, conforme conduzido pelo costume estabelecido ou pelo testamento e disposição do falecido, conforme exigir o caso". Presumivelmente o título de "chefe" passou então para os descendentes de *Ponto* Bolseiro — provavelmente *Ponto* (II).[4]

Além disso, um caso bem-conhecido era aquele de *Lália, a Grande*[5] (ou, de maneira menos cortês, a Gorda). *Fortinbras II*, outrora chefe dos Tûks e Thain, casou-se com *Lália* dos Lombarreiros em 1314, quando estava com 36 anos e ela com 31. Ele morreu em 1380 na idade de 102 anos, mas ela viveu por muito mais tempo, alcançando um fim desafortunado em 1402 na idade de 119 anos. Assim, ela regeu os Tûks e os Grandes Smials por 22 anos, uma grande e memorável, ainda que não universalmente amada, "matriarca". Ela não estava na famosa Festa (RC 1401), pois fora impedida de comparecer mais pelo seu grande tamanho e imobilidade do que pela idade. Seu filho, *Ferumbras*, não tinha esposa, não sendo capaz (alegava-se) de encontrar alguma pessoa disposta a ocupar alojamentos nos Grandes Smials, sob o governo de Lália. Lália, em seus últimos e mais gordos anos, tinha o costume de ser levada sobre rodas até a Grande Porta, para tomar ar em uma bela manhã. Na primavera de RC 1402, sua atendente desajeitada deixou a pesada cadeira rodar pela soleira e derrubar Lália, lance de escadas abaixo, no jardim. Assim terminou um reinado e uma vida que bem poderia ter rivalizado com a do Grande Tûk.

Correram muitos boatos de que a atendente era Pérola (irmã de Pippin), embora os Tûks tentassem manter o assunto dentro da família. Na celebração da ascensão de Ferumbras, o desprazer e desapontamento da família foram formalmente expressos pela exclusão de Pérola da cerimônia e do banquete; mas não passou despercebido que mais tarde (após um intervalo decente) ela apareceu com um esplêndido colar das joias das quais vinha seu nome que havia estado por muito tempo no tesouro dos Thains.

Os costumes diferiam nos casos em que o "chefe" morria sem deixar um filho. Na família Tûk, uma vez que a chefia também estava relacionada com o título e cargo (originalmente militar) de Thain,* a sucessão dava-se estritamente através da linha masculina. Em outras famílias grandes, a chefia podia passar por uma *filha do falecido* ao neto *mais velho* deste (independentemente da idade da filha). Esse último costume era comum em famílias de origem mais recente, sem registros antigos ou mansões ancestrais. Em tais casos, o herdeiro (caso aceitasse o título de cortesia) adotava o nome da família de sua mãe — embora ele frequentemente também mantivesse o da família de seu pai (colocado depois). Esse foi o caso com *Otho Sacola-Bolseiro.* Pois a chefia nominal dos *Sacolas* chegara a ele através de sua mãe *Camélia.* Era sua ambição um tanto absurda alcançar a rara distinção de ser "chefe" de duas famílias (ele então provavelmente teria chamado a si mesmo de *Bolseiro-Sacola-Bolseiro*): uma situação que explica sua exasperação com as aventuras e desaparecimentos de Bilbo, inteiramente à parte de qualquer perda de propriedade envolvida na adoção de Frodo.

Acredito que era um ponto discutível na tradição hobbit (que o parecer do Prefeito Samwise impediu que fosse discutido neste caso em particular) se a "adoção" por parte de um "chefe" sem filho poderia afetar a sucessão da chefia. Chegou-se ao acordo de que a adoção de um membro de uma família diferente não podia afetar a chefia, sendo esta uma questão de sangue e parentesco; mas havia uma opinião de que a adoção de um parente próximo do mesmo nome† antes que este se tornasse adulto lhe conferia todos os privilégios de um filho. Essa opinião (apoiada por Bilbo) naturalmente era contestada por Otho.

Não há razão para supor que os Grados das Terras-selváticas desenvolveram um sistema estritamente "matriarcal", propriamente assim chamado. Não se encontrava nenhum traço de tal coisa entre

* Esse título e cargo era passado imediatamente e não era exercido por uma viúva. Mas Ferumbras, embora tenha se tornado Thain Ferumbras III em 1380, ainda ocupou não mais do que um pequeno apartamento de filho solteiro nos Grandes Smials até 1402.

† descendentes de um bisavô em comum do mesmo nome.

o elemento Grado na Quarta Leste e na Terra-dos-Buques, embora mantivessem várias diferenças de costumes e leis. O uso da palavra "matriarca" por Gandalf (ou melhor, o uso feito por seu relator e tradutor) não era "antropológico", e significava simplesmente uma mulher que de fato regia o clã. Sem dúvida porque ela sobreviveu ao marido e era uma mulher de caráter dominante.

É bem provável que, na recessiva e decadente região dos Grados das Terras-selváticas, as mulheres (como frequentemente se observa em tais condições) tendessem a preservar melhor o caráter físico e mental do passado e, dessa forma, se tornassem de especial importância. Mas (acho) não se deve supor que qualquer mudança fundamental em seus costumes de casamento tenha ocorrido ou que algum tipo de sociedade matriarcal ou poliândrica tenha se desenvolvido (embora isso pudesse explicar a ausência de qualquer referência que seja ao pai de Sméagol-Gollum). A "monogamia" nesse período no Oeste era universalmente praticada, e outros sistemas eram vistos com repugnância, como coisas praticadas "sob a Sombra".

Eu na verdade comecei esta carta quase quatro meses atrás; mas nunca foi terminada. Logo depois de receber suas perguntas minha esposa, que estivera doente a maior parte de 1958, celebrou o retorno da saúde com uma queda no jardim, fraturando de tal forma o braço esquerdo que ela ainda está inválida e engessada. Logo, 1958 foi um ano quase que completamente frustrado, e com outros problemas, e a iminência de minha aposentadoria envolvendo muitos rearranjos, não tive tempo algum para lidar com o *Silmarillion*. Muito embora eu desejasse fazê-lo (e, felizmente, a Allen and Unwin também parece querer que eu o faça).

[O rascunho termina aqui.]

214a Para o Pe. Alex Jones

[Quando se encontraram em julho de 1957, ambos concordaram que seriam necessários dois anos antes que Tolkien pudesse considerar dedicar mais tempo à Bíblia de Jerusalém.]

4 de fevereiro de 1959 — 76 Sandfield Road, Headington, Oxford

Caro Pe. Jones,

Em resposta às suas perguntas:

(a) estou bem, mas minha esposa teve um acidente sério novembro passado (fratura exposta do braço esquerdo), o que ocupou muito do meu tempo; (b) ainda desejo participar da "Bíblia de Jerusalém". Minha aposentadoria certamente não será "ociosa"; mas receio que os trabalhos literários serão costumeiramente frustrados, a menos que as sortes domésticas sejam mais favoráveis. Espero que o senhor nos faça algumas orações nesse sentido.

Sinceramente,
J.R.R. Tolkien.

214b Para Michael Tolkien

[Tolkien havia passado por uma cirurgia de apendicite e estava escrevendo do hospital.]

4 de março de 1959 Acland Home, Oxford

Querido M.

M. obrigado por sua carta muito bem-vinda. . . . . Recebi golpes duros de todas as formas. Acho que, fisicamente, eu havia chegado ao fim da linha; e certamente também estou perto dela financeiramente. Preciso sair desta casa sugadora, ou ficarei arruinado; mas, como Mamãe ainda não pode usar o braço, estamos num aperto. Como ela e eu poderíamos viver num hotel por menos do que me custa sozinho aqui, acho que teremos de ir para Bournemouth. Espero escapar na quinta-feira (amanhã) e viajar na sexta-feira. Mas ainda estou apenas a sombra de um homem! Ter o apêndice removido, no meio de uma "gripe" com febre alta, e o peito cheio de problemas não é bom na minha idade. Entre outras escuridões que pairam no horizonte, vejo o aviso de *não fumar mais* escrito de forma nítida e grande diante de mim. Mas estou melhorando agora — e após um banho devo me sentir muito diferente. . . . . Fique com o meu amor e preces constantes.

P.

215 Para Walter Allen, *New Statesman* (rascunhos)

[Pediram a Tolkien que contribuísse para um simpósio a ser publicado em um Suplemento de Livros Infantis do *New Statesman*. Disseram-lhe: "O tipo de perguntas que esperamos que o senhor considere é: até onde o senhor escreve com um público específico em mente, isto é, como o senhor acha que escrever para crianças difere de escrever para leitores adultos? Até que ponto o senhor acha que escrever para crianças satisfaz uma carência sua, por exemplo, ao expressar um lado do senhor reprimido na vida comum ou pelas exigências de se escrever para adultos? Como o senhor vê a relação entre *O Hobbit* e *A Sociedade do Anel* [sic]?

O senhor tem consciência de um propósito didático e, caso tenha, como o senhor o interpreta?"]

[Não datada; abril de 1959.]

Caro Sr. Allen,

Sinto muito, mas não poderei participar do simpósio. Faz pouco tempo que retornei de uma convalescença após uma operação, e tenho de lidar com muitos trabalhos negligenciados. O período letivo começa em 24 de abril.

Eu disse tudo que tinha para dizer sobre escrever para crianças em minha contribuição, "Sobre Estórias de Fadas", para *Essays Presented to Charles Williams* (O.U.P. 1947). Não possuo um interesse especial em tal ato.

Quando publiquei *O Hobbit* — precipitadamente e sem a devida consideração —, eu ainda estava influenciado pela convenção de que "estórias de fadas" são naturalmente voltadas a crianças (com ou sem o tolo motejo adicional "de sete a setenta anos"). E eu tinha minhas próprias crianças. Mas o desejo de me dirigir a crianças, como tais, nada tinha a ver com a história em si como tal ou com o desejo de escrevê-la. Isso, porém, teve alguns efeitos infelizes no modo de expressão e no método de narrativa, os quais, se não tivessem me apressado, eu teria corrigido. Crianças inteligentes de bom gosto (das quais parece haver um grande número), fico feliz em dizer, sempre indicaram os pontos no modo em que o endereçamento para as crianças é defeituoso.

Pensei muito mais a respeito da questão antes de iniciar a composição de *O Senhor dos Anéis*; e essa obra não era especialmente voltada às crianças ou a qualquer outra classe de pessoas, Mas a qualquer um que apreciasse uma história longa e emocionante, do tipo que eu mesmo naturalmente aprecio. . . . .

Não tenho um interesse em crianças em particular e certamente não em escrever para elas: isto é, em me dirigir direta e expressamente àqueles que não conseguem compreender a linguagem adulta.

Escrevo coisas que podem ser classificadas como estórias de fadas não porque desejo me dirigir a crianças (que, enquanto crianças, não acredito estarem especialmente interessadas nesse tipo de ficção), mas porque desejo escrever esse tipo de história e nenhum outro.

Faço isso porque, caso eu não esteja aplicando um título por demais grandiloquente a ele, acredito que meu comentário sobre o mundo seja mais fácil e naturalmente expressado nessa forma. Não estou ciente de qualquer repressão exercida sobre mim pela "vida comum". Visto que uma grande quantidade de adultos parece apreciar o que escrevo — o suficiente para me deixar feliz —, não tenho necessidade de escapar para outro público (possivelmente) menos exigente.

Espero que "comentário sobre o mundo" não soe solene demais. Não tenho propósito alegórico algum e nenhuma intenção alegórica. (Não gosto da alegoria (propriamente assim chamada: a maioria dos leitores parece confundi-la com significação ou aplicabilidade), mas essa é uma questão longa demais para ser abordada aqui.) Porém, narrativas longas não podem ser criadas do nada; e não se pode rearranjar a questão primária em padrões secundários sem indicar sentimentos e opiniões sobre determinado material.....

Acredito que a relação entre *O Hobbit* e sua continuação seja a seguinte. *O Hobbit* é um primeiro ensaio ou introdução (creio que a consideração admitirá que esse é um ponto assaz adequado no qual iniciar a narração dos eventos subsequentes) para uma narrativa complexa que vinha fermentando em minha mente há anos. Ele foi evidentemente dirigido a crianças por duas razões: naquela época eu tinha meus próprios filhos pequenos e estava acostumado a inventar histórias (efêmeras) para eles; fui criado para acreditar que havia uma ligação real e especial entre crianças e estórias de fadas. Ou melhor, para acreditar que essa era uma opinião reconhecida pelo meu mundo e por editores. Duvidei disso, uma vez que não estava de acordo com minha experiência pessoal do meu próprio gosto, nem com minha observação das crianças (notavelmente as minhas). Mas a convenção era forte.

Acho que se pode ver que *O Hobbit* começa no que poderia ser chamado um modo mais "extravagante", e em certos lugares ainda mais chistoso, e que segue firmemente para um modo mais sério ou significante e mais consistente e histórico..... Mas, ainda assim, arrependo-me de boa parte dele.....

Parece-me que a primeira pergunta a ser feita em qualquer discussão desse tipo é: O que são "Crianças"? Sua pergunta limita-se, como pode se supor, às crianças (norte-)europeias? Então em que idades entre o berço e o fim da infância legal? A que graus de inteligência? Ou talento e percepção literários? Algumas crianças inteligentes podem ter poucas dessas coisas. Os gostos e talentos das crianças diferem tanto quanto os dos adultos, tão logo estejam crescidas o suficiente para serem diferenciados claramente e, portanto, para serem o alvo de qualquer coisa que se possa chamar de literatura. Seria inútil oferecer a muitas crianças de 14 ou mesmo de 12 anos o lixo que é bom o suficiente para muitos adultos respeitáveis com duas ou três vezes essa idade, mas algo inferior favorece a estultícia.

A vida está muito acima da medida de todos nós (exceto, talvez, por alguns poucos). Nós todos precisamos de uma literatura que esteja acima de nossa medida — embora talvez não tenhamos energia suficiente para ela o tempo todo. Mas a energia da juventude geralmente é maior. A juventude, então, precisa menos do que a maioridade ou a Velhice daquilo que está abaixo de sua (suposta) medida. Porém, mesmo na Velhice acho que só somos realmente comovidos pelo que está em algum ponto ou aspecto acima de nós, acima de nossa medida, em todo caso antes de o termos lido e "compreendido". Por isso, não escreva para Crianças ou para qualquer um. Nem mesmo em linguagem. Apesar de que seria uma boa coisa se aquela grande reverência que se deve às crianças tomasse a forma de evitamento dos clichês gastos e lânguidos da vida adulta. Mas uma palavra honesta é uma palavra honesta, e o entendimento desta só pode ser construído encontrando-a em um contexto correto. Um bom vocabulário não é adquirido com a leitura de livros escritos de acordo com alguma noção acerca do vocabulário de determinada faixa etária. Ele vem da leitura de livros acima dessa faixa etária.

[O rascunho termina aqui. O texto a seguir é a carta que Tolkien realmente enviou ao *New Statesman* em 17 de abril:]

Caro Sr. Allen,

Sinto muitíssimo que me pareça impossível participar desse simpósio que o senhor propõe. Faz pouco tempo que retornei de uma convalescença após uma operação, e tenho de lidar com muitos trabalhos negligenciados. O período letivo começa semana que vem e não terei tempo de produzir qualquer coisa antes de 19 de abril.

Sinceramente,
J.R.R. Tolkien.

215a De uma carta para Rayner Unwin — 4 de agosto de 1959

[Tolkien estava prestes a assinar um contrato com a Heinemann para "Sir Gawain" quando ele se lembrou de que a Allen & Unwin tinha uma cláusula em seu contrato que lhes dava a primeira opção de recusa para suas próximas ou futuras obras.]

Acho que está na hora de *Sir Gawain* ser publicado, antes que algum competidor (seja melhor ou pior) estrague o campo. Você o receberia de bom grado logo? Ou não? Ele não atrasará nenhum outro material relacionado à Trilogia, visto que há duas coisas que preciso encerrar e tirar da cabeça antes de dedicar totalmente a atenção às minhas próprias histórias: *Ancrene Wisse*, o texto, atrasado pela greve, cujas provas agora chegarão em breve, e essa questão de *Sir Gawain*.

216 De uma carta para o Agente de Registro Adjunto, Universidade de Madras

12 de agosto de 1959

Tenho de agradecer ao senhor pela honra de nomear-me membro de sua Banca de Examinadores. Entretanto, posso respeitosamente sugerir que é desaconselhável fazer isso sem primeiro consultar as pessoas nomeadas? Estou impossibilitado de aceitar essa função de examinador. Estou completamente ocupado com outros assuntos e, de qualquer modo, aposentei-me, e não pretendo mais tomar parte alguma no ensino e em exames.

217 De uma carta para Allen & Unwin

11 de setembro de 1959

[A respeito da tradução polonesa de *O Senhor dos Anéis*.]

Lamento que, devido a problemas domésticos e incômodos, eu tenha negligenciado a carta da Sra. Skibniewska.

É assaz impossível para mim escrever várias notas que ela possa usar. . . . . Como um princípio geral para orientá-la, minha preferência é por tão pouca tradução ou alteração de quaisquer nomes quanto possível. Como ela percebe, este é um livro inglês e sua inglesidade não deve ser erradicada. Que os Hobbits realmente falavam um idioma antigo próprio é obviamente uma afirmação pseudo-histórica que se tornou necessária pela natureza da narrativa. Eu poderia fornecer ou inventar a forma original no idioma hobbit de todos os nomes que aparecem em inglês, como Baggins [Bolseiro] ou Shire [Condado], mas isso seria bastante sem sentido. Minha própria opinião é de que os nomes de pessoas devem ser todos deixados como estão. Também preferiria que os nomes de lugares fossem deixados intactos, incluindo Shire. O modo apropriado de lidar com esses é fornecer no final uma lista daqueles que possuem um significado em inglês, com notas ou explicações em polonês.

218 Para Eric Rogers

[Uma resposta a uma carta endereçada a "algum Professor de Língua Inglesa" em Oxford, perguntando se é correto dizer "A number of office walls *has* been damaged" ou "*have* been damaged".]

9 de outubro de 1959 76 Sandfield Road, Headington, Oxford

Caro Senhor,

Sua carta acabou chegando até mim, embora eu não seja "algum Professor de Língua Inglesa", visto que agora me aposentei. A resposta é que o senhor pode dizer o que quiser. O pedantismo insiste que, uma vez que *number* é um substantivo singular, o verbo deve estar no singular, (has). O bom senso sente que, uma vez que *walls* é plural, e estão realmente relacionadas, o verbo deve ir para o plural, (have). O senhor pode escolher.

Sinceramente,
J.R.R. Tolkien.

219[1] De uma carta para Naomi Mitchison 15 de outubro de 1959

"Retirei-me" — ou, melhor dizendo, uma vez que até mesmo generais britânicos geralmente sugerem um movimento voluntário para a retaguarda quando se "retiram", fui expelido pelo limite de idade no final do período letivo passado. De diversas maneiras um procedimento melancólico, em especial financeiramente. Embora eu faça parte do F.S.S.U.[2] desde que começou em 1920, ele não fornece o suficiente para que se viva dos próprios louros (velhos e empoeirados como decorações natalinas em janeiro). Sem a assistência dos "Hobbits e cia.", as coisas estariam escassas. Apesar de tudo (bastante encorajado por sua carta), decidi escapar do trabalho monótono e me demiti do meu emprego na Irlanda[3] antes de voltar. Se eu tiver uma chance, voltarei logo para a questão do Livro Vermelho e histórias associadas

220[1] De uma carta para Allen & Unwin 16 de outubro de 1959

[Uma criadora de gatos de Cambridge perguntara se ela poderia registrar uma ninhada de gatinhos siameses com nomes tirados de *O Senhor dos Anéis*.]

Meu único comentário é aquele de Puck sobre os mortais. Receio que para mim os gatos siameses pertençam à fauna de Mordor, mas os senhores não precisam dizer isso à criadora de gatos.

220a Para Naomi Mitchison

8 de novembro de 1959 Bournemouth

Cara Sra. Mitchison,

Lamento que as coisas tenham estado tão perversas. Eu teria gostado muito de encontrá-la; mas não recebi a sua carta, por duas vezes atrasada, a tempo de poder informá-la que eu estava ausente — não tenho certeza de seu endereço ou endereços, fora aquela de sua última carta, e nada tenho da memória e precisão dos Bolseiros em questões sociais.

Chegamos aqui há uma semana. Principalmente por causa de minha esposa, embora eu mesmo não tenha tido qualquer folga desde minha convalescência em março. Outro obstáculo para a escrita, que não acho fácil longe de casa (embora muito da parte inicial do "S.A." tenha sido escrito em Sidmouth[1]). Mas tivemos um sol espantoso durante a maior parte da semana passada, e espero voltar dentro em breve, sentindo-me menos cansado.....

Sinceramente,
Ronald Tolkien.

221 De uma carta para o Primeiro Agente de Registro Assistente, Universidade de Oxford 24 de novembro de 1959

[Depois da aposentadoria de Tolkien, o Conselho do Departamento de Inglês manifestou sua apreciação por seu "longo e inestimável serviço" e expressou "seu pesar por não dispor, no futuro, do privilégio de seu sábio aconselhamento e de sua generosa ajuda em suas deliberações. O Conselho deseja ao mesmo tempo expressar sua compreensão da distinção que sua ampla, meticulosa e imaginativa erudição trouxe ao departamento e à Universidade."]

Sou profundamente grato ao Conselho do Departamento de Inglês pelas palavras extremamente generosas que me foram dirigidas. Meu único receio é de que elas apresentem o retrato de um professor muito superior àquele que se aposentou. Contudo, o mérito consciente sem dúvida é um conforto e um amparo, mas, não obstante, há um prazer peculiar em receber honras e cumprimentos que não se merece. Um resultado da aposentadoria que eu jamais esperava é que realmente sinto falta das reuniões do Conselho. Não da agenda, é claro, mas da reunião de tantos amigos queridos.

222 De uma carta para Rayner Unwin 9 de dezembro de 1959

[Unwin havia encorajado Tolkien a preparar suas traduções de *Sir Gawain e o Cavaleiro Verde* e *Pérola* para publicação.]

Meu atraso em responder sua carta de 3 de dezembro deve-se principalmente ao fato de que novamente fiquei absorto em um trabalho no qual você está interessado. Receio que você possa ficar preocupado em vez de surpreso (conhecendo tão bem os caprichos dos autores, ou pelo menos os meus) em saber que este está na ordem errada. Com a ajuda de minha secretária, tenho levado adiante a reconstrução do *Silmarillion* etc. Sua carta chega como uma conveniente, ainda que não desejada, puxada nas rédeas. Está claro que devo me ocupar com *Gawain* imediatamente. Não devo conseguir fazê-lo antes do Natal; porém, recentemente arrumei e inspecionei o material e não creio que o texto em si da tradução de *Gawain* e de *Pérola* necessite agora de muito trabalho. Poderei lhe entregar o texto dos dois poemas logo após o Natal; eles podem ser preparados separadamente. Ainda estou um pouco incerto sobre o que mais acrescentar a eles à guisa de introdução ou notas. Acho que muito pouco, visto que as pessoas que comprarão as traduções provavelmente pertencem a uma de duas classes: aqueles que querem apenas a tradução e aqueles que têm acesso a edições e outros tratamentos completos dos problemas apresentados pelos poemas.

222a De uma carta para Rayner Unwin — 9 de fevereiro de 1960

[Unwin havia encaminhado três listas de nomes, lugares e palavras em *O Senhor dos Anéis* preparadas pelo bibliotecário da Biblioteca Central de Empréstimos de Scunthorpe, na esperança de que elas pudessem ser incluídas no livro.]

Sentei-me de pronto e prestimosamente com as listas de Scunthorpe, mas descobri que qualquer tentativa de corrigi-las ou explicá-las me deixava em dificuldades e, de fato, revelava muitos pontos na estrutura geral de nomes etc. Vou devolvê-las muito em breve com apenas poucas anotações. O tempo não foi desperdiçado. Trabalhei muito no *Silmarillion*, em grande parte como consequência de pensar a respeito das questões levantadas. Acho que o *Silmarillion* agora pode ser descrito precisamente como "em um estado ativo de preparação" — graças, principalmente, à minha atual secretária.

222b De uma carta para Rayner Unwin — 12 de fevereiro de 1960

Quanto a *Gawain* e *Pérola*: a ação encontra-se adiada apenas por enquanto, até datilografarmos e organizarmos todo o atual material do *Silmarillion*. Isso está quase terminado. Então corrigirei as traduções de *Pérola* e *Gawain*. Pelo menos essa era a minha intenção até há alguns dias, quando as provas do *Ancrene Wisse*, atrasadas por mais de um ano pelas greves das gráficas e outros problemas, de repente começaram a desabar sobre mim. Seja como for, evidentemente estou prestes a fazer um intervalo para o inglês médio.

222c De uma carta para Rayner Unwin 29 de fevereiro de 1960

Você teria alguma objeção a eu publicar alguns itens separados ou menores que pertençam ao ciclo do Anel? Com frequência me fazem pedidos de pequenas contribuições e recebo boas ofertas por elas. As coisas que tenho em mente não são partes integrais do *Silmarillion*, e é muito provável que para algumas delas nenhum lugar será encontrado naquela obra, mas imagino que eu poderia publicá-las sem afetar de qualquer maneira a questão de sua inclusão na obra maior, se necessário.

222d De uma carta para Allen & Unwin 1º de março de 1960

Já recebi dez exemplares de *Sagan om Ringen*, visto que recebi cinco exemplares de cortesia ano passado. Não tenho nenhuma objeção a isso, embora não tenham muita saída como presentes, uma vez que o sueco não parece ser uma das línguas muito usadas na Inglaterra. Eu poderia enviar alguns de volta, caso tenha havido algum engano e se isso não fosse me custar mais tempo e aborrecimento do que vale a pena.

222e De uma carta para Jane Neave 4 de abril de 1960

[Tolkien enviou a carta junto com uma amostra de *O Silmarillion*.]

Estou lhe enviando uma parte longa, junto com o que a senhora já viu, pois precisará dele como referência. Receio que ainda esteja um tanto confuso, uma vez que o material se encontra em processo de ser reescrito, mas espero que lhe dê alguma ideia do escopo do todo. O que se segue pode ser mais interessante, visto que não consegui colocar em ordem o material além do ponto em que chega esta parte; mas a senhora está prestes a chegar nas histórias principais, para as quais todo esse outro material na verdade é apenas o pano de fundo.

222f De uma carta para Rayner Unwin 5 de maio de 1960

[Unwin havia escrito com o histórico mais recente de vendas, o qual estava acompanhado por um considerável cheque de royalties.]

Na verdade, tive muito pouco tempo para trabalhos relacionados de qualquer espécie por algumas semanas. Estive envolvido com vários problemas domésticos, com os quais não preciso incomodá-lo. Dedico todo o tempo que é possível aos livros que lhe prometi, embora eu esteja começando a me sentir deprimido pela quantidade de trabalho ainda por fazer e a dificuldade de conseguir tempo para concentração. Sua carta e o anexo de 2 de maio certamente me animaram bastante e provavelmente ajudarão a conseguir um pouco mais de lazer. Acho que a Receita Federal ficará com uma parte muito menor desta vez, já que no momento vivo principalmente de *O Senhor dos Anéis* e o *Hobbit*. Portanto, estimular a venda deles é um interesse mais do que artístico para mim.

223 De uma carta para Rayner Unwin

31 de julho de 1960

Estou de fato completamente preso — perdido em um pântano sem fundo, e qualquer coisa que me animasse seria bem-vinda. Os crimes de omissão que cometi para completar o "S. dos A." estão sendo vingados. O principal é o *Ancrene Riwle*. Minha edição do principal ms. deveria ter sido terminada *muitos anos* atrás! Tentei pelo menos tirá-lo do caminho antes da aposentadoria, e com um enorme esforço enviei o texto em set. de *1958*. Mas, então, um dos infortúnios que aparecem com os atrasos ocorreu, e meu ms. desapareceu na confusão da Greve das Gráficas. Na verdade, as provas chegaram no início de junho *passado*, quando eu estava inspirado na composição do *Silmarillion* e havia perdido o fio da meada do trabalho em ing[lês] m[édio]. Detive-me por um tempo, mas agora estou sob extrema pressão: 10 horas diretas per diem, dia após dia, tentando induzir ordem em um conjunto de provas e notas confusas e desesperadamente enganadoras. E depois tenho de escrever uma introdução. (E depois há *Sir Gawain*.) Até que as provas do *texto* tenham pelo menos retornado, não posso erguer minha cabeça.

224 De uma carta para Christopher Tolkien

12 de setembro de 1960

[Um comentário sobre um livro de C.S. Lewis.]

Acabei de receber um exemplar do último livro de C.S.L.: *Studies in Words*. Infelizmente, a tolice cansativa dele está se tornando um estilo permanente. Fiquei profundamente aliviado ao ver que não sou mencionado.

Escrevi para ele uma longa análise da semântica e da história formal de *BHŪ com referência especial à φῦσις. Tudo que restou foram as primeiras 9 linhas de PHUSIS (pp. 33–34) com a característica intrusão lewisiana de "barbas e pepinos". O resto é descartado na p. 36 com "não há qualquer prova". Ele continua na melhor e pior das hipóteses um *don* "clássico" de Oxford ao tratar de palavras. Acho que a melhor parte é o último capítulo, e a única observação realmente sensata está na última página: "Acredito que devamos ter claramente em mente que as ocasiões nas quais mais gostaríamos de escrever uma crítica devastadora são precisamente aquelas nas quais seria muito melhor conter nossas línguas." Ergo silebo.[1]

225 De uma carta para Rayner Unwin 10 de dezembro de 1960

[A Puffin Books havia proposto publicar uma edição em brochura de *O Hobbit*.]

Obrigado por suas notícias da oferta da "Puffin" e por seu conselho. Posso seguramente deixar a decisão a seu critério. As chances de lucro ou perda, em dinheiro ou de outra forma, estão evidentemente equilibradas de modo nítido. Se quiser saber minha opinião pessoal: não sou mais capaz de ignorar o lucro financeiro, mesmo as ocasionais £100, mas compartilho de sua relutância em baratear o velho Hobbit. A menos que o lucro ou a vantagem estejam claros, eu preferiria deixá-lo ir a trote; e ele ainda demonstra um bom ritmo de caminhada. E não gosto de Puffins [Papagaios-do-mar] ou Penguins [Pinguins] ou outras aves de casca mole: elas comem os ovos de outras aves e é melhor que fiquem com ninhos desocupados.

226 De uma carta para o Professor L.W. Forster
31 de dezembro de 1960

Na verdade, *O Senhor dos Anéis* foi iniciado, como algo separado, por volta de 1937, e alcançara a estalagem em Bri antes da sombra da segunda guerra. Pessoalmente, não acho que cada guerra (e obviamente não a bomba atômica) teve qualquer influência tanto sobre o enredo como sobre o modo de seu desenvolvimento. Talvez na paisagem. Os Pântanos Mortos e as proximidades do Morannon devem algo ao norte da França depois da Batalha do Somme. Devem mais a William Morris e seus hunos e romanos, como em *The House of the Wolfings* ou *The Roots of the Mountains*.

Possivelmente os alemães podem querer tomar nota (eles nem sempre reconhecem o nome com outra grafia) de que tenho um nome alemão, sendo, em última análise, de ascendência alemã, de Leipzig. Propriamente Tollkiehn (de tollkühn, suponho).

227 De uma carta para a Sra. E.C. Ossen Drijver

5 de janeiro de 1961

Númenor, forma encurtada de *Númenórë*, é minha própria invenção, composta de *numē-n*, "descida" (√ndū, nu), pôr do sol, Oeste e *nōrë* "terra, país" = *Ociente*. As lendas de *Númenórë* estão apenas no segundo plano de *O Senhor dos Anéis*, embora (é claro) elas tenham sido escritas primeiro e estejam apenas resumidas no Apêndice A. Elas são o uso que fiz, para meus próprios propósitos, da lenda de *Atlântida*, porém não são baseadas em um *conhecimento* especial, mas em uma preocupação pessoal especial com essa tradição dos culturais homens do Mar, que afetou tão profundamente a imaginação dos povos da Europa com costas ocidentais.

C.S. Lewis é um velho amigo e colega meu e, na verdade, devo ao seu encorajamento o fato de que, apesar dos obstáculos (incluindo a guerra de 1939!), perseverei e acabei terminando *O Senhor dos Anéis*. Ele ouviu a história ser lida em voz alta, pedaço a pedaço, mas nunca a viu impressa até que sua trilogia foi publicada. Sua *Numinor* derivou-se, de ouvido, de *Númenor*, e realmente tinha intenção de se referir à minha obra e outras lendas minhas (não publicadas) que ele ouvira.

Sob contrato, estou agora ocupado (entre outras tarefas menos afins, infelizmente) em colocar em ordem para publicação a mitologia e as histórias da Primeira e Segunda Eras — escritas há muito tempo, porém consideradas dificilmente publicáveis, até que (é o que parece) o sucesso surpreendente de *O Senhor dos Anéis*, que vem no final, forneceu uma demanda provável para os primórdios. No entanto, receio que não haja *hobbits* em *O Silmarillion* (ou história das Três Joias), um pouco de diversão ou rusticidade, e sim principalmente pesar e desastre. Aqueles críticos que escarneceram de *O Senhor* porque "todos os mocinhos voltaram para casa a salvo e todos foram felizes para sempre" (deveras falso) deverão ficar satisfeitos. Não ficarão, é claro — ainda que se dignem a notar o livro!

228 De uma carta para Allen & Unwin

24 de janeiro de 1961

[A editora sueca de *O Senhor dos Anéis*, Gebers, estava em dúvida sobre a inclusão dos Apêndices em sua edição do livro. Foi pedida a opinião de Tolkien sobre a questão.]

Solidarizo-me enormemente com qualquer editor estrangeiro aventureiro o suficiente para embarcar em uma tradução de minha obra. Afinal, meu principal interesse em ser traduzido é pecuniário, contanto que o texto básico seja tratado com respeito; de maneira que, ainda que a sensibilidade do parentesco esteja insultada, desejo abster-me de fazer ou dizer algo que possa prejudicar o bom negócio que é ser publicado em outros países. E também tenho de levar em consideração os Messrs. Allen and Unwin. Mas a questão dos Apêndices possui um aspecto pecuniário.

Não acredito que eles deem à obra um aspecto "erudito" (? leia-se *pedantisk*), e desempenham um papel importante na produção do efeito total: como o próprio tradutor dos Messrs. Gebers salientou (destacando os detalhes e a *documentação* como dois ingredientes principais na produção da sensação convincente de realidade histórica). Seja como for, os compradores do vol. iii presumivelmente já estarão envolvidos: o vol. iii não é um livro separado para ser comprado unicamente por seus próprios méritos. Na verdade, uma análise de centenas de cartas mostra que os Apêndices têm desempenhado um grande papel no prazer do leitor, na transformação de leitores de biblioteca em compradores (uma vez que os Apêndices são necessários para referência) e na criação de demanda para outro livro. Uma nítida distinção pode ser feita entre os gostos dos resenhistas ("tolice pedante" e tudo mais) e dos leitores! Creio que compreendo muito bem os gostos de gente simplória (como eu mesmo). Mas entendo a questão dos custos e preços de varejo. Há um preço além do qual gente simplória não pode ir, ainda que quisessem.....

Não sei qual é a situação com relação à venda do livro inglês em países onde uma tradução foi publicada. Suponho que não haja qualquer obstáculo, direto ou indireto, para obtê-los e, de qualquer forma, eles podem ser encomendados por um comprador determinado através de um livreiro. A demanda sem dúvida é muito pequena.... e de nenhum interesse financeiro. Mas estou interessado na questão. O original é minha única proteção contra os tradutores. Não posso exercer qualquer controle sobre a tradução de um texto tão grande, mesmo para as poucas línguas sobre as quais conheço algo; ainda assim, os tradutores são culpados de alguns erros muito estranhos. (Como eu seria, trabalhando como eles devem trabalhar sob pressão em um tempo limitado).

O Dr. Ohlmarks,[1] por exemplo, embora me digam que ele é inteligente e engenhoso, consegue produzir coisas como a seguinte. Ao traduzir vol. i p. 12, "mas raramente usavam sapatos, visto que seus pés tinham solas coriáceas e rijas e estavam revestidos de pelos espessos e crespos, semelhantes ao cabelo de suas cabeças", ele leu o texto como "... seus pés tinham solas grossas como penas e estavam revestidos de pelos espessos e crespos..." e produz assim em sua Introdução uma imagem dos hobbits cuja aparência externa era de cabelos emaranhados, enquanto debaixo de seus pés tinham sólidas solas almofadadas com penas! Isso se torna duplamente absurdo, visto que ocorre em uma passagem onde ele está sugerindo que os hobbits são baseados nos habitantes do subúrbio idílico de Headington.

Não me oponho a informações biográficas, caso estas sejam desejáveis (os holandeses passaram sem elas). Mas devem ser corretas e devem ser pertinentes. Creio que eu deva pedir que me seja permitido ver qualquer coisa dessa espécie no futuro, antes que seja impressa. Ou, como alternativa, redigirei um breve relato que enviarei aos senhores como uma possível nota para o caso de qualquer demanda por tal material.

Who is Who [Quem é Quem] não é uma fonte segura nas mãos de estrangeiros ignorantes acerca da Inglaterra. Com base nessa publicação, Ohlmarks teceu uma fantasia ridícula. Ohlmarks é um homem muito presunçoso (como descobri em nossa correspondência), que prefere sua própria imaginação aos fatos e assaz disposto a fingir ter o conhecimento que não possui. Ele não hesita em atribuir a mim sentimentos e crenças que repudio, entre eles uma aversão pela Universidade de Leeds, pois esta era "nortista" e não era anterior aos anos setenta vitorianos. Isso é impertinente e completamente falso. Se isso chegar ao conhecimento de Leeds (felizmente é improvável), farei com que ele se desculpe.

228a De uma carta para o Pe. Alex Jones 13 de fevereiro de 1961

[Naquela época, Tolkien estava escrevendo um extenso comentário à introdução de Neil Ker para "Ancrene Wisse".]

Sim, ainda tenho Jonas, e o enviarei, se serve de consolo, assim que possível. É muito gentil de sua parte ainda manter esse canto aberto para mim. Sinto muito não ter sido um parceiro adequado. No momento estou preso no século XIII, com um prazo sobre minha cabeça para o final deste mês.

229 De uma carta para Allen & Unwin 23 de fevereiro de 1961

Anexo agora uma cópia e versão das bobagens de Ohlmarks, na esperança de que os senhores possam acreditar que elas justificam meu aborrecimento. Não dei uma olhada em seu segundo acesso. Sinto que no momento não posso suportar mais.

[O que se segue são trechos do comentário de Tolkien sobre a introdução de Åke Ohlmarks para a tradução sueca de *O Senhor dos Anéis*. As passagens em itálico são citações da tradução feita por Tolkien da introdução.]

É difícil de acreditar que o arraigado hobbit nativo do Meio-Sul da Inglaterra . . . . se sentiria em casa [em Leeds]. *A posse da cátedra de anglo-saxão em Oxford foi para ele como voltar novamente para casa de uma expedição de provação até a distante "Fornost".*

Esse é o primeiro exemplo sério de impertinência presunçosa de O[hlmarks]. . . . . Devotei-me à Universidade de Leeds, que foi muito boa comigo, e aos estudantes, os quais deixei com pesar. Os atuais estudantes estão entre meus leitores mais atenciosos, e me escrevem (especialmente sobre os Apêndices). Se as bobagens de O chegassem à atenção da Universidade elas causariam ofensas, e O teria de se desculpar publicamente. Quanto a "Fornost", uma espiada no livro mostraria que ela é mais comparável aos montes dos Reis na Velha Uppsala do que à cidade de Leeds!

Uma de suas obras mais importantes, publicada em 1953, também trata de outro famoso regresso, "O Regresso de Beorhtnot, [sic] *filho de Beorhthelm."*

Voltar para casa morto e sem cabeça (como o fez Beorhtnoth) não é muito prazeroso. Mas isso é um logro. O. nada sabe sobre Beorhtnoth ou sobre seu regresso (nunca mencionado até que escrevi um poema sobre ele) e não viu o poema. Não o culpo, exceto por escrever como se soubesse.

O professor começou contando histórias sobre ela [Terra-média] *aos seus filhos, depois para seus netos; e eles ficaram fascinados e clamaram por mais e mais. É possível ver claramente diante de si as noites junto à lareira na pacífica casa de campo na Sandfield Road em Headington próximo a Oxford . . . . com as Colinas-dos-túmulos ou Colinas de Headington na parte de trás e as Montanhas Nevoentas ou a Shotover de 560 pés de altura ao fundo.*

!!Essa é uma bobagem tão ultrajante que eu suspeitaria de zombaria se não tivesse notado que O. está sempre pronto a assumir um conhecimento profundo que não possui. Tenho apenas dois netos. Um com 18 anos, que ouviu sobre o livro pela primeira vez 5 anos atrás. O outro tem apenas 2 anos. O livro foi escrito antes que eu me mudasse para Headington, que não tem colinas, mas que está em uma encosta (por assim dizer) de Shotover.

O Anel de certo modo é "der Nibelungen Ring"....

Ambos os anéis eram redondos, e é aí que a semelhança termina.

.... que foi originalmente forjado por Volund, o ferreiro-mestre, e então via Vittka-Andvare passou das mãos dos poderosos asar [Æsir] para a posse de Hreidmar e do dragão, após a queda do dragão chegando a Sigurd, o matador do dragão, após o assassinato deste por conspiradores traiçoeiros chegando aos burgúndios, após a morte destes no poço de serpentes de Atle chegando aos hunos, depois aos filhos de Jonaker, ao tirano gótico Ermanrik etc.

Graças a Deus pelo *etc.* Comecei a temer que ele apareceria em meu bolso. Evidentemente o Dr. O acredita que está no dele. Mas qual é a razão para tudo isso? Aqueles que conhecem algo sobre o lado nórdico antigo das tradições "nibelungas" (às quais as alusões são principalmente feitas, visto que as formas dos nomes usadas são nórdicas) acharão isso uma mistura de bobagens; aqueles que não conhecem dificilmente ficarão interessados. Mas talvez também se pretenda que concluam que o Dr. O também possui *mästerskap*.[1] Isso não tem absolutamente nada a ver com *O Senhor dos Anéis*. Quanto a Wayland Ferreiro ser um tipo de Pã ou estar refletido tanto em Bombadil como em Gollum: esse é um exemplo suficiente dos métodos tolos e conclusões absurdas do Dr. O. Ele pode pensar as tolices que quiser, mas não vejo por que ele, como tradutor, teria qualquer direito de despejá-las aqui.

Aqui [em Mordor] governa a personificação do poder satânico, Sauron (interpretado talvez, do mesmo modo parcial [como outras identificações que Ohlmarks fez], como Stalin).

Não há "talvez" sobre essa questão. Repudio totalmente qualquer "interpretação", coisa que me enfurece. A situação foi concebida muito antes da revolução russa. Tal alegoria é completamente estranha ao meu pensamento. A disposição de Mordor no leste deveu-se à simples necessidade narrativa e geográfica, dentro da minha "mitologia". A fortaleza original do Mal ficava (como tradicionalmente) no Norte; mas, como esta foi destruída e estava de fato submersa, tinha de haver uma nova fortaleza, bem distante dos Valar, dos Elfos e do poder marítimo de Númenor.

Há reminiscências de viagens a pé em sua própria juventude até as regiões fronteiriças galesas.

Como disse Bilbo sobre os anões, ele parece saber tanto de minhas despensas particulares quanto eu. Ou finge saber. Nunca caminhei em Gales ou nas fronteiras em minha juventude. Por que eu deveria me tornar um objeto de ficção enquanto ainda estou vivo?

230 De uma carta para Rhona Beare 8 de junho de 1961

[Em resposta a várias perguntas sobre *O Senhor dos Anéis*.]

Com respeito à jactância de Aragorn,[1] acredito que ele estava considerando sua ancestralidade através da linhagem paterna com essa finalidade; mas, em todo caso, imagino que os Númenóreanos, antes que seu conhecimento minguasse, sabiam mais sobre hereditariedade do que outros povos. Referem-se a isso, é claro, pelo símbolo comum do sangue. Reconheciam o fato de que, apesar dos casamentos com pessoas de outras raças de homens, algumas características apareceriam de forma pura em gerações posteriores. A própria longevidade de Aragorn era um exemplo característico. Creio que Gandalf refere-se ao fato curioso de que, mesmo na muito menos bem-preservada casa dos regentes, Denethor surgiu como quase que puramente númenóreano.

Vol. II, p. 70.[2] Barbárvore não estava usando sons entescos nessa ocasião, mas antigas palavras élficas misturadas e usadas à maneira dos Ents. Os elementos são *laure*, ouro, não o metal, mas a cor, o que chamaríamos de luz dourada; *ndor*, *nor*, terra, país; *lin*, *lind-*, um som musical; *malina*, amarelo; *orne*, árvore; *lor*, sonho; *nan*, *nand-*, vale. De maneira que ele quer dizer aproximadamente: "O vale onde as árvores em uma luz dourada cantam musicalmente, uma terra de música e sonhos; há árvores amarelas lá, é uma terra de árvores amarelas." O mesmo se aplica à última linha naquela página,[3] onde os elementos são *taure*, floresta; *tumba*, vale profundo; *mor*, escuridão; *lóme*, noite.

Mae govannen[4] significa "bom te ver", "bom encontro".

A saudação de Barbárvore[5] a Celeborn e Galadriel significava "Ó seres belos, pais de belos filhos".

A canção de louvor em Vol. III, p. 231[6] não é realmente uma canção, mas é representada por algumas expressões retiradas dos idiomas ouvidos, na qual o inglês representa a fala comum. O segundo, quarto e sexto versos estão em sindarin ou élfico cinzento. O sétimo e o nono estão em alto élfico. O verso 2 significa "Que os Pequenos vivam longamente, glória aos Pequenos." O quarto verso significa "Frodo e Sam, príncipes do oeste, glorificai (-os)", o sexto, "glorificai (-os)". O sétimo verso significa "Abençoai-os, Abençoai-os, por muito tempo os louvaremos." O nono verso significa "Os Portadores do Anel, abençoai-os (ou louvai-os) às alturas."

231 De uma carta para Jane Neave 4 de outubro de 1961

[A tia de Tolkien, Jane Neave, então com noventa anos, escreveu para lhe perguntar "se você não publicaria um livrinho com Tom Bombadil como personagem principal".]

Acho boa a ideia da senhora sobre Tom Bombadil, não que me sinta inclinado a escrever mais sobre ele. Mas acredito que o poema original (que apareceu na *Oxford Magazine* muito antes de *O Senhor dos Anéis*) poderia tornar-se um belo livreto do tipo que a senhora gostaria, se cada verso pudesse ser ilustrado por Pauline Baynes. Caso não tenha visto o poema original de Tom Bombadil, tentarei encontrá-lo e fazer uma cópia para a senhora.

231a De uma carta Joan Anne Tolkien [Não datada; ? 1960]

Oxford continua a sofrer pelas devastações dos adoradores das máquinas. Eu me lembro dela como uma pequena e antiga cidade universitária aninhada no interior — e tinha cerca de 55.000 habitantes. Agora tem quase 100.000 *a mais*, estende-se para todas as direções e está congestionada com barulhos e fedores; e, de vez em quando, são construídos os edifícios mais hediondos. Mas *nem todas* as mudanças são ruins. A cidade antiga tinha uma periferia de cortiços onde pessoas muito pobres viviam na miséria. Resta pouco disso agora.

232 De uma carta para Joyce Reeves 4 de novembro de 1961

Sempre gostei de tias solteiras perspicazes e de bom coração. Abençoados são aqueles que as têm ou as conheceram. Apesar de serem mais comuns, em minha experiência, do que as tias de Saki.[1] A tia profissional talvez seja um desenvolvimento razoavelmente recente; mas fui afortunado por ter um dos primeiros exemplos: uma das primeiras mulheres a receber um diploma científico. Ela agora está com noventa anos, mas há alguns anos foi praticar botânica na Suíça. Foi na companhia dela (com um grupo misto de cerca do mesmo tamanho da companhia em *O Hobbit*) que viajei a pé com uma mochila pesada por boa parte da Suíça e por sobre muitas passagens elevadas. Foi ao nos aproximarmos da Aletsch que fomos quase destruídos por grandes pedras desprendidas ao sol que rolaram uma encosta nevada abaixo. Uma rocha enorme de fato passou entre mim e o próximo à frente. Isso e a "batalha dos trovões" — uma noite ruim em que nos perdemos e dormimos em um estábulo — aparecem em *O Hobbit*. Agora já faz muito tempo.....

Apreciei o conto,[2] e espero que você perdoe minha garrulice. Receio que minhas observações devem lembrar um pouco o lendário professor alemão que escreveu um livro grande sobre Das Komische, após o qual, sempre que alguém lhe contava uma história engraçada, ele pensava por um momento e então acenava com a cabeça, dizendo: "Sim, há aquela piada."

233 De uma carta para Rayner Unwin 15 de novembro de 1961

[A Allen & Unwin concordou com a sugestão de que Tolkien deveria organizar um pequeno livro de poemas, *As Aventuras de Tom Bombadil*.]

Fiz de fato uma busca, até onde o tempo permitiu, e fiz cópias de quaisquer poemas que poderiam concebivelmente vir a público ou (de certa forma postos em ordem) ser apresentados novamente. A colheita não é rica, pois não há muito que realmente condiga com Tom Bombadil. Além de Tom Bombadil (do qual você tem uma cópia), envio Vida Errante e O Homem da Lua, que poderiam aparecer juntos. Estou completamente em dúvida sobre os outros; não sei sequer se possuem alguma virtude, por si só ou em uma série. Contudo, se você achar que algum deles daria um livro e poderia atrair Pauline Baynes para ilustrá-los, ficarei encantado.

234 Para Jane Neave

[Tolkien enviara à sua tia alguns dos poemas que ele estava considerando para inclusão no novo livro.]

22 de novembro de 1961 76 Sandfield Road, Headington, Oxford

Minha querida Tia,

Obrigado por devolver os poemas. Não se preocupe sobre me incomodar. Eu me diverti muito desenterrando essas coisas semiesquecidas e dando um polimento nelas. Ainda mais porque há outras coisas mais maçantes que eu deveria estar fazendo. Seja como for, elas tiveram a senhora como público. Receio que a publicação impressa seja muito improvável.

Não faça caso dos jovens! Não estou interessado na "criança" como tal, moderna ou não, e certamente não tenho a intenção de condescender com ela na metade do caminho, ou a um quarto do caminho. É algo equivocado de se fazer, de qualquer forma, inútil (quando aplicado aos estúpidos) ou pernicioso (quando imposto aos talentosos). Somente uma vez cometi o erro de tentar fazer tal coisa, para meu permanente arrependimento, e (fico feliz em dizer) com a desaprovação das crianças inteligentes: na parte inicial de *O Hobbit*. Mas na época eu não havia pensado seriamente na questão: não havia me libertado das ilusões contemporâneas sobre "estórias de fadas" e crianças.

No entanto, tive de pensar a respeito antes de dar uma palestra "Andrew Lang" em St Andrews sobre Estórias de Fadas; e devo dizer que creio que o resultado foi inteiramente benéfico a *O Senhor dos Anéis*, que foi uma demonstração prática das opiniões que expressei. Ele *não* foi escrito "para crianças" ou para qualquer tipo de pessoa em particular, mas por si só. (Se quaisquer partes ou elementos nele parecem "infantis" é porque sou infantil e gosto desse tipo de coisa *agora*.) Acredito que crianças o leem e escutam avidamente, mesmo crianças bem novas, e fico muito satisfeito ao saber disso, embora não devam compreender a maior parte dele e, de qualquer modo, o livro está recheado de palavras que provavelmente não compreenderão — se isso significa "reconhecer como algo já conhecido". Espero que o livro aumente o vocabulário delas.

Quanto a *plenilune* e *argent*,[1] são palavras belas *antes* que sejam compreendidas — gostaria de poder ter o prazer de encontrá-las novamente pela primeira vez! — e como alguém pode conhecê-las até encontrá-las? E certamente o primeiro encontro deve ocorrer em um contexto vivo, e não em um dicionário, como flores secas em um hortus siccus!

Crianças não são uma classe ou uma espécie, são um grupo heterogêneo de pessoas imaturas, que variam, como acontece com todas as pessoas, em seu alcance e em sua habilidade de estendê-lo quando estimuladas. Tão logo se limite o vocabulário ao que se supõe estar ao alcance delas, isso na verdade simplesmente nega às talentosas a chance de estendê-lo.

E o significado de palavras bonitas não pode ser tornado "óbvio", pois não é óbvio para ninguém: muito menos para os adultos, que deixaram de ouvir os sons porque acham que sabem o significado. Eles acham que *argêntea* "significa" *prateada*. Mas não significa. Ela e prateada possuem uma referência a x ou ao elemento químico Ag, mas em cada uma x está revestido de uma encarnação fonética totalmente diferente: x + y ou x + z; e essas palavras não têm o mesmo significado, não somente porque soam diferentes e, assim, despertam diferentes reações, mas também porque elas de fato não são usadas ao se falar sobre Ag. da mesma forma. De qualquer modo, creio que seja melhor, para começar, *ouvir* "argêntea" apenas como um som (z sem x) em um contexto poético do que pensar "significa apenas prateada".

Há alguma chance de que se possa gostar dela por si só e posteriormente aprender a apreciar as nuances heráldicas que ela possui, além de seu próprio som peculiar, que "prateado" não possui.

Acredito que essa atitude depreciativa e niveladora de Bíblia-em-inglês-básico é responsável pelo fato de tantas crianças mais velhas e pessoas mais novas terem pouco respeito e nenhum amor pelas palavras, e vocabulários muito limitados — e, infelizmente, pouco desejo restante (mesmo quando possuíam o dom que foi estultificado) de refinar e aumentá-los.

Lamento sobre *O Flautista de Hamelin.*[2] Detesto-o. Deus ajude as crianças! Preferiria lhes dar brinquedos de plástico rudes e vulgares. Com os quais obviamente brincarão, para a ruína do gosto delas. Um terrível presságio dos elementos mais vulgares em Disney. Mas a senhora não pode dizer que "ele nunca falha". A senhora não sabe realmente o que está acontecendo, mesmo nos poucos casos que ficaram sob sua observação. Ele falhou comigo, mesmo quando criança, quando eu ainda não podia distinguir a vulgaridade rasa de Browning da arrogância adulta geral das coisas que se esperava que eu gostasse. O problema é que não se sabe realmente o que está acontecendo, mesmo quando uma criança escuta com atenção, mesmo quando ela ri. As crianças possuem (apenas) uma coisa em comum: uma falta de experiência e, se não de discernimento, ao menos da linguagem na qual expressar suas percepções; elas ainda são em geral aquiescentes (externamente) ao aceitar o alimento que lhes é oferecido por adultos, embora possam mentalmente ou de fato jogar a coisa por cima do muro do jardim e dizer afetadamente o quanto a apreciaram. Como meus filhos faziam (eles confessaram) com seus jantares no jardim no verão, dando aos seus pais a ilusão permanente de que adoravam sanduíches de geleia. É claro que me deram Hans Andersen para ler quando muito jovem. Houve uma época em que escutava com uma atenção que pode ter se parecido com arrebatamento por suas histórias quando lidas para mim. Eu mesmo as lia com frequência. Na verdade, tinha intensa aversão a ele; e a vivacidade daquele desgosto é a principal coisa que no decorrer dos anos associei com seu nome.

Certamente sou "infantil" o suficiente, e isso deve ser suficiente para crianças reais ou qualquer um "infantil" da mesma maneira, e não importa se o camarada conhece várias palavras alegres. Envio-lhe uma tolicezinha que escrevi outro dia,[3] como prova de minha infantilidade. Apesar de, infelizmente, ter adquirido jargões adultos suficientes para escrever em imitação de meus antepassados; e posso dizer que "é uma coisinha à toa habilmente montada, uma divertida tentativa de descortinar a infantilidade élfica de uma criança élfica, se tal coisa existisse!" Perdoe o texto datilografado. Minha letra ilegível não resistirá a uma carta longa. Não se incomode com as "opiniões". Na verdade, escrevo assim, bem ou mal, porque não sei escrever de outra forma. Se agrada a alguém, grande ou pequeno, fico tão surpreso quanto contente. Deus a abençoe. Com muito amor.

R.

235 De uma carta para a Sra. Pauline Gasch (Pauline Baynes)

6 de dezembro de 1961

[Pauline Baynes, que havia ilustrado *Mestre Giles d'Aldeia*, expressou seu desejo de fornecer ilustrações para *As Aventuras de Tom Bombadil* e estivera lendo versões datilografadas dos poemas.]

Se me permite dizer, as coisas que lhe foram enviadas (exceto a do Sino marinho, a mais fraca e não uma que eu realmente gostaria de incluir, pelo menos não com as outras) foram concebidas como uma série de gravuras definidas, claras e precisas — fantásticas ou absurdas, mas não oníricas! E pensei na senhora, pois a senhora parece capaz de produzir gravuras maravilhosas com um toque de "fantasia", mas primeiramente visões brilhantes e claras de coisas que realmente se poderia esperar ver. É claro que o que a senhora diz sobre "ilustrações" em geral é assaz verdadeiro, e certa vez (em um longo ensaio sobre "Estórias de Fadas") aventurei-me a dizer minuciosamente, mas não mais precisamente do que a senhora, quase a mesma coisa.[1] Mas há justificativa para ilustrações (ou decorações!) aplicadas a coisas pequenas como esses versos, que são joviais e (acredito) hábeis em palavras, mas não muito profundos em intenção. Suponho que também teria que se eximir "O Tesouro" de ser "jovial", embora os infortúnios dos sucessivos herdeiros (anônimos) sejam vistos meramente como gravuras em uma tapeçaria de antiguidade e não cativam profundamente a piedade individual. Fiquei muito interessado por sua escolha desse como seu favorito, pois é o menos fluido, estando escrito em [um] modo que muito se assemelha à mais antiga poesia inglesa — e, de fato, foi inspirado por um único verso de poesia antiga: *iúmonna gold galdre bewunden*, "o ouro dos homens de outrora envolto em encantamento" (Beowulf 3052). No entanto, percebo que é uma tarefa delicada! Espero que a senhora possa sentir-se inclinada a empreendê-la. Infelizmente a senhora põe o dedo de modo certeiro em uma dificuldade principal: eles *não* são uma unidade sob qualquer ponto de vista, tendo sido criados em épocas diferentes sob inspirações variadas. Contudo, não tenho muita dúvida de que a senhora evitaria a Cila de Blyton e a Caríbdis de Rackham — apesar de que naufragar no último seria um destino menos infeliz.

236 Para Rayner Unwin

[Tolkien recebeu um exemplar da edição da Puffin Books de *O Hobbit* em setembro de 1961, mas não o examinou até dezembro.]

30 de dezembro de 1961 6 Sandfield Road, Headington, Oxford

Caro Rayner,

. . . . Gostaria que as pessoas bem-intencionadas que acham que sabem de algo pudessem ser contidas! Tive a oportunidade um ou dois dias atrás de procurar uma passagem em *O Hobbit* e, com a "puffin" à mão, procurei a passagem nela. Descobri então que um ser dessa raça mais uma vez andou ocupado. Suponho que a *Penguin Books* não tinha permissão para editar minha obra e deveria ter reproduzido fielmente o exemplar impresso; e ao menos por cortesia com a Allen and Unwin e comigo mesmo deveria ter feito algum questionamento antes de prosseguir para a correção do texto.

Dwarves [anãos], *dwarves'* [dos anãos], *dwarvish* [anânico] foram corrigidas do início ao fim (com uma exceção na p. 21) para as atuais formas dicionarizadas *dwarfs, dwarfs', dwarfish. Elvish, elvish* [élfico] foram modificadas para *Elfish, elfish* 7 vezes, mas deixadas inalteradas 3 vezes. Vejo esse procedimento com indignação. Usei deliberadamente *dwarves* etc. por um propósito e efeito especiais — é possível medir que isso tem um efeito ao se comparar as passagens com as substitutas *dwarfs*, especialmente em verso. A questão é tratada em S.A. iii, p. 415.[1] É claro que não espero que tipógrafos ou revisores saibam disso ou saibam algo sobre a história da palavra "dwarf"; mas eu teria pensado que poderia ter ocorrido, se não a um tipógrafo pelo menos a um leitor, que o autor não teria usado consistentemente por 300 vezes uma forma específica, nem que seus leitores a deixariam passar, se fosse um mero erro casual de "gramática". É claro que *dwarfs* etc. é a única forma moderna reconhecida do plural; mas a correção (inconsistente) de *elvish* não tem nem mesmo essa desculpa. A forma mais antiga e "histórica" *elvish* ainda é reconhecida e aparece até mesmo em dicionários populares como o "Pocket Oxford". Suponho que eu deva ser grato por Cox e Wyman[2] não terem imposto a mim a mudança de *elven* [élfico] para *elfin* e *further* [além] para *farther* que Jarrolds[3] tentou fazer, mas Jarrolds pelo menos estava lidando com um ms. que tinha vários erros casuais. Acredito que resta apenas um erro no texto a partir do qual a edição da Puffin foi impressa: *like* [gosta] no lugar de *likes* (6ª imp. p. 85 linha 1; Puffin p. 76, linha 23). Acho que esse acabou aparecendo na 6ª imp. Não que Gollum fosse perder a chance de uma sibilante! A Puffin não o corrigiu. Suponho que Gollum fosse considerado "fora da regra" e imune aos ditames de dicionários ou "regras da casa". Mas o narrador não.

Fora isso, os erros parecem ser poucos. Notei: *waiting* [esperando] foi omitida antes de *for* [por] (puffin p. 32/11). *ahead* [adiante] aparece como *head* [cabeça] (p. 87/5 de baixo para cima). Há um g invertido em *examining* [examinar] (p. 225/2 de baixo para cima). E *oubht*, *bood* aparecem no lugar de *ought* [deve] e *good* [bom] na p. 228.

Lamento por lhe impor tais ninharias (sou um ciscador natural, infelizmente!) que não parecerão a mais ninguém tão importantes quanto o são para mim; e, de qualquer modo, nada pode ser feito sobre elas agora, embora a Penguin Books pudesse ser informada que elas não passaram despercebidas. Na verdade, não acho que eu teria autografado um exemplar para Sir Allen Lane[4] se as tivesse observado antes. Sinto-me inclinado a lhe dizer isso e me oferecer para corrigir o exemplar de meu próprio punho, caso ele o devolva!

Este é realmente um Fero Inverno, e estou esperando que Lobos Brancos cruzem o rio. No momento reina uma calmaria silenciosa, já que o único carro a aparecer na minha rua deslizou para trás ladeira abaixo e desapareceu. Há uma pequena chance de você receber esta carta amanhã, 1º de jan., para lhe desejar um Feliz Ano Novo. Espero que tenha muita comida à sua espera! É meu aniversário em 3 de jan. e parece que vou passá-lo no isolamento de uma casa transformada em iglu; mas a companhia de várias garrafas daquele que se mostrou um excelentíssimo borgonha (uma vez que ajudei a selecioná-lo em seus primórdios) sem dúvida mitigará isso: Clos de Tan 1949, justamente no seu auge. Com essa observação hobbitesca encerrarei, desejando-lhe e à sua esposa e filhos todas as bênçãos em 1962.

Atenciosamente,
Ronald Tolkien.

P.S. Por favor, agradeça à Srta. M. J. Hill (e a você mesmo) pelo exemplar da *School Magazine* de nov. 1961 (N. Gales do S.) que contém o trecho do *Hobbit* e o artigo "Algo especial". Achei que o segundo foi bem escrito para seu intento. . . . . Mas, infelizmente, diante das histórias de fato, as pessoas estão sempre mais propensas a acreditar em conhecimento erudito e arcano do que em invenção, especialmente se ficam confusas com o título "professor". Não há histórias ou canções preservadas sobre Elfos ou Anões em inglês antigo e muito poucas em qualquer outro idioma germânico. Palavras, alguns nomes, isso é praticamente tudo. Não me recordo de qualquer Anão ou Elfo que desempenhe um papel verdadeiro em qualquer história, exceto por Andvari nas versões nórdicas da matéria nibelunga. Não há nenhuma história ligada ao nome Eikinskjaldi, exceto a que inventei para Thorin Escudo-de-carvalho. No que diz respeito ao inglês, "dwarf" (*dweorg*) é uma mera definição para *nanus*, ou o nome de convulsões e febres recorrentes; e "elf" suporíamos estar associada apenas com reumatismo, dor de dente e pesadelos se não fosse pela ocorrência de *aelfsciene* "bela élfica", aplicada a Sara e Judite!, e algumas definições como *dryades, wuduelfen*. Na poesia em inglês antigo, "elves" (ylfe) ocorre apenas uma vez, em *Beowulf*, associada a trols, gigantes e os Mortos-vivos, como a prole amaldiçoada de Caim. A lacuna entre essa palavra e, digamos, Elrond ou Galadriel, não é preenchida com a erudição. Agora você achará que esta carta se tornou um panfleto ou uma guirlanda de ano novo! Mas suponho que você tenha um c[esto] de l[ixo] tão espaçoso quanto o meu. JRRT.

237 De uma carta para Rayner Unwin — 12 de abril de 1962

Dediquei cada momento de que pude dispor aos "poemas", apesar dos obstáculos de costume e alguns novos.

Receio que eu tenha perdido toda a confiança nessas coisas e todo o bom senso e, a não ser que Pauline Baynes possa ser inspirada por eles, não consigo vê-los compondo um "livro". Não vejo por que ela deveria ficar inspirada, embora eu espere fervorosamente que fique. Alguns deles podem ser bons a seus modos, e todos me divertem de maneira particular; mas é fácil agradar a hobbits idosos.

Os vários itens — tudo que agora me arrisco a oferecer, alguns com receio — realmente não se "ligam" entre si. A única ligação possível é a ficção de que eles provêm do Condado por volta do período de *O Senhor dos Anéis*. Mas isso se ajusta a alguns com dificuldade. Tive bastante trabalho tentando fazer com que se ajustassem melhor: se não muito para o bem deles, espero que não para seu sério prejuízo. Você pode notar que escrevi um novo poema de *Bombadil*, que espero que seja adequado para fazer companhia ao mais antigo, embora para sua compreensão ele necessite de um certo conhecimento do *S.A.* De qualquer modo, ele faz o serviço de "integrar" Tom ainda mais ao mundo do *S.A.* no qual foi inserido.* Receio que ele atice em grande

* No poema original foi dito que ele usava uma pena de pavão, o que (acho que você concordará) era inteiramente inadequado à sua situação no *S.A.* No livro sua pena é simplesmente descrita como "azul". Sua origem agora é revelada.

medida minha imaginação pedante, por causa de seu eco da matéria nibelunga nórdica (o bigode da lontra);[1] e porque um dos versos vem diretamente, por incrível que possa parecer, de *The Ancrene Wisse*.[2] . . . .

Algum tipo de prefácio possivelmente será necessário. Esse não é o propósito do anexo! Embora um ou dois de seus pontos pudessem ser simplificados. Mas achei mais fácil e mais divertido (para mim) lhe descrever na forma de uma ridícula ficção editorial o que fiz aos versos e quais são suas referências agora. Na verdade, ainda que seja uma ficção, a relativa idade, ordem de composição e as referências dos itens são representadas bem próximas do que realmente eram.

Espero que você não esteja muito desapontado com meus esforços.

238 De uma carta para Jane Neave — 18 de julho de 1962

[A tia de Tolkien parece ter sugerido devolver um cheque que ele lhe havia enviado, de modo que o dinheiro pudesse ser gasto na compra de uma cadeira de rodas para a esposa de Tolkien, Edith, que estava sofrendo de artrite.]

Lamento não ter respondido à sua carta por toda uma quinzena, mas estive ausente, e sua carta não foi encaminhada devido a um engano. É verdade que voltei há uma semana, mas tenho tido muito o que fazer. . . . . As "cartas de fãs" continuam a chegar, algumas interessantes; e o simples ato de agradecer e de dizer não a pedidos de ensaios e palestras é uma tarefa e tanto. Também fui tomado por um estadunidense (quero dizer, meu tempo foi tomado por ele) que está escrevendo um livro, do qual pareço ocupar um capítulo.

Felizmente, ele é o espécime mais não americano que já encontrei. . . . . Ele possui apenas dois nomes, e nenhuma inicial no meio (Edmund Fuller[1]). . . . .

Quanto à sua nobre e abnegadora sugestão. Desconte o cheque, por favor! E gaste-o. Não se pode colocar condições a um presente, mas eu ficaria muitíssimo satisfeito se ele fosse gasto logo e com *a senhora*. É uma quantia muito pequena, tirada apenas de minha atual abundância, além das minhas necessidades e as de Edith e de meus filhos. Edith felizmente não precisa de uma cadeira; e eu poderia lhe dar uma, caso precisasse. (É uma situação surpreendente, e espero que eu seja suficientemente grato a Deus. Pouco tempo atrás, estava pensando se conseguiríamos continuar vivendo aqui com minha pensão inadequada. Jamais fui capaz de dar antes, e recebi presentes irretribuíveis no passado. . . . . Como septuagenário, recebo uma pensão de aposentadoria, da qual acho apropriado distribuir pelo menos o que os cobradores de impostos deixam em minhas mãos (estou falando de uma pensão nacional: recusei a pensão da Universidade e peguei a quantia total e a investi em um fundo administrado pelo meu banco). Tudo isso é simplesmente para lhe assegurar que o presentinho foi um agrado pessoal, que não é digno de muitos agradecimentos; e também para lhe assegurar que posso ajudar mais se necessário. Exceto por uma catástrofe universal, não é provável que eu fique novamente em dificuldades financeiras na minha vida. Essa é a opinião de um velho editor muito perspicaz. Deduzo também que ele disse a Edmund Fuller que meus livros eram a coisa mais importante e também a mais lucrativa que ele havia publicado durante uma longa vida, e que eles certamente permaneceriam assim após seu tempo e o de seu filho. (Isso é apenas para a senhora: não é sensato propalar e ainda mais se gabar de boa sorte, como ensinam todas as Estórias de Fadas. Assim, nada diga. Não quero acordar uma manhã e descobrir que tudo isso foi um sonho!) . . . .

Fico feliz em dizer que estamos os dois muito melhores este ano. . . . . Recebi algum tratamento em setembro passado e tenho estado mais ou menos despreocupado desde então, embora meu lumbago costumeiro tenha me atormentado em junho. Edith está nitidamente melhor este ano; e conseguimos fazer uma viagem de trem a Bournemouth em julho (dia 2 a 9). A dieta tem feito muito bem. Teríamos de reorganizar toda a vida se ela ficasse confinada a uma cadeira! Ela faz toda a comida, a maior parte dos trabalhos domésticos e um pouco da jardinagem. Receio que isso com frequência signifique um esforço deveras heroico; mas é claro que, dentro dos limites, é benéfico. Ainda assim, é difícil ser atacado de dois modos diferentes de uma vez — ou três. Grande aumento no peso devido às operações. Artrite, que fica mais dolorosa e aguda pelo peso; e uma enfermidade interna, pequenas lesões internas (deduzo) que causam dor, frequentemente de forma incalculável, ou por pressão, ou por vibração, ou por irritações digestivas. Apesar disso, aceitamos esse veredito mais ou menos com gratidão, após ela ter passado algum tempo em uma casa de repouso "para observação" (palavras agourentas).

Perdemos nossa "ajudante", por causa da má saúde, que estava conosco há cerca de oito anos, no outono passado. Se a senhora for rezar por bênçãos temporais para nós, minha querida, peça pelo quase milagre de se encontrar algum auxílio. Oxford provavelmente é um dos lugares mais difíceis, mesmo nesta Inglaterra, de se encontrar tal coisa.

O livro de poemas está indo para frente. Pauline Baynes aceitou o contrato e está começando agora na ilustração. Os editores certamente o pretendem para o Natal. Fiz a minha parte.

No momento estou ocupado em colocar em ordem, com notas e um breve prefácio, minha tradução de *Sir Gawain* e de *Pérola*, antes de voltar para minha obra principal, o *Silmarillion*. *A Pérola* é outro poema no mesmo ms. de *Sir Gawain*. Nenhum dos dois possui qualquer nome de autor; mas acredito (assim como a maioria) que são da mesma pessoa. *A Pérola* é muito mais difícil de traduzir, em grande parte por razões métricas; mas, por ser atraído por problemas métricos aparentemente insolúveis, comecei a traduzi-lo anos atrás. Algumas estrofes, na verdade, foram transmitidas pelo rádio no final dos anos vinte.[2] Terminei-o, mais ou menos, antes da guerra; e ele desapareceu sob o peso da Guerra e de *O Senhor dos Anéis*. O poema é muito conhecido entre os medievalistas; mas nunca concordei com a visão dos estudiosos de que a forma métrica era quase impossivelmente difícil de se usar e deveras impossível de traduzir em inglês moderno. NENHUM estudioso (ou, hoje em dia, poeta) possui qualquer experiência em compor ele mesmo em métricas exigentes. Criei algumas estrofes na métrica para mostrar que compor nela não era de modo algum "impossível" (embora o resultado possa ser considerado ruim hoje).[3] O *Pérola* original foi mais difícil: um tradutor não é livre, e esse texto é muito difícil em si próprio, frequentemente obscuro, em parte pelo pensamento e estilo, e em parte pelas corrupções do único ms. restante.

Como essas coisas lhe interessam, envio para a senhora as minhas estrofes originais — inevitavelmente relacionadas, como tudo o era em certa época, com minha própria mitologia. Enviarei para a senhora uma cópia do *Pérola*, assim que eu puder fazer uma cópia em carbono. Ele possui 101 estrofes de doze versos. É (creio) evidentemente inspirado pela perda, na infância, de uma filha pequena. Assim, é de certa forma uma elegia; mas o autor usa a então moderna (foi contemporânea de Chaucer) estrutura de sonho e usa a ocasião para discutir suas próprias opiniões teológicas sobre a salvação. Embora não totalmente aceitável ao gosto moderno, possui momentos de pungência; e embora na nossa opinião possa parecer absurdamente complexo na forma técnica, o poema supera seus próprios obstáculos no geral com sucesso. As estrofes têm doze versos, com apenas três rimas: uma oitava de quatro dísticos rimando *a b* e um quarteto rimando *b c*. Além disso, cada verso possui aliteração interna (só falha ocasionalmente em raras ocasiões no original; a versão é inevitavelmente menos rica). E se isso não fosse suficiente, o poema é dividido em quintos. Dentro de um grupo de cinco estrofes, a palavra principal do último verso deve ser ecoada no primeiro verso da estrofe seguinte; o último verso do grupo de cinco é ecoado no início do seguinte; e o primeiro verso de todos deve terminar ecoado no último verso de todos. Porém, por incrível que pareça, não há 100 estrofes, mas 101. No grupo XV há seis estrofes. Há muito se supõe que uma dessas foi uma revisão não cancelada. Mas também há 101 estrofes em *Sir Gawain*. O número foi evidentemente intencional, apesar de não ter sido descoberto qual era seu significado para o autor. O agrupamento em quintos também liga o poema com *Gawain*, onde o poeta elabora o significado: as Cinco Chagas, as Cinco Alegrias, as Cinco virtudes e os Cinco sentidos.

Basta disso. Espero que a senhora não esteja entediada. Anexo em uma folha separada a estrofe de abertura no original e na minha versão, como uma amostra.

239 De uma carta para Allen & Unwin 20 de julho de 1962

[Com referência à tradução espanhola de *O Hobbit*.]

Não estou satisfeito com *hobbits* em espanhol! Eu queria que *hobbit* permanecesse sem tradução, como uma proteção contra os caprichos particulares dos tradutores (como o *Hompen* da tradução ruim de Zetterholm[1] com suas ilustrações horríveis, que nunca vi antes da publicação. Mas cedi a Ohlmarks). Em uma língua latina, *hobbits* parece terrível e, se eu tivesse sido consultado antes, teria concordado de bom grado com alguma naturalização da forma; ex., *hobitos*, que casa melhor com elfos, adotada há muito tempo, ao mesmo tempo que possui a felicidade de conter o sufixo diminutivo espanhol normal, e um radical *hob-* que, até onde sei, não possui associações em espanhol.

Se *gnomos* for usada como uma tradução de *dwarves*, então ela *não* deve aparecer na p. 63 em *os elfos que agora são chamados de Gnomos*. Não preciso incomodar a tradutora, ou você, com a longa explicação necessária para justificar essa aberração; mas a palavra foi usada como uma tradução do nome real, de acordo com minha mitologia, do povo alto-élfico do Oeste. Pedantemente, associando-o com o grego *gnome* "pensamento, inteligência". Mas o abandonei, uma vez que é por demais impossível dissociar o nome das associações populares do *gnomus = pygmaeus*[1] paracelsiano. Uma vez que essa palavra é usada — pois sua aptidão em preferência à palavra esp[anhola] *enano* não sou capaz de julgar — para "dwarves", uma confusão lamentável seria causada se ela também fosse aplicada aos Altos Elfos. Sugiro seriamente que na p. 63, linhas 6-7, a tradutora traduza *old swords of the High Elves of the West* [antigas espadas dos Altos Elfos do Oeste]; e na p. 173, linha 14, apague (*or Gnomes* [ou Gnomos]). Acho que esses são os únicos lugares em que *Gnomes* aparece em *O Hobbit*.

239a De uma carta para Rayner Unwin 21 de julho de 1962

[Tolkien havia sido convidado para substituir C. L. Wrenn por dois períodos.]

Espero agora estar "em residência" até 2 de out. Mas preciso voltar em 10 de out., já que este ano estou mais uma vez envolvido com o per. let. Agradável, porém inoportuno, em virtude de tudo que tenho à mão, ser temporariamente espanado e tirado da prateleira. Preciso substituir o professor de Anglo-Saxão que está de saída, partindo para os Estado Unidos mês que vem, até seu retorno no Trinity para entregar o cargo ao professor-eleito.

240 Para a Sra. Pauline Gasch (Pauline Baynes)

[Pauline Baynes, que estava ilustrando *As Aventuras de Tom Bombadil*, observou que o texto datilografado do poema-título descrevia que Tom usava uma pena de pavão em seu chapéu, mas a versão nas provas de granel estava "uma pena da asa de um cisne".]

1º de agosto de 1962 76 Sandfield Road, Headington, Oxford

Cara Sra. Gasch,

Lamento que a senhora tenha se incomodado com esse detalhe. Houve várias mudanças menores feitas em vários momentos no processo de assimilação de Tom B. ao mundo do *Senhor dos Anéis*.

A pena de pavão pertence a um rascunho antigo. Por ser inadequada ao S.A., torna-se no S.A. (I p. 130)[1] "uma longa pena azul". Nos poemas como agora serão publicados, Tom aparece (no verso 4 do primeiro poema) com uma "pena da asa de um cisne": para aumentar o caráter ribeirinho e levar em consideração o incidente no segundo poema, o presente de uma pena azul dado pelo martim-pescador. Esse incidente também explica a pena azul do S.A. O poema um é evidentemente, como dito na introdução, uma versão hobbitesca dos acontecimentos muito antes dos dias do S.A. Mas o segundo poema refere-se aos dias do crescimento da sombra, antes de Frodo partir (como a conversa com Magote mostra: cf. S.A. I p. 143).[2] Portanto, quando Tom aparece no S.A., ele está usando uma pena azul.

No que diz respeito à senhora, os pavões estão fora. Uma pena de cisne no primeiro poema; e uma pena azul após o incidente com o martim-pescador.

Obrigado por incomodar-se tanto. Posso dizer que várias mudanças foram feitas nos rascunhos que lhe foram originalmente enviados. Apenas as provas são confiáveis.

Por exemplo, na altercação com o martim-pescador, descobri que nenhuma variedade que provavelmente se encontre em nossas partes do mundo possui um penacho escarlate. (*Peitos* escarlates são mais prováveis, embora os que eu conheço sejam rosados!) Além disso, o mais interessante é que descobri que o nome da ave não significava, como eu havia suposto, "um rei que pesca".* Ele originalmente era *o pescador do rei*. Isso liga o cisne (tradicionalmente a propriedade do rei) com o pássaro-pescador; explica tanto a rivalidade deles como sua amizade especial com Tom: eram criaturas que esperavam pelo retorno de seu Senhor de direito, o verdadeiro Rei.

Não se detenha nesse tipo de coisa a menos que afete a gravura! A gravura vista intimamente é a mais importante para mim. Estou ansioso por sua interpretação. Os pormenores eruditos são apenas um prazer particular que não espero que alguém note. (Por ex., a suspensão de um martim-pescador para observar a direção do vento, que vem de Sir T. Browne;[3] o bigode da lontra destacando-se do ouro, das lendas nibelungas nórdicas;[4] e os três locais para fofocar, *ferraria, moinho e pechinchório* (mercado), da instrutiva obra medieval que estive editando!).[5] Com os melhores votos

Sinceramente,
Ronald Tolkien.

241 De uma carta para Jane Neave 8–9 de setembro de 1962

[A tia de Tolkien, que estava vivendo em Gales, estivera lendo uma cópia de prova de granel de sua palestra "English and Welsh" (O Inglês e o galês), apresentada em 1955 e publicada em 1963 no volume *Angles and Britons: O'Donnell Lectures*.]

Fiquei muito contente em ter notícias suas novamente. Fiquei um pouco receoso de ter passado do ponto com aquela palestra: boa parte dela é bastante enfadonha, a não ser para *dons*. Ela não é realmente "erudita": minha tarefa foi relacionar itens de conhecimento (profissional) comum em uma tentativa de atrair o interesse de ingleses. As únicas coisas "originais" nela são as partes autobiográficas e a referência à "beleza" nos idiomas; e a teoria de que a "língua inata" de alguém não é a mesma que sua "língua de berço".

Eu não ficaria surpreso em saber que seu carteiro *não* conhecia *bobi*: *caws bobi*. Parece que ela não é mencionada em dicionários modernos e provavelmente é obsoleta. Significa ou significava "queijo tostado",

* "Martim-pescador" em inglês é *kingfisher*, lit. *king* [rei] + *fisher* [pescador]. [N.T.]

isto é, *coelho galês*. *Pobi* é a palavra galesa para "cozinhar, assar, tostar" e (se Andrew Boorde[1] entendeu bem) modificou-se o p- para b- porque *pobi* é usada como um adjetivo após um substantivo. Londres durante algum tempo teve muita consciência do galês na época (como visto em Shakespeare), e pequenas quantidades de galês surgiam em peças e contos. Mas a noção de que o galês era a "língua do céu" era muito mais antiga. Andrew B. estava simplesmente ridicularizando uma afirmação galesa ouvida com frequência. Suponho que o carteiro a tenha ouvido. Os carteiros no geral são uma boa tribo — especialmente os do interior que ainda caminham. Mas os carteiros galeses parecem especialmente gentis e também instruídos. Sir John Morris Jones, um famoso erudito galês (e autor da gramática que comprei com o dinheiro do prêmio, conforme relatado)[2] disse, ao comentar sobre a obra de um erudito estudioso francês (Loth) sobre a métrica galesa: "Aprendo mais e compreendo melhor o sentido do tópico através do meu carteiro."

O que não significava, é claro, que Loth era tão ignorante quanto um simples carteiro "trocando cumprimentos", mas que o carteiro era mais letrado e mais instruído do que um professor francês. Pode ter sido verdade — em questões galesas. Pois, como um "país pobre", mesmo agora Gales não aprendeu a associar arte ou conhecimento somente com certas classes. Porém, os galeses, a despeito de todas suas virtudes, são contenciosos e frequentemente maliciosos; e nem sempre afiam suas línguas contra "estrangeiros", com frequência voltam a ponta afiada para os seus pares (que não perdoam facilmente). Todos os "eruditos" tendem a ser irascíveis, mas a erudição e a filologia galesas são uma luta de facções. Minha referência na p. 3 a "entrar nas discussões litigiosas"[3] não foi mera retórica, mas uma afirmação de renúncia necessária quanto a pertencer a qualquer uma das facções.

Diz-se que Sir John M. J. construiu ele mesmo uma bela casa próxima a Bangor com vista para o Estreito de Menai, para Môn (Anglesey). Mas o apelido "amigável" para os habitantes daquela ilha é (do outro lado do estreito) *moch* "suíno". Alguns indivíduos de Beaumaris o visitaram e, depois de admirarem sua casa, perguntaram se ele iria lhe dar um nome. "Sim", disse ele, "vou chamá-la de *Vista de Gadara*." ....

Estou lhe enviando agora "Folha de Cisco". Fiz uma cópia especialmente para que a senhora possa ficar com ela se quiser — do *Dublin Review*, onde ela apareceu quase 20 anos atrás. Foi escrita (creio) pouco antes de a Guerra começar, embora eu a tenha lido pela primeira vez para meus amigos no início de 1940. Não me recordo de nada sobre a composição, exceto que acordei uma manhã com a história na minha cabeça, botei-a no papel — e a forma impressa na maior parte quase não difere da primeira versão apressada. Ainda a considero muito comovente quando a releio.

Ela não é de fato ou propriamente uma "alegoria" tanto quanto é "mítica". Pois a intenção era de que Cisco fosse uma pessoa real de qualidades mistas e não uma "alegoria" de qualquer vício ou virtude isolados. O nome Parish [Paróquia] mostrou-se conveniente para a piada do Carregador, mas não foi dado com qualquer intenção de um significado especial. Certa vez conheci um jardineiro chamado *Parish*. (Vejo que há seis *Parishes* em nossa lista telefônica.) É claro que alguns elementos são explicáveis em termos biográficos (tão obsessivamente interessantes para os críticos modernos que com frequência dão valor a um exemplar de "literatura" somente na medida em que este revela o autor, e especialmente se o faz sob uma luz desairosa). Havia uma grande árvore — um choupo enorme com vastos galhos — visível da minha janela mesmo quando eu estava deitado na cama. Eu a adorava e estava preocupado com ela. Havia sido mutilada de maneira selvagem alguns anos antes, mas novos galhos cresceram galantemente — embora, é claro, não com a graça imaculada de sua forma natural anterior; e agora uma vizinha tola[4] estava insistindo para que fosse derrubada. Cada árvore possui seu inimigo, poucas possuem um defensor. (Com muita frequência o ódio é irracional, um medo de qualquer coisa grande e viva e não facilmente domada ou destruída, embora esse ódio possa revestir-se de termos pseudorracionais.) Essa tola* disse que a árvore bloqueava o sol de sua casa e de seu jardim, e que temia por sua casa se ela caísse com um vento forte. A árvore ficava a *leste* da porta da frente da mulher, do outro lado de uma rua larga, a uma distância quase *três vezes* maior que sua altura total. Assim, apenas por volta do equinócio a árvore fazia sombra em sua direção, e uma sombra que apenas bem no início da manhã atravessava a rua até a calçada do lado de fora de seu portão da frente. E qualquer vento que pudesse ter arrancado a árvore pela raiz e a arremessado na casa dela teria demolido a mulher e a casa sem qualquer ajuda da árvore. Acredito que ela ainda está de pé onde se encontrava, embora muitos ventos tenham soprado desde então.[5] (A grande ventania na qual o terrível inverno de 46-47 terminou (em 17 de março de 1947) derrubou quase todas as árvores imensas da Broadwalk em Christchurch Meadows e devastou o parque de cervos de Magdalen — mas a árvore não perdeu um galho.) Além disso, é claro, eu estava preocupado com

---

* Apenas a esse respeito — o ódio pelas árvores. Era uma grande e galante senhora.

minha própria Árvore interior, *O Senhor dos Anéis*. Estava crescendo e ficando fora de controle e revelando intermináveis novos panoramas — e eu queria terminá-lo, mas o mundo estava ameaçador. E eu estava *empacado*, em algum lugar por volta do Cap. 10 (*A Voz de Saruman*) no Livro III — com fragmentos à frente, alguns dos quais por fim se encaixaram nos Caps. 1 e 3 do Livro V, mas a maioria mostrou-se errônea, especialmente a respeito de Mordor — e eu não sabia como ir em frente. Foi só quando Christopher foi arrastado para a África do Sul que me forcei a escrever o Livro IV, que foi enviado a ele aos poucos. Era 1944. (Não terminei a primeira versão até 1949, quando me lembro de ter borrado as páginas (que agora representam a recepção de Frodo e Sam no Campo de Cormallen) com lágrimas conforme escrevia. Então eu mesmo datilografei *toda* aquela obra, todos os VI livros, e depois *mais uma vez* na revisão (em alguns lugares várias vezes), principalmente em minha cama no sótão da minúscula casa avarandada para onde a guerra nos exilou da casa onde minha família havia crescido.) Mas nada disso realmente ilumina muito "Folha de Cisco", não é mesmo? Se ele possui quaisquer virtudes, elas permanecem como tais, esteja a senhora ciente de tudo isso ou não. Espero que senhora ache que ele possui alguma virtude. (Porém, por razões bem diferentes, acho que a senhora pode gostar dos detalhes pessoais. Isso porque a senhora é querida e se interessa por outras pessoas, especialmente, e com razão, por sua família.)

241a De uma carta para Rayner Unwin 2 de novembro de 1962

[Unwin havia enviado a Tolkien uma cópia antecipada de *As Aventuras de Tom Bombadil*.]

[*As Aventuras de Tom Bombadil*] começou, como você sabe, com minha tia nonagenária. Acho que seria um grande prazer para ela se um exemplar de cortesia pudesse lhe ser enviado em nome da firma, e não por mim. Ficarei muito agradecido se isso puder ser feito. Naturalmente, você pode debitar na minha conta ou tirá-lo dos exemplares do autor.....

Quanto à sua primeira pergunta a respeito de *Pérola* e *Gawain*, terminei as traduções, mas elas necessitam de uma revisão final antes que eu possa enviá-las. *Pérola*, em particular, foi sujeitado a uma boa dose de críticas, muitas das quais justificadas, por um especialista nesta área. Naturalmente, essas traduções estão na minha lista como a tarefa mais urgente que tenho pela frente, mas o retorno às aulas neste período letivo acabou sendo um fardo muito maior do que eu esperava. Foi necessário muito mais trabalho do que eu imaginava para sacudir a poeira de dezessete anos de um assunto que eu achava que conhecia.

241b De uma carta para Rayner Unwin

[Não datada; cerca de 19 de novembro de 1962.]

[Unwin havia admitido seu envolvimento em um *Festschrift*, uma coleção de escritos publicados em homenagem a Tolkien.]

A "conspiração da pólvora", na qual você foi envolvido, foi exposta quase (9 de nov.) na data correta. Meus espiões e agentes falharam para comigo, do contrário eu teria ficado ciente dela há algum tempo. Mas por mais benevolente que tenha sido o objetivo — "explodir-me", na acepção 23, não na 24! do NED —, foi um choque. Nunca me ocorreu que eu viria a receber um "Festschrift"! Devo dizer que foi um grande prazer a "Allen & Unwin" ter se encarregado dele. Quão magnânimo!

242 De uma carta para Sir Stanley Unwin

28 de novembro de 1962

[*As Aventuras de Tom Bombadil* foi publicado em 22 de novembro.]

Até agora vi duas resenhas de "Tom Bombadil": *T. Litt. Suppl.* e *Listener*.[1] Fiquei agradavelmente surpreso: esperava observações muito mais esnobes e condescendentes. Também fiquei bastante satisfeito, uma vez que pareceu que ambos os resenhistas começaram querendo não se divertir, mas fracassaram em manter sua dignidade vitoriana intacta.

Ainda assim, permaneço confuso, como antes: perguntando-me por que se um "professor" mostra qualquer conhecimento de suas técnicas profissionais isso só pode ser "jocosidade", mas se um escritor mostra, digamos, conhecimento das leis ou de tribunais, isso é considerado interessante e digno de crédito.

242a De uma carta para Austin e Katharine Farrer

16 de dezembro de 1962

Talvez eu possa dizer agora (como pretendia fazer há algum tempo) que, embora eu tenha agradecido a Austin apenas brevemente por seu livreto a respeito do Rosário (espero ter agradecido!), tenho-o comigo já há bastante tempo e tenho tirado proveito e encorajamento dele. Demorei para descobrir o Rosário e, além disso, tem sido um grande prazer saber que outros, cuja virtude e saber são muito superiores aos meus, são companheiros. Comecei a usá-lo somente após ouvir Knox[1] (numa ocasião privada) dizer: "Pessoalmente, não gosto do Rosário, mas desconfio que Nossa Senhora goste." Muito Knox. Mas a obediência à própria Mãe é apenas um começo! Ela pode ser muito recompensada.

243 Para Michael Tolkien

19 de dezembro de 1962 76 Sandfield Road, Headington, Oxford

Querido Mick,

Um feliz Natal e que Deus abençoe todos vocês. Estou incluindo para *você* um agradinho que, espero, possa ajudar. Foi possível pelo inesperado sucesso financeiro de meus versos (não importam os críticos). Eu estava quase no "vermelho", pois, sendo agora praticamente "autônomo", em geral tenho de esperar até maio para que a "A & U" desembolse os rendimentos do ano anterior. Mas me deram um adiantamento, já que "T. B." vendeu quase 8.000 exemplares antes da publicação (pegos de surpresa, tiveram de reimprimir apressadamente) e isso, mesmo sobre um minúsculo direito autoral inicial, significa mais do que é costumeiro para qualquer um, exceto Betjeman, lucrar com poesia! . . . .

Estou extremamente cansado após voltar para o período letivo no meio de outros trabalhos (dos quais *T.B.*, apesar de pequeno, causou muito suor). Meu *Ancrene Wisse* finalmente também recebeu suas capas esta semana, mas como é apenas um texto (com notas de rodapé textuais) em inglês médio extremamente arcaico, não acho que você se entreteria com ele. Mas quando a tradução de *Sir Gawain* e *Pérola* aparecer (no início do ano que vem, espero), você receberá um exemplar. Então rumarei para Númenor e lendas sombrias e difíceis. Fui honrado com um "Festschrift" — um volume de contribuições de 22 "anglistas" com uma ode prefacial de Auden por meu 70º aniversário. Uma conspiração arquitetada e executada por Rayner Unwin e Norman Davis (meu sucessor), da qual eu nada sabia até algumas semanas atrás. . . .

Bem, aí vem o Natal! Aquela coisa extraordinária que "comercialismo" algum pode de fato macular — a não ser que se permita. Espero, meu querido, que ele lhe traga algum descanso e alívio de todas as maneiras, e me lembrarei de você na comunhão (como sempre, mas especialmente) e desejarei ter toda minha família ao meu lado da antiga maneira patriarcal!

Do seu Pai.

244 De um rascunho para um(a) leitor(a) de *O Senhor dos Anéis*

[Um fragmento no alto do qual Tolkien escreveu: "Comentários sobre uma crítica (agora perdida?) a respeito de Faramir e Eowyn (c. 1963)."]

Eowyn: É possível amar mais de uma pessoa (do outro sexo) ao mesmo tempo, mas de um modo e intensidade diferentes. Não acho que os sentimentos de Eowyn por Aragorn realmente mudaram muito; e quando ele se revelou uma figura tão altiva, em origem e ofício, ela foi capaz de continuar *amando* e admirando-o. Ele era *velho*, e essa não é apenas uma qualidade física: quando não acompanhada de qualquer definhamento físico, a idade pode ser alarmante ou inspiradora de admiração. Além disso, ela própria *não* era ambiciosa no verdadeiro sentido político. Apesar de não ser uma "ama-seca" em temperamento, ela também não era realmente soldado ou "amazona", mas como muitas mulheres corajosas era capaz de grande bravura militar em uma crise.

Acho que você interpreta mal *Faramir*. Ele era intimidado por seu pai: não somente da maneira comum de uma família com um pai orgulhoso e severo de grande força de caráter, mas como um Númenóreano diante do chefe do único estado númenóreano restante. Ele era órfão de mãe e não tinha irmã (*Eowyn* também era órfã de mãe), e tinha um irmão "mandão". Fora acostumado a submeter-se e a não expressar suas próprias opiniões, apesar de manter um poder de comando entre os homens, tal como um homem pode obter sendo este de forma evidente pessoalmente corajoso e decisivo, mas também modesto, imparcial e escrupulosamente justo e muito misericordioso. Creio que ele compreendia Eowyn muito bem. Além disso, ser Príncipe de Ithilien, o maior nobre depois de Dol Amroth no revivido estado númenóreano de Gondor, que em breve seria de poder e prestígio imperiais, não era um "emprego de horticultor", como você o chama. Até que muito tivesse sido feito pelo Rei restabelecido, o P. de Ithilien seria o guardião residente das fronteiras de Gondor, em seu principal posto avançado oriental — e também teria muitas obrigações na reabilitação do território perdido e na retirada de indivíduos fora da lei e orques remanescentes, sem falar do terrível vale de Minas Ithil (Morgul). Naturalmente, não entrei em detalhes sobre a maneira na qual Aragorn, como Rei de Gondor, governaria o reino. Mas foi deixado claro que houve muita luta e, nos primeiros anos do reinado de A., expedições contra inimigos no Leste. Os principais comandantes, sujeitos ao Rei, eram Faramir e Imrahil; e um destes normalmente permanecia um comandante militar no reino na ausência do Rei. Um Rei númenóreano era *monarca*, com o poder de decisão inquestionável em debates; porém, ele governava o reino de acordo com a antiga lei, da qual era administrador (e intérprete), mas não o criador. Em todas as questões discutíveis de importância doméstica ou externa, contudo, até mesmo Denethor possuía um Conselho, e ao menos escutava o que os Senhores dos Feudos e os Capitães das Forças tinham a dizer. Aragorn restabeleceu o Grande Conselho de Gondor, e neste Faramir, que permaneceu* por hereditariedade o *Regente* (ou representante do Rei durante a ausência deste no exterior, ou em caso de doença, ou entre a morte deste e a ascensão de seu herdeiro) [era] o principal conselheiro.

Crítica da rapidez do relacionamento ou "amor" de Faramir e Eowyn. Por experiência própria, sentimentos e decisões amadurecem muito rapidamente (conforme medidos pelo simples "tempo de relógio", que na verdade não é devidamente aplicável) em períodos de grande tensão, e especialmente sob a expectativa de morte iminente. E *não* acho que pessoas de posição e criação elevadas necessitem de todos os joguinhos e aproximações em questões de "amor". Esta história não lida com um período de "Amor Cortês" e seus pretextos, mas com uma cultura mais primitiva (isto é, menos corrupta) e mais nobre.

245 Para Rhona Beare

[Respostas às seguintes perguntas: (1) Nas "runas inglesas" usadas para inscrições anglo-saxãs, a runa ᚹ não significa G conforme significa em *O Senhor dos Anéis*. Por que não? (2) O que acontecia aos Elfos quando morriam em batalha?]

25 de junho de 1963 — 76 Sandfield Road, Headington, Oxford

Cara Srta. Beare,

As "cirth" ou runas no "S.A." foram inventadas para aquela história e, dentro dela, não possuem uma suposta ligação histórica com o alfabeto rúnico germânico, ao qual os ingleses deram seu desenvolvimento mais elaborado. Assim, não há por que se surpreender caso sinais similares possuam valores diferentes. A similaridade das formas é inevitável em alfabetos desenvolvidos primeiramente para se cortar ou arranhar na madeira e, portanto, constituído de linhas

*Ver III p. 245.[1]

feitas direta ou diagonalmente através da grã. Os sinais usados nas cirth são quase [todos] extraídos do padrão básico ᛞ, e as possibilidades são *diminuídas* ao se evitar a junção de uma diagonal com a base de uma linha vertical (as exceções são poucas e limitadas a casos em que, como em ᛔ ᛂ há também uma junção no topo). Elas são *aumentadas* pela repetição no lado oposto de uma linha vertical de qualquer anexo diagonal e pela repetição de metade do padrão básico: ᛞᛜ, daí ᛏ ᛉ ᛘ ᛦ etc.

Quanto aos Elfos. Mesmo nestas lendas vemos os Elfos principalmente através dos olhos dos Homens. De qualquer modo, está claro que nenhum lado tinha conhecimento total sobre o destino definitivo do outro. Os Elfos eram suficientemente longevos para serem chamados pelo Homem de "imortais". Porém, eles não deixavam de envelhecer e de se cansar. Sua própria tradição era de que estavam confinados aos limites deste mundo (em espaço e tempo), mesmo se morressem, e continuariam a existir nele de alguma forma até "o fim do mundo". Mas o que "o fim do mundo" pressagiava a respeito disso ou de si mesmos eles não sabiam (embora sem dúvida tivessem teorias). Tampouco obviamente possuíam qualquer informação especial a respeito do que a "morte" pressagiava para os Homens. Acreditavam que significava "liberação dos círculos do mundo", e nesse aspecto era para eles invejável. E diziam aos Homens que os invejavam que um temor da perda definitiva, embora possa ser indefinidamente remota, não é necessariamente mais fácil de suportar se, no final, ela é inevitavelmente certa: um fardo pode tornar-se mais pesado quanto mais tempo for carregado.

Espero que perdoe o lápis e uma letra garranchada e não muito legível. Estou (temporariamente, espero) privado do uso de minha mão e braço direitos, e estou nos estágios iniciais de aprendizado com minha mão esquerda. Canetas para destros aumentam a garatuja, mas um lápis acomoda a si mesmo.

Sinceramente,
J.R.R. Tolkien.

246 De uma carta para a Sra. Eileen Elgar (rascunhos)

Setembro de 1963

[Uma resposta aos comentários de uma leitora sobre o fracasso de Frodo em renunciar ao Anel nas Fendas da Perdição.]

Muito poucos (na verdade, no tocante a cartas, apenas a senhora e uma outra) observaram ou comentaram sobre o "fracasso" de Frodo. É um ponto muito importante.

Do ponto de vista do narrador, os eventos no Monte da Perdição simplesmente provieram da lógica da história até aquele momento. Eles não foram deliberadamente planejados nem previstos até que tivessem ocorrido.* Porém, em primeiro lugar, ficou bastante claro por fim que Frodo, após tudo o que aconteceu, seria incapaz de destruir voluntariamente o Anel. Refletindo sobre a solução após esta ter ocorrido (como um simples evento), acredito que ela seja central para toda a "teoria" da nobreza e heroísmo verdadeiros que é apresentada.

Frodo realmente "fracassou" como herói, tal como compreendido por mentes simples: ele não aguentou até o final; ele desistiu, desertou. Não digo "mentes simples" com desprezo: elas frequentemente veem com clareza a verdade simples e o ideal absoluto aos quais os esforços devem ser direcionados, ainda que sejam inatingíveis. Porém, a fraqueza delas tem duas facetas. Não percebem a complexidade de qualquer determinada situação no Tempo, no qual um ideal absoluto está enredado. Tendem a esquecer aquele elemento estranho no Mundo que chamamos de Piedade ou Misericórdia, que também é um requisito absoluto no julgamento moral (visto que está presente na natureza Divina). Em seu exercício mais elevado, ele pertence a Deus. Quanto a juízes finitos de conhecimento imperfeito, ele deve conduzir ao uso de duas escalas diferentes de "moralidade". A nós mesmos devemos apresentar o ideal absoluto sem comprometimento, pois não conhecemos nossos próprios limites de força natural (+ graça) e, se não almejarmos o mais elevado, certamente não atingiremos o máximo que poderíamos alcançar. A outros, dos quais conhecemos o suficiente para fazer um julgamento, de qualquer modo, devemos aplicar uma escala temperada pela "misericórdia": isto é, uma vez que podemos de boa vontade fazer isso sem a parcialidade inevitável em juízos que fazemos de nós mesmos, devemos estimar os limites da força de outro e pesar isso contra a força de circunstâncias específicas.†

Não acho que o fracasso de Frodo foi *moral*. No último momento, a pressão do Anel alcançaria seu máximo — impossível, eu deveria ter dito, para qualquer um resistir, certamente após uma longa posse, meses de tormento crescente e estando faminto e exausto. Frodo havia

* Na verdade, uma vez que os eventos nas Fendas da Perdição seriam obviamente vitais para a História, fiz vários esboços ou versões experimentais em vários estágios da narrativa — mas nenhum deles foi usado, e nenhum deles se parecia muito com o que de fato é relatado na história acabada.

† Frequentemente vemos essa escala dupla usada pelos santos no julgamento que fazem sobre si próprios ao sofrerem grandes necessidades ou tentações e sobre outros em testes similares.

feito o que podia e havia se exaurido completamente (como um instrumento da Providência) e havia criado uma situação na qual o objetivo de sua demanda não poderia ser alcançado. Sua humildade (com a qual começou) e seus sofrimentos foram devidamente recompensados com a maior honra; e seu exercício de paciência e compaixão para com Gollum valeram-lhe a Misericórdia: seu fracasso foi reparado.

Somos criaturas finitas com limitações absolutas sobre os poderes de nossa estrutura de corpo e alma tanto em ação como em resistência. O fracasso *moral* só pode ser asseverado, creio, quando o esforço ou resistência de um homem *não atinge* seus limites, e a culpa diminui conforme se chega mais próximo desse limite.*

No entanto, creio que pode ser observado na história e na experiência que alguns indivíduos parecem ser colocados em posições "sacrificiais": situações ou tarefas que, para uma solução perfeita, demandam poderes além de seus limites máximos, até mesmo além de todos os limites possíveis para uma criatura encarnada em um mundo físico — no qual um corpo pode ser destruído, ou tão mutilado que afeta a mente e a vontade. O julgamento sobre semelhante caso deveria então depender dos motivos e da disposição com os quais ele começou, e deveria pesar suas ações em relação à possibilidade máxima de seus poderes no decorrer de toda a estrada para o que quer que se mostre ser o ponto de ruptura.

Frodo empreendeu sua demanda por amor — para salvar o mundo que conhecia do desastre ao custo de si próprio, caso pudesse; e também em completa humildade, reconhecendo que ele era totalmente inadequado para a tarefa. Seu compromisso real era apenas fazer o que pudesse, tentar encontrar um caminho e ir o mais longe na estrada que sua força de mente e corpo permitisse. Ele fez isso. Eu mesmo não considero que a destruição de sua mente e vontade sob pressão demoníaca após o tormento foi um fracasso *moral* mais do que a destruição de seu corpo teria sido — digamos, ao ser estrangulado por Gollum ou esmagado por uma pedra que caísse.

Esse parece ter sido o julgamento de Gandalf e Aragorn e de todos que tomaram conhecimento da história completa de sua jornada.

* Não é levada em consideração aqui a "graça" ou o aprimoramento de nossos poderes como instrumentos da Providência. Frodo recebeu uma "graça": primeiro para responder ao chamado (no fim do Conselho) após resistir por muito tempo a uma rendição completa; e, mais tarde, em sua resistência à tentação do Anel (em momentos em que reivindicá-lo e, assim, revelá-lo teria sido fatal) e em sua tolerância ao medo e ao sofrimento. Mas a graça não é infinita e, na maioria dos casos, na economia Divina parece limitada ao que é suficiente para a realização da tarefa designada a um instrumento em um padrão de circunstâncias e outros instrumentos.

Certamente nada seria escondido por Frodo! Mas o que o próprio Frodo sentiu sobre os eventos é uma outra questão.

Ele parece primeiramente não ter tido qualquer sentimento de culpa (III 224-5);[1] restauraram-lhe a *sanidade* e a paz. Mas ele então pensou que havia dado sua vida em sacrifício: ele esperava morrer muito em breve. Porém, não morreu, e é possível observar a inquietação crescendo nele. Arwen foi a primeira a observar os sinais, e deu-lhe sua joia para consolá-lo e pensou em uma maneira de curá-lo.* Lentamente ele "sai de cena", dizendo e fazendo cada vez menos. Acho que está claro mediante reflexão para um leitor atento que, quando seus tempos sombrios caíram sobre ele e estava consciente de estar "ferido com faca, ferrão e dente e com um longo fardo" (III 268), não eram apenas pesadelos de lembranças de horrores passados que o afligiam, mas também uma autocensura despropositada: ele via a si mesmo e tudo o que havia feito como um fracasso retumbante. "Por muito que eu vá ao Condado, ele não parecerá o mesmo; pois eu não hei de ser o mesmo." Na realidade, essa foi uma tentação saída das Trevas, uma última centelha de orgulho: desejo de ter retornado como um "herói", não satisfeito em ser um mero instrumento do bem. E essa estava misturada com outra tentação, mais sombria e, ainda assim, (de certa forma) mais merecida, pois por mais que isso possa ser explicado, ele na verdade não se desfez do Anel por um ato voluntário: ele estava tentado a lamentar sua destruição e a ainda desejá-lo. "Foi-se para sempre, e agora tudo está escuro e vazio", disse ele quando despertou de sua enfermidade em 1420.

"Ai de nós! Há algumas feridas que não podem ser curadas por completo", disse Gandalf (III 268) — não na Terra-média. Frodo foi enviado ou teve permissão para atravessar o Mar para curar-se — se

---

* Não fica explícito como ela poderia conseguir isso. Ela obviamente não podia simplesmente transferir sua passagem no barco dessa forma! A qualquer um, exceto aqueles da raça élfica, "navegar para o Oeste" não era permitido, e qualquer exceção necessitava de "autoridade", e ela não estava em comunicação direta com os Valar, especialmente não desde sua escolha de tornar-se "mortal". O que significa é que foi Arwen quem primeiro pensou em enviar Frodo para o Oeste, e intercedeu por ele junto a Gandalf (diretamente ou através de Galadriel, ou ambos), e ela usou sua própria renúncia ao direito de ir para o Oeste como um argumento. Sua renúncia e sofrimento estavam relacionados e enredados com os de Frodo: ambos eram partes de um plano para a regeneração do estado dos Homens. A súplica dela, portanto, podia ser especialmente efetiva, e seu plano ter uma certa equidade de troca. Sem dúvida foi Gandalf a autoridade que aceitou o pedido dela. Os Apêndices mostram claramente que ele era um emissário dos Valar e, na prática, o plenipotenciário destes na execução do plano contra Sauron. Ele tinha também um acordo especial com Cirdan, o Mestre dos Navios, que lhe entregara seu anel e colocou-se assim sob o comando de Gandalf. Uma vez que o próprio Gandalf foi no Navio, não haveria, por assim dizer, problema tanto no embarque como no desembarque.

isso pudesse ser feito, antes que morresse. Ele por fim viria a "falecer": mortal algum podia, ou pode, residir para sempre na terra ou dentro do Tempo. De modo que ele partiu tanto para um purgatório como para uma recompensa por algum tempo: um período de reflexão e paz e a aquisição de uma compreensão mais verdadeira de sua posição em pequenez e grandeza, passado ainda no Tempo no meio da beleza natural da "Arda Imaculada", a Terra não deturpada pelo mal.

Bilbo também partiu. Sem dúvida como uma finalização do plano devido ao próprio Gandalf. Gandalf tinha uma grande afeição por Bilbo, desde a infância do hobbit. A companhia dele era realmente necessária para o bem de Frodo — é difícil imaginar um hobbit, mesmo um que passou pelas experiências de Frodo, realmente feliz mesmo em um paraíso terrestre sem um companheiro de sua própria raça, e Bilbo era a pessoa que Frodo mais amava. (Cf III 252 linhas 12 a 21 e 263 linhas 1-2.)[2] Mas ele também necessitava e merecia o favor por si próprio. Ele ainda carregava a marca do Anel que precisava ser finalmente apagada: um pouco de orgulho e possessividade pessoal. É claro que ele estava velho e com a mente confusa, mas ainda foi uma revelação da "marca negra" quando ele disse em Valfenda (III 265) "O que foi feito do meu anel, Frodo, aquele que você levou?"; e quando foi lembrado do que havia acontecido, sua resposta imediata foi: "Que pena! Eu gostaria de tê-lo visto mais uma vez". Quanto à recompensa por sua parte, é difícil acreditar que sua vida estaria completa sem uma experiência de "elficidade pura" e a oportunidade de ouvir as lendas e histórias integralmente, cujos fragmentos tanto o haviam deleitado.

Obviamente está claro que o plano na verdade havia sido feito e acertado (por Arwen, Gandalf e outros) antes que Arwen falasse. Mas Frodo não o compreendeu imediatamente; as implicações seriam lentamente compreendidas mediante reflexão. Tal viagem a princípio não pareceria algo a ser necessariamente temido, sendo até mesmo algo pelo qual ansiar — enquanto não tivesse data e fosse adiável. Seu verdadeiro desejo era hobbitesco (e humano), simplesmente "ser ele mesmo" outra vez e voltar para a velha vida familiar que fora interrompida. Já na viagem de volta de Valfenda ele repentinamente percebeu que não era possível para ele. Por isso a sua exclamação "Onde hei de encontrar repouso?" Ele sabia a resposta, e Gandalf não respondeu. Quanto a Bilbo, é provável que Frodo a princípio não entendeu o que Arwen quis dizer com "[ele] não fará mais nenhuma longa jornada, a não ser uma". De qualquer forma, ele não associou isso ao seu próprio caso. Quando Arwen falou (em TE 3019), ele ainda era jovem, ainda não tinha 51 anos, e Bilbo era 78 anos mais velho. Em Valfenda, porém, ele veio a compreender as coisas com mais clareza. As conversas que teve lá não são relatadas, mas é revelado o suficiente na despedida de Elrond, em III 267.[3] Desde o início da primeira enfermidade (5 de outubro de 3019) Frodo devia estar pensando sobre "navegar", embora ainda resistisse a uma decisão final — de ir com Bilbo, ou de realmente ir. Sem dúvida foi após sua grave doença em março de 3020 que ele se decidiu.

A intenção é de que Sam seja adorável e digno de riso. Alguns leitores ele irrita e até mesmo enfurece. Posso entender bem isso. Todos os hobbits às vezes me afetam do mesmo modo, embora eu continue gostando muito deles. Mas Sam pode ser muito "exasperante". Ele é um hobbit mais representativo do que quaisquer outros que temos de ver muito; e consequentemente possui um ingrediente mais forte daquela qualidade que mesmo alguns hobbits às vezes acham difícil suportar: uma vulgaridade — com a qual não quero dizer uma mera "rusticidade" —, uma miopia mental que tem orgulho de si própria, uma presunção (em graus variados) e convencimento, e um imediatismo para avaliar e resumir todas as coisas a partir de uma experiência limitada, largamente confinada a uma sentenciosa "sabedoria" tradicional. Encontramos apenas hobbits excepcionais em íntimo companheirismo — aqueles que tiveram uma graça ou dádiva: uma visão de beleza e uma reverência por coisas mais nobres que eles mesmos, em guerra com sua rústica satisfação consigo mesmos. Imagine Sam sem ter sido educado por Bilbo e seu fascínio por coisas élficas! Não é difícil. A família Villa e o Feitor, quando os "Viajantes" retornam, são um vislumbre suficiente.

Sam era convencido, e lá no fundo um pouco vaidoso; mas sua vaidade foi transformada por sua devoção a Frodo. Ele não pensava em si mesmo como heroico ou mesmo valente, ou de qualquer forma admirável — exceto em seu serviço e lealdade ao seu patrão. Isso tinha um ingrediente (provavelmente inevitável) de orgulho e possessividade: é difícil excluir isso da devoção daqueles que realizam tal serviço. De qualquer modo, isso o impediu de compreender completamente o patrão que amava e de acompanhá-lo em sua educação gradual para a nobreza do serviço ao desamável e da percepção do bem lesado no corrompido. Ele simplesmente não compreendeu totalmente os motivos de Frodo ou sua aflição no incidente da Lagoa Proibida. Se tivesse compreendido melhor o que estava acontecendo entre Frodo e Gollum, as coisas poderiam ter sido diferentes no final. Para mim, talvez o momento mais trágico na História aparece em II 323 em diante, quando Sam fracassa em notar a completa mudança no tom e aspecto de Gollum. "Nada, nada", respondeu Gollum baixinho. "Mestre bonzinho!". Seu arrependimento é arruinado e toda a piedade de Frodo é (de certa forma*) desperdiçada. A toca de Laracna tornou-se inevitável.

Isso se deve, é claro, à "lógica da história". Sam dificilmente poderia ter agido de maneira diferente. (Ele por fim alcançou o ponto de piedade (III 221-222),[4] mas tarde demais para o bem de Gollum.) Se tivesse agido, o que então poderia ter acontecido? O percurso da entrada em Mordor e o esforço para alcançar o Monte da Perdição teriam sido diferentes, e assim também o seria o final. Acredito que o interesse teria sido transferido para Gollum e a batalha que teria sido travada entre seu arrependimento e seu novo amor de um lado e o Anel. Apesar do fato de que o amor teria sido fortalecido diariamente, ele não poderia ter arrancado o domínio do Anel. Acho que de alguma maneira estranha, pervertida e lamentável, Gollum teria tentado (talvez não com uma intenção consciente) satisfazer ambos. Certamente em algum momento não muito longe do fim ele teria roubado o Anel ou o teria tomado por violência (como faz na própria História). Mas estando a "posse" satisfeita, acho que ele teria então se sacrificado pelo bem de Frodo e teria se lançado *voluntariamente* no abismo flamejante.

Creio que um efeito dessa regeneração parcial por amor teria sido uma visão mais clara quando houvesse reclamado o Anel. Ele teria percebido o mal de Sauron e repentinamente compreendido que não poderia usar o Anel e que não possuía a força ou estatura para mantê-lo em oposição a Sauron: o único modo de mantê-lo e ferir Sauron era destruí-lo e a si próprio juntos — e num rápido momento ele pode ter visto que esse seria o maior serviço para Frodo. Frodo na história realmente pega o Anel e o reivindica, e certamente ele também teria tido uma visão clara — mas não teve tempo algum: foi imediatamente atacado por Gollum. Quando Sauron ficou ciente da captura do Anel, sua única esperança estava no poder deste: que o reivindicador seria incapaz de abrir mão do Anel até que Sauron tivesse tempo para lidar com ele. Frodo então provavelmente, se não fosse atacado, também teria de tomar o mesmo caminho: lançar-se com o Anel no abismo. Caso contrário, ele obviamente teria falhado completamente. É um problema interessante: como Sauron teria agido ou o reivindicador teria resistido. Sauron enviou imediatamente os Espectros-do-Anel.

* No sentido de que a "piedade", para ser uma virtude verdadeira, deve ser direcionada para o bem de seu objetivo. Ela é vazia se for exercida *unicamente* para manter-se "limpo", livre do ódio ou da prática real da injustiça, embora esse também seja um motivo bom.

Eles naturalmente tinham total ciência e não estavam de modo algum enganados quanto à real soberania do Anel. Aquele que o usasse não estaria invisível para eles, mas o oposto, e mais vulnerável às armas deles. Porém, a situação agora era diferente daquela no Topo-do-Vento, onde Frodo agiu simplesmente com medo e queria apenas usar (em vão) o poder subsidiário do Anel de conferir invisibilidade. Ele havia crescido desde então. Eles teriam ficado imunes ao poder do Anel caso Frodo o reivindicasse como um instrumento de comando e dominação?

Não completamente. Não creio que eles poderiam tê-lo atacado com violência, nem o prendido ou o feito prisioneiro; teriam obedecido ou fingido obedecer a quaisquer ordens menores dele que não interferissem em sua missão — imputada a eles por Sauron, que ainda através de seus nove anéis (que ele detinha) possuía o controle primário de suas vontades. Essa missão era remover Frodo da Fenda. Uma vez que ele perdesse o poder ou a oportunidade para *destruir* o Anel, não haveria dúvida quanto ao fim — excetuando a ajuda externa, que era pouco provável que fosse sequer remotamente possível.

Frodo havia se tornado uma pessoa considerável, mas de um tipo especial: em aprimoramento espiritual em vez de aumento de poder físico ou mental; sua vontade estava muito mais forte do que havia sido, mas até então havia sido exercida na resistência em não usar o Anel e com o objetivo de destruí-lo. Ele precisaria de tempo, muito tempo, antes que pudesse controlar o Anel ou (que em tal caso é a mesma coisa) antes que este pudesse controlá-lo, antes que sua vontade e sua arrogância pudessem crescer a uma estatura na qual fosse capaz de dominar outras grandes vontades hostis. Mesmo assim, por um longo tempo seus atos e ordens ainda teriam de parecer "bons" a ele, teriam de ser para o bem de outros além de si próprio.

A situação entre Frodo com o Anel e os Oito* poderia ser comparada àquela de um homenzinho corajoso armado com uma arma devastadora, confrontado por oito guerreiros selvagens de grande força e agilidade armados com lâminas envenenadas. A fraqueza do homem era que ele ainda não sabia como usar sua arma, e era por temperamento e treinamento avesso à violência. A fraqueza deles era de que a arma do homem era uma coisa que os enchia de medo, sendo um objeto de terror em seu culto religioso, através do qual haviam sido condicionados a tratar aquele que o detivesse com servilidade. Acredito que eles teriam mostrado "servilidade". Teriam

* O Rei-bruxo havia sido reduzido à impotência.

saudado Frodo como "Senhor". Com belas falas o teriam induzido a deixar as Sammath Naur — por exemplo, "para vislumbrar seu novo reino e contemplar à distância com sua nova visão a morada de poder que agora deveria reivindicar e voltar para seus próprios propósitos". Uma vez do lado de fora da câmara, enquanto ele estivesse contemplando, alguns deles teriam destruído a entrada. Frodo a essa altura provavelmente já estaria envolvido demais em grandes planos de governo reformado — parecidos, mas muito maiores e mais amplos do que a visão que tentou Sam (III 177)[5] — para prestar atenção nisso. Mas caso ele ainda preservasse alguma sanidade e compreendesse em parte o significado disso, de modo que se recusasse a ir com eles para Barad-dûr, eles simplesmente teriam esperado. Até que o próprio Sauron viesse. De qualquer forma, um confronto entre Frodo e Sauron logo teria ocorrido, se o Anel estivesse intacto. Seu resultado seria inevitável. Frodo teria sido definitivamente derrotado: reduzido a pó ou preservado em tormento como um escravo balbuciante. Sauron não teria temido o Anel! Ele era seu e estava sob sua vontade. Mesmo à distância ele exercia um efeito sobre o artefato, para fazer com que agisse a fim de retornar para si próprio. Em sua presença efetiva ninguém, exceto pouquíssimos de igual estatura, poderia ter esperanças de reter o Anel de seu alcance. Dos "mortais" ninguém, nem mesmo Aragorn. No confronto com a Palantír, Aragorn era o possuidor por direito. Além disso, o confronto aconteceu de longe, e em uma história que permite a encarnação de grandes espíritos em uma forma física e destrutível, o poder destes deve ser muito maior quando realmente presentes fisicamente. Sauron deve ser visto como deveras terrível. A forma que assumiu foi a de um homem de uma estatura mais do que humana, mas não gigante. Em sua primeira encarnação ele era capaz de ocultar seu poder (como o fez Gandalf) e podia aparecer como uma figura imponente de grande força corporal e comportamento e semblante supremamente reais.

Dos outros, podia-se esperar que apenas Gandalf o sobrepujasse — sendo um emissário dos Poderes e uma criatura da mesma ordem, um espírito imortal que assumira uma forma física visível. No "Espelho de Galadriel", I 381, parece que Galadriel julgava ser capaz de usar o Anel e de suplantar o Senhor Sombrio. Neste caso, então também o eram os outros guardiões dos Três, especialmente Elrond. Mas essa é outra questão. Era parte do engodo essencial do Anel encher as mentes com fantasias de poder supremo. Mas isso os Grandes haviam considerado muito bem e rejeitado, como é visto nas palavras de Elrond no Conselho. A rejeição de Galadriel da tentação foi baseada em pensamento e resolução prévios. De qualquer maneira, Elrond ou Galadriel teria prosseguido na política agora adotada por Sauron: teriam erguido um império com grandes generais e exércitos absolutamente subservientes e máquinas de guerra, até que pudessem desafiar Sauron e destruí-lo à força. O confronto apenas com Sauron, sem auxílio, individual, não era contemplado. Pode-se imaginar a cena na qual Gandalf, digamos, fosse colocado em tal posição. Seria um equilíbrio delicado. De um lado, a verdadeira fidelidade do Anel a Sauron; do outro, força superior, pois Sauron na verdade não estava de posse dele, e talvez também porque ele fora enfraquecido pela longa corrupção e dispêndio de vontade na dominação de inferiores. Se Gandalf se mostrasse vitorioso, o resultado teria sido para Sauron o mesmo que a destruição do Anel; para ele, teria sido destruído, tirado de si para sempre. Mas o Anel e todas as suas obras teriam perdurado. O Anel teria sido o mestre no final.

Gandalf como Senhor do Anel teria sido muito pior que Sauron. Ele teria permanecido "justo", mas hipócrita. Teria continuado a governar e ordenar as coisas para o "bem" e o benefício de seus subordinados de acordo com sua sabedoria (que era e teria permanecido grande).

[O rascunho termina aqui. Na margem, Tolkien escreveu: "Assim, apesar de Sauron multiplicar [palavra ilegível] o mal, ele deixava o 'bem' claramente distinguível dele. Gandalf teria tornado o bem detestável e o teria feito parecer o mal."]

247 Para o Coronel Worskett

[Uma carta para um leitor de *O Senhor dos Anéis*.]

20 de setembro de 1963
76 Sandfield Road, Headington, Oxford
Caro Coronel Worskett,

Muito obrigado por sua encantadora e encorajadora carta. Ela muito me agradou. . . . .

De fato, eu poderia fornecer-lhe outro volume (ou muitos) sobre o mesmo mundo imaginário. Na verdade, estou sob contrato para fazê-lo. Mas fui atrasado durante alguns anos pelo trabalho estrito e pesado com tarefas profissionais negligenciadas enquanto assegurava que *O Senhor dos Anéis* fosse publicado. Estas acabarão, por agora, quando minha tradução *Sir Gawain e o Cavaleiro Verde* for para a gráfica: logo, espero. Então voltarei à tarefa de colocar em ordem todas ou parte das lendas das eras anteriores, mencionadas nos Apêndices (esp. A i.). . . . .

Ainda assim, receio que a apresentação necessitará de muito trabalho, e eu trabalho muito lentamente. As lendas precisam ser trabalhadas por completo (foram escritas em épocas diferentes, algumas há muitos anos) e deixadas consistentes; e precisam ser integradas com O S.A.; e precisam receber um formato progressivo. Nenhum artifício simples, como uma viagem e uma demanda, está disponível.

Eu mesmo tenho dúvidas sobre a tarefa. Acredito que parte do atrativo de O S.A. deve-se aos vislumbres de uma grande história ao fundo: um atrativo como aquele de ver ao longe uma ilha que não foi visitada ou de ver as torres de uma cidade distante brilhando em meio a uma névoa iluminada pelo sol. Ir até lá é destruir a magia, a não ser que novas paisagens inatingíveis sejam novamente reveladas. Além do mais, muitas das lendas mais antigas são puramente "mitológicas", e quase todas são tristes e trágicas: um longo relato dos desastres que destruíram a beleza do Mundo Antigo, do obscurecer de Valinor à Queda de Númenor e a fuga de Elendil. E não há hobbits. Tampouco Gandalf aparece, exceto em uma menção passageira; pois sua época de importância não começou até a Terceira Era. Os únicos personagens principais do S.A. que aparecem são Galadriel e Elrond.

Há certamente muitos elos entre *O Hobbit* e O S.A. que não estão claramente elaborados. Em sua maioria foram escritos ou esboçados, mas suprimidos para não sobrecarregar o todo: tais como as viagens exploratórias de Gandalf, suas relações com Aragorn e Gondor; todos os movimentos de Gollum até refugiar-se em Moria, e assim por diante. Na verdade, escrevi integralmente um relato do que realmente aconteceu antes da visita de Gandalf a Bilbo e a subsequente "Festa Inesperada", como visto pelo próprio Gandalf. Era para ter sido inserido durante uma conversa de recordações em Minas Tirith; mas teve de ficar de fora, e apenas representada brevemente no Ap. A pp. 358 a 360, embora as dificuldades que Gandalf teve com Thorin sejam omitidas.[1]

Não há ou não havia Ents nas histórias mais antigas — porque os Ents, de fato, somente se apresentaram para mim, sem premeditação ou qualquer conhecimento consciente prévio, quando cheguei ao Capítulo IV do Livro Três. Mas, visto que Barbárvore mostra ter conhecimento da terra submergida de Beleriand (a oeste das Montanhas de Lûn), na qual a ação principal da guerra contra Morgoth ocorreu*, eles terão de aparecer. Contudo, como a Guerra em Beleriand na época

*Tasarinan, Ossiriand, Neldoreth e Dorthonion eram todas regiões de Beleriand, famosas em contos da Guerra.

do encontro dos hobbits ocorrera por volta de 7.000 anos antes, sem dúvida eles não eram exatamente os mesmos: menos sábios, menos fortes, mais tímidos e mais incomunicáveis (seu próprio idioma era mais simples, mas seu conhecimento de outras línguas era muito pequeno). Porém, posso prever uma ação que executaram, não sem um significado em O S.A. Foi em Ossiriand, uma terra de florestas, secreta e misteriosa diante do sopé ocidental das Ered Luin, que Beren e Lúthien residiram por um tempo após o retorno de Beren dos Mortos (I p. 206). Beren não apareceu novamente entre mortais, exceto uma vez. Ele interceptou um exército anânico que havia descido das montanhas, saqueado o reino de Doriath e assassinado o Rei Thingol, o pai de Lúthien, levando consigo um grande espólio, incluindo o colar de Thingol no qual encontrava-se a Silmaril. Houve uma batalha próximo a um vau que atravessava um dos Sete Rios de Ossir, e a Silmaril foi recuperada, e assim passou para Dior, filho de Beren, e para Elwing, filha de Dior, e Earendel, seu esposo (pai de Elros e Elrond). Parece claro que Beren, que não possuía um exército, recebeu o auxílio dos Ents — e isso não contribuiria para o amor entre Ents e Anãos.

Perdoe-me por falar demais! E perdoe o uso de uma máquina de escrever. Estive e ainda estou sofrendo de reumatismo no braço direito, que parece fazer muito menos objeção à datilografia do que à escrita. Obrigado mais uma vez por sua carta.

[O rascunho termina aqui. No alto, Tolkien escreveu, de maneira não muito legível, uma nota a lápis:]

Ninguém sabia de onde eles (Ents) vieram ou apareceram pela primeira vez. Os Altos Elfos diziam que os Valar não os mencionaram na "Música". Mas alguns (Galadriel) eram [da] opinião de que, quando Yavanna descobriu a misericórdia de Eru para com Aulë na questão dos Anãos, ela suplicou a Eru (através de Manwë), pedindo que desse vida a seres feitos de coisas vivas, não da pedra, e que os Ents ou eram almas enviadas para habitarem árvores, ou então que lentamente assumiram a semelhança de árvores devido ao seu amor inato pelas árvores. (Nem todos eram bons [palavras ilegíveis]) Os Ents possuíam, assim, domínio *sobre as pedras*. Os do sexo masculino eram devotos de Oromë, mas as Esposas eram devotas de Yavanna.

248 Para Sir Stanley Unwin

[A Allen & Unwin estava para publicar uma edição em brochura que consistia na palestra de Tolkien "Sobre Estórias de Fadas" e seu conto "Folha de Cisco".]

5 de outubro de 1963 76 Sandfield Road, Headington, Oxford
Caro Sir Stanley,

Sobre Estórias de Fadas; Folha de Cisco.

Na ausência de Rayner, arrisco-me a lhe enviar os itens exigidos de mim para a edição em brochura apenas para uma olhadela, talvez, antes que sigam adiante. Gostaria de ter sua aprovação (ou censura), especialmente da Nota Introdutória.....

Enquanto estava compondo a nota, ocorreu-me que talvez seja apropriado haver um título comum, tal como sugeri: *Árvore e Folha*, com referência à passagem no alto da página 73 no Ensaio[1] e à palavra-chave *desfolha* no final, p. 84.[2] Esta, porém, provavelmente é uma ênfase desnecessária do que eu disse na nota.

Receio que eu esteja me atrasando cada vez mais com coisas que deveria fazer; mas não tem sido um bom ano. Foi apenas no final de agosto que me livrei do problema com meu ombro e meu braço direito. Percebi que não ser capaz de usar uma caneta ou um lápis é para mim tão frustrante quanto seria a perda do bico para uma galinha.

Com os melhores votos, sinceramente,
Ronald Tolkien.

249 De uma carta para Michael George Tolkien
16 de outubro de 1963

[Escrita por Tolkien para seu neto do Hotel Miramar em Bournemouth.]

Desde segunda-feira tive três experiências bastante exaustivas. Na segunda-feira visitei uma "admiradora" que me escrevera e por acaso está morando quase ao lado deste hotel. Mas ela também por acaso é completamente surda (inoperável e incurável), embora muito inteligente e instruída. (Chama-se Elgar, o marido é distantemente aparentado com Edward E.) Conversar por meio de um bloco de notas é frustrante. Ontem, no meio do almoço, tive de salvar uma velha senhora (hospedada conosco) que estava se engasgando com uma espinha de peixe e levá-la a um médico. Depois, de tarde, tive de entreter outra velha senhora surda! Quase a última dos filhos do grande Sir James Augustus Henry Murray do Dicionário.[1] (Seus descendentes *vivos* são agora mais de 100.) Pelo lado da mãe ela é uma *Ruthven* e tem pesquisado há anos a conspiração Gowrie. Como meu conhecimento da História escocesa é m. pequeno, acho difícil acompanhar quem matou quem, ou por quê — a tendência geral da história escocesa. Espero que você consiga ler isto! Não consigo escrever decentemente *sem* uma mesa apropriada ou *com* uma esferográfica.

249a De uma carta para Christopher Tolkien

20 de outubro de 1963

[Christopher havia acabado de ser eleito para uma bolsa no New College, em Oxford.]

Esta manhã Mamãe me passou uma nota do *Sunday Times* que registrava uma carta enviada pelo Dr. Farnell a um recém-eleito Fellow de Exeter, mais ou menos assim:

"Caro ——, escrevo para informar que o senhor foi eleito para um cargo de fellow desta faculdade após uma longa e tempestuosa reunião."

Bastante apócrifa, imagino! Esse é o estilo da esposa dele, não do Dr. Lewis R. Farnell. Ele dizia as coisas mais espantosas, mas ao se dirigir de forma imediata a indivíduos; em pessoa ou por carta, era pedantemente cortês. Enfim, imagino que você tenha recebido uma carta educada!

250 Para Michael Tolkien

1º de novembro de 1963 76 Sandfield Road, Headington, Oxford

Querido M.

Obrigado por escrever — também tão minuciosamente! Não acho que você herdou uma aversão à escrita de cartas de mim, mas, sim, a incapacidade de escrever resumidamente. O que inevitavelmente significa raramente em sua vida (e na minha). Acho que nós dois gostamos de escrever cartas *ad familiares*; mas somos obrigados a escrever tanto com relação a "negócios" que nos faltam tempo e energia.

Lamento muito que você esteja deprimido. Espero que se deva em parte à sua indisposição. Mas receio que seja principalmente uma aflição ocupacional, e também uma enfermidade humana quase universal (em qualquer ocupação) relacionada à sua idade. . . . . Lembro-me com muita clareza de quando tinha sua idade (em 1935). Havia voltado 10 anos antes (ainda inocente com ilusões infantis) para Oxford, e agora não gostava dos alunos de graduação e de todos os seus costumes, e começara realmente a conhecer os *dons*. Anos antes eu havia rejeitado como cinismo nojento de um velho vulgar as palavras de aviso que me foram dadas pelo velho Joseph Wright. "O que você acha que Oxford é, rapaz?" "Uma universidade, um lugar de aprendizado." "Não, rapaz, é uma fábrica! E o que ela está fabricando? Vou lhe dizer. Ela está fabricando *honorários*. Ponha isso na sua cabeça e você começará a entender o que está acontecendo."

Infelizmente, em 1935 eu agora sabia que isso era perfeitamente verdadeiro. Pelo menos como uma resposta ao comportamento dos *dons*. Bem verdadeiro, mas não toda a verdade. (A maior parte da verdade está sempre oculta, em regiões fora do alcance do cinismo.) Fui dificultado e atrasado em meus esforços (como um professor de horário B com salário reduzido, embora com obrigações de horário A), para o bem de minha matéria e a reforma de seu ensino, por interesses constituídos em *honorários* e bolsas de estudo. Mas pelo menos não sofri como você: nunca fui obrigado a ensinar qualquer coisa que não o que eu amava (e amo) com um entusiasmo inextinguível. (Exceto apenas por um breve período após minha mudança de Cátedra em 1945 — aquilo foi horrível.)

A devoção ao "ensino", como tal e sem referência à própria reputação do educador, é uma vocação elevada e até de certa forma espiritual; e, visto que é "elevada", ela inevitavelmente é diminuída por falsos irmãos, por irmãos cansados, pelo desejo por dinheiro* e por orgulho: as pessoas que dizem "minha matéria" e com isso não querem dizer aquela com a qual estou humildemente envolvido, mas a matéria que adorno ou que "tornei minha". Certamente essa devoção geralmente é degradada e manchada em universidades. Mas ela *ainda está* lá. E se as fechasse por repugnância, ela sumiria da face da terra — até que fossem restabelecidas, mais uma vez para serem tomadas pela corrupção no devido tempo. A devoção muito mais elevada à religião possivelmente não pode escapar do mesmo processo. É claro que ela é degradada de certa maneira por todos os "profissionais" (e por *todos* os cristãos declarados) e ultrajada por alguns em épocas e lugares diferentes; e, uma vez que a meta é mais elevada, a deficiência parece (e é) muito pior. Mas não se pode manter uma tradição de estudo ou de ciência verdadeira sem escolas e universidades, e isso significa professores e *dons*. E não se pode manter uma religião sem uma igreja e sacerdotes; e isso significa profissionais: padres e bispos — e também monges.† O precioso vinho deve (neste mundo) ter uma garrafa,‡ ou algum substituto menos digno. Quanto a mim, acho que estou me tornando menos cínico, e não mais, ao

* Ou até mesmo a necessidade legítima de dinheiro.

† Pelo menos eles certamente foram necessários *um dia*. E se ficamos aflitos ou às vezes escandalizados com aqueles que vemos perto de nós, creio que devemos lembrar o enorme débito que temos com os beneditinos, e lembrar também que (como a Igreja) eles sempre estiveram em um estado de sucumbir à cobiça e ao mundo, e nunca foram enfim sobrepujados. O fogo interior nunca se extinguiu.

‡ As inconvenientes teias de aranha e o pó, e o rótulo manchado, não são sempre sinais de conteúdos enfraquecidos para aqueles que sabem sacar velhas rolhas.

lembrar meus próprios pecados e tolices; e percebo que os corações dos homens com frequência não são tão ruins quanto seus atos, e muito raramente tão ruins quanto suas palavras. (Especialmente em nossa época, que é uma de desprezo e cinismo. Estamos mais livres da hipocrisia, visto que ela não é "suficiente" para professar santidade ou sentimentos totalmente elevados; mas é uma época de hipocrisia invertida, como o amplamente atual esnobismo invertido: os homens declaram ser piores do que são.) . . . .

Contudo, você fala de "fé alquebrada". Essa é uma questão bem diferente: em último caso, a fé é um ato de vontade, inspirado por amor. Nosso amor pode ser esfriado e nossa vontade desgastada pela demonstração de deficiências, tolice e até mesmo pecados da Igreja e seus ministros, mas não acredito que alguém que já teve fé retroceda por essas razões (ainda menos alguém com qualquer conhecimento histórico). "Escândalo" é, no máximo, um ensejo para a tentação — como a indecência é para a luxúria, que não a cria, mas a estimula. É conveniente porque tende a desviar nossos olhos de nós mesmos e de nossas falhas para encontrar um bode expiatório. Mas o ato de vontade de fé não é um único momento de decisão final: é um ato > estado permanente indefinidamente repetido que deve continuar — de modo que oramos pela "perseverança final". A tentação à "descrença" (que realmente significa rejeição ao Nosso Senhor e às Suas afirmações) está sempre lá dentro de nós. Parte de nós anseia por encontrar fora de nós uma desculpa para tal. Quanto mais forte a tentação interna, mais fácil e severamente ficaremos "escandalizados" com os outros. Creio que sou tão sensível quanto você (ou qualquer outro cristão) aos "escândalos", tanto do clero quanto do laicato. Sofri dolorosamente em minha vida com padres estúpidos, cansados, apagados e até mesmo ruins; mas agora sei o suficiente sobre mim para estar ciente de que não devo deixar a Igreja (que para mim significaria abandonar a lealdade ao Nosso Senhor) por semelhantes razões: eu deveria deixar caso não acreditasse e não fosse mais acreditar, mesmo se nunca tivesse encontrado qualquer um nas ordens que não fosse tanto sábio como pio. Eu teria de negar o Sagrado Sacramento, isto é: chamar Nosso Senhor de fraude diante da Sua face.

Se Ele for uma fraude e os Evangelhos forem fraudulentos — isto é: relatos deturpados de um megalomaníaco demente (que é a única alternativa), então obviamente o espetáculo exibido pela Igreja (no sentido do clero) na história e hoje é simplesmente evidência de uma gigantesca fraude. Contudo, caso não seja, então esse espetáculo infelizmente é apenas o que seria de se esperar: começou antes da primeira Páscoa e não afeta a *fé* de modo algum — exceto que podemos e deveríamos estar profundamente pesarosos. *Mas* deveríamos nos afligir em nome de nosso Senhor e por Ele, por nos associarmos aos escandalizadores, não aos santos, e não gritarmos que não podemos "suportar" Judas Iscariotes, ou mesmo o absurdo e covarde Simão Pedro, ou as mulheres tolas como a mãe de Tiago, que tentam pressionar seus filhos.

É necessária uma fantástica vontade de descrença para supor que Jesus realmente nunca "aconteceu", e mais para supor que ele não disse as coisas registradas sobre ele — tão incapazes de terem sido "inventadas" por qualquer pessoa no mundo naquela época: tais como "antes que Abraão existisse, *eu sou*" (João viii). "Quem me vê a mim vê o Pai" (João ix); ou a promulgação do Sagrado Sacramento em João v: "Quem come a minha carne e bebe o meu sangue tem a vida eterna". Portanto, devemos ou acreditar Nele e no que disse e arcar com as consequências; ou rejeitá-lo e arcar com as consequências. Pessoalmente, acho difícil acreditar que alguém que já esteve na Comunhão, mesmo uma vez, pelo menos com a intenção certa, possa rejeitá-Lo sem grande culpa. (No entanto, apenas Ele conhece cada alma única e suas circunstâncias.)

A única cura para o alquebramento da fé débil é a Comunhão. Apesar de sempre em Si próprio perfeito e completo e inviolável, o Sagrado Sacramento não opera completamente e de uma vez por todas em qualquer um de nós. Como o ato de Fé, ele deve ser contínuo e cultivado pelo exercício. A frequência é o maior efeito. Sete vezes por semana é mais acalentador do que sete vezes a intervalos. Recomendo também isto como um exercício (infelizmente fácil demais para que se encontre a oportunidade para tal): faça sua comunhão em circunstâncias que afrontem o seu gosto. Escolha um padre fanho ou gago ou um frade orgulhoso e vulgar; e uma igreja repleta da usual multidão burguesa, com crianças malcomportadas — desde as que gritam até aqueles produtos de escolas católicas que, no momento em que o tabernáculo é aberto, recostam-se e bocejam —, jovens sujos de colarinho aberto, mulheres de calças e frequentemente com o cabelo despenteado e descoberto. Vá à Comunhão *com* eles (e reze por eles). Será exatamente (ou melhor do que) como uma missa conduzida por um homem visivelmente santo e compartilhada por algumas pessoas devotas e decorosas. (Não poderia ser pior do que a bagunça da alimentação dos Cinco Mil — após a qual [Nosso] Senhor propôs a alimentação que estava por vir.)

Eu mesmo estou convencido das afirmações petrinas e, olhando ao redor do mundo, tampouco parece haver muita dúvida de qual (se o cristianismo for verdadeiro) é a Verdadeira Igreja, o templo do Espírito* moribundo, mas vivo, corrupto, mas sagrado, autorreformista e que se reergue. Mas, para mim, aquela Igreja da qual o Papa é o chefe reconhecido na terra possui como afirmação principal que é a única que sempre defendeu (e ainda defende) o Sagrado Sacramento e lhe deu as maiores honras e o colocou (como Cristo claramente pretendia) em primeiro lugar. "Apascenta as minhas ovelhas" foi Sua última incumbência a S. Pedro; e, visto que Suas palavras devem sempre ser inicialmente compreendidas literalmente, suponho que se referem primeiramente ao Pão da Vida. Foi contra isso que a revolta oeste-europeia (ou Reforma) foi realmente lançada — "a fábula blasfema da Missa" — e a fé/obras são apenas uma mera distração. Acredito que a maior reforma de nosso tempo tenha sido aquela executada por S. Pio X;[1] que supera qualquer coisa, por mais necessária que seja, que o Concílio[2] alcançará. Pergunto-me qual seria o estado da Igreja agora se não fosse por essa reforma.

Este é um tratado deveras alarmante e incoerente de se escrever! A intenção não era de que fosse um sermão! Não tenho dúvida de que você sabe disso e de mais. Sou um homem ignorante, mas também solitário. E aproveito a oportunidade de uma conversa, que tenho certeza de que agora nunca aproveitarei oralmente. Porém, é claro, vivo ansioso com relação aos meus filhos: que neste mundo mais duro, mais cruel e mais escarnecedor no qual sobrevivi devem sofrer mais ataques do que sofri. Mas sou um que saiu do Egito, e rezo a Deus para que nenhum de meus descendentes retorne para lá. Testemunhei (compreendendo parcialmente) os sofrimentos heroicos e a morte prematura em extrema pobreza de minha mãe que me levou para a Igreja; e recebi surpreendente generosidade de Francis Morgan.[3] Porém, apaixonei-me pelo Sagrado Sacramento desde o início — e pela misericórdia de Deus nunca deixei de amá-lo: mas, infelizmente, de fato não vivi à altura dele. Criei vocês mal e conversei muito pouco com vocês. Por iniquidade e preguiça quase deixei de praticar minha religião — especialmente em

* Não que se deva esquecer as sábias palavras de Charles Williams, que é nossa obrigação zelar pelo altar reconhecido e estabelecido, embora o Espírito Santo possa enviar o fogo a outro lugar. Deus não pode ser limitado (mesmo por suas próprias Fundações) — das quais S. Paulo é o primeiro e principal exemplo — e pode usar qualquer canal para Sua graça. Mesmo amar Nosso Senhor, e certamente chamá-lo de Senhor e Deus, é uma graça, e pode trazer mais graça. Entretanto, falando institucionalmente e não de almas individuais, o canal deve voltar por fim ao seu curso decretado, ou passar para as areias e perecer. Além do Sol pode haver luar (até mesmo claro o suficiente para se ler); mas, se o Sol fosse removido, não haveria Lua para se ver. O que seria o cristianismo agora se a Igreja Romana tivesse de fato sido destruída?

Leeds e no 22 Northmoor Road.[4] Para mim não o Cão de Caça do Céu, mas o incessante apelo silencioso do Tabernáculo e a sensação de fome insaciável. Lamento aqueles dias amargamente (e sofro por eles com toda a paciência que posso ter); principalmente porque falhei como pai. Agora rezo por todos vocês, incessantemente, para que o Curador (o *Hælend*, como o Salvador era geralmente chamado em inglês antigo) cure meus defeitos e que nenhum de vocês jamais deixe de dizer *Benedictus qui venit in nomine Domini.*[5]

* * *

Superei por ora as minhas reclamações e me sinto tão bem quanto meus velhos ossos permitem. Estou ficando quase tão rígido quanto um Ent. Meu catarro está (e estará) sempre comigo — ele remete a um nariz quebrado (e negligenciado) no rúgbi do colégio. O excelente Doutor Tolhurst[6] insiste para que eu não tome remédios ou auxiliares — exceto aqueles ocasionalmente prescritos especialmente por um médico: isto é, quando uma infecção distinta aloja-se nas áreas fracas suscetíveis a ataques.....

Estou interessado em saber o que você tem a dizer sobre M[ichael] G[eorge][7] e o "anglo-saxão". Esperarei mais notícias. Não posso (é claro) compreender por que o anglo-saxão parece difícil — não para pessoas capazes de aprender qualquer idioma (além do seu próprio). Certamente não é mais difícil do que o alemão, e muito mais simples do que, digamos, o francês moderno. E o que dizer do latim ou do grego?! Mesmo assim, lembro-me do velho Oliver Elton (antigamente um famoso estudioso de lit. ing., mas também um "linguista" que traduzia russo) me escrever após um programa de rádio do qual participei nos anos trinta,[8] dizendo que eu parecia compreender o idioma que ele mesmo achava mais difícil do que o russo. Algo muito incompreensível para mim; mas parece que o "a-s" é uma espécie de "pedra de toque" que distingue os linguistas genuínos (os estudantes e amantes dos Idiomas) dos utilitários. Espero que M.G. esteja na primeira classe. Mas ele possui outros talentos de sobra.

Não me fale de "Imposto de Renda" ou ficarei furioso. Eles ficaram com *todos* os meus lucros literários até eu me aposentar. E agora, mesmo com a concessão (que tenho certeza de que o Sr. Callaghan[9] logo revogará) de que a Renda do Trabalho não paga a Sobretaxa (dentro dos meus limites de ganho), serei extorquido em janeiro próximo de tal soma que interferirá no meu desejo de dar alguns presentes de verdade para cada um de vocês. Contudo, farei alguma coisa.....

Uma pena que não me dei bem e atingi minha mina de ouro antes de 39![10] Mas antes tarde do que nunca.....

251 Para Priscilla Tolkien

[Escrita quatro dias após a morte de C.S. Lewis.]

26 de novembro de 1963 76 Sandfield Road, Headington, Oxford

Querida,

Muito obrigado por sua carta. . . . . Até agora tive os sentimentos normais de um homem de minha idade — como uma árvore velha que está perdendo todas as suas folhas uma por uma: parece uma machadada perto das raízes. É muito triste que estivéssemos tão separados nos últimos anos; mas nossa época de estreita ligação permaneceu na lembrança para nós dois. Houve uma missa esta manhã e eu estava lá e comunguei; e Havard e Dundas Grant[1] estavam presentes. O funeral em Holy Trinity, a igreja de Headington Quarry, que Jack frequentava, foi discreto e assistido apenas por amigos íntimos e algumas pessoas de Magdalen, incluindo o Presidente. Austin Farrer leu o serviço. O túmulo está sob um lariço no canto do cemitério da igreja. Douglas (Gresham)[2] era o único enlutado da "família". Warnie não estava presente, infelizmente. Encontrei Owen Barfield, George Sayer e John Lawlor[3] (um bom marco para ele), entre outros. Chris. foi conosco. Haverá uma cerimônia oficial em Magdalen no sábado às 2:15 p.m.

Foi muito meigo da sua parte escrever, minha querida. . . . .

Deus a abençoe.

Papai.

252 De uma carta para Michael Tolkien (rascunho)

[Não datada; novembro ou dezembro de 1963]

Lamento não ter respondido às suas cartas mais cedo; mas a morte de Jack Lewis no dia 22 me manteve ocupado. Ela também está me envolvendo em algumas correspondências, já que muitas pessoas ainda me consideram um de seus amigos íntimos. Infelizmente deixou de ser assim cerca de dez anos atrás. Fomos separados primeiro pela súbita aparição de Charles Williams, e depois por seu casamento, sobre o qual ele nunca sequer me contou; fiquei sabendo do fato muito tempo depois do evento.[1] Mas cada um tinha uma grande dívida para com o outro, e essa ligação, com a profunda afeição que ela produziu, permanece. Ele foi um grande homem do qual os obituários oficiais de sangue frio apenas arranharam a superfície, em certos pontos com injustiça. É possível descobrir através deles quão pouca verdade pode haver em apreciações literárias — visto que foram escritos enquanto ele ainda estava vivo. Lewis só conheceu Williams em 1939, e W. morreu no início de 1945. A trilogia de "viagem espacial" atribuída à influência de Williams era basicamente estranha ao tipo de imaginação de Williams. Ela foi planejada anos antes, quando decidimos dividir: ele faria uma viagem espacial e eu, uma viagem no tempo. Meu livro nunca foi terminado,[2] mas parte dele (o tema da Atlântida númenóreana) acabou entrando na minha trilogia.

Datas de publicação não são um bom guia. *Perelandra* é datada de 1943, mas não pertence a esse período. A influência de Williams na verdade só apareceu com sua morte: *Aquela Fortaleza Medonha*, o final da trilogia, que (embora seja boa em si) acredito a tenha estragado. Além disso, deleitei-me sarcasticamente ao saber (*D. Telegraph*) que "o próprio Lewis nunca gostou muito de *Cartas de um diabo a seu aprendiz*" — seu best-seller (250.000). Ele o dedicou a mim. Eu me perguntava por quê. Agora eu sei — dizem eles.

253 De uma carta para Rayner Unwin

23 de dezembro de 1963

[Fora combinado que a nova edição em brochura (ver a carta nº 248) receberia o título *Árvore e Folha*. Rayner Unwin perguntou se Tolkien poderia sugerir um desenho adequado de uma árvore para a capa, talvez retirado de um manuscrito medieval.]

Fico feliz que *você* aprove o título sugerido. Mss. medievais não são (pela minha experiência não muito extensa) bons em árvores. Tenho entre meus "papéis" mais de uma versão de uma "árvore" mítica, que surge regularmente naqueles momentos em que me sinto atraído para o desenho de padrões. São elaboradas e coloridas e mais adequadas para bordado do que para impressão; e a árvore possui, além de várias formas de folhas, muitas flores, pequenas e grandes, que significam poemas e lendas maiores.[1] . . . .

Sim — o *Silmarillion* está crescendo novamente no pensamento (não quero dizer que está ficando maior, mas voltando à folha e, espero, à flor). Mas ainda não terminei com *Gawain* etc. Um ano tumultuado, de infindáveis distrações e muito cansaço, terminando com o golpe da morte de C.S.L.

254 Para o Rev. Denis Tyndall

[Tyndall, um antigo colega de King Edward's, Birmingham, escrevera para Tolkien relembrando seus dias de colégio juntos.]

9 de janeiro de 1964 76 Sandfield Road, Headington, Oxford

Meu caro Tyndall,

Que encantador receber um cartão seu, e que gentil de sua parte pensar em mim. . . . .

Lembro com muita clareza da velha sala de aula IV e de Dickie;[1] de fato, lembro até que lemos com ele um texto grego não clássico polido por um alemão (Willamowitz Möllendorf?) em usum scholarum que me deixou extremamente entediado. Eu me comportava muito mal junto com aquele modelo mais recente de retidão e seriedade de direção Christopher Wiseman,[2] como o faziam muitos daqueles livres do regime rígido da classe abaixo sob o comando de Heath. Dickie não era um professor inspirador e tornava as histórias gregas e romanas tão entediantes quanto eu suspeitava que ele as considerasse; mas ele era imensamente interessante como pessoa. Mantive contado com ele e com o Beak [Bico] (R. C. Gilson)[3] até morrerem.

Minha memória é principalmente pictórica e vaga sobre datas, mas tenho ideia de que você era um pouco mais velho que eu e saiu primeiro do colégio, de modo que os amigos de meu último ano ou dois eram de turmas abaixo da minha, e principalmente mais jovens do que eu — permaneci até quase os 20 anos! Fui trazido para Oxford de carro (na época uma novidade), junto com L.K. Sands, por Dickie: em outubro daquele ano surpreendentemente quente de 1911, e encontramos todos em calças de flanela andando de barco no rio. Na época, balsas para mim eram tão estranhas quanto camelos; mas mais tarde aprendi a manejá-las. . . . .

Fiz 72 em 3 de jan., e meu neto mais velho (agora em St Andrews) atinge a maioridade no próximo sábado, mas, como você diz, prossigo a passos lentos. . . . .

Atenciosamente,

[sem assinatura na cópia em carbono]

254a De uma carta para Christopher Tolkien (não enviada)

8 de fevereiro de 1964

"Concordo de fato com 'ventos malignos'. Não acho que realmente haja 'ventos malignos', embora muitos sejam frios e penetrantes e pareçam cruéis. Depende de como os encontramos, imagino, e também de que medida estamos usando, que ferida ou dano podemos considerar desastrosos. De acordo com algumas medidas, uma sorte excelente pode ser rapidamente desastrosa! Ainda assim, os mais difíceis de suportar, independentemente da medida que aplicarmos, são os ventos que parecem soprar para nos punir, ou pelo menos como resultado de nossas próprias ações (ou mesmo erros). (Infelizmente, estou bem familiarizado com esses). Receio que tudo isso soe sentencioso — embora somente, creio, porque ficamos tão acanhados para falarmos de tais coisas, e o costume de nossa época prefere o "alegre", até mesmo o superficial, e o satírico (ou desiludido), mesmo que apenas como uma carapaça de tatu...

[Esta parte da carta foi escrita em 3 de março de 1968, após a primeira parte ter sido descoberta em uma gaveta.]

"Infelizmente, sexo e casamento são problemas insolúveis, nos quais a profunda desordem da 'psique' humana é vista mais claramente. De todas as dádivas humanas, em toda a história registrada eles têm sido os mais horrivelmente abusados, e todos os pensamentos e emoções que tocam o sexo, perturbados e confundidos; de modo que sua força natural é difícil de controlar — de fato, para muitos é por demais forte. Quase todas as heresias e apostasias conhecidas, e abjurações pessoais, foram devidas a essa força, (ou a uma reação igualmente 'insana' a ela). A humanidade encontra-se perpetuamente entre a repulsa e a luxúria.

"A repulsa, ou uma desaprovação mais branda, tem tido por vezes uma proeminência considerável entre cristãos — bem diferente das heresias albigenses. Como Chesterton disse (em algum lugar), a Igreja Cristã, sendo 'histórica', não pode escapar por completo da história. Se tivéssemos plena consciência dos horrores do mundo mediterrâneo (em 1 d.C. e eras antes), suas seitas, religiões e práticas sórdidas, as abominações de Cartago, Corinto, Alexandria, compreenderíamos o fato de a tendência reacionária* ser imoderada. (Ele diz ainda que, se o cristianismo tivesse começado no nosso tempo, quando a cobiça da cupidez é dominante e Mamon está entronizado, teríamos tido uma

* Os judeus estavam em permanente reação a isso — maravilhoso, considerando que eram um povo semítico. Mas não penso que tenham sido alguma outra coisa que não sãos. Eles honravam os órgãos e os atos de geração e, por essa razão, abominavam a exposição ou degradação deles. R. Bright[1] teria dito, há não muito tempo, que os judeus sem dúvida eram 'pudicos'. Sabe Deus que devo estar ciente de que relatos na imprensa do que alguém disse são evidências dúbias de que alguém disse algo do tipo. Mas esse tipo de opinião persiste (embora o V.T. não a substancie muito). É parte do helenismo sórdido em que nós (certamente eu) fomos criados, no qual aquele personagem altamente dúbio Sócrates tornou-se mais do que um santo. Os gregos, apesar de todos os seus talentos, eram um povo muito sórdido de hábitos degradados e de atitudes revoltantes para com as mulheres, e eram profundamente malquistos por aqueles dentre eles que devemos considerar como representativos — como Platão.

atitude imoderada bastante similar até mesmo à propriedade privada necessária. Mas acho que ele está errado aqui. As duas coisas andam juntas. O mundo mediterrâneo era altamente 'comercial', e nada é sagrado para o Comércio, nem mesmo a Arte. Comprar e vender luxúria é muito lucrativo. Seja como for, a reação contra Mamon está pelo menos em tanta evidência no cristianismo primitivo quanto a reação contra Cibele ou Astarte.)

"De qualquer forma, a linha sombria de ódio ao corpo é/era mais evidente em indivíduos e em homilias não autorizadas do que no ensinamento real da Igreja. Pode-se ler com repugnância os argumentos feministas degradados de *Hali Meiðhad.* Mas havia outras vozes na Idade Média. Não conheço declaração mais forte e sincera do que aquela em *Pureza*, 697–708, onde o próprio Deus é levado a descrever o *play of paramorez* [jogo dos amantes] como o maior de todos os deleites que Ele planejou, *wel nyȝ pure paradys myȝt prove no better* [o puro paraíso pode quase não ser melhor]. Não sei o que Tomás de Aquino teria dito de *lasched so hote* [ardeu tão intensamente]; mas isso não vem ao caso — escrevi demais e fora da linha."

255 De uma carta para a Sra. Eileen Elgar 5 de março de 1964

[Algumas notas sobre um poema em *As Aventuras de Tom Bombadil*.]

O poema sobre *Fastitócalon* não é como *Gato* e *Olifante*, uma invenção inteiramente minha, mas uma forma reduzida e reescrita, para adequar-se à imaginação hobbit, de um item em antigos "bestiários". Acho extraordinário que a senhora tenha percebido a característica grega do nome através de suas corruptelas. Na verdade, tirei esse nome de um fragmento de um bestiário anglo-saxão que sobreviveu, pensando que soava cômico e absurdo o suficiente para servir como uma alteração hobbit de algo mais erudito e élfico — de acordo com [um] sistema no qual, como o inglês substitui a fala do Condado, da mesma forma o latim e o grego substituem a língua alto-élfica nos nomes. O nome erudito neste caso parece ter sido *Aspido-chelōne* "tartaruga com um escudo redondo (de couro)". Deste, *astitocalon* não é uma corruptela pior do que muitas da época; mas receio que o F foi colocado pelo versificador simplesmente para fazer com que o nome aliterasse, tal como era compulsório para os poetas na sua época, com as outras palavras em seu verso. Liberdade chocante ou encantadora, de acordo com o gosto.

Ele diz: *þam is noma cenned/fyrnstreama geflotan Fastitocalon*, "a ele um nome é designado, ao flutuador de antigas marés, Fastitocalon".

A noção da ilha traiçoeira que na verdade é um monstro parece provir do Oriente: as tartarugas marinhas ampliadas pela imaginação da criação mítica; e deixei-o assim. Mas na Europa o monstro acaba misturado com baleias, e já na versão anglo-saxã ele recebe características de baleia, tais como se alimentar pescando de arrasto com a boca aberta. Em bestiários moralizados ele, é claro, é uma alegoria do Diabo, e desse modo é usado por Milton.

256 De uma carta para Colin Bailey

13 de maio de 1964

[Um relato sobre a história inacabada de Tolkien "A Nova Sombra". (Ver também a carta nº 338.)]

Iniciei uma história situada cerca de 100 anos após a Queda [de Mordor], mas acabou se mostrando tanto sinistra como deprimente. Visto que estamos lidando com *Homens*, é inevitável que devemos nos preocupar com a característica mais lamentável de sua natureza: sua rápida saciedade com o bem. De modo que o povo de Gondor, em tempos de paz, justiça e prosperidade, ficaria descontente e inquieto — enquanto os monarcas descendentes de Aragorn se tornariam apenas reis e governadores — como Denethor ou pior. Julguei que até mesmo em tão pouco tempo havia um afloramento de conspirações revolucionárias, ao redor de um centro de religião satânica secreta, enquanto meninos gondorianos estivessem brincando de ser Orques e andando por aí causando danos. Eu poderia ter escrito um "thriller" sobre a conspiração e sua descoberta e destruição — mas seria apenas isso. Não valeria a pena fazer.

257 Para Christopher Bretherton

16 de julho de 1964 — 76 Sandfield Road, Headington, Oxford

Caro Bretherton,

Receber uma resposta em 14 de julho para uma carta enviada no dia 10 foi trabalho rápido, mesmo para as condições postais normais. Não considero descortesia datilografar as cartas. De qualquer forma, geralmente datilografo, uma vez que minha "letra" tende a começar bonita e rapidamente se dissolver em inescrutabilidade pitoresca. Além disso, gosto de máquinas de escrever, e meu sonho é de repentinamente me ver rico o suficiente para mandar fazer uma máquina de escrever elétrica de acordo com minha especificações, para datilografar a escrita fëanoriana. . . . . Datilografei *O Hobbit* e todo *O Senhor dos Anéis* duas vezes (e várias seções muitas vezes) em minha cama em um sótão da Manor Road, nos dias sombrios entre a perda de minha casa grande ao norte de Oxford, que eu não podia mais bancar, e a minha breve elevação à dignidade de uma antiga casa da faculdade em Holywell.

Esta se tornou infernal tão logo cessaram as restrições de gasolina. Mas Headington não é um paraíso de paz. Sandfield Road era uma rua sem saída quando cheguei aqui, mas logo foi aberta na outra extremidade e, por algum tempo, tornou-se um desvio não oficial de caminhões, antes de Headley Way ser completada. Agora é um estacionamento de automóveis para o campo do "Oxford United" no alto da rua. Ao passo que os reais habitantes fazem tudo o que podem para que rádios, televisões, cães, lambretas, motocicletas e carros de todos os tamanhos exceto os menores façam barulho do início da manhã até por volta das 2 a.m. Fora isso, a três casas daqui mora o membro de um grupo de jovens que evidentemente está planejando se tornar um Grupo Beatle. Nos dias em que é a vez dele de ter uma sessão de ensaio, o barulho é indescritível. . . . .

Com respeito à sua pergunta. Não é fácil de responder com algo mais curto do que uma autobiografia. Comecei a invenção de idiomas no início da minha mocidade: sou primeiramente um filólogo científico. Meus interesses eram, e permanecem, amplamente científicos. Mas eu também estava interessado em contos tradicionais (especialmente aqueles a respeito de dragões) e em escrever (não em ler) poesia e artifícios métricos. Essas coisas começaram a confluir quando eu era um aluno de graduação, para o desespero de meus tutores e a quase ruína de minha carreira. Pois, enquanto oficialmente ocupado com os "Clássicos", tomei conhecimento de idiomas geralmente não estudados pelos ingleses modernos, cada um com uma estética fonética poderosamente individual: galês, finlandês e os remanescentes do gótico do século IV. O finlandês também forneceu um vislumbre de um mundo mitológico inteiramente diferente.

O gérmen de minha tentativa de escrever lendas minhas para se adequarem aos meus idiomas particulares foi o conto trágico do infeliz Kullervo na *Kalevala* finlandesa. Permanece um aspecto importante nas lendas da Primeira Era (que espero publicar como *O Silmarillion*), embora como "Os Filhos de Húrin" esteja inteiramente modificado, exceto no final trágico. O segundo ponto foi a composição, "tirada da minha cabeça", da "Queda de Gondolin", a história de Idril e Earendel (III 314), durante uma licença médica do exército em 1917; e a versão original do "Conto de Lúthien Tinúviel e Beren" mais tarde no mesmo ano. Este foi originado em um pequeno bosque com grandes arbustos de "cicuta" (sem dúvida muitas outras plantas relacionadas também estavam lá) próximo a Roos em Holderness, onde estive por um tempo na Guarnição do Humber. Continuei com essa invenção após escapar do exército: durante um curto período em Oxford, empregado na equipe do então ainda incompleto grande Dicionário; e depois quando fui para a Universidade de Leeds, 1920–26. Em O. escrevi um mito cosmogônico, "A Música dos Ainur", definindo a relação do Uno, o Criador transcendental, com os Valar, os "Poderes", os angelicais Criados-primeiro, e a parte destes na organização e realização do Desígnio Primordial. Também foi contado como sucedeu que Eru, o Uno, fez um acréscimo ao Plano: ao introduzir os temas dos Eruhîn, os Filhos de Deus, Os Primogênitos (Elfos) e os Sucessores (Homens), os quais os Valar eram proibidos de tentar dominar por medo ou força. Nessa época também comecei a inventar alfabetos. Em Leeds comecei a tentar lidar com esses assuntos em um estilo elevado e sério, e escrevi boa parte deles em verso. (A primeira versão da canção de Passolargo a respeito de Lúthien, agora incluída em I 204, originalmente apareceu na revista da Univ. de Leeds;[1] mas a história inteira, como esboçada por Aragorn, foi escrita em um poema de grande tamanho, até I 206 linha 17 "seu pai".)[2]

Voltei para Oxford em jan. de 1926 e, quando *O Hobbit* apareceu (1937), essas "histórias dos Dias Antigos" estavam em uma forma coerente. *O Hobbit* não foi escrito com a intenção de ter qualquer coisa a ver com elas. Enquanto meus filhos ainda eram novos, eu tinha o hábito de inventar e contar oralmente, às vezes de escrever, "histórias infantis" para o divertimento particular deles — de acordo com as noções que eu tinha na época, e muitos ainda têm, de como essas histórias deveriam ser em estilo e atitude. Nenhuma dessas foi publicada. *O Hobbit* foi escrito com a intenção de ser uma delas. Não possuía uma relação necessária com a "mitologia", mas naturalmente foi atraído em direção a essa construção dominante em minha mente, fazendo com que a história se tornasse maior e mais heroica conforme prosseguia. Ainda assim, ele realmente podia ficar separado, exceto pelas referências (desnecessárias, embora deem uma impressão de profundidade histórica) à Queda de Gondolin, Puffin 57 (edição de capa dura 63); aos ramos da raça élfica, P. 161 (edição de capa dura 173 ou 178) e à contenda do Rei Thingol, pai de Lúthien, com os Anãos, P. 162.

O Hobbit veio a público e fez minha ligação com a A. & U. por um acidente. Ele não era conhecido, exceto por meus filhos e por meu amigo, C.S. Lewis; mas emprestei-o à Madre Superiora de Cherwell Edge para entretê-la enquanto se recuperava de uma gripe. Dessa forma chegou ao conhecimento de uma moça, uma estudante que residia na casa ou a amiga de uma estudante, que trabalhava no escritório da A & U.[3]

Assim, passou aos olhos de Stanley Unwin, que o testou em seu jovem filho Rayner, então um garotinho. Então foi publicado. Depois lhes ofereci as lendas dos Dias Antigos, mas os leitores deles as recusaram. Queriam uma continuação. Mas eu queria lendas heroicas e alto romance. O resultado foi *O Senhor dos Anéis*.....

O anel mágico era a única coisa óbvia em *O Hobbit* que poderia ser relacionada com minha mitologia. Para ser o tema principal de uma história grande, teria de ser de suprema importância. Liguei-o então à referência (originalmente) deveras casual ao Necromante, final do Cap. vii e Cap. xix, cuja função dificilmente era mais do que fornecer uma razão para Gandalf ir embora e deixar Bilbo e os Anãos para se defenderem sozinhos, o que foi necessário para a história. De *O Hobbit* também são derivadas a história dos Anãos, Durin, seu ancestral primordial, e Moria; e Elrond. A passagem no Cap. iii que o relaciona aos Meio-Elfos da mitologia foi um feliz acidente, devido à dificuldade de constantemente inventar bons nomes para novos personagens. Dei-lhe o nome Elrond casualmente, mas como este vem da mitologia (Elros e Elrond, os dois filhos de Eärendel), tornei-o meio-elfo. Apenas em *O Senhor* ele foi identificado com o filho de Eärendel e, assim, o bisneto de Lúthien e Beren, um grande poder e um Portador de Anel.

Outro ingrediente, não mencionado antes, também entrou em operação em minha necessidade de fornecer uma grande função para Passolargo-Aragorn. O que posso chamar de minha assombração de Atlântida. Essa lenda ou mito ou lembrança vaga de alguma história antiga sempre me incomodou. Ao dormir, eu tinha o terrível sonho da Onda inelutável, ora saindo do mar calmo, ora elevando-se sobre as verdejantes terras do interior. Ele ainda ocorre ocasionalmente, apesar de agora exorcizado por ter escrito sobre ele. Ele sempre termina em capitulação, e acordo ofegando ao sair de águas profundas. Eu costumava desenhá-lo ou escrever poemas sobre ele. Quando C.S. Lewis e eu jogamos cara ou coroa, e ele ficou de escrever sobre uma viagem espacial e eu sobre uma viagem no tempo, comecei um livro abortivo de viagem no tempo cujo final seria a presença de meu herói na submersão de Atlântida. Esta seria chamada *Númenor*, a Terra no Oeste. O fio da história seria a ocorrência repetidas vezes em famílias humanas (como Durin entre os Anãos) de um pai e um filho chamados por nomes que poderiam ser interpretados como Amigo-da-Bem-aventurança e Amigo-dos-Elfos. Descobre-se no final que esses nomes não mais compreendidos referem-se à situação atlante-númenóreana e significam "aquele leal aos Valar, satisfeito com a bem-aventurança e a prosperidade dentro dos limites estabelecidos" e "aquele leal à amizade com os Altos-elfos". Começava com uma afinidade de pai e filho entre Edwin e Elwin do presente e deveria retornar à época lendária através de um Eädwine e Ælfwine por volta de 918 d.C. e Audoin e Alboin das lendas lombardas, e, assim, para as tradições do Mar do Norte a respeito da chegada do trigo e heróis da cultura, ancestrais de linhagens de reis, em barcos (e sua partida em navios funerários). Um certo Sheaf [Feixe], ou Shield Sheafing [Escudo, filho de Feixe], pode de fato ser considerado como um dos ancestrais distantes da nossa atual Rainha. Em minha história chegaríamos por fim a Amandil e Elendil, líderes do partido leal em Númenor, quando esta caiu sob o domínio de Sauron. Elendil "Amigo-dos-Elfos" foi o fundador dos reinos Exilados em Arnor e Gondor. Mas vi que meu verdadeiro interesse estava apenas no final, o *Akallabêth* ou *Atalantie** ("Queda" em númenóreano e quenya), de modo que relacionei todo o material que havia escrito sobre as originalmente não relacionadas lendas de Númenor com a mitologia principal. Bem, aí está. Espero que não lhe entedie.....

[Sobre seu uso do nome "Gamgi":] Começou com umas férias cerca de 30 anos atrás em Lamorna Cove[4] (na época agreste e razoavelmente inacessível). Havia um curioso personagem local, um velho que costumava perambular trocando fofocas e conhecimento sobre o clima e esse tipo de coisa. Para divertir meus meninos chamei-o de Feitor Gamgi, e o nome se tornou parte da tradição familiar para chamar velhinhos do tipo. Na época eu estava começando *O Hobbit*. A escolha de Gamgi deu-se primeiramente pela aliteração, mas não o inventei. Foi tirado de lembranças de infância, como uma palavra ou nome cômico. Na verdade, era o nome quando eu era pequeno (em Birmingham) para "fibra de algodão". (Daí a associação dos Gamgis com os Villas.) Eu nada sabia de sua origem.....

Espero que você não esteja assustado com esses fragmentos de "pesquisa" ou "autopesquisa". É uma tentação terrível, especialmente para um pedante como eu. Receio ter me perdido nisso quase que inteiramente por prazer pessoal — em uma abençoada pausa nas cartas (garanto-lhe que nenhuma do tipo da sua: destas tenho muito poucas), que eu deveria ter utilizado para continuar com *Sir Gawain*.

Morei por um tempo em uma rua bastante deteriorada (convenientemente chamada Duchess [Duquesa]) em Edgbaston,[5] B'ham; ela dava em uma rua ainda mais deteriorada chamada Beaufort.

*É um acaso curioso que o radical √*talat*, usado em q[uenya] para "escorregar, deslizar, cair", do qual *atalantie* é uma formação substantiva normal (em quen.), pareça-se tanto com Atlântida.

Menciono isso apenas porque na rua Beaufort havia uma casa, ocupada em seus dias felizes pelo Sr. Shorthouse, um fabricante de ácidos, de (acredito) ligações Quaker. Ele, um simples amador (como eu) com nenhum status no mundo literário, de repente produziu um longo livro, que era estranho, emocionante e discutível — ou parecia na época, poucos agora o acham possível de ser lido. Fez sucesso aos poucos e acabou se tornando um best-seller e o assunto de discussões públicas, do Primeiro Ministro para baixo. Esse livro era *John Inglesant*. O Sr. Shorthouse tornou-se muito esquisito e muito não Brummagem,[6] para não dizer não inglês. Parecia se ver como uma reencarnação de algum italiano renascentista e assumiu o papel. Além disso, suas opiniões religiosas, apesar de nunca conduzi-lo à loucura final do romanismo, assumiram um matiz católico. Creio que ele nunca mais escreveu, mas passou o resto de seus dias tentando explicar o que quis e o que não quis dizer em *John Inglesant*. (Não sei o que aconteceu com os garrafões de ácido.) Sempre tentei considerá-lo como um aviso melancólico, e ainda tento cuidar de meus garrafões técnicos e escrever mais. Porém, como vê, ocasionalmente me esqueço da prudência. Mas não do pensamento sóbrio (que essa história de Shorthouse também ilustra) da volubilidade do Público. É estranho que Sir Stanley, cuja *Truth about Publishing* você cita, seja o que com mais frequência me deixa preocupado. Estou contente com a aprovação dele;* mas a considero como um pouco de luz do sol em meu campinho de feno, um favor especial e muito propício; porém, tomo como modelo Gandalf, dizendo: "não podemos dominar, ou prever, todas as marés do mundo. Que clima virá não podemos determinar ou saber."

Sim, C.S.L. foi meu amigo mais próximo desde por volta de 1927 até 1940, e permaneceu muito caro a mim. Sua morte foi um golpe doloroso. Mas, de fato, nos víamos cada vez menos após ele ficar sob a influência dominante de Charles Williams, e ainda menos depois de seu casamento muito estranho. . . . . Li *O regresso do Peregrino* em ms. Nunca fui capaz de apreciar *Pickwick*. Agora considero *O Senhor dos Anéis* "bom em algumas partes". Devo agora finalizar com sinceras desculpas por minha garrulice: no entanto, espero que esta carta seja interessante "em algumas partes".

Sinceramente,
Ronald Tolkien.

* No *Time and Tide* deste 15 de julho, em um simpósio de editores que dizem aos leitores o que levar nas férias, ele mencionou apenas *O Senhor dos Anéis* de toda sua lista, e previu uma vida longa para ele.

258 De uma carta para Rayner Unwin 2 de agosto de 1964

[Durante 1964, um hidrofólio Aquastroll, que fizera uma travessia experimental de Calais a Dover, recebeu o nome *Shadowfax* (Scadufax) (o nome do cavalo cavalgado por Gandalf em *O Senhor dos Anéis*).]

Gostaria que os "direitos autorais" pudessem proteger *nomes*, assim como trechos de livros. É uma forma de invenção com a qual tenho muito trabalho e prazer; e, na verdade, é tão difícil (frequentemente mais) quanto, digamos, versos de poesias. Devo dizer que fiquei ofendido com o "batismo" daquele "hidrofólio" monstruoso como *Shadowfax* — sem ao menos um "com sua licença" — para o qual vários correspondentes chamaram minha atenção (alguns com indignação). Estou me acostumando com *Rivendells* [Valfendas], *Lóriens*, *Imladris* etc. como nomes de casas — embora eles talvez sejam mais frequentes do que as cartas que dizem "com sua licença".

259 De uma carta para Anne Barrett, Houghton Mifflin Co.
7 de agosto de 1964

Sou um homem de afinidades limitadas (mas bem ciente disso), e [Charles] Williams encontra-se quase que completamente fora delas. Entrei em contato mais próximo com ele do final de 1939 até sua morte — na verdade, fui um tipo de parteiro assistente no nascimento de *All Hallows Eve*, lido em voz alta para nós conforme era composto, mas acredito que as mudanças realmente grandes feitas na obra se deveram a C.S.L. — e gostava muito de sua companhia; mas nossas mentes permaneceram polos separados. Eu não gostava nem um pouco de sua mitologia arturiano-bizantina; e ainda acho que esta estragou a trilogia de C.S.L. (um homem muito impressionável, impressionável demais) na última parte.

Na questão da sinopse proposta para *Árvore e Folha* .... receio que a dificuldade realmente surge da justaposição de duas coisas que na verdade tocam apenas em uma extremidade, por assim dizer. Não acho que fui responsável pela associação proposta e, de qualquer forma, ela surgiu em uma época de grandes problemas e distrações para mim. Quanto a mim, por algum tempo pensei vagamente na reimpressão conjunta de três coisas que na minha cabeça realmente confluem: *Beowulf: Os Monstros e os Críticos*; o ensaio *Sobre Estórias de Fadas*; e *O Regresso de Beorhtnoth*. O primeiro lida com o contato do "heroico" com estórias de fadas; o segundo, primeiramente com estórias de fadas; e o último com "heroísmo e espírito cavalheiresco".

260 De uma carta para Carey Blyton 16 de agosto de 1964

[Blyton pedira a permissão de Tolkien para compor uma *Hobbit Ouverture* (Abertura Hobbit).]

O senhor certamente tem minha permissão para compor qualquer obra que desejar baseada em *O Hobbit*. . . . . Como autor, fico honrado em saber que inspirei um compositor. Há muito ansiava por fazê-lo, e também esperava que talvez eu pudesse achar o resultado inteligível para mim, ou sentir que era semelhante a minha própria inspiração — tanto quanto o são, digamos, algumas (mas não todas) das ilustrações de Pauline Baynes. . . . .

Possuo pouco conhecimento musical. Embora eu venha de uma família musical, devido a falhas de educação e de oportunidade como órfão, a música que havia em mim submergiu (até que me casei com uma musicista) ou foi transformada em termos linguísticos. A música me dá grande prazer e às vezes inspiração, mas permaneço na posição inversa, como alguém que gosta de ler ou ouvir poesia, mas sabe pouco sobre sua técnica ou tradição, ou de estrutura linguística.

261 De uma carta para Anne Barrett, Houghton Mifflin Co.
30 de agosto de 1964

[Um comentário a respeito de um artigo sobre C.S. Lewis de autoria de um de seus antigos alunos, George Bailey, no *The Reporter*, 23 de abril de 1964.]

C.S.L. obviamente tinha algumas esquisitices e às vezes podia ser irritante. Afinal, ele era e permaneceu um irlandês do Ulster. Mas ele nada fazia para impressionar; ele não era um palhaço profissional, mas sim um natural, quando realmente era um palhaço. Era magnânimo, de guarda contra todos os preconceitos, embora alguns estivessem enraizados demais em sua experiência nativa para serem observados por ele. Dizer que suas opiniões literárias eram ditadas pela inveja (como no caso de T.S. Eliot) é uma calúnia grotesca. Afinal de contas, é possível não gostar de Eliot com certa intensidade mesmo que não se tenha aspirações a glórias poéticas.

Bem, é claro que eu poderia dizer mais, mas devo estipular o limite. Ainda assim, gostaria que pudesse ser proibido que, após a morte de um grande homem, homenzinhos escrevessem sobre ele, homenzinhos esses que não possuem e devem saber que não possuem conhecimento suficiente de sua vida e caráter para lhes dar qualquer chave para a verdade. Lewis não ficou "extremamente ofendido" com sua derrota na eleição para a cátedra de poesia: ele sabia muito bem o motivo. Lembro-me de que logo depois nos reunimos em nossa taverna de costume e encontramos C.S.L. sentado lá, parecendo (e, uma vez que ele de fato não era ator, provavelmente se sentindo) muito à vontade. "Encham os copos!" disse ele, "e parem de parecer tão tristes. A única coisa agoniante sobre esse assunto é que meus amigos parecem estar chateados." E ele não "aceitou prontamente" a cátedra em Cambridge. Ela foi anunciada e ele não se inscreveu. Cambridge obviamente o queria, mas foi preciso muita diplomacia até que o conseguissem. Seus amigos acharam que lhe faria bem: ele estava mortalmente cansado, após quase 30 anos, dos Baileys deste mundo e até mesmo dos Duttons.[1] Acabou sendo uma boa mudança e, até sua saúde começar a fraquejar cedo demais, proporcionou-lhe muita felicidade.

262 Para Michael di Capua, Pantheon Books

[A Pantheon Books de Nova York pediu que Tolkien escrevesse um prefácio para uma nova edição de *A Chave Dourada*, de George MacDonald. Apesar de não o escrever na ocasião, o resultado de seu trabalho inicial no prefácio foi a composição de *Ferreiro do Bosque Maior*, que começou como um conto muito curto para ser colocado dentro do prefácio. Ver mais em *Biografia* pp. 328–329, que cita parte do prefácio pretendido.]

7 de setembro de 1964 — 76 Sandfield Road, Headington, Oxford

Caro Sr. di Capua,

Eu gostaria de escrever um prefácio curto para uma edição separada de *A Chave Dourada*. Não sou um admirador tão entusiasmado de George MacDonald quanto o era C.S. Lewis; mas tenho em boa conta essa história dele. Mencionei-a em meu ensaio *Sobre Estórias de Fadas*. . . . .

Não estou realmente certo de que eu possa produzir algo digno do honorário que o senhor oferece. Não sou naturalmente fascinado (na verdade, muito pelo contrário) por alegorias, místicas ou morais. Mas darei o melhor de mim, se houver tempo. De qualquer maneira, sou grato ao senhor por sua consideração.

Sinceramente,
J.R.R. Tolkien.

263 De uma carta para Houghton Mifflin Co.

10 de setembro de 1964

Gostaria de fazer uma crítica a um aspecto, embora eu não creia que isso seja esperado ou que será bem-recebido. Acho o bloco na p. iii [de *Árvore e Folha*] deveras desagradável, e imagino se talvez ele não poderia ser reconsiderado ou omitido. O tipo de letras é, para o meu gosto, de uma qualidade ruim e mal executado, e embora sem dúvida seja deliberado, não gosto mais dele por isso. O tronco bojudo e aparentemente podado, sem raízes e com galhos débeis, parece-me por demais inadequado como um símbolo do contar de histórias ou como uma sugestão de algo que Cisco possivelmente poderia ter desenhado! Meu gosto pode ser o culpado. Assim como minhas ideias e sentimentos expressados no texto. Mas se estes são tidos como dignos de serem reproduzidos — e estou profundamente satisfeito em saber que são —, então eu gostaria que algum desenho que mostrasse mais afinidade com eles pudesse ser produzido.

264 De uma carta para Allen & Unwin 11 de setembro de 1964

Como os senhores sem dúvida sabem, a Houghton Mifflin está agora ocupada em recompor *Árvore e Folha*. Em 8 de setembro recebi um pacote grande com as provas para minha consideração. Sem dúvida isso foi uma cortesia; mas, uma vez que me custou £1. 7. 6 para devolvê-las em tempo para o prazo final deles, receio que uma certa aspereza se fez presente em meu comentário sobre o bloco projetado para a p. iii deles: uma coisa medonha, como um cruzamento entre uma anêmona marinha gorda e uma castanheira espanhola podada, emplastrada com letras de feiura indecente.

265 De uma carta para David Kolb, S.J. 11 de novembro de 1964

É triste que "Nárnia" e toda essa parte da obra de C.S.L. deva permanecer fora do alcance de minha simpatia, assim como boa parte da minha obra estava fora da dele. Além disso, pessoalmente achei *Cartas a Malcolm* uma obra agoniante e em algumas partes aterradora. Comecei um comentário sobre ela, mas, se fosse concluído, seria impublicável.

266 De uma carta para Michael George Tolkien
6 de janeiro de 1965

> [O neto de Tolkien estava estudando inglês na Universidade de St Andrew's.]

Lamento que meu *Gawain* e *Pérola* não chegarão a tempo de auxiliá-lo (caso realmente fosse fazê-lo): em grande parte devido, além da dificuldade natural de traduzir poesia em poesia, à descoberta de muitas questões menores sobre palavras, no decorrer do meu trabalho, que me distraíram. *Pérola*, é claro, é uma das tarefas mais difíceis que poderia ser imposta a qualquer tradutor. É impossível criar uma versão na mesma métrica similar o suficiente para servir como uma "cola". Mas acho que qualquer um que ler minha versão, por mais que seja um estudioso versado em inglês médio, terá uma impressão mais direta do impacto do poema (sobre alguém que conhecia o idioma). Mas, sinceramente, suponho que seja apenas um divertimento particular.

267 De uma carta para Michael Tolkien 9–10 de janeiro de 1965

Meu querido velho protetor, apoiador e amigo, o Dr. C.T. Onions, morreu na sexta-feira aos 91 anos e 1/3. Não o via há muito tempo. Ele foi a última das pessoas que *eram* "inglesas" em Oxford e de forma geral quando entrei para a profissão. Bem, não exatamente: Kenneth Sisam (que já foi meu tutor) sobrevive nas Ilhas Scilly, um homem de meros 76 anos. Aliás, enquanto estamos nesse assunto melancólico, T.S. Eliot se foi. Mas se você quer um exemplar perfeito de poesia ruim, um "fundo do poço" ridículo, mais ou menos [no nível] da "coruja empalhada" revivida, [não] poderia encontrar para você algo melhor do que os 8 versos do pobre e velho John Masefield sobre Eliot no *The Times* de sexta-feira, 8 de jan.: "Coker do Leste". Quase abaixo/acima do padrão-zero de Wordsworth. . . . .

Não estou incomodado (nem surpreso) com as limitações de minha "fama". Há muitas pessoas em *Oxford* que nunca ouviram falar de mim, que dirá de meus livros. Mas posso retribuir à maioria delas com igual ignorância: nem deliberada, nem desdenhosa, simplesmente acidental. Um divertido incidente ocorreu em novembro, quando fui como cortesia ouvir a última palestra desta série dele dada pelo Professor de Poesia: Robert Graves. (Uma criatura notável, divertida, agradável, estranha, cheia de ideias fixas, meio-alemã, meio-irlandesa, muito alta, deve ter se parecido com Siegfried/Sigurd em sua juventude, *mas* um Asno.) Foi a palestra mais ridiculamente ruim que já ouvi. Depois ele me apresentou a uma moça amável que havia comparecido: bem, mas discretamente vestida, sociável e agradável, e nos demos muito bem. Mas Graves começou a rir; e disse: "É óbvio que nenhum de vocês já ouviu falar do outro antes". Bem verdade. E eu não havia suposto que a moça já teria ouvido falar de mim. Seu nome era Ava Gardner, mas ele ainda não significava nada, até que pessoas mais informadas sobre o mundo me disseram que ela era uma estrela de cinema de certa magnitude, e que a multidão de jornalistas e a tempestade de lâmpadas de flash nos degraus do Colégio não eram direcionados a Graves (e cert. não a mim), mas a ela. . . . .

Mesmo assim, o velho "ego" recebe diversos estímulos fortes de vez em quando, que me surpreendem como sempre. Encontrei Burke Trend em 29 de setembro, no Jantar do Heptacentenário de Merton — ele é um Fellow honorário recente: secretário do Gabinete Nacional ocasionalmente; e se declarou um "fã", e acrescentou que a maioria do Gabinete estava com ele e que, quanto à Câmara, opiniões similares eram amplamente dominantes dos dois lados dela. Muito bom, se comprarem o livro e não simplesmente gastarem o exemplar da Biblioteca da Câmara dos Comuns! Nenhum outro tipo de recompensa parece avizinhar-se. Mas suponho que minha maior surpresa foi receber 4 dias atrás uma entusiasmada carta de fã de Iris Murdoch. E se o nome é apenas um "Ava Gardner" para você, não há o que se fazer. . . . .

Quando penso na morte de minha mãe (mais jovem do que Prisca), esgotada com a perseguição, a pobreza e a em grande parte consequente doença no esforço de transmitir a nós, garotos pequenos, a Fé, e me lembro do minúsculo quarto que ela dividia conosco em aposentos alugados no chalé de um carteiro em Rednal, onde morreu sozinha, doente demais para o viático, acho muito duro e amargo quando meus filhos desgarram-se [da Igreja]. É claro que Canaã parece diferente para aqueles que entraram nela vindos do deserto; e os habitantes posteriores de Jerusalém com frequência podem parecer tolos ou patifes, ou piores. Mas *in hac urbe lux solemnis*[1] tem me parecido constantemente verdadeiro. Conheci padres desleixados, estúpidos, descompromissados, convencidos, ignorantes, hipócritas, preguiçosos, ébrios, cruéis, cínicos, maus, ávidos, vulgares, esnobes e até mesmo (por palpite) imorais "no decorrer de minhas peregrinações"; porém, para mim, um Pe. Francis vale mais do que todos eles, e ele era um conservador hispano-galês de classe alta, e para alguns parecia apenas um displicente velho esnobe e fofoqueiro. Ele era — e *não* era. Aprendi a caridade e o perdão pela primeira vez com ele; e a luz disso penetrou até mesmo na escuridão "liberal" de onde vim, sabendo mais sobre "Bloody Mary" do que sobre a Mãe de Jesus — que nunca era mencionada, exceto como um objeto de adoração pecaminosa pelos romanistas.

268 De uma carta para a Srta. A.P. Northey

19 de janeiro de 1965

Acredito que Scadufax certamente partiu com Gandalf [através do Mar], embora isso não seja afirmado. Acho que é melhor não afirmar tudo (e, de fato, isso é mais realista, uma vez que em crônicas e relatos de história "real" muitos fatos que algum investigador gostaria de conhecer são omitidos, e a verdade tem de ser descoberta ou adivinhada a partir das evidências que existem). Eu argumentaria desta forma: Scadufax vinha de uma raça especial (II 126, 129, III 346)[1] sendo, por assim dizer, um equivalente élfico dos cavalos comuns: seu "sangue" vinha do "Oeste por sobre o Mar". Não seria inadequado para ele "ir para o Oeste". Gandalf não estava "morrendo" ou indo por uma graça especial para a Terra do Oeste, antes de passar para "além dos círculos do mundo": ele estava voltando para casa, sendo claramente um dos "imortais", um emissário angélico dos governantes angélicos (Valar) da Terra. Ele levaria ou poderia levar o que amasse. Gandalf foi visto pela última vez cavalgando Scadufax (III 276). Ele deve ter cavalgado para os Portos, e é inconcebível que [teria] cavalgado qualquer animal além de Scadufax; de modo que Scadufax deve ter estado lá. Um cronista concluindo uma longa história, e no momento comovido principalmente pela tristeza daqueles deixados para trás (ele próprio entre eles!), poderia omitir a menção ao cavalo; mas, se o cavalo também tivesse compartilhado a dor da separação, ele dificilmente teria esquecido.

269 De uma carta para W.H. Auden — 12 de maio de 1965

[Auden perguntara a Tolkien se a noção dos Orques, uma raça inteira que era irredimivelmente perversa, não era herética.]

No que diz respeito a *O Senhor dos Anéis*, não posso afirmar que sou teólogo suficiente para dizer se minha noção dos orques é herética ou não. Não me sinto sob qualquer obrigação de adequar minha história à teologia cristã formalizada, embora eu realmente pretendesse que ela fosse consonante com o pensamento e crença cristãos, o que é asseverado em outro lugar, Livro Cinco, página 190,[1] onde Frodo afirma que os orques não são maus em origem. Acreditamos que isso é válido, suponho, para todas as raças, filhos e gerações humanas, embora alguns pareçam ser, ao menos para nós, tanto como indivíduos como em grupos, irredimíveis. . . . .

Um dos meus problemas é que eu estava justamente enviando para a gráfica uma revisão de minha tradução de *Gawain* junto com uma de *Pérola* quando um problema desesperado de direitos autorais nos E.U.A. caiu sobre mim, e agora preciso devotar todo o tempo que tenho para produzir uma revisão tanto de *O Senhor dos Anéis* como de *O Hobbit* que possam ser protegidas pelos direitos autorais e, espera-se, derrotar os piratas.

270 Para Rayner Unwin

[Tolkien havia enviado a Unwin o texto datilografado de sua nova história, *Ferreiro do Bosque Maior*. Pareceu a Unwin que ela precisaria da companhia de outras histórias para formar um livro suficientemente grande. Essa sugestão foi feita justamente quando Tolkien estava revisando *O Senhor dos Anéis*, para assim produzir uma nova edição que seria protegida por direitos autorais nos E.U.A. A necessidade para tal surgiu porque uma editora norte-americana havia publicado uma edição em brochura não autorizada do livro, sem o consentimento de Tolkien ou da Allen & Unwin e (inicialmente) sem pagar *royalties*.]

20 de maio de 1965 76 Sandfield Road, Headington, Oxford

Caro Rayner,

Muito obrigado pela devolução de *Ferreiro do Bosque Maior*. Estou feliz que tenha lhe agradado, já que eu era incapaz de me decidir sobre ela sem sua assistência. Receio que não haja algo de tipo ou tamanho similar no meio dos meus papéis. Há muitos materiais inacabados lá, mas tudo pertence definitivamente ao *Silmarillion* ou a todo aquele mundo. Ao qual eu agora estaria voltando em poucos dias, se não fosse por esse negócio infernal de direitos autorais. Enviarei a você o restante do texto de *Gawain* e meus comentários nas páginas de amostra que você me enviou, para que você os receba até a próxima segunda-feira, espero. Não posso produzir a nota prefacial ou o comentário até que a revisão de *O Senhor dos Anéis* esteja terminada. Terei de trabalhar duro para enviá-lo para Boston[1] até 1º de julho.

Sinceramente,
Ronald Tolkien.

PS. Estou inserindo agora em cada carta de agradecimento a leitores nos E.U.A. uma breve nota informando que a edição da *Ace Books* é pirata e pedindo-lhes para que informem outros.

271 De uma carta para Rayner Unwin 25 de maio de 1965

Não estou apreciando a tarefa de "reeditar" *O Senhor dos Anéis*. Acho que acabará sendo muito difícil, se não impossível, fazer quaisquer mudanças substanciais no texto geral. O Volume I agora já foi vasculhado e o número de correções necessárias ou desejáveis é muito pequeno. Sou obrigado a dizer que minha admiração pela hermeticidade da construção do autor aumentou razoavelmente. O pobre camarada (que para mim agora parece apenas um amigo distante) deve ter tido muito trabalho com ela. Espero que a alteração das apresentações, modificações consideráveis dos apêndices e a inclusão de um glossário possam mostrar-se suficientes para o intento. Além disso, estou fazendo questão de incluir uma nota em cada resposta ou agradecimento de cartas de "fãs" dos E.U.A. no sentido de que a edição em brochura da Ace Books é pirata e publicada sem o consentimento de meus editores ou o meu e, é claro, sem remuneração para nós. Acha que se fosse feito em uma escala maior isso poderia ser útil?

272 De uma carta para Zillah Sherring — 20 de julho de 1965

[Em um sebo em Salisbury, Wiltshire, Zillah Sherring encontrou e comprou um exemplar de *The Fifth Book of Thucydides* (O Quinto Livro de Tucídides) que possuía algumas inscrições estranhas que foram escritas por um dono anterior. Ao encontrar o nome de Tolkien entre aqueles na guarda, ela lhe escreveu perguntando se as inscrições, em particular uma longa no verso, possivelmente haviam sido obra sua. Ela lhe enviou uma transcrição da inscrição. Este é um fac-símile da inscrição:]

·IK·LAS·ÞŌ·WAVRDA·ÞIZO·
·BOKO·HELENISKAIZOS∴
·JERAMELEINAIS·IN·ÞAM
MA·MENOÞ·SAIHSTIN·ÞIS·
·JERIS·ÞŪSUNDI·NIVN·HV
NDAI·TAIHVN·UNSARIS∴
·FRAVJINS·DUÞE·IK·BIGETJA
U·ÞATA·LAVN·GIBAN·ALLIS
·JERIS·ÞAMMA·MAGAV·MAI
ST·KVNNANDIN·BI·ÞŪKYD
IDJA·JAH·HITA·ANAMELID·
A·IN·BOKOS·MEINOS·ÞAM
MA·TWALIFTIN·ÞIS·SAIHS
TINS·AFARÞIZEI·IK·JU·FRU
MINS·ÞAIRHLESJAU·ALLA·Þ
O·WAVRDA·GLAGGWVBA·

O livro certamente já me pertenceu. . . . . A escrita no verso está em gótico, ou o que eu achava que era gótico ou que poderia ser. Encontrei esse idioma admirável um ou dois anos antes de 1910 no *Primer of the Gothic Language* [Compêndio da Língua Gótica] de Joseph Wright (agora substituído por *A Grammar of the Gothic Language* [Gramática da Língua Gótica]). Ele me foi vendido por um colega de escola interessado em trabalho missionário, que achou que era um produto da Sociedade Bíblica e não tinha utilidade para o que o livro era. Fiquei fascinado pelo gótico por si só: um belo idioma, que alcançou a eminência do uso litúrgico, mas que fracassou em tornar-se um dos idiomas litúrgicos do Ocidente devido à trágica história dos godos. Na época eu possuía apenas o Compêndio com seu pequeno vocabulário, mas aprendi com ele um pouco da técnica necessária para converter as palavras de outros idiomas germânicos para a escrita gótica. Com frequência eu colocava inscrições "góticas" em livros, às vezes goticizando meu nome nórdico e meu sobrenome alemão como Ruginwaldus Dwalakōneis. A inscrição que a senhora cita possui um erro (por acidente) em HVNDAI, que deveria ser HVNDA. Também é um gótico ruim em outros aspectos, mas com a intenção que significasse: *Li as palavras destes livros* de história grega ("escrita-de-ano") no sexto mês deste ano: mil, novecentos, dez, de Nosso Senhor: para ganhar o prêmio dado todos os anos ao garoto com maior conhecimento de Tucídides, e isto registrei em meus livros† no décimo-segundo dia do sexto (mês) após já ter lido ? primeiro cuidadosamente todas as palavras. Frvmins* provavelmente é um erro para *frumist* "primeiro".

A senhora provavelmente não está interessada em outros "erros". A inscrição apresentou alguns problemas para alguém que só tinha à sua disposição o vocabulário de amostras curtas dos fragmentos das versões góticas do Novo Testamento. A palavra gótica para "ler" não era *lisan, las, galisans*, que ainda possuía apenas seu significado original "reunir" (um sentido que suas equivalentes alemã e nórdica, *lesen* e *lesa*, ainda retêm em acréscimo ao sentido de "ler", imitado do latim *lego*). A palavra gótica era *ussiggwan* "recitar" (chamar/cantar alto). A arte da leitura particular, silenciosa e com o uso somente ou principalmente dos olhos foi, caso praticado pelos "antigos", na maior parte esquecida. Acredito que é relatado que S. Ambrósio (no mesmo século em que as versões góticas foram feitas) deixou espantados observadores que o viram lendo apenas movendo os olhos de um lado para o outro, sem mover os lábios ou ao menos murmurar. . . . .

---

* provavelmente um erro para *þizōs bōkōs*, "deste livro", sing.
† provavelmente um erro para *bōka meina*, "meu livro", sing.

Continuo não sentindo remorso algum em escrever em meus próprios livros, embora agora em geral eu apenas coloque notas que supostamente têm utilidade — caso mais tarde consiga decifrá-las.

273 De uma carta para Nan C. Scott 21 de julho de 1965

[A Sra. Scott era uma defensora importante na batalha para manter a edição pirata de *O Senhor dos Anéis* fora das livrarias norte-americanas.]

Sou extremamente grato pelas informações que a senhora me enviou, e ainda mais por sua grande gentileza e energia na tentativa de combater os piratas em meu nome. . . . . Fui afastado de todos os meus outros trabalhos e quase tive uma crise nervosa na tentativa de fazer com que a Ballantine Books produzisse uma edição em brochura *autorizada* o mais breve possível.

274 De uma carta para Houghton Mifflin Co. 28 de julho de 1965

[A respeito das revisões para *O Senhor dos Anéis*.]

O *mapa pequeno* "Uma Parte do Condado" na maior parte está errado e necessita muito de correção (e alguns acréscimos), e fez com que algumas perguntas fossem feitas. O principal erro é que a balsa em Buqueburgo e, assim, a Mansão do Brandevin e Cricôncavo, mudou para cerca de 3 milhas muito ao norte (cerca de 4 mm.). Isso não pode ser alterado desta vez, mas é uma infelicidade que a Mansão do Brandevin, claramente na margem do rio, esteja colocada de maneira que a estrada principal passa na frente dela em vez de atrás. Também não há sinal da mata descrita no topo da p. 99.[1]

274a Para Austin Olney, Houghton Mifflin Co.

31 de julho de 1965 76 Sandfield Road, Headington, Oxford

Caro Sr. Olney,

Estou enviando acréscimos e correções para o Vol. II. Não muitos: a maioria apenas correções de erros (meus ou dos tipógrafos) presentes na primeira edição. (Alguns desses foram corrigidos em impressões posteriores deste lado [do Atlântico]; mas as estou incluindo por questões de completude.) Não vejo mais do que 3 pontos onde qualquer acréscimo ou alteração seja possível ou desejável.

O primeiro é na p. 192, onde ainda permanece uma afirmação a respeito de Saruman que é (de acordo com a história terminada) completamente falsa. O segundo, na p. 205 (o ponto será retomado no Vol. III p. 53), tapa um pequeno buraco na narrativa. Aragorn não estava em Orthanc na versão preliminar do capítulo. Se tivesse sido reconhecido, Saruman certamente teria se dirigido a ele. O terceiro, na p. 247, tenta tornar a minha visão da cena mais clara: se eu não guardasse (como guardo) uma imagem nítida do que estava tentando descrever, não conseguiria formar uma com o presente texto.

Creio que haverá muito mais alterações no Vol. III; mas com isso o Vol. I contará com o acréscimo do *Índice Remissivo* para estabelecer o vol. como revisado e reimpresso. Espero que minhas outras contribuições tenham chegado sem problemas.

Sinceramente,
J.R.R. Tolkien.

275 De uma carta para W.H. Auden — 4 de agosto de 1965

[Auden havia convidado Tolkien a contribuir para um *festschrift* que marcava a aposentadoria de Nevill Coghill. Ele também perguntou se Tolkien sabia que uma "New York Tolkien Society" havia sido formada, e disse que temia que a maioria dos membros fosse lunática.]

Ainda lamento que não tenha nada para o festschrift de Neville [*sic*]. Espero que talvez um arranjo seja feito no livro para pessoas na minha posição registrarem seus bons votos. A única coisa que já escrevi sobre Neville foi:

Neville Judson Coghill
Criou mortais poemecos mil.
Práticas e progressivas pessoinhas
O nomearam Das Nocivas Canetinhas.

Foi numa época na qual, sob o nome de Judson, ele estava escrevendo o que considerei serem versos muito bons e engraçados satirizando homens progressistas como Norwood de St John's.[1]

Sim, ouvi falar da Tolkien Society. Acho que verdadeiros lunáticos não se associam a eles. Mas, ainda assim, tais coisas me enchem de preocupação e desânimo.

275a Para Rayner Unwin

24 de agosto de 1965 — 76 Sandfield Road, Headington, Oxford

Caro Rayner,

Estou fadado a estar sempre atrasado. Contudo, eis aqui, enfim, *O Hobbit* revisado.

Você notará que a maioria das "correções etc." é mais considerável no Capítulo I. Após o Cap. II há poucas.

Resisti (espero) à inclinação de "melhorar" *O Hobbit* — exceto pela remoção dos apartes "autor-a-leitor" em alguns lugares: muito irritantes para crianças inteligentes (como algumas disseram). Há algumas correções devido aos erros e discrepâncias na própria história; algumas que tentam deixar as coisas mais claras. Mas uma vez que para encontrar essas coisas — incluindo erros de impressão que ainda permanecem! — é preciso ler tudo com atenção linha a linha, pareceu uma pena não me livrar de algumas passagens despreocupadas que são bastante incongruentes. *O Hobbit* é considerado um prólogo a *O S.A.* e, embora ninguém espere que a consistência entre os dois seja exata, é uma pena que algumas passagens em *O H.* sejam completamente impossíveis em *O S.A.* Espero que você concorde, por exemplo, que as alterações no Cap. II estabelecem que a jornada até a primeira aventura com os trols, apesar de adequadamente rápida e sem detalhe, agora poderia ser uma rápida olhada na mesma região que aquela descrita na obra longa. Nenhum dos termos ou topônimos específicos do *S.A.* (como *Condado*) foram introduzidos. Seja como for, fiz o que pude. Desculpe pela pressa. Tenho de "descer" por um dia, e mal tenho tempo de ir ao correio.

Sinceramente,
Ronald Tolkien.

276 Para Dick Plotz, "Thain" da Tolkien Society of America

12 de setembro de 1965 — 76 Sandfield Road, Headington, Oxford

Para o Primeiro Comunicado da T. S. A. do Membro do Vale Comprido.

Caro Sr. Plotz,

Estive na Irlanda e acabei de receber sua carta (entre uma montanha de correspondências) ao voltar. Fiquei muito interessado em saber da fundação da "Tolkien Society" e sou muito grato pelo elogio. Contudo, não vejo como posso tornar-me um "membro" de uma sociedade inspirada pelo apreço por minhas obras e dedicada (suponho) ao estudo e crítica delas, ao menos como parte de suas atividades.

Entretanto, eu ficaria feliz em associar-me a vocês em alguma capacidade informal. Por exemplo, eu estaria disposto a oferecer qualquer conselho que procurassem ou a fornecer informações que ainda não foram publicadas — sempre com a ressalva (especialmente com respeito às "informações") de que a alegação *Ocupado com a questão dos Eldar e de Númenor* fosse aceita sem ofensas como uma desculpa adequada para uma resposta inadequada a perguntas.....

A Ace Books publicou uma edição de 100.000 exemplares que "está vendendo bem". Direi apenas isto de imediato. A ação deles, como alegam, é "legal", e não podem ser processados de acordo com a lei nos E.U.A. Mas a lei é peculiarmente "antiética" nesse caso, e nenhuma outra firma tentou lucrar com ela. Ela diz efetivamente: se alguma propriedade for deixada desprotegida, por inadvertência ou de outra maneira, uma pessoa que se apropriar dela não pode ser chamada de ladra, mesmo que seja possível demonstrar que ela sabia a quem a propriedade pertencia justamente. (Imagine semelhante lei aplicada à propriedade em geral!)

É somente com essa lei que eles contam. Mas agora eles estão espalhando: (a) que foram inspirados por admiração pela minha obra, e se dedicaram a publicá-la com "pioneirismo" sem esperança certa de um mercado; e (b) que me fizeram uma oferta de honorários à qual jamais respondi (ver o artigo de Joseph Haas no *Chicago Daily News* de 7 de agosto[1]). Jamais recebi qualquer oferta feita por eles, nem qualquer comunicado de qualquer tipo. A admiração deles não valeu nem mesmo um único exemplar de cortesia de seu esforço "pioneiro". Pessoas encantadoras. Mas basta. . . . .

Com relação aos meus planos para a revisão de *O Hobbit* e *O Senhor dos Anéis*, você compreenderá que não tenho tempo para dizer muita coisa. O trabalho, lançado sobre mim inesperadamente como uma bomba, teve de ser realizado sob uma severa pressão de tempo. O resultado, tal como afeta *O S. dos A.*, será visto na edição da Ballantine. Foi feita uma tentativa de corrigir todos os erros menores (que restavam ou foram introduzidos na edição mais recente); e de consertar discrepâncias que percebi ou que me foram comunicadas. Por exemplo, aquela entre a linhagem dos Reis de Rohan como falada no banquete funerário e como listada no Apêndice. Foi acrescentado um índice remissivo, completo no tocante aos itens (espero), mas com poucas referências. O resultado total, embora tenha sido o produto de muito labor devido à estrutura rígida e aos variados detalhes da história, não é grande coisa, e tenho minhas dúvidas se alguém que não conheça a história quase que de cor notará — excetuando o índice remissivo inadequado.

O Hobbit, tal como aparece na edição da H[oughton] M[ifflin]/ "Dolphin" da Ballantine, está inalterado, exceto pela capa lunática (ao meu ver). Algum membro da T. S. A. pode me dizer o que um leão e emus estão fazendo na vinheta, ou o que é a coisa com bulbos rosa em primeiro plano? Os editores não dizem e meramente choram porque não aprovo. Foi feita uma revisão mínima do texto. Eu gostaria de ter feito uma mais completa — para o propósito de uma nova edição dos

Messrs Longmans (autorizada) deste lado, os Messrs Allen and Unwin forneceram as alterações à H[oughton] M[ifflin], e elas podem aparecer em uma subsequente reimpressão da edição em brochura, caso alguma seja solicitada.

Quanto ao "Silmarillion" e seus anexos; estão escritos, mas em um estado confuso devido a alterações e ampliação em diferentes datas (inclusive "escrever de trás para frente" para confirmar os elos entre ele e *O S. dos Anéis*). Carece de um fio no qual sua diversidade possa ser amarrada. Apresenta também uma forma mais séria do que até mesmo as dificuldades que encontrei em *O S. dos A.*: a necessidade de familiarizar um público com uma mitologia desconhecida sem referências às histórias e de relacionar várias lendas longas dependentes da mitologia sem apresentá-las com digressões explicativas. Tinha esperanças de, a esta altura, estar imerso no trabalho necessário para apresentar uma parte do material em uma forma publicável..... Acho que o publicarei em partes. A primeira parte, dados ainda a saúde e o vigor, pode ir para as gráficas no ano que vem.

Há também uma grande quantidade de material que não faz estritamente parte do *Silmarillion*: a cosmogonia e o material a respeito dos Valar; e material posterior a respeito de Númenor e da Guerra na Terra-média (a queda de Eregion e a morte de Celebrimbor e a história de Celeborn e Galadriel). Quanto a Númenor, o conto da *Akallabêth* ou Queda está completamente escrito. O resto de sua história interna encontra-se apenas em forma de Anais, e provavelmente permanecerá assim, com exceção de um longo conto númenóreano: *A Esposa do Marinheiro*, agora quase completo, a respeito da história de Aldarion (o 6º Rei: S.A. III 315, 316) e suas trágicas relações com seu pai e sua esposa. Esse conto teria sido preservado na Queda, quando a maioria do saber númenóreano foi perdida, com exceção daquele que tratava da Primeira Era, porque conta como Númenor envolveu-se na política da Terra-média.

Entendo muito bem o divertimento de se entrar para tal sociedade com nomes especiais associados à história para os membros e, é claro, vejo que as coisas ainda não foram decididas. Mas se eu puder fazer uma sugestão neste estágio, eu diria que acho um erro dar nomes de personagens (ou cargos) da história. Pessoalmente eu teria gostado se o título da sociedade fosse "A Sociedade do Condado", talvez com T.S.A. como um subtítulo explicativo. Mas mesmo sem qualquer mudança de título, acho que seria mais apropriado e divertido dar aos membros o título de "Membro de Algum-lugar-no-Condado" ou de Bri. Não seria bom limitar o número de pessoas com direito a um nome especial de alguma maneira adequada, como por serem membros mais antigos ou, mais tarde, por serem aquelas que claramente continuam a se interessar ou se divertir devido à associação? Há apenas cerca de 30 topônimos apropriados na pequena seção do Condado impressa, mas há mais em meu mapa, e se um mapa adequado de todo o Condado fosse desenhado, um grande número de lugares poderia ser inserido. Os nomes que já foram inseridos, mesmo aqueles que parecem improváveis (como Nobottle [Tocanova]), foram na verdade criados de acordo com o estilo, origens e modo de formação dos topônimos ingleses (especialmente das Midlands). Ficaria encantado em construir novos nomes baseados nos mesmos princípios conforme desejado e em encontrar para eles lugares nos mapas de Bri e do Condado. Pessoalmente, como um fumante de cachimbo inveterado, ficaria feliz em aceitar o título de Membro do Vale Comprido; ou, caso o senhor queira conceder-me uma dignidade prefeitoral (para a qual mesmo para os padrões hobbits meus anos tornam-me quase maduro), o Membro de Grã-Cava. . . . .

Núminor. C.S. Lewis foi uma das únicas três pessoas que até agora leram tudo ou uma parte considerável de minha "mitologia" da Primeira e da Segunda Era,[2] que já havia sido construída nas linhas principais antes de nos encontrarmos. Ele possuía a peculiaridade de gostar que lhe lessem as histórias. Tudo o que ele sabia de meu "material" foi o que sua ampla, mas não infalível memória guardara de minhas leituras para ele como meu único público. Sua grafia *numinor* é um erro de audição, auxiliado, sem dúvida, por sua associação do nome com o latim *nūmen*, *nūmina* e com o adjetivo "numinoso". Um erro infeliz, visto que o nome não possui tais ligações e não possui referências à "divindade" ou sentido de sua presença. É uma construção a partir da base eldarin √NDU "abaixo, debaixo; descer"; quen. *núme* "descer, ocidente"; *númen* "a direção ou região do pôr do sol" + *nóre* "terra" como uma área habitada. Usei com frequência *Westernesse* [Ociente] como tradução. Esta é derivada da rara palavra *Westernesse* em inglês médio (que eu saiba apenas no ms. C de *King Horn*), onde o significado é vago, mas que pode significar "Terras ocidentais" em distinção do Leste habitado pelos pagãos e sarracenos. Lewis não teve parte em uma "investigação sobre Númenor". N. é minha alteração pessoal do mito e/ou tradição de Atlântida e ajuste desta à minha mitologia geral. De todas as imagens míticas ou "arquetípicas", esta é a mais profundamente assentada em minha imaginação, e por muitos anos tive um sonho recorrente de Atlântida: a estupenda e inelutável onda avançando do Mar ou sobre a terra, às vezes escura, às vezes verde e iluminada pelo sol.

Lewis, creio eu, ficou impressionado com "o Silmarillion e tudo mais", e certamente guardou algumas vagas lembranças dele e de seus nomes na cabeça. Por exemplo, uma vez que ele o ouviu antes de compor ou pensar sobre *Além do Planeta Silencioso*, imagino que *Eldil* seja um eco dos *Eldar*; em *Perelandra*, "*Tor e Tinidril*" são certamente um eco, visto que *Tuor e Idril*, pais de Eärendil, são personagens principais em "A Queda de Gondolin", a primeira das lendas da Primeira Era a ser escrita. Mas sua própria mitologia (incipiente e nunca completamente concretizada) era bem diferente. De qualquer forma, ela foi feita em pedaços antes de tornar-se coerente pelo contato com C.S. Williams e seu material "arturiano" — que aconteceu entre *Perelandra* e *Aquela Fortaleza Medonha*. Uma pena, acredito. Mas na época eu era e permaneço totalmente sem simpatia pela mente de Williams.

Conheci Charles Williams apenas como um amigo de C.S.L., a quem encontrei em sua companhia quando, por causa da Guerra, ele passava boa parte de seu tempo em Oxford. Gostávamos um do outro e gostávamos de conversar (principalmente em gracejos), mas não tínhamos nada para dizer um ao outro em níveis mais profundos (ou mais elevados). Duvido que ele tenha lido algo meu disponível na época; li ou ouvi boa parte de sua obra, mas a considerava totalmente estranha e algumas vezes de muito mau gosto, ocasionalmente ridícula. (Isso é perfeitamente verdadeiro como uma afirmação geral, mas não deve ser visto como uma crítica de Williams; é antes uma exibição de meus próprios limites de simpatia. E é claro que, em uma gama tão grande de obras, encontrei versos, passagens, cenas e pensamentos que achei notáveis.) Permaneci inteiramente indiferente. Lewis ficou impressionado.

Mas Lewis era um homem muito impressionável, e isso era estimulado por sua grande generosidade e capacidade para amizade. A dívida impagável que tenho para com ele não foi "influência" como é comumente compreendida, mas puro encorajamento. Por muito tempo ele foi meu único público. Apenas através dele tive noção de que meu "material" poderia ser mais do que um passatempo particular. Se não fosse por seu interesse e avidez incessante por mais, eu jamais teria concluído *O S. dos A.* . . . .

Envio-lhe e à T.S.A. meus melhores votos. Se eu não estivesse em um ínterim entre secretárias (de meio expediente) por alguns dias, o senhor poderia ter recebido uma carta mais breve, mais sucinta e mais bem datilografada.

Sinceramente,
J.R.R. Tolkien.

277 De uma carta para Rayner Unwin 12 de setembro de 1965

[Em agosto de 1965, a Ballantine Books produziu a primeira edição em brochura norte-americana "autorizada" de *O Hobbit*, sem incorporar as revisões de Tolkien para o texto. A ilustração da capa mostrava um leão, dois emus e uma árvore com frutos bulbosos. (Quando o livro foi reimpresso pela Ballantine em fevereiro seguinte, com o texto revisado, o leão havia desaparecido debaixo de uma grama verde-amarelada.)]

Escrevi para [seus editores estadunidenses] expressando (com moderação) meu desagrado com a capa para [a edição da Ballantine de] *O Hobbit*. Foi uma carta curta e apressada à mão, sem uma cópia, mas foi neste sentido: acho a capa feia; mas reconheço que o principal objetivo de uma capa de uma edição em brochura é atrair compradores, e acredito que os senhores são melhores juízes do que eu sobre o que é atraente nos EUA. Portanto não entrarei em uma discussão sobre gosto — (querendo dizer, embora eu não tenha dito: cores horríveis e forma grosseira de letras) —, mas devo perguntar isso sobre a vinheta: o que ela tem a ver com a história? Onde fica este lugar? Por que um leão e emus? E o que é a coisa em primeiro plano com bulbos rosa? Não entendo como alguém que leu a história (espero que os senhores estejam entre estes) poderia pensar que tal desenho agradaria ao autor.

Esses pontos nunca foram analisados e são ignorados na última carta [deles]. Parece que essas pessoas nunca leem cartas ou possuem uma surdez altamente cultivada a qualquer coisa que não seja "reações favoráveis".

A Sra. —— [uma representante da editora da edição em brochura] não encontrou tempo para me visitar. Ela me telefonou. Tive uma longa conversa, mas ela me pareceu impermeável. Julgo que o que ela queria era que eu desistisse, fosse um bom menino e reagisse favoravelmente. Quando fiz as observações acima mais uma vez, a voz dela aumentou vários tons e ela gritou: "Mas o homem não teve TEMPO para ler o livro!" (Como se isso resolvesse a questão. Uma conversa de alguns minutos com o "homem" e uma olhada nas ilustrações da edição norte-americana teriam sido suficientes.) Com relação aos bulbos rosa, ela disse como que para alguém de completa obtusidade: "A intenção é de que sugiram uma Árvore de Natal". Por que deixam uma mulher dessas à solta? Começo a sentir que estou preso em um hospício. Talvez com mais experiência você conheça uma saída do labirinto lunático. Quero terminar *Gawain* e *Pérola* e continuar com o *Silmarillion* e sinto que não posso mais lidar com a H[oughton]

M[ifflin] ou a Ballantine Books. Você poderia sugerir que agora vou entrar em purdah (para comungar com minha alma criativa), cujo véu apenas você tem a autoridade de erguer — se achar necessário?

277a De uma carta para Donald Swann 19 de setembro de 1965

[Tolkien e Edith, acompanhados por R. E. Havard, haviam assistido a uma apresentação de *At the Drop of Another Hat de Flanders and Swann* e os conheceram depois.]

Preciso dizer mais uma vez que gostei de sua apresentação mais do que qualquer outra coisa em anos. Lugares extremamente confortáveis; ar fresco (já que a maioria das pessoas se absteve apropriadamente de fumar, e aqueles que tentaram fumar riam demais); e risos. Eu não ria tanto, ou exercitava os músculos necessários tão violentamente, desde que vi um arcebispo da Cantuária escorregar numa casca de banana. Vocês também poderiam se anunciar como uma cura para lumbago: Levei meu médico, gemendo, apoiado numa bengala e resmungando sobre cabelos grisalhos e o túmulo — mas esta manhã o encontrei na igreja (sem a bengala) e ele me levou para casa em seu carro. . . . .

Também gostaria de agradecer novamente a Michael Flanders, mas não sei o endereço dele; então talvez você pudesse lhe dizer isso na sobriedade da "manhã seguinte" (quando se supõe que todos os gracejos tenham desaparecido). Ainda acho a performance dele espantosa e, na verdade, ainda estou rindo.

278 De uma carta para Clyde S. Kilby 20 de outubro de 1965

Recentemente recebi um exemplar de *Light on C.S. Lewis* [Uma luz sobre C.S. Lewis]. Espero que você tenha recebido. É interessante, acho, e lança um pouco de luz sobre Lewis, embora me pareça estranho como todos eles não compreendem um dos pontos essenciais do temperamento dele. Barfield, que o conheceu por mais tempo . . . . é o que chega mais perto do ponto central. Receio que eu deva deixar isso enigmático, já que não tenho tempo, no momento, para me prolongar a respeito.[1]

279 De uma carta para Michael George Tolkien
30 de outubro de 1965

Acho improvável que nos mudemos de Oxford. Qualquer lugar à vista do mar acaba sendo caro demais, ao passo que o problema dos serviços (nosso principal problema) é tão ruim ou pior do que aqui. Não estou "rolando em dinheiro", mas, por continuar a trabalhar, continuo (até agora) a ter uma renda aproximadamente como a de um professor-em-cátedra, o que me deixa com uma margem acima de minhas necessidades hoje em dia. Se não tivesse tido uma sorte singular com meu trabalho "não profissional", eu agora estaria tendo uma existência penuriosa com uma pensão anual perecível não de "pagamento parcial", mas mais provavelmente de ¼ do pagamento. O capital literário, no entanto, não é realizável por seu originador. Se um autor vende quaisquer de seus direitos, os lucros (ao contrário daqueles de outra propriedade) são considerados como parte de sua *renda* do ano, e o Imp. de Renda e a Sobretaxa embolsam tudo ou quase tudo. De modo que certamente não posso dispor dos *milhares** pedidos agora por um apartamento ou bangalô perto do mar. Contudo, no fronte da renda as coisas ainda vão bem. Minha campanha nos E.U.A. teve efeito. A "Ace Books" está em maus lençóis, e muitas instituições baniram todos os seus produtos. Ela está vendendo bem sua edição pirata, mas esta está se revelando muito mal e erroneamente impressa; e estou conseguindo tamanha propaganda com o barulho que presumo que minha edição em brochura "autorizada" de fato venderá mais exemplares do que venderia se não tivesse tido problemas ou competição.

280 De uma carta para Rayner Unwin 8 de novembro de 1965

Sir Gawain e Pérola

Presumo que você esteja ficando ansioso sobre essas obras. . . . . Foi deveras desastroso eu ter de colocá-los de lado quando os tinha completamente em mente. O trabalho na "revisão" de *O Senhor dos Anéis* me esgotou completamente, e agora acho cansativo trabalhar em qualquer outra coisa.

Estou achando difíceis a seleção e o resumo de notas e a introdução. Muito a dizer, e não estou certo de meu alvo. O alvo principal, é claro, é o leitor geral de inclinação literária sem conhecimento algum de inglês médio; mas não pode haver dúvidas de que o livro será lido por estudantes e por gente acadêmica de "Departamentos de Inglês". Algumas destas estão com as pistolas soltas nos coldres.

Obviamente tive de fazer uma quantidade enorme de trabalho editorial, que não foi mostrado, para chegar a uma versão; e creio que fiz descobertas importantes no tocante a certas palavras e

* Sim, até £15.000! Ou mais!

algumas passagens (no que diz respeito à importância no mundinho do ing[lês] méd[io]). A exposição dessas questões deve, é claro, aguardar artigos nos jornais acadêmicos; mas, entrementes, acho desejável indicar àqueles que possuem os textos originais onde e como minhas leituras diferem das aceitas.

Seria possível me dizer a quantidade de páginas, além daquelas ocupadas pelos dois textos, que me podem conceder? Então poderei aplainar minhas aparas.

281 De uma carta para Rayner Unwin 15 de dezembro de 1965

[A respeito das preparações para uma edição em brochura britânica de *O Hobbit*.]

A capa [de *O Hobbit*] da U[nwin Books]. Não me recordo de quando o esboço da Morte de Smaug[1] foi feito; mas acho que deve ter sido antes da primeira publicação, e 1936 deve estar próximo do alvo. Estou nas suas mãos, mas ainda não estou muito feliz com o uso desse rabisco como uma capa. Parece demasiado no estilo moderno no qual aqueles que sabem desenhar tentam esconder o fato. Mas talvez haja uma distinção entre as produções deles e a de um homem que obviamente não sabe desenhar o que vê.

As Sinopses. Escrevi apressadamente sobre a "sinopse" proposta para a U[nwin] Books. Não desejo ferir os sentimentos de um escritor que obviamente tinha boas intenções para comigo e o livro; mas espero que você concorde, se tiver tempo de considerar, que isso não servirá. Além de seu estilo infeliz, a sinopse deturpa a história e a maneira na qual é apresentada. A não ser que se queira destruir a "magia", JAMAIS se deve falar dessa forma dentro das capas de uma história maravilhosa. A saga do Hobbit é apresentada como *vera historia*, à custa de grandes esforços (que se mostraram muito eficazes). Neste quadro, a pergunta "Você é um hobbit?" só pode ser respondida "Não" ou "Sim", de acordo com a origem da pessoa. Ninguém é um "hobbit" porque gosta de uma vida pacata e de comida abundante; menos ainda por ter um desejo latente por aventura. Os Hobbits eram uma raça cuja principal característica física era sua estatura, e a principal característica de seu temperamento era a quase total erradicação de qualquer "centelha" dormente, aproximadamente apenas um em mil possuía algum vestígio dela. Bilbo foi especialmente selecionado pela autoridade e percepção de Gandalf como *anormal* — ele possuía uma boa quantidade de virtudes hobbits: perspicácia, generosidade, paciência e fortitude, e também uma forte "centelha" ainda não acesa. A história e sua continuação não são sobre "tipos" ou a cura da presunção burguesa por uma experiência mais ampla, mas sobre as realizações de indivíduos especialmente agraciados e dotados. Eu diria, se dizer tais coisas não estragasse o que a história tenta tornar explícito, "por indivíduos ordenados, inspirados e guiados por um Emissário com fins além de sua educação e crescimento individuais". Isso está claro em *O Senhor dos Anéis*; mas está presente em *O Hobbit*, ainda que velado, desde o início e é aludido nas últimas palavras de Gandalf.[2]

É claro que não quero dizer que alguma coisa desse tipo deva aparecer em uma sinopse. Deus me livre! Mas acho que tal sinopse não deveria conter palavras que não possam ser conciliadas com a história e que a expliquem de forma completamente errônea. . . . .

Os Melhores Votos para o Natal e o Ano Novo. Acha que poderia começar o Ano Novo abandonando o *Professor*? Pertenço a uma geração que não usava prenomes fora da família, mas que, como os anões, mantinha-os particulares e até mesmo para seus amigos íntimos usava sobrenomes (ou corruptelas destes), ou apelidos, ou (ocasionalmente) prenomes que não lhe pertenciam. Até mesmo C.S. Lewis nunca me chamou por um prenome (ou eu a ele). Então ficarei contente com um sobrenome. Gostaria de me livrar completamente do "professor", ao menos quando não estivesse escrevendo materiais técnicos. O título dá uma falsa impressão de "erudição", especialmente em "folclore" e similares. Também dá uma impressão provavelmente mais verdadeira de pedantismo; mas é uma pena ter meu pedantismo anunciado e destacado, de maneira que as pessoas o farejam mesmo quando não está lá.

282 De uma carta para Clyde S. Kilby 18 de dezembro de 1965

[O Professor Kilby, do Wheaton College, Illinois, conheceu Tolkien enquanto visitava Oxford em 1964. Ele agora propunha voltar à Inglaterra e ajudar Tolkien de qualquer maneira que fosse útil, de forma a tornar as coisas mais fáceis para ele terminar *O Silmarillion*.]

Nunca tive muita confiança em minha própria obra e mesmo agora, quando tenho certeza (ainda para minha grande e grata surpresa) de que ela possui valor para outras pessoas, sinto-me difidente, de certo modo relutante em expor meu mundo de imaginação a olhos e ouvidos possivelmente desdenhosos. Se não fosse pelo encorajamento de C.S.L. não creio que teria terminado ou oferecido para publicação *O Senhor dos Anéis*. *O Silmarillion* é bem diferente e, se realmente bom, é bom de outra maneira; e não sei realmente o que achar dele. Foi iniciado no hospital e durante a licença médica (1916–1917) e tem estado comigo desde então, e agora se encontra em um estado confuso, tendo sido alterado, aumentado e trabalhado em intervalos nesse ínterim. Se eu tivesse a assistência de um estudioso ao mesmo tempo compreensivo e ainda assim crítico, como você mesmo, acredito que eu poderia tornar parte dele publicável. Ele necessita da *presença* real de um amigo e conselheiro ao lado, que é exatamente o que você oferece. Pelo que vejo, em breve estarei livre para voltar a ele, e junho, julho e agosto estão disponíveis.

282a De uma carta para Rayner Unwin 29 de dezembro de 1965

[Donald Wollheim, da Ace Books, havia escrito para Tolkien propondo que, caso ele não pudesse aceitar os royalties devidos por conta de seu compromisso com outra editora, eles estariam dispostos a pagar um valor integral de royalties para estabelecer um prêmio anual de ficção científica em seu nome.]

Naturalmente não tenho nenhum interesse no estabelecimento de um Prêmio Tolkien. Suponho que essa sugestão seja uma maneira de contornar quaisquer escrúpulos morais, humilhação ou possíveis acordos que possam me fazer recusar "royalties". Eles agora parecem ansiosos por se apresentarem de mãos limpas à S[cience] F[iction] W[riters of] A[merica] e outros (tendo lavado as mãos depois do jantar, se não antes). Porém, não imagino que muitos escritores ficariam satisfeitos com esse método de empregar o dinheiro que lhes é devido e aos seus editores. O que um capitão diria a um pirata que (avistando uma vela e uma bandeira ominosas no horizonte) dissesse "Vamos apertar as mãos! Se estiver incomodado com isso, posso lhe garantir que gastaremos todos os lucros do nosso butim num albergue para pobres marinheiros"?

283 Para Benjamin P. Indick

[Uma resposta à carta de um leitor.]

7 de janeiro de 1966 — 76 Sandfield Road, Headington, Oxford

Caro Sr. Indick,

Muito obrigado por sua carta e comentários longos e interessantes. Eles merecem uma resposta muito mais completa, mas espero que o senhor me perdoe, visto que estou muito pressionado. De fato, se algum dia eu vier a produzir mais das histórias que o senhor pede, isso só poderá ser feito se eu deixar de responder às cartas.

Com gratidão,
J.R.R. Tolkien.

283a De uma carta para Dick Plotz 12 de janeiro de 1966

Creio que "Nai silmarilli oie siluvar tielyanna" seja uma tradução das palavras "Que as silmarilli sempre brilhem sobre o seu caminho". Ninguém jamais diria isso, pois somente uma das silmarils está visível agora: aquela no navio de Earendil, a estrela d'alva. A outras duas estavam perdidas, uma nas profundezas do mar, a outra sob a terra, até o fim do mundo.

283b De uma carta para Donald A. Wollheim, Ace Books, Inc. 20 de janeiro de 1966

[Wollheim havia repetido sua oferta de pagar um valor integral de royalties para estabelecer o Prêmio Tolkien, mas apenas metade do valor dos royalties iriam diretamente para o autor.]

Não sou pessoalmente a favor do estabelecimento de um prêmio Tolkien anual. O êxito de minha obra tem sido lento nos Estados Unidos e, como o senhor bem sabe, na verdade ainda não recebi nenhuma grande recompensa financeira por sua crescente popularidade. Talvez o senhor possa explicar por que um prêmio Tolkien deveria ser considerado duas vezes mais merecedor do que o autor vivo.

284 Para W.H. Auden

[Auden contou a Tolkien que havia concordado em escrever um pequeno livro sobre ele, em colaboração com Peter H. Salus, para uma série intitulada *Christian Perspectives* (Perspectivas cristãs); ele esperava que tal fato não recebesse a desaprovação de Tolkien. Também mencionou que ele e Salus haviam comparecido a uma reunião da New York Tolkien Society. A reunião, em 27 de dezembro de 1965, foi relatada no *New Yorker* em 15 de janeiro de 1966, e uma citação desse relato foi publicada no *Daily Telegraph* de Londres, o jornal que Tolkien lia todas as manhãs, em 20 de janeiro. De acordo com o Telegraph, Auden havia dito à Sociedade: "Ele [Tolkien] vive em uma casa horrenda — não posso lhes dizer o quão horrível ela é —, com quadros horrendos nas paredes".]

23 de fevereiro de 1966 76 Sandfield Road, Headington, Oxford

Caro Wystan,

Eu deveria ter respondido à sua carta de 28 de dezembro semanas atrás. Nada é mais entediante do que uma longa explicação das negligências de uma pessoa, então direi simplesmente que desde o Natal tenho estado sobrecarregado além das minhas capacidades; e também estive doente (minha esposa e eu fomos vítimas prematuras da epidemia de gripe aqui) durante a segunda metade de janeiro.

Lamento muito saber que você firmou contrato para escrever um livro sobre mim. Ele tem minha forte desaprovação. Considero tais coisas impertinências prematuras; e a menos que sejam empreendidas por um amigo íntimo, ou com consulta da pessoa que é o tema (para a qual no momento não disponho de tempo), não posso acreditar que possuam uma utilidade para justificar o desgosto e irritação dados à vítima. De qualquer forma, gostaria que qualquer livro pudesse esperar até que eu produzisse o *Silmarillion*. Sou constantemente interrompido nessa tarefa — mas nada interfere mais do que a atual nuvem de fumaça sobre "mim" e minha história.

Fiquei interessado em receber sua carta sobre sua visita à New York Tolkien Society. Recebi alguns outros relatos dela (incluindo trechos breves na imprensa londrina). Não posso dizer que as (imagino que deturpadas) notícias de suas observações ou das de Salus me deixaram muito satisfeito.

Permita-me inserir nesta carta uma nota sobre a Ace Books, posto que me comprometi em informar "meus correspondentes" da situação. No fim, me enviaram uma carta cortês, e assinei um "acordo amigável" com eles para aceitar a oferta voluntária deles sob nenhuma obrigação legal: de pagar um direito autoral de 4 por cento sobre todos os exemplares vendidos de sua edição e não reimprimir quando acabar (sem meu consentimento). A metade disso que reterei depois da cobrança de impostos será bem-vinda, mas ainda não é uma quantia grande.....

Foi muito gentil e generoso de sua parte me enviar um exemplar de *About the House*. Não vou fingir que em mim (um homem menos magnânimo do que você) sua obra desperta a mesma resposta imediata. Mas posso relatar isto. Levei o livro (quando levei minha esposa convalescente para o litoral). Peguei-o para ler uma noite quando estava prestes a ir para uma cama quente (por volta da meia-noite). Às 2:30 da manhã eu me encontrava, com bastante frio, ainda fora da cama, lendo e relendo-o.

Atenciosamente,

[sem assinatura na cópia em carbono]

284a De uma carta para a Sra. Nan C. Scott 11 de março de 1966

Em fevereiro, a Ace Books enfim entrou em contato comigo diretamente, escreveu uma carta educada e me ofereceu um acordo segundo o qual (apesar de sob nenhuma obrigação legal) me pagariam 4% de direitos autorais sobre todos os exemplares vendidos da edição deles e se comprometeriam a não reimprimir quando os estoques acabassem. Aceitei o acordo, que é entre mim e a Ace Books, e nossas relações agora são "amigáveis". Ainda assim, tenho certeza de que nunca chegaríamos nessa situação se não fosse pela pressão exercida por amigos e benfeitores, dentre os quais você foi tão proeminente.

285 De uma carta para W.H. Auden 8 de abril de 1966

Se minha carta a você de 23 de fevereiro foi um pouco azeda, devo confessar que isso foi causado pelo artigo no New Yorker que dizia relatar a reunião da Tolkien Society em Nova York e suas observações sobre mim — sem falar no absurdo de Peter Salus (conforme relatado) sobre a forma da Terra-média. Anexo uma cópia, caso você tenha perdido. Essas observações, se corretamente resumidas, parecem-me tão fantasticamente longe da verdade que eu teria de começar uma longa correspondência para corrigir de modo adequado suas noções sobre mim. Também foi uma infelicidade que a Imprensa geral, com sua usual inclinação para o escárnio, tenha se prendido às suas observações sobre minha casa e meus quadros. Esse foi o item principal nas notícias nos jornais ingleses e expôs minha esposa e a mim a uma certa dose de ridículo.

286 De uma carta para A.E. Couchman 27 de abril de 1966

[A carta abaixo é uma das muitas respostas curtas que Tolkien escreveu nesse período de sua vida a leitores que faziam perguntas sobre seus livros. A brevidade característica do texto pode ser comparada às longas respostas dos anos imediatamente após *O Senhor dos Anéis* ser publicado.]

Não há "Deuses", assim propriamente chamados, no pano de fundo mitológico em minhas histórias. Seu lugar é assumido pelos indivíduos referidos como os Valar (ou Poderes): seres angélicos criados designados ao governo do mundo. Os Elfos naturalmente acreditavam neles pois viveram com eles, mas explicar tudo isso simplesmente atrasaria meu progresso com a publicação de tal material em uma forma apropriada.

287 De uma carta para Joy Hill, Allen & Unwin
10 de maio de 1966

[O número do telefone de Tolkien ainda estava na lista telefônica de Oxford, e ele às vezes era incomodado com ligações de "fãs".]

Muito obrigado por suas sugestões sobre o número de meu telefone, as quais considerarei. Remover o número da lista parece melhor do que o método adotado pelo Major W.H. Lewis para proteger seu irmão, que era atender ao telefone e dizer "Unidade de Remoção de Esgoto de Oxford" e ficar repetindo isso até que desistissem.

288 Para o Professor Norman Davis

[O Departamento de Inglês da Universidade de Oxford queria adquirir um busto de Tolkien feito por sua nora, Faith. O busto foi-lhes devidamente presenteado e agora se encontra na Biblioteca do Departamento de Inglês.]

10 de maio de 1966 — 76 Sandfield Road, Headington, Oxford

Caro Norman,

Sinto-me muito honrado, assim como minha nora (a escultora), com o desejo do Departamento de colocar o meu busto na Biblioteca de Inglês em alguma posição eminente — se, pensando bem, você não achar que uma urna ornamentada seria melhor. Ficarei deveras satisfeito em presenteá-lo ao Departamento.

Ocorre-me que o busto de gesso é bastante frágil e pode ser danificado muito facilmente. Portanto, sugiro que seja moldado em bronze para ser presenteado (à minha própria custa). Já mencionei a questão à escultora, que sabe como essas coisas são feitas. Uma vez em bronze, ele então não seria afetado por quaisquer dignidades ou indignidades que lhe oferecessem. Eu costumava pendurar com frequência meu chapéu no busto do Czar da Rússia, que ele graciosamente deu de presente a Merton.

Atenciosamente,
Ronald.

289 De uma carta para Michael George Tolkien
29 de julho de 1966

Mirkwood [Trevamata] não é uma invenção minha, mas um nome muito antigo, carregado de associações lendárias. Provavelmente foi um nome em germânico primitivo para as grandes e montanhosas regiões florestais que antigamente formavam uma barreira ao sul das terras de expansão germânica. Em algumas tradições era usado especificamente para a fronteira entre godos e hunos. Falo agora de memória: sua antiguidade parece indicada por seu aparecimento em alemão muito arcaico (séc. XI ?) como *mirkiwidu*, embora o radical **merkw-* "escuro" não seja encontrado de qualquer outra forma em alemão (apenas em ing. ant., sax. ant. e nórd. ant.), e o radical **widu-* > *witu* estava (acho) limitado em alemão ao sentido de "madeira de lei", não muito comum, e não foi preservado em al. mod. Em ing. ant., *mirce* sobrevive apenas na poesia e no sentido de "escuro", ou antes "sombrio", apenas em *Beowulf* 1405 *ofer myrcan mor*: em outros lugares apenas com o sentido de "obscuro" > perverso, infernal. Creio que nunca foi uma simples palavra de "cor": "preto", e desde o início estava carregada com o sentido de "obscuridade"\. . . . .

Pareceu-me uma sorte grande demais que Mirkwood permanecesse inteligível (exatamente com o tom certo) em inglês moderno para que fosse ignorada: quer *mirk* [treva] seja um empréstimo nórdico, quer seja um revigoramento da palavra obsoleta em ing. ant.

289a De uma carta para Rayner Unwin

[Não datada; agosto de 1966]

[Sobre uma entrevista conduzida por Philip Norman publicada no caderno colorido do *Sunday Times*.]

Queria ter seguido o meu próprio instinto e recusado essa entrevista. De fato, eu daria muito para me ver livre da publicação dessa coisa medonha, mesmo que emendada. Que tipo de serviço ela pode prestar, pergunto eu, do meu ponto de vista ou do seu? Publicidade? Mas ela pode custar muito caro. Se quiser matar a *gansa* (uma palavra apropriada)* que põe os ovos, esse é o modo mais rápido. Não fiquei incomodado com resenhas, pró (com frequência disparatadas) ou contra (com frequência interessantes), mas acho esse tipo de pieguice desanimador e prejudicial.

289b Para Clyde S. Kilby

11 de outubro de 1966 — 76 Sandfield Road, Headington, Oxford

Caro Clyde,

Senti muito pela nossa longa e agradável associação ter esmorecido (por assim dizer) sem uma despedida adequada, e (como temo,

* Em inglês, *goose*, que também é usado como gíria com o significado de "pateta". [N.T]

embora eu espere que não com justa causa) sem eu deixar clara minha grande gratidão pelo tempo e trabalho que você me concedeu. Foi um dos muitos efeitos nocivos da "Ace Books" a questão do *Gawain* não ter sido concluída, de maneira que não fui capaz de dedicar toda a minha atenção ao *Silmarillion*. Mas fiquei tão envolvido nele de novo, e tão reenergizado e encorajado por você, que mexer no *Gawain* e *Pérola* se tornou tão sem graça, para não dizer repulsivo, quanto comer um jantar frio que já havia sido rejeitado. (Ó lembranças da infância, quando às vezes se faziam tentativas equivocadas de forçar alguém a isso!)

Na verdade, ainda estou mexendo nos textos — visto que não consegui enviar o material antes de zarpar. Desembarcar acabou sendo mais difícil e cansativo do que eu esperava. Mas fomos a Southampton em dois estágios: partindo em 14 de set. na chuva e no vento, e passando a noite numa ventania! Porém, como que pelo passe da varinha de um mago, 15 de set. amanheceu com sol e calmo. Passamos pela Floresta Nova num verde reluzente, e zarpamos ao meio-dia com música alegre — para quase 17 dias de sol (e luar) ininterrupto. A Baía da Biscaia estava como um lago azul, e o Mediterrâneo também — as únicas nuvens e neblina estavam sobre as praias distantes. Contudo, nossa boa sorte foi estragada quando Edith tropeçou e caiu com força no primeiro dia. Ela machucou a perna, que já estava em tratamento, e ficou nas mãos do médico do navio durante a maior parte do tempo. Embora cadeiras de transporte e homens robustos tenham sido providenciados, ela achou muito difícil desembarcar, e mais ainda andar em terra firme, de maneira que passeamos muito pouco. Nossa volta foi também menos idílica. Após Gibraltar (no domingo, 2 de out.), encontramos o Atlântico num temperamento hostil: chuva e vento. Em Lisboa choveu o dia todo com nuvens baixas, e nossos amigos, em vez de nos levarem para um passeio, ficaram muito felizes de vir a bordo e almoçar em nosso hotel flutuante. Assim que deixamos o Tejo, o mar nos açoitou ao longo da costa de Portugal e da Espanha, e embora tenha abrandado na Baía, chegamos atrasados em Southampton..... Receio que, para pessoas idosas, viagenzinhas desse tipo (na verdade, foram quase 8.000 milhas) são mais "aventuras" tardias do que descansos ou férias. Nós dois estamos cansados; e não quero fazer trabalho algum!....

Irei avisá-lo do andamento das coisas. Mande notícias suas, quando os negócios e as preocupações lhe permitirem um momento.

Sinceramente,
Ronald Tolkien.

289c De uma carta para Donald Swann 14 de outubro de 1966

Com respeito a *Vida Errante*:. . . Há alguns anos recebi uma carta de uma senhora literária na Inglaterra, perguntando se eu conhecia a origem dos versos que mandava em anexo. Ela os obteve com um amigo, que os havia aprendido oralmente — em Washington! Naturalmente, isso muito me interessou: um caso real de transmissão oral, algo com o qual frequentemente se supõe, em teoria, que se lide em literatura antiga. Uma característica curiosa foi a preservação da palavra *sigaldry* [feitiçaria], que tirei de um texto do século XIII (e que foi registrada pela última vez na Peça de Chester da Crucificação); uma característica esperada, as falhas de memória e perdas causadas pelo domínio imperfeito da métrica.

289d Para o Pe. Alex Jones (rascunho)

18 de outubro de 1966 76 Sandfield Road, Headington, Oxford

Caro Padre Jones,

Recebi um exemplar da *Bíblia de Jerusalém*. Tenho a impressão de que é uma recompensa maior do que mereço pelo pouco trabalho que realizei, antes de ser obrigado a deixar uma tarefa que me teria sido muito proveitosa, embora não necessariamente de muita utilidade para você.

Posso felicitá-lo pela publicação e também lhe agradecer por incluir meu nome como um colaborador (embora isso me faça enrubescer)?

Com frequência pensei em lhe escrever, mas não o fiz devido à pressão crescente do meu próprio trabalho e por pensar no seu próprio imenso labor. . . . Como pode imaginar, acho estes dias extremamente penosos: um teste severo de lealdade; e comparecer à Missa tornou-se um exaustivo exercício de paciência e humildade (no qual sou deficiente). Não apenas na questão do inglês, sobre o qual sei alguma coisa; mas não vou incomodá-lo com meus outros pensamentos a respeito de questões mais graves.

Ainda somos afligidos por "Knox", embora eu viva na esperança e ore para que logo essa tribulação pelo menos possa ser removida[1]. Mas a obrigação de escutar as versões dele, de qualquer forma, faz com que a pessoa preste mais atenção ao latim no seu próprio missal. Fiquei irritado, por exemplo, pela tradução do Evangelho do domingo passado: *thy son is to live* [teu filho há de viver], e fiquei me imaginando (sem muita delicadeza) se essa peculiaridade se devia a mais do que um desejo de ser knoxiano e diferente. δ υἱός σου ζῇ e *filius tuus vivit* = "teu filho vive/está vivo". Essa é a tradução óbvia, e também muito superior e mais fiel à narrativa dramática. Nosso Senhor é representado usando o presente (= agora, enquanto falo), e posteriormente ficamos sabendo que, ao falar, Suas palavras foram efetivas. Naquele momento, o filho recobrou a saúde plena e os sintomas de doença, a febre, desapareceram. Mas, domingo passado, decidi olhar com mais atenção e descobri que a R[evised] S[tandard] diz "your son will live" [teu filho viverá], e também (para minha surpresa) a B[íblia de] J[erusalém]. Por quê? Há algum motivo textual (não há uma nota textual) — ou gramatical?

Meu conhecimento de grego está se esvanecendo, mas não vejo como ζῄ possa receber um sentido jussivo como em "is to live", ou um futuro. (Não possui antes o sentido pleno de "está com vigor", melhor representado (caso necessário) pelo moderno "passa bem"?) Por certo, se a intenção fosse de um futuro, ζήσεται, *vivet*, teria sido usado. Como em Mateus ix 18, onde se encontra no lugar certo. Lá, a R.S. diz "she will live" [ela viverá]; mas a B.J., lamento notar, possui a elaboração desnecessária "her life will be saved" [a vida dela será salva]. A B.J. não foi "infectada" aqui por Marcos ζνα σωθῄ καί ζήσῄ? Embora esse processo possa ter desempenhado um papel na produção dos textos que temos agora, não é um processo a ser evitado na tradução deles, especialmente em uma tradução como a B.J.?

Perdoe essas mordidelas de um velho camundongo.

[O rascunho termina aqui.]

290 De uma carta para Michael George Tolkien

28 de outubro de 1966

[O neto de Tolkien era agora um aluno de pós-graduação em Oxford.]

Estou interessado em saber o que você tem a dizer sobre o seu trabalho e a sua crescente visão da "pesquisa" enquanto aplicada à literatura moderna. Sou e sempre fui cético em relação a "pesquisas" de qualquer espécie como parte da ocupação ou treinamento dos mais jovens nas escolas de língua-literatura. Há tanto a se *aprender* primeiro. Esse procedimento frequentemente é forçado sobre os estudantes após a *schools* por causa do desejo de pegar o grande bonde da Ciência (ou pelo menos um pequeno reboque) e, assim, capturar um pouco do prestígio *e* do dinheiro que "As Soberanias e os Poderes e os governantes deste mundo" despejam sobre a Vaca Sagrada (como um escritor, um cientista, chamou-a) e seus acólitos. Mas muitos daqueles dedicados às Artes desejam secretamente nada mais do que uma oportunidade de ler mais.

Com razão. Pois há um climatério, pelo menos nas pessoas de nossa raça norte-ocidental, que ocorre lá pelos vinte e tantos anos, antes do qual o conhecimento adquirido é mantido (e digerido), após o qual se torna rápida e progressivamente evanescente. Eu pensaria seriamente sobre a mudança para um B. em Fil. se este possuir matérias apropriadas para você. (Foi estabelecido após o meu tempo, de modo que, embora eu defendesse algo do gênero, não sei como está organizado agora. Depois de 40 anos tanto como um escravo como um planejador, não consigo agora olhar para estatutos ou planos de ensino de Universidades sem uma sensação de mal-estar.)

Não lhe avisei sobre minha palestra de quarta-feira à noite. Achei que você estaria ocupado demais. Na verdade, não dei uma palestra, mas li um conto recentemente escrito e ainda inédito, e este você pode ler quando tiver tempo: *Ferreiro do Bosque Maior* — caso eu já não o tenha imposto sobre você. Embora a intenção do título seja de sugerir algo de Woodhouse [*sic*] em sua fase inicial ou uma história do B[oys'] O[wn] P[aper], obviamente não é nada do tipo.

O evento me surpreendeu completamente e também aos promotores da série: o Prior de Blackfriars e o Diretor da Casa Pusey. A noite estava desagradavelmente molhada. Mas tamanha multidão afluiu para Blackfriars que o Refeitório (um longo salão, tão longo quanto uma igreja) teve de ser esvaziado e não foi capaz de acomodá-la. Arranjos para retransmissores para as passagens do lado de fora tiveram de ser feitos apressadamente. Disseram-me que mais de 800 pessoas puderam entrar. Ficou muito quente e acho que você estava melhor em outro lugar.

290a De uma carta para Gene Wolfe 7 de novembro de 1966

Orc [orque] eu tirei do anglo-saxão, uma palavra que significa demônio, que geralmente se supõe derivar do latim *Orcus* — Inferno. Duvido disso, mas a questão é intricada demais para abordar aqui. *Warg* é simples. É uma antiga palavra para lobo, que também possuía o sentido de um fora-da-lei ou criminoso perseguido. Esse é o sentido usual nos textos que foram preservados.* Adotei a palavra, que tinha um bom som para o significado, como um nome para esse tipo particular de lobo demoníaco na história.

* Ing. ang. *wearg*, alto-alemão ant. *warg*, nórdico ant. *varg – r* (também = "lobo", espec. do tipo lendário).

291 Para Walter Hooper

[Hooper enviara a Tolkien um novo volume das obras de Lewis, que ele havia editado.]

22 de novembro de 1966 76 Sandfield Road, Headington, Oxford
Meu caro Hooper,

Muito obrigado pelo exemplar de *Of Other Worlds* [De outros mundos]. Li-o com grande interesse, em particular aquelas coisas que não havia visto antes.

Com os melhores votos, sinceramente,
J.R.R. Tolkien.

Breve demais. Mas estou atolado. Reparei, pela primeira vez conscientemente, o quão dualísticas [eram] a mente e a imaginação de Lewis, embora como um filósofo sua razão rejeitasse isso por completo. Daí o trocadilho Hierarquia/Baixarquia. E é claro que a "Visão Miserífica" é racionalmente absurda, para não dizer teologicamente blasfema.

292 Para Joy Hill, Allen & Unwin

[Tolkien recebera detalhes de uma "continuação" proposta para *O Senhor dos Anéis* que um "fã" iria escrever ele mesmo.]

12 de dezembro de 1966
76 Sandfield Road, Headington, Oxford Cara Srta. Hill,
Envio-lhe em anexo a contribuição impertinente aos meus problemas. Não sei qual é a posição legal; uma vez que não é possível reivindicar a propriedade na invenção de nomes próprios, suponho que não haja obstáculo legal para este jovem asno publicar sua continuação caso pudesse encontrar algum editor, respeitável ou mal-afamado, que aceitasse tal bobagem.

Simplesmente o informei que havia remetido sua carta e as amostras para a senhorita. Creio que uma carta adequada da Allen & Unwin possa ser mais efetiva do que uma minha. Certa vez, recebi uma proposta similar de uma moça, expressada nos termos mais obsequiosos, e, quando respondi em negativa, recebi uma carta deveras injuriosa.

Com os melhores votos, sinceramente,
J.R.R. Tolkien.

293 De uma carta para William Foster 29 de dezembro de 1966

[Foster perguntara se poderia entrevistar Tolkien para o *The Scotsman*.]

Agradeço o seu interesse por mim. Contudo, tive uma abundância de visitas e entrevistas no decorrer deste ano. Não achei nenhuma delas agradável, quase todas uma completa perda de tempo, mesmo do ponto de vista das vendas. Mas admito que seu pedido provavelmente é digno de atenção. *The Scotsman* é um jornal muito respeitável e o senhor, tenho certeza, está mais bem preparado do que alguns dos entrevistadores soltos sobre mim pela Imprensa de Londres. Entretanto, estou agora desesperadamente necessitado de tempo e, com a sanção de meus editores, decidi não dar mais entrevistas em nenhuma circunstância até ter lançado outro livro.[1]

293a De uma carta para Dick Plotz [Não datada; ? cerca de 1967.]

[Plotz havia entrevistado Tolkien em novembro de 1966 para a revista *Seventeen*, e grande parte da discussão foi sobre suas línguas inventadas. Tolkien mais tarde escreveu com informações sobre as declinações em quenya de *cirya* ("navio") e *lasse* ("folha").]

Estas são as formas de quenya clássico ou "livresco". Até onde o quen. era conhecido pelos Homens — pelos eruditos númenóreanos, e tais como esses que sobreviveram em Gondor na T.E. —, estas eram as formas usadas na escrita. O quen. nunca foi uma "língua falada" entre os Homens. Entre os Elfos, espec. aqueles de origem noldorin, ele foi preservado como uma "segunda língua" (na T.E. em Valfenda e Lórien), preservada somente em livros antigos de saber que vinham dos dias de outrora. O quenya como uma língua falada havia mudado até certo ponto entre os Noldor antes de deixar de ser uma língua de nascença, e era mantido somente [como] uma "segunda língua" aprendida na juventude. Nessa forma "coloquial", ele continuou a ser falado entre Elfos de origem noldorin, mas foi preservado de mudanças adicionais, uma vez que era aprendido através da escrita por cada geração.

As diferenças entre QF[*] e QL[†] eram que *todas* as vogais longas eram reduzidas a vogais curtas em posição final e antes de cons[oantes] finais em palavras de duas ou mais sílabas. Como kiryā ac. > kirya (kiryō > kiryo). O ditongo ai foi reduzido para ǣ > ē > e. A diferença entre nom. e ac. foi abandonada — era expressa adequadamente pela ordem das palavras. Assim, NA[‡] kirya, pl. kiryar, kiryali.

[*] Quenya falado. [N.T.]
[†] Quenya livresco. [N.T.]
[‡] Nominativo e acusativo. [N.T.]

		Sing.	Pl. 1	2	Dual
(a)	N	cirya	ciryar	ciryalī	ciryat
	A	ciryā	ciryai	"	"
	G	ciryō	-aron	-alion	ciryato
	I	ciryanen	-ainen	-alínen	ciryanten
(b)	Al.	ciryanna	-annar	-alinna(r)	ciryanta
		(ciryan)	(-ain)	(-alin)	(ciryant)
	Loc.	ciryasse	-assen	-alisse(n)	ciryatse
		(ciryas)	(-ais)	(-alis)	
	Abl.	ciryallo	-allon	-alillo(n)	ciryalto
(c)		ciryava	—	-alíva	

(a)	lasse	lassī	lasselī	lasset
	-ē	"	como	como
	lasseo	lassion	kiryalī	kiryat
	-enen	-ínen		
(b)	-enna	-ennar		
	(-en)	(-in)		
	-esse	-essen		
	(-es)	(-is)		
	-ello	-ellon		
(c)	-eva	—		

293b De uma carta para R.B. McCallum 11 de janeiro de 1967

[McCallum, agora diretor do Pembroke College, estava escrevendo um artigo para a Oxford Magazine e desejava citar uma observação que ele recordava que Tolkien havia feito sobre a essência de um intelectual.]

Não me lembro de fazer a observação[1] que você citou, embora certamente esteja de acordo com a minha opinião, e estou disposto, encantado, na verdade, a confiar na sua memória de que eu realmente expressei isso a você.

294 Para Charlotte e Denis Plimmer

[Os Plimmers haviam entrevistado recentemente Tolkien para a *Daily Telegraph Magazine* e agora haviam lhe enviado um rascunho de seu artigo, cuja versão terminada foi publicada na edição de 22 de março de 1968.]

8 de fevereiro de 1967 76 Sandfield Road, Headington, Oxford

Caros Sr. e Sra. Plimmer,

Agradeço a cortesia de me enviar uma cópia do rascunho preliminar de seu artigo. É evidente que apresentei algumas dificuldades para vocês durante a entrevista: com minha fala rápida (que é congênita e incurável), minha descortesia em ficar caminhando e meu uso de um cachimbo. Nenhuma descortesia foi intencional. Sofro de artrite e meus joelhos doem se fico sentado por muito tempo. É um alívio se posso ficar de pé ao ser entrevistado. Eu deveria abrir mão de fumar nessas ocasiões, mas considero ser entrevistado cada vez mais desagradável e distrativo, e necessito de algum sedativo.

A cópia chegou a este endereço um dia antes que eu retornasse esperando continuar com meu próprio trabalho; agora encontrei tempo para examiná-la. Há um ou dois pontos que prefiro ver alterados e algumas inexatidões e mal-entendidos que, sem dúvida em parte por minha própria culpa, apareceram no texto. Entre minhas características que vocês não mencionaram está o fato de que sou um pedante dedicado à exatidão, mesmo no que para outros possam parecer questões sem importância. Não tive tempo de expressar esses pontos clara e legivelmente, e tenho esperanças de que a revisão e a abreviação de seu artigo ainda possam esperar um dia ou dois. Tentarei enviá-los para que cheguem a vocês até sexta-feira.

Em um pormenor receio que os desapontarei. Fui informado que o *Weekend Telegraph* deseja ilustrar seu artigo com uma série de fotos minhas tiradas no trabalho e em casa. Em nenhuma circunstância concordarei em ser fotografado novamente para tal propósito. Considero todas essas intrusões em minha privacidade como uma impertinência e não posso mais dispor do tempo para isso. A irritação que isso me causa dissemina sua influência sobre um tempo muito maior do que a real intrusão ocupa. Meu trabalho necessita de concentração e paz de espírito.

Sinceramente,
J.R.R. Tolkien.

[O texto abaixo é de trechos do comentário de Tolkien, enviado a Charlotte e Denis Plimmer, sobre o rascunho da entrevista destes com ele. As passagens em itálico são citações do rascunho deles.]

a garagem apertada que usa como um gabinete

Permitam-me dizer que não é um "gabinete", exceto em jargão doméstico: em dias mais felizes tive um. Foi uma necessidade elaborada às pressas, quando fui obrigado a ceder minha sala na faculdade e providenciar um depósito para o que pude preservar de minha biblioteca. A maioria dos livros de valor foi removida desde então, e os conteúdos mais importantes são as fileiras de pastas arrumadas, mantidas por minha secretária que trabalha meio expediente. Ela é a única usuária regular da sala. Nunca escrevi qualquer material literário nela.....

Minha casa atual e sua localização foram-me impostas pela necessidade; até mesmo poucos dos móveis me dão algum prazer. Estou preso aqui em grande desconforto; mas o deslocamento de uma mudança e a reorganização de meus objetos não podem ser contemplados até que tenha terminado meu trabalho contratual. Quando e se eu fizer isso, se ainda tiver saúde, espero ir para bem longe para um endereço que não aparecerá em qualquer lista telefônica ou livro de referência.

Caso vocês se perguntem por que os recebi, duas pessoas corteses e encantadoras, em semelhante toca, permitam-me dizer que minha casa não possui uma sala de recepção além da sala de estar de minha esposa, cheia dos pertences pessoais dela. Essa sala foi desdenhosamente descrita no *New Yorker* (por um visitante),[1] e nós dois sofremos de ridículo (e pior: comiseração) quando isso foi citado nos jornais londrinos. Desde então, ela se recusa a permitir qualquer um na sala que não amigos pessoais. Eu mesmo não pretendo permitir ninguém (certamente nenhum fotógrafo) na "quitinete" onde, em companhia dos livros que realmente uso e das pastas de material inédito, passo a maior parte de meus dias em casa e escrevo o quanto me é permitido.

Tolkien, alto e de compleição forte

Não sou realmente alto ou de compleição forte. Agora meço 5 pés e 8 ½ polegadas [1,78m] e sou de compleição muito frágil, com mãos notavelmente pequenas. Durante a maior parte da minha vida fui muito magro e estive abaixo do peso. Tenho sido "rechonchudo" desde o início de meus sessenta anos. Algo não incomum em homens que se exercitavam com jogos e natação quando as oportunidades para essas coisas cessam.

Tolkien deixou alguns de seus amigos de Oxford lerem O Hobbit. Uma deles, a Madre Superiora de um albergue para garotas, emprestou-o a uma aluna, Susan Dagnall....

A Rev. Madre era superiora de um convento (da ordem da Sagrada Criança) em Cherwell Edge, que, entre outras funções, mantinha um albergue para alunas de graduação. Mas, do modo como a conheço, a história é a seguinte: a Srta. M.E. Griffiths (agora um dos membros veteranos do Departamento de Inglês) estava iniciando seu trabalho como professora de língua inglesa; foi aluna minha e era amiga da minha família. Emprestei-lhe o texto datilografado de *O Hobbit*. Ela o emprestou a Susan Dagnall, uma pupila dela, que vivia no albergue.[2] Susan emprestou-o à Rev. Madre para diverti-la durante uma convalescença por causa de uma gripe. Se a divertiu ou não, eu nunca soube, de modo que ela é um desvio na viagem do ms. Nenhum dos empréstimos, a Susan ou à Rev. Madre, foram autorizados por mim[3] — eu não achava o ms. importante —, mas provaram ser a base de minha boa sorte ao ligar-me com a Allen and Unwin. Sempre fui imerecidamente afortunado em pontos principais. É triste que a Srta. Dagnall, a quem acabei por dever muito, tenha morrido, creio, em um acidente de carro pouco depois de seu casamento.

[O Silmarillion] *foi recusado* [*pela Allen & Unwin*] *por ser sombrio e celta demais.*

Os leitores da A & U estavam totalmente certos em recusá-lo; não (assim espero) porque ele era, como disseram, "sombrio e celta demais para anglo-saxões modernos", uma vez que ele mantém o caráter assim descrito erroneamente, como o faz boa parte de *O Senhor dos Anéis*, mas porque ele necessitava ser reescrito e de mais atenção. A maior parte dele era trabalho muito antigo, remontando a 1916, e o início era ainda mais anterior.

A Terra-média originou-se da predileção de Tolkien pela criação de idiomas....

Creio que essa referência à "invenção de Idiomas" ficou confusa. Minha culpa, por introduzir muito casualmente questões complexas e teorias pessoais, nas quais é melhor não se tocar a não ser de maneira mais minuciosa do que seria apropriada (ou interessante) em semelhante artigo. Pois a questão não é realmente pertinente: o divertimento na criação de idiomas é muito comum em crianças (certa vez escrevi uma palestra sobre isso, chamada *Um Vício Secreto*), de modo que não sou peculiar neste aspecto. O processo às vezes continua na vida adulta, mas então geralmente é mantido em segredo, embora eu tenha ouvido falar de casos em que um idioma dessa espécie* era usado por um grupo (ex: em um ritual pseudorreligioso).

No seu parágrafo falta uma ligação, mais importante (creio) para o intento do que aquilo que eu disse, ou deveria ter dito, sobre

*Isto é, um caso no qual a invenção de um idioma por prazer era o motivo principal. Não estou interessado em gírias, calões, jargões, notwelsch e coisas do tipo.

"invenção". Em outras palavras: como a invenção linguística levou à história imaginária? De maneira que acho que a passagem seria mais inteligível se fosse mais ou menos assim: "As histórias imaginárias originaram-se da predileção de Tolkien pela invenção de idiomas. Ele descobriu, como outros que realizaram tais invenções em qualquer grau de acabamento, que um idioma necessita de uma habitação adequada e uma história na qual possa desenvolver-se."

"Quando você inventa um idioma", disse ele, "você mais ou menos o pega no ar. Você diz buá e isso significa alguma coisa."

Obviamente não me lembro com precisão do que eu disse, mas o que está escrito aqui me parece estranho, uma vez que acho improvável que eu teria intencionalmente dito coisas contrárias às minhas opiniões consideradas. *Não* acho que um inventor pegue ruídos no ar. Se dito, foi um pouquinho de "conversa fiada" coloquial, possivelmente inteligível no momento, mas não em letra fria — com o intuito de significar que ele pronuncia um grupo sonoro articulado *ao acaso* (até onde está ciente disso), mas este, é claro, sai de seu equipamento linguístico e possui inumeráveis ramificações de ligação com outras "palavras" de sons similares em seu próprio idioma e em quaisquer outros que possa conhecer. Ainda assim, se dissesse *buá* isso não significaria nada. Nenhum ruído vocal significa alguma coisa por si só. O significado tem de lhes ser atribuído por uma mente humana.* Isso pode ser feito casualmente, com frequência por associações acidentais (não linguísticas), ou por causa de um sentimento de "adequação fonética" e/ou por causa de preferências no indivíduo por certos elementos ou combinações fonéticas. Estes naturalmente são mais evidentes em idiomas inventados particulares, uma vez que é um de seus objetivos, reconhecido ou inconsciente, levar a cabo esses gostos. São essas preferências, que refletem o gosto linguístico inato de um indivíduo, que chamei de sua "língua inata", apesar de que "potencial linguístico inato" teria sido mais preciso, uma vez que raramente é colocada em prática, mesmo na modificação de sua língua que "aprendeu primeiro", a língua de seus pais e de seu país.

---

* Minha *hobbit* é um caso. Mostra o quão peculiar para um indivíduo pode ser essa atribuição (frequentemente obscura ao perpetrador do "ruído" e que não pode ser descoberta por outros). Se eu atribuísse significado a *buá*, neste caso eu não seria influenciado pelas palavras que possuem *bū* em muitos outros idiomas europeus, mas por uma história de Lord Dunsany (lida há muitos anos) sobre dois ídolos entesourados no mesmo templo: Chu-Bu e Sheemish. Se eu realmente usasse *buá*, este seria o nome de algum personagem ridículo, gordo e presunçoso, mitológico ou humano.

A Terra-média . . . . corresponde espiritualmente à Europa nórdica.

Nórdica não, por favor! Uma palavra pela qual pessoalmente tenho aversão; está associada, apesar de ser de origem francesa, com teorias racistas. Geograficamente, *setentrional* em geral é melhor. Mas uma análise mostrará que mesmo essa palavra é inaplicável (geográfica ou espiritualmente) à "Terra-média". Esta é uma palavra antiga, não inventada por mim, como a consulta a um dicionário como o Shorter Oxford mostrará. Significava as terras habitáveis de nosso mundo, situadas no meio do Oceano circundante. A ação da história acontece no noroeste da "Terra-média", equivalente em latitude às regiões costeiras da Europa e às costas setentrionais do Mediterrâneo. Mas essa não é uma área puramente "nórdica" em qualquer sentido. Se a Vila-dos-Hobbits e Valfenda forem consideradas (como pretendido) como estando por volta da latitude de Oxford, então Minas Tirith, 600 milhas ao sul, está por volta da latitude de Florença. As Fozes do Anduin e a antiga cidade de Pelargir estão por volta da latitude da antiga Troia.

Auden declarou que para mim "o Norte é uma direção sagrada". Isso não é verdade. O noroeste da Europa, onde tenho vivido (e a maioria de meus ancestrais viveu), tem minha afeição, como deve ter o lar de um homem. Amo sua atmosfera e sei mais de suas histórias e idiomas do que sei de outras partes; mas não é "sagrado", nem exaure minhas afeições. Por exemplo, tenho um amor em particular pela língua latina e, entre seus descendentes, pelo espanhol. Uma simples leitura das sinopses deveria deixar claro que isso não é verdadeiro para minha história. O Norte era a sede das fortalezas do Diabo. O progresso da história termina no que é muito mais parecido com o restabelecimento de um Sacro Império Romano efetivo com sua sede em Roma do que qualquer coisa que seria planejada por um "nórdico".

[Dos comentários de C.S. Lewis sobre *O Senhor dos Anéis*:] *"Quando ele dizia, 'Você pode fazer melhor do que isso. Melhor, Tolkien, por favor!', eu tentava fazer. Eu me sentava e escrevia a seção repetidas vezes. Isso aconteceu com a cena que acho que é a melhor do livro, o confronto entre Gandalf e seu mago rival, Saruman, na cidade destruída de Isengard."*

Não acho que a passagem de Saruman seja "a melhor do livro". Ela é muito melhor do que o primeiro rascunho, nada mais. Mencionei a passagem porque ela é de fato um dos poucos lugares onde na ocasião achei úteis e justas as críticas detalhadas de L. Cortei algumas passagens de alegres conversas hobbits que ele achava cansativas, acreditando que, se ele achava isso, a maioria dos leitores (caso houvesse algum) acharia o mesmo. Não acho que o fato provou que ele estava certo. Para falar a verdade, ele nunca gostou muito dos hobbits, menos ainda de Merry e Pippin. Mas um grande número de leitores gosta e gostariam de mais do que receberam. (Se for de interesse, as passagens que agora mais me comovem — escritas há tanto tempo que as leio agora como se tivessem sido escritas por outra pessoa — são o final do capítulo Lothlórien (I 365–7) e as trompas dos Rohirrim ao cantar do galo.)

Seu gosto por idiomas nórdicos resulta do fato de que ele possuía ancestrais alemães que migraram para a Inglaterra dois séculos atrás.

Isso é o oposto da verdade. Não nórdicos: esse não é um termo linguístico. Germânicos é o termo aceito para o que aparentemente se quer dizer. Mas meu gosto por idiomas germânicos não possui uma ligação determinável com a história de meu sobrenome. Depois de 150 anos (agora 200), meu pai e seus parentes mais próximos eram extremamente "britânicos". Nem dentre eles, nem dentre outros do nome que desde então conheci encontrei alguém que mostrasse quaisquer conhecimentos linguísticos, ou mesmo qualquer conhecimento do alemão moderno. Meu interesse em idiomas derivou-se unicamente de minha mãe, uma Suffield (uma família que vinha de Evesham em Worcestershire). Ela sabia alemão e deu-me minhas primeiras aulas sobre o idioma. Também se interessava por etimologia e despertou meu interesse nisso, e também em alfabetos e caligrafia. Meu pai morreu na África do Sul em 1896. Ela morreu em 1904. Dois anos antes de sua morte, apenas com a instrução dela,* ganhei uma bolsa de estudos para a King Edward VI School em Birmingham.

Dante .... "não me atrai. Ele é cheio de rancor e malícia. Não me importo com suas relações insignificantes com pessoas insignificantes em cidades insignificantes."

Minha referência a Dante foi descabida. Não sonho seriamente em ser comparado com Dante, um poeta supremo. Antigamente, Lewis e eu costumávamos lê-lo um para o outro. Fui durante algum tempo membro da Oxford Dante Society (creio que por sugestão de Lewis, que muito superestimava meu conhecimento de Dante ou de italiano em geral). Permanece verdadeiro o fato que eu considerava a "insignificância" de que falei uma triste mancha em alguns pontos.

"Não leio muito agora, exceto estórias de fadas."

Em vez de "exceto", leia-se "nem mesmo". Leio bastante — ou, mais exatamente, tento ler muitos livros (em particular os assim chamados

---

* exceto em geometria, que me foi ensinada por sua irmã. Esta era a tia cujos últimos anos animei e diverti ao compor e selecionar *As Aventuras de Tom Bombadil* e ao consultá-la sobre o livro, pelo qual ela havia pedido. Ela morreu aos 92 anos logo após ele ser publicado.[4]

de ficção científica e de fantasia). Mas raramente encontro quaisquer livros modernos que prendam minha atenção.* Suponho que seja porque estou sob pressão "interna" para completar minha própria obra — e por causa da razão declarada [na entrevista]: "Estou procurando por algo que não consigo encontrar."

"Estou sempre procurando por algo que não consigo encontrar. . . . . Algo como o que eu mesmo escrevo. Não há nada como ser convencido, não é?"

Desculpem por aparentemente falar por vaidade. Na verdade, isso surgiu em humildade, minha e de Lewis. A humildade de amadores em um mundo de grandes escritores. L. disse-me um dia: "Tollers, há muito pouco do que realmente gostamos nas histórias. Receio que teremos de tentar escrever algumas nós mesmos." Concordamos que ele deveria tentar uma "viagem espacial" e eu deveria tentar uma "viagem no tempo". O resultado dele é bem conhecido. Minha tentativa, após alguns capítulos promissores, esgotou-se: era um desvio demasiado grande para o que eu realmente queria fazer, uma nova versão da lenda de Atlântida. A cena final sobrevive como *A Queda de Númenor*.[7] Lewis ficou muito atraído por ela (como leitura *ouvida*), e referências a ela ocorrem em vários lugares de suas obras: por ex., "The Last of the Wine" [O que resta do vinho], em seus poemas (*Poems*, 1964, p. 40). Nenhum de nós esperava muito sucesso como amadores, e Lewis realmente teve uma certa dificuldade para publicar *Além do Planeta Silencioso*. E, depois de tudo o que aconteceu desde então, a recompensa e o prazer mais duradouros para nós dois foi que munimos um ao outro com histórias para ouvir ou ler de que realmente gostávamos — em *grandes* partes. Naturalmente nenhum de nós gostava de tudo o que encontrávamos na ficção do outro.

Tolkien . . . está entre os "principais colaboradores" da recém traduzida Bíblia de Jerusalém.

Nomear-me entre os "principais colaboradores" foi uma cortesia imerecida da parte do editor da *Bíblia de Jerusalém*. Fui consultado

* Há exceções. Li tudo o que E.R. Eddison escreveu, apesar de sua nomenclatura e filosofia pessoal peculiarmente más. Fiquei deveras impressionado pelo livro que foi (acredito) o segundo colocado quando *O S. A.* recebeu o Fantasy Award:[5] *Death of Grass*.[6] Aprecio a FC de Isaac Azimov [sic]. Além desses, recentemente fiquei profundamente entretido com os livros de Mary Renault; especialmente os dois sobre Teseu, *The King Must Die* [O rei deve morrer] e *The Bull from the Sea* [O touro do mar]. Há alguns dias até mesmo recebi um cartão de apreço dela; possivelmente a parte da "correspondência de fã" que me dá mais prazer.

em um ou dois pontos do estilo e critiquei algumas contribuições de outros. Fui originalmente designado para traduzir uma grande quantidade de texto, mas, após realizar um pouco de trabalho preliminar necessário, fui obrigado a me demitir devido à pressão de outro trabalho, e completei apenas "Jonas", um dos livros mais curtos.

294a De uma carta para Michael Tolkien 5 de março de 1967

Para todos nós, "conservadores", acredito que o problema em nossa Igreja no momento é mais penoso do que todas as nossas guerras pessoais e físicas [?]. Mas precisa ser suportado. Somente a lealdade e o silêncio (em público) fornecerão o lastro para o barco balouçante! Como os discípulos disseram ao Nosso Senhor: não temos para onde ir. . . . .

Devo dizer que Charles Davis[1] é um incômodo. . . mas ele pelo menos partiu. (Bem, bem — bispos e teólogos: elementos necessários na Instituição, mas suponho que também os principais autores de perturbações: os mais abertos ao orgulho e à presunção.) Nosso médico católico — um médico m. b. e muito bom católico — estava reclamando comigo ontem a respeito de C.D., e eu disse, "bem, você sabe que esse tipo de coisa aconteceu antes. Havia um Fellow da minha faculdade, Merton, um sujeito um tanto irritadiço; ele era musicalmente surdo (lhe dava dor de cabeça) e escreveu artigos atacando o canto na capela (e em outros lugares). Naturalmente, era filósofo (a maioria dos Fellows mais irritadiços o são), e desenvolveu opiniões acerca da Eucaristia que os teólogos oficiais não podiam aceitar. Assim, ele partiu para um canonicato, ou foi empurrado a ele." "É mesmo?", disse ele. "Muito interessante." "Bem, você talvez se lembre do nome dele; ele causou um grande alvoroço: John Wyclif[fe].[2] Chamou as autoridades que discordavam [dele] de uma série de nomes oprobriosos; e, naquele caso, elas responderam com menos tolerância cristã do que no presente caso (mas possivelmente com mais veracidade) ao chamá-lo de 'Filho da Antiga Serpente'."

294b De uma carta para Donald Swann 20 de março de 1967

[Swann havia escrito para perguntar sobre o progresso da contribuição de Tolkien para *The Road Goes Ever On* (A estrada segue sempre avante), cujo prazo era 1º de março.]

Sua carta de 16 de março chegou esta manhã e me confortou. Pelo menos você não me xingou de cachorro velho dilatório, arruinador de amizades e destruidor de negócios. A verdade é que não consigo fazer duas coisas ao mesmo tempo, nem nada superficialmente. Esse negócio das canções élficas, e versões, e exemplos de escrita élfica é precisamente o que gosto de fazer; mas, infelizmente, surgiu *de fato* no momento errado. No sentido de que, apesar de toda espécie de interrupções e distrações, estou tentando desesperadamente terminar e enviar meu *Gawain* e *Pérola* — e agora jogaram na minha mesa as provas da edição revisada do Texto em ingl. méd. de Gawain, que precisa ser levado em consideração por si só e na tradução. Tentei lidar com as duas coisas e, é claro, não avancei muito com nenhuma, para o desprazer de todos.

295 Para W.H. Auden

[Auden escrevera para elogiar Tolkien pelo poema em anglo-saxão com o qual Tolkien havia contribuído (junto com uma versão em inglês moderno) para o periódico *Shenandoah* como parte de um *festschrift* para o sexagésimo aniversário de Auden. (Ele foi publicado na edição do inverno de 1967 (Vol. XVIII nº 2, pp. 96–7).) Em sua carta, Auden elogiara o poema de Tolkien "The Sea-bell" [O Sino-do-mar] ("Frodo's Dreme"), o qual chamou de "maravilhoso".]

29 de março de 1967 — 76 Sandfield Road, Headington, Oxford

Caro Wystan,

Fiquei igualmente encantado com sua carta. Ela chegou muito depressa (na Sexta-feira Santa) e ajudou muito a restaurar o meu humor, já que na mesma correspondência recebi uma carta deveras agoniante.[1] Fiquei muito animado não somente por seu prazer em receber um poema em inglês antigo (achei que seria apropriado), mas também por seu elogio a *Frodo's Dreme*. Isso realmente me fez sorrir feito bobo. Espero que possamos nos encontrar mais uma vez em breve.

Atenciosamente,

[sem assinatura na cópia em carbono]

P.S. Obrigado por seu maravilhoso empenho em traduzir e reorganizar *A Canção da Sibila*.[2] Em troca, mais uma vez, espero lhe enviar, se eu conseguir colocar as mãos nela (espero que não esteja perdida), uma coisa que compus muito anos atrás enquanto tentava aprender a arte de escrever poesia aliterante: uma tentativa de unificar as baladas sobre os volsungos da Edda Antiga, escrita na antiga estrofe fornyrðislag de oito versos.[3]

295a De uma carta para Donald Swann 12 de abril de 1967

[Tolkien havia enviado a Swann manuscritos caligráficos de *Namárië* e *A Elbereth Gilthoniel*, juntamente com seus comentários escritos à mão sobre cada um. Swann então encaminhou esses materiais para Austin Olney, na Houghton Mifflin.]

Suponho que, pelo menos no que diz respeito aos Comentários, na verdade ainda haja tempo para conversarmos. . . . . Os problemas são distintos. A intenção com as páginas propositalmente "caligráficas", em escritas formais e decorativas, era que fossem reproduzidas. Como seriam usadas era uma questão deixada ao seu cargo e ao de Olney. . . . . A minha ideia era de que essas páginas, que forneceriam exemplos "oficiais" do uso das escritas, ficariam defronte às páginas nas quais os textos das músicas (em alfabeto moderno) estariam escritos, fornecendo assim uma "cola" para a instrução dos fãs das escritas (a maioria dos quais encontra-se desnorteada no tocante a essa questão). . . . .

Os "Comentários" são uma questão diferente. Estou convencido de que não são adequados para reprodução por "fotocópia" na maneira em que se encontram; e que também em muitos pontos não são realmente adequados para impressão como se encontram. Eles basicamente são uma "carta" para você, pessoalmente — outro estudioso que por acaso (Deus o abençoe!) se entretém com o que muitos consideram "bobagem de *dons*". Foram escritos sob pressão demais para estarem (em termos caligráficos) bem escritos; ou, de fato, no que diz respeito ao assunto, bem organizados para publicação. Estou perfeitamente disposto (adoraria fazer isso) a reescrever, tanto na caligrafia como na essência, o que for adequado desse material. Usar o que lhe enviei da maneira como se encontra seria expor-se ao desastre. Caso fossem "reproduzidos", evidentemente seriam em grande parte ilegíveis; caso fossem impressos, provavelmente seriam em grande parte absurdos. Olney me enviou versões datilografadas dos Comentários. Somente alguns dos erros presentes foram encontrados ou corrigidos. No geral, foram reduzidos a algo sem sentido. Condoo-me em certa medida do datilógrafo confrontado com um assunto inteiramente desconhecido; embora ela/ele evidentemente não estava prestando muita atenção; de modo que temos *familiar* no lugar de *fanuilos*, sem falar em *poche* em vez de *poetic*, *highballs* (!) em vez de *high halls* [altos salões], e *drias* em vez de *cries* [gritos], etc. etc. O que é necessário é uma "cópia" em uma escrita maior e mais nítida (que distinga o/a e n/r) — *ou*, e acredito que apenas isso realmente funcionaria:

uma *cópia datilografada* cuidadosamente (datilografada deste lado [do Atlântico]) com instruções de que deve ser impressa precisamente conforme a cópia fornecida. Algumas reduções teriam de ser feitas. E algumas alterações. Por exemplo, as instruções "fonéticas" foram destinadas a você (e Elvin), que fala a mesma língua que eu. Elas seriam inúteis ou confusas para os leitores dos E.U.A. Uma vez que esses, via de regra, são incrivelmente incompetentes (mesmo comparados aos ingleses e franceses) na produção de sons que lhes são estranhos, ou de sons familiares em lugares incomuns, acho que possivelmente todas as instruções poderiam ser omitidas, como infrutíferas.

295b De uma carta para Donald Swann 12–13 de julho de 1967

[Unwin e Swann tinham conseguido várias concessões da Houghton Mifflin na apresentação de *The Road Goes Ever On* e concordaram em não se opor à inclusão de designs decorativos de Samuel Hanks Bryant para preencher grandes espaços em branco na página, a menos que Tolkien tivesse uma forte objeção.]

Se, como Rayner Unwin me dá a entender, você e ele estão preparados para interromper a batalha e deixar que Olney faça uso de seus, ou dos de Bryant, rabiscos de mau gosto ou tapa-buracos equivalentes, então eu me rendo. Mas eu imploraria para ele *não* usar 𝒯 e variações (como nas pp. 2 e 4 daquelas que você me enviou). Essa é uma letra e a inicial do meu nome, e também uma letra élfica, e é muito provável que fosse considerada importante. Não desejo ser associado a esse absurdo.....

Esses tipos de floreios caligráficos não são adequados. Eles são, ou eram, meramente exibições de habilidade com a pena,* e pertencem principalmente aos mestres-de-caligrafia e escolas-de-caligrafia do início do período moderno, e não estão de acordo com textos que são simples ou rústicos, ou então (como os élficos) remotos e arcaicos. Fiquei a princípio muito alarmado quando dei uma olhada no trabalho de Bryant; mas depois conclui que essas quatro páginas eram simplesmente reproduções das propostas dele — *todas* na sua própria caligrafia. As decorações "élficas" começam sendo imprecisas e terminam em meros absurdos Espero que isso não seja um indício de como podem aparecer no estágio final.....

* Não são "emblemas" — que são símbolos significativos, como os padrões de heráldica.

O "élfico" pode não ser mais do que uma brincadeira adolescente, mas é tratado com seriedade neste livro, e coisas ridículas espalhando sinais vocálicos como meros ornamentos fazem com que a coisa toda pareça tola.

296 Para Rayner Unwin

21 de julho de 1967 Hotel Miramar, Bournemouth

Meu caro Rayner,

Sinto-me profundamente grato por sua gentileza comigo na quarta-feira e por todo seu incômodo em cuidar de mim e de meus negócios. Achei que você parecia muito cansado (e não é de se admirar) antes de nos despedirmos. Sou singularmente afortunado por ter semelhante amigo. Sinto, se me permite dizer, que nossa relação é como a de Rohan e Gondor, e (como você sabe) de minha parte o juramento de Eorl jamais será quebrado, e continuarei a contar com e ser grato pela sabedoria e cortesia de Minas Tirith. Muitíssimo obrigado.....

Sinceramente,
Ronald Tolkien.

297 Rascunhos de uma carta para o "Sr. Rang"

[No topo, Tolkien escreveu: "Algumas reflexões ao preparar uma resposta para um certo *Sr. Rang* sobre investigações da minha nomenclatura. Na ocasião, apenas uma breve (e, portanto, particularmente dura) resposta foi enviada, mas retenho estas notas." Tolkien acrescentou a data: "ago. de 1967."]

Fico honrado com o interesse de muitos leitores na nomenclatura de *O Senhor dos Anéis* e contente com tal fato, na medida em que isso mostra que essa construção, o produto de ponderação e trabalho assaz consideráveis, alcançou (como eu esperava) uma verossimilhança que provavelmente auxilia na "crença literária" na história como histórica. Mas permaneço estarrecido, e às vezes de fato irritado, com muitas das suposições sobre as "fontes" da nomenclatura e com as teorias ou concepções acerca de significados ocultos. Estas me parecem não mais que divertimentos particulares, e como tais não tenho o direito ou o poder de opor-me a elas, embora, creio, não tenham valor para a elucidação ou a interpretação de minha ficção. Caso publicadas,*

* Ex: em um artigo absurdo de J.S. Ryan.

oponho-me a elas, quando (como geralmente o fazem) parecem ser falsos ornamentos de minha obra, elucidando apenas o estado de espírito de seus realizadores, não o meu ou a minha real intenção e procedimento. Muitos deles parecem demonstrar ignorância ou indiferença às pistas e informações que são fornecidas em notas, traduções e nos Apêndices. Além disso, uma vez que a invenção linguística é comparativamente rara como uma arte (ou passatempo), talvez não seja de surpreender que demonstrem pouca compreensão do processo de como um filólogo trataria de tal coisa.

É preciso enfatizar que esse processo de invenção foi/é um empreendimento particular realizado para proporcionar prazer a mim mesmo ao dar expressão à minha "estética" ou gosto linguístico pessoal e às suas oscilações. Esse processo foi consideravelmente anterior à composição de lendas e "histórias" nas quais esses idiomas poderiam ser "realizados"; e a maior parte da nomenclatura foi construída a partir desses idiomas preexistentes, e quando os nomes resultantes possuem significados analisáveis (como é comum), estes são relevantes unicamente para a ficção à qual estão integrados. A "fonte", caso haja alguma, forneceu unicamente a sequência sonora (ou sugestões para o estímulo desta), e seu propósito *na fonte* é totalmente irrelevante, exceto no caso de Earendil; ver abaixo.

Os investigadores geralmente parecem negligenciar esse ponto fundamental, apesar de evidências suficientes de "construção linguística" serem fornecidas no livro e nos apêndices. Deveria ser óbvio que, se é possível compor fragmentos de poesia em *quenya* e *sindarin*, esses idiomas (*e* suas relações um com o outro) devem ter alcançado um grau razoavelmente elevado de organização — embora, é claro, longe da integralidade, tanto em vocabulário como em expressões idiomáticas. Portanto, é inútil comparar similaridades casuais entre nomes criados a partir de "línguas élficas" e palavras em idiomas "reais" externos, especialmente se for suposto que isso tenha qualquer influência no significado ou nas ideias de minha história. Peguemos um caso frequente: não há ligação linguística e, portanto, nenhuma ligação em significado, entre *Sauron*, uma forma contemporânea de um derivado mais antigo **θaurond-* de uma forma adjetiva **θaurā* (de uma base √THAW) "detestável", e a palavra grega *σαύρα* "um lagarto".

De fato, os investigadores parecem confusos principalmente com as ideias entre (a) o significado dos nomes *dentro* da e apropriados à minha história e pertencentes a uma construção "histórica" fictícia, e (b) as origens ou fontes em minha mente, *exteriores* à história, das formas desses nomes. Quanto a (a), obviamente informações suficientes lhes são fornecidas, embora com frequência negligenciem o que é fornecido. Lamento-o, mas não há substituto para mim, enquanto eu estiver vivo. Compus um comentário sobre a nomenclatura para o uso de *tradutores*,[1] mas este é direcionado primeiramente à indicação de quais palavras e nomes podem e devem ser traduzidos na L(íngua) de T(radução) que assume a função do inglês de representar a F(ala) C(omum) do período, sendo compreendido que nomes que não estejam em inglês mod. ou que não derivem dele devem ser mantidos sem modificações na tradução, uma vez que são estranhos tanto à F.C. original como à L.T. Desejável seria uma *onomástica* que fornecesse o significado e a derivação de todos os nomes e indicasse os idiomas aos quais pertencessem. Além disso, de interesse para alguns, e que me agradaria preparar, seria uma gramática histórica de *quenya* e *sindarin* e um vocabulário etimológico razoavelmente extenso desses idiomas, obviamente longe de estar "completo", mas não limitado a palavras encontradas nas histórias. Porém, não pretendo me dedicar a esses projetos até que minha mitologia e minhas lendas estejam terminadas. Entrementes, lidar aos poucos com suposições e interpretações apenas posterga e interfere nesse trabalho.....

Para ilustrar minhas restrições, oferecerei alguns comentários sobre suas indagações e suposições específicas. *Theoden* e *Gimli*. A razão para usar o "anglo-saxão" na nomenclatura e em ocasionais vislumbres do idioma dos *Eorlingas* — como um artifício de "tradução" — é dada no Apêndice F, a partir do qual se torna claro que o "anglo-saxão" não é apenas um "campo fértil", mas o único* campo no qual se procurar a origem e o significado de palavras ou nomes pertencentes à fala da Marca; e também que o a-s *não é* a fonte de palavras e nomes em qualquer outro idioma† — exceto por uns poucos (todos os quais são explicados) sobreviventes no dialeto hobbit derivado da região (O Vale do Anduin imediatamente ao norte de Lórien) onde aquele dialeto dos Homens do Norte desenvolveu seu caráter particular. Ao qual podem ser acrescentados *Déagol* e *Sméagol*; e os nomes locais *Gladden River* [Rio de Lis] e *os Gladden Fields* [Campos de Lis], que contêm a palavra a-s *glædene* "íris", em meu livro foram concebidos para se referirem ao "lírio amarelo" que cresce em rios e pântanos: isto

*Com a possível exceção do nome (de um rei) *Gram*. Esta, é claro, é uma palavra a-s genuína, mas não usada em a-s registrado (como o é em nórdico antigo) como um substantivo = "guerreiro ou rei". Mas certa influência do idioma setentrional no idioma dos *Eorlingas* após a retirada destes em direção ao norte não é improvável. Na verdade, tal fato possui paralelos nos traços claros da influência um no outro dos idiomas (poéticos) do nórdico antigo e do a-s.

†A única (porém importante) exceção é *Eärendil*. Ver abaixo.

é, *iris pseudacorus*, e não *iris foetidissima*, a qual em ing. mod. o nome *gladdon* (sic) é geralmente dado, ao menos por botânicos. Fora desse campo restrito, as referências ao a-s são inteiramente ilusórias.*

Conforme dito nos Apêndices, os nomes públicos "exteriores" dos Anãos setentrionais derivavam do idioma dos homens do extremo norte, *não* daquela variedade representada pelo a-s e, em consequência, receberam uma forma escandinava, como equivalentes aproximados do parentesco *e* da divergência dos dialetos contemporâneos. O a-s nada tem a dizer sobre *Gimli*. Na verdade, a palavra poética *gim* na poesia arcaica nórd. ant. provavelmente não está relacionada com *gimm* (um empréstimo antigo < latim *gemma*) "gema", embora possivelmente tenha sido associada com ele posteriormente: seu significado parece ter sido o de "fogo".

Legolas é traduzido *Verdefolha* (II 106, 154), um nome adequado a um Elfo da Floresta, apesar de ser um de linhagem real e originalmente sindarin. "Madeixas de fogo" é inteiramente inapropriado: ele não era um *balrog*! Creio que um investigador, não desencaminhado por minha suposta devoção ao a-s, poderia ter percebido a relação do elemento *-las* com *lassi* "folhas", no lamento de Galadriel, *lasse-lanta* "queda das folhas" = outono, III 386; and *Eryn Lasgalen* III 375. "Tecnicamente", Legolas é uma palavra composta (de acordo com as regras) pelo sind. *laeg* "viridis" verdejante e por *go-lass* "agrupamento de folhas, folhagem".

Rohan. Não consigo entender por que o nome (declaradamente élfico) de um país deveria estar associado com alguma coisa germânica, menos ainda com a palavra nór. ant. apenas remotamente similar *rann* "casa", que, a propósito, não é de modo algum apropriada a um povo ainda parcialmente móvel e nômade de criadores de cavalos! No seu idioma (tal como representado), *rann* de qualquer modo teria a forma a-s *ræn* (< *rænn* < *ræzn* < *razn*; cf. o gótico *razn* "casa"). O nome do país obviamente não pode ser dissociado do nome sindarin dos Eorlingas: *Rohirrim*. É dito (III 391, 394) que *Rohan* é uma forma suavizada tardia de *Rochand*. Deriva do élfico **rokkō* "cavalo rápido para cavalgada" (quen. *rokko*, sind. *roch*) + um sufixo frequente em nomes de terras. *Rohirrim* é uma forma similarmente suavizada de *roch* + *hîr* "senhor, mestre" + *rīm* (quen. *rimbe*) "hoste".

---

*A palavra *Warg* usada em *O Hobbit* e no *S.A.* para uma raça maligna de lobos (demoníacos) não é para ser especificamente a-s, e recebeu uma forma germânica prim. para representar o substantivo comum aos Homens do Norte para essas criaturas. Parece ter se tornado "popular" — ela aparece em *Orbit* 2 p. 119, não como uma palavra em [uma] terra estranha, mas em um comunicado oficial da Terra para um explorador espacial. A história é de um leitor do *S.A.*

Nazgul. Não há razão concebível para que uma palavra da língua negra tenha quaisquer ligações com o a-s. Ela significa "Espectro-do-Anel", e o elemento *nazg* é certa e claramente idêntico a *nazg* "anel" na inscrição flamejante no Um Anel. Não conheço nenhuma palavra composta *gael-naes* no ing. ant., mas, de qualquer forma, um inventor, envolvido com construções linguísticas racionais, não complementaria uma falha de criatividade invertendo a ordem dos elementos em uma palavra de um idioma totalmente não relacionado, que não possui um significado apropriado!

Moria. Suas observações fazem-me suspeitar que o senhor está confundindo *Moria* com *Mordor*: esta era uma terra desolada, aquela, um magnífico complexo de escavações subterrâneas. Quanto a *Moria*, é dito o que a palavra significa, III 415, e este é um nome élfico (na verdade, sindarin) = Abismo Negro. Ele não contém claramente √MOR "escuro, negro", que se vê em *Mordor, Morgoth, Morannon, Morgul* etc.? (Tecnicamente √MOR: **mori* "escur(idão)" = quen. *more*, sind. *môr*; adj. **mornā* = quen. *morna*, sind. *morn* "escuro".) O *ia* é do sind. *iâ* "vazio, abismo" (√YAG: **yagā* > sind. *iâ*).

Quanto à "terra de Morīah" (note a ênfase): ela tampouco possui qualquer ligação (mesmo "externamente"). Internamente não há ligação concebível entre as minerações dos Anãos e a história de Abraão. Repudio totalmente tais significados e simbolismos. Minha mente não trabalha dessa forma; e (na minha opinião) o senhor se confundiu por uma similaridade puramente fortuita, mais óbvia na grafia do que na fala, que não pode ser justificada pelo verdadeiro significado pretendido de minha história.

Isso leva à questão da história "externa": o modo efetivo pelo qual vim a descobrir ou escolher certas sequências sonoras para usar como nomes, *antes* que recebessem um lugar dentro da história. Como eu disse, creio que isso não é importante: o trabalho envolvido na apresentação do que sei e lembro do processo, ou nas suposições de outros, seria muito maior do que o valor dos resultados. As formas faladas simplesmente eram meras formas audíveis e, ao serem transferidas para a situação linguística preparada na minha história, receberam significado e importância de acordo com essa situação e com a natureza da história contada. Seria inteiramente delusório recorrer às fontes das combinações sonoras para descobrir quaisquer significados evidentes ou ocultos. Muito me recordo desse processo — a influência da lembrança de nomes ou palavras já conhecidas, ou de "ecos" na memória linguística, e poucos foram inconscientes. Assim, os nomes dos Anãos em *O Hobbit* (e acréscimos no *S.A.*) são derivados das listas em *Völuspá* dos nomes de *dvergar*; mas essa não é uma resposta para as lendas dos Anãos em *O S.A.* Os "anãos" de minhas lendas estão muito mais próximos aos anões das [lendas] germânicas do que os Elfos, mas de muitas maneiras ainda são muito diferentes deles. As lendas de suas relações com os Elfos (e Homens) em *O Silmarillion* e em *O S.A.* e das guerras órquico-anânicas não possuem uma contraparte que seja de meu conhecimento. Em *Völuspá*, *Eikinskjaldi*, traduzido *Escudo-de-carvalho*, é um nome separado, não um apelido; e o uso do nome como um sobrenome e a lenda de sua origem não serão encontrados em nórdico. *Gandalfr* é o nome de um anão em *Völuspá*!

Rohan é um nome famoso, da Bretanha, ostentado por uma antiga família orgulhosa e poderosa. Estava ciente disso e gostei de sua forma; mas eu também havia inventado (muito tempo antes) a palavra élfica para cavalo, e vi como Rohan podia ser acomodada à situação linguística como um nome sindarin tardio da Marca (anteriormente chamada de *Calenarðon* "a (grande) região verde") após sua ocupação pelos cavaleiros. Nada na história da Bretanha elucidará qualquer coisa sobre os Eorlingas. Aliás, a desinência *-and* (*an*), *-end* (*en*) em nomes de terras sem dúvida deve algo a nomes (românticos e de outros tipos) como *Broceliand(e)*, mas está perfeitamente de acordo com uma estrutura já desenvolvida do élfico primitivo (comum) (élf. com.), ou não teria sido usada. O elemento *(n)dor* "terra" provavelmente deve algo a, digamos, tais nomes como *Labrador* (um nome que, no que diz respeito ao seu estilo e estrutura, poderia ser sindarin). Mas *não* a *Endor* das Escrituras. Este é um caso ao contrário, que mostra como a "investigação" sem conhecimento dos eventos reais pode desvirtuar-se. *Endor* sind. *Ennor* (cf. o pl. coletivo *ennorath* I 250) foi inventado como o equivalente élfico de Terra-média através da combinação das já elaboradas *en(ed)* "médio" e *(n)dor* "(massa) de terra", produzindo uma palavra composta supostamente antiga, quen. *Endor*, sind. *Ennor*. Quando criada, obviamente observei sua semelhança acidental com *En-dor* (I Sam. xxviii), mas a congruência de fato é acidental e, portanto, a bruxa necromante consultada por Saul não possui ligação ou significado para *O S.A.* Como é o caso com *Moria*. Na verdade, este nome apareceu pela primeira vez em *O Hobbit*, cap. 1. Lá ele foi, conforme me lembro, um "eco" casual do *Castelo de Soria Moria* em um dos contos escandinavos traduzidos por Dasent. (O conto não era de interesse algum para mim: eu já o havia esquecido e desde então nunca mais o vi. Assim, ele foi meramente a fonte da sequência sonora *moria*, que pode ter sido encontrada ou composta em outro lugar.)

Gostei da sequência sonora; aliterava com "minas" e relacionava-se com o elemento MOR em minha construção linguística.*

Posso mencionar dois casos nos quais, na época em que fiz uso deles, eu *não* estava ciente do "empréstimo", mas onde é provável, porém de modo algum certo, que os nomes de qualquer maneira eram "ecos". *Erech*, o local onde Isildur colocou a pedra do juramento. Essa palavra obviamente é adequada ao estilo da nomenclatura predominantemente sindarin de Gondor (ou não teria sido usada), como o seria historicamente, mesmo se na verdade fosse, como agora é conveniente supor, um nome pré-númenóreano de significado há muito esquecido. Uma vez que, sendo uma pessoa interessada na antiguidade e particularmente na história das línguas e da "escrita", eu naturalmente conhecia e tinha lido muito sobre a Mesopotâmia, devo ter conhecido *Erech*, o nome daquela cidade antiquíssima. No entanto, na época de composição de *S.A.* Livro V caps. II e IX (originalmente uma narrativa contínua, mas dividida por razões óbvias de construção) e do planejamento de uma lenda para fornecer a separação de Aragorn de Gandalf e seu desaparecimento e retorno inesperado, provavelmente fui mais influenciado pelo importante elemento ER (em élfico) = "um, único, só". Seja como for, o fato de *Erech* ser um nome famoso *não* é de importância para *O S.A.* e não se podem deduzir quaisquer ligações de minha mente ou intenções entre a Mesopotâmia e os Númenóreanos ou seus predecessores.

nazg: a palavra para "anel" na língua negra. Foi criada para ser um vocábulo distinto em estilo e conteúdo fonético das palavras de mesmo significado em élfico ou em outros idiomas reais que são mais familiares: inglês, latim, grego etc. Embora congruências reais (de forma + sentido) ocorram em idiomas reais não relacionados, e é impossível na construção de idiomas imaginários a partir de um número limitado de sons componentes evitar tais semelhanças (caso se tente fazê-lo — eu não o faço), permanece digno de nota que *nasc* é a palavra para "anel" em gaélico (irlandês: no escocês geralmente escrita *nasg*). Ela também se encaixa bem no significado, visto que também significa, e prov. originalmente significou, um *elo*, e pode ser usada para uma "obrigação". Contudo, só fiquei ciente, ou novamente ciente, de sua existência recentemente ao procurar por alguma coisa em um dicionário de gaélico. Não tenho apreço algum pelo gaélico, do irlandês antigo em diante, como um idioma, mas ele obviamente é de grande interesse

*Já bem avançada 20 anos antes de *O Hobbit* ser escrito. As lendas do passado anterior à época de *O Hobbit* e de *O S.A.* também foram em grande parte compostas antes de 1935.

histórico e filológico, e em diversos momentos estudei-o. (Infelizmente com pouquíssimo sucesso.) Logo, é provável que *nazg* na verdade seja derivada dela, e esse vocábulo curto, duro e claro, sobressaindo-se do que me parece (um forasteiro desafetuoso) um idioma indistinto, ficou alojado em algum canto de minha memória linguística.

O nome mais importante nesse contexto é *Eärendil*. Esse nome na verdade (como é óbvio) é derivado da palavra a-s *éarendel*. Ao estudar profissionalmente o a-s pela primeira vez (1913-) — eu o havia feito como um passatempo infantil quando deveria estar aprendendo grego e latim — fiquei impressionado pela grande beleza dessa palavra (ou nome), inteiramente coerente com o estilo normal do a-s, mas eufônico em um grau peculiar naquele agradável, mas não "deleitável" idioma. Além disso, sua forma sugere fortemente que em origem foi um nome próprio e não um substantivo comum. Isso é corroborado pelas formas obviamente relacionadas em outros idiomas germânicos, a partir dos quais, entre as confusões e corrupções de tradições tardias, ao menos parece certo que ele pertencia a mitos astronômicos e era o nome de uma estrela ou grupo de estrelas. Na minha opinião, os usos em a-s* parecem indicar claramente que era uma estrela que anunciava o amanhecer (ao menos na tradição inglesa): isto é, aquela que agora chamamos de *Vênus* — a estrela-d'alva tal como pode ser vista reluzindo brilhantemente na aurora, antes do nascer do Sol propriamente dito. De qualquer modo, é como o compreendi. Antes de 1914, escrevi um "poema" sobre Earendel que lançava seu navio como uma centelha brilhante dos portos do Sol. Adotei-o em minha mitologia — na qual ele se tornou uma figura principal como um marinheiro e, por fim, como uma estrela anunciadora e um sinal de esperança aos homens. *Aiya Eärendil Elenion Ancalima* (II 329) "salve Earendil, a mais brilhante das Estrelas" é remotamente derivada de *Éala Éarendel engla beorhtast*. Mas o nome não podia ser simplesmente adotado dessa forma: ele tinha de ser acomodado à situação linguística élfica, ao mesmo tempo em que um lugar para essa pessoa era criado nas lendas. Disso, há muito tempo na história do "élfico", que após muitos começos experimentais na mocidade estava começando a tomar uma forma definida à época da adoção do nome, por fim surgiu (a) o radical élf. com.

* Sua forma a-s mais arcaica registrada é *earendil (oer-)*, posteriormente *earendel, eorendel*. Principalmente em glosas sobre *jubar* = *leoma*; também sobre *aurora*. Mas também em *Hom*[*ilias*] *Blick*[*ling*] 163, *se níwa éorendel*, apl. a S. João Batista; e de forma mais notável *Crist* 104, *éala! éarendel engla beorhtast ofer middangeard monnum sended*. Frequentemente se supõe que se refere a Cristo (ou Maria), mas a comparação com as Homs. Bl. sugere que se refere ao Batista. Os versos referem-se a um *arauto* e mensageiro divino, claramente não o *soðfæsta sunnan leoma* = Cristo.

AYAR "Mar", aplicado primeiramente ao Grande Mar do Oeste, que se situava entre a Terra-média e *Aman*, o Reino Abençoado dos Valar; e (b) o elemento ou base verbal (N)DIL, "amar, ser devotado a" — que descreve a atitude de alguém a uma pessoa, coisa, curso ou ocupação ao qual se dedica por conta própria.† *Earendil* tornou-se um personagem na primeira das principais lendas a ser escrita (1916–17): *A Queda de Gondolin*, o maior dos *Pereldar* "Meio-Elfos", filho de *Tuor*, da mais renomada Casa dos Edain, e de *Idril*, filha do Rei de Gondolin. *Tuor* fora visitado por *Ulmo*, um dos maiores *Valar*, o senhor dos mares e das águas, e enviado por ele a Gondolin. A visita pôs no coração de Tuor um desejo insaciável pelo mar, daí a escolha do nome para seu filho, ao qual esse desejo foi transmitido. Sobre a ligação dessa lenda com as outras lendas principais: a criação das Silmarils por Fëanor, a captura destas por Morgoth e a recaptura de apenas uma de sua coroa por *Beren* e *Lúthien* e a ida dessa joia para a posse de Earendil, de maneira que suas viagens para o oeste por fim foram bem-sucedidas, ver I 204–6 e 246–249. (A tentativa de *Eärendil* de cruzar *Ëar* era contrária à Interdição dos Valar que proibia todos os Homens de tentar colocar os pés em *Aman* e contrária à interdição especial posterior que proibia os Elfos Exilados, seguidores do rebelde Fëanor, de retornar, mencionada no lamento de Galadriel. Os Valar deram ouvidos à súplica de *Eärendil* em nome de Elfos e Homens (ambas suas gentes) e enviaram um grande exército em auxílio deles. Morgoth foi derrotado e removido do Mundo (o universo físico). Foi permitido aos Exilados retornar — com exceção de alguns principais agentes na rebelião, dos quais à época do *S. A.* apenas *Galadriel* restara.‡ Mas *Eärendil*, sendo em parte descendente de Homens, não teve permissão para

---

* Quen. *ëar* sind. *aear* (ver I 250).

† Esse elemento fornece a solução para um grande número de outros nomes élficos em quen., tais como *Elendil* "Amigo-dos-Elfos" *(eled + ndil)*, *Valandil*, *Mardil*, o Bom Regente (devotado à Casa, isto é, aos Reis) *Meneldil* "astrônomo" etc. De significado similar em nomes há *-(n)dur*, embora signifique propriamente "servir", como se serve a um mestre legítimo: cf. o quen. *arandil* amigo do rei, monarquista comparado com *arandur* "serviçal do rei, ministro". Mas estes frequentemente coincidem: por ex., a relação de Sam com Frodo pode ser vista em posição como *-ndur*, em espírito como *-ndil*. Compare entre os nomes variantes: *Eärendur* "marinheiro (profissional)".

‡ Na época de seu lamento em Lórien, ela acreditava que essa interdição seria permanente, enquanto a Terra durasse. Por isso ela conclui seu lamento com um desejo ou súplica de que a Frodo possa, como uma graça especial, ser concedida uma estadia purgatória (mas não penal) em *Eressea*, a Ilha Solitária à vista de *Aman*, embora para ela o caminho esteja fechado. (A Terra de Aman, após a queda de Númenor, não estava mais em existência física "dentro dos círculos do mundo".) Sua súplica foi ouvida, mas sua interdição pessoal também foi removida, em recompensa por seus serviços contra Sauron e, acima de tudo, por sua rejeição à tentação do Anel quando este lhe foi oferecido. De modo que no final a vemos embarcando.

colocar novamente os pés na Terra, e tornou-se uma Estrela a brilhar com a luz da Silmaril, que continha o último resquício da luz imaculada do Paraíso, emitida pelas Duas Árvores antes da profanação e assassinato destas por Morgoth. Essas lendas são deliberadamente mencionadas no Vol. I como sendo as principais no pano de fundo de *O S.A.*, tratando das relações de Elfos, Homens e Valar (os Guardiões angélicos) e, portanto, os principais elos com o passado caso (como eu na época esperava) o *Silmarillion* fosse publicado.

Relato essas coisas porque espero que possam interessar ao senhor e ao mesmo tempo revelar o quão intimamente relacionadas são a invenção linguística e o crescimento e a construção lendárias. E possivelmente também convencê-lo de que olhar ao redor em busca de palavras ou nomes mais ou menos similares na verdade não é muito útil mesmo como uma fonte de sons, e de modo algum como uma explicação para significados e importâncias internas. O empréstimo, quando ocorre (o que não é frequente), é simplesmente de *sons* que são então integrados a uma construção; e apenas em um caso, *Eärendil*, a referência à sua fonte lançará alguma luz sobre as lendas ou sobre o "significado" destas — e mesmo nesse caso a luz é pouca. O uso de *éarendel* no simbolismo cristão a-s como o arauto do nascimento do verdadeiro Sol em Cristo é completamente estranho ao meu uso. A Queda do Homem está no passado e fora de cena; a Redenção do Homem está no futuro distante. Estamos em uma época em que a existência do Deus Uno, Eru, é de conhecimento dos sábios, mas não está acessível exceto pelos ou através dos *Valar*, embora Ele ainda seja lembrado em preces (não pronunciadas) por aqueles de origem númenóreana.

[O texto termina com uma breve discussão da religião númenóreana.]

298 Para William Luther White

[Esta carta foi impressa, aparentemente sem permissão, com o endereço e o número do telefone particular de Tolkien no cabeçalho, no livro de White *The Image of Man in C.S. Lewis* (A imagem do homem em C.S. Lewis) (1969).]

11 de setembro de 1967
Oxford 61639, 76 Sandfield Road, Headigton, Oxford
Caro Sr. White,

Posso fazer-lhe um breve relato do nome *Inklings*: de memória. Os Inklings não possuíam nenhum registrador e C.S. Lewis, nenhum

Boswell. O nome não foi inventado por C.S.L. (nem por mim). Originalmente foi um gracejo de estudantes, planejado como o nome de um clube literário (ou de escritores). O fundador foi um estudante de graduação do University College, chamado Tangye-Lean — da data não me recordo: provavelmente na metade dos anos trinta. Creio que ele estava mais ciente do que a maioria dos estudantes de graduação da impermanência de seus clubes e modas, e tinha a ambição de fundar um clube que se mostraria mais duradouro. De qualquer forma, ele pediu a alguns "dons" para tornarem-se membros. C.S.L. era uma escolha óbvia, e naquela época ele provavelmente era tutor de Tangye-Lean (C.S.L. era membro do University College). Na ocasião, tanto C.S.L. como eu nos tornamos membros. O clube reunia-se nos aposentos de T.-L. no University College; o procedimento era de que a cada reunião os membros lessem em voz alta composições inéditas. Estas deveriam estar abertas à crítica imediata. Além disso, caso o clube achasse adequado, uma contribuição poderia ser votada para ver se seria digna de entrar em um Livro de Registros. (Eu era o escrevente e mantenedor do livro).

Tangye-Lean acabou tendo razão. O clube logo morreu: o Livro de Registros tinha pouquíssimas entradas; mas pelo menos C.S.L. e eu sobrevivemos. O nome do clube foi então transferido (por C.S.L.) para o indeterminado e não elegível círculo de amigos que se reunia ao redor de C.S.L. e encontrava-se em seus aposentos em Magdalen. Embora nosso hábito fosse ler em voz alta composições de vários tipos (e tamanhos!), essa associação e seu hábito de fato seriam formados naquela época, tivesse o clube original de vida curta existido ou não. C.S.L. adorava ouvir histórias lidas em voz alta e tinha um poder de memória para coisas recebidas dessa forma e também uma facilidade em improvisar críticas, atributos (especialmente o último) que não eram compartilhados em nenhum grau similar por seus amigos.

Chamei o nome de "gracejo" porque ele era um trocadilho agradavelmente engenhoso a seu modo, que sugeria pessoas com noções e ideias vagas ou parcialmente formadas e aquelas que se dedicam diletantemente à tinta. Pode ter sido sugerido por C.S.L. a Tangye-Lean (caso ele tenha sido o tutor deste); mas nunca o ouvi afirmar que tivesse inventado esse nome. *Inkling*, pelo menos neste país, é usado muito comumente no sentido em que o senhor cita a partir das obras de C.S.L. (Lembro-me de que, quando eu era aluno de graduação, houve brevemente um clube estudantil chamado *Discus*, que sugeria uma conferência de mesa redonda e *discutir*: era um clube de discussões.)

Com os melhores votos, sinceramente,

J.R.R. Tolkien.

298a De uma carta para Clyde Kilby

[por volta de 3 de dezembro de 1967.]

[Tolkien had been taken ill with a virus infection in September.]

Estou me recuperando da escuridão que desceu subitamente sobre mim.

Não sei por que a Srta. Hill (que não foi informada diretamente) diria que não era "sério", a não ser que no vocabulário dela (como no de muitos hoje em dia) "sério" seja um eufemismo para câncer ou algo igualmente provável de ser rapidamente fatal. Seja como for, foi sério o suficiente para necessitar das visitas diárias de um médico ansioso durante um mês, e me deixou um caco emaciado. Só depois de 8 semanas consegui caminhar e tive permissão de voltar para casa. Minha esposa, de certas maneiras, foi a que mais sofreu, já que meus filhos estavam longe e ela teve de ficar a cargo dos cuidados (o que levou a um grande aumento de sua aflição artrítica) por três semanas, quando fomos levados para Bournemouth e aos cuidados de outro médico que conhecemos bem.

299 Para Roger Lancelyn Green

[Green, um velho amigo, fizera uma resenha de *Ferreiro do Bosque Maior*, que foi publicada em outubro de 1967. Ele escreveu: "Procurar pelo significado é cortar ao meio uma bola em busca do que a faz quicar."]

12 de dezembro de 1967 — 76 Sandfield Road, Headington, Oxford

Meu caro Roger,

Os melhores votos para você e toda sua família. Obrigado por sua resenha deveras graciosa (esp. por comentar sobre a busca pela fonte do quicar!), embora eu tenha sido tratado de maneira muito melhor do que esperava. Mas o continho *não* era (é claro) destinado às crianças! O livro de um velho, já oprimido pelo presságio da "perda". (Lamento não conseguir lembrar de seu endereço. Telefonei para Merton.) Mas eis que surge Merton. Nosso atual admirável e pequeno chefe de cozinha (com um chapéu m. alto) é, ao menos pictoricamente, o original de Alf.

Todas as graças e felicidades no Natal,

Ronald Tolkien

300 De uma carta para Walter Hooper — 20 de fevereiro de 1968

[Com referência aos versos de C.S. Lewis "Falávamos de dragões, Tolkien e eu / Em um bar de Berkshire . . . ." Esse poema curto, publicado pela primeira vez em *Rehabilitations* (Reabilitações) (1939) de Lewis, p. 122, conta como um trabalhador no bar afirmou ter visto ele mesmo um dragão.]

Os versos que Jack[1] fornece como exemplos infelizmente não são exemplos inteiramente precisos dos artifícios métricos do inglês antigo. A ocasião é inteiramente fictícia. Nunca vi um dragão, nem nunca vi um homem que disse ter visto um. Não desejo ver nenhum dos dois. Uma fonte remota dos versos de Jack pode ser esta: lembro de Jack me contar uma história de Brightman, o distinto erudito eclesiástico,[2] que costumava sentar-se calmamente na Sala Comunal sem nada dizer, exceto em raras ocasiões. Jack disse que houve uma discussão sobre dragões uma noite e no final ouviu-se a voz de Brightman dizer "Eu vi um dragão". Silêncio. "Onde foi isso?", perguntaram-lhe. "No Monte das Oliveiras", respondeu ele. Voltou a ficar em silêncio e jamais explicou o que quis dizer com aquilo até sua morte.

301 De uma carta para Donald Swann 29 de fevereiro de 1968

[A BBC fez um documentário, *Tolkien em Oxford*, que foi filmado no início de fevereiro e televisionado em 30 de março de 1968. Swann, cujo arranjo musical de alguns dos poemas de Tolkien, *The Road Goes Ever On*, havia sido publicado no ano anterior, escrevera a Tolkien a respeito do programa de televisão.]

Obrigado por tentar me animar. Mas não estou animado. Você é otimista demais. De qualquer modo, o seu tipo de performance é bem diferente do meu — como um escritor. Estou simplesmente impressionado pela completa "falsidade" de toda a performance. O produtor, um rapaz muito jovem e muito gentil e pessoalmente munido de certa inteligência e visão já estava, no entanto, tão desnorteado e confuso pelo BBCismo que a última coisa no mundo que ele queria mostrar era eu como sou/ou era, que dirá "humano e real". Fiquei perdido em um mundo de artifícios propagandísticos e absurdos, que se tinha qualquer forma definida parecia ser a de simplesmente fixar a imagem de um antiquado, para não dizer ultrapassado, ébrio hobbitesco e doméstico. Os protestos foram em vão, de modo que desisti e, estando de mãos atadas, mantive-me no curso o melhor que pude. Disseram-me que os resultados do filme foram m.b. — o que me dá arrepios: significa que conseguiram o que queriam e que meu temperamento histriônico (eu costumava gostar de "atuar") fez com que eu cooperasse (involuntariamente) para minha própria ruína. Não fui erguido em um helicóptero, embora eu esteja surpreso que um não tenha sido substituído por uma águia: eles pareciam estar completamente confusos entre MIM e minha história, e me fizeram comparecer a uma exibição de fogos de artifício — uma coisa que eu não fazia desde que era menino. Fogos de artifício não têm relação especial comigo. Eles aparecem nos livros (e teriam aparecido mesmo se eu não gostasse deles) porque são parte da representação de *Gandalf*, portador do Anel de Fogo, o Inflamador: o aspecto mais infantil mostrado aos Hobbits sendo os fogos de artifício.

302 De uma carta para Time-Life International Ltd.

2 de maio de 1968

Suas ideias e as minhas do que é natural são diferentes, visto que eu jamais, em quaisquer circunstâncias, trabalho enquanto sou fotografado, ou enquanto falam comigo, ou enquanto tenho a companhia de alguém na sala. Uma fotografia comigo fingindo estar trabalhando seria completamente falsa.

303 De uma carta para Nicholas Thomas 6 de maio de 1968

Quanto a conhecer o Moinho de Sarehole,[1] ele dominou minha infância. Morei em um pequeno chalé quase que imediatamente ao lado dele, e o velho moleiro da minha época e seu filho eram personagens de assombro e terror para uma criança pequena.

304 De uma carta para Clyde S. Kilby 4 de junho de 1968

Minha situação doméstica ao final de abril e no início de maio chegou a um ponto em que algo tinha de ser feito rapidamente. Estou agora deixando Oxford e indo morar na costa sul. Tal como as coisas encontram-se no momento, devo partir no fim, ou logo após o fim, deste mês. Para minha própria proteção, removerei meu endereço de todos os livros de referência ou outras listas. Por arranjos com eles, meu endereço estará a/c Messrs. Allen & Unwin, e não informarão inquiridores sobre meu verdadeiro endereço. Quando isso estiver resolvido, deixarei que algumas pessoas saibam — aquelas nas quais posso confiar que não o publicarão no exterior.

305 De uma carta para Rayner Unwin 26 de junho de 1968

[Em 17 de junho, enquanto se preparava para mudar de casa, Tolkien caiu escada abaixo e machucou uma perna. Esta carta foi escrita do hospital em Oxford.]

Estou começando a recuperar a consciência. Acredito que estou tendo uma recuperação física razoavelmente boa e rápida e posso esperar estar de muletas por volta de 8 de julho, mas não antes. Ainda assim, minha queda mostrou-se desastrosa para meu trabalho e preparativos neste momento, e, mesmo com boa sorte, agora não tenho esperanças de emergir do caos antes do fim de agosto.

305a De uma carta para Alan Klass — 30 de agosto de 1968

[Klass, um cirurgião, cuja filha Baillie havia recentemente se casado com Christopher, escreveu para perguntar sobre a saúde de Tolkien após seu acidente.]

A minha mudança, devido à minha ausência, que jogou um fardo sobre minha esposa que estava além de seu controle, terminou em uma confusão desastrosa. Fui obrigado a sair prematuramente do hospital para ajudá-la, mas não foi possível ocupar a nova casa por 3 semanas desde a mudança. Meu filho John então veio e abriu mão da maior parte de suas férias anuais para nos ajudar. Acabou sendo uma questão da maior dificuldade contratar serviços ou alguma assistência neste "resort" movimentado no auge da temporada e também envolto num frenesi de obras (particulares e públicas). Mesmo agora meus aposentos particulares estão desordenados e meus livros e papéis continuam, na maior parte, em caixas empilhadas. Tive de esquecer (tanto quanto possível!) que estou coxo e que devia estar usando muletas, e que estou fisicamente cansado. Mas acho (e espero) que as coisas ficarão em ordem antes de eu voltar, de acordo com a minha "condicional", para o hospital de Oxford em 8 de setembro. Lá pretendo (a não ser que meu médico, o Prof. Duthie, proíba) passar apenas algumas noites após a remoção do gesso cansativo do pé à virilha que arrastei por aí desde 11 de julho. Espero, então, ser transferido para a supervisão e qualquer terapia necessária aos cuidados de um médico aqui.

306 De uma carta para Michael Tolkien

[No topo, Tolkien escreveu: "Encontrada entre meus papéis espalhados. Não enviada ou terminada por razões agora esquecidas. JRRT. 11/out/68." Mas a carta por fim foi enviada para Michael Tolkien. Ela foi iniciada no 76 Sandfield Road (Tolkien observou) "em algum momento após 25 de ago. de 1967" e foi terminada no 19 Lakeside Road, a nova casa, cujo endereço postal era Poole, Dorset, mas que, na verdade, ficava em um subúrbio de Bournemouth.]

Estou . . . . muito feliz por você ter conhecido a Suíça e a mesma parte que eu mais conheci e que teve o efeito mais profundo sobre mim. A viagem do hobbit (de Bilbo) de Valfenda ao outro lado das Montanhas Nevoentas, incluindo a descida pela encosta nevada e de pedras escorregadias até o bosque de pinheiros, é baseada em minhas aventuras em 1911*: o *annus mirabilis* de luz do sol no qual praticamente não houve chuva entre abril e o final de outubro, exceto na véspera e na manhã da coroação de George V. (Adfuit Omen!)†[1]

Nossas andanças, principalmente a pé, em um grupo de 12 agora não estão nítidas em sequência, mas deixam muitas imagens vívidas tão claras como se tivessem ocorrido ontem (isto é, tão claras quanto se tornam as lembranças mais remotas de um velho). Fomos a pé carregando grandes mochilas praticamente todo o caminho de Interlaken, principalmente por caminhos montanhosos, até Lauterbrunnen e assim até Mürren e, por fim, até a ponta do Lauterbrunnenthal, em uma vastidão de morenas. Dormíamos de maneira rústica — os homens —, frequentemente em celeiros de feno ou estábulos de vacas, uma vez que estávamos caminhando de acordo com um mapa, evitando estradas e jamais fazendo reservas em hotéis e, após um parco café da manhã, alimentávamo-nos ao ar livre: com utensílios de cozinha e quantidades de "spridvin" (como o inculto membro francófono do grupo chamava e escrevia o "álcool metilado"). Devemos então ter ido em direção ao leste sobre as duas Scheidegge até Grindelwald, com Eiger e Mönch à nossa direita, e chegamos por fim a Meiringen. Deixei a vista de *Jungfrau* com profundo pesar: neve eterna, entalhada, ao que parecia, em uma luz do sol eterna, e o *Silberhorn* pontiagudo contra o azul escuro: o *Pico de Prata* (*Celebdil*) de meus sonhos. Mais tarde atravessamos o Passo de Grimsell até a empoeirada estrada, ao lado do Rhône, pela qual "diligências" a cavalo ainda passavam: mas não

---

*Embora o episódio dos "wargs" (acredito) em parte derive de uma cena em *The Black Douglas* [O Douglas Negro], de S.R. Crockett, provavelmente seu melhor romance e de qualquer forma um que me impressionou profundamente na época do colégio, embora jamais o tenha lido desde então. O livro incluía Gil de Rez como um satanista.

†A qual me recordo, visto que (*omen* novamente) os OTCs[2] daquele dia foram especialmente privilegiados e fui um dos 12 enviados da K[ing] E[dward's] S[chool] para ajudar a "alinhar a rota". Acampamos por uma noite molhada no Palácio de Lambeth e marchamos para nossos postos cedo em uma manhã nublada que logo clareou. Na verdade, fiquei do lado de fora à direita dos grandes portões do Palácio de Buck., de frente para o palácio. Tivemos uma boa visão das cavalgadas, e sempre me recordo de uma pequena cena (que não foi percebida por meus companheiros): conforme a carruagem que levava as crianças reais voltava rapidamente, o P[ríncipe] de G[ales] (um menino bonito) colocou a cabeça para fora e bateu sua coroa, deixando-a torta. Ele foi puxado de volta para dentro e veementemente censurado por sua irmã.

para nós. Chegamos a Brig a pé, uma mera lembrança de barulho: na época uma rede de bondes que guinchavam em seus trilhos pelo que parecia ser pelo menos 20h por dia. Após uma noite disso, escalamos alguns milhares de pés até uma vila no sopé da geleira Aletsch, e lá passamos algumas noites em uma pousada num chalé sob um teto e em camas (ou, melhor dizendo, debaixo delas: a *bett* sendo um saco sem forma debaixo do qual você se aninhava). Consigo me lembrar de vários incidentes lá! Um foi ir à confissão em latim; outros menos exemplares foram a invenção de um método de se lidar com suas amigas, as aranhas dos colheiteiros, pingando cera quente de uma vela em seus corpos gordos (isso não era aprovado pelos empregados); também a prática do jogo do castor, que sempre me fascinou. Um lugar maravilhoso para o jogo, com muita água naquela altitude descendo em córregos, material abundante para represa nas pedras soltas, urzes, grama e lama. Logo tínhamos um belo "laguinho" (acho que contendo pelo menos 200 galões). Então as pontadas de fome nos afligiram, e um dos hobbits do grupo (ele ainda está vivo) gritou "almoço" e rompeu a represa com seu bordão de alpinista. A água correu ladeira abaixo, e então notamos que havíamos represado um córrego que descia para alimentar os tanques e as pipas atrás da pousada. Naquele momento, uma dama idosa saiu com um balde para pegar um pouco de água e foi recebida por uma grande quantidade de água espumante. Ela largou o balde e fugiu clamando aos santos. Ficamos mais escondidos em silêncio do que agindo feito "homens dos terrenos musgosos" por algum tempo, e por fim voltamos para nos apresentarmos imundos (mas geralmente ficávamos assim naquela viagem) e docemente inocentes no "almoço". Um dia saímos em uma longa marcha guiada pela geleira Aletsch acima — quando cheguei perto de perecer. Tínhamos guias, mas ou os efeitos do verão quente estavam além da experiência deles, ou eles não se importavam muito, ou demoramos para partir. De qualquer modo, à tarde estávamos amarrados em fila ao longo de uma trilha estreita com uma encosta nevada à direita que se erguia até o horizonte e à esquerda precipitava-se em uma ravina. O verão daquele ano derretera muita neve, e pedras e rochas que (suponho) normalmente ficavam cobertas estavam expostas. O calor do dia deu prosseguimento ao derretimento e ficamos alarmados ao ver muitas delas começando a rolar encosta abaixo em crescente velocidade: do tamanho de laranjas a grandes bolas de futebol, e algumas muito maiores. Passavam assobiando por nosso caminho e caíam na ravina. "Caminhada firme", senhoras e senhores. Começaram devagar, e depois, em geral, mantiveram uma linha reta de descida, mas o caminho era acidentado e também era necessário ficar de olho onde se pisava. Lembro que o membro do grupo logo à minha frente (uma professora idosa) deu um grito repentino e pulou para frente no momento em que um grande bloco de rocha lançava-se entre nós. No máximo cerca de um pé à frente de meus frágeis joelhos. Depois disso continuamos até Valais, e minhas lembranças são menos claras; embora eu me lembre de nossa chegada, sujos e molhados, uma noite em Zermatt e dos olhares através de binóculos de ópera das damas burguesas francesas. Escalamos com guias até [uma] cabana alta do Clube Alpino, amarrados (ou eu teria caído em uma fenda na neve), e me recordo da brancura ofuscante do deserto de neve caída entre nós e o chifre negro do Matterhorn a algumas milhas de distância.

Não creio que tudo isso seja muito interessante agora. Mas foi uma experiência extraordinária para mim aos 19 anos, depois de uma infância miserável. Fui para Oxford naquele outono.....

"Tendências" na Igreja são .... sérias, especialmente àqueles acostumados a encontrar nela consolo e "pax" em épocas de problemas temporais, e não apenas outra arena de conflitos e mudanças. Mas imagine a experiência daqueles nascidos (como eu) entre o Jubileu de Ouro e o de Diamante de Vitória. Os sentimentos ou ideias de segurança foram progressivamente tirados de nós. Encontramo-nos agora confrontando expostos a vontade de Deus, no que nos diz respeito e à nossa posição no Tempo (*Vide* Gandalf I 70 e III 155).[3] "De volta ao normal" — apuros políticos e cristãos —, tal como um professor católico certa vez me disse, quando lamentei o colapso de todo o meu mundo que se iniciou logo após eu completar 21. Bem sei que, para você como para mim, a Igreja, que antigamente parecia um refúgio, agora com frequência parece uma armadilha. Não há nenhum outro lugar para se ir! (Pergunto-me se esse sentimento desesperado, o último estágio da lealdade que persiste, não foi, com ainda mais frequência do que de fato é registrado nos Evangelhos, sentido pelos seguidores de Nosso Senhor no período de Sua vida terrena.) Creio que não há nada a se fazer senão rezar, pela Igreja, o Vigário de Cristo e por nós mesmos; e, enquanto isso, exercer a virtude da lealdade, que realmente só se torna uma virtude quando se está sob pressão para abandoná-la. Há, é claro, vários elementos na atual situação que são confusos, embora na realidade distintos (como de fato no comportamento da juventude moderna, parte da qual é inspirada por motivos admiráveis tais como antiarregimentação e antimonotonia, uma espécie de saudade romântica dos "cavaleiros", e que não está necessariamente aliada às drogas ou aos cultos de inércia e imundície). A busca "protestante" em direção ao passado pela "simplicidade" e retidão — a qual, é claro, apesar de conter alguns motivos bons ou pelo menos inteligíveis, é equivocada e de fato vã. Porque o "cristianismo primitivo" é agora e, apesar de toda "pesquisa", sempre permanecerá amplamente desconhecido; pois "primitivismo" não é garantia de valor e é, e foi, em grande parte um reflexo da ignorância. Graves abusos eram um elemento do comportamento "litúrgico" cristão desde o início tanto quanto o são agora. (As críticas severas de S. Paulo sobre o comportamento eucarístico são suficientes para mostrar isso!) Ainda mais porque a "minha igreja" não foi pretendida por Nosso Senhor para ser estática ou permanecer em perpétua infância, mas para ser um organismo vivo (semelhante a uma planta), que se desenvolve e muda o exterior pela interação de sua vida e história divinas legadas — as circunstâncias especiais do mundo no qual se encontra. Não há semelhança entre o "grão de mostarda" e a árvore adulta. Para aqueles que vivem nos dias do crescimento de seus galhos, a Árvore é a coisa, pois a história de uma coisa viva é parte de sua vida, e a história de uma coisa divina é sagrada. O sábio pode saber que ela começou com uma semente, mas é inútil tentar desenterrá-la, pois ela não mais existe, e a virtude e os poderes que a semente possuía residem agora na Árvore. Muito bom: mas no cultivo as autoridades, os guardiões da Árvore, devem cuidar dela, de acordo com a sabedoria que possuírem, podá-la, remover feridas, livrá-la de parasitas, e assim por diante. (Com temor, sabendo o quão pequeno é seu conhecimento do crescimento!) Mas eles certamente irão danificá-la caso sejam obcecados com o desejo de retornar à semente ou mesmo à juventude da planta quando esta era (como imaginam) bela e não era afligida por males. O outro motivo (agora tão confundido com o primitivista, mesmo na mente de qualquer um dos reformadores) — *aggiornamento*: atualizar; este possui seus próprios perigos graves, como tem sido evidente no decorrer da história. Com este também se confundiu o "ecumenismo".

Vejo-me simpático àqueles desenvolvimentos que são estritamente "ecumênicos", isto é, que dizem respeito a outros grupos ou igrejas que chamam a si próprios de (e com frequência o são verdadeiramente) "cristãos". Temos orado incessantemente pela reunião cristã, mas é difícil ver, caso se reflita, como isso possivelmente poderia começar a acontecer, exceto como o tem sido, com todos os seus inevitáveis absurdos menores. Um aumento na "caridade" é um ganho enorme. Como cristãos, aqueles fiéis ao Vigário de Cristo devem pôr de lado os ressentimentos que sentem como simples humanos — ex: com a "petulância" de nossos novos amigos (esp. a I[greja] da I[nglaterra]). Agora frequentemente se recebe tapinhas nas costas como um representante de uma igreja que percebeu o quanto estava errada, abandonou sua arrogância e presunção e seu separatismo; mas ainda não conheci um "protestante" que demonstre ou expresse qualquer compreensão das razões neste país para nossas atitudes, antigas e modernas: da tortura e expropriação até "Robinson"[4] e tudo o mais. Já foi mencionado alguma vez que os c[atólicos] r[omanos] ainda sofrem de deficiências que não são aplicáveis nem mesmo aos judeus? Como um homem cuja infância foi obscurecida pela perseguição, considero isso difícil. Mas a caridade deve abranger uma grande quantidade de pecados! Há perigos (é claro), mas um militante da Igreja não pode permitir-se trancar todos os soldados desta em uma fortaleza. Isso teve efeitos similarmente ruins na Linha Maginot.

Devo muito (e talvez até a Igreja um pouco) por ter sido tratado, de maneira surpreendente na época, de um modo mais racional. O Pe. Francis obteve para mim a permissão para que eu mantivesse minha bolsa de estudos na K[ing] E[dward's] S[chool] e continuasse lá, e então tive a vantagem de (na época) um colégio de primeira classe e a de um "bom lar católico" — "in excelsis": praticamente um interno iniciante da casa do Oratório, que possuía muitos padres versados (em grande parte "convertidos"). A observância da religião era rígida. Hilary[5] e eu devíamos, e geralmente o fazíamos, comparecer à Missa antes de subirmos em nossas bicicletas para ir para o colégio na New Street. Então cresci em um estado de duas frentes, simbolizadas pela pronúncia oratoriana italiana do latim e pela pronúncia estritamente "filológica" naquela época introduzida em nosso colégio dominado por Cambridge. Foi-me até permitido assistir às aulas do Diretor sobre o N[ovo] T[estamento] (em grego). Certamente não me fez "mal" e, no final das contas, fiquei mais bem equipado para progredir em uma sociedade profissional não católica. Tornei-me amigo íntimo do D[iretor] e de seu filho, e também travei relações com a família Wiseman através de minha amizade com Christopher Luke W. (em cuja homenagem meu Christopher recebeu seu nome). Seu pai foi um dos mais encantadores cristãos que já conheci: o grande Frederick Luke W. (a quem o Pe. Francis sempre se referiu como O Papa de Wesley, porque ele era o Presidente da Conferência Metodista Wesleyana). . . . .

Out. de 1968.
Uma parte desta carta parece agora ter se perdido na confusão geral de meus papéis durante a mudança. Meu gabinete-quarto no 76 estava cheio de papéis e livros parcialmente escritos — no qual sabia onde pôr minha mão. Desci as escadas correndo na tarde de 17 de junho e caí. Fui erguido do chão da sala e transportado para o [Centro Ortopédico de] Nuffield como eu estava e nunca mais voltei — jamais

vi meu quarto ou minha casa novamente. Além do choque da queda e da operação, isso teve um efeito esquisito. É como ler uma história e chegar a um intervalo repentino (onde um parágrafo ou dois parecem estar faltando): uma total mudança de cena. Por muito tempo achei que estava em um sonho (ruim) e acordaria talvez e me encontraria de volta ao meu velho quarto. Isso também fez com que eu me sentisse impaciente e desconfortável — e "desconfiado". Eu não conseguia me estabelecer mentalmente na nova casa, como se ela fosse algo irreal e pudesse desaparecer! Além disso, ainda estou — uma vez que parece que ninguém é capaz de me ajudar e tenho estado aleijado demais para ajudar a mim mesmo por muito tempo sem me cansar — procurando por notas desaparecidas ou espalhadas; e minha biblioteca ainda é uma imensidão de livros desordenados.....

Minha "poesia" recebeu poucos elogios — até os comentários de alguns admiradores geralmente eram desdenhosos (me refiro às resenhas de sujeitos que se intitulam literários). Talvez em boa parte porque na atmosfera contemporânea — na qual a "poesia" deve apenas refletir as agonias pessoais de mente ou espírito do indivíduo e coisas externas só são avaliadas pelas próprias "reações" do indivíduo — parece que dificilmente se reconhece que os poemas em *O S.A.* são todos dramáticos: eles não expressam as buscas espirituais do pobre e velho professor, mas são adequadas em estilo e conteúdos aos *personagens* da história que os cantam ou recitam e às situações nela.....

Apenas *depois* de me aposentar descobri que eu era um professor bem-sucedido. Não tinha ideia de que minhas aulas tinham semelhante efeito — e, se eu tivesse, elas poderiam ter sido melhores. Meus "amigos" entre *dons* ficavam satisfeitos principalmente em dizer que eu falava rápido demais e poderia ter sido interessante se conseguissem me ouvir. Frequentemente era verdade: devido em parte a ter muito a dizer em pouquíssimo tempo, em parte ainda maior à falta de confiança, que tais comentários aumentavam.

Nunca dei o costumeiro "discurso inaugural" ao assumir qualquer uma de minhas "cátedras" — porque eu tinha muito medo de um público de *dons*. Troquei por um "discurso de despedida" em 1959: e, para minha surpresa, ele foi muito concorrido. Mas a editora da Universidade recusou-se a publicá-lo (embora sempre publique discursos inaugurais) porque não era um "discurso inaugural"![6] Mesmo assim, muitas pessoas escreveram aprovando minha escolha. Julian Huxley disse que era uma inovação excelente que deveria ser seguida. ("Discursos inaugurais" em grande parte são voltados a públicos pequenos, casualmente reunidos (mas provavelmente contendo alguns invejosos profissionais que favoreceram algum outro candidato), e ou são maçantes, ou fogem do tema, ou são ocasionalmente anúncios pomposos de mudanças de política e do que o novo professor pretende fazer.)

307 De uma carta para Amy Ronald 14 de novembro de 1968

Disse à minha esposa (por volta das 3 da tarde de hoje): "há um homem se dirigindo à porta dos fundos com uma caixa, mas não é das nossas, então deve ser um engano. Não se levante! Vou tratar disso."

Foi assim que recebi 4 Portos e 3 Xerezes de um camarada alegre que riu: "Está tudo bem, o senhor vai ver. Apenas um belo presente de alguém."

Devo dizer que *é* um belo presente: e não apenas de Alguém. Não consigo imaginar por que vocém* nos trata com tal magnificência. Mas é muito encantador. E, é claro, vindo de você, oportuno. Estamos razoavelmente confortáveis em nossa nova casa, depois de aprender como controlar o aquecimento central que não nos era familiar; mas mesmo aqui, em uma região arborizada protegida (embora com o som do mar), as noites e os dias vão esfriando. Um porto e um bom e doce xerez são grandes aquecedores.

Elde is me istolen on . . . ich am eldre than i was a wintre and ek a lore:[1] assim escreveu um moralista (c. 1200 d.C. ou antes). Isso não mexia comigo até pouco tempo. *Espero* que "*ek a lore*" (isto é, também no *aprendizado*, que parece incluir o aprendizado da experiência, justificando o aconselhamento!) seja verdade. Mas duvido.

307a Para Michael Tolkien

29 de dezembro de 1968 [Bournemouth]

Querido Michael,

Espero que você tenha se recuperado o suficiente do excesso de trabalho e das enfermidades para aproveitar o Natal. Deus o abençoe. Comemoramos bem o dia, ainda que sem muito alarde, e acabamos não nos sentindo muito separados de nossa família, e do passado, pela visita de Prisca. . . . .

Ainda me canso m. facilmente, e não consegui ainda reorganizar meus aposentos e meus livros — de maneira a lidar com o trabalho que se torna cada vez mais premente.

---

*Um belo singular que creio que os hobbits devem ter usado, com um distintivo pl[ural] "*vocêns*".

As vendas do *S.A.* (brochura) foram colossais, superando a de todos os outros livros no mercado de Natal, e sem afetar seriamente (me contaram) a edição em capa dura. *O Hobbit* também disparou nas vendas.....

Ainda assim, estou sentindo muito no bolso. Preciso encontrar dinheiro para uma conta colossal do Imp. de Renda e Sobretaxa pelos meus rendimentos aumentados antes que o Fundo entrasse em operação, com uma renda real reduzida em ⅓! Gastei uma grande parte do meu superávit nesta casa, e mais do que tudo o que resta é agora exigido em 69 e 70. (Muitas milhares de libras.)....

Mamãe tem aguentado muito bem; mas acho que ela envelheceu e foi mais atormentada pelo meu acidente e pelo fardo da ansiedade e dos negócios que recaiu sobre ela do que eu, embora eu me sinta muito mais velho do que antes de junho e anseie por sossego. Meu trabalho está mais devagar, e os dias passam.

Você está em meus pensamentos, sempre. E nas orações. Deus o abençoe.

Papai.

308 Para Christopher Tolkien

2 de janeiro de 1969 [19 Lakeside Road, Branksome Park, Poole]

Querido C.

Esta mal é uma "correspondência"; mas devo escrever simplesmente para lhe desejar boa sorte em 1969.....

Minha biblioteca agora está em ordem; e quase todas as coisas que achava que estavam perdidas apareceram. (Também algumas coisas que achava que foram perdidas antes da mudança!) A primeira ed. da *Gothic Gram*[*mar*] de Joe Wright desapareceu; mas não tinha importância, exceto sentimental. Foi a aquisição por acidente desse livro que abriu meus olhos para uma janela sobre "filologia germ.". Sem dúvida ele contribuiu para meu desempenho medíocre nas Hon. Mods., embora tenha me guiado para me sentar aos pés do velho Joe em pessoa. Ele se mostrou um bom amigo e conselheiro. Além disso, ele me fundamentou em filologia g[rega] e l[atina]. (Apenas muitos anos mais tarde descobri e encontrei o examinador angelical que me deu α+ em Fil. Gr. e assim "salvou minha pele", ao conceder uma "segunda" classe em vez da merecida "terceira", com a consequência de que não perdi minha "bolsa" e tive a permissão de uma generosa faculdade — Farnell, meu tutor e na época Reitor, tinha respeito pela filologia e era um dos *dons* que, nos dias de Yorke Powell e Vigfusson, tornara-se ciente do conhecimento setentrional — para me transferir para o "Inglês" admitidamente como um filólogo puro sem qualquer apreço pelo inglês.) . . . .

Estou com uma artrite horrível na mão *esquerda*, que não é desculpa para este garrancho uma vez que, piedosamente, minha mão direita ainda não foi afetada! Com amor para vocês dois. Queria que vocês não estivessem tão longe. (Mas é muito confortável aqui!) . . . .

309 De uma carta para Amy Ronald 2 de janeiro de 1969

Agora, minha cara, quanto ao meu nome. É *John*: um nome muito usado e amado por cristãos, e visto que nasci na Oitava de São João, o Evangelista, tenho-o como meu patrono — apesar de que nem meu pai, nem minha mãe na época, teriam pensado em algo tão católico quanto me dar um nome por este ser o de um santo. Fui chamado de John porque era o costume o filho mais velho do filho mais velho ser chamado de John na minha família. Meu pai era Arthur, o mais velho da segunda família de meu avô John Benjamin; mas seu meio-irmão mais velho John havia morrido deixando apenas 3 filhas. Logo, John eu tinha de ser, e fui embalado no joelho do velho J.B., como o herdeiro, antes de ele morrer. (Eu tinha apenas *quatro* anos quando ele morreu aos 92 em 1896.)[1]

Meu pai preferia John Benjamin Reuel (que agora eu teria gostado); mas minha mãe estava confiante de que eu seria uma filha e, por gostar de nomes mais "românticos" (e menos do tipo do V[elho] T[estamento]), decidiu por Rosalind. Quando apareci, prematuramente, e um menino, apesar de fraco e enfermo, optou-se por Ronald. Na época era um nome muito mais raro na Inglaterra como um prenome — de fato, nunca encontrei quaisquer contemporâneos no colégio ou em Oxford que tivessem o nome —, embora agora infelizmente pareça ser prevalente entre os criminosos e outras classes degradadas. De qualquer modo, sempre o tratei com respeito, e desde cedo me recusei a permitir que fosse abreviado ou rotulado. Mas para mim permaneci John. Ronald era para meus parentes próximos. Meus amigos no colégio, em Oxford e mais tarde chamavam-me de John (ou ocasionalmente John Ronald ou J. R. ao quadrado) . . . .[2]

Quanto a um nome "élfico": é claro que eu poderia inventar um. Mas o meu lugar não é *dentro* de minha história inventada; e não desejo fazer parte dela!

Quanto a Mestre: não sou um. Em usos superiores seria presunçoso e profano adotar tal título; em usos inferiores é convencido. Sou um "professor" — ou era, e ocasionalmente, em momentos mais inspirados, mereci o título — e agora é, de qualquer forma (embora não na Oxford da geração antes da minha), um título social costumeiro.

E então? Creio que se por razões particulares *John* ou *Ronald* não lhe forem agradáveis de usar (bem compreendo que a colocação John Ronald assim o é), devemos então recorrer ao "Professor". (E irei chamá-la de Senhora!)

É claro, há sempre *Reuel*. Este era (acredito) o sobrenome de um amigo de meu avô. A família acreditava que era francês (o que é formalmente possível); mas, sendo assim, é um estranho acaso que ele apareça duas vezes no V[elho] T[estamento] como um outro nome inexplicável para Jetro, sogro de Moisés. Todos os meus filhos, e os filhos de meus filhos, e os filhos destes, possuem o nome.

Acho que a chamarei de Aimée, que gosto mais do que sua anglicização, e corresponde ao seu amor e conhecimento do francês. . . . .

[Como um pós-escrito à carta:]

J.R.R. Tolkien
tinha um gato chamado Grimalkin:
certa feita um familiar de Herr Grimm,
agora a lei lhe falava enfim.

309a Para Philip Neal

[Neal, com sete anos de idade, havia vencido um concurso do *Sunday Times* no qual as crianças escreviam sobre seu livro favorito.]

11 de janeiro de 1969 a/c George Allen & Unwin Ltd.

Caro Philip,

Muito obrigado por escrever aquela carta a respeito de *O Hobbit*, que foi impressa no *Sunday Times*. Ela me agradou muito, e fiquei muito feliz em saber que você gostou de ler o livro e pretende ficar com ele.

Receio que o livrinho[1] que estou lhe enviando como um pequeno presente não seja sobre a mesma época ou região, mas espero que você possa gostar dele.

Você gosta de escrever? (Me refiro tanto a escrever à mão como a juntar palavras.) Acho que gosta, e espero que você continue escrevendo.

Sinceramente com os melhores votos,
J.R.R. Tolkien.

310 Para Camilla Unwin

[Foi pedido à filha de Rayner Unwin, Camilla, como parte de um "projeto" escolar, que escrevesse e perguntasse: "Qual é o propósito da vida?"]

20 de maio de 1969 [19 Lakeside Road, Branksome Park, Poole]

Cara Srta. Unwin,

Lamento que minha resposta tenha se atrasado. Espero que ela chegue à senhorita a tempo. Que pergunta tão ampla! Não creio que "opiniões", não importando a quem pertençam, sejam de muita utilidade sem alguma explicação de como se chegou a elas; mas sobre essa pergunta não é fácil ser breve.

O que a pergunta realmente significa? Tanto *Propósito* como *Vida* necessitam de alguma definição. É uma pergunta puramente humana e moral ou ela se refere ao Universo? Ela poderia significar: Como eu deveria tentar usar o tempo de vida que me é concedido? OU: A que propósito/desígnio os seres vivos servem por estarem vivos? No entanto, a primeira pergunta só encontrará uma resposta (caso haja alguma) após a segunda ter sido levada em consideração.

Creio que perguntas sobre "propósito" só são realmente úteis quando se referem aos propósitos ou objetivos conscientes dos seres humanos, ou aos usos das coisas que planejam e criam. Quanto às "outras coisas", seu valor reside em si mesmas: elas SÃO, elas existiriam mesmo que não existíssemos. Mas, uma vez que existimos, uma de suas funções é a de serem contempladas por nós. Se subirmos a escala do ser até "outros seres vivos", tais como, digamos, alguma planta pequena, ela apresenta forma e organização: um "padrão" reconhecível (com variações) em sua família e prole; e isso é muito interessante, pois essas coisas são "outras" e não as criamos, e elas parecem provir de uma fonte de invenção incalculavelmente mais rica do que a nossa.

A curiosidade humana logo faz a pergunta COMO: de que modo isso passou a existir? E, visto que o "padrão" reconhecível sugere desígnio, pode passar para POR QUÊ? Mas POR QUÊ, nesse sentido, que implica razões e motivos, só pode se referir a uma MENTE. Apenas uma Mente pode ter propósitos de qualquer modo ou grau parecidos com os propósitos humanos. De maneira que imediatamente qualquer pergunta: "Por que a vida, a comunidade de seres vivos, apareceu no Universo físico?" introduz a Pergunta: Existe um Deus, um Planejador-Criador, uma Mente à qual nossas mentes se assemelham (sendo derivadas dela), de modo que Ela nos é parcialmente inteligível? Com isso chegamos à religião e às ideias morais que provêm dela. Dessas coisas direi apenas que a "moral" possui dois lados, derivados do fato de que somos indivíduos (como em determinado grau o são todos os seres vivos), mas que não vivemos, não podemos viver, em isolamento e que possuímos um elo com todas as outras coisas, cada vez mais próximo do elo absoluto com nossa própria espécie humana.

Assim, a moral deveria ser um guia para nossos propósitos humanos, a conduta de nossas vidas: (a) os modos pelos quais nossos talentos individuais podem ser desenvolvidos sem desperdício ou uso impróprio; e (b) sem ferir nossos parentes ou interferir em seu desenvolvimento. (Para além disso e em uma posição mais elevada situa-se o sacrifício de si mesmo por amor.)

Mas essas são apenas respostas para a pergunta menor. Para a maior não há resposta, porque isso requer um conhecimento *completo* de Deus, o que é inalcançável. Se perguntarmos por que Deus nos incluiu em seu Desígnio, realmente não podemos dizer mais do que porque Ele assim o Fez.

Se você não acredita em um Deus pessoal, a pergunta: "Qual é o propósito da vida?" é impossível de ser feita e respondida. A quem ou a que você dirigiria a pergunta? Mas visto que em um canto estranho (ou cantos estranhos) do Universo as coisas se desenvolveram com mentes que fazem perguntas e tentam respondê-las, você poderia mencionar uma dessas coisas peculiares. Como uma delas, eu ousaria dizer (falando com arrogância absurda em nome do Universo): "Sou como sou. Não há nada que você possa fazer a respeito. Você pode continuar tentando descobrir o que sou, mas jamais terá sucesso. E por que você quer saber, eu não sei. Talvez o desejo de saber pelo mero conhecimento em si esteja relacionado com as preces que alguns de vocês dirigem ao que chamam de Deus. Na melhor das hipóteses, essas preces parecem simplesmente louvá-Lo por Ele ser como é, e por fazer o que Ele fez, tal como Ele o fez."

Aqueles que acreditam em um Deus, em um Criador pessoal, não acham que o Universo em si é digno de adoração, embora o estudo devotado dele possa ser um dos modos de honrá-Lo. E enquanto estivermos, como criaturas vivas que somos (em parte), dentro dele e formos parte dele, nossas ideias de Deus e as maneiras de expressá-las serão em grande parte derivadas da contemplação do mundo ao nosso redor. (Embora também haja revelações dirigidas tanto a todos os homens como a pessoas em particular.)

Assim, é possível dizer que o principal propósito da vida, para qualquer um de nós, é aumentar, de acordo com nossa capacidade, nosso conhecimento de Deus por todos os meios que tivermos, e ficarmos comovidos por tal conhecimento para louvar e agradecer. Para fazer como dizemos no *Gloria in Excelsis*: Laudamus te, benedicamus te, adoramus te, glorificamus te, gratias agimus tibi propter magnam gloriam tuam. Louvamo-vos, santificamo-vos, adoramo-vos, glorificamo-vos, agradecemo-vos pela grandeza de vosso esplendor.

E, em momentos de exaltação, podemos apelar a todas as coisas criadas para que se unam ao nosso coro, falando em nome delas, como é feito no Salmo 148 e n'A Canção das Três Crianças, em Daniel II. LOUVADO SEJA O SENHOR... todas as montanhas e colinas, todos os pomares e florestas, todas as coisas que rastejam e os pássaros em voo.

Isso é longo demais, e também curto demais — para semelhante pergunta.

Com os melhores votos,
J.R.R. Tolkien.

311 De uma carta para Christopher Tolkien 31 de julho de 1969

Fiquei contente por receber hoje sua carta do dia 27 e me senti muito triste pelo meu próprio silêncio. Começo a me sentir um pouco desesperado: infinitamente frustrado. Finalmente consegui libertar o demônio da invenção apenas para me ver no estado de um homem que, após um forte gole de uma poção do sono, é acordado e não tem permissão para deitar-se por mais do que alguns minutos consecutivos. Nem em um mundo nem em outro. Os negócios — intermináveis — permanecem negligenciados e, mesmo assim, não consigo terminar coisa alguma de meu verdadeiro trabalho. Então veio este último golpe de malícia. Fui afligido por uma dor e depressão deveras consideráveis, que nenhum remédio comum aliviava. Na terça-feira fez três semanas que Tolhurst apareceu e "fez o balanço", e diagnosticou uma vesícula biliar inflamada/ou doente. Imediatamente proibiu todas as gorduras (inclusive manteiga) e todo o álcool. Geralmente um médico alegre e encorajador, ele estava preocupantemente sério, e o prognóstico pareceu sombrio. Nós (ou pelo menos eu) sabemos muito pouco sobre a máquina complicada em que moramos e (como aquela pessoa totalmente não mecânica a quem "carburador" é o nome de uma peça pequena de função menor e pouco conhecida do motor) subestimamos a vesícula biliar! Ela é uma parte vital da fábrica química e, além de tudo mais, pode causar dor intensa se ficar ruim; e se estiver "doente": bem, você estará em "maus lençóis". — Não sei por que alguém gostaria de falar sobre doenças, espec. uma vez que os detalhes são intricados e maçantes: resumindo, fui tratado com grande civilidade pelo homem do raio X. Ele quebrou todo o protocolo e, depois de uma segunda rodada, revelou as chapas imediatamente e chegou para mim com um sorriso, dizendo "as chapas irão para o seu médico, que irá informá-lo e aconselhá-lo, mas posso dizer, apesar de as chapas ainda estarem molhadas, que sua v-b está no lugar certo e funcionando, e não vejo pedras ou tumores. Tenho de ir agora e almoçar bem." Tolhurst veio ontem e me tirou da dieta: manteiga e álcool "com moderação". Sinto-me muito bem: isto é, tão bem quanto antes de tudo isso. Mas a vida não está fácil. A Parke[1] ficou doente. Mamãe está indisposta, e receio que esteja lentamente "declinando". Além disso, sinto-me muito isolado.....

312 De uma carta para Amy Ronald 16 de novembro de 1969

Pretendia lhe escrever para que você soubesse o quanto estou preocupado e triste por suas aflições: pobrezinha. Rezo por você — pois tenho um pressentimento (mais próximo de uma certeza) de que Deus, por alguma razão inefável que para nós parece quase como humor, está tão curiosamente pronto a atender as preces dos *menos* merecedores de seus suplicantes — caso eles rezem por outros. É claro que não quero dizer que Ele só atende as preces dos que não são merecedores (que não deveriam esperar serem atendidos), ou eu não deveria agora estar me beneficiando das preces de outros. Que mundo terrível em que vivemos, obscurecido pelo medo e sobrecarregado de tristezas — especialmente para aqueles que também têm o fardo da idade, cujos amigos e tudo pelo que especialmente se importam são afligidos da mesma forma. Chesterton certa vez disse que é nosso dever manter a Bandeira Deste Mundo tremulando: mas agora é necessário um patriotismo mais robusto e mais sublime do que o era na época. Gandalf acrescentou que não nos cabe escolher as épocas em que nascemos, mas sim fazer o que pudermos para repará-las; mas o espírito da perversidade em altos cargos é agora tão poderoso e tão multifacetado em suas encarnações que parece não haver mais nada a se fazer além de pessoalmente se recusar a adorar quaisquer das cabeças das hidras.....

Apreciei enormemente o Livro das Flores do Cabo.[1] Deveras fascinante por si só e em suas implicações botânicas gerais e de fato paleontológicas. Nada vi que imediatamente lembre *niphredil* ou *elanor* ou *alfirin*: mas creio que isso se deve ao fato de que aquelas flores imaginadas são iluminadas por uma luz que jamais seria vista em uma planta em crescimento e que não pode ser captada pela pintura. Iluminadas por essa luz, *niphredil* seria simplesmente uma parente delicada de um galanto; e *elanor* um morrião (talvez um pouco aumentado) que faria brotar flores douradas como o sol e prateadas como estrelas na mesma planta, e algumas vezes as duas combinadas. *Alfirin* ("imortal") seria uma perpétua, mas não seca e semelhante ao papel: simplesmente uma bela flor em forma de sino, que exibiria muitas cores, porém macia e suave.....

Todos os livros de botânica ilustrados (ou, melhor dizendo, o contato direto com uma flora desconhecida) exercem um fascínio especial em mim. Nem tanto os espécimes raros, incomuns ou totalmente sem parentesco quanto as variações e permutações de flores que são a *parentela* evidente daquelas que conheço — mas não as mesmas. Despertam em mim visões de parentesco e descendência no decorrer de grandes eras, e também pensamentos do mistério dos padrões/formatos como uma coisa diferente de sua corporificação individual e reconhecível. Como? Lembro que certa vez, no canto de um jardim botânico, crescia (sem etiqueta ou nome) uma planta que me fascinava. Eu tinha conhecimento da "família" Scrofulariceæ, e sempre aceitei que as bases científicas para agrupar as plantas em "famílias" eram confiáveis e que, em geral, esse agrupamento apontava para um real parentesco físico em descendência. Porém, ao contemplar, digamos, a escrofulária e a dedaleira, é preciso aceitar isso de boa fé. Mas lá eu vi um "elo perdido". Uma bela "dedaleira", com sinos e tudo — mas também uma escrofulária: pois os sinos eram castanho-avermelhados, a tintura vermelha corria através das nervuras de todas as folhas e seu caule era angular. Uma das 17 espécies (suponho) de Digitalis que não temos na Grã-Bretanha. No entanto, os livros de botânica como os que tenho não comentam sobre tais "elos" entre os *ramos* da família (Scrofularia e Digitalis). Apenas ocasionalmente se vê uma mudança ocorrer — a qual, em circunstâncias favoráveis, pode tornar-se permanente. Em um antigo jardim plantei uma bordadura com margaridas de jardim (principalmente vermelhas); mas elas se espalharam pelo gramado, onde, na luta pela vida, reverteram a margaridas comuns e conduziram sua batalha com a grama como suas ancestrais. Contudo, algumas sementes conseguiram chegar a um lugar onde um solo imensamente fértil havia se desenvolvido (grama apodrecida e cinzas de fogueira bem negras). Uma aventureira ousada tentou fazer algo a respeito — mas só pôde fazê-lo à moda das margaridas: ela cresceu quatro vezes o tamanho com uma flor do tamanho de uma meia coroa. Eu disse "magnífica; mas um pouco grosseira. Nenhuma melhora real na *bellis perennis*." Ela ou Algo deve ter ouvido. Na manhã seguinte haviam brotado de sua flor, em caules delicados que se erguiam em um círculo a partir da borda do disco, seis pequenas margaridas élficas de pontas rosadas como uma coroa etérea. Muito mais graciosas e padronizadas do que qualquer desenvolvimento de alcachofra-dos-telhados que já vi. (Não tive o tempo ou a habilidade para perpetuá-la.)

313 De uma carta para Michael Tolkien 25 de novembro de 1969

Queria ter tempo para produzir uma gramática e um vocabulário elementares (! os dois idiomas são extremamente difíceis, é claro) de "élfico": isto é, quenya e sindarin. Estou tendo de trabalhar um pouco neles, no processo de ajustar "o Silmarillion e tudo aquilo" a O S.A., que estou fazendo sob infindáveis dificuldades: não menos importante a preguiça natural dos 77+.

314 De uma carta para Christopher Tolkien

15 de dezembro de 1969

A respeito do seu último parágrafo! Sou totalmente a favor dos "enfadonhos obtusos". Certa vez, tive uma experiência considerável do que provavelmente são/eram os estudantes mais (ao menos aparentemente) obtusos e enfadonhos da Inglaterra: jovens e moças da classe de escolas sub-públicas e de ambientes familiares sem livros e sem cultura de Yorkshire. Contudo, isso não indica necessariamente a verdadeira capacidade mental inata — em grande parte adormecida — de qualquer determinado indivíduo. Uma proporção surpreendentemente grande mostra-se "educável": para qual uma qualificação primária é a disposição de *realizar algum trabalho* (aprender) (em qualquer nível de inteligência).* Lecionar é uma tarefa extremamente exaustiva. Mas eu preferiria me esgotar removendo os "obtusos" dos "enfadonhos" — providenciando alguns produtos de qualidade β a β+ que retêm alguma sanidade — um solo esperançoso do qual outra geração com uma certa inteligência superior pudesse emergir — do que desperdiçar esforços naqueles de (pelo menos aparentemente) inteligência superior que foram corrompidos e desintegrados pelo colégio e o "clima" de nossos dias atuais.† Ensinar uma matéria organizada simplesmente não é o instrumento para a reabilitação deles — caso alguma coisa o seja. Dê-me uma raizinha curta e grossa, que em um solo melhor possivelmente dará algumas folhas e, por fim, até mesmo produzirá algumas sementes, em vez de uma grande raiz rosada apodrecida com a mosca da cenoura! Amém. Mas estou velho, e provavelmente incapaz de contemplar a situação pavorosa agora existente. Ainda piores do que as tenras raízes apodrecidas com doenças são (imagino) as raízes inferiores que na minha época provavelmente teriam sido sadias, mas que agora estão igualmente podres, porém piores e mais imundas.

---

*Essa disposição geralmente implica certo grau de humildade. Em Yorkshire, seu primeiro impulso era o desejo de "progredir". Mas esse não permanece o único objetivo. O amor interesseiro é uma preliminar frequente do amor verdadeiro.

†Sem falar nas "drogas".

315 De uma carta para Michael Tolkien 1º de janeiro de 1970

Não estou progredindo rapidamente com *O S.* A situação doméstica, a luta corajosa, porém perdida de Mamãe contra a idade e a deficiência (e a dor), e meus próprios anos — e todas as interrupções de "negócios" — não deixam muito tempo. Na verdade, até agora estive principalmente envolvido na tentativa de coordenar a nomenclatura das partes mais antigas e tardias do *Silmarillion* com a situação em O S.A. "Histórias" ainda brotam na minha cabeça a partir de nomes; mas é uma tarefa muito difícil e complexa.

Quando rezar por mim, reze por "tempo"! Gostaria de colocar alguma parte desse material em uma forma legível e algumas esboçadas para que outros possam fazer uso delas. Além disso, eu encarecidamente adoraria derrotar o Imposto de Consumo e viver além dos iníquos 7 anos.[1] (Também gostaria de tempo para registrar o que sei ou lembro de minha infância e de meus parentes nos dois lados.)

315a De uma carta para Michael Tolkien 6 de junho de 1970

[Tolkien viajou para Nottingham com Rayner Unwin para receber um Doutorado Honorário em Letras. A ocasião foi prejudicada por manifestações ruidosas de estudantes.]

Com respeito a Nottingham. Fiquei entediado, mas não muito perturbado. . . . . Sem qualquer absurdo estudantil, a cerimônia teria sido um tanto monótona e organizada de maneira inexpressiva. Eu mesmo não vi, mas me contaram depois. . . . que alguns dos estudantes estavam carregando placas onde se lia VIVA TOLKIEN. Receio que isso não me agrade nem me tranquilize. Não desejo ser lido, ou apreciado, ou mesmo conhecido por tais pessoas. E se pudesse ser dito — não está claro — que os que carregavam placas de VIVA eram um grupo dissidente pedindo desculpas, não desejo ser distinguido dos outros de maneira injusta. Uma leitura mais inteligente de meus livros teria indicado que eu ficaria mais honrado pelo silêncio deles e sua completa dissociação dos baderneiros. . . . .

Não estou muito bem de saúde — mas ainda tenho alguma energia. Mamãe não está bem, muito atormentada — embora o seu braço, machucado numa queda há um ou dois meses, esteja lentamente melhorando com o tratamento. Ela sente muito dor e, como agora não só está aleijada da perna, mas também com apenas uma mão para usar (o braço esquerdo está numa tipoia), está muito limitada no que consegue fazer de trabalho e lazer: não consegue tricotar, por exemplo. Ela é sempre valente, mas receio que esteja, de certa maneira, "minguando" — o que não é de surpreender aos 81 anos e depois de tantos infortúnios físicos. Por exemplo, recentemente ela começou a fazer o que jamais tinha feito, nem mesmo após uma noite sem sono: ela com frequência adormece à tarde. Tudo isso, é claro, deixa mais coisas a meu cargo, inevitavelmente, e começo a perceber que nunca conseguirei escrever mais nada em uma escala maior — o que, somado à frustração pessoal, provavelmente significa a perda de muito dinheiro —, a não ser que eu encontre e consiga muito mais ajuda. Quase impossível de se conseguir e muito custoso — especialmente nessa área. Algo adequado custaria pelo menos £1.500 por ano.

315b De uma carta para Robert F. Cook — 26 de agosto de 1970

Com receio me arrisco a lhe enviar em troca uma separata do único artigo[1] com o qual já tentei me camuflar como um estudioso românico, apesar do fato de que meu francês falado era e é muito inadequado.....

Eu tinha que fazer alguma coisa! Visto que, na verdade, eu era um "docteur" hon. da Univ. de Liège e fui mandado por Oxford como representante a uma conferência (ou congrès) de Filólogos Românicos. Ai do meu pobre francês. Em 1953, havia uma atmosfera estranha (que creio tenha mudado agora). Uma hostilidade explícita à língua inglesa. Estudiosos falantes nativos de francês *ou alemão* fingiam não conseguir ler ou compreender a língua, embora não fizessem objeção à língua de seus antigos inimigos. Isso me lembrou uma história engraçada com a qual me deparei na resenha de um livro (título há muito esquecido) sobre as relações de duas famílias (uma norte-americana e a outra chinesa) que tinham estreitas ligações há várias gerações, mas que nunca haviam se encontrado. Enfim combinaram que uma filha da casa n.a. visitaria a China, onde teria a companhia de uma filha da casa, com cerca da mesma idade. Após um determinado intervalo, a garota n.a. foi levada até a matriarca da família na sala particular desta. A matriarca se dirigiu a ela com cortesia formal. Quando a garota não respondeu, a m. falou bruscamente à garota chinesa, que se curvou, e as duas se retiraram imediatamente. Somente depois de muita persuasão a garota chinesa traduziu o que a matriarca lhe dissera: "levem essa bárbara daqui e não a tragam de volta até que consiga falar uma língua civilizada". (Contudo, a comunicação entre as famílias sempre havia se dado em inglês!)

316 De uma carta para R.W. Burchfield — 11 de setembro de 1970

[A equipe do *Oxford English Dictionary*, sob o comando do Dr. Burchfield, estava compilando um verbete para *hobbit* em seu Segundo Suplemento.

Foi pedida a ajuda de Tolkien, particularmente na questão de se ele havia inventado a palavra ou se houve uma história mais antiga com o mesmo título (ver a carta nº 25).]

A questão de *hobbit* não é muito importante, mas posso ser perdoado por ter um interesse pessoal nela e por estar ansioso para que o significado que pretendi seja tornado claro.

Infelizmente, como todos os lexicógrafos sabem, "não investigue as coisas, a menos que esteja procurando por problemas: elas quase sempre acabam sendo menos simples do que se pensava". Em breve o senhor receberá uma longa carta sobre *hobbit* e questões relacionadas, das quais, mesmo que esteja em tempo, apenas uma pequena parte deve ser útil ou de interesse para vocês.[1]

Por ora, essa carta está atrasada, pois a questão da etimologia: "Inventada por J.R.R. Tolkien": está sendo investigada por especialistas. Eu sabia que a afirmação não estava clara, mas não me preocupei em examiná-la, até me ver diante da inclusão de *hobbit* no Suplemento. Nesse ínterim, envio para sua consideração a seguinte definição:

> Um membro de um povo imaginário, uma variedade pequena da raça humana, cujos integrantes deram a si próprios esse nome (que significa "habitante-de-toca"), mas que eram chamados por outros de *pequenos*, visto que tinham a metade da altura dos Homens normais.[2]

Essa definição presume que a etimologia pode ser justificada. Caso contrário, talvez seja necessário modificá-la: por ex., substituindo-se o trecho após "raça humana" por

> ; nas histórias de J.R.R. Tolkien, é dito que deram a si próprios esse nome, embora outros os chamassem . . .

Caso seja justificada, como creio que o será mesmo que uma suposta história mais antiga chamada "O Hobbit"[3] puder ser encontrada, então o "(que significa 'habitante-de-toca')" poderia ser transferido para a etimologia.

317 De uma carta para Amy Ronald

Dia de Todos os Santos de 1970

Gastei seu maravilhoso presente. Senti-me como um sábio preparando-se para uma longa viagem e equipando sua embarcação com as coisas mais úteis e necessárias — ainda sinto que essa casa é um navio ou uma arca: ela se parece com um (vista do jardim), satisfeito e silencioso, mas, ao mesmo tempo, ainda um pouco surpreso, como se tivesse sido jogado aqui por uma onda enquanto dormia e não tivesse certeza de onde estava.

Infelizmente, não comprei nenhum conhaque bom. Meu paladar jamais aprendeu a apreciá-lo como merece. Mas coloquei na adega um pouco de borgonha — um pouco de porto que nós dois gostamos,* e um pouco de um bom xerez, alguns licores e uma garrafa de champanhe (com um olho no Natal).

318 De uma carta para Neil Ker 22 de novembro de 1970

[Ker enviara a Tolkien uma cópia de um artigo sobre A.S. Napier (1853-1916), que foi Professor de Língua e Literatura Inglesas em Oxford quando Tolkien tornou-se aluno de graduação.]

Sou muito grato por sua gentileza de enviar-me uma cópia de seu trabalho sobre Napier. Fiquei profundamente interessado nele. Naturalmente. Entrei para a Escola de Inglês no P[eríodo letivo] T[rinity] de 1913 ao meu próprio pedido: descobri sua existência nos Estatutos das Provas. Não fiquei tão surpreso quanto deveria com a generosidade do Exeter College em permitir que eu fizesse isso sem privar-me de minha bolsa de estudos clássicos, mas seu ensaio confirma meu palpite de que isso foi por causa de Farnell.[1]

De qualquer modo, ele escreveu para mim uma apresentação a Napier, e visitei-o em sua casa em Headington. Lembro que fui conduzido a uma sala muito escura e mal conseguia ver Napier. Ele foi educado, mas disse pouco. Nunca mais falou comigo. Assistia às suas aulas, quando ele estava bem o suficiente para dá-las. Mas, infelizmente, cheguei tarde demais. Sua doença já devia estar muito avançada.

Contudo, isso foi compensado por um caso de singular boa sorte: Sisam[2] tornou-se meu tutor. Creio que certamente recebi dele muito dos benefícios que ele atribui ao exemplo e ao ensino de Napier. Os próprios grandes talentos de Sisam foram evidentemente muito receptivos a essas coisas e seus sentimentos avivados pela afeição por um grande homem em seu declínio. Seu ensino, no entanto, foi

* Não "de safra". Mas gosto (muito) de porto como uma bebida para o meio da manhã: aquecedor, digestivo e m. bom para minha garganta, quando tomado (como acho que deve ser) sozinho ou com um biscoito seco, e NÃO após uma refeição completa, nem (acima de tudo) com sobremesa!

temperado com uma pungência, um humor e uma sabedoria prática que eram próprios dele. Tenho uma grande dívida para com ele e não a esqueci....

Aliás, a fundação de minha biblioteca foi estabelecida por Sisam. Ele não apenas me ensinou a ler textos, mas a estudar catálogos de livros de segunda mão, dos quais eu nem sequer tinha conhecimento. Alguns ele me indicou.

319 De uma carta para Roger Lancelyn Green

8 de janeiro de 1971

O Ox. E. D., em preparação de seu Segundo Suplemento, chegou a *Hobbit*, a qual propõe que seja incluída junto com sua prole: *hobbitry* [hobbitez], *-ish* [-esco] etc. Tive, portanto, de justificar minha afirmação de ter inventado a palavra. Minha reivindicação, na verdade, baseia-se em minha "palavra de honra" ou afirmação não comprovada de que me lembro da ocasião da invenção da palavra (por mim), e que *na época* eu não tinha qualquer conhecimento de *Hobberdy, Hobbaty, Hobberdy Dick* etc. (usadas para "duendes domésticos");* e que, de qualquer modo, meus "hobbits" eram de um tipo completamente diferente, um ramo diminuto da raça humana. E também que a única palavra ing. que influenciou a invenção foi "hole" [toca]; essa palavra permitiu a descrição dos *hobbits*, o uso que os trols fizeram da palavra *rabbit* [coelho] foi meramente um insulto óbvio, de importância não mais etimológica do que o insulto "descendente de ratos" de Thorin a Bilbo. Contudo, lançou-se dúvida quanto a isso já em 1938.[1] Uma resenha apareceu em *The Observer*, em 16 de jan. de 1938, assinada "*Habit*" [Hábito] (assim antecipando, por acaso, em muito a percepção de Coghill da semelhança das palavras em seu adj. humorístico "formador de hobbit", aplicado aos meus livros). "Hábito" afirmou que uma amiga dizia ter lido, cerca de 20 anos antes (isto é, c. 1918) uma antiga "estória de fadas" (em uma coletânea de tais contos) chamada *O Hobbit*, embora a criatura fosse muito "assustadora". Pedi mais informações, mas jamais recebi; e pesquisas intensivas recentes não descobriram a "coletânea". Acho que é provável que a memória da amiga não era precisa (depois de 20 anos), e a criatura provavelmente

* Agora tenho! Provavelmente mais do que a maioria das outras pessoas; e encontro-me em uma mata m. fechada — a pista para a qual, contudo, é a crença em *incubi* e "changelings". Infelizmente, uma conclusão é que a afirmação de que os *hobgobelins* eram "um tipo maior" é o oposto da verdade original. (A afirmação ocorre na nota preliminar sobre Runas escrita para a edição em brochura, mas agora incluída pela A & U em todas as eds.)

tinha um nome da classe de *Hobberdy, Hobbaty*. Porém, não se pode excluir a possibilidade de que lembranças de infância enterradas possam vir à tona repentinamente depois de muito tempo (no meu caso, depois de 35-40 anos), embora possam ser aplicadas de modo bastante diferente. Contei aos pesquisadores que costumavam ler para mim (antes de 1900) uma "antiga coletânea" — esfarrapada e sem capa ou frontispício —, da qual tudo que posso lembrar-me agora é que (creio) era de Bulwer Lytton e continha uma história que na época eu gostava muito, chamada "*Puss Cat Mew*" [Gatinho Miau]. Eles não a descobriram. Imagino se você, o mais culto dos estudiosos vivos nesta região, pode dizer algo.[2] Esp., para minha própria satisfação, a respeito de *Puss Cat Mew* — não creio que você tenha encontrado um nome precisamente *hobbit*, ou teria mencionado. Oh, que teia emaranhada tecem aqueles que tentam uma nova palavra conceber!

319a De uma carta para Roger Lancelyn Green
18 de janeiro de 1971

> [Green identificou a história dentro de uma coleção escrita por E. H. Knatchbull-Hugessen.]

Muito obrigado por sua resposta a respeito de "Puss-Cat Mew". Não sei como cheguei a esquecer o nome Knatchbull Hugessen, o qual me causou tamanha impressão quando eu era criança que o noto sempre que ele ocorre de novo.

Tentarei conseguir um exemplar de *Stories for my Children*, mas, caso não consiga, ficarei feliz em tomar emprestado o seu volume.

320 De uma carta para a Sra. Ruth Austin 25 de janeiro de 1971

Fiquei particularmente interessado em suas observações sobre Galadriel. . . . . Creio que seja verdade que devo muito dessa personagem ao ensinamento e imaginação cristãos e católicos sobre Maria, mas, na verdade, Galadriel era uma penitente: em sua juventude, uma líder na rebelião contra os Valar (os guardiões angélicos). Ao final da Primeira Era, ela orgulhosamente recusou o perdão ou a permissão para retornar. Ela foi perdoada por causa de sua resistência à tentação final e esmagadora de tomar o Anel para si mesma.

321 De uma carta para P. Rorke, S.J. 4 de fevereiro de 1971

> [Com referência às Cavernas do Abismo de Helm em *O Senhor dos Anéis*.]

Fiquei muito contente por sua referência à descrição das "cavernas cintilantes". Creio que nenhum outro crítico escolheu o trecho para uma menção especial. Pode interessar-lhe saber que a passagem foi baseada nas cavernas em Cheddar Gorge e foi escrita logo depois que as visitei em 1940, mas ainda foi colorida por minha lembrança delas muito antes de se tornarem tão comercializadas. Eu havia estado lá durante minha lua-de-mel quase trinta anos antes.

322 De uma carta para William Cater 18 de março de 1971

No que diz respeito ao meu trabalho, as coisas parecem mais promissoras agora do que foram por um certo tempo, e é possível que eu consiga enviar uma parte do *Silmarillion* para a Allen & Unwin ainda este ano.

323 Para Christopher Tolkien

Iniciada por volta de 2 de junho de 1971. [19 Lakeside Road]

Meu querido C.

Lamento que eu tenha estado tão quieto. Mas apenas uma longa "história de infortúnios", da qual você conhece as linhas gerais, explicaria isso completamente. Aqui estamos em 2 de junho, e maio, um dos melhores de minha vida, fugiu, sem um traço de "escrita". Nem tudo foi "infortúnio", é claro. Nossas breves férias em Sidmouth, que foram ao que se resumiu o conselho do Dr. Tolhurst, foram realmente muito agradáveis. Tivemos sorte com a nossa época — de fato, a única semana disponível no hotel —, uma vez que maio foi um mês tão maravilhoso, e chegamos em uma "explosão primaveril" de glória, com o Devon passando do marrom ao verde-amarelado brilhante e todas as flores pulando das samambaias mortas ou das gramas velhas. (Aliás, os carvalhos comportaram-se de uma maneira por demais extraordinária. O velho ditado sobre o carvalho e o freixo, caso contenha alguma verdade, necessitaria com frequência de estatísticas difundidas, já que o intervalo entre o despertar deles geralmente é tão pequeno que pode ser alterado por pequenas diferenças locais de situação. Mas este ano parecia haver um mês entre eles! Os carvalhos estavam entre as primeiras árvores a se cobrirem de folhas, igualando ou superando bétulas, faias e limeiras etc. Grandes couves-flores de um amarelo-ocre brilhante ornadas com flores, enquanto os freixos (nas mesmas situações) estavam escuros, mortos, quase sem um único botão viscoso visível). . . . .

O Belmont acabou sendo uma escolha m.b. De fato, a principal mudança que observamos em Sidmouth foi a elevação deste hotel de aparência um tanto sombria (apesar de sua localização perfeita) à posição de melhor do lugar — especialmente para se *comer*..... Nem M nem eu comíamos tanto em uma semana (sem indigestão) há anos. Além disso, nossos fiéis amigos (Boarland) de cruzeiro de cerca de seis anos atrás, que se mudaram recentemente para Sidmouth e estavam tão ansiosos para nos ver de novo que verificaram nossos quartos no Belmont, forneceram-nos um carro e nos levaram para passear de carro quase todos os dias. De modo que vi novamente boa parte da região que você (especialmente) e eu costumávamos explorar nos velhos tempos do pobre e velho JO, aquele valente velho Morris[1] muito posto à prova. Um consolo extra foi o fato de que Sidmouth parecia praticamente não ter mudado, inclusive as lojas: muitas ainda possuem os mesmos nomes (tais como Frisby, Trump e Potbury). Bem, é isso, e agora, infelizmente, acabou! Ainda estou deprimido, é claro, com relação ao meu trabalho propriamente dito — com o tempo se esvaindo muito rápido.

10 de junho. Neste ponto fui interrompido — como de costume. Mas, entre outras coisas, tanto M como eu fomos afligidos com o que pode ser tanto um "vírus" como intoxicação alimentar, cujo risco está aumentando constantemente neste país poluído do qual uma crescente proporção dos habitantes é maluca.....

Desejo muito vê-lo. Tenho certeza de que há muito mais coisas, das quais me lembrarei assim que esta carta for postada, que eu gostaria de dizer. Mas o que eu pessoalmente preciso, prov. mais do que qualquer coisa, é de dois ou três dias de conversas gerais e trocas de ideias com *você*. Embora eu ache que o curso dos eventos tenha transcorrido em uma sucessão inescapável, agora lamento diariamente que estejamos separados por uma distância grande demais para uma rápida troca de ideias, e estou tão imóvel.....

324 De uma carta para Graham Tayar   4-5 de junho de 1971

[Tayar havia perguntado sobre o uso do nome "Gamgi" em *O Senhor dos Anéis* e se o nome "Gondor" fora sugerido por Gondar na Etiópia.]

Sobre *Gondar/Gondor*, o senhor toca em questão difícil, mas de grande interesse: a natureza do processo da "invenção linguística" (incluindo a nomenclatura) em geral e em *O Senhor dos Anéis* em particular. Levaria muito tempo para discutir isso — é necessário um longo ensaio que com frequência tenho em mente, mas que provavelmente nunca escreverei. No que diz respeito a *Gondor*, os fatos (dos quais estou ciente) são estes: 1) Não me recordo de já ter ouvido falar no nome *Gondar* (na Etiópia) antes de sua carta; 2) *Gondor* é (a) um nome adequado ao estilo e à fonética do *sindarin* e (b) tem o sentido de "Terra-de-pedra", isto é, "Terra do povo que usa pedra".* Fora da ficção histórica interna, o nome foi um elemento bem primário na invenção de toda a história. Além disso, na construção linguística da história,† que é precisa e detalhada, *Gondor* e *Gondar* seriam duas palavras/nomes distintos, e a última não teria qualquer sentido preciso. No entanto, a mente de uma pessoa, é claro, é provida de um "montículo de folhas" de lembranças (submersas) de nomes, e essas folhas às vezes vêm à tona e podem fornecer, com modificações, as bases dos nomes "inventados". Devido à proeminência da Etiópia na guerra italiana, *Gondar* pode ter sido um desses elementos. Mas não mais do que, digamos, *Gondwana* (essa rara aventura da geologia na poesia). Nesse caso, de fato consigo lembrar-me da razão pela qual o elemento **gon(o), *gond(o)* foi selecionado para o radical de palavras que significam pedra, quando comecei a inventar os idiomas "élficos". Por volta dos 8 anos de idade, li em um pequeno livro (declaradamente para jovens) que nada do idioma de povos primitivos (antes dos invasores celtas ou germânicos) é agora conhecido, exceto talvez *ond* = "pedra" (+ uma outra agora esquecida). Não tinha ideia de como tal forma poderia sequer ser suposta, mas o *ond* pareceu-me adequado ao significado. (A prefixação do g- foi muito posterior, após a invenção da história da relação entre *sindarin* e *quenya*, na qual o *g-* inicial primitivo perdeu-se em quen.: a forma quen. da palavra permaneceu *ondo*.) . . . .

Gamgee [Gamgi] é uma questão bem diferente. Em minha juventude, *gamgee* era a palavra que usávamos para o que é/era chamado com mais frequência de "fibra de algodão". . . . . Recentemente, nos volumes da English Place Name Society [Sociedade dos Topônimos Ingleses] sobre Gloucestershire (vol. iii), deparei-me com formas que poderiam explicar, de modo concebível, a curiosa *Gamgee* como uma variante do não incomum sobrenome *Gamage* (*Gammage, Gammidge*). Esse nome deriva fundamentalmente de um sobrenome *de Gamaches* . . . . mas registros antigos das formas desse nome na Inglaterra, como *Carriages, de Gamagis, de Gemegis*, podem bem fornecer uma variante *Gamagi* > *Gamgee*.

---

*Esse significado era compreendido por outros povos que desconheciam o sindarin: cf. *Petroterra* (ed. em vol. único 882) e em particular a conversa de *Théoden* e *Ghân* 864 e seguintes. De fato, é provável, dentro da ficção histórica, que os Númenóreanos do reino do Sul tenham adotado esse nome dos habitantes primitivos de *Gondor* e tenham dado a ele uma versão adequada em sindarin.

†A afirmação no prefácio do vol. único em brochura p. 7 de que a coisa toda era de "inspiração primariamente linguística" é absolutamente verdadeira.

Sua referência a *Samson Gamgee*, portanto, é muito interessante. Visto que ele é mencionado em um livro sobre o Gueto de Birmingham, pergunto-me se essa família também era judia, caso no qual a origem do nome pode ser bem diferente. Não que um nome de forma francesa ou afrancesada seja impossível para um sobrenome judeu, especialmente se for um estabelecido há muito tempo na Inglaterra. Associamos agora nomes judeus em grande parte com o alemão e com um iídiche coloquial que é de origem predominantemente alemã.* Mas a língua franca dos judeus medievais era (fiquei sabendo por Cecil Roth, um amigo meu) de natureza francesa ou de uma mistura franco-provençal.

324a De uma carta para Phyllis Robertson Corpus Christi, 1971

Maio continuou a estar "de acordo com os poetas" em quase todos os dias até o seu fim, neste canto favorecido da Inglaterra. Na verdade, o tempo só agora piorou. Permanecemos com sol, imunes às tempestades de nossos condados vizinhos, até esta manhã, quando às 4 a. m. começou uma chuva noéquica, que ainda continua sem parar (8 p.m.). Não se lê sobre os grandes ciclos de peças de episódios bíblicos, que costumavam ser encenadas no Corpus Christi ao ar livre, serem "levados pelas águas". Mas sem dúvida o eram algumas vezes. O aguaceiro teria tornado a peça de Noé mais realista, mas deve ter abafado o discurso estrondoso do Rei Herodes!

325 De uma carta para Roger Lancelyn Green 17 de julho de 1971

Os "imortais" que tiveram permissão para deixar a Terra-média e buscar *Aman* — as terras imortais de *Valinor* e *Eressëa*, uma ilha designada aos *Eldar* — partiam em navios construídos e consagrados especialmente para essa viagem, e conduzidos diretamente ao Oeste em direção ao antigo local dessas terras. Partiam apenas depois do pôr do sol; porém, se qualquer observador de vista aguçada daquela costa observasse um desses navios, poderia ver que o navio jamais pareceria afundar, mas sim desvanecer apenas pela distância até que sumisse no crepúsculo: o navio seguiria a rota reta para o Oeste verdadeiro e

*Possivelmente a razão pela qual meu sobrenome costuma agora ser escrito erroneamente TOLKEIN, apesar de todos meus esforços para corrigir isso, até mesmo por meus secretários da faculdade, contadores e secretários dos advogados! Meu nome é Tolkien, anglicizado a partir de *To(l)kiehn = tollkühn*, e veio da Saxônia no século XVIII. Não é de origem judaica, apesar de que eu consideraria uma honra caso o fosse.

não a rota curva da superfície da terra. Ao desaparecer, o navio deixava o mundo físico. Não havia retorno. Os Elfos que tomavam essa rota e aqueles poucos "mortais" que por graças especiais partiam com eles abandonavam a "História do mundo" e não mais podiam desempenhar um papel nela.

Os imortais angélicos (encarnados apenas por vontade própria), os *Valar* ou regentes sujeitos a Deus, e outros da mesma ordem, mas de poder e majestade inferiores (tais como Olórin = Gandalf), não necessitavam de transporte, a não ser que permanecessem por um tempo encarnados e, caso lhes fosse permitido ou ordenado, podiam retornar.

Quanto a *Frodo* ou outros mortais, eles podiam viver em *Aman* apenas por um período limitado — fosse este breve ou longo. Os *Valar* não tinham o poder nem o direito de conferir-lhes "imortalidade". Sua estadia era um "purgatório", mas de paz e cura, e acabavam por falecer (*morrer* por seu próprio desejo e de livre vontade), para se dirigirem a destinos dos quais os Elfos nada sabiam.

Essa ideia geral encontra-se por trás dos eventos de *O Senhor dos Anéis* e do *Silmarillion*, mas ela não é apresentada como geológica ou astronomicamente "verdadeira"; exceto que se supõe que uma catástrofe física especial encontra-se por trás das lendas e tenha marcado o primeiro estágio na sucessão dos Homens para o domínio do mundo. Mas as lendas são principalmente de origem "humana" misturadas àquelas dos Sindar (Elfos-cinzentos) e de outros que jamais deixaram a Terra-média.

326 De uma carta para Rayner Unwin — 24 de julho de 1971

[Desde a morte de Sir Stanley Unwin, Rayner era o Presidente da Allen & Unwin.]

Sinto muita falta de me encontrar com você, embora seja inevitável desde sua ascensão ao trono, além de, é claro, todos os cuidados dos homens: inquieta fica a cabeça que usa o chapéu-coco do pai.

327 De uma carta para Robert H. Boyer — 25 de agosto de 1971

[Em resposta a uma pergunta sobre sua relação com W.H. Auden.]

Não conheci Auden pessoalmente quando jovem e, na verdade, só me encontrei e falei com ele pouquíssimas vezes em minha vida.

Quanto a seu interesse pela Poesia em inglês antigo ser devido a mim, este se derivou de minhas palestras públicas e deveu-se principalmente aos seus próprios talentos naturais e à posse de um "ouvido atento" entre a maioria dos surdos.

Contudo, tenho estado profundamente em débito com Auden nos últimos anos. Seu apoio a mim e seu interesse na minha obra tem sido um dos meus principais encorajamentos. Ele me fez resenhas muito boas, comentários e enviou cartas desde o início, quando isso de modo algum era algo popular de se fazer. Na verdade, zombaram dele por isso.

Considero-o como um de meus maiores amigos apesar de termos nos encontrado tão raramente, exceto através de cartas e presentes de suas obras. Tentei retribuir-lhe e expressar parte de meus sentimentos escrevendo um poema laudatório em inglês antigo, que apareceu em um volume de *Shenandoah* celebrando seu sexagésimo aniversário.

328 Para Carole Batten-Phelps (rascunho)

[Outono de 1971] [19 Lakeside Road]

Cara Srta. Batten-Phelps,

Lamento que sua carta (escrita em 20 de agosto) tenha demorado a chegar até mim e, além disso, tenha esperado tanto tempo por uma resposta. Estou atormentado por muitas coisas e pelos "negócios" infindáveis de meus assuntos; e ando em constante ansiedade devido à saúde debilitada de minha esposa. . . . .

Fiquei muito interessado em suas referências a M.R. Ridley.[1] Obviamente nos conhecíamos bem em Oxford. . . . . Foi somente quando recebi sua carta que fiquei sabendo que ele me fez a honra de colocar as obras de seu antigo colega na categoria de "literatura", conseguindo para mim leitores inteligentes e bem munidos. Um solo no qual não é provável que o crescimento fungoso dos cultos surja. Não me aterei aos horrores da cena norte-americana, embora tenham me dado grande agonia e trabalho. (Eles surgem em um solo e clima mental inteiramente diferentes, poluídos e empobrecidos a um nível comparável apenas à destruição lunática das terras físicas que os estadunidenses habitam.) . . . .

Sou muito grato por suas observações sobre os críticos e por seu relato de seu prazer pessoal por *O Senhor dos Anéis*. A senhorita escreve com palavras tão elogiosas que aceitá-las apenas com um "obrigado" poderia parecer complacentemente presunçoso, embora, na verdade, isso só me faça pensar como é que tal feito foi realizado — por mim! É claro, o livro foi escrito para agradar a mim mesmo (em diferentes níveis) e como uma experiência nas artes das narrativas longas e da indução da "Crença Secundária". Foi escrito lentamente e com grande cuidado com os detalhes e, por fim, surgiu como um Quadro Sem Moldura: um holofote, por assim dizer, sobre um breve episódio na História e sobre uma pequena parte da nossa Terra-média, cercada pelo vislumbre de extensões ilimitadas no tempo e no espaço. Muito bem: isso pode explicar de certa forma por que "parece" ser história; por que foi aceito para publicação; e por que se mostrou possível de ser lido por um grande número de tipos muito diferentes de pessoas. Mas não explica completamente o que realmente aconteceu. Ao recordar as coisas completamente inesperadas que se seguiram à publicação do livro — tendo início imediatamente com o surgimento do Vol. I —, sinto como se um céu constantemente escurecido sobre nosso mundo atual tivesse sido repentinamente atravessado, as nuvens recuado e uma luz do sol quase esquecida tivesse novamente se derramado. Como se de fato as trombetas da Esperança tivessem sido ouvidas mais uma vez, tal como Pippin repentinamente as ouviu no absoluto *nadir* do destino do Oeste. *Mas Como?* e *Por Quê?*

Acho que agora posso supor o que Gandalf responderia. Alguns anos atrás fui visitado em Oxford por um homem cujo nome esqueci (embora creia que fosse famoso). Ele ficara muito impressionado pelo modo curioso no qual muitas gravuras antigas lhe pareciam ter sido criadas para ilustrar *O Senhor dos Anéis* muito antes da época do livro. Ele trouxe um exemplar ou dois. Creio que no início ele queria simplesmente descobrir se minha imaginação havia sido estimulada por gravuras como claramente o foi por certos tipos de literatura e idiomas. Quando ficou óbvio que, a não ser que eu fosse um mentiroso, eu jamais vira as gravuras antes e não tinha muito conhecimento da Arte pictórica, ele se calou. Percebi que me olhava fixamente. De repente, ele disse: "É claro que o senhor não crê que escreveu todo aquele livro sozinho, não?"

Puro Gandalf! Eu conhecia muito bem G. para me expor precipitadamente, ou para perguntar o que ele queria dizer. Acho que eu disse: "Não, não creio mais." Desde então nunca mais fui capaz de crer. Uma conclusão alarmante para um velho filólogo tirar a respeito de seu divertimento particular. Mas não uma conclusão que ensoberbe alguém que considere as imperfeições dos "instrumentos escolhidos" e, de fato, o que às vezes parece a lamentável inadequação destes para o propósito.

A senhorita fala de "uma sanidade e santidade" em *o S.A.* "que é um poder por si só". Fiquei profundamente comovido. Nada do tipo me fora dito antes. Mas, por um estranho acaso, assim que eu estava começando esta carta, recebi uma de um homem, que se classificava como "um incrédulo ou, na melhor das hipóteses, um homem de sentimentos religiosos a se manifestarem tardia e indistintamente ... mas o senhor", disse ele, "cria um mundo no qual alguma espécie de fé parece estar presente em toda parte sem uma fonte visível, como luz de uma lâmpada invisível". Só posso responder: "De sua própria sanidade, homem algum pode seguramente fazer julgamentos. Se a santidade reside em sua obra, ou como uma luz penetrante ilumina-a, então ela não vem dele, mas através dele. E nenhum de vocês a perceberia dessa forma a não ser que ela também estivesse com vocês. Do contrário, nada veriam ou sentiriam, ou (caso algum outro espírito estivesse presente) se encheriam de desdém, náusea, ódio." "Folhas vindas do país-élfico, gah!" "Lembas — poeira e cinzas, não podemos comer isso."

É claro que *O S.A.* não me pertence. Ele foi criado e agora deve seguir seu caminho designado no mundo, apesar de, naturalmente, eu me interessar muito sobre seu destino, como faria um pai com relação a um filho. Fico aliviado por saber que ele tem bons amigos para defendê-lo da malícia de seus inimigos. (Mas nem todos os tolos estão no outro campo.) Com os melhores votos a um de seus melhores amigos.

Sinceramente,
J.R.R. Tolkien.

329 De uma carta para Peter Szabó Szentmihályi (rascunho)

[Outubro de 1971]

Não tenho tempo para fornecer material bibliográfico acerca de críticas, resenhas ou traduções.

Contudo, gostaria de salientar brevemente os seguintes pontos. (1) Uma das minhas opiniões mais veementes é de que a investigação da biografia de um autor (ou outros vislumbres semelhantes de sua "personalidade", tais como podem ser colhidos pelos curiosos) é uma abordagem inteiramente vã e falsa de suas obras — e especialmente de uma *obra da arte narrativa*, cujo objetivo almejado pelo autor era o de ser *apreciada* como tal: ser lida com *prazer* literário. De modo que qualquer leitor a quem o autor (para sua grande satisfação) teve sucesso em "agradar" (instigar, prender a atenção, comover etc.) deveria, caso deseje que outros sejam agradados de maneira similar, esforçar-se com suas próprias palavras, tendo apenas o próprio livro como sua fonte, para convencê-los a ler o livro por prazer literário. Quando o tiverem lido, alguns leitores (suponho) desejarão "criticá-lo" e até mesmo analisá-lo e, se essa for a mentalidade deles, estarão livres para fazer essas coisas — contanto que tenham *primeiramente* lido o livro com a devida atenção. Não que essa postura de mentalidade tenha minha simpatia, como deveria ser claramente percebido em Vol. I p. 272: Gandalf: "Aquele que quebra uma coisa para descobrir o que é abandonou a trilha da sabedoria."

(2) Tenho muito pouco interesse na história literária seriada e nenhum interesse na história ou situação atual do "romance" inglês. Minha obra *não* é um "romance", mas um "romanço heroico", uma variedade muito mais antiga e bem diferente de literatura.

(3) Afixar "rótulos" a escritores, vivos ou mortos, é um procedimento inepto em quaisquer circunstâncias: um divertimento infantil de mentes pequenas, e deveras "entorpecedor", visto que na melhor das hipóteses ele superenfatiza o que é comum a um grupo específico de escritores e tira a atenção do que é *individual* (e não classificável) em cada um deles e é o elemento que lhes dá vida (caso tenham alguma). Mas não consigo compreender como eu deveria ser rotulado "um crente do didatismo moral". Por quem? De qualquer forma, é o exato oposto do meu procedimento em *O Senhor dos Anéis*. Não prego nem ensino.

330 De uma carta para William Cater 1º de novembro de 1971

[Durante esse mês, Cater visitou Tolkien para entrevistá-lo para o *Sunday Times*. A entrevista foi publicada em 2 de janeiro de 1972, como parte de um tributo a Tolkien por seu octogésimo aniversário.]

Sinto m. sobre isso: sua carta de 19 de outubro ainda não foi respondida, embora tenha sido uma das cartas mais gentis e encorajadoras que já recebi de alguém. Devo lhe pedir que acredite que *cartas* (de qualquer tamanho) para um homem isolado são como pão para um prisioneiro morrendo de fome em uma torre.

330a De uma carta para Michael Tolkien
8 de novembro de 1971

Encontro m. pouco tempo para escrever coisas "míticas"; mas, apesar de isso ser frustrante, visto que grande parte do material inacabado é boa, não estou deixando que isso me preocupe muito, por conselho médico e legal. Parece que, sob a chocante tirania tributária pela qual somos esmagados, a publicação desse material provavelmente acabaria sendo ruinosa!

A United Artists ainda está pagando à força as prestações do preço de compra dos Direitos Cinematográficos: creio que resta apenas mais uma. Porém, ela no momento está "dura" e não pode financiar qualquer filme de tamanho e elaboração suficientes para recuperar o que pagaram. Não há possibilidade imediata de que algum Filme seja feito!!! Graças a Deus!!! Mas ela ainda tem cerca de 14 anos para produzir um — antes que seus direitos sejam rescindidos.[1]

331 Para William Cater

29 de novembro de 1971 [Hotel Miramar, Bournemouth]

Meu caro Cater,

É com pesar que lhe digo que minha esposa morreu esta manhã. A coragem e a determinação dela (das quais você fala com justiça) levaram-na ao que parecia ser a beira da recuperação, mas houve uma recaída súbita que ela combateu por quase três dias em vão. Ela por fim morreu em paz.

Estou completamente desolado e ainda não consigo me recuperar, mas minha família e muitos amigos estão se reunindo ao meu redor. Haverá avisos no *Times* e no *Telegraph*. Fico feliz que você a tenha visto ainda sem estar abatida na quinta-feira (18, acho), antes que ela adoecesse na noite de sexta (19). Guardarei com carinho sua carta do dia 26, especialmente pelas últimas linhas.

Sinceramente,
Ronald Tolkien.

Estou morando no *Miramar* no momento.

P. S. Talvez Snowdon pudesse se comover e me deixar ficar com uma foto como lembrança daquele que foi um dia muito feliz e memorável na vida de Edith.[1]

331a De uma carta para um paciente no Hospital Broadmoor (rascunho)

[Dezembro de 1971]

Fico muito feliz que você tenha lido meu livro de novo e que tenha gostado de alguns dos poemas; e também que esteja se sentindo melhor. A minha intenção com os "hobbits", é claro, era de que fossem apenas gente *humana* comum e gentil, apreciadores de comida e diversão, pequenos em tamanho, mas fortes e corajosos e muito bons em afastar todas as criaturas ruins e em ajudar outras gentes incomodadas por essas coisas. Naturalmente, havia criaturas ruins e perigosas na época deles, mas, na minha história, elas foram conquistadas ou destruídas pelos hobbits e pelos amigos deles, como Tom Bombadil, que não tinha medo de nenhuma delas, e quando ele as mandava embora, elas fugiam na mesma hora.

Fiquei muito contente em receber a sua segunda carta. Se quiser, ou desejar que algo seja explicado, escreva de novo. Receio que seja tarde demais para você receber esta carta a tempo para o Natal, mas espero que tenha tido um pouco do amor e da paz que você teve a gentileza de me desejar. Em 3 de jan. é meu aniversário, e é possível que você veja uma foto minha no *Sunday Times* de 2 de jan.

331b De uma carta para Michael Tolkien

19 de dezembro de 1971

Além da profunda aflição, tenho estado sobrecarregado com "negócios" — problemas e dificuldades de todos os tipos, consequências da necessidade de vender minha casa e desmontar meu lar e minha oficina, e de tentar encontrar algum modo de construir das ruínas algum lugar para morar. Também fui atacado por um vírus bronquial e pelo retorno do tipo disentérico. Porém, não posso deixar o Natal passar (embora receio que tenha chegado perto de fazê-lo) sem mandar a você e a Joan meu amor e melhores votos para o Natal e o Ano Novo e adiante. . . . .

Vou para a casa de John na quarta-feira, 22 de dez., e volto para a de Prisca prov. no fim do ano, depois do qual tudo ainda é incerto. No momento estou sem teto, separado de meus livros e papéis, e vivendo de malas! Mas espero ter alguma celebração comedida em 3 de jan. em Oxford.

332 Para Michael Tolkien

[O Merton College, no qual Tolkien foi um Fellow de 1945 a 1959, ofereceu-lhe acomodações agora que sua casa em Poole estava sendo entregue.]

24 de janeiro de 1972 — West Hanney[1]

Querido Mick,

. . . . Acho que as notícias irão consolar e agradá-lo. Por um ato de grande generosidade — apesar de grandes dificuldades internas — Merton agora [me] forneceu um apartamento assaz excelente, que provavelmente acomodará a maior parte do que restou de minha "biblioteca". Mas há "condições" totalmente inesperadas! (1) O aluguel será "meramente nominal" — o que quer dizer que isso implica em: algo extremamente pequeno em comparação com o verdadeiro valor de mercado; (2) Toda ou qualquer mobília necessária será fornecida *gratuitamente* pela faculdade — e um grande tapete Wilton já me foi concedido, cobrindo todo o assoalho de uma sala de estar que tem quase a mesma área de assoalho de nossa grande s[ala] de e[star] no 19 Lakeside Road (é um pouco menor e um pouco mais larga). (3) Visto que o 21 M[erton] St. é legalmente parte da faculdade, o serviço doméstico é fornecido *gratuitamente*, na forma de um zelador residente e de sua esposa como governanta: (4) tenho direito a almoço *e* jantar *gratuitos* durante todo o ano quando estiver na residência: ambos de um padrão elevado. Isso representa — considerando uma ausência de 9 semanas — um lucro real entre £750 e £900 por ano, das quais as garras dos coletores do I. de Renda até agora têm sido afastadas. (5) A faculdade fornecerá dois telefones sem necessidade de aluguel: (a) para chamadas *locais* e chamadas para extensões, que são *gratuitas*, e (b) para chamadas de longa distância, que terá um número particular e será pago por mim. Terá a vantagem de que ligações de negócios e particulares para a família não passarão através do gabinete sobrecarregado de trabalho; mas o único empecilho é que precisará aparecer na lista telefônica e não poderá ficar fora dela. Mas já descobri em Poole que as desvantagens de um número que não consta na lista (que são consideráveis) realmente são maiores do que sua proteção. Caso acabe sendo um incômodo, mandarei instalar uma secretária eletrônica, que pode ser ligada quando necessário. (6) Sem taxas, e as contas de gás e energia elétrica em uma escala reduzida; (7) O uso de 2 belas salas comunais (a uma distância de 100 jardas) com papel de carta grátis, jornais grátis e café no meio da manhã. Tudo isso parece bom demais para ser verdade — e, é claro, tudo depende de minha saúde: pois me foi dito, com justiça e razão, que é apenas minha aparente boa saúde e mobilidade para minha idade que tornam esse arranjo possível. Não me sinto muito seguro nessa questão desde minha enfermidade em outubro (durante a qual em cerca de uma semana perdi mais de um stone [seis quilos]), que só perdeu força depois do Natal. Mas o sentimento de insegurança possivelmente (e espero) se deve principalmente ao efeito mutilador da perda que sofremos. Não me sinto exatamente "real" ou completo e, de certa forma, não há ninguém com quem conversar. (Você compartilha disso, é claro, especialmente com respeito às cartas.) Desde que atingi a maioridade e nossa separação de 3 anos terminou, compartilhamos todas as alegrias e tristezas e todas as opiniões (de acordo ou não), de modo que frequentemente me vejo pensando "Tenho que contar isto a E." — e então, de repente, sinto-me como um náufrago deixado em uma ilha árida sob um céu negligente depois da perda de um grande navio. Lembro de tentar contar a Marjorie Incledon[2] essa sensação, quando eu ainda não tinha treze anos, após a morte de minha mãe (9 de nov. de 1904), e acenar em vão para o céu dizendo "está tão vazio e frio". E novamente me lembro, depois da morte de Pe. Francis, meu "segundo pai" (aos 77 anos em 1934)*, de dizer a C.S. Lewis: "Sinto-me como um sobrevivente perdido em um novo mundo estranho depois de o mundo real ter morrido." Mas é claro que essas tristezas, por mais pungentes que sejam (especialmente a primeira), surgiram na juventude, com a vida e o trabalho ainda desabrochando. Em 1904 tivemos (H[ilary] e eu) a repentina experiência miraculosa do amor, carinho e humor de Pe. Francis — e apenas 5 anos depois (o equiv. a 20 anos de experiência mais tarde na vida) conheci a Lúthien Tinúviel de meu próprio "romance" pessoal, com seus longos cabelos escuros, seu belo rosto e seus olhos estrelados e sua linda voz. E em 1934 ela e seus filhos lindos ainda estavam comigo. Contudo, agora ela partiu antes de Beren, deixando-o maneta, mas ele não tem o poder de comover o inexorável Mandos e não há qualquer *Dor Gyrth i chuinar*, a Terra dos Mortos que Vivem, neste Reino Caído de Arda, onde os serviçais de Morgoth são adorados. . . . .

333 Para Rayner Unwin

16 de março de 1972 Merton College

Caro R.

Tudo o que você faz por mim me enche de gratidão.

Agora, desde quinta-feira, finalmente estou acomodado, mas não "assentado". O clima (que parece uma porção do nosso "clima de dia de casamento" normal que chegou cedo demais) contribui para o meu conforto. A grande ribanceira no Fellows' Garden parece o primeiro plano de uma pintura pré-Rafaelita: um verde resplandecente estrelado como a Via Láctea com anêmonas azuis, açafrões púrpura/brancos/amarelos e, a surpresa final, borboletas-pavão, casco-de-tartaruga e amareladas voando de um lado para o outro.

Espero em menos de uma semana ter organizado meu "apartamento", exceto pelo último trabalho — o de trazer de volta do depósito minha biblioteca. Tenho uma leve esperança de que talvez você e sua esposa possam logo escolher um belo dia e me visitar.

Desculpe os garranchos.

Sinceramente,
J.R.R.T.

*Ele na verdade estava com quase exatamente a mesma idade que meu pai verdadeiro teria: ambos nasceram em 1857, Francis no fim de janeiro e meu pai no meio de fevereiro.

334 Para Rayner Unwin

[Tolkien recebeu a C.B.E. no Palácio de Buckingham em 28 de março de 1972. Rayner Unwin organizou um jantar em sua homenagem no Garrick Club, e a Allen & Unwin o hospedou no Hotel Brown's em Londres.]

30 de março de 1972 — Merton College

Meu caro Rayner,

Não consigo lhe agradecer adequadamente por sua gentileza e generosidade, em meu nome e de John e Priscilla, por tudo que você fez por nós para tornar 27 e 28 de novembro memoráveis e prazerosos.

Apreciei imensamente a festa, em particular porque, conforme eu olhava ao redor, todo mundo também parecia estar apreciando. Dormi tranquilamente (no grande conforto do Brown's), mas por pouco tempo, acordei às 6 da manhã e ouvi vento e chuva; mas, sentindo que estava com sorte, não fiquei surpreso ao ter uma luz do sol brilhante para a ocasião.

Graças à habilidade e gentileza de seu motorista, ambas as viagens foram feitas sem dificuldade. Dentro do Palácio, as cerimônias, especialmente para os "recebedores", foram acompanhadas por um certo tédio (com um pouco de comicidade). No entanto, fiquei profundamente comovido pelo meu breve encontro com a Rainha e pelas poucas palavras que trocamos. Bem diferente de qualquer coisa que eu esperava. Mas não direi mais nada sobre isso agora. Quem sabe eu tenha uma oportunidade de encontrá-lo enquanto a memória está fresca? ....

Sinceramente,
Ronald Tolkien.

Seria possível você usar meu prenome? Agora fui aceito como um membro aqui da comunidade — da qual um dos hábitos há muito tempo tem sido o uso de prenomes, independente de idade ou cargo — e, como você agora é um amigo m. antigo e muito querido, também gostaria muito de ser um "familiaris". R.

334a De uma carta para Lord Halsbury

[Não datada; provavelmente maio de 1972.]

Sua visita foi um evento de puro prazer e alegria. Além disso, oferecer-se para vir aqui para ajudar com o carregamento de livros é uma demonstração de amizade das mais comoventes. No entanto, creio que estará terminado antes do final desta semana. Finalmente consegui deixar as prateleiras desimpedidas, ajustadas e prontas para a recepção de seus antigos habitantes na minha biblioteca, que estão previstos para chegar na próxima quinta-feira. E, como um trabalho paralelo necessário, comecei a separação dos intrusos da minha sala de estar — daqueles que posso, ou posso com menos dor possível, abrir mão.

É muito doloroso. Quanto mais velhos ficamos, mais nos agarramos a livros só porque os tivemos por muito tempo. Além disso, a dura experiência de *quatro* mudanças da minha biblioteca, entre 1930 e 1972, me fez perceber que logo após nos desfazermos de livros, um dos menos úteis de repente será aquele que iremos querer para algum propósito (e que prov. agora será um impossível de se obter).

335 De uma carta para Michael Salmon 18 de maio de 1972

Obrigado por sua carta extremamente gentil e por seu interesse geral pela minha obra. Contudo, sou agora um velho lutando para terminar algo de seu trabalho. Cada tarefa adicional, por menor que seja, diminui minhas chances de algum dia publicar *O Silmarillion*. Assim, espero que o senhor compreenda por que acho impossível gastar tempo fazendo quaisquer comentários sobre mim mesmo ou minhas obras.

336 De uma carta para Sir Patrick Browne 23 de maio de 1972

Receio que ser uma figura de culto durante a própria vida não seja de modo algum agradável. Contudo, não acho que isso tenda a envaidecer a pessoa; no meu caso, de qualquer forma, faz com que eu me sinta extremamente pequeno e inadequado. Mas até mesmo o nariz de um ídolo muito modesto (mais jovem que Chu-Bu e não muito mais velho que Sheemish)[1] não consegue ficar inteiramente alheio ao doce aroma de incenso!

337 De uma carta para o "Sr. Wrigley" 25 de maio de 1972

Receio que o senhor possa estar certo de que a pesquisa pelas fontes de *O Senhor dos Anéis* ocupará os acadêmicos por uma ou duas gerações. Gostaria que não precisasse ser assim. Na minha opinião, é o uso particular em uma situação particular de qualquer motivo, seja inventado, tomado emprestado deliberadamente ou lembrado inconscientemente que é a coisa mais importante a ser considerada.

338 De uma carta para o Pe. Douglas Carter 6[?] de junho de 1972

[Em resposta à pergunta: os Ents chegaram a encontrar as Entesposas?]

Quanto às *Entesposas*: não sei. Não escrevi nada além dos primeiros anos da Quarta Era. (Exceto o início de uma história que se referiria ao final do reinado de Eldarion, cerca de 100 anos após a morte de Aragorn. Então obviamente descobri que a Paz do Rei não teria histórias dignas de serem contadas; e suas guerras teriam pouco interesse depois da derrota de Sauron; mas que seria quase certo que uma inquietação apareceria por volta dessa época, devido (aparentemente) ao tédio inevitável dos Homens com o bem: haveria sociedades secretas praticando cultos sombrios e "cultos órquicos" entre os adolescentes.) Mas acho que no Vol. II pp. 80–81[1] está claro que não haveria para os Ents reunião alguma na "história" — mas os Ents e suas esposas, sendo criaturas racionais, encontrariam algum "paraíso terrestre" até o fim deste mundo, além do qual nem a sabedoria dos Elfos nem a dos Ents podia ver. Embora talvez compartilhassem da esperança de Aragorn de que "não [estavam] presos para sempre nos círculos do mundo, e além deles há mais do que lembrança." . . . .

Ao lidar com o grego sinto-me como um renegado, residente intencionalmente entre "bárbaros" durante longos anos, embora antigamente eu soubesse alguma coisa dele. Ainda assim, prefiro o latim. Sinto-me como Theodore Haecker[2] — ou como um eminente filólogo (Bazell), que antigamente foi meu aluno e que agora é especialista em tais línguas "bárbaras" como o turco, que certa vez me escreveu sobre algum idioma recentemente descoberto: "É de um tipo que nós dois sentimos ser normal, de um modo humano central — de fato lembra o latim."

338a De uma carta para o Vice-reitor da Universidade de Oxford (Lord Bullock; na época, Sir Alan Bullock) (rascunho) 6 de junho de 1972

[A Universidade de Oxford concedeu a Tolkien um Doutorado Honorário em Letras.]

Gostaria de lhe expressar, como Vice-reitor, minha imensa gratidão pela honra que me foi concedida pela Universidade em 3 de junho. (Achei difícil de acreditar que realmente estava acontecendo comigo!) Também gostaria de lhe dizer pessoalmente que a cordialidade e a gentileza com que me recebeu na outorga foram profundamente comoventes.

339 Para o Editor do *Daily Telegraph*

[Em um artigo de destaque no *Daily Telegraph* de 29 de junho de 1972, intitulado "Forestry and Us" (Silvicultura e Nós), ocorreu esta passagem: "Pastos de ovelhas, onde antigamente se poderia passear por milhas, são transformados em uma espécie de melancolia tolkieniana, onde nenhum pássaro canta. . ." A carta de Tolkien foi publicada, com uma pequena alteração na frase inicial, na edição de 4 de julho.]

30 de junho de 1972 Merton College, Oxford

Caro Senhor,

Com referência ao Daily Telegraph de 29 de junho, página 18, creio ser injusto usar meu nome como um adjetivo qualificador de "melancolia", especialmente em um contexto que trata das árvores. Em todas as minhas obras, tomo o lado das árvores contra todos seus inimigos. Lothlórien é bela porque lá as árvores eram amadas; nos outros lugares as florestas são representadas como que despertando para a consciência de si mesmas. A Floresta Velha era hostil a criaturas de duas pernas por causa de sua lembrança de muitos ferimentos. A Floresta de Fangorn era antiga e bela, mas, na época da história, tensa de hostilidade porque estava ameaçada por um inimigo que amava as máquinas. Trevamata tinha caído no domínio de um Poder que odiava todos os seres vivos, mas foi restaurada à beleza e tornou-se Verdemata, a Grande, antes do final da história.

Seria injusto comparar a Comissão de Silvicultura com Sauron pois, como o senhor observa, ela é capaz de arrependimento; mas nada de estúpido que ela tenha feito é comparável à destruição, tortura e assassinato de árvores perpetrados por indivíduos particulares e corporações oficiais menores. O som selvagem da serra elétrica jamais silencia onde quer que ainda se encontrem árvores crescendo.

Cordialmente,

J.R.R. Tolkien.

339a De uma carta para Christopher Tolkien

9 de julho de 1972

Posso dizer que acho que estou muito bem. Aparentemente me "aclimatei" e superei meus problemas digestivos. Como (e bebo) bastante, na faculdade e fora dela. Além de "viver como um rei" no Redesdale Arms (13–20 de junho) com John, compareci à Encænia (bem abastecida de champanhe crewiano), à Festa do Pembroke e a um resplandecente jantar "Ad Eundem" (em 30 de junho) em Wadham. Também fui levado a um grande almoço no "Rules" (em Cov. Garden) por Rayner por ocasião de minha "visita" a Museum Street (em 27 de junho) e sua equipe. Vou "visitar" Hemel Hempstead, o principal escritório e depósito da A & U, na próxima sexta-feira (14 de julho), suponho que com um teste similar à digestão. Se é possível chamar isso de "descanso", estou descansando. Enfim, receio não ter feito nada que pudesse ser chamado de "trabalho" desde que você partiu — fora algumas manhãs de ditado a Naomi Collyer.[1]

340 De uma carta para Christopher Tolkien

11 de julho de 1972

Finalmente me ocupei com o túmulo de Mamãe. . . . . A inscrição que eu gostaria é:

EDITH MARY TOLKIEN
1889–1971
Lûthien

: breve e seco, exceto por *Lûthien*, que me diz mais do que uma quantidade imensa de palavras: pois ela era (e sabia que era) minha Lúthien.*

13 de julho. Diga o que você acha, sem reservas, sobre esse acréscimo. Comecei isso sob a pressão de grande emoção e pesar — e, de qualquer forma, sou afligido de vez em quando (progressivamente) por uma sensação esmagadora de perda. Preciso de conselhos. Mesmo assim, espero que nenhum de meus filhos ache que o uso desse nome é um capricho sentimental. Pelo menos não é comparável à citação de apelidos carinhosos em obituários. Nunca chamei Edith de *Lúthien* — mas ela foi a fonte da história que no devido tempo tornou-se a parte principal do *Silmarillion*. Foi concebida em uma pequena clareira em um bosque repleta de cicutas em Roos em Yorkshire (onde, por um breve período, estive no comando de um posto avançado da Guarnição do Humber em 1917, e ela pôde morar comigo por um tempo). Naqueles dias, seus cabelos eram negros, sua pele clara, seus olhos mais brilhantes do que você os viu, e ela sabia cantar — e *dançar*. Mas a história distorceu-se, e fui deixado para trás, e *eu* não posso apelar diante do inexorável Mandos.

Não direi mais agora. Mas gostaria de em breve ter uma longa conversa com *você*. Pois se, como parece provável, eu jamais for escrever

---

* Ela conhecia a forma mais antiga da lenda (escrita no hospital) e também o poema que acabou impresso como a canção de Aragorn em SA.

qualquer biografia exigida — é contra minha natureza, que se expressa sobre coisas profundamente sentidas em histórias e mitos —, alguém próximo a mim no coração deve saber algo sobre coisas que os registros não registram: os terríveis sofrimentos de nossas infâncias, dos quais resgatamos um ao outro, mas não pudemos curar completamente as feridas que mais tarde com frequência se mostraram incapacitantes; os sofrimentos que suportamos depois que nosso amor começou — todos os quais (além de nossas fraquezas pessoais) poderiam ajudar a tornar perdoáveis, ou compreensíveis, os lapsos e escuridões que de vez em quando frustravam nossas vidas — e a explicar como estes nunca tocaram nossos íntimos nem turvaram as lembranças de nosso amor juvenil. Pois ainda sempre (especialmente quando sozinhos) nos encontrávamos na clareira do bosque e andávamos de mãos dadas muitas vezes para fugir da sombra da morte iminente antes de nossa última despedida.

15 de julho. Passei o dia de ontem em Hemel Hempstead. Um carro foi enviado para me buscar e fui aos novos escritórios (cinzentos e brancos) e livrarias da Allen & Unwin. A esta fiz uma espécie de visita oficial, como um membro menor da realeza, e fiquei um tanto assustado ao descobrir que a *principal* ocupação de toda essa organização de muitos departamentos (da Contabilidade ao Despacho) era cuidar de minhas obras. Tive uma grande recepção (e um almoço m.b.) e conversei com todos, do conselho administrativo para baixo. A "Contabilidade" me disse que as vendas de *O Hobbit* estavam agora chegando a alturas não alcançadas até então. Além disso, um grande pedido de exemplares de *O S.A.* acabara de chegar. Quando não demonstrei exatamente a surpresa gratificada que era esperada, disseram-me gentilmente que um único pedido de 100 exemplares costumava ser satisfatório (e ainda o é para outros livros), mas esse para *O S.A.* era de 6.000.

341 De uma carta para Marjorie Incledon 17 de setembro de 1972

Sinto a verdade (agora muito) do que você diz sobre o desejo, na verdade a necessidade, de fugir de vez em quando da "vida comunitária". A faculdade tem me tratado com as maiores das gentilezas e generosidades: concederam-me um belo apartamento com 2 salas grandes e um banheiro em uma de suas casas na Merton Street, que possui um zelador (e sua esposa) que cuida de minhas necessidades domésticas. Tornaram-me um Fellow Emérito residencial com todos os privilégios de um Fellow (tais como almoço e jantar grátis na mesa comunal), mas sem obrigações. No que diz respeito a eles, sou puramente "ornamental". Agora há 3 vezes mais Fellows e membros da Sala Comunal, e seu padrão subiu muito desde que fui um Fellow ativo (1945-59): abrangem quase todos os ramos do aprendizado e da ciência, e são quase todos (em vários graus) companhias muito boas, embora na maioria das vezes muito diligentes e ocupados. No entanto, com frequência me sinto muito solitário e anseio por uma mudança! Depois do período letivo (isto é, quando os alunos de graduação partem), fico completamente sozinho em uma grande casa apenas com o zelador e sua esposa bem abaixo no porão, e uma vez que sou (especialmente com meu retorno a Oxford) um homem marcado e incomodado com muitos intrusos e algumas pessoas nefárias, vivo atrás de portas trancadas.

Consegui escapar ocasionalmente. E, é claro, sou "legalmente" capaz de ir e vir como quiser. Mas tenho algumas obrigações de cortesia como um Fellow (e de gratidão pelo meu resgate do desespero de minha situação em jan. e fev.): e uma das principais dessas ocasiões é a reunião de todos os Fellows na quarta-feira antes do início do Período Letivo em outubro (este ano *11* de outubro antes de 15 de out.). Já assegurei minha presença em 11 de out. ao Diretor antes de receber sua carta. Se pareço ter prolongado demais a incerteza, perdoe-me! Sou muito afortunado*, mas, de fato, ainda não estou "alegremente assentado": ainda me encontro em uma confusão considerável.

342 De uma carta para a Sra. Meriel Thurston

9 de novembro de 1972

Sinto-me honrado por sua carta e assaz desejoso de que a senhora use o nome de Valfenda como o prefixo de um rebanho, embora em minha ignorância eu não creia que o verdadeiro vale de Valfenda teria sido adequado à criação de rebanhos.

Estou interessado em saber que nomes a senhora acabará escolhendo (como nomes individuais?) para seus touros, e interessado em escolher ou inventar eu mesmo nomes apropriados, caso a senhora queira. A palavra élfica para "touro" não aparece em qualquer obra publicada; a palavra era MUNDO.

*Graças a Christopher — quando eu estava procurando em vão por algum lugar para morar, ele escreveu "por conta própria" ao Diretor do Merton College e disse que seu pai estava perambulando procurando em vão por uma casa e perguntou se a Faculdade poderia ajudar. Logo, fiquei espantado ao receber uma carta do Diretor dizendo que ele convocara uma reunião especial da Administração e esta votou unanimemente que eu fosse convidado a ser um Fellow residencial!

343 De uma carta para Sterling Lanier 21 de novembro de 1972

Fico feliz em saber que você recebeu um prêmio, mas não estou surpreso de que ele tenha se mostrado inútil. Tive um desapontamento similar quando chegou um cálice (de um fã) que era de aço gravado com as terríveis palavras vistas no Anel. É claro que nunca bebi nele, mas o uso como cinzeiro.

343a De uma carta para Donald Glover

23 de novembro de 1972

Espero que encontre ajuda para o seu projeto enquanto você estiver na Inglaterra, mas devo avisá-lo de que *eu* não desejo discutir ou falar sobre a obra de C.S. Lewis ou sobre minhas relações com ele. Isso é puramente por razões pessoais.

É muito gentil de sua parte falar tão bem de minha obra. Apesar de minha idade, ainda estou tentando terminá-la, e essa será uma tarefa que ocupará praticamente todo o tempo e a energia de que disponho.

344 De uma carta para Edmund Meskys

23 de novembro de 1972

[Sobre a questão dos numerais em *O Senhor dos Anéis*.]

A respeito dos numerais: o uso de duodecimais, especialmente números principais como 12 e 144, não possui qualquer referência a dedos. Os ingleses usam duodecimais e têm palavras especiais para eles, isto é, *dúzia* e *grosa*. Os babilônios usavam duodecimais. Isso se deve à descoberta matemática elementar, assim que as pessoas param de contar em seus dedos das mãos e dos pés, que 12 é um número muito mais conveniente do que 10. Criei sinais de numerais para acompanhar o alfabeto fëanoriano adequados tanto a uma nomenclatura decimal como a uma duodecimal, mas nunca os usei e não tenho mais uma lembrança precisa deles. Receio que a pasta que contém os sistemas numerais não esteja disponível e possa estar trancada em um cofre. Lembro que os numerais eram escritos de acordo com um sistema posicional como o árabe, começando na esquerda com o menor número e subindo para o maior na direita.

345 Para a Sra. Meriel Thurston

[Ver a carta nº 342 para as circunstâncias desta carta.]

30 de novembro de 1972 — Merton College, Oxford

Cara Sra. Thurston,

Obrigado por sua carta. Pessoalmente, sou contra dar nomes estritamente humanos e nobres para animais; e, de qualquer forma, Elrond e Glorfindel parecem personagens impróprios, pois seus nomes, que significavam (1) "A abóbada de estrelas" e (2) "Cabelo dourado", parecem inadequados. Recentemente brinquei com a noção de usar a palavra para touro que lhe forneci que, introduzida na forma *-mund*, fornece um som bastante familiar (como em Edmund, Sigismund etc.) e, adicionando alguns prefixos élficos, produz nomes como Aramund ("Touro real"), Tarmund ("Touro nobre"), Rasmund ("Touro chifrudo"), Turcomund ("Chefe de touros") etc. O que a senhora acha deles?

Arwen não era uma elfa, mas uma entre os meio-elfos que abandonou seus direitos élficos. Galadriel ("Grinalda cintilante") é a principal mulher élfica mencionada em *O Senhor dos Anéis*; sua filha era Celebrían ("Rainha prateada"). Havia também Nimrodel. Mas eu realmente não gostaria que esses nomes fossem dados a novilhas ou vacas. Caso a senhora goste do tipo de Aramund, eu poderia inventar alguns nomes femininos. Contudo, embora isso seja feito pelos modelos clássicos em vez dos élficos, o nome da vaca favorita do Mestre Giles — Galateia (em *Mestre Giles d'Aldeia*) — não seria útil? — o qual, como se encontra, poderia ser interpretado como "Deusa do leite".

Sinceramente,
J.R.R. Tolkien.

346 De uma carta para Lyle Leach — 13 de dezembro de 1972

[Uma resposta a um leitor que pedira a ajuda de Tolkien com um projeto acadêmico a respeito de suas obras.]

Ver *Senhor dos Anéis* Vol. I, p. 272: "Aquele que quebra uma coisa para descobrir o que é abandonou a trilha da sabedoria" (/ou aquela) — Gandalf. Não me sinto inclinado a ajudar nesse processo destrutivo, mesmo que não me parecesse que esse exercício deva ser seu próprio trabalho particular sem assistência..... Também é dito (I p. 93) "Não te intrometas nas questões dos Magos, pois são sutis e se encolerizam depressa." Desculpe-me se esta carta soa mal-humorada. Mas não gosto de análises desse tipo.

347 Para Richard Jeffery

[Uma resposta às seguintes perguntas: (1) "Fala, amigo, e entra" (a inscrição sobre o Portão de Moria) significa "Fale como um amigo", isto é, em um tom amigável? (2) Nenhum dos Reis de Gondor e Arnor possui um nome que termine com uma vogal, como ocorre com a maioria dos nomes em quenya. Isso ocorre para torná-los menos estranhos em um contexto sindarin, enquanto os descendentes de Castamir, que presumivelmente consideravam os últimos reis como mestiços, asseveravam seu sangue puro com "nomes agressivamente em quenya"? (3) Apenas os homens, e não os Elfos, parecem realmente usar o quenya na Terra-média para nomes. Elendil e sua espada Narsil estão em quenya; Gil-galad e sua lança Aiglos estão em sindarin, embora ele fosse Rei dos Altos-elfos. Isso está relacionado à ausência de pompa artificial entre os elfos? (4) *Tyelpe* (o nome da letra *ty*) corresponde a *celeb*, prata? (5) Aragorn poderia significar "rei das árvores" (com lenição de **gorn* para *orn* em Celeborn etc.) e Arathorn possivelmente "Rei das duas árvores", com referência às Duas Árvores?]

17 de dezembro de 1972 Merton College, Oxford

Caro Richard,

Perdoe-me por não responder à sua interessante carta (de 14 de ago.) mais cedo. . . . . Como você provavelmente sabe, sou um velho e estou mais lento no trabalho do que costumava ser; mas ainda estou sobrecarregado com muitos assuntos que constantemente interrompem meus esforços de publicar ao menos algumas de minhas outras lendas. Também estive frequentemente doente durante os últimos 3 meses.

Todas as suas perguntas são interessantes, mas receio que respostas satisfatórias exijam, em muitos casos, referências a questões linguísticas e lendárias que levariam muito tempo para serem tratadas em uma carta.

1. *pedo mellon.* Não sei por que você não está satisfeito com a interpretação do próprio G[andalf], I p. 321–2, *Dize "amigo"*: isto é, pronuncie a palavra "amigo". É por que isso faz G. parecer um tanto obtuso? Mas ele admite que era e explica por quê — adequadamente para aqueles que percebem que fardo de responsabilidade, urgência e medo ele carregava.

2. *Nomes de Reis em q[uenya] etc.* O quen. era conhecido pelos eruditos em Gondor pelo menos tanto quanto o latim ainda o é na Europa Ocid. O uso do idioma era honorífico e não havia razões para adaptar os nomes em quen. ao sindarin. E nenhum dos nomes em quen. nas listas (III 315–8–9) está adaptado: todos são em *forma* inteiramente adequados ao quenya. O quen. permitia, de fato favorecia, as "dentais" *n*, *l*, *r*, *s*, *t* como consoantes finais: nenhuma outra consoante final aparece nas listas em quen. *Angamaitë* "Mão-de-Ferro" e *Sangahyando*

"Fendedor-de-Tropel"* estavam em bom quen., mas não mais do que os outros nomes, e não havia necessidade de asseverarem sua linhagem real, uma vez que esta era clara. Contudo, eles possivelmente eram "agressivos" por serem nomes (ou alcunhas) pessoais de guerreiros, enquanto os outros (poucos) nomes guerreiros em quen., como *Rómendacil*, eram "políticos": assumidos por um rei em celebração de vitórias contra um inimigo público.

3. *Alto-élfico* e *sindarin*. A mistura pode nos parecer curiosa, mas estava inteiramente de acordo com a história da Primeira e Segunda Eras, brevemente mencionada em III apênd. A 313–7. Também em III 363. Na época do S.A. (ver III 106), o quenya havia sido uma [língua] "morta" (isto é, um idioma que não era herdado na infância, mas aprendido) por muitos séculos (na verd., cerca de 6.000 anos). Os "Altos-Elfos", ou Noldor exilados, por razões que a lenda de sua rebelião e exílio de Valinor explica, adotaram imediatamente o sindarin, e até mesmo traduziram ou adaptaram seus nomes em quen. para o sind. *Galadriel*, apesar de belo e nobre o suficiente em forma, não é um nome em quen. mais do que *Gil-galad*, que contém a palavra sind. *galad*; e *Celeborn* é uma trad. do nome orig. *Telporno*; embora se diga que era um parente do Rei Elu Thingol, apenas o era distantemente, pois ele também veio de Valinor. Pode-se notar que, ao final da Terceira Era, prov. havia mais pessoas (Homens) que sabiam quen., ou falavam sind., do que Elfos! Apesar de minguante, a população de Minas Tirith e seus feudos deve ter sido muito maior do que as de *Lindon*, *Valfenda* e *Lórien*.† Em Gondor, o idioma geralmente usado era o "westron", um idioma quase tão misto quanto o inglês mod., mas basicamente derivado do idioma nativo dos Númenóreanos; mas o sindarin era um idioma polido adquirido e usado por aqueles de linhagem n[úmenóreana] mais pura, esp. em *Minas Tirith*, caso desejassem ser polidos (como no grito *Ernil i Pheriannath* III 41 cf. 231 e Mestre *Perian* 160). *Narsil* é um nome composto de 2 radicais básicos sem variação ou adjuntos: √*NAR* "fogo" e √*THIL* "luz branca". Assim, ele simboliza as principais luzes celestiais, como inimigas da escuridão, o Sol *(Anar)* e a Lua (em quen.) *Isil*.‡ *Andúril* significa Chama do Oeste (como uma região), não do Pôr do Sol.

* Isto é, um corpo de soldados inimigos em formação compacta.

† Os Elfos Silvestres do reino de Thranduil não falavam sind., mas um idioma ou dialeto relacionado.

‡ A diferença entre esta palavra e a sind. *Ithil* deve-se a uma mudança de *þ* (th) > *s* no quen. dos Exilados. Mas havia um radical √*SIL* como em *Silmarilli*. Cf. também *sila lúmenna omentielvo*.

4. Você obviamente está certo ao perceber que as palavras para "prata" apontam para uma orig.: **kyelepē*: quen. *tyelpe* (com síncope regular do segundo *e*): sind. *celeb*: e telerin *telepi* (em tele. a síncope da segunda vogal em uma sequência de 2 vogais curtas da mesma qualidade não era regular, mas ocorria em palavras longas como *Telperion*). Embora *tyelpe* permanecesse em quen., *telpe* (com a síncope quen.) tornou-se a forma mais usual entre os Elfos de Valinor, porque os Teleri em suas terras, ao norte dos Noldor, encontraram uma grande quantidade de prata e tornaram-se os principais artífices de prata entre os Eldar.

5. *Aragorn* etc. Esse nome não pode conter uma palavra para "árvore" (ver nota).* "Rei das Árvores" não teria aptidão especial para ele e já fora usado por um ancestral. Os nomes na linhagem de Arthedain são peculiares de várias maneiras; e vários, apesar de sind. em forma, não são facilmente interpretáveis. Mas seriam necessários mais registros históricos e registros linguísticos do sind. do que existem (isto é, do que encontrei tempo ou vi a necessidade de inventar!) para explicá-los. O sistema pelo qual todos os nomes de *Malvegil* em diante são trissilábicos e possuem apenas um elemento "significante"† (*ara* sendo usado onde o elemento final era de uma sílaba; mas *ar* em outros casos) é peculiar a esta linha de nomes. O *ara* prov. é derivado de casos em que *aran* "rei" perdeu seu *n* foneticamente (como *Arathorn*), *ara*- sendo então usado em outros casos.

Não me preocupei em explicar as lenições sind. nos Apêndices, já sobrecarregados, pois receio que teriam sido ignoradas ou consideradas ininteligíveis e cansativas por praticamente todos os leitores, uma vez que essa é a atitude normal dos ingleses com o galês. (As lenições ou "mutações" do sind. foram deliberadamente elaboradas para se parecerem com as do g[alês] em origem fonética e uso gramatical;‡ mas não são as *mesmas* tanto em o[rigem] f[onética] como em

---

*Nota: 2 palavras antigas em élfico para "árvore": (1) **galadā* < √GAL "crescer" intr[ansitivo]; e (2) **ornē* do m[uito] f[requentemente] usado √OR/RO erguer, elevar (cf. *ortani* "ergueu"). (1) > quen. *alda*, sind. *galadh*. (2) > quen. *orne*, sind. *orn*.

(1) não está associada em origem com o nome *Galadriel*, mas [ocorre] em *Calas Galadhon*, *Galadhrim*. Antes de descobrir que muitos leitores como você estariam interessados em detalhes linguísticos, achei que as pessoas achariam o *dh* estranho, e assim escrevi *d* (no lugar de *ð* e *dh*) nos nomes. Mas *galadhon*, *-dhrim* está agora impresso.

†Se de fato eram todos; alguns podem ter sido meramente cunhagens no estilo geral; ou alterações de nomes antigos que surgiam domesticamente. Como nosso Robert > Robin, Dobbin, Hob, Bob etc.

‡O fato de usar *lenizadas* indica que você as conhece, de modo que não preciso dizer mais nada, a não ser observar que, embora de origem *fonética*, elas são usadas *gramaticalmente* e, dessa forma, podem ocorrer ou estar ausentes em casos nos quais isso não seja foneticamente justificado pela origem.

u[so] g[ramatical].) Assim, *ost-giliath* "fortaleza das estrelas", em que o segundo substantivo funciona como um genitivo não flexionado, não apresenta mutação. Cf. *ennyn Durin*. Em sind., essa ausência de mutação é mantida (a) em palavras compostas e (b) quando um substantivo na verdade é praticamente um adjetivo, como em *Gil-galad* Estrela (de) luminosidade. Em sind., o *g* inicial era mantido na composição, onde um contato *n* + *g* ocorria. Assim, *born* "quente, vermelho" + *gil* para *borñgil*; *morn* "negro" + *dor* para *morñdor*; o grupo triconsonantal sendo então reduzido para *rg*, *rd*. t > þ (th) é a mutação nasal, e dessa forma aparece após o artigo plural em: *thîw*, *i Pheriannath*. *palan-tîriel* foneticamente deveria > *-thíriel*, particípio passado "tendo vislumbrado ao longe"; mas gramaticalmente, antes das formas de verbos, a mutação suave somente era normalmente usada em sind. tardio, para evitar a confusão com outros radicais verbais, e a mut. suave de *m* > *ṽ* > *v* também era frequentemente usada pela mesma razão. *Palantír* é quen. < *palantīrā* com o radical contínuo de TIR observar, olhar para etc. *tíro* é sind., mas é um erro de impressão para *tĭro* imperativo (de todas as pessoas) em sind. (Anexei muitas notas sobre os versos sind. élficos para os arranjos musicais de Donald Swann em *The Road Goes Ever On*, inclusive uma nota sobre *ath*.)

ath: embora pudesse ser uma forma sind. do quen. *atta* "2", ela na verdade não tem relação, nem é um sinal de um número dual. Era um sufixo coletivo ou de grupo, e os substantivos assim formados [eram] originalmente singulares. Mas foram posteriormente tratados como pl[urai]s, especialmente quando aplicados a povo(s).* Os duais sind. de substantivos ou pronomes tornaram-se obsoletos logo no início, exceto em obras escritas. Um caso ocorre em *Orgalaðad* "Dia das Duas Árvores", mas, uma vez que esses substantivos sind. foram todos derivados dos nomes em quenya para a semana de 6 dias, trazidos de Valinor, talvez se deva a uma tentativa de imitar os duais do quen., tais como *ciriat* 2 navios.† De qualquer forma, o *-d* posteriormente foi perdido, e assim temos *argonath*‡ "o grupo de (duas) pedras nobres" em vez de **argonad*. *Orbelain* certamente é um caso de tradução "fonológica" (da qual os Noldor eram bastante capazes), visto que *Valanya*

* ex.: *Periannath* o povo Hobbit, tal como distinto de *periain* hobbits, um número indefinido de "pequenos".

† Original[mente], os duais do quen. eram puramente enumerativos (elemento *ata*) e pares (elemento *ū* conforme visto em Aldūya); mas em quen. tardio normalmente eram apenas usuais com referência a pares naturais, e a escolha de *t* ou *u* [era] decidida pela eufonia (ex: *ū* era preferido após d/t no radical).

‡ de *arn(a)gon -ath*.

(adj.) deve ser a partir da palavra mais antiga **Balaniā*, que resultaria no sind. **Belain*, mas não existia tal forma em sind.

A intrusão de um sufixo *ath* em *Arathorn* não é possível. O nome contém uma forma abreviada de *þorono* (thorono) "águia", vista em *Thoron- dor*, *Thorongil*: quen. *þorno / sorno*. Humano ou elfo algum poderia ser chamado de Rei das Duas Árvores, com ref. às Duas Árvores de Valinor. Estas foram criadas e pertenciam aos Valar, mas ambas pereceram, no Obscurecer de Valinor.

Receio ser injusto com os leitores linguisticamente orientados não lhes fornecer mais material. Eu gostaria de fazê-lo. Mas embora possa deixar para trás materiais suficientemente organizados, aos 81 não tenho tempo — não se ainda pretendo produzir mais "lendas".

Bem, já faz um bom tempo desde 14 de ago.! E só fui capaz de compor tudo isso após várias pausas. Mas espero que você possa receber esta carta como uma espécie de Presente de Natal — embora possa ser um pouco parecida com um, infelizmente não é bem (ou de modo algum) o que você queria.

Os melhores votos para o Natal.
J.R.R. Tolkien

Um exemplo de como é difícil manter os livros corretos — os meus e o glossário estão cheios de erros —: você assina *Jeffery*, mas *Jeffrey* é a grafia na Lista dos Residentes [da Universidade]. Quase sempre me escrevem como *Tolkein* (não por você): Não sei por que, uma vez que sempre é pronunciado por mim *-keen*.

Temo que esta carta em grande parte esteja ilegível e, embora cansativa e complicada, deixa muito a ser explicado. E nem todas as palavras ou nomes podem ser "explicados": isto é, regularmente referidos a formas mais antigas de significado conhecido. Em línguas vivas (incluindo líng. élficas!), novas palavras podem ser inventadas sem qualquer origem precisa ou criadas a partir de elementos existentes em palavras compostas que não sigam hábitos fonéticos mais antigos. E, em tais casos, a "eufonia" (ou o que pareceria "eufônico" a um idioma e um povo em uma determinada época) desempenhará um papel. Além disso, é preciso lembrar que o *autor* inventou um grande número de nomes no decorrer de um longo período de tempo e, embora ele conhecesse bem o suficiente os "estilos" dos idiomas supostos, em um período inicial deste trabalho a história fonética de tais idiomas não era tão precisa em sua mente quanto o é agora!

Por exemplo, temos *Arnor* e *Gondor*, que ele manteve porque desejava evitar *Ardor*. Mas agora só pode ser explicado (embora de modo razoável) segundo a invenção de uma mistura do quen. *arnanóre /*

arnanor com o sind. *arn(a)dor* > *ardor*. O nome, de qualquer forma, foi dado para significar "terra real" por ser o reino de *Elendil* e, assim, ter precedência sobre o reino meridional.

347a Rascunho de uma carta para a "Srta. T.R.C."

[Não datada; provavelmente janeiro de 1973.]

Cara Srta. T. R. C.

Parece-me natural e correto recorrer a mim na questão de lugares onde morei; e fico espantado que nem turistas, "peregrinos", nem a Imprensa local tenham feito isso. (Recebi uma página do B[irmingham] Post que mostrava a devastação da área de Ladywood — mas *não* diretamente do B. P.)

Pessoalmente, não tenho interesse nesse tipo de indagação, que é melhor que nem seja iniciada, ou que, pelo menos, seja reservada a uma biografia. Seja como for, um dos meus filhos[1] foi incumbido de cuidar disso, caso uma "biografia" algum dia seja necessária,* e ele receberá, pelo meu testamento, todo o material desse tipo para esse propósito que eu achar apropriado deixar. De qualquer forma, sou [uma] pessoa de pequena importância mesmo na minha profissão, exceto pelo fato de que meus dois livros sobre a história imaginária da Terceira Era (*deste mundo*) tiveram, e ainda continuam a ter, cada vez mais, um enorme sucesso, para minha alegria, mas ainda mais para meu grande espanto. Mas sempre, e muito antes de sequer sonhar em me tornar uma vítima de tais atividades, tive intensa aversão à dissecação, à caça de fontes, às interpretações e escavações e esquadrinhamentos biográficos que supostamente (muitas vezes de maneira dissimulada) auxiliam na interpretação e "compreensão" dissecantes de obras literárias.

347b De uma carta para Sterling Lanier 24 de janeiro de 1973

Devido a uma mudança causada pela morte de minha esposa e minha volta a Oxford, meus livros e arquivos ainda se encontram um pouco desordenados, e só agora estou conseguindo, enfim, trabalhar em *O Silmarillion* e preparar pelo menos parte dele para publicação. Receio que você tenha acertado num ponto muito sério; as lendas de *O Silmarillion* são em grande parte mitológicas, em sua maioria sombrias, e sem nenhum traço de comédia.

* Naturalmente, não posso prever, prevenir nem proibir as atividades daquelas criaturas mórbidas que, após sua morte, tentem exumá-lo e desenterrar o que estiver enterrado.

348 De uma carta para a Sra. Catharine Findlay

6 de março de 1973

Galadriel, como todos os outros nomes de pessoas élficas em *O Senhor dos Anéis*, é uma invenção minha. Está em forma sindarin (ver Apêndices E e F) e significa "Donzela coroada com cabelos brilhantes". É um nome secundário dado a ela em sua juventude no passado distante porque tinha longos cabelos que brilhavam como ouro, mas também eram raiados de prata. Na época ela era de disposição amazônica e prendia seu cabelo como uma coroa quando tomava parte em feitos atléticos.

348a De uma carta para Clyde S. Kilby 8 de março de 1973

[Kilby havia convidado Tolkien para visitá-lo nos Estados Unidos.]

Muito obrigado por sua carta e por seu gentil convite. Receio que eu esteja impossibilitado de aceitar. Creio que minha idade por si só é razão suficiente; mas estive em mãos médicas recentemente e recebi alguns conselhos severos a respeito de minha futura conduta. Não é mais possível contemplar distâncias longas de avião seguidas por compromissos em diferentes lugares.

349 De uma carta para a Sra. E.R. Ehrardt

8 de março de 1973

Não compreendo por que a senhora gostaria de associar meu nome com TOLK, um intérprete ou porta-voz. Essa é uma palavra de origem eslavônica que foi adotada em lituano (TULKAS), finlandês (TULKKI) e nos idiomas escand., e, por fim, através do norte da Alemanha (linguisticamente no baixo alemão) e finalmente no holandês (TOLK). Ela nunca foi adotada em inglês.

349a De uma carta para Michael Tolkien

[Com o cabeçalho "outono de 1972?, contin. em 24 de março de 1973".]

Uma carta é algo m. animador de se receber; e nesse assunto você e eu somos muito parecidos: palavras geram palavras, e pensamentos se desviam para vias secundárias, ao passo que usar de fato uma caneta é um prazer, caso se consiga sentar para fazer isso. Nunca fui capaz de imitar a letra nítida e vigorosa e a brevidade lacônica de Mamãe — o "lacônico" é por mim apenas ocasionalmente alcançado como uma "forma de arte" ao suprimir ¾ ou mais do que eu tiver escrito e é, certamente, na verdade mais demorado e trabalhoso do que o "comprimento livre".

350 Para C.L. Wiseman

[Christopher Wiseman, amigo de Tolkien dos tempos de colégio e do "T.C.B.S." (ver a carta nº 5), morava agora em Milford-on-Sea, próximo a Bournemouth.]

24 de maio de 1973 — Merton College, Oxford

Meu querido Chris:

Pensei (é claro) muitas vezes, desde que você me tirou de meu covil em Bournemouth e me levou a Milford, em lhe escrever; e agora estou espantado com a velocidade da passagem do tempo..... A razão imediata para realmente escrever é esta: ao organizar algumas pilhas de cartas e marcar algumas para guardar, deparei-me com uma carta (recebida em *maio de '72*) de quem? Ninguém menos que C.V.L. Lycett, e de Los Angeles! .... A carta dele .... [está] cheia de reminiscências da K[ing] E[dward's] S[chool]. .... Eis aqui um trecho da carta dele: "Você não pode imaginar como eu, quando era menino, erguia os olhos para vocês, e admirava e invejava a sagacidade daquele seleto círculo* de J.R.R.T., C.L. Wiseman, G.B. Smith, R.Q. Gilson, V. Trought e Payton. Eu pairava nas redondezas para recolher as pedras preciosas. Provavelmente vocês não faziam ideia dessa adoração de escolar".....

Bem: aqui estou agora, estabelecido em Merton; ainda razoavelmente animado e ativo, embora eu tenha tido um surto de saúde fraca um tanto longo desde a minha festa de aniversário de 81 anos em 3 de jan. (uma mera consequência do tempo e não devido à festa!). Depois de ter meu interior radiografado extensivamente (com relatórios no geral m.b.), estou agora privado do uso de *todos* os vinhos e em uma dieta um tanto restrita; mas tenho permissão para fumar e consumir os produtos alcoólicos de cevada, conforme eu queira.

Se você quiser aceitar o desafio e responder, ficarei encantado.

Com minhas lembranças e bons votos à sua esposa. Seu mais devotado amigo.

Sinceramente,
JRRT. TCBS.

---

* Isso nós certamente nunca pretendemos ser.

351 Para Christopher Tolkien

[Carimbada como 29 de maio de 1973] [Merton College]

Meu querido Chris.

Fiquei muito feliz em receber sua carta de 17 de maio (carimb. 18). Pois achei que algo desagradável, além de um certo capricho dos correios franceses, deveria ter acontecido. Condoo-me profundamente com o horror de sua chegada — tendo sofrido diversas vezes, na minha juventude, coisas similares, especialmente no período do nascimento de John em 1917 a 1925, que agora em retrospecto se parece com uma longa série nômade de chegadas a casas ou alojamentos que se mostravam horríveis — ou pior: em alguns casos não encontrando nenhum! . . . . Você partiu por volta da mesma época em que Prisca foi à Creta. Essa parece ter sido a viagem mais bem sucedida que ela já fez. Ela voltou parecendo e se sentindo realmente bem e cheia de alegria, mas você deve ouvir sobre isso em primeira mão. Pela primeira vez desde '68 senti um impulso de ir "conhecer lugares", ou pelo menos esse. Mas receio que agora eu deva viver das histórias de viajantes.

Obviamente muita coisa tem acontecido desde a Páscoa — mas principalmente do tipo que leva mais tempo para relatar por escrito do que vale a pena: sobretudo um registro de pressões infindáveis: sociais, literárias, profissionais e financeiras. . . . . Fugi dos dias superlotados do período de verão para Bournemouth de 16–22 de maio, e voltei muito melhor. Desfrutei de uma boa comida simples, um quarto com uma sacada particular e vi bastante meus queridos amigos, os Tolhursts; e peguei um tempo bom (o que *não* aconteceu com Oxford). . . . . Por quanto tempo você vai ficar em Bargemon? Espero que tudo corra bem ou melhor enquanto você estiver aí. *Todos* vocês estão em meus pensamentos constantes e este lugar parece bastante vazio sem vocês. Muito amor meus queridos Chris e Baillie e + A[dam] e + R[achel]. Papai.

Desde que você partiu (pelo menos creio), Warnie,[1] Tom Dunning,[2] R.B. McCallum e Rosfrith M.[3] morreram. (Warnie teve um obit. muito caloroso no Times.)

352 De uma carta para Ungfrú Aðalsteinsdottir

5 de junho de 1973

Fico muito contente em saber que uma tradução islandesa de *O Hobbit* está em preparação. Por muito tempo tive esperanças de que algumas de minhas obras pudessem ser traduzidas para o islandês, um idioma que acredito que seria apropriado a elas melhor do que qualquer outro do qual eu possua um conhecimento adequado.

353 De uma carta para Lord Halsbury 4 de agosto de 1973

Você empilha o Topo-do-Vento sobre Erebor, como Bilbo poderia ter dito, com suas outras generosidades. O uísque será bem-vindo a qualquer hora que chegar: estará bastante seguro se for enviado à faculdade, se eu estiver aqui ou brevemente ausente. Quando se aposentar, certamente pedirei sua ajuda. Sem ela, começo a sentir que nunca mais produzirei qualquer parte de *O Silmarillion*. Quando você esteve aqui em 26 de julho, fiquei mais uma vez vividamente ciente de seu efeito revigorante sobre mim: como um caloroso fogo trazido para o quarto de um velho, onde ele se senta frio e incapaz de reunir coragem para sair em uma viagem que seu coração deseja fazer. Pois além de todas as aflições e obstáculos que suportei desde que *O Senhor dos Anéis* foi publicado, perdi a confiança. Posso esperar que você, mesmo em meio às suas próprias dificuldades e ao trabalho pesado que deve anteceder sua aposentadoria, possa vir novamente muito em breve e me animar mais uma vez? Desejo em particular ouvi-lo ler poesia novamente, e especialmente seus próprios poemas, os quais para mim você faz ganhar vida. Além disso, posso lhe enviar em breve algumas cópias de coisas que escrevi para esclarecer minha cabeça e minha imaginação sobre coisas tais como as relações de Elfos, os longevos, e os Homens, os de vida curta — mas com as quais você não precisa se incomodar, nem mesmo para devolvê-las.

Pretendia lidar imediatamente com Galadriel e com a questão da gravidez élfica — sobre as quais pensei muito. Mas não devo adiar por mais tempo o envio desta carta de gratidão.....

Galadriel era "imaculada": ela não cometeu atos malignos. Era uma inimiga de Fëanor. Ela não chegou à Terra-média com os outros Noldor, mas sim de forma independente. Suas razões para desejar ir para a Terra-média eram legítimas, e lhe teria sido permitido partir, se não fosse pelo azar de, antes que o fizesse, a revolta de Fëanor ter eclodido e ela ter acabado envolvida nas medidas desesperadas de Manwe e no banimento sobre toda emigração.

354 Para Priscilla Tolkien

[Escrita, da casa do Dr. Denis Tolhurst, quatro dias antes de Tolkien morrer aos oitenta e um anos.]

Qua. 29 de ago. de 1973 em 22 Little Forest Road, Bournemouth.

Querida Prisca,

Cheguei em B'th. ontem por volta das 3:15, depois de uma viagem bem-sucedida com a maioria do tráfego indo para o norte e não em direção ao mar e de um almoço com curry compartilhado por Causier,[1] pela Sra. C. e David. Estava m. m. quente aqui e abarrotado de gente. Os Cs. foram então encontrar "acomodações" para 2 noites e partiram necessariamente com toda minha bagagem no que parecia uma busca sem esperanças. Eles me deixaram no East Overcliff perto do Miramar,[2] o que me atraiu nostalgicamente; mas fui à cidade e fiz algumas compras, incluindo cortar o cabelo. Depois caminhei de volta para o Miramar às 4:45 — e as coisas então começaram a dar errado. Disseram-me que Causier havia telefonado para me encontrar por volta das 4 da tarde, o que me fez recear que ele estivesse em dificuldades. Também descobri que eu havia perdido meu cartão bancário e algum dinheiro. A "Recepção" ficou surpresa, mas foi acolhedora, consolando-me com um bom chá. Além disso, supondo que eu estivera procurando por algo mais do que um chá, disseram-me que não poderiam ter feito nada por mim, a não ser um cancelamento que os permitiria me receber na terça-feira, 4 de set. — mas eu disse que veria. Peguei um táxi para 22 L.F.R. (que rapidamente se perdeu) e cheguei tarde e encontrei a casa cheia e animada — apenas o Dr. estava ausente até o início da noite. (Gente feliz e despreocupada.) Então esperei ansiosamente por Causier. Eram quase 7 quando ele (e a Sra. C. e D) apareceu — suspeito que ele também se perdeu — e disse que havia levado apenas 15 min. para encontrar quartos m. b. por 2 noites! Enquanto isso, Martin Tolhurst (que fora do N[ew] College), agora um homem imensamente alto, encantador e eficiente, havia localizado por telefone meu cartão bancário etc. no *The Red Lion* em Salisbury. Então tudo ficou bem, por ora. Mas aceitei a oferta do Miramar e não devo retornar a Oxford até 11 de set. Por várias razões: a principal sendo que quero dar a Carr bastante tempo para limpar meus aposentos, os quais, e eu também, estavam muito negligenciados nos últimos tempos; desejo m. visitar várias pessoas aqui, e também Chris Wiseman em Milford, e estou velho o bastante para preferir muito mais ambientes familiares.

Com meu mais estimado amor por você.

Papai.

Está abafado, úmido e chuvoso aqui no momento — mas as previsões são mais favoráveis.

NOTAS

[1] **1.** A. Shakespeare e L.L.H. Thompson, do Exeter College. **2.** Padre Francis Morgan (1857–1934), do Oratório de Birmingham, o padre católico que se tornou guardião de Tolkien após a morte da mãe deste em 1904. **3.** L.R. Farnell, Reitor do Exeter College, 1913–28. **4.** Kenneth Sisam (1887–1971), que em 1914 era aluno de pós-graduação e assistente do Professor A.S. Napier. Ele desempenhou o papel de tutor de Tolkien; ver a carta nº 318. **5.** Thomas Wade Earp, na época um estudante de graduação no Exeter College; posteriormente tornou-se conhecido por escrever sobre pintores modernos. Ver a carta nº 83 a respeito da referência de Tolkien a ele como "T. W. Earp, o *twerp* [tapado] original"; visto que o *Dictionary of Slangs* [Dicionário de Gírias] de Partridge registra o primeiro uso de "twerp" por volta de 1910, é possível que o nome de Earp e suas iniciais possam ter dado origem à palavra. Earp foi um dos editores de *Oxford Poetry 1915*, no qual um dos primeiros poemas publicados de Tolkien, "Pés de Gobelim", foi impresso. **6.** O retrabalho de Tolkien de uma das histórias da *Kalevala*, "A História de Kullervo", nunca foi terminado, mas provou ser o gérmen da história de Túrin Turambar em *O Silmarillion*. Para o relato de Tolkien sobre isso, ver a carta nº 163. **7.** Tolkien geralmente assinava suas cartas para Edith Bratt como "Ronald" ou "R.", embora às vezes ele usasse seu prenome, John.

[2] **1.** Tolkien escreveu um poema intitulado "A Viagem de Earendel, a Estrela Vespertina" em setembro de 1914. A primeira estrofe é citada em *Biografia*, p. 102.

[4] **1.** Aparentemente uma referência a uma forma primitiva do idioma élfico quenya, inventado por Tolkien provavelmente durante seus dias de estudante de graduação. Para um exemplo de uma estrofe escrita no idioma, e datada "novembro de 1915, março de 1916", ver *Biografia*, p. 109.

[7] **1.** Henry Bradley (1845–1923) era o responsável pelo Oxford Dictionary quando Tolkien trabalhou na equipe.

[8] **1.** Lascelles Abercrombie tornou-se professor de Literatura Inglesa em Leeds em 1922, após o retorno de Gordon a Oxford.

[8b] **1.** John Binney era um íntimo amigo da família na década de 1930, frequentemente acompanhando a família em férias; ele foi o tutor de Christopher

durante a doença que o manteve em casa na Oratory School na maior parte do período de sua matrícula lá. **2.** Professor C. L. Wrenn, na época professor universitário de Língua Inglesa em Oxford, e sua esposa, Agnes. Agnes era a amiga mais próxima de Edith em Oxford na década de 1930, e os Tolkien eram visitantes regulares na casa dos Wrenn durante esse período. **3.** Phoebe Coles, a cozinheira e arrumadeira da família Tolkien na 20 Northmoor Road, que saiu em 1939 para trabalhar na guerra. **4.** Tolkien havia dado permissão à BBC para ter parte de seu poema em inglês médio, Pearl, lido na rádio regional de Londres.

[8c] **1.** Tolkien provavelmente está se referindo à prática em que famílias irlandesas mantinham e vendiam seus porcos nos dias de mercado para custear a vida e o cultivo do proprietário de terras. **2.** Michael tinha cortado e ferido a mão em uma janela da Oratory School mais cedo no ano. **3.** G. R. Girdlestone (1881–1950), primeiro Professor Nuffield de Cirurgia Ortopédica em Oxford, que estava supervisionando o tratamento de Michael.

[10] **1.** Tolkien nesta época era o detentor de uma Leverhulme Research Fellowship [Bolsa de Pesquisa Leverhulme]. **2.** Uma ilustração em preto e branco incluída nas primeiras edições britânica e norte-americana de *O Hobbit* como uma ilustração do Capítulo 8, mas não usada em tiragens subsequentes. Ela foi reproduzida junto da nota na ilustração nº 37 em *Pictures*. **3.** Assim como os mapas, Tolkien ofereceu inicialmente apenas as duas ilustrações mencionadas anteriormente nesta carta, ambas as quais eram em preto e branco. As outras seis agora enviadas presumivelmente eram a maior parte dos desenhos monocromáticos restantes que foram usados na primeira edição.

[11a] **1.** Certificado de Ensino Superior. **2.** Robert Howard Hodgkin (1877–1951) havia publicado sua altamente respeitada obra *A History of the Anglo-Saxons* em 1935.

[11b] **1.** Na Cronologia de seu *J.R.R. Tolkien Companion & Guide*, Christina Scull e Wayne G. Hammond sugerem que esta carta pode ter sido escrita em 10 de março, com base no fato de que a carta está marcada como recebida pela Allen & Unwin no dia 11 e levando em consideração a velocidade do serviço postal de Oxford para Londres naquela época.

[13] **1.** Essa era a pintura intitulada "Beleg encontra Gwindor em Taur-nu-Fuin", reproduzida como nº 37 em *Pictures*, onde uma nota fornece sua história.

[14] **1.** C.S. Lewis, *Fellow** do Magdalen College e amigo de Tolkien desde 1926. **2.** Russell Meiggs, *Fellow* do Keble College e posteriormente de Balliol, que nesta época editava a *Oxford Magazine*, na qual os poemas de Tolkien, "A Visita

*Acadêmico que recebe apoio financeiro de uma faculdade ou universidade para fins de pesquisa e/ou ensino. [N.T.]

do Dragão" e "Iúmonna Gold Galdre Bewunden (O Tesouro)", foram publicados em fevereiro e março de 1937. **3.** Uma dessas gravuras era "Beleg encontra Gwindor em Taur-nu-Fuin", q.v. na nota 1 da carta nº 13 acima. Tolkien refere-se a ela posteriormente nesta carta como "A gravura de Trevamata.... [que] ilustra uma aventura diferente", isto é, um episódio em *O Silmarillion*. As outras pinturas provavelmente eram "Glórund sai em busca de Túrin" e "Monte Sempre-branco", que eram as únicas outras pinturas substanciais e terminadas relacionadas à Terra-média em existência nesta época; elas foram reproduzidas como os números 38 e 31 em *Pictures*. Como mencionado por Tolkien, as três ilustrações do *Silmarillion* não eram destinadas à publicação em *O Hobbit*, e foram enviadas meramente como amostras de seu trabalho.

[15] **1.** Os editores escreveram no texto da sobrecapa de *O Hobbit*: "O Professor Tolkien — mas não seus editores — ainda precisa ser convencido de que alguém vai querer ler sua agradabilíssima história da jornada de um Hobbit." **2.** George Gordon, anteriormente Professor de Literatura Inglesa em Leeds (ver a carta nº 46) e então detentor da mesma cátedra em Oxford. Em 1937 ele era o Presidente do Magdalen College. **3.** R.W. Chambers (1874–1942), Professor de Inglês na Universidade de Londres.

Comentário acerca da sobrecapa: [15] **1.** Elaine Griffiths do St Anne's College, Oxford, que trabalhou com Tolkien como aluna de pós-graduação durante os anos 30. Sobre o papel dela na publicação de *O Hobbit*, ver a carta nº 294. **2.** "Dizer que Bilbo perdera o fôlego nem chega a descrever a situação. Não restam palavras para expressar seu desconcerto desde que os homens mudaram a língua que aprenderam dos elfos nos dias em que todo o mundo era maravilhoso". (*O Hobbit*, Capítulo 12.) **3.** Owen Barfield, amigo de C.S. Lewis e autor de *Poetic Diction* [Dicção poética] (1928), um relato do desenvolvimento da linguagem desde suas raízes primitivas na mitologia. **4.** Sir Walter Raleigh, Professor de Literatura Inglesa em Oxford, 1904–22. **5.** Um *viva voce* é a parte oral dos exames da Universidade de Oxford.

[16] **1.** Na Escola do Oratório, os equivalentes de "estúdios" em outras escolas públicas eram conhecidos como "apartamentos". **2.** A filha de oito anos de Tolkien, Priscilla, e John Binney.

[17] **1.** C.S. Lewis fez uma resenha de *O Hobbit* no *The Times* em 8 de outubro de 1937 e outra no *Times Literary Supplement* em 2 de outubro de 1937. Nenhuma das duas resenhas foi assinada. **2.** Hughes havia dito em sua carta: "As crianças parecem ter uma capacidade natural para o terror diante da qual não há muito que fazer: quero dizer, se não lhes dermos dragões para se assustarem, elas vão se assustar com uma velha cômoda. Então, estou lendo [*O Hobbit*] para o meu próprio menino sem nenhum problema..." [MS. Tolkien 21, fol. 63]. **3.** Gnomo era um termo usado nesse período por Tolkien para os Elfos noldorin; ver a carta nº 239. **4.** Latim, "é assim hobbitado às estrelas": uma alusão à Eneida IX. 641, "sic itur ad astra". **5.** R.M. Dawkins, que era membro do clube informal

de leitura islandesa, o Coalbiters [Mordedores de Carvão] (ver Inklings, p. 27). **6.** Frederick Maurice Powicke (1879–1963). **7.** Livraria Parker's na Broad Street, Oxford. **8.** Vendryes, um estudioso francês de língua e literatura celta, estava palestrando na Academia Britânica.

[18] **1.** Durante o almoço, Stanley Unwin fez uma lista preliminar do material que Tolkien havia mencionado. Isso incluía "um volume de estórias de fadas curtas em vários estilos praticamente pronto para publicação ... (Sil Marillion) [sic"; "o manuscrito de uma História dos Gnomos, e histórias decorrentes disso"; *Sr. Boaventura*; *A Estrada Perdida*, "um romance parcialmente escrito do qual poderíamos ver os primeiros capítulos"; "uma grande quantidade de versos de um tipo ou outro que provavelmente valeria a pena examinar"; uma tradução de *Beowulf* "sobre a qual ele fez muito pouco até agora"; e *As cartas do Papai Noel*.

[18a] **1.** Dom André Wilmart (1876–1941) foi um beneditino francês e medievalista de destaque, além de um renomado especialista em espiritualidade medieval durante o período entre guerras. **2.** "Caro amigo" ou "colega" em anglo-saxão. **3.** Na mitologia grega, Prócrustes, filho de Poseidon, tinha uma cama de ferro na qual ele obrigava suas vítimas a deitar: se fossem muito baixas, eram esticadas para se ajustar, se fossem muito altas, seus membros eram cortados — em ambos os casos, elas morriam. **4.** A edição de Gordon de *A Batalha de Maldon* foi publicada em junho de 1937. **5.** Mabel Mitton (*nascida* Tolkien) (1858–1937).

[19] **1.** Apesar de ter escrito uma carta de apreciação a Tolkien em outubro, a crítica de Hughes no *The New Statesman* (4 de dezembro) foi crítica em relação às ilustrações. **2.** "As Aventuras de Tom Bombadil", publicado pela primeira vez na *Oxford Magazine* em 1934. **3.** Isto é, na reimpressão de *O Hobbit*. **4.** Em 1º de janeiro de 1938, Tolkien palestrou sobre "Dragões" como parte de uma série de palestras para crianças no Museu da Universidade, Oxford. **5.** Unwin contara a Tolkien que viajaria para o exterior. **6.** Tolkien deu uma palestra sobre "Poesia anglo-saxã" na BBC em 14 de janeiro de 1938. A duração foi de 13 minutos, e a palestra foi parte da série "Estudos sobre a Inspiração Nacional e Formas Características".

[20] **1.** Para um relato do primeiro rascunho do capítulo de abertura de *O Senhor dos Anéis*, ver *Biografia* p. 254. **2.** Arthur Ransome, cujos livros eram muito admirados pelos filhos de Tolkien, escreveu a Tolkien, descrevendo a si mesmo como "um humilde amante de hobbits" e reclamando sobre o uso que Gandalf faz do termo "excitable litte man" [homenzinho agitado] como uma descrição de Bilbo. Ele citou outros usos similares de "man" [homem] ou "men" [homens] para descrever anãos e gobelins.

[22] **1.** Christopher Tolkien estava confinado à cama com irregularidades do coração, uma condição que fez com que ficasse completamente inválido por vários anos.

[23] **1.** O Longo Recesso é o período das férias de verão em Oxford. A bolsa de pesquisas de Tolkien terminou em setembro de 1938.

[24] **1.** Isso indica que, no rascunho original de *Além do Planeta Silencioso*, o herói se chamava Unwin; no livro publicado seu nome é Ransom. **2.** Para outro relato sobre isso, ver a carta nº 294. **3.** A história inacabada de viagem no tempo de Tolkien, "A Estrada Perdida", foi apresentada à Allen & Unwin em novembro de 1937 e devolvida pela editora com a explicação de que não parecia provável, mesmo se fosse terminada, que se tornasse um sucesso comercial.* Para uma descrição da história, ver a carta nº 257 e *Biografia*, pp. 234–5.

[26] **1.** Possivelmente a carta nº 24, que talvez tenha sido enviada como um anexo desta carta. **2.** *Land Under England* [A terra sob a Inglaterra], de Joseph O'Neill (1935). **3.** Uma expressão usada no relatório do leitor. **4.** *Voyage to Arcturus* [Uma jornada para Arcturus], de David Lindsay. (1920).

[28] **1.** Além de suas obrigações em Oxford, Tolkien atuou com frequência como revisor externo para outras universidades, e dava notas às provas para o Diploma de Ensino Superior, visto que necessitava da renda extra. **2.** Não está precisamente claro a que obras Tolkien estava se referindo. Possivelmente ele tinha em mente *Ancrene Wisse* [Guia para Ermitãs] e *Pérola* em inglês médio, uma vez que estava editando a primeira para a Early English Text Society [Sociedade de Textos em Inglês Arcaico], e estava trabalhando na segunda com E.V. Gordon — embora, na verdade, nenhum desses projetos estivesse perto do término. A obra em inglês antigo era provavelmente a revisão da tradução de *Beowulf* de Clark Hall, cujas provas tipográficas Tolkien estava lendo, e para a qual ele deveria estar contribuindo com uma introdução; ver a carta nº 37. A obra em nórdico antigo a que ele se refere provavelmente era uma edição da *Saga de Víga-Glúms*, editada por G. Turville-Petre (Oxford University Press, 1940); ela fazia parte das Oxford English Monographs [Monografias da Escola de Inglês de Oxford], série da qual Tolkien era editor associado com C.S. Lewis e D. Nichol Smith. **3.** Fox era Decano de Teologia do Magdalen College e um antigo membro dos Inklings.

[29] **1.** Alemão, "confirmação".

[30] **1.** Alemão, "ascendência, genealogia".

[31] **1.** Uma sociedade no Worcester College, Oxford.

[32] **1.** Nevill Coghill (1899–1980) era membro do Exeter College e estava presente no Essay Club quando Tolkien leu trechos de *A Queda de Gondolin*. Em 1937,

* A história foi enfim publicada em 1987 no Reino Unido pela *Unwin Hyman em The Lost Road and Other Writings*; no Brasil, esse volume foi publicado pela HarperCollins Brasil em 2023 como *A Estrada Perdida e Outros Escritos*, volume 5 da série *A História da Terra-média*, editada por Christopher Tolkien. [N.T.]

ele se juntou a Tolkien, C. S. Lewis e C. L. Wrenn para ministrar uma série de palestras sobre *Hamlet*. Ele também se encontrava com Tolkien em reuniões do Kolbítar, um clube de leitura informal, e dos Inklings. Depois de se tornar Professor de Língua Inglesa de Merton, em Oxford, em 1957, ele colaborou com Christopher Tolkien em edições para estudantes dos contos de Chaucer "Pardoner's Tale", "Nun's Priest's Tale" e "Man of Law's Tale" em inglês médio.

[33] **1.** Para um relato dessa continuação, ver a carta nº 36 e *Biografia*, p. 228. **2.** "O Rei da Verde Dúzia" é a história do Rei de Iwerddon, cujo cabelo e os dos doze filhos de seu descendente são verdes. A história, que se passa no País de Gales, parodia o estilo "elevado" de narrativa. Tolkien nunca a terminou.

[34] **1.** E.V. Gordon, colaborador de Tolkien na edição de *Sir Gawain e o Cavaleiro Verde*.

[35] **1.** Em janeiro de 1939, perguntaram a Tolkien se, no caso de uma emergência nacional (i.e. guerra), ele estaria preparado para trabalhar no departamento criptográfico do Ministério de Relações Exteriores. Ele concordou, e aparentemente frequentou um curso de instrução de quatro dias no Ministério de Relações Exteriores, com início em 27 de março. Mas, em outubro de 1939, ele foi informado que seus serviços não seriam necessários no momento e, em consequência disso, ele nunca trabalhou como criptógrafo.

[36a] **1.** Tolkien estava programado para proferir a palestra Andrew Lang, intitulada *Sobre histórias de fadas*, na Universidade de St Andrews em 8 de março.

[36b] **1.** Ver a nota 1 da carta nº 35 acima.

[37] **1.** Tolkien se machucou enquanto jardinava. **2.** John Tolkien estava estudando para o sacerdócio católico no English College em Roma. **3.** H.S. Bennett (1889–1972) do Emmanuel College, Cambridge, medievalista e historiador literário.

[38] **1.** A casa de Tolkien no nº 20 da Northmoor Road foi danificada por um rompimento de canos de água durante o inverno de 1939–40. **2.** i.e., a edição revisada de Clark Hall não possuía (neste estágio) qualquer material introdutório fora um "argumento" ou sumário da história de *Beowulf* e dez linhas de informações sobre o manuscrito. **3.** A seção da introdução de Tolkien intitulada "On Metre" [Sobre a métrica].

[40a] **1.** Com o início da guerra, todas as residências eram obrigadas a cobrir todas as janelas durante a noite para que nenhuma luz escapasse e ajudasse os bombardeiros inimigos.

[42] **1.** R.E. Havard (um clínico geral). **2.** C.S. Lewis e seu irmão, o Major W.H. Lewis. **3.** (Sir) Basil Blackwell, livreiro e editor. **4.** H.V.D. ("Hugo") Dyson, amigo

de Lewis e Tolkien, nessa época um professor assistente na Universidade de Reading. **5.** Em 10 de janeiro de 1941, a Alemanha assinou um novo tratado com a Rússia como um indício do entendimento mútuo que supostamente existia entre as nações nessa época. **6.** O jornal diário do Partido Comunista Britânico.

[42a] **1.** Nesse período, Christopher estava sendo remunerado para digitar capítulos de *O Senhor dos Anéis* a partir do manuscrito de seu pai.

[42c] **1.** O irmão de C. S. Lewis's, Warren H. Lewis. **2.** Padre Douglas Carter, pároco da Igreja Católica de S. Gregório, em Oxford. **3.** Uma brincadeira com o nome "Del Nevo", uma família que em grande parte fornecia o coral na paróquia.

[43] **1.** O guardião de Tolkien. O Padre Francis Morgan desaprovava seu caso de amor clandestino com Edith Bratt. **2.** Tolkien ficou empolgado nos dias de colégio ao descobrir a existência do idioma gótico; ver a carta nº 272. **3.** *Classical Honour Moderations* [Exame para o Bacharelado em Letras Clássicas], no qual Tolkien recebeu uma Segunda Classe. **4.** A verdadeira data da travessia do Canal feita por Tolkien com seu batalhão foi 6 de junho de 1916. O poema a que ele se refere, datado "Étaples, Pas de Calais, junho de 1916", é intitulado "A Ilha Solitária", e possui o subtítulo "Para a Inglaterra", embora ele também esteja relacionado à mitologia de *O Silmarillion*. O poema foi publicado no *Leeds University Verse 1914–1924* (Leeds, na Swan Press, 1924), p. 57. **5.** Tolkien herdou uma pequena renda de seus pais, proveniente de ações em minas sul-africanas. **6.** A segunda prima de Edith, Jennie Grove. Nascida vinte e cinco anos antes de Edith, Jennie se tornou uma segunda mãe para ela após a morte da mãe de Edith por volta de 1900. Ela morava em Birmingham e foi uma figura importante na família Tolkien durante as décadas de 1920 e 1930, até sua morte em 1938.

[43a] **1.** "uma enormidade".

[44] **1.** A mãe de Tolkien morreu de diabetes; Tolkien acreditava que a condição da mãe se tornara pior pela intolerância de seus parentes pela conversão dela ao catolicismo. **2.** A mãe de Tolkien havia alugado quartos para as férias de verão em um chalé ocupado por um carteiro e sua esposa.

[45] **1.** A prova final realizada pelos estudantes de graduação em Oxford. **2.** Durante a guerra, Tolkien organizou um plano de estudos para os cadetes navais que estudavam inglês em Oxford. **3.** A.H. Maxwell era Fiscal de Tabaco do Governo Britânico durante a guerra.

[46] **1.** Durante 1926, Tolkien continuou a dar aulas em Leeds quando já detinha a cátedra de Anglo-Saxão em Oxford. **2.** Gordon foi um *Fellow* do Magdalen College, Oxford, de 1907 a 1913. **3.** F.W. Moorman, Professor [catedrático] de Língua Inglesa em Leeds, morreu no verão de 1919; após sua morte, o posto foi reduzido ao de Professor Associado. **4.** O salário parece ter sido de £500 anuais. **5.** Provavelmente não é verdade; Gordon não faz menção de Kenneth Sisam em suas cartas (publicadas) discutindo a indicação, mas escreveu a R.W. Chapman

em 26 de junho de 1920: "Devo tirar Tolkien de você; mas apenas, espero, para dar a ele tempo para escrever textos." (Tolkien estava na época trabalhando no departamento de Dicionários da Oxford University Press.) **6.** Ver nota 4 da carta nº 15 (comentário acerca da sobrecapa).

[47] **1.** Durante 1942, Tolkien começou a servir como um Vigia de Ataques Aéreos. **2.** No primeiro rascunho de *O Senhor dos Anéis*, os capítulos eram numerados continuamente. XXXI era "Destroços e Arrojos", que se tornou o Capítulo 9 do Livro III.

[48] **1.** C.S. Lewis era conhecido por seus amigos como Jack. **2.** Presumivelmente uma aula sobre a matéria arturiana. **3.** Essa inicial significava "Tollers", o nome pelo qual Lewis geralmente chamava Tolkien.

[49] **1.** O texto de *Conduta cristã* posteriormente foi incorporado ao livro de Lewis *Cristianismo puro e simples*. **2.** Acima de *permanente* está escrito *para toda a vida*. Esta e alterações subsequentes estão a lápis; o texto da carta está à caneta. **3.** Alterado para *total saúde humana*. **4.** Alterado para *com*. **5.** *todos* está sublinhada a lápis. **6.** *permanente* mais uma vez foi alterado para *para toda a vida*. **7.** "Moralidade social" era o título de um capítulo anterior no livro. **8.** *elaborar* foi substituído por *defender*. **9.** Lewis sugeriu que se um público fosse assistir não a um strip-tease, mas a uma tampa sendo lentamente levantada de um prato de bacon, a conclusão seria de que "algo deu errado no que se refere ao apetite por comida". **10.** Reno, Nevada, famosa por seus divórcios instantâneos. **11.** Latim, "Manter uma opinião com a Igreja".

[49a] **1.** Ver nota 1 da carta nº 40a. **2.** Originário do latim *tegere*, que significa "cobrir".

[49e] **1.** A tradução de Lewis permaneceu inacabada durante sua vida; os fragmentos foram eventualmente publicados em 2011.

[50] **1.** Um gabinete guarnecido por Vigias de Ataques Aéreos para a área norte de Oxford.

[51a] **1.** Do latim, "Levanta o teu coração".

[51b] **1.** Formulários de provas para os cadetes navais que estavam estudando inglês em Oxford. **2.** *Aquela força mdonha*, que seria publicado em 1945, o ano em que Williams morreu.

[52] **1.** Latim, "Não desejo me tornar um bispo". **2.** Dois versos do poema inédito* de Tolkien "Mitopeia", escrito para C.S. Lewis.

* O poema posteriormente foi publicado na íntegra pela primeira vez na edição de 1988 de *Tree and Leaf*, da editora Unwin Hyman; no Brasil, a tradução mais recente, de Reinaldo José Lopes, foi publicada em *Árvore e Folha*, pp. 91–101, pela HarperCollins Brasil, em 2020. [N.T.]

[53] **1.** Charles Williams, que agora estava morando em Oxford. **2.** A Conferência de Teerã, realizada em novembro de 1943, à qual compareceram os líderes britânico, americano e russo. **3.** i.e. Winston Spencer Churchill. **4.** "Collie" Knox, um escritor e jornalista popular. **5.** O traço está na carta original; nenhum nome é fornecido.

[53a] **1.** Um oficial polonês que havia consultado Tolkien algumas semanas antes.

[53b] **1.** *Aquela força mdonha*, o terceiro livro na trilogia de Lewis que apresenta Elwin Ransom.

[54] **1.** Anglo-saxão, "[O] conselho do pai [ao] seu filho". 2. Salmo 117: "Louvem o Senhor todas as nações; louvem-no todos os povos. Pois grande é o seu amor por nós; a fidelidade do Senhor dura para sempre. Louvado seja o Senhor!"

[55] **1.** Anglo-saxão, "[O] pai [ao] seu terceiro filho". **2.** Professor Associado de Islandês Antigo em Oxford. **3.** O posto de Ataques Aéreos mencionado na carta nº 50. **4.** Professor Associado de Estudos Judaicos em Oxford. **5.** i.e. com o peixeiro. **6.** Um pub na Broad Street. **7.** Os Tolkiens estavam agora criando galinhas, e esse é um trocadilho com "fowls" [galinhas, galináceos].* **8.** Latim, "[O] Pai ao seu Filho[,] Nascido o mais jovem (mas de modo algum em outros aspectos [o menos importante])." **9.** Anglo-saxão, "[O] Pai ao seu próprio filho, o mais novo [mas] de modo algum o menos amado."

[56] **1.** Mensagem da Força Expedicionária; era um serviço de telegrama de taxa especial durante a guerra. Uma lista de mensagens com números de código era fornecida, e o remetente podia selecionar três mensagens apropriadas apenas com os números de código sendo transmitidos, por exemplo, "1" para "Carta recebida. Muito obrigado". **2.** Dr. Humphrey R. Raikes, que esteve no Exeter College ao mesmo tempo que Tolkien antes de ser nomeado reitor da Universidade de Witwatersrand, Johannesburg, em 1928. **3.** Tolkien passou os três primeiros anos de sua vida na África do Sul, onde seu pai era um gerente de banco em Bloemfontein. Ver também a carta nº 163.

[56a] **1.** O Estreito de Dover. **2.** Em 1941, a Grã-Bretanha adotou o British Double Summer Time [Horário duplo de verão britânico], o que significava que os relógios eram adiantados duas horas em relação ao GMT para economia de luz diurna, em vez da prática habitual de apenas uma hora. Os relógios foram ajustados de volta para o GMT no final do verão de 1945. **3.** Um apelido para Stanley Caldwell, assistente do registrador da universidade.

[58] **1.** Um método de enviar cartas a soldados no estrangeiro. O texto era fotografado pelas autoridades postais e era entregue ao destinatário na forma de

* O trocadilho é feito no original com *foul* [sujas]. [N.T.]

uma pequena cópia em brometo, que então poderia ser lida com o auxílio de uma lente de aumento. **2.** Um apelido para o Padre Douglas Carter. **3.** Sarah Connaughton, uma amiga da família. **4.** Gwyn Jones (1907–1999), romancista e tradutor de literatura nórdica, fundou a revista literária *The Welsh Review*, que publicaria *The Lay of Aotrou and Itroun* de Tolkien em 1945.

[59a] **1.** Sarah Connaughton, uma amiga da família. **2.** O colégio St Gregory's. **3.** "A Doma de Sméagol" (Livro IV, Capítulo 1). **4.** Venerable English College, onde John tinha ido estudar e se preparar para ser padre. Em 1940, a instituição se mudou de Roma para Ambleside, no Lake District, e depois para Stonyhurst. **5.** John estava convalescendo em um convento em Grange-over-Sands. **6.** Seguindo o exemplo de seu pai, Christopher havia começado a rotular sua correspondência.

[60] **1.** Holandês, "Aberta pelo Censor". **2.** i.e. "Mamãe e Priscilla". **3.** Charles Williams. **4.** Lord David Cecil, *Fellow* do New College e um frequentador ocasional dos Inklings. **5.** David Nichol Smith foi Professor de Literatura Inglesa em Oxford entre 1929–46. **6.** Elaine Griffiths; q.v. na nota 1 da nº 15 (comentário acerca da sobrecapa). **7.** i.e. provas tipográficas dos exames da Universidade do País de Gales.

[61] **1.** Christopher Tolkien navegou para a África do Sul no S.S. *Cameronia*. As condições a bordo eram tão desagradáveis que ele e seus companheiros o apelidaram de *Altmark*, em referência ao navio-prisão alemão com esse nome. **2.** Heaton Park Camp, Manchester, onde Christopher Tolkien ficara alojado. **3.** *Beowulf* 1395–6: "Durante este dia, tem paciência em todos os pesares, como sei que terás." **4.** *Beowulf* 1386–8: "Para cada um de nós, a seu tempo, chegará o fim da vida no mundo; quem puder, que conquiste glória antes de morrer." (Este trecho e o acima foram tirados da tradução de Tolkien do poema.) **5.** Frank Pakenham, posteriormente Lord Longford, foi Tutor de Política no Christ Church, 1934–46. **6.** Mary Salu, uma aluna de graduação de Tolkien, que posteriormente publicou uma tradução de *Ancrene Riwle* com um prefácio de Tolkien. **7.** Latim, "Mantenha a mente calma, refreie a língua".

[63] **1.** i.e. a sirene* de ataque aéreo. **2.** O Hotel Mitre na Turl Street. **3.** Tolkien foi um executor do testamento de Joseph Wright, que morrera em 1930. **4.** "companheiros cristãos". **5.** Anglo-saxão, "Só Deus sabe". **6.** Mabel Tolkien estava de "férias" na Inglaterra quando seu marido morreu e não pôde voltar à Bloemfontein para o funeral.

---

* Em inglês, *siren*, que também é a palavra para o ser mitológico "sereia", daí o trocadilho feito por Tolkien na carta em referência ao episódio com Ulisses na Odisseia. Tanto siren como "sereia" e "sirene" (e sua variante "sirena") possuem a mesma origem etimológica no latim vulgar *sirēna*, sendo que estas duas últimas entraram no português via o francês *sirène*. [N.T.]

[64] **1.** Um antigo título de *O Silmarillion* era "A História dos Gnomos" — isto é, dos elfos noldorin. Ver a carta nº 239.

[66] **1.** Um padre do Oratório de Birmingham. **2.** Alexander Buchan (1829–1907), um meteorologista que previu certos períodos de tempo frio como sendo de ocorrência anual e deu seu nome à onda de frio de 9–14 de maio, que é conhecida como "Inverno de Buchan".

[67] **1.** Leonard Rice-Oxley, *Fellow* do Keble College. **2.** R.B. McCallum, *Fellow* do Pembroke College, que nessa época era professor de Michael Tolkien, que havia retornado a Oxford para estudar História.

[69] **1.** *Who Goes Home* [Quem vai para casa] posteriormente foi reintitulado *O grande divórcio*. **2.** i.e. da história de Tolkien "Folha de Cisco", publicada pela primeira vez no *Dublin Review*, em janeiro de 1945.

[71] **1.** Anglo-saxão, "na terra e no céu". **2.** *Gaudy Night* [Noite espalhafatosa], de Dorothy Sayers (1935).*

[72] **1.** H.L. Drake, Walter Ramsden e L.E. Salt, *Fellows* do Pembroke College, onde Tolkien detinha uma "Professorial Fellowship"†. **2.** i.e. Hugo Dyson. **3.** Proprietário de uma oficina de bicicletas. **4.** Latim, "Ah! Triunfo". **5.** Um anexo do Lincoln College construído na Turl Street. **6.** Censor (i.e. diretor) da Sociedade de Sta. Catarina, Oxford. **7.** H.G. Hanbury, *Fellow* do Lincoln College e Professor Assistente de Direito.

[73] **1.** E.R. Eddison [sic], autor de *The Worm Ouroboros* [A Serpe Ouroboros] e outros romances. Essa foi sua segunda visita aos Inklings (ver *Inklings*, p. 190). **2.** W.H. Lewis possuía a patente de Capitão no Corpo de Serviço do Exército Real até sua promoção a Major com o início da Segunda Guerra Mundial. **3.** *The Mezentian Gate* [O portão mezentiano], que permanecia incompleto na ocasião da morte de Eddison em 1945, embora um texto tenha sido editado por seu irmão C.R. Eddison e publicado em 1958.

[74] **1.** Após algumas semanas no Transvaal, Christopher Tolkien foi enviado para uma escola de treinamento aéreo em Kroonstad. **2.** Michael Tolkien foi considerado inapto a continuar o serviço militar devido ao resultado de um "grave abalo do sistema nervoso pela exposição prolongada à ação inimiga". **3.** Uma edição de *O Hobbit* foi lançada pela Foyles de Londres em 1942; ver a carta nº 47.

---

* O livro citado em seguida na carta é *Busman's Honeymoon*, literalmente "Lua-de-mel de motorista de ônibus", uma referência à expressão "busman's holiday" ("férias de motorista de ônibus") usada para um período de folga em que se faz algo semelhante ao trabalho rotineiro. [N.T.]

† Sobre esse cargo, ver *Biografia*, p. 165. [N.T.]

[74a] **1.** O Acland Nursing Home, um hospital privado em North Oxford.

[75] **1.** Tolkien possuía uma máquina de escrever Hammond com tipos intercambiáveis, um dos quais era muito pequeno. **2.** Soldados estadunidenses, que estavam na área de Oxford em grande número. **3.** A tradução de W.H. Kirby, publicada na série Everyman em 1907. **4.** *Classical Honour Moderations*; ver nota 3 da carta nº 43.

[76] **1.** Enquanto estava de férias com sua família em Lamorna Cove, na Cornualha, em 1932, Tolkien divertiu as crianças ao dar o apelido de "Feitor Gamgi" a um "personagem" local. Ver carta nº 257. **2.** No Oxford Playhouse.

[77] **1.** Haviam chegado notícias de Avanços dos Aliados na Normandia; enquanto isso, von Papen, o embaixador alemão na Turquia, havia encurtado as férias e voltado a Ancara devido a relatórios de que o governo turco poderia romper relações diplomáticas com a Alemanha. **2.** Latim, "Cartago deve ser destruída" (Plutarco, *Vida de Catão*). **3.** Em latim, "Que Deus, de quem vêm toda paternidade e toda caridade, o guarde para mim, a quem ele lhe deu e a quem ele providenciou para você." **4.** Em grego, "muitos beijos".

[79] **1.** Um apelido para o pub Eagle & Child.

[80b] **1.** A campanha de bombardeio de terror "Vengeance Weapon 1"* da Wehrmacht† começou uma semana após o Dia D, inicialmente lançada de aeronaves, mas logo depois de locais estáticos.

[81] **1.** Ver também carta nº 49e. **2.** Tolkien prometera sua tradução de *Pérola* a Blackwell, que desejava publicá-la e composto o texto tipograficamente. Mas Tolkien não conseguiu fornecer uma introdução para o livro, e o projeto foi, por fim, abandonado.

[83] **1.** *Punch* magazine. **2.** "Troteiro" era o nome original do personagem Passolargo em *O Senhor dos Anéis*. **3.** Sir William Walton (1902–1983). **4.** Um colega de Tolkien no Departamento de Inglês na Universidade de Leeds e o autor de muitos livros de poesia. **5.** Padre Martin D'Arcy, S.J., Diretor do Campion Hall, Oxford, 1932–45. **6.** Islandês antigo, "ruína do mundo".

[89] **1.** Também conhecida como a Devoção das Quarenta Horas. O Sagrado Sacramento é exposto sobre um trono em um ostensório e os fiéis oram diante dele, em turnos, durante quarenta horas; esse período provavelmente foi fixado como o período no qual o corpo de Cristo repousou no túmulo. **2.** Grego

---

* Também conhecida como "bomba voadora V-1" foi um dos primeiros mísseis de cruzeiro e uma das primeiras armas usadas para bombardear Londres, em junho de 1944. [N.T.]

† Nome das forças armadas da Alemanha Nazista de 1935 até 1945. [N.T.]

ἀνάγκη, "necessidade, restrição". **3.** Elizabeth Jennings, que posteriormente se tornaria conhecida como poetisa; sua família era amiga dos Tolkiens.

[90] **1.** Ver a nota 3 da carta nº 56a.

[91] **1.** Esse "capítulo final" foi escrito na forma de um Epílogo para *O Senhor dos Anéis*, que Tolkien por fim decidiu não publicar.*

[91b] **1.** A piada consiste no fato de, ao invés de pedir "repolhos, feijões e ovos" para a refeição, ele os solicitou para a Missa. **2.** Charles Lamb (1775-1834), ensaísta e poeta, mais conhecido pela coautoria do livro infantil *Tales from Shakespeare* [Contos de Shakespeare].

[92] **1.** A viúva de E.V. Gordon. **2.** O próximo romance de Lewis a ser publicado após *Aquela fortaleza medonha* e *O grande divórcio* foi *O leão, a feiticeira e o guarda-roupa*. No entanto, Tolkien está se referindo quase que certamente a algum outro livro de Lewis que nunca foi terminado. O "terceiro vagamente planejado" de Tolkien pode ter sido "Os Documentos do Clube Notion": ver *Biografia*, p. 235. **3.** Lewis contou a Chad Walsh, que o visitou no verão de 1948, que esse livro seria chamado "Linguagem e natureza humana" e seria publicado no ano seguinte pela Student Christian Movement Press; mas isso nunca aconteceu. Em 1950, Lewis escreveu a uma amiga: "Meu livro com o Professor Tolkien — qualquer livro em colaboração com este grande, mas moroso e assistemático homem — está previsto, temo eu, para aparecer só no Kalends grego!"† (*Cartas de C.S. Lewis*, p. 484-85).

[94] **1.** 22 Northmoor Road, onde Tolkien morou de 1926 a 1930. **2.** i.e. o Sr. Anthony Eden, falando na Câmara dos Comuns.

[94a] **1.** Em inglês médio, "grande relutância". **2.** Um apelido para o filho mais velho de Tolkien, John. **3.** As funções teológicas de John foram combinadas com as de jardineiro-chefe, em parte para fornecer alimentos para os funcionários e alunos. **4.** *The Four Feathers* [Os quatro pais] foi lançado em 1939. **5.** O guardião de Tolkien, Padre Francis, havia escrito a ele em fevereiro de 1910, ameaçando encerrar sua carreira universitária se ele não parasse de ver Edith.

[94b] **1.** Maureen Moore e sua mãe, Janie Moore, moravam com C.S. Lewis desde o final da Primeira Guerra Mundial, quando Maureen tinha treze anos.

---

* Esse epílogo foi enfim publicado em 1992 no Reino Unido pela HarperCollins em *Sauron Defeated* [Sauron Derrotado], volume 9 da série *A História da Terra-média*, editada por Christopher Tolkien. [N.T.]

† No calendário romano antigo, "calendas" era o primeiro dia do mês. Os gregos não tinham "calendas" em seus calendários, de modo que a expressão "calendas gregas" passou a significar um dia que nunca chegará, ou seja, o "Dia de São Nunca". [N.T.]

Em 1930, Janie, Lewis e seu irmão mais velho, Warnie, compraram juntos The Kilns*.

[96] **1.** Professor de Língua e Literatura Inglesas em Oxford. **2.** i.e. as Cátedras Merton de Língua e Literatura Inglesas e de Literatura Inglesa. **3.** Uma referência a um cartaz famoso que fazia propaganda do ar "fortificante" da estação balneária de Skegness, no qual aparecia um pescador de aparência jovial completamente vestido com roupas de linóleo. **4.** Esse era provavelmente o ensaio "Mito que se tornou realidade", publicado pela primeira vez em *World Dominion*, setembro/outubro de 1944, e reimpresso no livro de Lewis *Undeceptions* [Desenganos] (título estadunidense: *God in the Dock* [*Deus no banco dos réus*]). **5.** Grego, "que eu estivesse"; citada, assim como as palavras subsequentes, de "The Old Vicarage, Grantchester" [O antigo vicariato, Grantchester] de Rupert Brooke. **6.** Latim, "individualmente, separadamente".

[97a] **1.** "As rotinas diárias [e] o serviço comum". Ver também carta nº 53. **2.** Escrito no início dos anos 1940, *Sellic Spell*, um "conto maravilhoso", foi uma tentativa de Tolkien de sugerir como poderia ter sido a forma e o estilo de um conto popular em inglês antigo sobre Beowulf, no qual não havia associação com as "lendas históricas" dos reinos do Norte. **3.** A Catenian Association. **4.** Douglas Carter

[97c] **1.** Em inglês antigo, "destino". **2.** Em inglês antigo, "o povo anglo-saxão".

[98] **1.** Um primo de segundo grau de Rayner Unwin; seu nome verdadeiro era Harold. **2.** Christopher Tolkien nunca foi oficialmente pupilo de seu pai, mas ele recebeu uma certa instrução informal dele durante seu ano como aluno de graduação (1942–3) antes de entrar para a R.A.F. **3.** É impossível dizer o que Tolkien tinha em mente. Talvez ele estivesse fazendo alusão à história embrionária mencionada no final da carta nº 69. **4.** Esta nota de rodapé não possui indicação, na carta original, a qual parte do texto ela se refere. Sua colocação aqui, portanto, é conjetural. **5.** A edição Tolkien/d'Ardenne do ms. em inglês médio ocidental *Katerine*, que nunca foi completada. **6.** A edição de Tolkien do ms. *Ancrene Wisse*, não completada de fato até 1962.

[103] **1.** Tolkien queria alugar uma casa da faculdade, pois sua residência na 20 Northmoor Road estava se mostrando grande demais para as necessidades atuais de sua família. **2.** Hugo Dyson foi nomeado um *Fellow* de Merton e foi admitido na faculdade na mesma época que Tolkien.

[105] **1.** "A Balada de Aotrou e Itroun". **2.** "Os Documentos do Clube Notion": ver *Biografia*, p. 235.

*Casa em Risinghurst, Oxford, onde C.S. Lewis morou a partir de 1930 e onde escreveu todos os livros de Nárnia, além de outros clássicos.

[107] **1.** Richard "Horus" Engels (1914-1991) foi um pintor alemão cujas ilustrações eventualmente apareceram na primeira tradução alemã de *O Hobbit* em 1957. **2.** Tolkien conseguira alugar essa casa do Merton College.

[108] **1.** C.H. Wilkinson era o professor de Inglês no Worcester College.

[109] **1.** Ver nota 1 da carta nº 128. **2.** As três primeiras pessoas nessa lista provavelmente eram Owen Barfield, R.E. Havard e W.H. Lewis; as outras não podem ser identificadas com certeza, embora a artista possa ter sido a prima de Tolkien, Marjorie Incledon, que era pintora. **3.** Um nome antigo para Fredegar ou Fofo Bolger. **4.** "'Policiais nunca vêm tão longe, e os fazedores de mapas ainda não chegaram a esta região. Quase não chegaram a ouvir falar do rei por aqui.'" (*O Hobbit*, Capítulo 2). Essa passagem foi muito modificada em uma revisão posterior. **5.** Essas páginas contêm referências ao Necromante. **6.** Os Unwins estavam de viagem para a Suíça.

[111] **1.** S.R.T.O. d'Ardenne.

[112] *Transcrição* (os pares de letras em itálico são representados por um caractere nas runas):

*TH*RE MANOR R*OA*D
SUNDAY NOV[E]MBER
THE *TH*IRTIE*TH*
D*EA*R MRS FARRER: OF COURSE I WILL SIGN YO
UR COPY OF *THE* HOBBIT. I AM HONOURED BY *THE*
RECWEST. IT IS GOOD NEWS *THAT* *THE* BOOK IS OBTAIN
ABLE AGAIN. *TH*E NEXT BOOK WILL CO[N]TAIN MORE D
ETAILED INFORMATION ABOUT RUNES AND O*TH*ER
ALFABETS IN RESPO[N]SE TO MANY ENCWIRIES. IN
THE M*EA*NTIME WHILE TH*E* GR*EA*T WORK IS BEI*NG* FINIS[H]
ED I WONDER IF YOU WOULD LIKE A PROPER
KEY TO THE SPECIAL DWARVIS[H] ADAPTATION
OF *TH*E ENGLIS[H] RUNIC ALFABET ONLY PART OF
WHICH APPEARS IN *TH*E HO*BB*IT INCLUDI*NG* *TH*E COVER.
WE ENIOYED L*AS*T MONDAY EUENI*NG* VERY MU
CH AND HOPE FOR A RETURN MATCH S*OO*N.
YOURS SINCERELY
J.R.R. TOLKIEN

["3 Manor Road; Domingo; novembro; Décimo terceiro dia; Cara Sra. Farrer: é claro que irei autografar seu exemplar de *O Hobbit*. Sinto-me honrado com o pedido. É uma boa notícia que o livro esteja disponível novamente. O próximo livro terá mais informações detalhadas sobre runas e outros alfabetos em resposta a muitas indagações. Nesse meio-tempo, enquanto a grande obra está sendo terminada, pergunto-me se a senhora gostaria de uma cifra apropriada para a adaptação especial anânica do alfabeto rúnico inglês, do qual apenas parte aparece em *O Hobbit*, incluindo a capa. Nós nos divertimos muito na noite de segunda-feira passada e esperamos por uma revanche em breve. Sinceramente, J.R.R. Tolkien."]

[113] **1.** *Sir Gawain*, verso 2.363, "o cavaleiro mais irrepreensível". **2.** Parece que Hugo Dyson esteve espalhando que Tolkien fazia objeção aos modos "espalhafatosos" de Lewis nos Inklings. **3.** [No original "an"] Forma arcaica em inglês para "se". **4.** Bird and Baby, isto é, o pub Eagle and Child.

[114] **1.** Hugh Brogan havia estudado na escola.

[115] **1.** Um sábio élfico em Tol Eressëa do qual o marinheiro Ælfwine ouviu as lendas que compõem *O Silmarillion*; ver *Biografia*, pp. 129, 232.

[118] *Transcrição* (na passagem rúnica, pares de letras em itálico são representados por um caractere nas runas; a letra "Z" é usada para o "S" sonoro):

> D*EA*R HU*GH* THIS [I]Z JUST TO WI*SH* YO*U* A HA*PP*Y
> *CH*RISTMAS IN DWARF RUNEZ.
>
> dear hugh: this iz just to wish you a very happy christmas
> in two styles of elvish script: i am sending some explanations,
> and hope you wont find them too complicated.
>
> [CARO HUGH ISTO É APENAS PARA LHE DESEJAR UM FELIZ
> NATAL EM RUNAS ANÂNICAS]
>
> [caro hugh: isto é apenas para lhe desejar um natal muito feliz
> em dois estilos de escrita élfica: estou enviando algumas explicações,
> e espero que você não as considere complicadas demais.]

A terceira inscrição repete as palavras da segunda, inserindo a palavra "eu" entre "e" e "espero".

[122a] **1.** Tolkien já havia escrito em junho, na esperança de que ela olhasse para *O Senhor dos Anéis* quando seu manuscrito fosse concluído; o segundo "livro grande" é presumivelmente *O Silmarillion*.

[124] **1.** Tolkien estava superestimando o tamanho combinado das duas obras em várias centenas de milhares de palavras. **2.** Isto é, a continuação planejada para *Mestre Giles d'Aldeia*.

[126] **1.** Outra casa do Merton College, não muito longe da 3 Manor Road, que se mostrou pequena demais para as necessidades dos Tolkiens.

[127] **1.** A segunda carta de Unwin foi uma confirmação de recebimento da missiva de Tolkien de 2 de abril. **2.** A irritação de Tolkien com a Allen & Unwin é vista no rascunho desta carta, escrito com palavras muito mais duras, que é citado em *Biografia*, p. 287, na passagem que começa com "i.e. que o senhor pode estar disposto a aceitar. . . ."

[128] **1.** Na versão original do Capítulo 5 de *O Hobbit*, Gollum realmente pretende entregar o Anel a Bilbo quando o Hobbit vence o jogo de adivinhas, e desculpa-se imensamente quando descobre que o Anel desapareceu: "Não sei quantas vezes Gollum implorou a Bilbo que o perdoasse. Seguia dizendo: 'Nós ssente muito; nós não quis tapear, nós queria dar nosso único, único pressente, se esse aí ganhar a competição.' Chegou a se oferecer para pegar alguns peixes gostosos para Bilbo comer como consolação". Bilbo, que está com o Anel no bolso, convence Gollum a conduzi-lo para fora das passagens subterrâneas, o que Gollum faz, e os dois se despedem de modo civilizado.

[130] **1.** A nota, que foi incluída na segunda edição de *O Hobbit*, explicava a mudança do texto no Capítulo 5: "Lá a verdadeira história do final do Jogo das Adivinhas, tal como enfim revelada (sob pressão) por Bilbo a Gandalf, é agora dada de acordo com o Livro Vermelho, no lugar da versão que Bilbo contou inicialmente a seus amigos, e de fato registrou em seu diário. Este desvio da verdade por parte de um hobbit honestíssimo foi um portento de grande significância. No entanto, ele não diz respeito à presente história, e aqueles que nesta edição tomam conhecimento pela primeira vez do saber dos hobbits não precisam se atribular com isso. Sua explicação encontra-se na história do Anel, tal como registrada nas crônicas do Livro Vermelho do Marco Ocidental, e deve aguardar sua publicação."

[131] **1.** Ver a nota introdutória da carta nº 19. **2.** Noumenon [númeno], neutro do particípio presente de *νοεῖν* (noein), apreender, conceber; introduzido por Kant em contraste a "fenômeno" e recebeu o significado de "um objeto de intuição puramente intelectual, destituído de todos os atributos fenomenais". **3.** O texto desta carta foi extraído de uma cópia feita por uma datilógrafa profissional, a pedido de Milton Waldman (há alguns erros ortográficos de nomes, que Tolkien corrigiu); parece que aqui o datilógrafo omitiu algumas palavras do ms. de Tolkien. **4.** Tar-Calion (o nome em quenya de Ar-Pharazôn) era originalmente o décimo terceiro monarca de Númenor; em desenvolvimentos posteriores da história de Númenor, tornou-se o vigésimo quinto (normalmente registrado como o vigésimo quarto, mas ver *Contos Inacabados*, p. 307, nota 11). **5.** Como demonstram cartas anteriores neste livro, *O Senhor dos Anéis* foi na verdade iniciado em dezembro de 1937.

[132] **1.** C.L. Wrenn sucedeu Tolkien como Professor de Anglo-Saxão em Oxford.

[133] **1.** A carta de Rayner Unwin de 29 [sic] de novembro dizia que ele "esperava que eu pudesse ter a chance de ver o *Silmarillion*. Acredite ou não, ainda tenho

bastante certeza de que o senhor possui algo muitíssimo importante para ser publicado neste livro e em *Os Senhores do Anel*! [sic]" **2.** Maurice Bowra, Diretor do Wadham College e, nessa época, Vice-reitor da Universidade de Oxford. **3.** Em uma carta posterior sobre o assunto da transmissão oral de *Vida Errante*, Tolkien observou que "Uma característica curiosa foi a preservacão da palavra *sigaldry* [feiticaria], que tirei de um texto do século XIII". Ver carta nº 289c. **4.** Ver *Inklings*, p. 57. **5.** Sir John Burnett-Stuart [sic] comandou o 1º Batalhão da Brigada de Rifles na Segunda Guerra Mundial. **6.** i.e. "Versão Autorizada" e "Versão Revisada". **7.** Russell Meiggs, que editou a *Oxford Magazine* na década de 1930, não tem certeza de qual membro da família Nowell Smith estava entre seus predecessores. **8.** Pode parecer à primeira vista que Tolkien escreveu outro poema nessa métrica, "Eärendil foi um navegante", que aparece no Livro II Capítulo 1 de *O Senhor dos Anéis*. Mas pode-se argumentar que esse poema é um desenvolvimento de "Vida Errante", e não uma composição separada.

[134] **1.** Michael Tolkien estava lecionando na Escola do Oratório em Berkshire e tinha um chalé nas proximidades. **2.** Os escritórios da Allen & Unwin, próximos do Museu Britânico. **3.** Para mais a respeito dessas gravações em fita, das quais algumas foram lançadas em discos em 1975, ver *Biografia*, p. 291.

[134a] **1.** Provavelmente se referindo ao latim *bis dat qui cito dat*, que significa "ele dá duas vezes mais a quem dá prontamente".

[135] **1.** A contribuição de Tolkien para *Essays & Studies* foi "O Regresso de Beorhtnoth, filho de Beorhthelm", publicado nesse periódico em 1953. **2.** A palestra, ministrada em Glasgow em 15 de abril de 1953, consistiu em uma discussão de *Sir Gawain e o Cavaleiro Verde*, com atenção particular à tentação de Gawain de cometer adultério com a Senhora e sua confissão na capela na corte de Bercilak antes de partir para se encontrar com o Cavaleiro Verde. **3.** O primeiro teste britânico de uma bomba atômica ocorreu nas Ilhas Monte Bello, próximas à Austrália, em 3 de outubro de 1952.

[135b] **1.** Norman Davis (1913–1989) foi um ex-aluno de Tolkien que se tornaria um amigo ao longo da vida. Ele havia sido palestrante em inglês medieval em Oxford e acabara de publicar uma revisão completa do *The Anglo-Saxon Primer* de Sweet. **2.** Henry Sweet (1845–1912) foi o editor do *The Anglo-Saxon Primer* (Oxford University Press, 1953).

[136] **1.** Um sumário de *O Senhor dos Anéis* escrito por Tolkien e incluído no manuscrito desse livro na Universidade Marquette, Milwaukee, E.U.A., possui um conjunto diferente de títulos: Vol. I *A Primeira Jornada* e *A Jornada dos Nove Companheiros*; Vol. II *A Traição de Isengard* e *A Jornada dos Portadores-do-Anel*; Vol. III *A Guerra do Anel* e *O Fim da Terceira Era*.

[137] **1.** Uma nota no Volume I da primeira edição de *O Senhor dos Anéis* prometia que o Volume III teria "algumas árvores genealógicas resumidas . . . .

um glossário de nomes e palavras estranhas com algumas explicações . . . . [e] algum relato breve . . . . dos idiomas, alfabetos e calendários". O "glossário de nomes" acabou não aparecendo na primeira edição do Volume III. **2.** A inscrição ao redor do Portão Oeste das Minas de Moria. **3.** Tolkien planejara incluir fac-símiles das páginas danificadas do "Livro de Mazarbul", mas elas tiveram de ser omitidas devido ao custo (estavam em várias cores). Estão reproduzidas como o nº 23 em *Pictures*. **4.** O tema de sua Palestra W.P. Ker; ver a nota 2 da carta nº 135 acima. **5.** Tolkien refere-se aqui à sua longa carta a Milton Waldman (nº 131).

[137a] **1.** Em alemão "homem velho". **2.** Em inglês médio, "terras estrangeiras".

[140] **1.** Em uma carta subsequente para Rayner Unwin (nº 143), Tolkien é mais específico sobre o fato de as Duas Torres serem "Orthanc e a Torre de Cirith Ungol". Por outro lado, em seu desenho original para a sobrecapa de *As Duas Torres* (ver a carta nº 151), as Torres certamente são Orthanc e Minas Morgul. Orthanc aparece como uma torre negra, com três chifres (como visto em *Pictures* nº 27), e com a marca da Mão Branca abaixo dela; Minas Morgul é uma torre branca, com uma fina lua minguante sobre ela, em referência ao seu nome original, Minas Ithil, a Torre da Lua Nascente (*A Sociedade do Anel*, p. 352). Entre as duas torres voa um Nazgûl.

[143] **1.** Os Apêndices do Volume III.

[143c] **1.** A página apresentando a runa da letra G de Gandalf. **2.** A página apresentando a inscrição do Anel. **3.** Nesta página, Gandalf lê em voz alta a inscrição do Anel na língua de Mordor.

[144] **1.** "'*Uglúk u bagronk sha pushdug Saruman-glob búbhosh skai.*'" **2.** "'... todos os jardins das Entesposas estão baldios: agora os Homens os chamam de Terras Castanhas.'" **3.** "'Meu avô, e depois dele meu tio Andy, ... teve uma cordoaria lá pro lado do Campo-da-Corda por muitos anos.'" **4.** "'Ora, é de pensar que ainda estamos na mesma história! Ela ainda continua. As grandes histórias não terminam nunca?'" **5.** A casa de Naomi Mitchison na Escócia.

[144a] **1.** *O Regresso de Beorhtnoth filho de Beorhthelm*, um drama em verso aliterativo que se passa durante os acontecimentos que se seguem à batalha. **2.** Tolkien gravou o trabalho completo durante os primeiros meses de 1954 para testar as qualidades de performance do diálogo.

[145] **1.** Bannister, um Acadêmico Sênior do Merton College, foi a primeira pessoa a correr uma milha [1,6 km] abaixo dos quatro minutos, um recorde que alcançou em Oxford em 6 de maio de 1954.

[148] **1.** J. W. Lambert, editor literário e de artes do *Sunday Times*. **2.** A Allen & Unwin queria publicar a tradução de Tolkien de *Sir Gawain e o Cavaleiro Verde*,

que fora transmitida no Third Programme da BBC em uma versão dramatizada em dezembro de 1953, com uma reprise (mencionada por Tolkien nesta carta) em setembro de 1954.

[149] **1.** Peter Green, o biógrafo de Kenneth Grahame, escreveu no *Daily Telegraph* em 27 de agosto de 1954: "Presumo que este livro deva ser levado a sério, e estou preocupado por não conseguir encontrar razões realmente adequadas para fazê-lo. . . . . e, ainda assim, esta obra informe possui um fascínio inegável: especialmente para um resenhista com um resfriado na cabeça." **2.** Edwin Muir escreveu no *Observer* em 22 de agosto de 1954: "Este livro notável faz sua aparição em desvantagem. Somente uma grande obra-prima poderia sobreviver ao bombardeio de elogios que lhe é direcionado pelo texto da orelha. . . . . *A Sociedade do Anel* é um livro extraordinário. . . . . Ainda assim, não pude deixar de sentir um certo desapontamento. Talvez isso tenha ocorrido em parte devido ao estilo, que é bastante desigual em relação ao tema. . . . . Mas talvez se deva mais a uma falta do discernimento humano e profundidade que o assunto exigia." **3.** J.W. Lambert escreveu no *Sunday Times* em 8 de agosto de 1954: "Bobagem extravagante com uma mensagem? Não; a obra flui com uma força narrativa e pictórica que a eleva acima desse nível. Um livro para crianças inteligentes? Bem, sim e não." **4.** A.E. Cherryman escreveu em *Truth* em 6 de agosto de 1954: "É uma obra assombrosa. . . . . Ele acrescentou algo não apenas à literatura do mundo, mas à sua história." **5.** Howard Spring escreveu em *Country Life* em 26 de agosto de 1954: "Esta é uma obra de arte. . . . . Possui invenção, fantasia e imaginação. . . . . É uma profunda parábola da eterna luta do homem contra o mal." **6.** H. l'A. Fawcett escreveu no *Manchester Guardian* em 20 de agosto de 1954: "O Sr. Tolkien é um daqueles contadores de histórias natos que deixa seus leitores de olhos tão arregalados quanto crianças pedindo por mais." **7.** A resenha no *Oxford Times*, assinada "C.H.H.", foi publicada em 13 de agosto de 1954 e descrevia o livro como "extraordinário e frequentemente belo".

[150] **1.** Ver a nota 1 da carta nº 137 acima.

[151] **1.** Tolkien fez dois modelos acabados para *A Sociedade do Anel*, ambos os quais foram preservados. Naquele aqui mencionado, o Anel Regente, rodeado pelas letras flamejantes de sua inscrição e o Anel Vermelho (Narya) acima dele, foram representados exatamente como no outro modelo, que foi adotado e que ainda é visto em forma ampliada nas sobrecapas das edições de capa dura e brochura em três volumes publicadas pela Allen & Unwin; mas no modelo aqui mencionado apareciam abaixo, da esquerda para direita, o Anel Branco (Nenya) e o Anel Azul (Vilya), com suas pedras voltadas na direção do Anel Regente no centro.

[153] **1.** Seria de se esperar "três casos": cf. *O Senhor dos Anéis* III, Apêndice A, p. 1468: "Houve três uniões entre Eldar e Edain: Lúthien e Beren; Idril e Tuor; Arwen e Aragorn. Por esta última, os ramos há muito separados dos Meios-Elfos foram reunidos e restaurou-se sua linhagem." **2.** A referência a

"Pai" sugere Efésios 3:13-21. No calendário católico da época, esta epístola era lida no Pentecostes 16, que em 1954 caiu no domingo, dia 26, indicando que esta parte do rascunho foi composta após essa data. **3.** "'Não sabe meu nome ainda? Só essa é a resposta. Diga quem é você, só, o mesmo e sem nome?'" **4.** Isto é, o poema "As Aventuras de Tom Bombadil" foi publicado pela primeira vez nessa revista em 1934. **5.** "'Olhamos para Númenor que foi, e além, para Casadelfos que é, e para o que está além de Casadelfos e estará sempre. Não tendes um tal costume às refeições?'"

[154] **1.** Naomi Mitchison fez uma resenha de *A Sociedade do Anel* no *New Statesman* em 18 de setembro de 1954. Ela chamou o livro de "extraordinário, aterrorizante e belo". **2.** Alemão, "realidades, fatos técnicos". **3.** sic, aqui e em outra parte na carta. **4.** Mencionada na resenha da Sra. Mitchison.

[155] **1.** Grego γοητεία (γόης, feiticeiro); a forma inglesa *Goety* é definida no O.E.D. como "bruxaria ou magia realizada pela invocação e emprego de espíritos malignos; necromancia." **2.** Ao lado do último parágrafo, Tolkien escreveu: "Mas os Númenóreanos usavam 'encantamentos' ao fabricarem espadas?"

[156] **1.** Peter Hastings; ver a carta nº 153. **2.** Grego, "mensageiro". **3.** Ver a nota 4 da carta nº 131.

[157] **1.** O Trinity College, do qual o esposo de Katharine Farrer, Austin, era Capelão, havia reduzido os custos da educação dos filhos de Tolkien quando eles estudavam lá. **2.** Talvez a resenha de C.S. Lewis de *A Sociedade do Anel* em *Time & Tide*, 14 de agosto de 1954. **3.** Isto é, "New York Sunday Times". Auden fez uma resenha de *A Sociedade do Anel* no *New York Times Book Review* no domingo de 31 de outubro de 1954 e na *Encounter*, novembro de 1954. **4.** Edwin Muir, em uma resenha de *As Duas Torres* no *Observer* de 21 de novembro de 1954, escreveu sobre os Ents: "Simbolicamente são bastante convincentes e, ainda assim, também são cheios de personalidade, tão formidáveis e estranhos quanto uma floresta de árvores indo para a guerra."

[163] **1.** Auden usou o termo "trilogia" em sua carta; para a aversão de Tolkien à palavra aplicada a *O Senhor dos Anéis*, ver as cartas nº 149 e 165. **2.** Do poema anglo-saxão *The Wanderer* [O Errante], 87: *"eald enta geweorc idlu stodon"*, "as antigas criações dos gigantes [i.e. construções antigas, erigidas por uma raça anterior] permaneceram desoladas." **3.** O resenhista, Maurice Richardson, escreveu: "É tudo que posso fazer para me conter e não gritar . . . . 'Adultos de todas as idades! Unam-se contra a invasão infantilista.' . . . . O Sr. Auden sempre foi cativado pelo mundo pubescente da saga e da sala de aula. Há passagens em *The Orators* [Os oradores] que não são diferentes de partes da hobbitice de Tolkien." (18 de dezembro de 1954.) **4.** O segundo filho de Tolkien, Michael. **5.** "A Queda de Gondolin", na verdade, foi lida para o Clube de Ensaios do Exeter College não em 1918, mas em 1920, conforme está registrado no livro de atas do clube: "... na quarta-feira, 10 de março, às 8:15 p.m. . . . . o presidente passou

para assuntos públicos e chamou o Sr. J.R.R. Tolkien para ler seu 'Queda de Gondolin'. Como uma descoberta de um novo cenário mitológico, o assunto do Sr. Tolkien foi extraordinariamente esclarecedor e evidenciou-o como um fiel seguidor da tradição, um tratamento sem dúvida à maneira de românticos típicos como William Morris, George Macdonald, de la Motte Fouqué etc. . . . . A batalha das forças opostas do bem e do mal, conforme representada pelos Gongothlim [sic, para Gondothlim, o nome para o povo de Gondolin no "Queda de Gondolin" original; ver *Contos Inacabados*, p. 17] e pelos seguidores de Melco [sic, para Melko, um nome antigo de Melkor] foi contada de modo muito vívido e surpreendente." Entre os presentes na reunião estavam Nevill Coghill e Hugo Dyson. **6.** Latim, "que depôs os poderosos de seus tronos e exaltou os humildes"; do *Magnificat*. **7.** Uma afirmação potencialmente equivocada. Enquanto estava escrevendo *O Senhor dos Anéis*, Tolkien trabalhou na revisão e reescrita de grande parte de *O Silmarillion*. Por outro lado, *O Silmarillion* existia antes de 1936, e não se pode considerar que tenha se originado entre esse ano e 1953. **8.** "Ele tem mais segurança ao achar o caminho de casa numa noite cega que os gatos da Rainha Berúthiel." (Aragorn sobre Gandalf em *O Senhor dos Anéis*, Livro II, Capítulo 4.) Ver *Contos Inacabados*, p. 531. **9.** Um episódio da infância de Tolkien em Bloemfontein; ver *Biografia*, p. 25.

[165] **1.** O significado em inglês de *tollkühn*. **2.** O nome de solteira de sua mãe era Suffield. **3.** Ver *Biografia*, pp. 230-1. **4.** E.R. Eddison.

[166b] **1.** Em italiano, "milagroso".

[168] **1.** Isto é, *Enedwaith*. Para a história dessa região, ver *Contos Inacabados*, pp. 355–58.

[168a] **1.** Ver a nota 1 da carta nº 172.

[171] **1.** Segunda pessoa do singular de "I wot" [arc. "eu conheço"], com uma "negação dupla" opcional.

[172] **1.** A palestra de Tolkien "English and Welsh" [O inglês e o galês], a primeira das Palestras O'Donnell, foi proferida em Oxford em 21 de outubro de 1955 e foi publicada em *Angles and Britons: O'Donnell Lectures*, University of Wales Press, 1963.

[174] **1.** Ver a nota 8 da carta nº 163.

[177] **1.** Essa cátedra em Oxford ficara vaga com o fim do tempo de serviço de C. Day Lewis, e indicações estavam sendo solicitadas para seu sucessor. W.H. Auden acabou sendo eleito.

[180] **1.** Idiomas internacionais, inventados durante os séculos XIX e XX. **2.** Ver a carta nº 211 e também *Contos Inacabados*, pp. 515–6, 520–1. **3.** Ver a nota 4 da carta nº 163.

[181] **1.** Mas ver nota 5 da carta nº 131. **2.** Uma referência à proposta de uma estrada para "desafogar" o trânsito pela Christ Church Meadow.

[187] 1. Publicado em 1944, nos dias mais sombrios da Segunda Guerra Mundial, o livro *English Social History: A Survey of Six Centuries, Chaucer to Queen Victoria* [História social inglesa: um levantamento de seis séculos, de Chaucer à Rainha Vitória], de G.M. Trevelyan, apresentava uma olhada nostálgica ao passado da Inglaterra, inspirando os leitores e tornando-se um *best-seller*.

[188] **1.** A tradução sueca de 1947, publicada com o título de *Hompen*.

[190] **1.** Um termo que significa um condado "rústico" imaginário. **2.** isto é, *cane*, "pato" + étang, "poça, açude".

[191] **1.** "Aquele, pois, que cuida estar em pé, olhe não caia. Não veio sobre vós tentação, senão humana; mas fiel é Deus, que não vos deixará tentar acima do que podeis, antes com a tentação dará também o escape, para que a possais suportar."

[192] **1.** "'Pena? Foi a Pena que deteve sua mão [isto é, a de Bilbo]. A Pena e a Compaixão: de não golpear sem necessidade. E ele foi bem recompensado, Frodo. Tenha a certeza de que ele teve tão poucos danos devidos ao mal, e escapou por fim, porque começou sua posse do Anel desse modo. Com Pena.'" **2.** "'Por trás disso havia outra coisa em ação, além de qualquer intenção do artífice do Anel. Não posso expressá-lo mais simplesmente senão dizendo que Bilbo estava destinado a encontrar o Anel, e *não* por seu artífice.'" (Gandalf a Frodo).

[193] **1.** "Ela [Morwen] lhe deu três descendentes em Gondor, dos quais Théoden, o segundo, foi o único filho homem."

[195] **1.** A referência é a uma passagem em "O Expurgo do Condado" (Livro VI, Capítulo 8) onde Frodo diz a Pippin: "'Não deve haver mortandade de hobbits, nem que eles tenham passado para o outro lado. . . . . Jamais um hobbit matou outro de propósito no Condado, e isso não vai começar agora. E absolutamente ninguém deve ser morto se for possível evitar.'"

[196a] **1.** A tradução editada por Tolkien do Livro de Jonas posteriormente seria publicada na Bíblia de Jerusalém (Darton, Longman & Todd, 1966).

[199] **1.** Eddison na verdade leu partes de *The Mezentian Gate* [O Portão Mezenciano], ver a carta nº 73. **2.** "Você pode gostar ou não de seus mundos inventados (eu mesmo gosto daquele de *The Worm Ouroboros* e desgosto fortemente daquele de *Mistress of Mistresses*), mas não há querela entre o tema e a articulação da história."

[200] **1.** Talvez haja um contraste aqui com *Contos Inacabados*, p. 344: "[...] é provável que Sauron fosse de fato um dos Maiar aulëanos, corrompido 'antes

que Arda começasse' por Melkor." Sobre o "vínculo" de Olórin com Manwë, ver *Contos Inacabados*, p. 520.

[200a] **1.** O agente literário Forrest J Ackerman (1916–2008), o produtor Al Brodax (1926–2016), que na época trabalhava como desenvolvedor de programas para a William Morris Agency, e o roteirista Morton Grady Zimmerman. **2.** O cartunista de dezenove anos Ron Cobb (1937–2020) era então um artista júnior nos estúdios Walt Disney.

[203] **1.** O texto dessa carta foi tirado de um artigo em *Mallorn* 10, p. 19, emendando-se as não características "that's" [esta é], "there's" [há], etc. para "that is", "there is", que era o uso normal de Tolkien.

[204] **1.** Almqvist & Wiksell Förlag AB, Estocolmo, uma das editoras suecas de Tolkien. **2.** O tradutor da edição sueca de *O Senhor dos Anéis*. **3.** O tradutor da edição holandesa. **4.** *Björnavad*: "Vau do Urso". *Gamleby*: "Aldeia antiga". *Månbergen*: "Montanhas da Lua". *Ljusa slätterna*: "Planícies brilhantes". Na verdade, *Månbergen* parece não ter sido usada, mas o Rio Lûn e o Golfo de Lûn foram traduzidos *Månfloden*, *Mångolfen*.

[205] **1.** Christopher Tolkien disse em sua palestra: "Para as hostes de Átila convergiram homens de muitos povos germânicos. . . . . De fato, seu próprio nome parece ser gótico, um diminutivo de *atta*, a palavra gótica para 'pai'." **2.** "Uma estrela brilha sobre a hora de nosso encontro" (*O Senhor dos Anéis*, Livro I, Capítulo 3). A grafia na carta, *omentielmo*, é a mesma da primeira edição do livro, mas Tolkien posteriormente a modificou para *omentielvo*. O idioma élfico quenya faz uma distinção em sua declinação dual, que depende do número de pessoas envolvidas; a incapacidade de compreender isso, Tolkien observou, era "um erro geralmente cometido por mortais". E assim o é nesse caso. Tolkien fez uma nota de que o "Livro do Thain de Minas Tirith", uma das supostas fontes de *O Senhor dos Anéis*, atestava a grafia *omentielvo*, mas que o manuscrito original (perdido) de Frodo provavelmente possuía *omentielmo*; e que *omentielvo* é a forma correta no contexto. (A edição em brochura de *O Senhor dos Anéis* da Ballantine Books possui a grafia errônea "omentilmo".)

[205a] **1.** "O autor seria o centro das atenções", em holandês.

[206] **1.** A editora da edição holandesa de *O Senhor dos Anéis*. **2.** O Professor Piet Harting da Universidade de Amsterdã, um amigo de Tolkien por muitos anos. **3.** Ver mais em *Biografia*, pp. 307–8.

[207] **1.** Forrest J. Ackerman, agente da companhia cinematográfica; ver a cartas nº 200a, 202 e 204a.

[210] **1.** "Gandalf era de estatura mais baixa que os outros dois; mas seus longos cabelos brancos, sua vasta barba prateada e seus ombros largos faziam

com que se parecesse com algum rei sábio das antigas lendas. Em seu rosto idoso, por baixo de grandes sobrancelhas nevadas, os olhos escuros estavam engastados como carvões que podiam subitamente irromper em fogo." **2.** Isto é, na estalagem em Bri. **3.** "A treva estava irrompendo cedo demais, antes da data que seu Mestre lhe fixara." **4.** A morte do Senhor dos Nazgûl causada por Éowyn. **5.** "O *lembas* tinha uma virtude sem a qual muito tempo atrás teriam se deitado para morrer..... Ele alimentava a vontade e conferia força para resistir e para dominar os tendões e os membros além da medida da gente mortal." **6.** "Mas aqui e ali claros raios de sol caíam em feixes reluzentes das janelas orientais, bem do alto, debaixo dos largos beirais." "A luz do sol eclipsou-se nas janelas orientais; todo o paço tornou-se de repente escuro como a noite."

[211] **1.** Essa correção foi adotada em impressões posteriores. **2.** No Apêndice A de *O Senhor dos Anéis* (III. 315), o Rei de Númenor que precedeu Ar-Adûnakhôr era Tar-Calmacil; a menção aqui de Tar-Atanamir parece ser não mais do que um deslize. Ver mais em *Contos Inacabados*, p. 307. **3.** Em outro lugar, Tolkien chamou os outros dos magos de Ithryn Luin, os Magos Azuis; ver *Contos Inacabados*, p. 515. **4.** No Glossário de *O Silmarillion*, os nomes *Elrond*, *Elros* e *Elwing* são traduzidos "Domo-de-estrelas", "Espuma-de-estrelas" e "Borrifo-de-estrelas". Essas interpretações dos nomes são posteriores àquelas na presente carta. **5.** Tolkien parece estar confundindo a ascendência deles com a de seu pai, Elrond, e seu irmão, Elros. **6.** Esse parágrafo foi retirado de outro texto da carta (um rascunho). A versão enviada é mais breve nesse ponto. **7.** "As regiões onde os Hobbits então viviam eram, sem dúvida, as mesmas onde ainda subsistem: o Noroeste do Velho Mundo, a leste do Mar."

[212] **1.** Em *O Silmarillion* (pp. 73-4) não há menção às "seis companheiras".

[212a] **1.** A neta de Tolkien, Joan Anne.

[214] **1.** Tolkien foi chamado na carta do Sr. Nunn de "um modelo de erudição". **2.** Ver *O Senhor dos Anéis* III 1617 (Apêndice F). **3.** Um derivado da palavra anglo-saxã *byrd*, "nascimento". **4.** Dois *Pontos* são nomeados na árvore genealógica dos *Bolseiros da Vila-dos-Hobbits* (*O Senhor dos Anéis* III 1563), sendo o primeiro deles um ancestral de Peregrin Tûk e Meriadoc Brandebuque. **5.** *Lália, a Grande*, não é mencionada em *O Senhor dos Anéis*, mas seu marido *Fortinbras II* aparece na árvore genealógica dos *Tûks de Grandes Smials* (*O Senhor dos Anéis* III 1569).

[219] **1.** Anteriormente impressa como carta nº 220. **2.** Federated Superannuation Scheme for Universities [Plano de Aposentadoria Federada para Universidades]. **3.** Como examinador para a Universidade Nacional da Irlanda.

[220] **1.** Anteriormente declarada de forma errônea como enviada em 14 de outubro e impressa como carta nº 219.

[220a] **1.** Isso provavelmente ocorreu durante as férias em família de setembro de 1938.

[224] **1.** Latim, "portanto ficarei em silêncio".

[228] **1.** Åke Ohlmarks, tradutor da edição sueca de *O Senhor dos Anéis*; ele incluiu um artigo biográfico sobre Tolkien em sua tradução do livro.

[229] **1.** Sueco, "maestria, habilidade magistral".

[230] **1.** "Sou . . . . da raça do Oeste [isto é, Númenor] sem mistura" (III 1387). **2.** "Laurelindórean lindelorendor malinornélion ornemalin." **3.** "Taurelilómëa-Tumbaletaurëa Lómëanor." **4.** Da saudação de Glorfindel a Aragorn: "Ai na vedui Dúnadan! Mae govannen!" (I 308). **5.** "A vanimar, vanimálion nostari!" (III 1400). **6.** Os seguintes versos são traduzidos por Tolkien na carta. Verso 2: "Cuio i Pheriain anann! Aglar'ni Pheriannath!" Verso 4: "Daur a Berhael, Conin en Annûn! Eglerio!" Verso 6: "Eglerio!" Verso 7: "A laita te, laita te! Andave laituvalmet!" Verso 9: "Cormacolindor, a laita tárienna!"

[232] **1.** Isto é, nos contos de "Saki" (H.H. Munro). **2.** Uma história intitulada *Woorroo*, publicada por Joyce Reeves com o nome de Joyce Gard (Gollancz, 1961). Ela enviara uma cópia a Tolkien.

[234] [1] **1.** "põe ao luar ponta de prata / marfim remata sua lança" (*As Aventuras de Tom Bombadil*, "Vida Errante".) "No plenilúnio, mas que infortúnio / o coração ansiava por Fogo" (ibid., "O Homem da Lua Desceu Cedo Demais".) **2.** Jane Neave escrevera a Tolkien: "O Flautista de Hamelin *nunca* falha! É pedido a cada dia de cada visita quando as crianças estão aqui. Mas os seus poemas seriam muito mais bem-vindos. **3.** Provavelmente um poema que não foi incluído em *As Aventuras de Tom Bombadil*; a maioria dos versos neste livro foi composta alguns anos antes de ser publicado.

[235] **1.** "Por mais que sejam boas em si mesmas, ilustrações fazem pouco bem a estórias de fadas. A distinção radical entre toda arte (inclusive o drama) que oferece uma representação *visível* e a literatura verdadeira é que esse tipo de arte impõe uma única forma visível. A literatura funciona de mente a mente e é, assim, mais progenitiva." ("Sobre Estórias de Fadas", Nota E.)

[236] **1.** O parágrafo no Apêndice F que começa "Foi para assinalar isso que me aventurei a usar a forma *anãos* . . ." **2.** A gráfica da edição da Puffin. **3.** A gráfica de *O Senhor dos Anéis* (em 3 volumes de capa dura, primeira e segunda edições). **4.** Fundador e Presidente da Penguin Books, da qual a Puffin é uma divisão.

[237] **1.** "'nem sua mãe há de ver mais que a ponta dum bigode.'" (*As Aventuras de Tom Bombadil*, "Bombadil passeia de barco".) Cf.: "Os ases transportaram o tesouro para Hreidmar e encheram a pele da lontra e puseram-na de pé. Então os ases deveriam amontoar ouro em volta dela para cobri-la. E, feito isso, Hreidmar se aproximou e viu um fiozinho, e ordenou que o cobrissem." (*Saga dos Volsungos*, Capítulo 14; tradução de Théo de Borba Moosburger.) **2.** "o que se

fala em Bri, na venda e na estrada". (*As Aventuras de Tom Bombadil*, "Bombadil passeia de barco".) Cf.: "From mulne ant from chepinge, from smiððe ant from ancre hus me tidinge bringeð." ("Do moinho e do mercado, da ferraria e do ancoradouro escutam-se as novas.") (*Ancrene Wisse*, editado por J.R.R. Tolkien, Early English Text Society, 1962, p. 48; tradução de *The Ancrene Riwle* por M.B. Salu, Bums e Oates, 1955, p. 39.)

[238] **1.** Crítico estadunidense, que visitou Tolkien e Unwin no verão de 1962. Naquele mesmo ano, ele publicaria *Books with Men Behind Them*, uma coleção de ensaios sobre escritores como Tolkien e seus colegas Inklings, C.S. Lewis e Charles Williams. **2.** Na verdade, a transmissão ocorreu em 7 de agosto de 1936. Ela foi iniciada por Guy Pocock, que havia visto o ms. da tradução de Tolkien enquanto estava na editora de Dent, à qual o ms. foi oferecido. Pocock posteriormente entrou para a equipe da BBC. **3.** O poema é "A Terra Sem Nome", publicado em G.S. Tancred (ed.). *Realities, an anthology of verse* (Leeds, na Swan Press; Londres, Gay & Hancock, 1927), p. 24. O poema foi escrito no arranjo estrófico de *Pérola* e começa:

> É lá que as luzes douradas jazem
> Em verde relvado não visto aqui . . . .

[239] **1.** Zetterholm publicou sua própria tradução não autorizada em sueco de *O Hobbit* em 1947, chamando-a de *Hompen*; esta foi a primeira tradução de uma obra de Tolkien. Ver cartas nº 188 e 190. **2.** Duas palavras estão em questão: (1) grego *gnōmē*, "pensamento, inteligência" (e no plural "máximas, ditados", daí a palavra inglesa *gnome* [gnoma], uma máxima ou aforismo, e o adjetivo *gnomic* [gnômico]) — e (2) a palavra *gnomo* usada pelo escritor do século XVI Paracelso como um sinônimo de *pygmaeus* [pigmeu]. Paracelso "diz que os seres assim chamados têm a terra como seu elemento . . . . através da qual movimentam-se sem obstrução como peixes o fazem na água, ou pássaros e animais terrestres pelo ar" (*Oxford English Dictionary*, s.v. *Gnome*[2]). O O.E.D. sugere que, quer Paracelso tenha inventado a palavra ou não, a intenção era que significasse "habitante da terra" e desfaz qualquer ligação com a outra palavra *Gnomo*.

[240] **1.** "de repente . . . . surgiu acima dos juncos um velho chapéu surrado de copa alta, com uma longa pena azul enfiada na fita". **2.** "Ele não escondeu que devia seu conhecimento recente em grande parte ao Fazendeiro Magote, que parecia considerar pessoa de maior importância do que eles haviam imaginado." **3.** Sir Thomas Browne, *Vulgar Errors* [Erros Vulgares], III Capítulo 10: "Que um Martim-pescador, suspenso pelo bico, mostra onde o vento se encontra". **4.** Ver nota 1 da carta nº 237. **5.** Ver a nota 2 da carta nº 237.

[241] **1.** Na p. 3 de "English and Welsh" [O inglês e o galês], Tolkien escreveu: "[Uma] história . . . . da qual tomei conhecimento pela primeira vez nas páginas de Andrew Boord [sic], médico de Henrique VIII . . . . conta como a língua do

Céu foi modificada. São Pedro, instruído a encontrar uma cura para o barulho e a tagarelice que perturbavam as mansões celestiais, saiu pelos Portões e gritou *caws bobi*, e bateu novamente os Portões antes que os galeses que haviam saído correndo descobrissem que essa era uma armadilha sem queijo." **2.** "Minha faculdade . . . . ficou chocada quando o único prêmio que já ganhei . . . . o Prêmio Skeat de inglês no Exeter College, foi gasto com o galês." ("English and Welsh", p. 38.) **3.** ". . . . não ousando entrar nas discussões litigiosas dos reconhecidos eruditos celtas. . . ." **4.** Lady Agnew, uma moradora da Northmoor Road. **5.** Porém, no prefácio de Árvore e Folha (1964), Tolkien escreveu: "De repente, foi serrado e mutilado. . . . . Depois foi derrubado."

[242] **1.** O livro foi resenhado no *Times Literary Supplement* em 23 de novembro de 1962 (p. 892) e no *Listener* em 22 de novembro de 1962 (p. 831). A última resenha foi muito entusiástica, e falava da "soberba habilidade técnica [de Tolkien] . . . . algo próximo da genialidade".

[242a] **1.** Monsenhor Ronald Knox (1888–1957), ex-capelão da Universidade de Oxford, que concluiu a nova tradução em inglês da Bíblia Vulgata Latina usada nos serviços católicos nas décadas de 1960 e 1970.

[244] **1.** "Faramir . . . . estendeu um bastão branco; mas Aragorn tomou o bastão e o devolveu, dizendo: 'Esse cargo não findou e há de ser teu e dos teus herdeiros enquanto durar minha linhagem.'"

[246] **1.** "E ali estava Frodo, pálido e exausto, porém ele mesmo outra vez; e agora em seus olhos havia paz, nem esforço de vontade, nem loucura, nem qualquer temor. . . . . 'A Demanda está concluída, e agora tudo terminou', [disse Frodo]." **2.** Parágrafos 3 e 4 da primeira página do capítulo "Muitas Despedidas" (Livro VI Capítulo 6); e esta passagem: "Mas não podemos ir mais depressa se quisermos ver Bilbo. Vou primeiro a Valfenda, não importa o que aconteça." **3.** A bênção de Elrond a Frodo no final do Livro VI Capítulo 6. **4.** "Sua mente fervilhava com a ira. . . . . Seria justo abater aquela criatura traiçoeira, assassina. . . . . Mas no fundo do coração havia algo que o refreava: não podia golpear aquele ser que jazia no pó, desamparado, arruinado, completamente desgraçado." **5.** "Fantasias impetuosas lhe surgiram na mente; e viu Samwise, o Forte, Herói da Era, caminhando com uma espada flamejante por sobre a terra escurecida, e exércitos congregando-se ao seu chamado enquanto ele marchava para a derrocada de Barad-dûr."

[247] **1.** Este relato, "A Demanda de Erebor", foi publicado em *Contos Inacabados*.

[248] **1.** A paginação é aquela de *Essays Presented to Charles Williams*, e a passagem citada é: "É fácil para o estudante sentir que, com toda a sua labuta, ele está recolhendo só algumas folhas, muitas delas rasgadas e apodrecidas, da incontável folhagem da Árvore das Estórias, com as quais a Floresta dos Dias é atapetada". **2.** "O cristão . . . . pode agora, talvez, com razão ousar achar que, na

Fantasia, ele pode, na verdade, auxiliar a desfolha e o múltiplo enriquecimento da criação."

[249] **1.** Sir James Murray (1837–1915) fundou o *Oxford English Dictionary*.

[250] **1.** Possivelmente uma referência à recomendação de Pio X para a comunhão diária e a comunhão das crianças. **2.** O Segundo Concílio do Vaticano (1962–6). **3.** O guardião de Tolkien, Pe. Francis Morgan. **4.** O lar de Tolkien de 1926 até 1930. **5.** Latim, "Bendito é aquele que vem em nome do Senhor." (Da cerimônia da Comunhão.) **6.** O clínico geral que atendia Tolkien durante as visitas deste a Bournemouth (e, mais tarde, quando residiu lá). **7.** Neto de Tolkien, filho de Michael, na época na Universidade de St Andrews estudando inglês. **8.** Ver a nota 5 da carta nº 19, que fornece detalhes sobre esse programa. **9.** James Callaghan, Ministro da Fazenda do partido Trabalhista de oposição nesta época. O Partido Trabalhista chegou ao poder em 1964. **10.** Isto é, antes de 1931, dando a entender que *O Hobbit* foi escrito nesse ano. (Mas ver *Biografia*, pp. 241–2.)

[251] **1.** James Dundas-Grant, um dos Inklings. **2.** Enteado de Lewis. **3.** Professor de Inglês na Universidade de Keele e antigo aluno de Lewis.

[252] **1.** As palavras "Fomos separados.... muito tempo depois do evento" estão riscadas no rascunho. **2.** Ver a nota 3 da carta nº 24.

[253] **1.** Ver a gravura de Tolkien "A Árvore de Amalion", nº 41 em *Pictures*.

[254] **1.** R.W. ("Dickie") Reynolds; ver *Biografia*, p. 69. **2.** Wiseman tornou-se diretor do Queen's College, Taunton. **3.** Diretor da King Edward's.

[254a] **1.** Padre Laurence "Ronald" Bright O.P.* (1920–1979), um cristão dominicano britânico e marxista cujo trabalho influenciou muitos membros da Nova Esquerda Católica Inglesa.

[257] **1.** "Leve como Folha de Tília", *The Gryphon*, nova série VI nº 6 (junho de 1925), p. 217. **2.** ".... como preço do compromisso Lúthien para seu pai, Thingol." (Impressa de modo errado como "bride-piece" ["pedaço da noiva", em vez do original bride-price "preço da noiva, dote" (N.T.)] em todas as edições por muitos anos, e apenas recentemente corrigida.) Para um relato deste poema, ver *Inklings*, pp. 29–30. **3.** Ver nota introdutória da carta nº 9. **4.** Na Cornualha, na costa não muito longe de Penzance. Essas férias foram no verão de 1932. **5.** Tolkien morou na Duchess Road de 1908 até 1910. **6.** *Brummagem* é a forma local (e muito antiga) do nome de Birmingham.

* Ordem dos Pregadores. Os membros da ordem, chamados de dominicanos, geralmente carregam as letras OP após seus nomes. [N.T.]

[261] **1.** Bailey escreveu: "Desde nossa primeira aula particular, Lewis consistentemente me confundia com Geoff Dutton, um australiano e excelente aluno, e Dutton comigo."

[267] **1.** Latim, "nesta cidade a luz solene".

[268] **1.** "Nele retornou uma das poderosas montarias de outrora." "Se o hálito do Vento Oeste assumisse corpo visível, apareceria bem assim." "Esses eram os *mearas*. . . . . Deles os Homens diziam que Béma (que os Eldar chamam Oromë) deve ter trazido seus antepassados do Oeste, por cima do Mar."

[269] **1.** Na verdade, a referência é do livro seis, capítulo 1, "A Torre de Cirith Ungol": "A Sombra que os gerou só pode zombar, não pode fazer; não coisas novas e reais por si mesma. Não acho que tenha dado vida aos orques, apenas os arruinou e perverteu."

[270] **1.** Os escritórios da Houghton Mifflin Co. ficam em Boston, Mass.

[274] **1.** "Passaram o riacho pelo vau e correram sobre um amplo espaço aberto, repleto de juncos e sem árvores, na margem oposta. Além dele, voltaram a entrar num cinturão de árvores: na maioria altos carvalhos, com um olmo ou um freixo aqui e ali."

[275] **1.** Sir Cyril Norwood (1875–1956), Presidente do St John's College, Oxford, e autor do Relatório Norwood sobre educação.

[276] **1.** "A Guerra sobre a Terra-média". **2.** Na verdade, há pelo menos três pessoas além de C.S. Lewis que leram a mitologia: Christopher Tolkien, Rayner Unwin e Lord Halsbury.

[278] **1.** A observação de Tolkien certamente é enigmática pois, em *Light on C.S. Lewis* (Bles, 1965), Owen Barfield faz diversos comentários sobre a personalidade de Lewis. Tolkien possivelmente estava se referindo à perplexidade de Barfield sobre "a grande mudança, que ocorreu em [Lewis] entre os anos de 1930 e 1940 — uma mudança que coincidiu aproximadamente com sua conversão . . . mas que não parecia, e não parece em retrospecto, estar inevitavelmente ou mesmo naturalmente relacionada com ela" (p. ix). Barfield continuou: "*Havia* algo, pelo menos em sua impressionante, de fato esplêndida, personalidade literária, que de alguma forma era — com nenhum sinal de insinceridade — *voulu*? . . . . algum toque de um pastiche mais do que simplesmente *ad hoc*?" (p. xi). No entanto, Tolkien poderia estar aludindo à observação de Barfield (p. xvi) sobre a "distinta combinação [em Lewis] de uma maturidade intelectual e 'fantástica' quase suprema, envolta com energia moral, por um lado, com . . . . uma certa imaturidade psíquica ou espiritual do outro".

[281] **1.** Esse desenho foi reproduzido como o nº 19 em *Pictures*. **2.** "Você não supõe que todas as suas aventuras e escapadas foram guiadas por mera sorte, só para o seu próprio benefício, supõe?" (Gandalf a Bilbo).

[289d] **1.** Ver nota 1 da carta nº 242a.

[293] **1.** Tolkien aparentemente cedeu, pois a entrevista de Foster com ele foi publicada no *The Scotsman* em 25 de março de 1967.

[293b] **1.** "A essência de ser um intelectual no verdadeiro sentido, em oposição ao sentido vulgar da palavra, é que um intelectual é alguém que, independentemente de suas fortes crenças, não fica 'chocado' ao ser informado de qualquer ideia ou prática. Ele pode objetar, reprovar, repelir, mas se ele realmente é um intelectual, não deve ficar chocado a ponto de ser incapaz de pensar ou aprender sobre o assunto."

[294] **1.** W.H. Auden; ver a carta nº 284. **2.** Ver nota introdutória da carta nº 9. **3.** De acordo com a amiga de Tolkien, Elaine Griffiths, o ms. foi de fato emprestado por Tolkien a Susan Dagnall, que havia ouvido sobre ele pela Srta. Griffiths. **4.** Para a correspondência de Tolkien com Jane Neave, a tia aqui mencionada, ver as cartas nºs 231, 234, 238 e 241. **5.** Ver carta nº 202. **6.** De John Christopher, publicado pela primeira vez em 1956. **7.** Ver também a carta nº 24 para um relato disso.

[294a] **1.** Charles Davis (1923-1999), um teólogo e sacerdote, havia deixado a Igreja Católica em dezembro, citando uma "rejeição intelectual ao papado". **2.** John Wycliffe (c. 1328-1384), membro do Merton College, reformador, sacerdote e professor de seminário na Universidade de Oxford, considerado um importante precursor do protestantismo.

[295] **1.** Não se sabe a que carta Tolkien estava se referindo. **2.** Auden havia enviado a Tolkien um texto datilografado da tradução que ele e Paul B. Taylor haviam feito da *Völuspá*, ou "Canção da Sibila". O poema acabou sendo publicado em uma coletânea de suas traduções da Edda, sob o título *The Elder Edda:* A Selection [A Edda Antiga: uma seleção] (Faber & Faber, 1969); esse livro foi dedicado a Tolkien. **3.** Um longo poema intitulado "Volsungakviða En Nyja", provavelmente escrito no final dos anos vinte ou no início dos anos trinta. Tolkien descreveu-o, em uma carta para Auden datada de 29 de janeiro de 1968, como "escrito em estrofes fornyrðislag de 8 versos em inglês: uma tentativa de organizar o material da Edda acerca de Sigurd e Gunnar". *Fornyrðislag* é a métrica estrófica do nórdico antigo — que em seus versos se assemelha muito aos da poesia em inglês antigo — na qual a maioria dos poemas narrativos da Edda foi composta.

[297] **1.** Esse comentário foi publicado, após a morte de Tolkien, em Jared Lobdell (ed.), *A Tolkien Compass* (La Salle, Illinois, Open Court, 1975), pp. 153-201.

[300] 1. Apelido de C.S. Lewis. 2. F.E. Brightman (1856-1932), *Fellow* do Magdalen College.

[303] 1. Tolkien morou com sua mãe e seu irmão mais novo em um chalé em frente a esse moinho, em um vilarejo nos arredores de Birmingham, durante os primeiros anos de sua infância.

[306] 1. Latim, "isso foi um presságio". 2. Officers' Training Corps [Corpo de Treinamento de Oficiais]. 3. "'Você foi escolhido, e, portanto, precisa usar a força, a coragem e a inteligência que possui.'" "'Não é nosso papel dominar todas as marés do mundo, e sim fazer o que está em nós para socorro dos anos em que fomos postos.'" 4. Bispo J.A.T. Robinson, autor de *Honest to God* [Juro por Deus] (1963). 5. O irmão mais novo de Tolkien (1894-1976). 6. A palestra, apresentada em 5 de junho de 1959, acabou sendo publicada em *J.R.R. Tolkien, Scholar and Storyteller*, ed. M.B. Salu e R.T. Farrell (Cornell University Press, 1979).

[307] 1. "A velhice chegou-me furtiva . . . estou mais velho do que era em invernos [isto é, anos] e em aprendizado [isto é, sabedoria]."

[309] 1. J.B. Tolkien (1807-96) na verdade tinha 89 anos quando morreu. 2. Mas ver a carta nº 334, uma das muitas cartas assinadas "Ronald" (jamais "John", exceto para sua esposa na época de seu namoro) e na qual ele pede a Rayner Unwin que o chame assim.

[309a] 1. *Ferreiro do Bosque Maior.*

[311] 1. A Sra. Parke, que servia de motorista e ajudante geral para os Tolkiens durante várias horas por semana.

[312] 1. *Wild Flowers of the Cape Peninsula* [Flores silvestres da Península do Cabo], de Mary Maytham Kidd (Oxford University Press, 1950).

[315] 1. Tolkien havia transferido a maior parte de sua renda literária para seus filhos e sua filha; caso vivesse por sete anos depois de fazer isso, a doação estaria livre de impostos de herança.

[315b] 1. O artigo que ele apresentou na conferência foi About the Etymology of "Lozenge" [Sobre a Etimologia de "Lozenge"], que foi publicado como Middle English "Losenger": Sketch of an Etymological and Semantic Enquiry [Inglês médio "Losenger": esboço de uma investigação etimológica e semântica".

[316] 1. Essa carta nunca foi recebida pelo Departamento de Dicionários, e provavelmente nunca foi enviada. 2. Essa definição foi usada, prefaciada pelas palavras "Nas histórias de J.R.R. Tolkien (1892-1973)", no *Suplemento* de 1976 do Dicionário. 3. Ver a carta nº 25.

[318] 1. Ver a nota 3 da carta nº 1; também a carta nº 308. 2. Ver a nota 4 da carta nº 1.

[319] **1.** Ver a carta nº 25. **2.** Green informou Tolkien que o autor era E.H. Knatchbull-Hugessen e o livro chamava-se *Stories For My Children* [Histórias para meus filhos] (1869).

[323] **1.** O carro Morris que os Tolkiens tiveram nos anos trinta tinha uma placa que começava com as letras JO.

[328] **1.** Fellow do Balliol College.

[330a] **1.** O acordo com a United Artists, assinado em julho de 1969, estipulava que, a menos que a fotografia principal de um longa-metragem tivesse começado dentro de quinze anos após a assinatura, todos os direitos seriam revertidos para Tolkien.

[331] **1.** Lord Snowdon havia visitado Tolkien em maio e passado várias horas fotografando-o para o artigo de aniversário de 80 anos no *Sunday Times*.

[332] **1.** Tolkien estava hospedado com seu filho Christopher e a família dele na vila próxima a Oxford, onde moravam na época. **2.** Prima em primeiro grau de Tolkien.

[336] **1.** Ídolos em um conto de Lord Dunsany; ver a carta nº 294.

[338] **1.** A canção do Ent e da Entesposa no capítulo "Barbárvore". **2.** Filósofo e escritor alemão que escreveu sobre Kierkegaard; 1879–1945.

[339a] **1.** A secretária de Tolkien entre 1962 e 1964, que havia saído do emprego para começar uma família. Agora que seus filhos estavam na escola, ela foi convidada a voltar para ajudar com a correspondência.

[347a] **1.** Tolkien havia nomeado Christopher como seu executor literário.

[351] **1.** W.H. Lewis. **2.** T.P. Dunning, C.M., do University College, Dublin; acadêmico de anglo-saxão. **3.** Rosfrith Murray, filha de Sir James Murray. Ver a carta nº 249.

[354] **1.** O motorista do carro alugado no qual Tolkien viajou a Bournemouth. **2.** O hotel em Bournemouth onde Tolkien e sua esposa hospedaram-se frequentemente.

Índice Remissivo

Compilado por Wayne G. Hammond e Christina Scull

Números em itálico indicam cartas endereçadas à pessoa ou instituição mencionada. Títulos dos escritos ou das obras de arte de Tolkien, como verbetes primários, estão em ***itálico em negrito***. O título *O Senhor dos Anéis* em geral é abreviado *SdA*. O título *O Silmarillion*, em itálico, refere-se aqui tanto ao livro que Tolkien planejava publicar como à mitologia maior com o mesmo nome. Assuntos aos quais Tolkien faz alusão, ou que ele abrevia, estão indexados por seus nomes ou títulos originais. Sua maneira de referir-se a elementos de sua mitologia por nomes e especificidades diferentes está refletida no agrupamento de verbetes relacionados, por exemplo, *Valinor* e *Valimar* com *Aman*. Foi dada prioridade a detalhes sobre suas obras, àqueles assuntos mais importantes no contexto de sua vida, épocas, trabalho e interesses, e para certos tópicos, como *Deus* e *Amor*, a ocorrências de particular significado.

Este livro foi impresso em 2023 pela Leograf
para a HarperCollins Brasil. O papel do miolo é pólen bold 70g/m²
e o da capa é couchê fosco 150g/m²

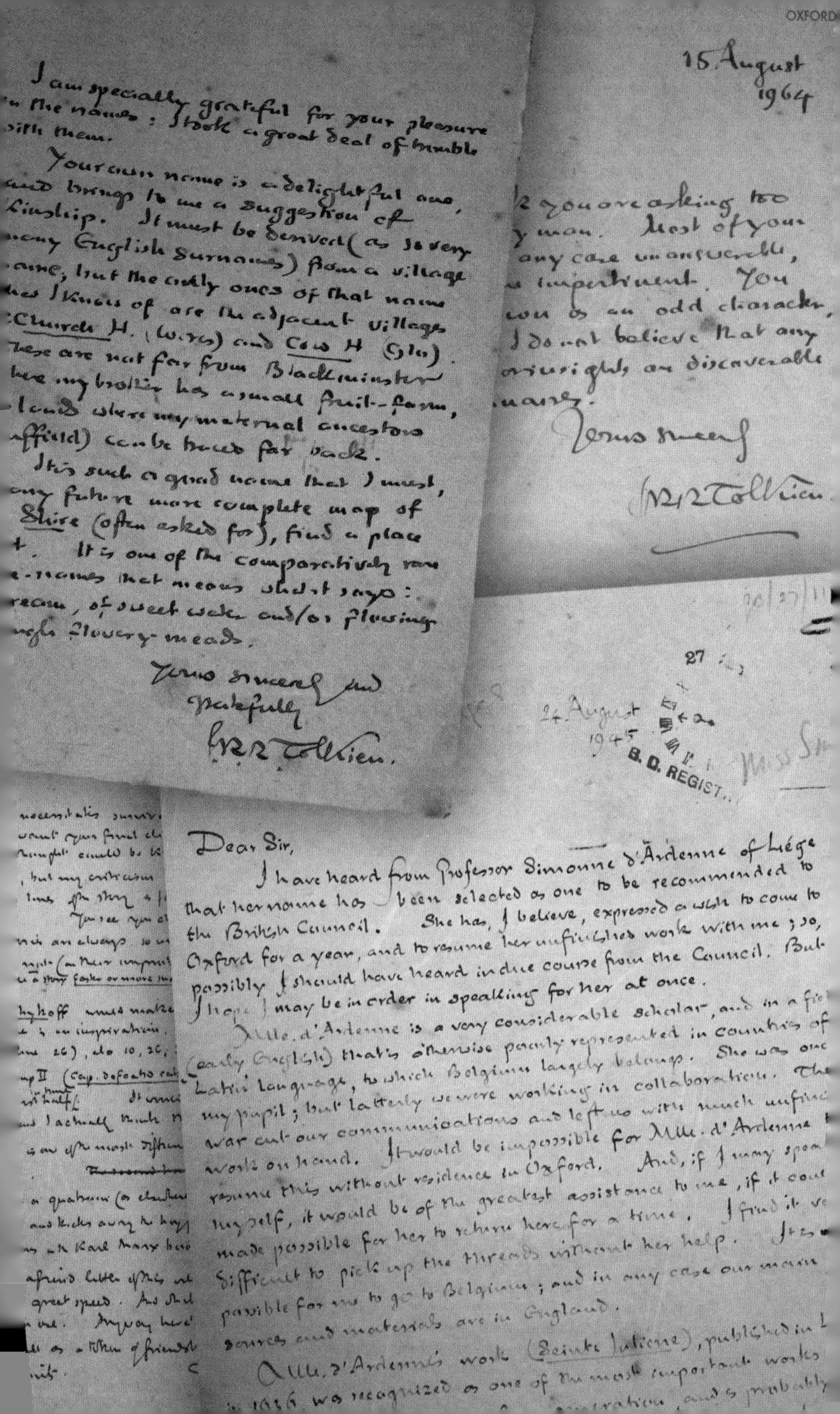

I am specially grateful for your pleasure
in the names: I took a great deal of trouble
with them.

Your own name is a delightful one,
and brings to me a suggestion of
kinship. It must be derived (as so very
many English surnames) from a village
name, but the only ones of that name
that I know of are the adjacent villages
Church H. (Worcs) and Cow H (Glos).
These are not far from Blackminster
where my brother has a small fruit-farm,
lands where my maternal ancestors
(Suffield) can be traced far back.

It is such a good name that I must,
in any future more complete map of
the Shire (often asked for), find a place
for it. It is one of the comparatively rare
place-names that means what it says:
stream, of sweet water and/or flowing
through flowery meads.

Yours sincerely and
gratefully
J.R.R. Tolkien.

15 August
1964

…k you are asking too
…y man. Most of your
… any case unanswerable,
… impertinent. You
… you as an odd character,
… I do not believe that any
… copyrights, are discoverable
… name.

Yours sincerely
J.R.R. Tolkien

27

24 August
1945

B.O. REGIST…

Dear Sir,

I have heard from Professor Simonne d'Ardenne of Liège
that her name has been selected as one to be recommended to
the British Council. She has, I believe, expressed a wish to come to
Oxford for a year, and to resume her unfinished work with me; so,
possibly I should have heard in due course from the Council. But
I hope I may be in order in speaking for her at once.

Mlle. d'Ardenne is a very considerable scholar, and in a fi…
(early English) that is otherwise poorly represented in countries of
Latin language, to which Belgium largely belongs. She was once
my pupil; but latterly we were working in collaboration. The
war cut our communications and left us with much unfini…
work on hand. It would be impossible for Mlle. d'Ardenne
resume this without residence in Oxford. And, if I may spea…
myself, it would be of the greatest assistance to me, if it coul…
made possible for her to return here for a time. I find it ve…
difficult to pick up the threads without her help. It is…
possible for me to go to Belgium; and in any case our main
sources and materials are in England.

Mlle. d'Ardenne's work (Seinte Iuliene), published in …
1936 was recognized as one of the most important works
… generation, and is probably

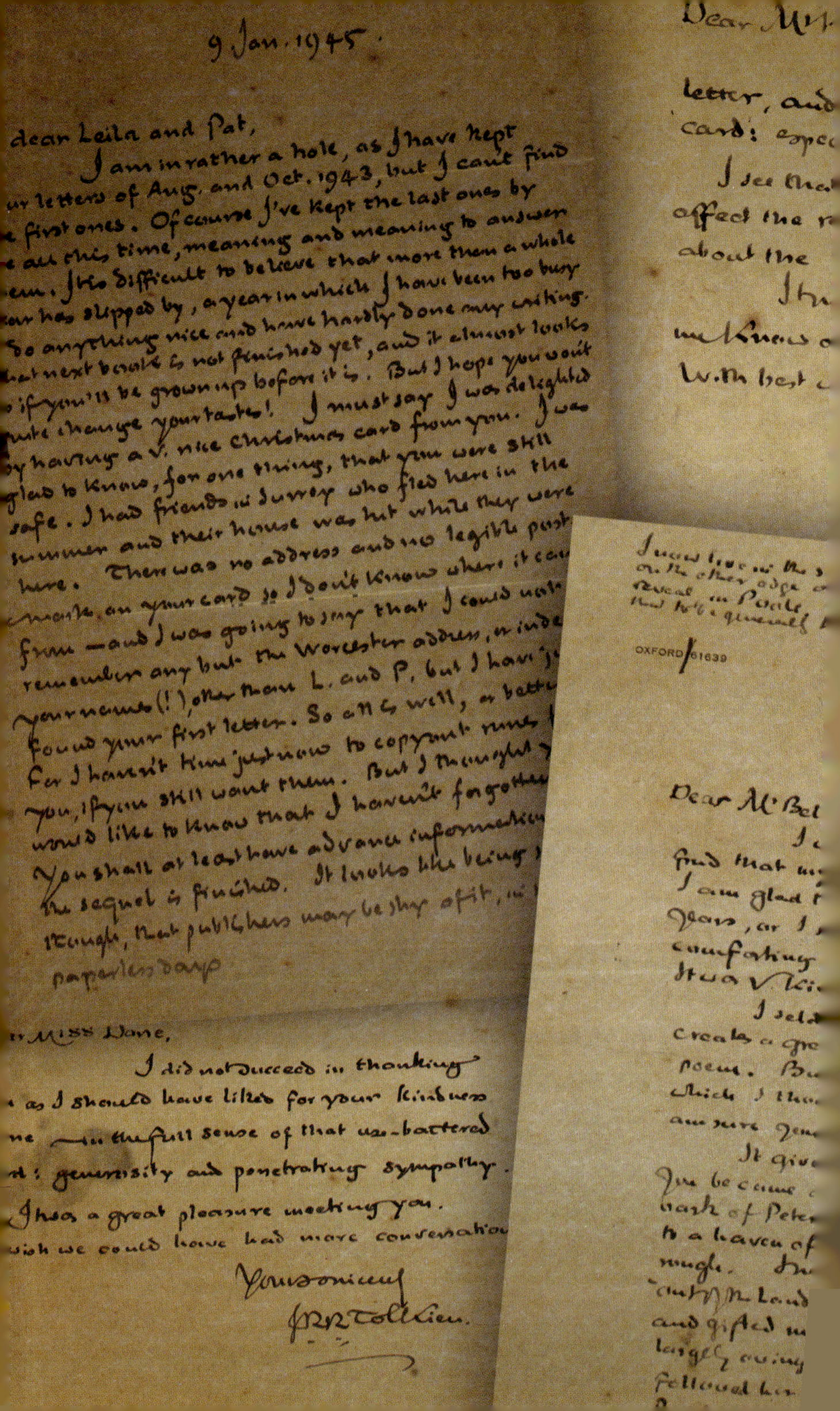

9 Jan. 1945.

dear Leila and Pat,

I am in rather a hole, as I have kept ur letters of Aug. and Oct. 1943, but I can't find e first ones. Of course I've kept the last ones by e all this time, meaning and meaning to answer em. It's difficult to believe that more than a whole ear has slipped by, a year in which I have been too busy do anything nice and have hardly done any writing. at next book is not finished yet, and it almost looks if you'll be grown up before it is. But I hope you won't uite change your tastes! I must say I was delighted by having a v. nice Christmas card from you. I was glad to know, for one thing, that you were still safe. I had friends in Surrey who fled here in the summer and their house was hit while they were here. There was no address and no legible post mark on your card so I don't know where it cam from — and I was going to say that I could not remember any but the Worcester address, or inde your names(!) other than L. and P., but I have j found your first letter. So all is well, or bette for I haven't time just now to copy out runes f you, if you still want them. But I thought y would like to know that I haven't forgotten You shall at least have advance information the sequel is finished. It looks like being though, that publishers may be shy of it, in paperless days

Miss Dane,

I did not succeed in thanking as I should have liked for your kindness me — in the full sense of that ill-battered d: generosity and penetrating sympathy. It was a great pleasure meeting you. ish we could have had more conversation.

Yours sincerely

J.R.R. Tolkien.

Dear M

letter, and

card: espec

I see tha

affect the

about the

I h

me know

With best

I now live in the
on the other edge
Revel in Poole,
that tell. generally

OXFORD 61639

Dear Mr Bel

I

find that

I am glad

years, or I

comforting

It was v. ki

I seld

create a gre

poem. Bu

which I tho

are sure

It give

You became

north of Peter

to a haven of

rough.

'out of the Land'

and gifted

largely owing

followed h